Tem como objectivo a publicação
de textos práticos e teóricos
sobre música: livros de referência, sobre
a história, e a estética da música.

Dicionário de Músicos

TÍTULO ORIGINAL
Dictionnaire des musiciens

© Éditions du Seuil, 1964 et 1976

TRADUÇÃO
Artur Lopes Cardoso

DESIGN DE CAPA
FBA

IMAGEM DE CAPA
Corbis/ VMI
© Gianni Giansanti-Sygma-Corbis

DEPÓSITO LEGAL Nº 302486/09

Biblioteca Nacional de Portugal - Catalogação na Publicação
CANDÉ, Roland de, 1923-
Dicionário de músicos. - Reimp. - (Convite à música; 15)
ISBN 978-972-44-1519-2
CDU 78.07
929A/Z

PAGINAÇÃO, IMPRESSÃO E ACABAMENTO
PAPELMUNDE
para
EDIÇÕES 70, LDA.
Novembro de 2009

ISBN da 1ª edição: 972-44-0895-7

Direitos reservados para Portugal
e países africanos de expressão portuguesa por
EDIÇÕES 70

EDIÇÕES 70, Lda.
Rua Luciano Cordeiro, 123 – 1º Esqº
1069-157 Lisboa / Portugal
Telefs.: 213190240 – Fax: 213190249
e-mail: geral@edicoes70.pt

www.edicoes70.pt

Esta obra está protegida pela lei. Não pode ser reproduzida,
no todo ou em parte, qualquer que seja o modo utilizado,
incluindo fotocópia e xerocópia, sem prévia autorização do Editor.
Qualquer transgressão à lei dos Direitos de Autor será passível
de procedimento judicial.

ROLAND DE CANDÉ

Dicionário de Músicos

Colaboração de Ernesto Gonçalves Pinho
para os músicos portugueses e brasileiros

NOTA BENE

Se nos limitarmos à música «ocidental» (Europa e América) e se fixarmos arbitrariamente a origem desta na primeira época da polifonia, podemos calcular que o número total de compositores (modestos ou eméritos) que preencheram estes dez séculos de história não está longe do milhão!
Para elaborar este pequeno dicionário prático de compositores, achei que devia ignorar não só as músicas tradicionais da Ásia, da África e da Oceânia, mas também o *jazz* (arte de improvisação e não de «composição»), todos os folclores (criações espontâneas e anónimas) e toda a música «ligeira» do nosso tempo (em que os critérios de apreciação, alheios a toda a estética, estão demasiado ligados à moda e às técnicas de publicidade). Uma primeira selecção, feita nestes moldes, de 3000 compositores, foi reduzida, tão rigorosamente quanto possível, para cerca de 800.

No entanto, o leitor encontra neste livro, pelo menos, algumas linhas sobre a grande maioria dos compositores cujas obras pode ouvir em concertos, em discos e na rádio. As lacunas afectarão sobretudo a época contemporânea, em que numerosos compositores, entre os quais o tempo ainda não fez a sua triagem, têm público nos concertos e emissões dedicados à música nova, bem como no teatro e no cinema. Durante o trabalho delicado de selecção, houve que ter em atenção a importância relativa das diferentes escolas europeias, para evitar que a nacionalidade do editor e do autor desse origem a um desequilíbrio favorável à escola francesa.

Por outro lado, a preocupação de fornecer uma documentação ecléctica em tão poucas páginas forçou-me a tratar de modo breve os mais ilustres compositores. Embora não estejam representados aqui na proporção do seu génio, poderemos encontrar as informações complementares necessárias nas muitas monografias que lhes foram dedicadas.

Este livro é dedicado exclusivamente aos compositores. Esse título não lhes é dado no começo de cada rubrica, embora esteja subentendido quando se lhes dá outro atributo:

BORODINE médico e químico
HOFFMANN literato e magistrado, etc.

são também compositores. Os virtuosos célebres, como Liszt ou Paganini, são considerados, sobretudo, do ponto de vista da criação musical.

A data entre parênteses depois da menção de uma obra indica normalmente o ano de composição. Para a música de teatro, a data indicada é sempre a da primeira representação. Os dados biográficos foram sempre confirmados nas fontes mais idóneas. No entanto, errar é humano e é impossível seguir sem lapsos a enorme quantidade de trabalhos de arquivo ou de musicologia destinados à nossa ignorância.

As discografias são necessariamente sucintas. Somente as discografias de autores consagrados permitiram uma escolha crítica. Baseei-me, então, na importância das obras e na qualidade das interpretações. Na generalidade dos casos em que a discografia é demasiado pobre para permitir a intervenção da escolha, preocupei-me apenas com a necessidade de indicar uma referência, sempre que possível, sem pretender justificá-la, regularmente, com uma garantia de qualidade.

Os termos musicais de uso corrente utilizados neste livro não serão surpreendentes; mas, para evitar mal-entendidos, convém lembrar a acepção especial de algumas denominações, para as quais ouso chamar a atenção do leitor.

– Voz é muitas vezes sinónimo de parte ou linha melódica, na descrição de composições polifónicas: motetos a 1 voz, a 4 vozes, a 6 vozes... composição para 3 vozes instrumentais... uma voz é cantada, as outras são confiadas aos instrumentos...

Costuma empregar-se as palavras Sinfonia e Sonata na forma italiana quando designam a sinfonia e a sonata pré-clássicas, ou formas arcaicas que têm poucas ligações com a sinfonia e a sonata clássicas.

– A arte monódica (classificada de moderna) é, muitas vezes, contraposta à arte polifónica (classificada de arcaica). Para dados mais precisos sobre essa oposição e sobre a revolução musical ocorrida no final do século XVI e princípio do século XVIII, permito-me remeter os leitores para a rubrica «POLIFONIA» do meu livro *A Música*. Encontrarão também aí um breve estudo sobre o BAIXO CONTÍNUO, que aparece frequentemente nos títulos das obras, nos séculos XVII e XVIII, bem como sobre as principais formas musicais nas diferentes épocas da história.

– Os títulos de *Maestro di cappella* e de *Kapellmeister* (literalmente: mestre de capela) conservam-se na língua original. Com efeito, nos séculos XVII e XVIII, os países de cultura italiana e germânica estendiam estes títulos (originalmente reservados ao chefe dos coros de uma capela real ou de um príncipe) ao maestro da música de uma igreja, de uma corte (ou de uma mansão de nobreza) e até de um teatro, função que consistia não só em dirigir as execuções musicais (sagradas e profanas), mas também em compor regularmente música nova. Na Alemanha, o sentido foi ainda mais alargado e hoje em dia chama-se *Kapellmeister* a todos os directores de orquestra. Encontraremos também muitas vezes a palavra *Konzertmeister*, que designava, e ainda designa na Alemanha, o primeiro violino da orquestra, mas que implica uma autoridade sobre os outros músicos e uma responsabilidade importante na preparação das execuções.

SIGLAS

✪ : Obras principais
Ø : Discos escolhidos
BN : Biblioteca Nacional de Paris
BM: Brilish Museum
ms : Manuscritos
* : Remissão para uma determinada rubrica

ABEL, **Karl Friedrich** (Cöthen, 22 Dez. 1723/Londres, 20 de Jun. 1787). Virtuoso de *viola da gamba*, tinha também fama de tocar todos os instrumentos. Foi, durante dez anos, membro da orquestra de Dresden; mas aquando da Guerra dos Sete Anos emigrou, fez algumas digressões por Itália e, depois, estabeleceu-se em Londres, onde fundou, com o seu amigo Johann Christian Bach, os concertos por assinatura.
✪ Sinfonias (uma das quais atribuída a Mozart como K. 18), sonatas, concertos, trios, quartetos. Música elegante e fácil.

ABSIL, **Jean** (Perunelz, Hainaut, 23 Out. 1893/Bruxelas, 1974). Director da Academia de Música de Etterbeek. Fugindo ao academismo herdado de mestres como Gilson, a sua forte personalidade formou-se em contacto com a música de Schönberg, de Milhaud e de Hindemith.
✪ *Peau d'âne* (conto de fadas lírico), cantatas, sinfonias, concertos, melodias, peças de piano, música de câmara.

ADAM, **Adolphe** (Paris, 24 de Jul. 1803/Paris, 3 Maio 1856). Aluno de Boieldieu. Um talento fácil, mas com valor, franqueou-lhe as portas do Instituto em 1844.
✪ Bailados, entre os quais *Giselle* – óperas, entre as quais *Richard en Paléstine* – óperas-cómicas, entre as quais *Le Postillon de Longjumeau* e *Le Roi d'Yvetot* – que justificam que se perdoe ao autor o seu demasiado popular *Minuit chrétiens*.
Ø *Giselle* (Martinon).

ADAM DE LA HALLE – também chamado Adam, *o Corcunda* (Arras, cerca de 1240/?, cerca de 1287). O mais ilustre dos trovadores. Estudou na Abadia de Vauxcelles, e mais tarde, em Paris. Depois de ter vivido uma dezena de anos em Donai, foi para Nápoles com Robert d'Artois, que ia auxiliar Carlos de Anjou depois das «Vésperas sicilianas» [massacre dos franceses na Sicília, em 1282, *N. T.*]. Representou aí o seu *Jeu de Robin et Marion* e, segundo um contemporâneo, aí morreu também.
✪ *Jeu d'Adam ou de la Feuillée* (c. 1262) e *Jeu de Robin et Marion* (1275 ou 1285) – pastorais dramáticas com coplas cantadas – 14 rondós a 3 vozes, 1 rondó-virelai, 1 balada, 6 motetos.
Ø *Jeu de Robin et Marion* e rondós (Ensemble S. Cape).

AGINCOURT, **François d'** (Ruão 1684/ /Ruão 30 Abr. 1758). Organista da capela real, aluno de Boyvin – a quem sucedeu na catedral de Ruão – e de Le Bègue.
✪ Peças de cravo (1733), que são testemunho da sua admiração por Couperin, e peças de órgão.
Ø *Peças de órgão* (Alain).

AGRICOLA, **Alexandre** (?, 1446/Valladolid, Castela, 1506). Provavelmente aluno de Okeghem. Depois de ter estado ao serviço de Carlos VIII, de Lourenço de Médicis e, depois, dos Sforza de Milão, fixou-se na Flandres e, cerca de 1495, entrou para o serviço de Filipe, *o Belo,* com quem foi para Espanha.
✪ Missas, motetos, canções polifónicas.

AGRICOLA, **Johann Friedrich** (Dobitschen, Saxe, 4 Jan. 1720/Berlim, 2 Dez.

AGRICOLA, Johann Friedrich

1774). Organista e teórico. Aluno de J. S. Bach, em Leipzig (1738-1741), e, depois, de Quantz, em Berlim. Director da capela de Frederico II.
○ Óperas e *intermezzi* italianos no estilo da escola napolitana, música de cena para «Semiramis», de Voltaire, oratórios alemães, cantatas, vários tratados teóricos.

AICHINGER, Gregor (Ratisbona, 1564//Augsburg, 21 Jan. 1628). Aluno de Lassus, em Munique, cerca de 1582, e de A. Gabrieli, em Veneza, em 1584, foi o maior compositor alemão da sua geração. Deve-se-lhe, entre outras coisas, a introdução na Alemanha do estilo dos *nuove musiche* italianos (na sua recolha de *Cantiones*, de 1607, figura uma parte de baixo contínuo com explicações das cifras).
○ Muitas *Sacrae Cantiones* (de 4 a 10 vozes) e *Canzonette spirituale* – missas, motetos, vésperas – obras de órgão.
Ø *Motetos* (Paillard).

ALAIN, Jehan (Saint-Germain-en-Laye, 3 Fev. 1911/Próximo de Saumur, 20 Jun. 1940). Organista de Maisons Laffitte. Filho de organista, aluno muito brilhante de Dukas e Dupré, foi morto na Segunda Guerra Mundial.
○ Obras corais, entre as quais três missas – peças de órgão, *Suite monodique* de piano.
Ø *Peças de órgão* (pela sua irmã Marie-Claire Alain).

ALBENIZ, Isaac (Camprodon, Catalunha, 20 Maio 1860/Cambo-les--Bains, 18 Maio 1909). Pianista extraordinário, deu o seu primeiro recital aos quatro anos, em Barcelona. Foi, sucessivamente, aluno de Marmontel, em Paris (1866), de Reinecke, em Leipzig (1874), de Gevaert, em Bruxelas (1876), de Liszt, em Budapeste (1878), de d'Indy e de Dukas, em Paris (1890). Entretanto, a sua vida é um verdadeiro romance de aventuras. Em criança, foge várias vezes de casa e aos treze anos embarca para a Costa Rica, sem o pai saber, dando concertos para pagar a passagem e a estada. É convidado para uma digressão de concertos pela América Latina, chega aos Estados Unidos e continua na Inglaterra e na Alemanha as deambulações que o conduzirão a Leipzig e às aulas de Reinecke! Um pouco mais tarde, em Bruxelas, destaca-se pela sua má conduta. Parece acalmar um pouco na companhia de Liszt, que acompanha a Weimar e a Roma. E quando casa, em 1883, torna-se o melhor dos maridos. Em breve se fixa em Madrid com a família, mais tarde em Londres (1891) e, finalmente, em Paris (1893), onde fez amigos entre os compositores franceses (Fauré, Débussy, Chausson, Dukas). Aí, a Société Nationale toca frequentemente a sua música e a Schola Cantorum, de que fora aluno, oferece-lhe o lugar de professor de piano (entre os seus alunos, figurará D. de Sèvèrac). Em Paris, a sua actividade de compositor ocupa-o cada vez mais, em detrimento da sua prestigiosa carreira de virtuoso. Desde a juventude que compusera muitas peças de piano, mas foi apenas cerca de 1895 que escreveu as primeiras obras onde a sua personalidade brilha plenamente.
Embora as obras vocais e sinfónicas de Albeniz não tenham muito interesse, a sua obra de piano é digna de consideração devido à qualidade da sua inspiração profundamente espa-

nhola, à riqueza e originalidade da escrita que, no plano da técnica pianística, coloca Albeniz à altura de Chopin e Liszt.

✪ TEATRO: Óperas (entre as quais *Merlin*, primeiro painel de um tríptico inacabado), uma ópera-cómica (*Pepita Jiménez*), zarzuelas de acordo com a moda. ORQUESTRA: *Rapsódia espanhola, Catalonia*. PIANO: suites ou colecções: *Catalonia, Ibéria* (recolha de obras-primas, entre as quais *El Corpus en Sevilla, Triana, El Polo), Suite espanhola, Cantos de España* (entre eles, *Tango e Malagueña*); muitas peças isoladas.

Ø *España* (Ciecolini), *Iberia* (Larrocha), *Suite espanhola* (Larrocha).

ALBERT, Eugen d' (Glasgow, 10 Abr. 1864/Riga, 3 Mar. 1932). Um dos maiores pianistas do seu tempo, aluno de Liszt. Começou em Londres e, depois, em Viena, uma carreira brilhante consagrada sobretudo à interpretação dos clássicos alemães.

✪ 20 óperas (entre as quais *Tiefland*) – uma sinfonia, dois concertos de piano e um de violoncelo – transcrições de obras de órgão de Bach.

ALBERT, Heinrich (Lobenstein, Saxe, 8 Jul. 1604/Königsberg, 6 Out. 1651). Poeta (escola de Königsberg) e organista. Sobrinho e aluno de Schütz, recebeu também ensinamentos de Schein, em Leipzig, e sofreu uma forte influência indirecta dos «modernos» italianos que admirava (nomeadamente Caccini e Monteverdi). Contribuiu para a difusão, na Alemanha, do baixo contínuo e foi o mais notável representante do *lied* alemão do século XVII. Escreveu os poemas da maior parte dos seus *lieder*.

✪ 8 colecções de árias e *lieder* para uma e várias vozes (religiosas e profanas).

ALBINONI, Tommaso (Veneza, 8 Jun. 1671/Veneza, 17 Jan. 1750?). *Dilettante veneto* (amador veneziano) era o que juntava ao seu nome, pelo menos, até 1711: isto quer dizer que, pertencendo a uma família da burguesia endinheirada, não pretendia viver do seu talento. Mas foi um músico de grande profissionalismo, violinista e mestre de canto famoso. Talvez tenha sido aluno de Legrenzi e amigo do seu concidadão Vivaldi: não sabemos nada acerca da sua educação artística dentro de uma vida musical particularmente intensa. Tornou-se conhecido principalmente devido à sua obra de teatro, de que apenas nos restam hoje em dia algumas melodias separadas. Mas Bach tinha grande estima pela sua voz instrumental, de onde retirou alguns temas de fugas (*si menor* para cravo, *lá maior* e *fá menor* para órgão). Esta obra foi esquecida rapidamente e permaneceu quase desconhecida até ao século XX. Parece que a partir de 1741, Albinoni, até aí muito fecundo, não escreveu mais nada e faz-se um absoluto silêncio a seu respeito. Pode supor-se que tenha morrido em 1741-1742, podendo a certidão de óbito de 1750 ser de um seu homónimo. Sem ter o génio de Vivaldi, Albinoni ocupa um lugar de primeiro plano na filiação espiritual de Corelli, devido à sua imaginação melódica, à sua arte de contraponto e à sua contribuição para o desenvolvimento das formas clássicas.

✪ TEATRO: pelo menos cinquenta óperas, de que se possui os libretos (mais de 200, segundo um redactor anónimo do «Mercure», 1731) –

ALBINONI, Tommaso

MÚSICA INSTRUMENTAL: op. 1 – *12 Suonate a 3* [1694] – op. 2: *Sinfonie e Concerti a 5* [1700] (estilo polifónico) – op. 3: 12 *Balletti a 3* [1701] – op. 4: *6 Suonate da chiesa* para violino e violoncelo [1704] – op. 5: 12 *Concerti a 5* [1710] – op. 6: *12 Trattenimenti armonici* (sonatas para violino e violoncelo) [SD] – op. 7: 12 *Concerti a 5* [1716] (com oboé) – op. 8: *Balletti e sonate a 3* [1722] – op. 9: 12 *Concerti a 5* [1723] (com oboé) – *6 Sinfonie a 4* (Ms, c. 1735), incluindo a novidade de um minueto com trio, intercalado entre o andamento lento e o final; e muitas outras obras sem número de *opus* que ficaram manuscritas – *O Adagio*, que todos conhecem, foi uma obra reconstituída pelo musicólogo R. Giazotto, a partir de um fragmento de um concerto perdido.
Ø *Concertos op. 5 e 7* (Pierlot), *Concertos op. 10* (Musici).

ALBRECHTSBERGER, Johann Georg (Klosterneuburg, próximo de Viena, 3 Fev. 1736/Viena, 7 Mar. 1809). Organista da corte imperial e mestre de capela da catedral de Santo Estêvão. Amigo de Haydn e Mozart, foi professor de Beethoven (1794-1795).
✪ Música religiosa (26 missas, oratórios, motetos, um *Te Deum* muito belo), prelúdios e fugas de órgão, música de câmara, obras teóricas.

ALFANO, Franco (Nápoles, 8 Mar. 1876/San Remo, 26 Out. 1954). Aluno dos conservatórios de Nápoles e de Leipzig, foi um dos últimos representantes do «verismo» italiano.
✪ 12 óperas (entre as quais *Risurrezione* e *La Legenda di Sakuntala)*, bailados, obras instrumentais. Depois da morte de Puccini, terminou a sua ópera *Turandot*.

ALFVEN, Hugo, (Estocolmo, 1 Maio 1872/Estocolmo, 1960). Director de orquestra (Escandinávia, Londres, Viena) e director de coros, *Director Musices* da Universidade de Uppsala até 1939, orquestrador muito hábil. Uma das suas rapsódias suecas, *Midsommarvaka*, é célebre no mundo inteiro.
✪ 5 sinfonias, 3 rapsódias suecas e cantatas.
Ø *Rapsódia sueca op. 19* (Johnson).

ALLEGRI, Gregorio (Roma, 1582/ /Roma, 17 Fev. 1652). Tenor da capela pontifícia no papado de Urbano VIII. A sua fama está principalmente ligada a um excelente *Miserere* (9 vozes em 2 coros), cujo manuscrito foi conservado inédito, durante muito tempo, pela Capela Sistina, que reservava para si a exclusividade. Em 1770, Mozart conseguiu transcrevê-lo de ouvido, depois de uma única audição pelos coros pontificais; mas, durante algum tempo, a sua reprodução foi punida com a excomunhão.
✪ Missas, Salmos, *Concertini* (2 a 4 vozes), motetos, *Sinfonie*.

ALMEIDA, Francisco António (século XVIII). Ignoram-se as datas do seu nascimento e morte. Foi um dos primeiros pensionistas enviados a Itália, por D. João V, e figura na nossa história musical como autor da primeira ópera portuguesa em estilo italiano, *La Pazienza di Socrate,* estreada, nos Paços da Ribeira, no Carnaval de 1733, de que só se conserva o manuscrito do 3.º acto (Biblioteca da Ajuda).

✪ Algumas óperas: *La Pazienza di Socrate* (1733), *La Finta Pazza* (1735), *La Spinnalba, uvero Il Vecchio Matto* (1739), *Le Virtú Trionfanti*, serenata (1738), *Ippolito*, serenata a seis vozes (1752).

ANERIO, Giovanni Francesco (Roma, cerca de 1567/Graz, 11 Jun. 1630). Depois de, na infância, ter cantado em São Pedro de Roma, sob a direcção de Palestrina, foi, primeiro, destinado à carreira eclesiástica e parece que só se dedicou à música a partir de 1600, quando foi nomeado *Maestro di cappella* de São João de Latrão. Tendo-se mantido fiel ao estilo de Palestrina, foi um dos melhores representantes da escola romana de música sacra. Terminou a sua carreira na corte da Polónia.

✪ Missas, motetos, madrigais, etc. e *Il Teatro armonico spirituale* (recolha de *laudi spirituali* para o oratório de S. Filipe Neri).
Ø *Missa pro defunctis* (Carmelitas inglesas).

ANFOSSI, Pasquale (Taggia, próximo de Nápoles, 25 Abr. 1727/Roma, 1797). Aluno de Piccini e Sacchini, em Nápoles. Foi mestre de capela em São João de Latrão. O sucesso merecido das suas óperas estendeu-se a toda a Europa; marcaram a sensibilidade do jovem Mozart que, mais tarde, compôs algumas árias (K. 418, 149, 541) para as representações de duas delas.

✪ 75 óperas, missas, motetos, oratórios.

ANGLEBERT, Jean-Henri d' (Paris, 1628/Paris, 23 Abr. 1691). Cravista de Luís XIV, aluno de Chambonnière. Foi o maior mestre francês do cravo antes de Couperin; em 1674, sucedeu-lhe o seu filho Jean-Baptiste (1661-1735).

✪ Colectânea de 60 *Pièces de clavecin avec la manière de les jouer; diverses chaconnes, ouvertures et autres airs de M. de Lully mis sur cet instrument* [1689] – 5 fugas e 1 *Quatuor sur le Kyrie* para órgão. O seu tratado, «Principes de l'acompagnement», e a tábua de túlios contida no seu livro de cravo dão-nos indicações preciosas para a interpretação da música do seu tempo.
Ø *Peças de cravo* (1. Nef.).

ARAÚJO, Gina de (Rio de Janeiro, 1890/Rio de Janeiro, 1960). Embora a sua principal actividade tivesse sido sobretudo como cantora, Gina distinguiu-se também como compositora de numerosas canções, um poema sinfónico intitulado *Evocação*, uma *Missa de Requiem* e os quadros musicais chamados *Cega Rega* de 1943. Foi o primeiro músico brasileiro a ser admitido na Société des Auteurs et Compositeurs de Musique de Paris (1906) onde estudara com Massenet e outros mestres, sendo também distinguida pela Académie Française.

ARAÚJO, João Gomes de (Pindamonhangaba, 1846/São Paulo, 1944). Embora brasileiro, repartiu a sua formação e actividade musical entre o Rio de Janeiro e Milão. A permanência em Itália marca o seu estilo de compositor melodista que deixou uma obra abrangendo vários géneros e formas. Dela fazem parte cinco *Sinfonias*, dois *Poemas Sinfónicos*, seis *Missas* e as óperas *Maria Petrowna, Edméia, Carmezina e Helena*.

Araújo, Pedro de (século XVII). Pouco se sabe sobre a vida deste compositor português que deixou obras para órgão, tendo exercido a sua actividade no Seminário Conciliar de Braga como mestre de coro e professor de música, entre os anos de 1662 e 1668. A maior parte da sua obra da qual fazem parte *Tentos, Batalhas e Fantasias* está em manuscritos não autógrafos, provenientes das zonas de Braga e do Porto. Escrevendo num estilo marcadamente italiano, Pedro de Araújo «deve seguramente ser estimado como uma surpresa do século XVII. A sua criatividade impõe-se à mediania de tantos pedantes maneiristas ou do primitivo barroco. Foi um músico subtil que reflectiu sobre a arte expressiva e considerou tanto o seu testemunho como a sua propagação o que de mais elevado se atingiu na arte dos sons» (M. S. Kastner). Os volumes XI e XXV de *Portugaliae Musica* (Fundação Gulbenkian) contêm obras da sua autoria.

Arcadelt, Jacques ou Jacob (? cerca de 1515/Paris?, 14 Out. 1568). Foi um dos melhores representantes da primeira geração de músicos que, no início do madrigal italiano do Renascimento, seguiram o exemplo do flamengo Cyprien de Rore. Viveu muito tempo em Itália (*magister* da Cappella Giulia e membro da capela papal) e, depois, em França (mestre de capela do cardeal de Lorraine).
✪ Cerca de 250 madrigais, sobretudo a 4 vozes (entre eles, o célebre *Il bianco e dolce cigno*), canções, missas, motetos, salmos (trad. Marot). A transparente clareza do seu estilo contribuiu para a orientação dos jovens músicos da geração de Palestrina.

Ariosti, Attilio (Bolonha, 5 Nov. 1666 /?, depois de 1728). Virtuoso da *viola d'amore,* cantor e organista. Depois de ter sido padre servita durante cinco anos, entrou para o serviço da corte de Mântua, depois para o da Eleitora Sofia-Carlota, futura rainha da Prússia, e, finalmente, para o do imperador José I, em Viena. Mais tarde, viajou até Paris e Londres onde foi, desde 1722 até cerca de 1727, um dos directores da Royal Academy of Music.
✪ Pelo menos 20 óperas e 5 oratórios, algumas obras instrumentais.
Ø *Lezione* para 2 violas (Seiler, Koch).

Arne, Thomas (Londres, 2 Mar. 1710/Londres, 5 Mar. 1778). A imensa celebridade de que gozou em vida foi fruto de um talento agradável e fácil, mas também de um sentido publicitário sem o qual não teria podido enfrentar a concorrência de Haendel e de muitos músicos italianos que viviam em Londres no século XVIII. Actualmente a sua fama baseia-se quase exclusivamente no canto patriótico *Rule Britannia* (finale da sua ópera *Alfred*).
✪ Cerca de cinquenta óperas, mascaradas, pantomimas, etc., entre as quais *Love in a Village,* a sua obra-prima, *pasticcio* aparentado com a *Ballad-opera* (espécie de ópera-cómica inglesa que incorpora canções populares) – música de cena – 2 oratórios (*Abel e Judith*) – muitas melodias, música instrumental.
Ø *Comus,* mascarada (Lewis).

Aston, Hugh – ou Ashton (? cerca de 1480/Londres 1522). Eclesiástico, muito célebre no seu tempo e até ao

início do século XVII. Deve-se-lhe a mais antiga peça conhecida para virginal (*Hornpipe,* num manuscrito do século XVI, BM), exemplo único de escrita para instrumento de teclas de cerca de 1500.
✪ Missas e motetos, peças de virginal.

ATTERBERG, Kurt (Gotemburgo, 12 Dez. 1887/Gotemburgo, 15 Fev. 1974). Excelente director de orquestra, dirigiu na maior parte das capitais da Europa. Secretário vitalício da Academia Real de Música da Suécia.
✪ 5 óperas, 4 bailados, 8 sinfonias, concertos, música de câmara (obras de estilo neo-romântico, inspiradas muitas vezes no folclore sueco).

AUBER, Esprit (Caen 29 Jan. 1782//Paris 12 Maio 1871). Director do Conservatório (1842-1871), mestre de capela de Napoleão III, membro do Instituto. Último grande representante da ópera-cómica francesa, foi um hábil criador de melodia. A sua colaboração com Scribe, a partir de 1823, contribui consideravelmente para a sua grande celebridade.
✪ Cerca de 40 óperas cómicas (entre elas, *Fra Diavolo, Les Diamants de la Couronne, Le Domino noir*), óperas-bailados e uma grande ópera, *La Muette de Portici*, a sua obra mais brilhante e mais popular, onde se reflecte o espírito dos movimentos revolucionários de 1830.
Ø *Ouvertures* (Lehmann).

AUBERT, Jacques (Paris, 30 Set. 1689/Belleville, 18 Maio 1753). Violinista, aluno de Senaillé. Os seus 10 concertos para 4 violinos [1735] são os primeiros concertos de violino escritos por um francês.

✪ Uma ópera, alguns bailados e um número considerável de obras instrumentais.
Ø *Concerto à 4 violons* (Paillard).

AUBERT, Louis (Paramé, 19 Fev. 1877/Paris, 1968). Aluno de Diemer e Fauré, começou a sua carreira como soprano na Madeleine e, depois, como pianista. Em 1956, foi eleito membro do Instituto.
✪ Uma ópera: *La Forêt Bleue* (Genève, 1913) – bailados (entre eles, *La Nuit ensorcelée* sobre temas de Chopin), uma célebre *Habanera* (1918), peças para piano, melodias.
Ø *Habanera* (Fourestier).

AUDRAN, Edmond (Lyon, 11 Abr. 1842/Tierceville, 17 Ago. 1901). Aluno da escola Niedermeyer. Mestre de capela de São José, em Marselha, até 1877.
✪ Muitas operetas, cheias de alegria um pouco forçada, entre as quais figuram *Le Grand Mogol* (1877), *La Mascotte* (1880), representada em Paris 1500 vezes em 15 anos, *Miss Hélyett* (1890) *La Poupée* (1896).
Ø *La Mascotte* (Benedetti).

AULETTA, Pietro (S. Angelo a Scala, próximo de Avellino, 1698/Nápoles, 1771). Não sabemos quase nada da sua vida, para além das datas de criação de cerca de quinze óperas suas (sérias e bufas). A ópera-bufa *Il Maestro di Musica*, atribuida a Pergolesi, é apenas uma versão reduzida de *Orazio* de Auletta, com fragmentos adicionais de diversos compositores, entre eles Pergolesi.

AURIC, Georges (Lodève, Hènault, 15 Fev. 1899/Paris, 23 Julho 1983). Aluno de Caussade e de Vincent d'Indy. No tempo do «Grupo dos Seis» (Ver MILHAUD), sofreu a influência de Chabrier, Satie e Stravinski e procurou na simplicidade da escrita (por vezes recorrendo ao folclore) os fundamentos de um estilo original. Esta tendência, muitas vezes matizada de ironia, foi pouco a pouco combatida por uma preocupação de grandeza e seriedade (mesmo a partir de 1932: *Sonate en fa pour piano*).

As suas principais coroas de glória são ter escrito bailados para Diaghilev, música de filmes para René Clair e Cocteau e ter sabido obter a mais vasta audiência popular devido à sua valsa do filme *Moulin Rouge*. A partir de 1961 foi administrador dos teatros líricos franceses.

✪ ÓPERA: *Sous la masque* – BAILADOS: *Les Fâcheux, Les Matelots, Pastorale* (Ballets Russes, 1924, 1926, 1927), *Le Peintre et son modèle, Phèdre* – MÚSICA DE FILMES: *A nous la liberté, L'Éternel Retour, L'Aigle à deux têtes, Orphée, Moulin Rouge, Passeport to Pimlico* – *Quatre Chansons françaises,* para coro *a capella,* sobre poemas do século XV, música instrumental, muitas melodias.
Ø *Imaginées* (Myrat).

BABBITT, Milton (Filadélfia, 10 Maio 1916). Estudou na Universidade de Princeton onde foi professor (e onde foi até membro da Faculdade de Matemática, de 1943 a 1945).
É um dos melhores representantes da nova escola americana de música electrónica.
✪ 2 Séries de *Music for the Mass,* 1 quarteto de cordas, *Music for viola and piano,* peças de piano, melodias, composições electrónicas.

BACH, Carl Philipp Emanuel (Weimar, 8 Mar. 1714/Hamburgo, 15 Dez. 1788). Quinto filho (segundo sobrevivente) de J. S. Bach e de Maria Barbara Bach. O seu padrinho foi o célebre Telemann. A par de estudos gerais sérios (São Tomás) e jurídicos (Universidade de Leipzig e de Frankfurt-am-Oder), estudou cravo e composição com o pai. Excepcionalmente dotado desde a infância, tocava de cor ao cravo as obras que via nascer da pena do progenitor. Aos 24 anos, era cravista na corte do príncipe herdeiro da Prússia. Dois anos mais tarde, acompanha-o a Potsdam, quando ele sobe ao trono com o nome de Frederico II. O *Kammercembalist* participa cinco vezes por semana nos concertos reais e tem de acompanhar o rei flautista; tarefa difícil, porque Frederico evidencia um real desprezo pela medida, para grande desgosto do seu cravista. Em 1750, Bach solicita, em vão, suceder a seu pai no cargo de chantre de São Tomás de Leipzig. Terá mais sorte em Hamburgo, em 1767, ao suceder a Telemann como «director de música». Aí, mandou executar muitas obras-primas contemporâneas, entre as quais a *Missa em si,* do seu ilustre pai, *O Messias,* de Haendel, o *Stabat Mater,* de Haydn, o *Requiem,* de Jomenelli. Teórico notável dos instrumentos de tecla, pode considerar-se o pai da técnica pianística moderna. A sua obra *Versuch über die wahre Art das Klavier zu spielen* (1753-1762) é fundamental para o conhecimento do estilo de cravo no século XVIII; Mozart reconhecia dever-lhe muito. Em 1795, ignorando que Bach morrera sete anos antes, Haydn foi a Hamburgo para o ver.

Uma sensibilidade pré-romântica, um gosto marcado pelas pesquisas instrumentais, a predominância do elemento melódico na maioria das suas composições fazem de Bach um precursor: é, talvez, o primeiro compositor romântico.

✪ (Um total de cerca de 700 obras): MÚSICA VOCAL: 2 oratórios, 2 paixões, 1 *Magnificat,* cantatas (sagradas e profanas), muitos *lieder* – MÚSICA INSTRUMENTAL: sinfonias, concertos, sonatas, trios – MÚSICA DE CRAVO: muitas colecções, entre as quais os 6 livros de sonatas, fantasias e rondós destinados aos «amadores» *(für Kenner und Liebhaber), Sonatas* para 2 cravos com orquestra, cerca de 50 concertos – OBRAS LITERÁRIAS: o *Versuch* já citado e notas autobiográficas.

Ø *Magnificat* (Ledger), oito *Simphonies* (Orq. câm. ing.). Concertos de cravo (Dreyfus, Veyron – Lacroix) e de flauta (Rampal).

Bach, Johann Christian (Leipzig, 5 Set. 1735/Londres, 1 Jan. 1782). Último filho de J. S. Bach e de Anna Magdalena Wülken, foi primeiro aluno de seu meio-irmão Carl Philipp Emanuel e, mais tarde, do famoso padre Martini, de Bolonha. Em Itália, converte-se ao catolicismo e até 1760 compõe quase exclusivamente música religiosa sob a orientação do padre Martini: na mesma época, é encarregado de recrutar cantores para as representações de ópera em Turim. É então que se vira para o teatro. As óperas de Bach são representadas, com grande sucesso, em Turim, Milão e Nápoles; é então que estreita relações com os músicos da escola napolitana, nomeadamente com Traetta, Jommelli e Sacchini. Em 1762, Bach troca a Itália pela Inglaterra onde se torna compositor titular do King's Theater. Em Londres, funda com o seu amigo K. F. Abel os Bach-Abel Concerts, uma das primeiras organizações de concertos públicos. Em 1764, acolhe calorosamente o jovem Mozart que se desloca a Londres; interpretam juntos uma sonata, tocando alternadamente um compasso de cada vez. Tornarão a encontrar-se de novo em Paris, catorze anos mais tarde, encontro que, segundo uma carta de Mozart para seu pai, constitui uma grande alegria para ambos. Mas a Paris de 1778-1779 acolhe os dois músicos sem entusiasmo; a ópera *Amadis des Gaules*, motivo da viagem de Bach, não foi bem recebida pela Académie Royale de Musique, embora as suas outras óperas se representassem com êxito em Londres e noutras cidades.

✪ VOCAIS; pelo menos 20 óperas, *pasticcios,* etc.; cantatas profanas (italianas e inglesas), música sacra, árias inglesas e italianas – SINFÓNICAS: 49 sinfonias, 13 aberturas, 31 sinfonias concertantes, 37 concertos – MÚSICA DE CÂMARA: 125 composições (sonatas ou em forma de sonata) para 2, 3, 4, 5, 6 instrumentos – CRAVO: 35 sonatas, sonatas para dois cravos, variações sobre o *God save the King...*

Ø *Dies Irae* (Ensemble Angelicum), *Concertos de Cravo* (Orchestre Angelicum); *Sonatas de Flauta e Quintetos* (Collegium pro Arte).

Bach, Johann Christoph (Arnstadt, 6 Dez. 1642/Eisenach, 31 Mar. 1703). Primo co-irmão do pai de J. S. Bach. Organista em Eisenach. No seu importante trabalho sobre a geneologia da família, Carl Philipp Emanuel

BACH, Johann Christoph

Os *principais músicos da família Bach (no total 38)*

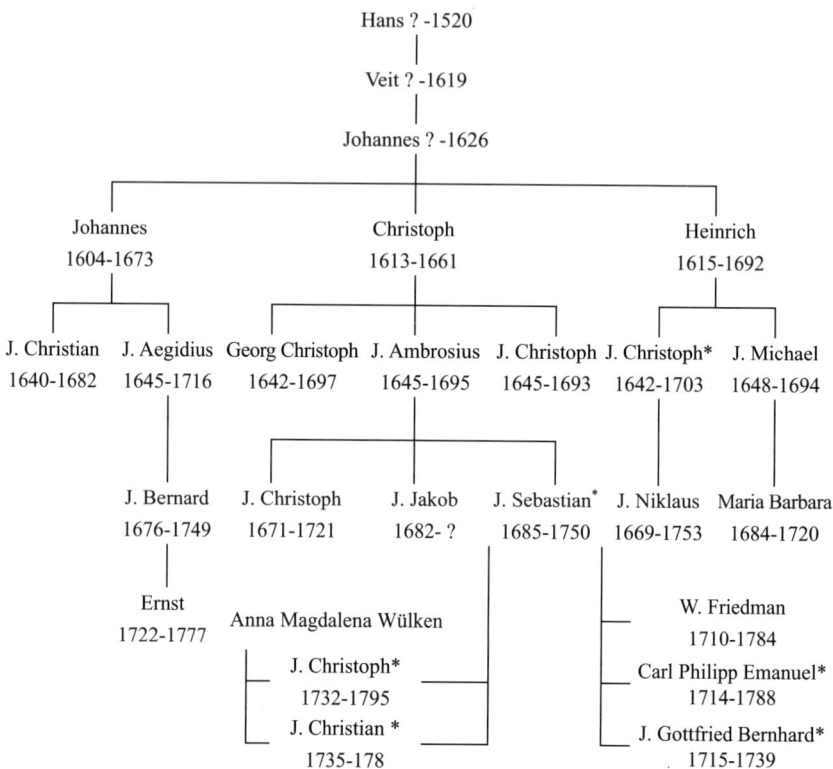

chama-lhe um *gross und ausdrückend Komponist* [um grande e expressivo compositor]. Uma das suas grandes obras corais, *Es erhub sich ein Streit,* para dois coros de 5 vozes e orquestra, foi executada em Leipzig, sob a direcção de seu sobrinho Johann Sebastian, e causou grande impressão.
◯ Cantatas, motetos, 44 corais-prelúdios para órgão.
Ø Moteto *Ich lasse dich nicht* (Caillard).

BACH, Johann Christoph Friedrich (Leipzig, 21 Jun. 1732/Bückeburg, 26 Jan. 1795). Nono filho de J. S. Bach e de Anna Magdalena Wülken, foi exclusivamente aluno de seu pai no campo da música, mas continuou os seus estudos gerais na Universidade de Leipzig. Aos dezoito anos, entra para o serviço do conde Wilhelm de Schaumburg-Lippe, de Bückeburg. Não sairá daí até à sua morte, ou seja, durante 45 anos, com excepção de uma viagem a Londres para visitar seu irmão Johann Christian. A admiração pela música italiana dominava, então, as preocupações musicais do conde; o seu *Kapellmeister* era um tal Serini. Pouco a pouco, Bach conseguiu transformar o pequeno palácio de Bückeburg num importante centro musical. A música italiana esteve sempre em vantagem mas, a partir de 1711, a colaboração de Bach e do excelente poeta J. G. Herder deu origem a uma série de oratórios e de cantatas, obras alemãs verdadeiramente originais. Um dos seus filhos, Wilhelm Friedrich Ernest (1759/1845), foi compositor, mas não alcançou nem o talento nem a celebridade de seu pai e dos tios.

✪ Oratórios e cantatas (das quais muitas se perderam), 3 motetos – 14 sinfonias, 8 concertos de cravo e orquestra, música de câmara. Todas as obras mereciam ser mais conhecidas e aumentar a celebridade insuficiente do seu autor. Algumas sinfonias, por exemplo, são dignas de Haydn.

Ø *Septuor e Trio* (Collegium pro Arte), *Sonata de piano* (F. Petit).

BACH, Johann Sebastian (Eisenach, Turíngia, 21 Mar. 1685/Leipzig, 28 Jul. 1750). Filho de Johann Ambrosius Bach (1645-1694), violinista e violetista, músico das cidades de Erfurt e de Eisenach, ele próprio filho de músico – e de Elisabeth Lammerhirt (1644/1694). Órfão aos dez anos, Bach foi educado em Ohrdruf pelo seu irmão mais velho, Johann Christoph, aluno de Pachebel. Em 1707, casou com Maria Barbara Bach, sua prima (1684/1720), e, em 1721, com Anna Magdalena Wülken, soprano (1701-1760). Do primeiro casamento teve 7 filhos, dos quais 3 morreram na primeira infância (músicos: Wilhelm Friedmann, Carl Philipp Emanuel, Johann Gottfried Bernhard); do segundo, 13 filhos, 6 dos quais morreram na primeira infância (músicos: Johann Christoph, Johann Christian). J. S. Bach fez os seus brilhantes estudos gerais no Gymnasiun de Eisenach e, depois, no Lyceum de Ohrdruf (latim, grego, literatura, história, geografia... e música). Simultaneamente, aprendeu violino com o pai, cravo e órgão com seu irmão Johann Christoph, composição com Herder, o chantre de Ohrdruf. Aos quinze anos, a sua bela voz proporciona-lhe um contrato para Lüneburg, onde trabalha a composição e o órgão, sob a direcção do chantre e do organista de São Miguel. Em Lüneburg, recebeu também, provavelmente, conselhos do grande Böhm. Mas, sobretudo, lê e copia muita música, hábito que manterá até ao fim da vida: alemães (Buxtehude, Reinken, Böhm), franceses (Grigny, Couperin, Marchand), italianos (Frescobaldi, Albinoni, Vivaldi). Em 1705, irá a pé de Arnstadt a Lübeck (cerca de 400 km) para ouvir Buxtehude e se encontrar com ele. Se a vida familiar de Bach foi calma, a sua vida profissional foi agitada, embora nunca tenha saído do país. O seu génio excepcional e grande honestidade artística aliavam-se a uma grande intransigência de carácter que, mais cedo ou mais tarde, o levava a zangar-se com os seus sucessivos patrões ou a envolver-se em longas querelas com as autoridades locais (Leipzig). Embora fosse, por natureza, pouco vaidoso, gostava que remunerassem condignamente o seu talento (discussões persistentes para obter emolumentos, condições de trabalho ou intérpretes dignos dele). No entanto, quer fosse por não ter consciência do seu génio, quer por se preocupar pouco com o futuro, parece que nunca se interessou pela perenidade da sua obra: apenas uma das suas cantatas foi editada em vida (*Gott ist mein König, n.° 71*).

VIDA PROFISSIONAL: 1697-1703: Cantor na igreja de Ohrdruf e, de-

Bach, Johann Sebastian

pois, na igreja de São Miguel de Lüneburg. Primeiras obras (variações e prelúdios para órgão).

1703-1707: Organista da nova Igreja de São Bonifácio, em Arnstadt (hoje em dia chamada Igreja Bach). Aí é interpretada, no Domingo de Páscoa, de 1704, a sua primeira cantata (*Denn du wirst meine Seele*). Torna-se num dos melhores organistas alemães e, em breve, será considerado um dos maiores peritos de órgão.

1707-1708: Tendo sido obrigado a sair de Arnstadt devido às relações tensas com os seus superiores (que lhe não tinham perdoado o facto de ter prolongado por mais três meses uma licença que lhe havia sido concedida, aquando da sua expedição a Lübeck), aceita o lugar de organista de São Brás, em Mühlhausen. Escreve mais quatro cantatas (*n.*^{os} *131, 71, 196 e 106 Actus Tragicus*).

1708-1717: *Kammermusikus* e *Hoforganist* na corte de Weimar e, em 1714, *Konzertmeister*. Período da composição das maiores obras de órgão (Bach dispunha de um instrumento insuficiente, mas que dispunha de um jogo de 32 pés) e de uma importante série de cantatas. É também a época em que Bach descobre os grandes italianos, Albinoni, Corelli, Legrenzi, Frescobaldi (cujos *Fiori musicali* copiou).

1717-1723: *Kapellmeister* na corte de Cöthen. O próprio príncipe tocava *viola da gamba* na orquestra dirigida por Bach. Composição da maior parte das grandes obras instrumentais: *Suites* para orquestra, *Concertos brandeburgueses*, concertos, sonatas diversas, obras de cravo (entre elas, o Livro I do *Cravo bem Temperado*). Em 1721, o príncipe casa com «*eine amusa*» que o desvia da sua arte favorita; Bach, viúvo há um ano, casa-se no mesmo ano; a educação dos seus filhos começa a causar problemas difíceis (Bach é luterano, Cöthen calvinista)... Estes factos fazem-no pensar em deixar Cöthen para suceder, em Leipzig, a J. Kuhnau, chantre de São Tomás, falecido em 1722.

1723-1750: chantre em Leipzig (Telemann recusara este lugar que lhe fora oferecido). Esta nova situação não é nada apelativa. Bach tem de renunciar a escrever para teatro, ensinar música aos alunos da Thomasschule (instituição agostiniana que datava de 1212), obedecer ao conselho da cidade, compor toda a música que lhe seja pedida e não se pode ausentar sem licença do burgomestre... Aos domingos e dias santos, tem de compor, alternadamente, para as igrejas de São Tomás e São Nicolau. Dispõe de um coro de rapazes recrutados entre os alunos de Thomasschule (24 sopranos e contraltos, 30 tenores e baixos) e de um pequeno grupo de instrumentistas medíocres. Para este auditório modesto e estes intérpretes também modestos (e só para eles), compõe a maior parte das suas cantatas de igreja: escreverá cinco séries anuais completas para todos os domingos e dias santos, com uma regularidade e uma rapidez incríveis. Infelizmente, até ao final dos seus dias, a paz desta existência laboriosa será perturbada pelas disputas perpétuas com o conselho da cidade e com as autoridades da escola de São Tomás. Os pretextos para tais discussões serão, de um modo geral, as más condições de execução das suas cantatas e a tendência para menosprezar o ensino da música nas «humanidades» clássicas. Durante este longo período, Bach fez quatro curtas viagens: Weimar, Cassel, Dresden (onde se encontra com Hasse e sua mulher, a célebre cantora Faustina Bordoni), Berlim, Potsdam (onde é recebido pelo rei Frederico, a quem dedicara a *Oferenda musical*).

No final de 1749, os olhos do chantre, cansados por cópias musicais demasiado longas e minuciosas, quase não vêem. É operado por um célebre cirurgião, o cavaleiro John Taylor (que, dois anos mais tarde, cegará Haendel): fica completamente cego. À paralisia ocular e à infecção que se seguiram, juntaram-se os efeitos de uma medicação mortífera: Bach faleceu às 20:45 do dia 28 de Julho de 1750, com a idade de 66 anos. Foi sepultado na Igreja de São João. Os seus restos mortais foram exumados, em 1894, e o seu crânio foi transladado para a Igreja de São Tomás. Sobreviveram-lhe nove dos seus numerosos filhos: Régine Susanna, a mais nova, faleceu, na maior miséria, em 1809 (Beethoven prometeu enviar a sua contribuição para uma subscrição aberta em seu favor... mas não parece ter cumprido a palavra).

✪ (A obra integral foi publicada pela Bachgesellschaft): *Paixão Segundo São João* (1723), *Paixão Segundo São Mateus* (1729), *Paixão Segundo São Marcos* (perdida; grandes fragmentos eram retirados da cantata *Trauer Ode*), *Paixão Segundo São Lucas* (de autenticidade muito duvidosa) – Uma grande *Missa em Si menor* (cada um dos cantos do «ordinário» da liturgia católica foi nela desenvolvido ao ponto de formar uma cantata em várias partes), 4 missas luteranas (apenas *Kyrie* e *Glória*), *Oratório de Natal* (1734; suite de seis cantatas), *Oratório da Páscoa* (1736; sob a forma de uma cantata), *Oratório da Ascensão* (cantata n.º 11), *Magnificat* – 5 ciclos anuais de cantatas de igreja (ou seja, cerca de 300: restam 202, das quais umas 12 estão incompletas ou são de autenticidade duvidosa), 25 cantatas profanas – OBRAS DE ÓRGÃO: 144 corais, 6 sonatas, 6 concertos, prelúdios (ou *Toccatas*) e fugas, um grande *Passacaglia* (a obra-prima da música de órgão) – OBRAS DE CRAVO: *Das Wohltemperierte Klavier* («O Cravo bem Temperado»; 2 volumes, tendo cada um 24 prelúdios e fugas); 6 *suites «inglesas»*, 6 *suites «francesas»*, partitas, invenções a 2 vozes – CONJUNTOS INSTRUMENTAIS: 4 *Ouvertüren* (ou «suites») para orquestra, 6 *Concertos Brandeburgueses*, concertos (de 1 a 2 violinos, de 1, 2, 3, e 4 cravos, de cravo, flauta e violino), *Das musikalische Opfer* (flauta, violino, baixo contínuo), 6 sonatas de violoncelo solista, sonatas (de flauta e cravo, de violino e cravo, etc.), *Die Kunst der Fuge* (17 fugas e 4 cânones sobre as transformações de um mesmo tema): obra inacabada e não instrumentada. Os elementos fundamentais que garantem a universalidade da obra de Bach são, por um lado, o carácter essencialmente polifónico do génio criador e, por outro, a omnipresença do coral luterano. Coral e polifonia são as dimensões privilegiadas desta obra, que constitui o mais formidável trabalho de síntese da história da música. Houve quem pintasse Bach como um músico revolucionário: isso é desconhecer a verdadeira inclinação do seu génio. Bach desconfia das formas novas que ainda não foram muito experimentadas.

A sonata não tem maturidade; se é verdade que lhe dedica alguns tesouros de inspiração, não é menos verdade que se sente mais à-vontade na *suite*. A ária de ópera é demasiado superficial e ainda não adquiriu carta de nobreza... Se, por um lado, enriquece, com intenções práticas, a instrumentação pura, o fabrico dos instrumentos e a técnica de execução instrumental, em contrapartida contribui pouco para a ciência moderna da orquestração. Para ele, a instrumentação de uma obra consiste em «personalizar» cada uma das partes de uma composição polifónica. A obra de Bach é resultado de oito séculos de contraponto e das diferentes civilizações musicais que o precederam. Elevando ao mais alto grau de perfeição todas as principais formas tradicionais, ela lega à posteridade o somatório do saber musical europeu. Bach não só leu ou copiou toda a música que lhe chegou às mãos como integrou também na sua obra as formas e melodias dos seus antecessores e contemporâneos. Utilizou temas de Corelli, Legrenzi, Couperin, Albinoni, Vivaldi, Marcello, Telemann, ou escreveu transcrições das suas obras (em especial, de Vivaldi)... Todas estas obras se tornam, então, de Bach, devido ao milagre do génio. O próprio velho coral luterano é assimilado de tal modo que, ao ouvirmos a melodia simples, despojada da harmonização e da «figuração», julgamos a estar a ouvir um «coral de Bach». E estas velhas melodias populares dos corais, cujos intervalos familiares se encontram à volta das mais sábias arquitecturas sonoras, dão a toda a obra de Bach um perfume de intimidade, um andamento que tranquiliza, que garantem a esta música, apesar de refinada e complexa, a maior audiência.

A obra de Bach, que é, ao mesmo tempo, a conclusão e o ponto de partida de uma cultura prodigiosa, constitui o fecho de abóbada da história musical europeia.

Ø *Paixão Segundo São Mateus* (Harnoncourt), *Paixão Segundo São João* (Gronenwein), *Missa em Si* (Corboz), *Oratório de Natal* (Münchinger) – *Cantatas* (Rilling), *Magnificat* (Münchinger), *Missas Breves* (Corboz) – *Obra de órgão* (Chapuis), *Concertos Brandeburgueses* (Collegium Aureum), *Suites para orquestra* (Collegium Aureum), *Concertos de Cravo* (Leppard), *Cravo bem Temperado* (Ruzickovà), *Suites inglesas, Suites francesas, Variações Goldberg* (Ruzickovà), *Sonatas de violino solista* (Grumiaux), *Sonatas para viola da gamba e cravo* (Cervera, Puyana).

BACH, Wilhelm Friedmann (Weimar, 22 Nov. 1710/Berlim, 1 Jul. 1784). Segundo filho de J. S. Bach e de Maria Barbara (o mais velho dos rapazes). Fez os seus estudos gerais em Cöthen e, depois, na Thomasschule de Leipzig e os seus estudos de Direito na Universidade de Leipzig. Seu pai, que o considerou sempre o mais dotado dos seus filhos, encarregou-se da sua formação musical e compôs, para o ensinar, os 9 *Pequenos Prelúdios e Fugas*, o *Klavierbüehlein vor* (sic) *Wilhelm Friedmann Bach,* seis sonatas para órgão e os primeiros prelúdios e fugas do *Cravo bem Temperado*. A natureza das suas composições confirma a opinião dos contemporâneos, segundo a qual W. F. Bach era um grande virtuoso do teclado. Foi nomeado, sucessivamente, organista de Santa Sofia, de Dresden (1733), depois, chantre de Notre-Dame de Halle (1746) com o título de *director musices* da cidade; aí, tinha à sua disposição excelentes conjuntos. No entanto, em 1762, aceitou as funções de *Kapellmeister* de Darmstadt, mas ignoramos se ocupou de facto o lugar. Só se demitiu das suas funções em Halle em 1764 e, a partir de então, parece ter levado uma vida independente, sem emprego fixo, primeiro em Halle e depois em Brunswick e Berlim. Os seus recitais de órgão causam sensação, arranja alguns alunos influentes, mas durante os últimos 20 anos da sua vida, a sua situação material torna-se cada vez mais precária. Em Brunswick, deixa empenhada parte dos manuscritos de seu pai (entre os quais *A Arte da Fuga:* nunca se chegou a saber se tinham sido vendidos) e vive de expedientes de todo o tipo; é assim que atribui a seu pai algumas das suas composições, na esperança de facilitar a sua venda. Morre na miséria, devido a uma infecção pulmonar; ignora-se a localização da sua sepultura. A sua negligência, a sua extravagância, a sua falta de delicadeza, granjearam-lhe muitas inimizades; mas há que atribuir à malevolência a lenda de um músico boémio, ébrio e devasso.

W. F. Bach demonstrou possuir um talento verdadeiramente profético, que alia a velha ciência do contraponto a uma inspiração romântica e até impressionista (*Fantasias*). Contribuiu, tanto como o seu irmão Carl Philip Emanuel, para o aperfeiçoamento das formas modernas da sonata e do concerto. As suas composições, muito pouco conhecidas, revelam a mais forte personalidade entre todos os filhos do grande J. S. Bach.

✪ *Deutsche Messe* em *ré menor*, 21 cantatas, 9 *Sinfonie,* obras de órgão (fugas, prelúdios de coral), música de instrumentos de tecla (12 sonatas, 8 fugas, 42 polacas, 10 fantasias, uma dezena de concertos).

Ø *Sonata em lá maior* (Neumeyre), *Concertos de Cravo* (Haudebourg).

BALAKIREV, Mily (Nijni-Novgorod, 2 Jan. 1837/São Petersburgo, 29 Maio 1910). Autodidacta; fundador do Grupo dos Cinco (Cui, Borodine, Mussorgski, Rimski e Balakirev), todos autodidactas e, a princípio, amadores. Recebeu de sua mãe as primeiras lições de música; depois, ainda quando estudante do Instituto Alexandrovski da sua cidade natal, aperfeiçoou a sua educação musical em casa do rico amador A. D. Ubilichev (autor de obras sobre Mozart e Beethoven). Este mecenas abriu-lhe a sua importante biblioteca musical e contratou-o como assistente de um tal Eisrich, organizador dos seus concertos privados. Três anos mais tarde (1855; Balakirev estuda então matemática na Universidade de Kazan), Ubilichev leva-o a São Petersburgo e apresenta-o a Glinka: a sua vocação para a música é certa. Em breve, começa uma importante carreira de pianista, conhece Cui e Mussorgski: funda em São Petersburgo uma escola livre de música e, ao mesmo tempo, o Grupo dos Cinco; descobre os tesouros do folclore russo (nomeadamente durante uma viagem pelo Cáucaso); começa a edição completa das obras de Glinka; dá aulas, supervisiona o trabalho dos seus amigos compositores, organiza e dirige concertos, funda associações, faz petições, etc. A sua actividade abranda devido a uma grave doença (encefalite?) cujas sequelas o acompanharão durante toda a sua vida (enxaquecas, perturbações nervosas e psíquicas). Em 1883, é nomeado director da capela imperial, tendo como assistente Rimski-Korsakov. O seu papel na fundação da escola musical russa é tão importante como o de Glinka. Exerceu considerável influência sobre todos os seus compatriotas músicos devido ao seu entusiasmo, dedicação e conhecimento, por um lado, do folclore russo e, por outro, das formas e dos estilos da Europa Ocidental.

✪ MÚSICA SINFÓNICA: 2 Sinfonias; *Abertura Espanhola, Abertura Checa,* 2 poemas sinfónicos *(Rússia e Thamar), Abertura Sobre Três Temas Russos* – MÚSICA DE PIANO; uma sonata, a fantasia *Islamey,* 3 nocturnos, 7 mazurcas, 7 valsas, 3 *scherzos* e 2 concertos com orquestra – MÚSICA VOCAL: muitas melodias, coros, cânticos religiosos.

Ø *Abertura* (Somogyi), *Islamey* (Katchen).

BALBASTRE, Claude (Dijon, 22 Jan. 1727/Paris, 9 Abr. 1799), Organista da Catedral de Dijon e, mais tarde, em Paris, da Igreja de Saint-Roch e, finalmente, de Notre-Dame. Professor de cravo de Maria Antonieta. Embora tenha sido aluno do grande Rameau, o seu talento foi apenas brilhante e fácil.

✪ 2 livros de *Pièces de Clavecin, Noëls formant quatre suites* para órgão.
Ø *Noëls* (Récital M. C. Alam).

BANCHIERI, Adriano (Bolonha, 3 Set. 1568/Bolonha 1634). Organista e teórico; monge olivetano. Fundador da Academia dei Floridi, em Bolonha, relacionou-se com Monteverdi (a quem visitou no Mosteiro do Monte Oliveto), Vecchi, Frescobaldi e muitos outros compositores do seu tempo, acerca dos quais dá informações preciosas nas suas *Conclusioni del suono dell' organo.* Inovador genial, foi provavelmente o primeiro a utilizar a cifração do baixo contínuo *(Concerti Ecclesiastici,* 1595), as indicações *f* e *p* (moteto *Ego Domino,* 1613) e a barra na sua acepção moderna (composições vocais em partitura).

✪ (Obra enorme): 13 composições dramáticas (intermédios em forma de madrigais), música vocal sacra (missas, motetos, *Concerti Ecclesiastici*) e profana (madrigais, *Canzonnette*), música instrumental *(Canzoni alla francese a 4 voci per sonar*), *Moderna harmonia* para órgão, 14 obras teóricas.

Ø *La Pazzia Senile,* madrigal dramático (Sextuor Marenzio), *Il festino* (Sextuor Marenzio).

BARBER, Samuel (Westchester, Pensilvânia, 9 Mar. 1910/Nova Iorque, 23 de Jan. 1981). Aluno do Curtis Institut de Filadélfia, ganha o Prémio de Roma americano e o Prémio Pulitzer, em 1935. A sua música, de inspiração bastante romântica, adaptou-se inicialmente a um estilo muito tradicionalista; mas a partir de 1940, mais ou menos, Barber adoptou uma forma muito mais pessoal, na linha de Stravinski.

✪ *Medea* (bailado), 2 sinfonias, *Capricorn Concerto* de flauta, oboé, trombeta e cordas, concerto de violino, concerto de violoncelo, sonatas de piano, 2 quartetos de cordas,

Prayers for Kierkegaard (coros e orquestra), muitas melodias.
Ø *Medea,* extracto (Munch).

BARRAUD, Henry (Bordéus, 23 Abr. 1900/28 Dez. 1997). Aluno de Caussade, Dukas e L. Aubert. Depois de 1944, foi director de música na RTF e, mais tarde, director do canal France III. A sua inspiração orienta-se no sentido da grandeza e, por vezes, de algum ascetismo, que se traduz no desprezo da ornamentação em favor da expressão, do pormenor em favor da ideia mestra.
✪ A ópera *Numance*, a ópera-cómica *La Farce de Maître Pathelin,* o bailado *L'Astrologue,* um mistério segundo Péguy (*Les Saints Innocents*), *Te Deum, 3 Sinfonias,* Concerto de piano, música de câmara.
Ø *Mistère des Saints Innocents* (Bruck), *Symphonie n.º 3* (Munch).

BARSANTI, Francesco (Lucca, c. 1690/ /Londres, ?). Flautista, oboísta e violetista. Em 1714, vai para Inglaterra com Geminiani e estabelece-se, primeiro, em Londres, depois (cerca de 1740) em Edimburgo, na Escócia, e de novo em Londres, onde termina os seus dias em casa da filha, cantora do Covent Garden.
✪ *6 antifone* no estilo de Palestrina, 9 *Overture a quattro, Concerti grossi,* sonatas para vários instrumentos.
Ø *Concerti grossi* (Colombo).

BARTÓK, Béla (Nagyszentmiklos, Hungria, actualmente Sînnicolaul Mare, Roménia, 25 Mar. 1881/Nova Iorque, 26 Set. 1945). Sua mãe deu-lhe as primeiras lições de piano, aos seis anos, estudos que continuou sob a direcção de L. Erkel, de 1894 a 1899, em Pozsony (Presburgo, actual Bratislava) e veio a terminar no Conservatório de Budapeste (1899-1903). Os compositores que exerceram a influência mais profunda sobre o seu estilo foram, por um lado, Bach, Beethoven e Liszt e, por outro, os seus contemporâneos húngaros e franceses. O notável pianista Bartók estreou-se em público aos dez anos, com um andamento de sonata de Beethoven e uma obra de sua autoria, *O Curso do Danúbio*; mas o primeiro concerto sério da sua carreira, durante o qual tocou a sonata de Liszt, realizou-se em Budapeste, em 1901. A sua primeira obra importante, criada em 1904 em Manchester, sob a direcção de Hans Richter, foi o poema sinfónico *Kossuth*, no qual se combinam a influência de Strauss (Bartók acabara de descobrir o seu *Zaratustra*) e uma certa inspiração nacionalista húngara. É nesta época que Bartók descobre a música dos camponeses húngaros («Cada uma das nossas melodias populares é um verdadeiro modelo de perfeição artística», escreverá em 1928) e conhece Kodály (1905). Em 1906, os dois amigos publicam juntos a sua primeira recolha de folclore. Depois, Bartók irá anotar e gravar, em rolos fonográficos, cerca de 10 000 melodias populares húngaras, eslovacas, romenas, ucranianas, servo-croatas, búlgaras, turcas, árabes (do Sul da Argélia), trabalho de uma amplitude e de uma qualidade científica sem precedentes. Entretanto, a reputação do pianista vai aumentando (em 1907, é nomeado professor do Conservatório de Budapeste); a do compositor data da criação em Budapeste, em 1918, do *Castelo do Barba-Azul*. Bartók toca, então, as suas obras em todos os

BARTÓK, Béla

países da Europa e nos Estados Unidos da América (1927-1928), mas o seu próprio país ainda não reconhece o seu talento. O seu *Mandarim Maravilhoso*, composto em 1919, é criado em 1926, em Colónia; só será apresentado num teatro húngaro em 1945. A sua obra-prima *Música para Instrumentos de Corda, Percussão e Celesta*, foi composta, em 1936, para a orquestra de câmara de Basileia. Em 1940, a invasão da Hungria pelos nazis força-o a exilar-se: aceita um convite da Columbia University e embarca para Nova Iorque. Durante dois anos extenuantes, ao mesmo tempo que continua os seus trabalhos sobre folclore, multiplica as conferências e os concertos (toca, nomeadamente, a sua Sonata para 2 pianos e percussão, com sua mulher, Ditta Pàsstory).

Mas não obtém o êxito esperado, sente-se extremamente fraco e a sua situação financeira é trágica. «Desde que ganho a vida que nunca estive numa situação tão difícil», escreve. Os seus amigos e a Associação dos Compositores Americanos ajudam-no. Menuhim encomenda-lhe a *Sonata para Violino Solista*, Kussevitski o *Concerto para Orquestra*, Primerose, o *Concerto de Violeta*. Termina a *Sonata* e o *Concerto para Orquestra*, bem como um terceiro concerto de piano (só faltaram alguns compassos); mas deixa inacabados o *Concerto de Violeta* e um sétimo quarteto de cordas (em esboço). Morre de leucemia no West Side Hospital, de Nova Iorque, «Tenho de partir e ainda tenho tanto para dizer», diz ao seu médico, pouco antes de morrer.

✪ TEATRO: 1 ópera; *O Castelo do Barba-Azul* (Budapeste, 1918); 2 bailados: *O Príncipe de Pau* (Budapeste, 1917) e *O Mandarim Maravilhoso* (Colónia, 1926) – VOZ: *Cantata Profana,* arranjos de canções folclóricas húngaras, romenas, eslovacas, ucranianas, muitas melodias – ORQUESTRA: 2 suites, *Música para Instrumentos de Corda, Percussão e Celesta* (1936), *Divertimento para Orquestra de Arco* (1939), *Concerto para Orquestra* (1943) – CONCERTOS: 3 de piano, 1 de violino, 1 de violeta – PIANO: *Bagatelas, 2 Danças Romenas, 6 Danças Romenas* (é célebre a transcrição para piano e violino feita por Székely), *Allegro Barbaro*, Sonatina, Sonata, *Suite op. 14, Microcosmos* (153 peças de dificuldade crescente em 6 volumes) – MÚSICA DE CÂMARA: 6 quartetos de cordas, *Contrastes* para violino, clarinete e piano, 44 duos para 2 violinos, 2 sonatas para violino e piano. Falando de Kodály, Bartók escrevia, em 1921: «A sua arte tem, tal como a minha, uma raiz dupla; procede da música popular húngara e da música francesa moderna». Bartók tinha conseguido assimilar o estilo da música popular ao ponto de inventar naturalmente melodias de folclore: salvo raras excepções (e salvo indicações de origem), ele nunca utilizou temas populares autênticos para os incorporar nas suas obras.

A esta inspiração sobrepõe-se um estilo melódico particular, que atinge a perfeição na *Música para Instrumentos de Corda, Percussão e Celesta* e que se caracteriza por um regresso frequente a uma espécie de som central. Tudo é excepcional nesta música talhada no cristal: a transparência e a ambiguidade tonal da harmonia, a profunda originalidade da instru-

mentação (sonoridades inauditas dos instrumentos de corda na *Música para instrumentos de corda...* ou no *Sexto Quarteto*, a graciosidade da orquestra no *Intermezzo* do *Concerto para Orquestra,* por exemplo), a liberdade do génio criador.
Ø *O Castelo do Barba-Azul* (Kertezz), *Cantata Profana* e *O Mandarim Maravilhoso* (Boulez), *Música para Instrumentos de Corda* (Lehel), *Concerto para Orquestra* (Solti), *Concertos de Piano* (Anda), *Concerto de Violino* (Stern), *Divertimento* (Orquestra de câmara húngara), *Quartetos de Cordas* (Tatrai), *Sonata para Dois Pianos e Percussão* (Koutarski), *Suite op. 14* e *Burlescas* (Sebok).

BASSANI, Giovanni Battista (Pádua, cerca de 1657/Bérgamo, 1 Out. 1716). Violinista e organista, foi presidente da Academia dei Fillarmonici de Bolonha e mestre de capela em Modena, Ferrara e Bérgamo, sucessivamente. O seu estilo é nobre e a escrita muito cuidada. Infelizmente as cópias das suas obras são raras.
✪ 6 óperas, 10 oratórios, missas, cantatas, motetos, 12 sonatas para 2 violinos e baixo contínuo (*op. 5*).

BAUDRIER, Yves (Paris, 11 Fev. 1906//Paris, 9 Nov. 1988). Autodidacta. Fundador do grupo Jeune France, que se propõe reagir contra todos os academistas, tradicionais ou de vanguarda (com Jolivet, Lesur, Messiäen). Interessou-se bastante pela música de filmes, tendo contribuído para a renovação da sua estética. Em 1945, fundou com Marcel l'Herbier, o Instituto de Altos Estudos Cinematográficos (IDEHC)

✪ *Credo du pauvre diable* para coros e orquestra, obras sinfónicas, (*Le Bataille du Rail, M le Maudit, Le Château de Verre*), quarteto de cordas.

BAX, Sir Arnold (Londres, 8 Nov. 1883/Cork, 3 Out. 1953). Mestre da música da corte, a partir de 1941, foi nobilitado pela rainha Isabel II, em 1953. As suas inúmeras composições, muito tradicionalistas, revelam uma técnica de escrita notável ao serviço de uma inspiração romântica.
✪ 2 bailados, 7 sinfonias, poemas sinfónicos, *Symphonic Variations* e *Winter Legends* para piano e orquestra, 4 sonatas para piano, inúmeras melodias.

BECK, Franz (Mannheim, 15 Fev. 1723/Bordéus, 31 Dez. 1809). Aluno de J. Stramitz, em Mannheim, e de Galuppi, em Veneza. Tem de se refugiar em França em consequência de um duelo. Instala-se em Bordéus como organista de Saint-Seurin e director de orquestra do teatro.
Obras para o teatro, música religiosa (um belo *Stabat Mater*), 30 sinfonias (na tradição da escola de Mannheim), 12 sonatas de cravo.

BEETHOVEN, Ludwig von (Bona, 15 Dez. 1770/Viena, 26 Mar. 1827). Seu pai, Johann (1740/1792), tenor da capela do Eleitor de Colónia, era, por sua vez, filho de um mestre de capela do Eleitor, nascido em Malinas e fixado em Bona, e tinha herdado da mãe uma propensão para a bebida, que se acentuou até provocar o seu despedimento nos últimos anos de vida – a mãe de Beethoven M. M. Keverich (1746/1787), filha de um cozinheiro, era, em contrapartida, doce e boa. Teve sete filhos, dos quais só sobreviveram três: Ludwig, Kaspar e Johann. Kaspar teve um filho, Karl (1806-1858), pessoa bastante medíocre cuja tutela foi confiada ao tio Ludwig. Beethoven fez estudos gerais sumários, que não parece se terem prolongado para além dos onze anos. Em contrapartida, evidenciou, desde muito novo, dons musicais e seu pai ensinou-lhe piano, violino e órgão. Aos nove anos, foi entregue aos cuidados de Christian Neefe, organista e compositor, que lhe deu a conhecer os mestres alemães do século XVIII posteriores a Bach e o ensinou a conhecer os mestres da composição. Os seus progressos foram tão rápidos que em 1784 era segundo organista da capela do Eleitor. Um pouco mais tarde, era violetista na orquestra da corte, onde se tocava Mozart, Cimarosa, Pergolesi, Paisiello, Gluck. Em 1787, o Eleitor manda o jovem Beethoven para Viena, a fim de estudar com Mozart, mas em breve regressa a Bona para assistir à morte da mãe. Não volta logo a Viena mas em 1789, consciente talvez das lacunas da sua cultura geral, matricula-se na universidade para estudar literatura e filosofia alemãs. Quando, cinco anos mais tarde, perde o pai, tem vinte e dois anos: é o chefe da família, entregue a si mesmo... ou melhor, à protecção de amigos dedicados, entre os quais figuram a senhora von Breuning e o conde Waldstein. Está então em Viena, desde há um mês, a fim de estudar com Haydn, que conhecera em Julho, em Bona. Estes ensinamentos serão completados, dois anos mais tarde, por Albrechtsberger e Salieri. Nesta época, Beethoven é elegante, mundano, faz a corte às raparigas no Prater. Graças às cartas de apresentação do conde Waldstein, é recebido pela alta sociedade vienense, que o aprecia como compositor e pianista: é um improvisador notável que já em 1787 espantava Mozart. É muito solicitado e, quanto ao resto, vive do seu talento (recitais, aulas, composições, dedicatórias...). Em 1796, faz uma série de viagens a Nuremberga, Praga, Dresden, Berlim e, depois, não torna a abandonar Viena e arredores. Apesar das reservas de uma parte da crítica que arrasa todas as obras novas, o êxito do jovem mestre vai aumentando; encontra empregos bem pagos e vende honrosamente a sua música; tem muitos amigos dedicados e poderosos, entre os quais a família Brunswick, o príncipe Lichnowski, o príncipe Lobkowitz, o arquiduque Rodolfo, o violinista F. A. Ríes... Se não fossem a surdez e os dissabores causados pelo seu sobrinho, poderia ter sido um músico e um homem satisfeito. Convém tomar em consideração o muito que há de lenda no que respeita às suas infelicidades, às suas dificuldades financeiras, à sua solidão. Em 1803, organiza, no Teatro An der Wien, um grande concerto (*Cristo no Monte das Oliveiras*, a *Primeira* e *Segunda Sinfonia*, o *Terceiro Concerto*) que lhe proporciona uma receita de 1800 florins. Em 1807, o compositor-editor Clementi compra os *3 Quartetos op. 59*, a *Quarta Sinfonia*, a abertura de *Coriolano* e o *Concerto de Violino* por uma elevada soma. O conde Oppersdorf tinha já pago 350 florins pela dedicatória da *Quarta Sinfonia*. Finalmente, em 1809, os seus ricos protectores concedem-lhe uma pensão anual de 4000 florins para ficar em Viena e recusar a oferta de Jerónimo

Bonaparte para se instalar em Kassel (depois da falência de Lobkowitz e da morte de Kinski, nunca recebeu em média, até morrer, mais do que cerca de um terço desta pensão). Depois da sua morte, descobriu-se que tinha poupado aproximadamente cerca de 10 000 florins. Apesar do insucesso de *Fidelio*, em 1805, numa Viena sobreaquecida onde Napoleão acabara de se instalar, apesar do êxito medíocre do concerto onde foram dadas, em primeira audição, a *Quinta* e a *Sexta Sinfonias* e o *Quarto Concerto de Piano* (compreende-se o espanto de um público pouco «moderno» perante tanta novidade), Beethoven tornava-se o músico mais célebre da Europa. A sua vida sentimental foi, certamente, menos feliz do que a profissional, mas não podemos tirar conclusões de um insucesso amoroso cujo balanço e investimentos conhecemos tão mal: parece que Beethoven conduziu mal os seus casos sentimentais e que sofreu com seus malogros tanto na sua vaidade como na sensibilidade.

O verdadeiro grande drama da sua vida – e é grande mesmo – foi, incontestavelmente, a surdez, cujos primeiros sintomas se fazem sentir logo em 1798-1799, e que provoca o grito de desespero do «Testamento de Heiligenstadt» dirigido a seus irmãos, documento tanto mais patético e humano quanto podemos ver, graças a uma vontade extraordinária, que Beethoven ultrapassara a depressão desse ano de 1802; entre 1804 e 1808, compõe a *Quinta Sinfonia* e a *Sonata Appassionata* mas também o *Concerto de Violino* e a *Sexta Sinfonia*.

À tragédia do silêncio exterior que o oprime e humilha, vêm juntar-se, a partir de 1815, os intermináveis aborrecimentos que lhe causa a tutela de seu sobrinho Karl. No entanto, é então que começa a época de composição das maiores obras. A sua fama é universal: recebe a visita de Rossini, de Schubert, de Weber e do jovem Liszt, então com onze anos. Mas não os compreende: independente, orgulhoso, misantropo, cria voluntariamente o vazio à sua volta, ao anunciar o seu génio e refugia-se nos cumes da arte. A *Missa Solemnis* e a *Nona Sinfonia* obtêm, em 1824, um êxito que deixa indiferente este homem superior. Mais ainda, talvez, do que os últimos quartetos ou as últimas sonatas, estas duas obras excepcionais exaltam numa apoteose a nobreza de carácter e o génio de Beethoven. A partir de 1825, está sempre doente (reumatismo, dores de estômago, icterícia crónica); morre na tarde de 26 de Março de 1827, de cirrose hepática. Nas suas exéquias, acompanhadas por uma grande multidão, Czerny e Schubert levaram os círios. Em 1888, os seus restos mortais foram exumados e transladados para o cemitério central de Viena, onde repousam ao lado dos de Schubert.

✪ 2 missas (*dó maior* e *Missa solemnis em ré maior*), diversas obras corais e cantatas de circunstância, *Cristo no Monte das Oliveiras* (oratório) – *Fidelio*, ópera em três actos (Viena, 1805), de que existem 4 aberturas (três têm como título *Leonora*), *As Criaturas de Prometeu* (bailado), aberturas e música de cena para *Egmont, Coriolano* e *As Ruínas de Atenas* – 9 sinfonias (*dó maior, ré maior, mi bemol maior, si bemol maior, dó menor, fá maior, lá maior, ré menor*), 5 concertos de piano, 1 concerto de violino, 1 triplo-concerto de violino,

BEETHOVEN, Ludwig von

violoncelo e piano, fantasia para piano, coros e orquestra − 32 sonatas de piano, várias séries de variações para piano (das quais as mais célebres são as *32 Variações Sobre uma Valsa de Diabelli*), 10 sonatas de violino, 5 sonatas de violoncelo, 8 trios com piano, 5 trios de cordas, 3 quartetos com piano, 17 quartetos de cordas, 2 quintetos, 1 septimínio − numerosos *lieder*, entre eles o célebre ciclo *An die ferne Geliebte*, e arranjos de 57 canções irlandesas, 37 escocesas e 26 galesas.

Já se disse tudo acerca da sua arte, mas nunca é demais insistir no facto de que ele representa o apogeu da arte clássica do século XVIII. Engrandece as formas e aperfeiçoa-as, ao ponto de as tornar quase definitivas; mas, sobretudo, foi o primeiro a desviar essa arte do seu destino aristocrático ao dirigir-se, para além do público de um espectáculo, a toda a humanidade, digna de dó e fraternal. Foi o primeiro grande músico a ser tocado pelo espírito liberal e democrático do seu tempo. A divisão da sua obra em três períodos (efectuada por W. von Lenz) é aproximativa, mas cómoda, inteligente: Até 1800: *Sinfonia n.° 1, Concertos de Piano n.ºs 1 e 2, Sonata Patética* (estilo de Haydn, com toques muito pessoais na instrumentação e na escrita polifónica). 1800-1814: *Fidelio, Sinfonias n.ºs 2, 3, 4, 5, 6, 7, 8, Concertos de piano n.ºs 3, 4, 5, Concerto de Violino, Sonata Appassionata* (pesquisas instrumentais, substituição do *scherzo* pelo minueto, oposição de dois temas no primeiro andamento da sonata e da sinfonia, onde o tema B é muito aumentado).

1814-1826: *Nona Sinfonia, Missa Solemnis*, últimas sonatas, últimos quartetos, *Bagatelas op. 119 e 126* (o rebentar dos moldes clássicos, espiritualização da forma, exoterismo subjectivo em algumas obras, proporções por vezes monumentais)

Ø *Missa Solemnis* (Karajan) − *Fidelio* (Maazel) − *As 9 Sinfonias* (Karajan) (também Böhm ou Kletzki) − *Concertos de Piano* (Brendel), *Concerto de Violino* (Oistrakh, Cluytens) − *Sonatas de Piano* (Brendel), *Bagatelas* (Schnabel), *Sonatas Piano--Violino* (Oistrakh, Oborine), *Sonatas e Variações Violoncelo-Piano* (Fournier, Kempff), *Quartetos de Cordas* (Quarteto Italiano), *Trios com Piano* (Beaux-Arts Trio), *Lieder* (Fischer--Diskan).

BELLINI, Vincenzo (Catânia, 3 Nov. 1801/Puteaux, 23 Set. 1835). Filho de um humilde organista siciliano, foi enviado para Nápoles graças à generosidade de um rico senhor de Catânia que o fez entrar para o Conservatório (dirigido então por Zingarelli). Aí, teve a segunda grande oportunidade da sua vida, quando conseguiu que as suas obras fossem ouvidas pelo célebre empresário Domenico Barbajo que, entre 1826 e 1829, lhe encomendou três óperas para o San Carlo e o Scala. O êxito sorriu a Bellini, tanto no amor como na arte, de modo quase permanente. Em 1833, foi a Paris onde, por indicação de Rossini, o Théâtre-Italien lhe encomendou *I Puritani*. Bellini, que tinha um tumor no intestino, morreu quase subitamente em casa de um amigo, em Puteaux, em frente à ilha de Amour. O seu funeral realizou-se nos Inválidos; a cerimónia foi dirigida por Rossini, Cherubini, Paer, Carafa e Habeneck; Rubini, Ivanov,

Tamburini e Lablache cantaram melodias do defunto adaptadas à liturgia. Foi sepultado no Père Lachaise, mas os seus restos foram exumados, em 1876, e transportados para uma sepultura definitiva em Catânia.
◯ 11 óperas, entre as quais: *I Capulletti ed i Montecchi* (Veneza, 1830), *La Sonnambula* (Milão, 1831), *Norma* (criada pela Pasta, Milão, 1831), *I Puritani di Scozia* (com Grisi, Tamburini, Rubini, Lablache, Paris, 1835). Bellini foi um dos mais maravilhosos criadores de melodias; como tal, exerceu profunda influência no génio de Chopin. Ele próprio estudara os quartetos de Haydn e de Mozart para encontrar aí a essência da inspiração melódica. Não reteve mais nada, porque a sua harmonia e a sua instrumentação são, muitas vezes, elementares... Mas, tal como são, as suas óperas são imortais: preciosas antologias do *bel canto*, são ricas em modelos de melodias puras, delicadas e flexíveis, em que o génio conserva sempre uma medida delicada.
Ø *Norma* (Callas/Serafin), *I Puritani* (Serafin), *La Sonnambula* (Callas, Volto) e diversas antologias.

Bellman, Carl Mikael (Estocolmo, 4 Fev. 1740/Estocolmo, 11 Fev. 1795). Poeta. Musicou os seus dois principais livros de poemas (*Fredmans epistlar* e *Fredmans sanger*), criando, deste modo, um admirável repertório de canções, muito populares na Suécia. Não compôs melodias originais, mas adaptou e harmonizou, em colaboração com o compositor O. Ahlström, canções francesas, árias de ópera, melodias do folclore sueco, alemão e dinamarquês. A personalidade de Bellman confere uma tal homogeneidade ao conjunto que se pode falar das «canções de Bellman» como um género musical tipicamente sueco.

Benda, Frantisek – ou Franz (Stàre Beràtky, 24 Nov. 1709/Potsdam, 7 Mar. 1786). Violinista excepcional, segundo a opinião dos seus contemporâneos. Foi *Konzertmeister* de Frederico, *o Grande,* graças a quem a família Benda (que contava nove músicos) emigrou da Boémia para a Prússia.
◯ Numerosas composições para violino, que marcam uma época na técnica deste instrumento (80 solos, 15 concertos, 5 sonatas), composições para flauta (destinadas ao rei).
Ø *Concerto de Flauta e Orquestra* (Rampal), *Sonata de Flauta e Cravo* (Rampal).

Benda, Jiri Antonin – ou Georg (Stàre Beràtky, 28? Jun. 1722/Kostutz, Turíngia, 6 Nov. 1795). Irmão do anterior. Realizou várias viagens por Itália, Alemanha e Paris e começou tarde a sua carreira como compositor. As suas obras dramáticas (sobretudo *Ariadne* e *Medea*) tiveram uma influência decisiva na evolução do teatro lírico alemão e impressionaram vivamente o autor de *A Flauta Mágica*.
◯ 8 *Melodramen* e *Singspiele* (entre elas, *Ariadne auf Naxos, Der Dorfjahrmarkt, Medea, Romeo und Juliet, Pygmalion*) – missas, cantatas, 8 sinfonias.
Ø *Concerto de Cravo* (Ruzickova, Neumann), *Sinfonia* (Talich).

Benevoli, Orazio (Roma, 19 Abr. 1605/Roma, 17 Jun. 1672). Mestre de capela em Roma (São Luís dos Franceses), em Viena e, depois, no

Vaticano, era famoso pela sua habilidade para a escrita polifónica muito complexa: muitas das suas obras comportam 12, 16, 24 ou 48 partes reais (excepcionalmente 53) repartidas por vários coros (de 4 a 12).
○ Missas, salmos, motetos.
Ø *Missa Solene a 53 Vozes para a Catedral de Salzburgo* (Messner).

BENNET, Sir William Sterndale (Sheffield, 13 Abr. 1816/Londres, 1 Fev. 1875). Pianista e director de orquestra, fundador da Bach Society (que, em 1854, organizou, sob a sua direcção, a primeira audição em Inglaterra da *Paixão Segundo São Mateus,* de Bach). Foi amigo de Mendelssohn e de Schumann, que lhe consagrou um artigo muito elogioso e lhe dedicou os seus *Estudos Sinfónicos.*
○ *7 Anthems, 10 Hymns*, 1 sinfonia, 4 concertos de piano, música de câmara.

BERG, Alban (Viena, 9 Fev. 1885//Viena, 24 Dez. 1935). Aluno e discípulo de Schönberg, foi, com Webern, o mais ilustre membro da Escola de Viena. Antes dos quinze anos, ao mesmo tempo que fazia os seus estudos gerais, escreveu, sem formação musical, cerca de 100 pequenas composições (melodias, duos, etc.) Quando em 1904 conheceu Schönberg, este acabara o seu primeiro quarteto. Entre o mestre e o aluno iria estabelecer-se um clima de confiança e uma inalterável amizade. Schönberg introduziu Berg em todas as ciências musicais (harmonia, contraponto, análise, orquestração, composição); mas preocupou-se, sobretudo, com a personalidade do seu aluno, favorecendo, com os seus conselhos inteligentes, o amadurecimento do seu temperamento de artista. Três obras importantes de Berg, as *Peças Para Orquestra, op. 6*, o *Kammerkonzert* e *Lulu* são dedicadas a Schönberg como testemunho de admiração filial. A vida de Berg decorreu em Viena pacificamente, apesar da sua saúde delicada. O seu carácter afável irradiava bondade, serenidade e inteligência, apesar da doença ou da incompreensão de que foi vítima. Morreu na noite de Natal, vitimado por uma septicemia resultante um abcesso dentário.
ÓPERAS: *Wozzeck* (Ópera de Berlim, 1925), *Lulu* (Teatro de Zurique, 1937, instrumentação inacabada) – VOZ SOLISTA: *5 Lieder, op. 4* (com orquestra), *Der Wein* (ária de concerto com orquestra), *7 Frühe Lieder* – ORQUESTRA: *3 Peças Para Orquestra, op. 6, Concerto à Memória de Um Anjo,* para violino (o anjo era a filha de Alma Mahler, viúva do compositor, a bela Manon Gropius, falecida com 18 anos) – PIANO E MÚSICA DE CÂMARA: *Sonata de Piano, op. 1, Quarteto de Cordas, op. 3, 4 Peças para Clarinete e Piano, op. 5, Kammerkonzert,* para piano, violino e 13 instrumentos, *Lyrische Suite,* para quarteto de cordas.

Desde a época de aprendizagem que as composições de Berg, onde Schönberg e Webern souberam descobrir o seu génio, se colocaram entre as obras importantes do nosso tempo. No entanto, a verdadeira personalidade do músico só se afirmou em 1909-1910 (*Quarteto, op. 3*), quando se libertou das funções tonais clássicas. A partir desta época (em que Alban Berg tinha vinte e cinco anos), podemos distinguir dois períodos na sua obra, tendo como charneira a *Suite Lírica.*

O primeiro caracteriza-se pela exploração muito livre de um «atonalismo» expressivo. As obras-chave deste período são as *3 Peças op. 6* (1913-1914), *Wozzeck* (1918-1921), o *Kammerkonzert* (1923-1925) e a *Lyrische Suite* (1925-1926), a mais original obra instrumental de Berg, onde utiliza pela primeira vez um desenvolvimento «serial», segundo a técnica elaborada por Schönberg cerca de 1920. A partir de 1926, todas as obras que constituem o segundo período e, nomeadamente, as obras-primas que são *Der Wein* (1929), *Lulu* (1929-1935) e o *Concerto* (1935), pertencem a esta escola dodecafónica, cujas possibilidades líricas e dramáticas explora com um incomparável sentido artístico.
Ø *Lulu* (Boulez), *Wozzeck* (Boulez), *Concerto de Violino* (Suk), *Peças op. 6* (Karajan), *Quarteto e Suite Lírica* (Quarteto Alban Berg).

Berio, Luciano (Oneglia, 24 Out. 1925/Roma, 27 Mai. 2003). Aluno de Ghedini no Conservatório de Milão e de Dallapiccola nos Estados Unidos da América. Consagra parte importante da sua actividade à música electrónica (tem a seu cargo as pesquisas musicais do «Studio di Fonologia», da RAI, em Milão) e dirige a revista *Incontri Musicali,* dedicada à música de vanguarda.
✪ A ópera *Allez, Hop!* (Veneza, 1959), *Nones e Mutazioni* para orquestra, *Variações* para orquestra de câmara, *Serenata* para flauta e 14 instrumentos.
Ø *Laborintus* (Berio), *Épiphanie* (Berio).

Berlioz, Hector (La Côte-Saint-André, Isére, 11 Dez. 1803/Paris, 8 Mar. 1869). Director de orquestra, literato, crítico. Filho de um médico liberal e filantropo, fez os estudos secundários em Grenoble, ao mesmo tempo que aprendeu os rudimentos da música sem plano preciso (leitura de tratados de harmonia, prática sumária de guitarra e piano). Seguindo os desejos do pai, matricula-se na Faculdade de Medicina de Paris, mas é um estudante pouco assíduo que prefere, em vez das aulas, frequentar a Ópera (descobre Gluck, que o perturba) e a biblioteca do Conservatório. Apesar da oposição familiar entra, em 1826, para o Conservatório de Paris: torna-se aluno de Lesueur e Reicha. Um ano antes (1825), conseguira reunir 150 músicos para executarem, na Igreja de São Roque, uma *Messe Solennelle,* que havia composto. Para ganhar a vida, enquanto prossegue os estudos, emprega-se como corista no Théàtre de Nouvautés. Em 1830, ganhou, depois de três insucessos consecutivos, o Prémio de Roma. Antes de partir para a *Villa* Médicis, o jovem premiado apresentou ao público do conservatório, sob a direcção de Habeneck, a sua imortal *Sinfonia Fantástica.* Os «Concerts du Conservatoire», fundados por Habeneck, em 1828, eram, nessa época, um importante veículo de difusão da música nova, onde Berlioz descobriu, maravilhado, as sinfonias de Beethoven: a *Sinfonia Fantástica* foi aí recebida com entusiasmo, nomeadamente por Liszt e pelos «jovens turcos» de então, que reconheceram nessa obra exuberante a perfeita expressão musical do génio romântico. Pouco depois da sua estada em Roma, Berlioz casou, quase contra a vontade dela, com a bela actriz inglesa Harriet Smithson, por quem se apaixonara, em 1827, durante uma representação de *Hamlet*. Amava Ofélia e não pôde suportar Harriet: a sua união foi infeliz. Para prover às necessidades do lar, Berlioz iniciou, em 1830, uma carreira brilhante como crítico musical (nomeadamente no *Correspondant* e no *Journal des Débats*). Queixou-se sempre de ter de produzir com data fixa o seu «imortal folhetim»; mas a sua cultura, o seu talento literário, a sua combatividade feroz predispunham-no maravilhosamente para ser um dos maiores críticos musicais de todos os tempos, e o seu proselitismo não conseguiu privar-se do meio de expressão que a imprensa lhe oferecia. A esta fonte de rendimentos, juntou, em 1839, a de bibliotecário do Conservatório.

Numa carreira que comportou, naturalmente, altos e baixos, parece que Berlioz foi, sobretudo, afectado pelos insucessos: o de *Benvenuto Cellini*, na Ópera (1838), o de *A Danação de Fausto* na Opéra-Comique (1846), os dos Concertos de Dury Lane (Londres, 1848) ou da Société Phillarmonique, que fundou em Paris (1850)... No entanto, é preciso reconhecer que estes reveses foram largamente compensados pelo duplo êxito da *Sinfonia Fantástica* (1829 e 1832), pelo do *Requiem* (criado em 1837, nos Inválidos, por uma orquestra gigantesca com que nenhum compositor actual poderia sonhar), pelo de *A Infância de Cristo* (1854 e 1855) ou pelo das digressões triunfais pela Europa Central e pela Rússia (1845-1847), ou ainda pelas apoteoses que foram as «Semanas Berlioz» organizadas por Liszt, em Weimar, em 1852 e 1855 (nesta última ocasião, Berlioz dirigiu a primeira audição do *Concerto em Mi Bemol*, de Liszt, com o autor ao piano). Em 1856, foi eleito membro do Instituto.

Depois da morte da mulher, em 1853, regularizara a sua ligação com Maria Recio, uma má cantora, que faleceu em 1862. Já muito afectado por esta morte, Berlioz perdeu o seu filho Louis (filho do primeiro casamento), em 1856. No plano profissional, sentia-se, apesar das honrarias, desencorajado pela hostilidade de uma parte do mundo musical e, especialmente, pelo malogro de todas as suas tentativas para representar a sua obra-prima, *Os Troianos*, na forma original (a primeira parte deste díptico nunca foi montada durante a sua vida e a representação integral da obra ainda se não realizou). Tendo-se tornado taciturno e misantropo, esgotado por perturbações neuro-vegetativas que o faziam sofrer de tudo e, depois, por uma congestão cerebral que o atingiu, em 1868, quando repousava em Nice, morreu após uma longa agonia. Conta-se que os cavalos que puxavam o carro funerário tomaram o freio nos dentes quando se dirigiam para o cemitério de Montmartre: um herói shakespeareano não podia desejar mais para a sua última viagem.

◯ ÓPERAS: *Benvenuto Cellini* (Ópera de Paris, 1838), *A Danação de Fausto,* ópera de concerto (Ópera-Comique, 1846), *Os Troianos*, ópera imensa dividida em duas partes, a pedido dos directores de teatro (*A Tomada de Tróia,* Karlsruhe, 1890; *Os Troianos em Cartago,* Paris, Théâtre-Lyrique, 1863), *Beatriz e Benedito* (Baden-Baden, 1862) – MÚSICA

RELIGIOSA: *Missa dos Mortos (Requiem)*, para tenor solista, coros, grande orquestra e orquestra de metais, *Te Deum*, para tenor solista, 3 coros, orquestra de metais e orgão, *A Infância de Cristo* (triologia sacra) para solistas, coros e orquestra. – MÚSICA SINFÓNICA: *Sinfonia Fantástica, Romeu e Julieta* (sinfonia dramática para solistas, coros e orquestra), *Harold em Itália* (sinfonia com violeta solista), *Sinfonia Fúnebre e Triunfal* (para coros, orquestra de cordas e banda militar), aberturas *(O Rei Lear, Carnaval Romano)* – OBRA LITERÁRIA: *A travers chants, Les soirées de l'orchestre, Les Grotesques de la musique, Mémoires...* Hugo, Delacroix e Berlioz formam, segundo Th. Gautier, a trindade do romantismo. Se o romantismo é função da subjectividade na arte, a *Fantástica* é, sem dúvida, a mais romântica das sinfonias. A produção de Berlioz é uma verdadeira autobiografia onde se manifesta, pela primeira vez, a intromissão da vida privada de um músico na sua obra. Do ponto de vista técnico, a originalidade de Berlioz reside principalmente no seu génio melódico e no seu virtuosismo de orquestrador. Criou uma nova forma de canto francês, de que foram herdeiros Saint-Säens, d'Indy, Dukas e seus continuadores. Páginas admiráveis como a cena de amor de *Romeu e Julieta*, a ária «Nuit paisible et sereine» de *Beatriz e Benedito*, as «Despedidas de Dido» e o septeto de *Os Troianos em Cartago* ou a «Canção de Rei de Thulé» de *A Danação de Fausto* não tiveram precedentes na história da música francesa. Por outro lado, o seu conhecimento da escrita instrumental, o génio sinfónico e também o extraordinário instinto do ritmo ligado à instrumentação fizeram de Berlioz o criador da orquestração moderna, o modelo a que recorrem, mais ou menos conscientemente, não só os músicos franceses do final do século, mas também os russos (em especial, Rimski e Mussorgski) e os alemães (de Wagner a R. Strauss). O *Grand traité d'instrumentation et d'orchéstration modernes* (que encontraram à cabeceira do Mussorgski moribundo) é mais do que um livro de receitas inesgotável: é uma obra de estética.

Ø *Os Troianos* (Davis), *A Danação de Fausto* (Barenboim), *Requiem* (Münch), *Benvenuto Cellini* (Davis), *A Infância de Cristo* (Münch), *Sinfonia Fantástica* (Münch), *Romeu e Julieta* (Davis), *Harold em Itália* (Oistrakh), *Melodias* (Crespin).

BERNERS, Lord – Gerard Tyrwhitt (Arley Park, Bridgnorth, 18 Set. 1883/Londres, 19 Abr. 1950). Pintor, escritor, diplomata. Exceptuando algumas aulas de harmonia, em Dresden, e conselhos de Casella e Stravinski, aprendeu música sozinho. A sua obra, que fez com que por vezes fosse comparado com Satie, alia quase sempre a ironia a uma fina sensibilidade poética.

✪ *O Coche do Santo-Sacramento* (ópera-cómica), 5 bailados (entre os quais *The Triumphs of Neptune*, para Diaghilev), *Fantasia Espanhola* para orquestra, peças para piano, melodias.

BERNIER, Nicolas (Mantes, 28 Jun. 1664/Paris, 8 Jul. 1734?). Aluno de Caldara, em Roma foi, sucessivamente, mestre de capela da Catedral de Chartres e de Saint-Germain-l'Auxerrois, em Paris, depois mestre de música na Sainte-Chapelle (onde sucedeu a Charpentier) e, finalmente, um dos quatro vice-mestres da capela de Versalhes (onde sucedeu a Delalande). Casou com uma filha de Marin Marais.

✪ Motetos, cantatas profanas (entre elas a colecção *Les Nuits de Sceaux*), *Airs sérieux et à Boire*.

Ø *Bacchus,* cantata (Rondeleux), *Motet pour 1'èlévation* (Maurice Hewitt).

BERNSTEIN, Léonard (Lawrence, Massachusetts, 25 Dez. 1918/Nova Iorque, 1990). Célebre director de orquestra (assistente de Kussevitski e de Rodzinski) e pianista. Aluno de Piston, em Harvard, escreveu uma música muito americana, em que se sente a influência das músicas populares do seu país.

✪ 2 sinfonias (*Jeremiah,* com meio-soprano solista, e *The Age of Anxiety* com piano solista), 2 bailados, 2 comédias musicais, peças para piano, melodias.

Ø *West Side Story,* comédia musical.

BERTON, Henry (Paris, 17 Set. 1767/ /Paris, 22 Abr. 1844). Filho de um baixo da ópera que compôs algumas obras líricas. Aluno de Sacchini, foi professor do Conservatório, director de orquestra da Ópera Italiana e membro do Instituto.

✪ 48 óperas (estilo melódico fácil, sentido do efeito dramático), oratórios, cantatas de circunstância, bailados e vários tratados (entre eles, *De la musique mécanique et de la musique philosophique*).

BERTONI, Ferdinando Giuseppe (Salo, lago de Garde, 15 Ago. 1725/ /Desenzano, lago de Garde, 1 Dez. 1813). Aluno do padre Martini, em Bolonha, foi organista e, depois, mestre de capela de São Marcos, em Veneza (onde sucedeu a Galuppi). A sua reputação como compositor de óperas foi grande, não só em Itália, mas também em Inglaterra, onde passou três temporadas sucessivas; era considerado o rival de Galuppi (com quem colaborou para a ópera *I bagni d'Albano*).

✪ 48 óperas, 11 oratórios, 6 sonatas de cravo e violino, 6 quartetos de cordas.

BERTRAND, Anthoine de (Fontanges, Cantal, cerca de 1545/Toulouse, cerca de 1580). Foi, com Costeley, o mais importante compositor francês da segunda metade do século XVI. Da sua vida, sabemos apenas que esteve ligado aos grupos humanistas de Toulouse e que morreu numa operação de represálias levada a cabo pelos huguenotes.

✪ 7 livros de canções polifónicas (entre os quais dois dos *Amours de Ronsard*) e alguns *Airs spirituels*.

Ø *Les Amours de Ronsard* (Ravier).

BERWALD, Franz (Estocolmo, 23 Jul. 1796/Estocolmo, 3 Abr. 1868). Membro de uma família de músicos (avô, pai, irmão, tios e primos) de origem alemã. Abandonou uma brilhante carreira de violinista, começada aos nove anos, para se dedicar à composição. Mas nunca conseguiu que o seu talento fosse reconhecido: para ganhar a vida, abriu em Berlim (1828-1841) um instituto ortopédico. Só no início do século XX é que se descobriu que Berwald fora o melhor compositor escandinavo da sua época. A notável originalidade do seu estilo (modulações inesperadas, construções excepcionais, giros melódicos e rítmicos muito pessoais) assustara os seus contemporâneos.

⊙ 6 óperas (entre elas *Estrella de Soria*), 2 operetas, 5 cantatas, 6 sinfonias, concertos (piano, violino, etc.), 2 quintetos com piano, 3 quartetos de cordas, 5 trios.

Ø 2 *sinfonias* (Schmidt-Isserstedt), *Quartetos e Quintetos* (Qu. Benthien).

Besard, Jean-Baptiste (Besançon, cerca de 1567/Augsburgo, ? depois de 1617). Jurista, médico e tocador de alaúde. Espírito universal, escreveu obras sobre medicina, física, história técnica do alaúde, etc.

⊙ *Novus Partus* (colecção de 24 peças para alaúde), *Thesaurus harmonicus* (antologia do alaúde no começo do século XVII).

Biber, Heinrich Franz von (Wartenberg, Boémia, 12 Ago. 1644//Salzburgo, 3 Mai. 1704). Violinista, provavelmente aluno de Schmelzer. Mestre de capela do príncipe-arcebispo de Salzburgo. Foi o fundador da escola de violino da Europa Central e aperfeiçoou consideravelmente a técnica do instrumento (emprego da *scordatura*).

⊙ Algumas óperas, música sacra (*Vesperae longiores ac breviores*, no estilo dramático da missa veneziana), sonatas e *partite* para diversos instrumentos e, sobretudo, sonatas de violino muito belas.

Ø 15 *Sonatas do Rosário* (Lautenbacher), *Balletti lamentabile* (Concentus Musicus).

Binchois, Gilles (Mons, cerca de 1400/Soignies, 20 Set. 1460). Tendo sido soldado na juventude, optou, depois, pela carreira eclesiástica; Dufay e ele participaram, como cónegos, numa reunião do cabido de Sainte-Waudru, a 3 Março de 1449. Foi, durante algum tempo, músico do duque de Norfolk (durante a guerra dos Cem Anos) e depois, de 1430 até à sua morte, músico e capelão do duque de Borgonha, Filipe, *o Bom*. Devido ao seu talento e à sua personalidade, Binchois contribuiu para a grande fama da capela de Borgonha. À data da sua morte, Okeghem musicou uma *Déploration sur la mort de Binchois*.

⊙ 25 fragmentos do ordinário da missa, 22 motetos, 4 *Magnificat,* pelo menos 57 canções (a parte mais original da sua obra).

Ø *Missa* (Concerto Cour de Bourgogne), *Canções* (Anthologie Blanchard).

Bizet, Georges (Paris, 25 Out. 1838//Bougival, 3 Jun. 1875). Seu pai (1810-1866) era professor de canto; a sua mãe, Aimée Delsante (1814--1861), pianista; seu tio François Delsarte, cantor, publicou *Les Archives du Chant*. Confiando nos dons precoces da criança, os seus pais destinaram-na à carreira musical. Aos dez anos, entra para o Conservatório de Paris, onde ganha, sucessivamente e até 1854, os primeiros prémios de solfejo, piano, fuga e órgão. A partir dos doze anos, começa as audições como pianista: a sua facilidade incomparável de ler um texto de música à primeira vista valeu-lhe a admiração de Berlioz e de Liszt. Finalmente, em 1857, ganha o primeiro Grande Prémio de Roma. Era já autor de várias composições, entre as quais uma opereta, *Docteur Miracle,* representada nos Bouffes-Parisiens, e uma bela *Sinfonia em dó maior,* que, por vezes, evoca Schubert (foi descoberta inesperadamente e tocada em primeira audição em 1935). Na *Villa Médicis,* a sua alegria natural, a sua franqueza amiga e o seu talento de pianista tornaram-no muito popular. É decididamente inconformista: em vez da missa tradicional, o seu primeiro «envio de Roma» é uma ópera-bufa italiana: *Don Procopio.* Ao voltar de Itália, Bizet torna-se caseiro e não sairá quase de Paris e dos seus arredores; excepcionalmente, em 1862, irá com Gounod a Baden-Baden, onde Berlioz inaugura o novo teatro com *Beatriz e Benedito.*

A sua carreira não foi o que prometia ser: por indecisão e desejo de perfeição, abandonava frequentemente o que tinha começado (umas quinze óperas e óperas-cómicas ficaram no estado de projecto ou esboço); e aquilo que este dotado músico de teatro apresentava ao público era, geralmente, mal recebido. Exceptuando *La Jolie Fille de Perth,* bem executada e acolhida muito favoravelmente, as obras-primas de Bizet só obtiveram, de início, a indiferença e a hostilidade da maioria dos espectadores e dos críticos: a originalidade da inspiração melódica, a riqueza das partes de orquestra, o realismo da expressão dramática confundiram-nos. *Os Pescadores de Pérolas* foi recebida friamente tanto pelo público como pelos críticos, com excepção de Berlioz e alguns outros (os wagnerianos ficaram desiludidos, os outros brandiam já a assombrosa acusação de «wagnerismo» que, mais tarde, lançariam contra *Carmen*). A mesma reação foi provocada por *Djamileh,* considerada incompreensível. A música para *L'Arlésienne,* de Daudet, partitura esplêndida e alegre, foi também pouco apreciada: uns censuravam à música o facto de cobrir as palavras (acusação sem fundamento), outros, o contrário. Quanto a *Carmen,* essa obra-prima, já se disse tudo sobre as lamentáveis circunstâncias da sua primeira representação: ensaios interrompidos muitas vezes por mil dificuldades (Bizet, descoroçoado, tinha começado a frequentar, incógnito, as aulas de composição de Franck), montagem e encenação medíocres, hostilidade sistemática de alguns adversários determinados... O público bem-pensante da Opéra-Comique (local habitual das entrevistas matrimoniais) não estava, certamente, preparado para tal espectáculo, nem a imprensa, que enviava para lá os seus colaboradores mais carunchosos. No entanto, o primeiro acto suscitou algum entusiasmo, muitos críticos (entre eles Th. de Banville) teceram elogios e muitos músicos (entre os quais se pode citar V. d'Indy) ficaram maravilhados. É, portanto, injusto exagerar o insucesso de *Carmen,* responsabilizando-o pela morte do compositor. Este sofria, havia 15 anos, de uma incómoda doença de garganta (sem dúvida de origem cancerosa), que lhe provocara perturbações vocais e auditivas acompanhadas de dificuldades respiratórias. Morreu de uma crise cardíaca na noite de 2 para 3 de Junho de 1875, pouco depois de ter descido o pano da 33.ª representação de *Carmen.* O funeral realizou-se no Père Lachaise, onde Gounod fez o elogio fúnebre do defunto. Em 1862, Bizet casara com Geneviéve Halévy, filha do seu antigo professor: teve um filho, Jacques, literato (1872/1922).

✪ Uma dúzia de obras dramáticas, entre as quais se encontram *Don Procopio* (Monte Carlo, 1906), *Os Pescadores de Pérolas* (Thêâtre-Lyrique, 1863), *Ivan, o Terrível* (Castelo de Muheingen, 1864), *La jolie fille de Perth* (Thêâtre-Lyrique, 1867), *Djamileh* (Opéra-Comique, 1872), *Carmen* (Opéra-Comique, 1875, com Galli-Mari no papel principal) e *L'Arlésienne,* melodrama (Vaudeville, 1872) – composições corais (profanas e sacras) e melodias – 2 sinfonias (entre as quais *Roma*), *Petite suite d'orchestre*, peças para piano, entre elas *Jeux d'enfants* (12 peças, orquestradas mais tarde pelo próprio Bizet). Este grande músico, que salvou o teatro musical francês da facilidade e da esclerose, conquistou, pouco a pouco, a aprovação do público do mundo da música. Nietzsche, um wagneriano arrebatado, sentiu-se de tal modo perturbado pela música de Bizet, pela novidade e clareza da melodia, pelo brilho da instrumentação, pela vivacidade do ritmo geral, que, no seu entusiasmo desordenado, quis contrapor *Carmen* a *Tristão*: a música «sobre a qual o espírito dança» depois da música «na qual o espírito nada».
Ø *L'Arlésienne* – 2 suites (Cluytens), *Carmen* (Bumbry, Frünbeck), *Os Pescadores de Pérolas* (Prêtre), *Sinfonia n.º 1* (Cluytens), *Jeux d'enfants,* versão para orquestra (Markèvitch).

BLACHER, Boris (Newschwang, China, 3 Jan. 1903/Berlim, 30 Jan. 1975). Director da Hochschule für Musik de Berlim, desde 1953 (onde sucedeu a Werner Egk), este independente não pertence a qualquer escola; a sua música, livremente atonal, tem uma essência contrapontística e, pela forma, apresenta, por vezes, um neoclassicismo irónico.

✪ 4 óperas (entre as quais a ópera de câmara, *Die Flut*), bailados, *Die Nachtschwalbe* (nocturno dramático para voz e orquestra), *Sinfonia op. 12*, 2 concertos de piano, variações para orquestra sobre um tema de Paganini, *Partita op. 30* para cordas e percussão, *Divertimento op. 29* para trombeta, trombone e piano, 4 quartetos de cordas.

BLANCHARD, Esprit (Pernes, Vancluse, 29 Fev. 1696/Versalhes, 10 Abr. 1770). Mestre de capela da Basílica de São Victor, em Marselha, em seguida, das catedrais de Toulouse, Besançon e Amiens e, finalmente (1761), «mestre de música» da capela real de Versalhes.

✪ Cerca de 40 motetos, entre os quais *Benedica anima mea, Te Deum Laudamus, Beati omnes*.
Ø *Te Deum (Fremaux).*

BLANET, Michel (Besançon, 13 Mar. 1700/Paris, 28 Out. 1768). Flautista notável. Passou algum tempo na Prússia na corte de um outro flautista notável: o futuro rei Frederico, *o Grande*. Depois, foi nomeado intendente da música do conde de Clermont, grão-mestre da loja maçónica de França.

✪ Várias pequenas óperas para o teatro privativo do conde de Clermont, em Berney (entre elas *Le Jaloux Corrigé*, ópera-bufa com árias italianas extraídas, sobretudo, de Pergolesi), 3 livros de sonatas de flauta, 3 colecções de árias de flauta, um concerto de flauta, 2 violinos e baixo.

Ø *Le Jaloux Corrigé* (Paillard), *Concerto de flauta* (Rampal), *Sonata de flauta* (Lardé).

BLISS, Sir Arthur (Londres, 2 Ago. 1891/Londres, 27 Mar. 1975). Aluno de Stanford e de Vaughan Williams. Sucedeu a Bax como mestre da música real. Reagindo, como os seus contemporâneos franceses, contra a grandiloquência de um romantismo decadente, chamou as atenções ao compor, em 1918-1919, obras para voz e pequeno conjunto instrumental que denotam a influência do Ravel das *Chansons madécasses* e o Stravinski de *Pribaoutki* (*Madam Noy, Rhapsody Rout*). A partir de 1926, a sua actividade criadora tomou uma feição mais clássica.

✪ A ópera *The Olympians* (Covent Garden, 1949), 3 bailados, entre eles, *Check-mate* (Thèâtre des Champs-Élysées, 1937: temporada Sadler's Wells), composições para uma voz e conjunto instrumental, *Music for Strings*, concerto de piano, quinteto com clarinete, sonata de violeta.

BLOCH, Ernest (Genebra, 24 Jul. 1880/Portland, USA, 15 Jul. 1959). Aluno de Jacques-Dalcroze (Genebra), Ysaie (Bruxelas), Knorr (Francoforte). De 1915 a 1930, é professor em vários conservatórios dos Estados Unidos, onde se estabelece definitivamente em 1938, depois de algumas temporadas em França e na Suíça. A sua música, muito pouco conhecida na Europa (com excepção, talvez, da Itália e da Inglaterra) é apreciada, sobretudo, nos Estados Unidos. A maior parte da obra de Bloch encarna as paixões e as aspirações sagradas da alma judia; mas a sua linguagem musical, moderna e muito pessoal, não sucumbe aos atractivos de um judaísmo formal baseado na utilização sistemática de melodias hebraicas mais ou menos autênticas. É isso que garante a sua universalidade.

✪ A ópera *Macbeth* (Opéra-Comique, 1910) – *Serviço Sagrado* para barítono, coros e orquestra, os salmos XXII, CXIV, CXXXVII para uma voz e orquestra – *Israel*, sinfonia com 2 sopranos, 2 contraltos e baixo, *Schelomo* para violoncelo e orquestra, *Concerto grosso* para cordas e piano, concerto de violino – 5 quartetos de cordas, 2 sonatas para violino e piano.

Ø *Concerto de Violino* (Totenberg), *Serviço Sagrado* (Bernstein), *Concerto Grosso* (Kubelik), *Israel* (Litschaner).

BLOMDAHL, Karl-Birger (Växjo, 9 Out. 1916/Estocolmo, 1968). Aluno de Rosenberg, em Estocolmo, completou a sua formação musical em Paris e Roma e sofreu uma forte influência das primeiras obras de Hindemith.

✪ A ópera *Anjara* (Estocolmo, 1959), *I speglarnas sal* (9 sonetos de Lindegren para solistas, coros e orquestras), 3 sinfonias, concerto de violino, concerto de violeta, música de câmara.

BLOW, John «Doctor» (Newark, Nottinghamshire, Fev. 1649/Londres, 1 Out. 1708). Aluno de C. Gibbons (irmão de Orlando Gibbons) e de H. Cooke. «Menino de coro» (corista) da capela real desde os 12 anos, aos 14 compunha «Anthems» e foi nomeado organista da Westminster Abbey aos 20. Exerceu também funções de professor das crianças da capela real e da Catedral de St. Paul e, depois, de compositor da capela real (cargo criado para ele). Uma das principais glórias de Blow foi ter sido o professor de Purcell, que lhe sucedeu temporariamente como organista de Westminster (Blow sobreviveu ao aluno e retomou o seu lugar em 1695). Cerca de 1682, escreveu uma «mascarada para divertimento do rei», *Venus and Adonis*. Esta obra merecidamente célebre, única composição que escreveu para o teatro, é o primeiro exemplo conhecido de ópera inglesa. A maior parte da obra de Blow é constituída por um grande número de composições religiosas de qualidade desigual e por odes de circunstância. Entre numerosas banalidades, brilham algumas obras-primas dignas de Purcell: o moteto *Salvator Mundi*, a ode *Begin the song* (para o dia de Santa Cecília), a *Ode on the Death of Mr. Henry Purcell* (poema de Dryden) ou a ode *Awake my Lyre*, para a Universidade de Oxford. Blow foi sepultado ao lado de Purcell, na ala norte de Westminster Abbey.

✪ A ópera (mascarada) *Venus and Adonis*, uma dezena de «serviços» completos, cerca de 100 *Anthems* e 11 motetos latinos, 24 odes, algumas peças para órgão e para cravo e tratados teóricos (de acompanhamento e de composição).

Ø *Venus and Adonis* (Lewis).

BOCCHERINI, Luigi (Lucques, 19 Fev. 1743/Madrid, 28 Mai. 1805). Um dos maiores violoncelistas de todos os tempos. Foi, inicialmente, aluno de seu pai (contrabaixista apreciado) e do mestre de capela do arcebispado, em Lucques e, depois, foi terminar os estudos musicais para Roma. Tornou-se rapidamente conhecido como violoncelista e realizou digressões triunfais (não só como virtuoso, mas também como compositor) pela Itália e França. Após uma estada de quase um ano em Paris, partiu em 1769 para Madrid onde obteve o cargo de compositor do infante de Espanha. De 1787 a 1797, foi «compositor da câmara do rei» da Prússia, em Berlim. Quando regressou a Madrid, o seu crédito junto da corte de Espanha diminuíra e o final da sua vida foi ensombrado por graves dificuldades financeiras. No entanto, a amizade de Lucien Bonaparte, nomeado embaixador em Espanha, encorajou, durante algum tempo, a sua actividade criadora. A obra imensa de Boccherini (onde foram arroladas 467 composições instrumentais) é quase desconhecida, se exceptuarmos um belo *Concerto de Violoncelo* e um banal minueto (extraído do *Quinteto de Cordas op. 13 n.° 5*). A vivacidade desta música, a frescura da invenção melódica, que justificava a admiração de Haydn (admiração, por sinal, recíproca) acabou por lhe granjear uma grande popularidade entre os nossos contemporâneos.

✪ 2 óperas, 2 oratórios, 1 missa, *Stabat Mater* (3 vozes e cordas), cantatas, árias de concerto, 20 sinfonias, 4 concertos de violoncelo, 125 quintetos de cordas, 102 quartetos de cordas, 60 trios, 27 sonatas para violino, 6 para violoncelo e numerosas obras para diversas formações instrumentais.

Ø *Stabat Mater* (La Fuente), *Concerto de Guitarra em mi maior* (Segovia), *Concerto de Violoncelo em si bemol maior* (Fournier), *Sinfonia Concertante com guitarra* (Conjunto Angelicum),

Quinteto op. 50 n.° 3 para guitarra e cordas (Conjunto Worsching).

BOEHM, **Georg** (Hohenkirchen, Turíngia, 2 Set. 1661/Lüneburg, 18 Mai. 1733). Célebre organista da Igreja de São João, em Lüneburg (de 1698 até à sua morte). É provável que tenha aconselhado o jovem Bach que, em 1700, estava em Lüneburg. Quer tenha sido assim ou não, as primeiras obras para órgão de Bach mostram influência das de Boehm que, por sua vez, são tributárias das de Buxtehude, Pachelbel e Couperin. A música para órgão de Boehm (cuja escrita evoca muitas vezes o cravo) é de um pequeno mestre, que consegue ter muito encanto e espírito inventivo, sem atingir a nobreza da inspiração de compositores como Buxtehude ou Reicken.

✪ Paixões, cantatas, *lieder* – peças para órgão, entre elas um *Capriccio*, prelúdios e fugas, prelúdios de corais, *partitas* (para órgão ou cravo) – suites para cravo.

Ø *Suite e Partida para Cravo* (H. Heintze), *Obra de órgão* (H. Heintze, no órgão de Lüneburg).

BOELLMANN, **Léon** (Einsisheim, Alto Reno, 25 Set. 1862/Paris, 11 Out. 1897). Organista, aluno de Gigout.

✪ *Sinfonia em Fá, Variações Sinfónicas* para violoncelo e orquestra, *Fantasia Dialogada* para órgão e orquestra – excelentes peças para órgão, entre elas 2 suites, *Ofertório Sobre Dois Natais, Fantasia em lá maior.*

Ø *Toccata* de *Suite Gótica* (M.-Cl. Alain).

BOESSET, **Antoine** (Blois, 1586/Paris, 10 Dez. 1643). Aluno e genro de Pierre Guédron. Mestre de música da rainha e superintendente da música do rei Luís XIII, exercia também funções de «conselheiro e *maître d'hotel* ordinário do rei». Relacionou-se com Descartes, Mersenne e Huygens. O mais importante da sua obra são árias da corte, destinadas principalmente aos bailados. Foi um dos primeiros a utilizarem em França o baixo contínuo.

✪ Missas e motetos (em manuscrito na BN), 9 livros de árias a 4 e 5 partes e *Airs de cour mis en tablature de luth.*

BOIELDIEU, **François-Adrien** (Ruão, 16 Dez. 1775/Jarcy, 8 Out. 1834). Tudo lhe foi belo e sorridente, tanto na música como na vida. Depois dos estudos, feitos na escola de canto da catedral, apresenta aos dezoito anos a sua primeira ópera-cómica, *La Fille coupable* (com libreto de seu pai) no Théâtre des Arts, de Ruão. Depois deste êxito total, e de alguns outros, vai tentar a sua sorte em Paris, onde faz amizade com a família Erard e com Cherubini. Todas as suas obras foram recebidas calorosamente na Opéra-Comique. Entre 1804 e 1812 (até pouco antes da campanha da Rússia), fica em São Petersburgo, como mestre de capela do czar Alexandre I. De regresso a Paris, retoma a sua brilhante carreira e sucede a Mehul como professor de composição do Conservatório e, mais tarde, do Instituto. A natureza da inspiração melódica, a perfeita qualidade da harmonia e da instrumentação, dão à música de Boieldieu um encanto sempre renovado. É o último representante da ópera-cómica francesa do século XVIII.

✪ 37 óperas-cómicas, entre elas, *Le Calife de Bagdad* (1800), *Ma Tante Aurore* (1803), *Jean de Paris* (1812),

La Dame Blanche (1825) – 1 concerto e 6 sonatas para piano – romanças.
Ø *Ma Tante Aurore* (Couraud), *Ouvertures* (Martinon), *Concerto de Piano* (Galling).

BOISMORTIER, **Joseph Bodin de** (Perpignan, cerca de 1691/Paris, 1775). Foi o primeiro a escrever, em França, concertos na forma (em três partes) criada por Vivaldi.
✪ 4 óperas-bailados, 7 cantatas e cantatinas (entre as quais figura *Diane et Actéon*), «motetos para grande coro» (entre os quais *Fugit nox,* para o Natal), concertos para diversos instrumentos, *6 Concertos para 5 Flautas Sem Baixo,* suites para gaita de foles e sanfona, peças para viola.
Ø *Diane et Actéon* (Jeannotte), *2.º Concerto para Flautas Sem Baixo* (Rampal), *Sonatas a 4* (Gravoin).

BOÏTO, **Arrigo** (Pádua, 24 Fev. 1842//Milão, 10 Jun. 1918). Libretista ilustre (*Otello* e *Falstaff,* de Verdi, *La Gioconda,* de Ponchielli). Dotado de um temperamento entusiasta e combativo, tanto no plano político como no artístico, pertenceu aos voluntários de Garibaldi e, mais tarde, ao Senado italiano. Colaborou em diversos jornais e revistas de música, defendendo acaloradamente a música nova (em particular a de Wagner). A criação do seu *Mefistofele* deu origem a tais batalhas que a polícia teve de proibir a obra depois de três representações.
✪ 2 cantatas (obras de juventude) e 2 óperas: *Mefistofele* (Scala, 1868) e *Nerone* (inacabada, Scala, 1924).
Ø *Mefistofele* (Chirstoff, Gui).

BONONCINI, **Antonio Maria** (Modena, 18 Jun. 1677/Modena, 8 Jul. 1726). Irmão de Giovanni; aluno também de seu pai, Giovanni Maria. Exceptuando sete anos passados em Viena com Giovanni (a época mais rica da sua carreira), parece ter vivido sempre em Roma e em Modena. Em vida, e ainda nos nossos dias, as suas óperas foram muitas vezes confundidas com as de seu irmão.
✪ Numerosas óperas e oratórios, missa a 5 vozes, *Stabat Mater,* cantatas.

BONONCINI, **Giovanni** (Modena, 18 Jul. 1670/Viena, 9 Jul. 1747). Menino-prodígio, foi aluno de seu pai (Giovanni Maria Bononcini, teórico, compositor e mestre de capela) e de G. P. Colonna, em Bolonha; aos 15 anos, publicou o op. 1 (*Tratenimenti da camera* para 2 violinos e violoncelo). Viveu em Bolonha até 1691, depois residiu em Roma (1692-1697: primeiras óperas), em Viena (1699--1711: compositor da corte), em Berlim (em 1702 e 1704 a convite da rainha Sofia Carlota), em Londres, finalmente em Paris e, sem dúvida, em Lisboa. Tendo sido convidado para ir a Londres pela Royal Academy of Music, dirigida por Haendel, tornou--se rival deste último, encorajado na competição por algumas grandes famílias, felizes por poderem contrapor um protegido ao do rei (George de Hanover).
✪ Cerca de 30 óperas (entre elas, *Cristo, Griselda, Astarto, Astianatte*) numerosas serenatas e outras obras dramáticas de menor importância – oratórios (entre eles, *Ezechia*) – muitos motetos, salmos, madrigais, etc. – grande quantidade de composições instrumentais (*sinfonie, divertimenti, etc.*).

BONPORTI, Francesco António (Trento, Jun. 1672/Pádua, 19 Dez. 1749). Fez os estudos gerais no Colégio dos Jesuítas, em Innsbruck, e estudos teológicos em Roma, onde foi, provavelmente, aluno de Corelli. Ordenado padre, teve, durante mais de 40 anos, um cargo modesto na Catedral de Trento, sem nunca ter obtido a promoção a cónego, enquanto a sua música suscitava o interesse de toda a Europa (Veracini, nomeadamente, tocou as suas obras em várias cidades alemãs).
✪ 4 livros de *Sonate da camera, op. 1, 2, 4, 6* – *Arie, balletti e correntti op. 5, 10, Invenzioni op. 10* (atribuídas a Bach na primeira edição da Bachgesellschaft) – *10 Concertini* e *5 Serenate* para violino e baixo contínuo *op. 12*. A originalidade desta música confere-lhe uma especial importância no desenvolvimento do concerto e da sonata de violino (andamentos completos num estilo recitativo, subtileza e precisão excepcionais na indicação de matizes).
Ø *Concerti a 4* (I Musici).

BONTEMPI, Giovanni Andrea – de seu nome Angelini (Perúsia, 1624/Perúsia, 1 Jun. 1705). Teórico. Chantre *(castrato)* de São Marcos, em Veneza. Aluno de Mazzocchi, amigo de Carissini, e Frescobaldi (que conheceu em casa dos Barberini) e de Schütz (de quem foi assistente durante algum tempo, como mestre de capela da corte de Dresden).
✪ Algumas óperas (italianas e alemãs), obras teóricas muito importantes para a história do canto, uma *Historia Musicae*.

BONTEMPO, João Domingos (Lisboa, 28 Dez. 1771/Lisboa, 18 Ago. 1842). Pianista e compositor. Aluno, primeiro de seu pai, Francisco Xavier Bontempo, músico da câmara real, e depois do seminário patriarcal. Ainda antes dos 14 anos, foi admitido na Irmandade de Santa Cecília na qualidade de «cantor da Bemposta». Em 1804, dirige-se a Paris para tentar a sorte como pianista. Aí publica suas primeiras obras – uma sonata e dois concertos de ano – que denotam a influência do estilo de Clementi. Em 1810, salienta-se em público a sua *1.ª Sinfonia*, que é bem acolhida pela crítica. Ainda nesse ano, muda-se para Londres, onde Clementi dava as suas obras mais recentes, entre as quais: *Cappricio and god save the king, op. 8;* as *Três Grandes Sonatas Para Piano Forte* (a terceira com violino obrigado), *op. 9;* o *Hymno Lusitano, op. 10*, para piano, coro e orquestra; o *4.º Concerto de Piano e Orquestra, op. 12; Grande Fantasia op. 14* (piano); duas sonatas e uma ária popular com canções, *op. 15* (piano e violino *ad libitum*). Em 1814, regressa a Portugal, onde, ao contrário do que esperava, só conseguiu apresentar-se em público numa festa diplomática em que representa a sua cantata *O Anúncio da Paz*. Desiludido, vai para Londres onde publica mais algumas obras, entre as quais um quinteto de piano, *op. 16* e a *1.ª Sinfonia, op. 11*. Nos finais de 1816 está de novo em Lisboa, onde vive, com dificuldades, durante os dois anos seguintes. Uma vez mais, deixa a pátria e fixa-se em Paris, onde publica a *Missa de Requiem* consagrada a Camões. Dado o êxito obtido pela partitura em Londres, vai para essa cidade, e regressa a Portugal em 1820. Em 1833, é nomeado professor de música de

D. Maria II e, em 1835, director do Conservatório, cargo que manteve até à morte, em 1842, em virtude de um ataque de bexigas.
MÚSICA RELIGIOSA: 2 missas, 1 *Requiem,* 1 *Te Deum,* e várias composições religiosas – MÚSICA DE CENA: 1 Ópera (*Alexandro in Efeso,* inc.), 2 causas (*Hino Lusitano* e *A Paz da Europa*) – MÚSICA INSTRUMENTAL: sinfonias, vários concertos de piano, sonatas de piano, variações para soprano – MÚSICA DE CÂMARA: vários quintetos e sextetos com piano. Escreve também um *Traité de composition musical* e um *Traité de harmonie et contrepoint* (inc.).

BORODINE, **Alexandre** (São Petersburgo, 11 Nov. 1833/São Petersburgo, 27 Fev. 1887). Médico e, sobretudo, químico. Filho natural do príncipe Guedeano (descendente dos reis de Imeretie); a sua paternidade legal foi atribuída a um servo do príncipe, chamado Borodine, mas foi educado por sua mãe, jovem, bela e inteligente esposa de um médico militar. Proporcionaram-lhe sólidos estudos gerais e científicos e, ao mesmo tempo, aprendeu francês, alemão, inglês e italiano. Apaixonado pela química, e já formado em medicina, aperfeiçoou a sua formação científica em Heidelberga. Na música, mostrou dons precoces, mas aprendeu-a como autodidacta: considerou-se toda a vida um amador e, de facto, dedicará mais tempo à ciência do que à música, embora a celebridade lhe advenha sobretudo desta última. Em 1862, conheceu Balakirev, que lhe deu úteis conselhos e integrou-se no célebre Grupo dos Cinco (já conhecia Mussorgski, desde 1856). Devido à falta de tempo e, talvez, também em virtude de lacunas da sua formação musical, compôs pouco, mas todas as suas obras são perfeitas, e algumas valeram-lhe êxitos importantes. Liszt, que encontrou em Weimar, durante uma das suas muitas viagens à Europa Ocidental, foi um dos melhores artífices da sua reputação como músico. Borodine trabalhou durante 18 anos na composição da primeira epopeia musical russa, *O Príncipe Igor,* a sua obra-prima (1869-1887), escrevendo, quadro após quadro, o texto e a música. Mas não pôde terminar esta importante partitura, de que somente alguns fragmentos foram interpretados durante a sua vida. Muito cansado e envelhecido pela cólera, que tinha contraído, em 1882 ou 1883, morreu subitamente, vítima de uma crise cardíaca, durante um baile de máscaras na Academia de Medicina, na noite de 27 para 28 de Fevereiro de 1887.

✪ A ópera *O Príncipe Igor* terminada por Rimski-Korsakov e Glazunov (São Petersburgo, 1890), 3 sinfonias (da última, apenas dois andamentos foram terminados por Glazunov), *Nas Estepes da Ásia Central* (quadro sinfónico), 2 quartetos de cordas, 1 quinteto com piano, 1 trio, peças para piano, melodias, bem como várias obras científicas.

Ø *O Príncipe Igor* (companhia do Bolchoi), *Nas Estepes* (Clerytens), *Sinfonia n.º 2* (Martinon), *Quarteto n.º 2* (Quarteto Húngaro).

BOUCOURECHLIEV, **André** (Sófia, 28 Jul. 1925/Paris, 13 Nov. 1997). Aluno do Conservatório de Sófia e, depois, da Escola Normal de Música de Paris, onde foi professor de 1952 a 1960. Fez pesquisas musicais electro-acústicas no estúdio da RAI, em Milão, e no serviço de pesquisas da ORTF. Viveu em França a partir de 1949.

○ Uma ópera *Nom d'Oedipe, Musique nocturne, Archipel, I, II, III, IV, Textes I e II* (música electrónica), *Grodek*, sonata de piano, músicas de cena, etc. e numerosos escritos sobre música (*Schuman, Beethoven, Chopin*, estudos sobre música contemporânea, críticas musicais...)
Ø *Archipel 4* (Collard).

BOULEZ, Pierre (Montbrison, Loire, 25 Mar. 1925). Aluno de Messiaen e Leibowitz. Desde os seus tempos de escola, sentiu-se sempre atraído pelas possibilidades radicalmente novas da técnica dodecafónica, a que soube integrar algumas aquisições de Stravinski e Messiaen. Mas, mais do que a de Shönberg, foi a obra de Anton Webern que orientou firmemente a vocação de Boulez. Herdou de Webern a ideia de um sistema serial generalizado que diz respeito não só às alturas, mas também às durações, às intensidades e aos timbres: por outras palavras, a ordem imposta pelas regras do desenvolvimento serial aplica-se também à polifonia, ao ritmo, aos matizes e à instrumentação.
Desde 1952 que Boulez se interessa também pelas músicas «experimentais» (concreta e electrónica): um laboratório de pesquisas musicais funcionou sob a sua direcção na rádio de Baden-Baden, a exemplo dos estúdios de Colónia e de Milão (música electrónica), das de algumas universidades americanas (*music for tape*) e do grupo de pesquisas musicais da RTF, pioneiro da música experimental. Inteligente e combativo, Boulez defendeu as suas opiniões estéticas com um entusiasmo e, por vezes, uma violência que contribuíram, mais ainda do que a sua música, para a sua notoriedade. Director musical da Companhia M. Renaud – J. L. Barrault fundou, em 1954, sob os auspícios desta companhia, os concertos do Domaine musical, verdadeiro banco de ensaio da música nova. Se a música de Boulez é menos conhecida do que o seu nome, isso não é imputável ao carácter hermético que lhe é injustamente atribuído, mas sim a uma notável dificuldade de interpretação.

○ *Le Soleil des eaux* para 1 voz e orquestra, *Visage nuptial* para 2 vozes, coros e orquestra, *Le Marteau sans maître* para violeta e orquestra de câmara, *Pli selon Pli* (*Portrait de Mallarmé*) para soprano e instrumentos (uma das obras mais audaciosamente belas do nosso tempo), *Éclats* para orquestra de câmara, *Polyphonie X* para 18 instrumentos, *Livre pour quatuor,* 3 sonatas para piano, *Structures* para 2 pianos, 2 estudos de música concreta, *Poésie pour pouvoir* (música electrónica).
Ø *Le Marteau sans maître* (Boulez), *Structures* (irmãos Kontarski), *Sonata n.º 2* (Pollini).

BOURGEOIS, Louis (Paris, cerca de 1510/Paris, cerca de 1561). Amigo de Calvino, viveu em Genebra, entre 1541 e 1557. Os editores do Saltério de Genebra encarregaram-no de adaptar melodias às traduções dos salmos feitas por Marot e Th. de Bèze. A edição definitiva (1562) contém 125 melodias (alguns salmos não foram musicados), das quais 85 foram compostas ou adaptadas por Bourgeois, entre 1542 e 1554; as outras foram escritas, em 1562, pelo seu sucessor, um músico local chamado «Maître Pierre».

✪ Uma parte do Saltério de Genebra (cerca de metade das melodias dos 85 salmos musicados por Bourgeois é original), outras colecções de salmos, das quais a mais importante [Paris, 1561] contém 83 salmos a 4, 5 ou 6 vozes – um tratado, *Le Droict Chemin de musicque.*

Bouzignac, Guillaume (Languedoc?, 1600?/?). Da sua carreira só conhecemos alguns empregos menores em Grenoble, Tours e Angoulême, mas existem em manuscrito (BN e Biblioteca de Tours) 2 colecções de obras suas (de grande beleza, num estilo semelhante ao das últimas obras de Monteverdi).

✪ Missas, motetos, canções francesas.

Boyce, William (Londres?, cerca de 1710/Londres, 7 Fev. 1779). Organista da capela real e mestre de música do rei. Director do «Three Choirs Festival» (Gloucester, Worcester, Hereford), a partir de 1737. Editor da *Cathedral Music*, vasta antologia da música religiosa inglesa, do século XVI ao XVII (3 volumes: 1760-1778). Foi o melhor compositor inglês do século XVIII.

✪ Numerosas obras religiosas (entre as quais cerca de 60 *anthems*, mascaradas e pantomimas, 12 aberturas, 8 sinfonias.

Ø *The Shepherd's Lottery* (Bath), 6 *Aberturas* (Lewis), *8 Sinfonias* (Janigro).

Boyvin, Jacques (Paris, cerca de 1653/Ruão, 1706). Organista da Catedral de Ruão (órgão de R. Clicquot).

✪ 2 livros de órgão (o segundo é antecedido por um *Traité abrégé pour l'orgue et pour le clavecin*).

Ø *Peças para órgão* (N. Pierrout, P. Nardin).

Braga, António Francisco (Rio de Janeiro, 15 Abr. 1868/Rio de Janeiro, 14 Mar. 1945). Compositor, professor e chefe de orquestra, teve um papel importante na remodelação do estudo e ensino da música no Brasil, sobretudo através da reforma do antigo Conservatório Imperial pois a sua formação fora completada em França, na Alemanha e em Itália. Entre as suas obras devem destacar-se as seguintes: o poema sinfónico *Marabá* (com influências de Wagner); a ópera *Jupira* (1900); a ópera inédita *Anita Garibaldi* (1901); os melodramas *O Contratador de Diamantes* e *Noite de Outubro*; o poema sinfónico *Insónia*; o *Trio* em *sol m.* e numerosas melodias.

Braga Santos, José Manuel Joly (Lisboa, 14 Mai. 1924/Lisboa, 18 de Julho de 1988). Director de orquestra, tendo iniciado a sua carreira aos 18 anos, com uma série de melodias sobre poemas de Camões, Antero e Fernando Pessoa. Na produção contam-se 4 sinfonias, o tríptico-coral sinfónico *Lisboa, Elegia a Viana da Mota*, para orquestra, o *Concerto para Orquestras Curdas*, a ópera radiofónica *Viver ou Morrer*, sobre um texto de Freitas Branco. Esteticamente pode ser considerado um continuador de Freitas Branco.

Brahms, Johannes (Hamburgo, 7 Mai. 1833/Viena, 3 Abr. 1897). Fi-

BRAHMS, Johannes

lho de Johann Jakob Brahms (cerca de 1807/1872), contrabaixista em orquestras populares, e de Johanna Henrika Nissen (cerca de 1790/1865). Desentendimentos crescentes conduziram à ruptura da ligação, em 1863. Johannes foi educado muito pobremente, na atmosfera muitas vezes tensa de uma casa miserável do porto de Hamburgo. Os seus dotes precoces incitaram seu pai a mandá-lo estudar música, a partir dos 7 anos, com o fito de fazer dele um músico de orquestra. Aos dez anos torna-se aluno de Marxsen, um dos melhores professores do seu tempo, que se encarregou totalmente da sua aprendizagem como pianista e compositor. Aos 14 anos, dá o primeiro concerto público, onde toca uma das suas composições. No entanto, tem de ganhar a vida tocando piano nas tabernas do porto e escrevendo música para cervejarias. O futuro do jovem Brahms é sombrio, até 1853. Nesse ano, o violinista húngaro Remenyi propõe-lhe que o acompanhe numa digressão de concertos. Nesta altura, conhece o célebre Joachim, com quem estreita laços definitivos de amizade. Joachim aprecia muito o seu talento e recomenda-o a Liszt e a Schumann. É recebido por Liszt com uma indiferença benévola. Mas Schumann, entusiasmado pelo talento do seu jovem colega, oferece-lhe de imediato a sua amizade, o seu apoio e a sua hospitalidade; num artigo ditirâmbico da *Neuezeitschrift für Musik,* de 23 de Outubro de 1855, impõe o seu nome à opinião pública. Durante os três anos que passou em Düsseldorf com os Schumann, recebeu conselhos preciosos num clima de calorosa amizade. Um ano mais tarde, regressa a Düsseldorf, ao saber das perturbações mentais de que sofria Robert Schumann. Ficou aí dois anos, até à morte do seu amigo, dispensando a Clara o conforto de uma amizade fraterna e cheia de admiração, à qual se juntara talvez um pouco de amor, afeição recíproca, mantida fielmente até à morte da célebre pianista. A partir de 1862, Brahms viveu principalmente em Viena, de onde se ausentou em viagens profissionais ou turísticas à Suíça, Itália, Alemanha e Inglaterra. Em Viena, foi, durante algum tempo, chefe da Singakademie (1863-1864) e, depois, da Gesellschaft der Musikfreunde (1872-1875). Mas a partir de 1875 consagrou quase toda a sua actividade à composição. Apesar do aval de Schumann, as suas primeiras obras (nomeadamente o *Concerto em Ré Menor*) foram recebidas friamente. Mas a execução do *Requiem Alemão*, na Catedral de Bremen, em 1868, na presença de Joachim, de Clara Schumann e de numerosas personalidades musicais vindas, em muitos casos, de longe, foi um triunfo para o compositor. A partir de cerca de 1860, a atitude intransigente de Brahms na defesa do classicismo contra a desordem trazida pela música de Liszt e de Wagner dividiu parte do mundo musical em dois campos hostis: o dos admiradores de Wagner (que era constituído pela maioria dos jovens que se consideravam modernos) e o dos defensores de Brahms (entre eles Joachim, H. von Bülow e o crítico Hanslick). Esta querela, prejudicial a todos, foi tanto mais lamentável quanto é certo que Brahms, sob uma capa brutal e muitas vezes grosseira, era bom, sensível e liberal. Era suficientemente inteligente para reconhecer o génio de Wagner, embora apreciasse mais, entre os seus contemporâneos e devido ao seu gosto pessoal, Dvorak, Grieg, Bizet ou o Verdi do *Requiem*. O seu mau feitio e a hostilidade de alguns inimigos não o impediram, no entanto, de manter amigos fiéis, de adquirir fama mundial e de juntar, em direitos de autor, um capital considerável. Depois de toda a vida ter gozado de uma saúde de ferro, morreu com um cancro do fígado. Entre a grande multidão que acompanhava o seu funeral encontravam-se muitos músicos, entre eles Dvorak, que segurou um dos cordões do pano de caixão.

✪ MÚSICA VOCAL: Grandes obras para coros e orquestra, entre elas *Eine deutsche Requiem* (soprano e baixo solistas), a cantata *Rinaldo* (tenor solista), *Rhapsodie* (contralto solista), *Schiksalslied, Nanie, Gesang der Parzen* – coros a cappella (*Marie Lieder*, motetos), quartetos vocais (*Liebesliederwalzer, Zigeunerlieder*) – numerosos *lieder* e harmonizações de canções populares – MÚSICA SINFÓNICA: 4 sinfonias (*dó menor, ré maior, fá maior, mi menor*), 2 serenatas, *Variações Sobre Um Tema de Haydn* – 2 concertos de piano, 1 de violino e violoncelo – MÚSICA DE CÂMARA: *2 sextetos de cordas, 4 quintetos* (entre os quais 1 com piano e 1 com clarinete), 3 quartetos de cordas, 3 quartetos com piano, trios, 3 sonatas para violino, 2 sonatas para violoncelo, 2 sonatas para clarinete – PIANO: 3 sonatas, valsas, *intermezzi, capricci,* rapsódias, danças húngaras, *Variações Sobre Um Tema de Schumann, Variações Sobre Um Tema de Haendel, Variações Sobre Um Tema de Paganini*.

Embora tenha mostrado, muitas vezes, grande originalidade na utilização dos materiais tradicionais, Brahms não é um inovador. É o herdeiro de Haydn, Beethoven e Schubert. Uma cultura bebida nos escritores românticos é temperada, neste alemão do Norte, por um gosto pela ordem e pelo classicismo. Ressalvadas as devidas proporções, a sua obra marca, tal como as de Bach ou de Beethoven, o apogeu de uma época, o completar de uma tradição.

Ø *Requiem* (Sawallisch), *Rapsódia* (Ferrier, Krauss), *4 Sinfonias* (Abbado), *Concertos n.ºs 1 e 2* (Katchen), *Concerto de Violino* (Perlman), *Duplo Concerto* (Oistrakh, Fournier), *Lieder* (K. Ferrer, Fischer-Dieskau), *Quinteto com Piano* (Pollini, Q. Italiano), *Sextetos* (Berlim), *Música Para Piano* (Katchen).

BRAUNFELS, Walter (Frankfurt-am-Main, 19 Dez. 1882/Colónia, 19 Mar. 1954). Pianista, aluno do célebre professor vienense Leschetizki. Co-director do Conservatório de Colónia, com Abendroth, até 1933. A sua música denota a influência de Brahms e, sobretudo, de Pfitzner.
✪ 10 óperas, obras religiosas, *Variações Sinfónicas Sobre Uma Canção Francesa,* 2 concertos de piano.

BRIDGE, Frank (Brighton, 26 Fev. 1879/Eastbourne, 10 Jan. 1941). Violetista e director de orquestra. Aluno de Stanford, foi um dos melhores compositores de melodias inglesas.
✪ A ópera *The Christmas Rose*, poemas sinfónicos, *Phantasm* para piano e orquestra, 4 quartetos de cordas, peças para piano e para órgão, numerosas melodias particularmente encantadoras.

BRITTEN, Benjamin (Lowestoft, Suffolk, 22 Nov. 1913/Aldeburgh, 4 Dez. 1976). Pianista. Aluno de A. Benjamin (piano), de Bridge e Ireland (composição), recebeu de sua mãe as primeiras lições de música, aos quatro anos. A casa de seus pais ficava em frente ao mar, esse mar que tem uma tão grande influência na sua obra e na sua vida (*Peter Grimes* e *Billy Bud*) e junto ao qual sempre viveu. O pai era dentista. Durante os anos de escola, na Gresham's School (Norfolk), compôs, sem grande profissionalismo mas com uma facilidade espantosa, um oratório, uma sinfonia, sonatas, quartetos, etc. Estas obras inocentes ficaram no seu museu íntimo, mas Britten utilizou, mais tarde, as partes mais inspiradas para compor a encantadora *Simple Symphony*. Entre 1939 e 1942, viveu nos Estados Unidos da América e, depois, instalou-se junto ao mar do Norte, em Aldeburgh (Suffolk), onde criou um festival. Colaborou também na fundação do English Opera Group, companhia lírica formada por uma dúzia de cantores e uma orquestra de câmara. Em 1946, esta companhia recriou, no seu primeiro espectáculo, *The Rape of Lucretia*. A reputação de Britten firmara-se no Festival de Salzburgo de 1937, com as *Variations on a Theme by Frank Bridge*, mas foi no teatro que esta reputação cresceu e foi confirmada, após o triunfo, em 1945, da ópera *Peter Grimes*.

Independente de todas as escolas e de todas as capelas, Britten é, no entanto, muito inglês, devido à sua predilecção pelas vozes, à sua ligação com Purcell, e à influência exercida na sua inspiração pelas formas melódicas do folclore britânico e também por um certo sentido de humor que protege a sua sensibilidade da ênfase.

✪ ÓPERAS (a parte mais importante da sua obra): *Paul Bunyan*, opereta (Nova Iorque, 1941), *Peter Grimes* (Sadler' Wells, 1945), *The Rape of Lucretia* (Glyndebourne, 1946), *Albert Herring*, ópera-cómica (Glyndebourne, 1946), *Let's make an opera*, ópera-bufa com participação do público (Aldeburgh, 1949), *Billy Bud* (Covent Garden, 1951), *Gloriana* (Covent Garden, 1953), *The Turn of the Screw* (Fenice, 1954), *A Midsummer Night's Dream* (Aldeburgh, 1960), e uma revisão da *Beggar's Opera* de Gay e Pepusch (1728) (Cambridge, 1948) – MÚSICA VOCAL: *Hino a Santa Cecília* (a cappella), *A Ceremony of Carols* (vozes femininas e harpa), *Spring Symphony* (para tenor, coros e orquestra), *Les Illuminations*, de Rimbaud (para tenor e cordas), *War Requiem* (para solistas, coro e orquestra), várias colecções de melodias e de canções populares harmonizadas.

– ORQUESTRA: *A Simple Symphony* (cordas), *Soirées Musicais* e *Matinées Musicais* (segundo Rossini), *The Young Person's Guide to the Orchestra* (variações instrumentais sobre um tema de Purcell), *Variations on a Theme by Frank Bridge* (cordas), *Sinfonia da Requiem*, concerto de piano, concerto de violino, música de documentários – MÚSICA DE CÂMARA: 2 quartetos de cordas, *Lacrymae* (para violeta e piano)...

Ø *Peter Grimes* (Davis), *Midsummer Night's Dream* (Britten), *War Requiem* (Britten), *The Rape of Lucretia* (Britten), *Ceremony of Carols* (Cambridge), *Hinos e Cantatas* (Malcolm).

Brixi, Frantisek Xaver (Praga, 2 Jan. 1732/Praga, 14 Out. 1771). O mais notável representante de uma família de organistas, ele próprio organista em várias igrejas de Praga e mestre de capela da catedral. Como compositor, foi especialmente prolífico (cerca de 450 obras) num estilo próximo do de Mozart.
✪ Mais de 100 missas (entre elas as deliciosas missas de Natal), *5 Requiem*, numerosos ofertórios, hinos e motetos, 2 concertos de órgão e orquestra.
Ø *Concerto de órgão e Orquestra* (Kampelsheimer).

Brossard, Sébastien de (Dompierre, Orne, Set. 1655/Meaux, 10 Ago. 1730). Teórico e coleccionador (a sua colecção de manuscritos musicais, legada, em 1726, a Luís XV, encontra-se actualmente na BN). Músico autodidacta, depois de ordenado padre foi, sucessivamente, mestre de capela das catedrais de Estrasburgo e de Meaux (de que foi eleito cónego).
✪ Música religiosa (entre a qual as *Elevações e Motetos* para vozes e instrumentos, uma missa, cantatas), 6 colecções de *Airs sérieux et à boire*, sonatas instrumentais e um dicionário de música (o primeiro do género em língua francesa).

Bruch, Max (Colónia, 6 Jan. 1838//Friednau, Berlim, 2 Out. 1920). Aluno de Hiller e de Reinecke. Foi director das orquestras filarmónicas de Koblenz (1865-1870), de Liverpool (1880-1883) e de Bratislava (1883--1890) e professor de composição na Hochschule für Musik de Berlim. As composições para coros e orquestra são considerados o melhor da sua obra, tanto pelos seus amigos como pelos exegetas alemães. No entanto, hoje em dia a sua reputação deve-se quase exclusivamente ao *Primeiro Concerto de Violino* e ao *Kol Nidrei* para violoncelo.
✪ 3 óperas, numerosas obras para coros e orquestras, 3 sinfonias, 3 concertos e uma *Konzertstuck* de violino, *Kol Nidrei* para violoncelo, 2 quartetos de cordas.
Ø *Concertos n.º 1 e 2* (Accardo), *Kol Nidrei* (Janigro).

Bruckner, Anton (Ansfelden, Alta Áustria, 4 Set. 1824/Viena, 11 Out. 1896). Organista. Oriundo de uma família de músicos e de professores, fez o curso de magistério em Linz; em música, foi quase exclusivamente autodidacta. Apesar de não ter gosto nem qualidades para o ensino, começa por ganhar a vida pobremente como mestre-escola nas aldeias montanhosas de Windhag e Kornsdorf e, depois, na pequena cidade de São Floriano, próximo de Linz. Por fim, obteve, por concurso, o lugar de organista da Catedral de Linz (1856). Faz, então, frequentes viagens a Viena, para se aperfeiçoar na arte do contraponto. Embora se tenha dedicado à composição desde os 11 anos, as suas primeiras obras importantes datam deste período de Linz: já tem mais de 30 anos. Em 1865, assiste em Munique à primeira representação de *Tristão* e conhece Wagner, que admira profundamente. Em 1868, Wagner autoriza-o a executar em Linz o *finale* de *Os Mestres Cantores*, alguns meses antes da primeira representação em Munique. Nesse mesmo ano, Bruckner fixa-se em Viena, onde é nomeado professor do Conservatório (órgão, harmonia, contraponto) e organista da corte (1868-1891). Tem grande êxito como improvisador ao órgão, nomeadamente, em Nancy, em Paris (Notre-Dame) e em Londres (Crystal Palace). Mas durante muito tempo as suas obras só lhe trouxeram insucessos e humilhações. No entanto, alguns ilustres directores de orquestra, entre eles Richter, Nirisch, Motl e, sobretudo, Mahler, entusiasmados com as suas missas e sinfonias, encarregaram-se de dar a conhecer a sua música aos públicos vienense e alemão, não obstante a hostilidade de parte dos músicos e dos críticos da capital austríaca (entre os quais figuravam Hanslick e os antiwagnerianos). Bruckner morreu de hidropsia, aos 72 anos, deixando inacabado o final da sua 9.ª *Sinfonia*.

✪ 7 missas (as mais importantes das quais são aquelas em *si bemol maior, ré menor*), 5 salmos (entre eles o magnífico salmo CL), um grandioso *Te Deum*, cantatas para coro misto, coros profanos para vozes masculinas – 11 sinfonias (2 das quais obras de juventude, sem número), um quinteto de cordas, peças para órgão e para piano.

A estrutura das obras de Bruckner aproxima-o do Beethoveen da *Missa Solemnis* e da *9.ª Sinfonia* e do Schubert da grande *Sinfonia em Dó*. A influência de Wagner é considerável, nomeadamente no plano da instrumentação (utlização de «Wagnertuben»), mas foi muito sobrestimada, sem dúvida com base na admiração que Bruckner sentia pelo seu ilustre contemporâneo. Ele deve, sobretudo, muito a si próprio: ao ouvirmos as suas sinfonias, evocamos as suas missas e as suas improvisações inspiradas. Se quiséssemos não condenar Bruckner sem o ouvir, como geralmente acontece, descobriríamos nas suas missas e sinfonias (especialmente quando interpretadas na versão original e não nas versões arranjadas por editores e directores de orquestra, como sucede em muitos casos), um lirismo ingénuo, uma piedade cândida, expressa em forma admirável e perfeitamente original. As «inefáveis extensões» das suas sinfonias exalam um aroma de eternidade.

Ø *Missas em ré menor* (Adler), *em fá menor* (Jochum), *em mi menor* (Rilling), *Te Deum* (B. Walter) – Sinfonias n.^{os} *1, 4 e 5* (Jochum), n.º 2, 3, 6, 7, 8, (Haitink), n.º 9 (Mehta), *Quinteto em Fá* (Amadeus).

BRUHNS, Nikolaus (Schwabstadt, Schleswig, cerca de 1665/Husum, 1697). Organista muito célebre na sua época, aluno de seu pai (que fora aluno de Tunder) e, depois, de Buxtehude.

✪ 13 cantatas e motetos (ao estilo de *Geistlische Konzerte*, de Schütz), obras para órgão.

Ø Cantata *Meine Hers ist bereit* (Hudemann), *Prelúdios e Fugas Para Órgão* (H. Heintze).

BRUMEL, Antoine (? cerca de 1460/ /Itália, Ferrara?, cerca de 1525). Aluno de Okeghem. Mestre de coros da Catedral de Chartres e, depois, de Notre-Dame, onde foi cónego. Em Dezembro de 1505, vai para Ferrara, como mestre de capela do duque Alfonso I; em 1520, ainda aí se encontra. Entretanto, teria estado ao serviço do papa Leão X (1513).

✪ Missas, motetos, *Magnificat*, canções francesas (várias edições modernas). As suas mais belas composições são dignas de Josquin.

Bruneau, Alfred (Paris, 3 Mar. 1857//Paris, 15 Jun. 1934). Crítico musical («Gil Blas», «Le Figaro», «Le Matin»). Aluno de Massenet. Como G. Charpentier, era partidário do naturalismo na ópera. Sem ser directamente influenciado por Wagner na sua música, desejava adaptar à ópera francesa os princípios estéticos e filosóficos do drama wagneriano, procurando, para isso, a inspiração nas preocupações sociais e políticas da sua época. Amigo de Zola, apoiou-o na sua defesa de Dreyfus, o que lhe valeu a hostilidade de parte do público parisiense.

✪ 14 óperas (a mais célebre das quais é *Le Rêve*), 2 bailados, um *requiem*, 40 melodias, várias compilações de críticas e *La Vie et l'Oeuvre de G. Fauré*.

Buchner, Hans ou Johann (Ravensburg, Wurtemberg, 26 Out. 1483//Zurique, cerca de 1538). Organista da Catedral de Constança. Aluno de Hofnaimer. Católico, deixou Constança, em 1526, por causa da expansão do movimento protestante e terminou, provavelmente, os seus dias em Zurique, onde vivia sua filha.

✪ Motetos, *lieder* e numerosas peças para órgão.

Ø *Peças para Órgão* (Schmidt).

Bull, John (Cerca de 1562/Antuérpia, 12-13 Mar. 1628). Organista e virginalista, foi um dos criadores da técnica moderna de instrumentos de tecla. Organista da Catedral de Hereford e da capela real, foi nomeado professor de música do Gresham College por recomendação da rainha Isabel. Em 1601, viajou pela França e pela Alemanha (em Saint-Omer, cometeu a proeza de juntar, em algumas horas, 40 partes novas a uma obra a 40 vozes). Segundo se diz, deixou a Inglaterra cerca de 1613, para escapar às penas em que incorria por «incontinência, adultério e outros crimes graves». Tornou-se, então, organista do arquiduque Alberto, em Bruxelas, e depois da catedral de Antuérpia. Durante a sua estada na Flandres, escreveu uma fantasia sobre uma fuga de Sweelinck e este cita um cânone de Bull no seu tratado de composição. Bull foi sepultado na Catedral de Antuérpia, a 15 de Março de 1628.

A escrita para instrumentos de tecla de Bull é extraordinariamente audaciosa para a época (em que se não praticava a passagem do polegar e amiúde apenas se tocava com 3 ou 4 dedos de cada mão). Os principais géneros que cultivou são a variação, a fantasia, a música descritiva (retratos musicais), as danças (pavanas e galhardas).

✪ Alguns madrigais e motetos (ou *anthems*), cerca de 50 peças para violas (em manuscritos no Fitzwilliam Museum) e, sobretudo, cerca de 150 peças para órgão ou virginal. Estas peças para instrumentos de tecla encontram-se, na sua maioria, em grandes manuscritos colectivos do século XVII, nomeadamente: o *Fitzwilliam Virginal Book* (publicado em 1899 com 45 peças de Bull), o *Benjamin Cosyn's Virginal Book* (30 peças de Bull), a *Tablatura de 1629* (BM Add. maços 23 623) (62 peças de Bull, entre as quais a fantasia sobre uma fuga de Sweelinck), os maços 18 547 e 18 548 da biblioteca do Conservatório de Paris (85 peças de Bull).

Ø *Peças Para Virginal* (Th. Dart), *Peças Para Órgão* (Th. Dart).

Busnois, Antoine (? cerca de 1440/ Bruges, 6 Nov. 1492). Padre, poeta. Aluno de Okeghem. Foi chantre da capela de Borgonha, de 1467 a 1487 (nos reinados de Carlos, o *Temerário* e de sua filha, Maria e, depois, de Luís XI, rei de França). Depois foi *rector cantoriae* da Igreja de São Salvador, em Bruges.
❂ 3 missas a 4 vozes, 9 motetos e, sobretudo, 70 canções francesas (numa escrita polifónica especialmente hábil e refinada).
Ø Canção *Seule a par moy...* (Anthologie Blanchard).

Busoni, Ferruccio (Empoli, Toscana, 1 Abr. 1866/Berlim, 27 Jul. 1924). Pianista. Filho do clarinetista Ferdinando Busoni e da pianista Ana Weiss. Foi sobretudo aluno de sua mãe e aos 9 anos começou (em Viena, onde foi notado por Hanslick) uma brilhante carreira como virtuoso, que o levou a todos os países da Europa e aos Estados Unidos. Era especialmente famoso como intérprete da obra de Liszt e nutria por esse músico (que, aliás, nunca conheceu pessoalmente) uma imensa admiração. Pedagogo notável, foi, sucessivamente, professor dos conservatórios de Helsínquia (onde casou), Moscovo, Viena e da Academia de Belas-Artes de Berlim e, mais tarde, director do Liceo Musicale de Bolonha. Em 1894, depois de uma estada de três anos nos Estados Unidos, fixou-se definitivamente em Berlim, onde alia à sua actividade de compositor a de director de orquestra, para contribuir para a divulgação da música nova (entre ela as duas *Sinfonias* de V. d'Indy). Na sua obra, a opção de uma forma neoclássica serve para equilibrar o gosto romântico pelas proporções grandiosas, pelas harmonias ricas, pela instrumentação estrondosa. Aí encontramos, sobretudo, a influência de Bach, de Liszt (principalmente do Liszt das últimas obras) e, na sua música dramática, do Verdi de *Falstaff.*
❂ 5 óperas (entre as quais figura a sua obra mais notável, *Doktor Faust*), suites sinfónicas, 1 concerto de piano (com coros no *finale*), 1 concerto de violino, 2 sonatas de piano e violino, obras para órgão, numerosas peças para piano, e belas transcrições para piano das obras para órgão de Bach e de Liszt.
Ø *Doktor Faust* (Leitner).

Buus, Jacques (Gand, 1500/Viena, Ago.1565). Organista de São Marcos, em Veneza (do órgão pequeno), e, depois, da corte de Fernando I, em Viena. Os seus *Ricercari* são preciosos para o estudo dos estilos de interpretação do seu tempo (Tablaturas de órgão enfeitadas com uma figuração importante).
❂ Motetos, madrigais, canções francesas e, sobretudo, obras para órgão (*Ricercari da cantare e sonare d'organo e altri Stromenti..., Intabulatura d'organo di Ricercari...*).

Buxtehude, Diderik ou Dietrich (Oldesloe, Holstein, 1637/Lübeck, 9 Mai. 1707). Organista ilustre, filho de Hans Jensen Buxtehude (1602/1674) que, durante 32 anos, fora organista em Elseneur. Em 1668, obteve o lugar de organista da Marienkirche, em Lübeck, lugar que ocupou até à morte. Como a sua nomeação fora sujeita à condição de casar com a filha do seu antecessor, Fr. Tunder, o que fez, resolveu também que o seu próprio sucessor teria de ser seu genro: foi assim que, sucessivamente, Haendel, Mattheson e Bach renunciaram, de bom grado, ao órgão da Marienkirche e aos encantos de Anna Margreta Buxtehude, mais velha do que eles. Em 1673, Buxtehude, que adquirira grande reputação como organista, criou as famosas *Abendmusiken* de Lübeck, grandes concertos de música sacra, que se realizavam em cada um dos cinco domingos anteriores ao Natal, depois do ofício da tarde, e cuja tradição se manteve até ao século XIX. O prestígio destes concertos e do seu director atraiu J. S. Bach, que em 1705 fez a pé a viagem entre Arnstadt e Lübeck: peregrinação a uma das principais fontes da música alemã de órgão, nos séculos XVII e XVIII.

✪ Missa, numerosas cantatas, 20 sonatas de violino, baixo de viola e cravo, um grande número de peças para órgão e para cravo.

Ø *Cantatas* (Gorvin e Wolters), *Obra de Órgão Integral* (Saorgin).

BYRD, William (?, 1543/Stondon Massey, Essex, 4 Jul. 1623). Organista e virginalista. Aluno de Tallis. Ocupou, sucessivamente, os lugares de organista da catedral de Lincoln (1563-1572) e da capela real (1572-?, cargo que partilhou com Tallis). A partir de 1577, instala-se no campo, primeiro em Harlington (Middlesex) e, depois, em Stondon Massey (Essex). Em 1575, Tallis e Bryd associam-se e obtêm da rainha Isabel um privilégio por 21 anos (o que equivale a um monopólio) para a edição e venda de música impressa. A maior parte da obra de Byrd foi publicada por ele próprio e pelo seu sucessor Th. Este, a quem cedeu o privilégio, pouco após a morte de Tallis. Byrd foi um dos maiores compositores do século XVI. Génio universal, sobressaiu em todos os géneros conhecidos do seu tempo e foi em alguns casos um inovador. Historicamente, pode ser considerado o pai da música para instrumentos de tecla. Foi também um dos primeiros a escreverem para uma só voz com «acompanhamento» obrigatório: para completar a polifonia, utilizava então um conjunto de 4 violas, em vez do alaúde, o instrumento de acompanhamento por excelência para Dowland e seus seguidores. No entanto, é a música sacra de Byrd, digna dos maiores mestres do Renascimento, que constitui a mais alta manifestação do seu génio.

✪ 3 missas (3, 4, 5 vozes) e 4 serviços anglicanos (5 e 8 vozes) – 210 motetos latinos, a maioria dos quais foi publicada em colecções com os seguintes títulos: *Cantiones quae ab argumento sacrae vocantur* [1575] (com Tallis), *Cantiones sacrae* [2 vols: 1589-91], *Gradualia* [2 vols: 1605-7] – 70 *anthems* e salmos para o culto anglicano e 80 madrigais, publicados em grande parte, sem distinção de carácter, em colecções que reúnem peças sacras e profanas: *Psalms, Sonnets and Songs of Sadness and Pietie* [1588], *Songs of Sundrie Natures* [1589], *Psalmes, Songs and Sonnets* [1611] – diversas *ayres* inglesas, sacras e profanas (polifonia vocal e monodia acompanhada) – cerca de 130 peças para virginal, em cópias manuscritas em numerosas colectâneas colectivas: 70 no *Fitzwilliam Virginal Book* (século XVII),

40 no *My Ladye Nevells Book* (fim do século XVI), 34 no *William Forster's Virginal Book* (1624). Música para violas.
Ø *Peças Para Virginal* (Neuwemer), *Missas a 4 e 5 vozes* (chorale Bach de Montréal), *Magnificat Nunc dimittis*, etc. (King's College).

CABANILLES, **Juan** (Algemesi, Valência, 4 Set. 1644/Valência, 29 Abr. 1712). Organista da Catedral de Valência, desde 1666 até à sua morte. Ordenado padre em 1668. Aluno de Jerónimo de la Torre, é o maior mestre espanhol de órgão da segunda metade do século XVII: quase todos os organistas espanhóis do século XVIII são, directa ou indirectamente, seus alunos.
○ Alguns *villanciosos* de carácter religioso e uma grande quantidade de obras para órgão: *Tientos,* tocados, passacalhes, galhardas, de que foram publicados 3 volumes entre 1927 e 1936... Infelizmente, grande parte das suas obras perdeu-se.
Ø *Peças para Órgão* (Torrent).

CABEZÓN, **António de** (Castillo de Matajudios, Burgos, 1510/Madrid, 26 Mar. 1566). Cego desde a infância, aprendeu a tocar órgão e foi provavelmente aluno do organista de Palência, García de Baeza. Tornou-se organista da capela real de Castela e, depois, músico de câmara do imperador Carlos V. Quando este abdicou a favor de seu filho, Filipe II, Cabezón continuou, até ao final dos seus dias, ao serviço do novo monarca, que acompanhou nas suas viagens por Espanha, Itália, Alemanha, Países Baixos e Inglaterra, o que lhe proporcionou contactos frutuosos com os músicos das escolas estrangeiras. Por outro lado, Filipe II conservou a capela flamenga mantida por Carlos V e quando casou com Isabelle de Vallois, músicos italianos e franceses vieram juntar-se às duas capelas madrilenas, a espanhola e a flamenga. Mergulhado neste mundo musical cosmopolita, Cabezón tornou-se num dos maiores mestres da música para instrumentos de tecla do século XVI. A sua arte tem origem na tradição instrumental espanhola, combinada com a influência da escola de Josquin. Embora tenha mantido o estilo e a escrita da polifonia vocal, adoptados às características e exigências técnicas dos intrumentos de tecla, contribuiu consideravelmente para o aparecimento de uma técnica de órgão ou de cravo especificamente instrumental. É provável que Cabezón, cuja música é marcada por uma alta espiritualidade, se tenha relacionado com os grandes místicos do seu tempo (tinha uma casa em Ávila, muito próxima de Santa Teresa).
○ Numerosas composições para instrumentos de tecla (ou «vihuela» ou harpa) publicadas, em grande parte, pelo seu filho Hernando, em 1578: variações, adaptações de obras vocais, pavanas, *Tientos*.
Ø *Peças para Órgão* (Anthologie Chapelet).

CACCINI, **Giulio** (Roma, cerca de 1545/Florença, 10 Dez. 1618). Cantor célebre da corte dos Médicis, em Florença. Era visita assídua da casa do conde Bardi, mecenas erudito que, entre 1576 e 1592, reunia no seu palácio florentino os espíritos mais elevados e os talentos mais ilustres. Um vento de humanismo musical soprava nas reuniões, que se tornaram célebres, desta *camerata Bardi*. Sob o impulso de V. Galibi, que tinha estudado Aristóxeno e publicado (sem a poder decifrar) a notação de três hinos tardios atribuídos a Mesomedes, declaravam-se partidários da música monódica dos Gregos antigos, cujas características imaginavam para as oporem à polifonia tradicional. Caccini foi, com Péri, um dos compositores notáveis da *camerata*: os dois apresentavam obras compostas segundo princípios novos, num estilo monódico, essencialmente dramático, conhecido como *stile rappresentativo*. Tratava-se, segundo o prefácio dos *Nuove Musiche*, de Caccini, de «falar em música». Pode ver-se nestas experiências os primeiros passos da música dramática moderna (ópera e oratório). Caccini, no entanto, orientou-se rapidamente (ao contrário de Péri) para uma arte melódica ornamentada, muito mais lírica do que dramática, que está na origem do *bel canto*. Nas suas recolhas de árias e madrigais (mais ainda do que nas suas «pastorais em música»), a parte melódica contém embelezamentos «expressivos» ou «afectivos» chamados *gorge*, cuja explicação nos é dada pelo autor no importante prefácio da colectânea de 1601, texto capital para a história do canto. Caccini passou quase toda a vida em Florença, com excepção de uma estada de alguns meses na corte de França (1604-1605), a convite de Maria de Médicis.

✪ PASTORALES OU INTERMEZZI: *Dafne* (perdido), *Il Rapimento di Cefalo*, em colaboração com vários outros músicos (Palazzo Vecchio, 1600), *Euridice* (Palazzo Pitti, 1602) – COLECÇÕES DE ÁRIAS E MADRIGAIS, no estilo novo da monodia acompanhada (com o instrumento que se quiser: tiorba, quitarão, cravo): *Nuove Musiche* [1601] (árias a 1 voz e baixo contínuo e madrigais escritos a várias vozes); *Fuggilotio musicale...* [1613] (a 1 e 2 vozes com baixo contínuo); *Nuove Musiche e nuova maniera de Scriverle* [1614] (a 1 voz com baixo contínuo).
Ø 2 árias das *Nuove Musiche* (Árias e Cantatas).

CAGE, John (Los Angeles, 15 Set. 1912/Manhattan, 12 Agosto 1992). Aluno de Schönberg (composição) e de Lazare Levy (piano). Coleccionador de instrumentos, apaixonado pelas pesquisas de timbres, é o inventor da técnica do «piano preparado» (inserem-se entre as cordas objectos de metal, de madeira ou de borracha para modificar a altura e o timbre).
✪ Numerosa música de cena (na sua maioria com «piano preparado»), composições para orquestra de instrumentos de percussão, algumas obras de música de câmara e de música electrónica

CAIX D'HERVELOIX, Louis de (Amiens, cerca de 1680/Paris, cerca de 1760). Virtuoso da *viola da gamba*, ao serviço do duque de Orleães. Um dos seus filhos e duas das suas filhas tocaram o mesmo instrumento na «Musique» real.
Muitas das suas encantadoras peças para viola são ainda tocadas frequentemente (por violoncelistas).
✪ 5 livros de peças para 1 ou 2 violas, 1 livro de peças para viola sopranino, 3 livros de peças para flauta.
Ø *Suite em Ré* (Navarra).

CALDARA, António (Veneza, 1670//Viena, 28 Dez. 1736). Aluno de Legrenzi em Veneza foi, durante algum tempo, cantor e instrumentista em São Marcos e, depois, iniciou uma longa série de viagens, nomeadamente a Roma (para casa do cardeal Ottoboni), a Viena, a Madrid, etc. Em 1716, foi nomeado em Viena segundo *Kapellmeister* do imperador Carlos XI (o primeiro era J.-J. Fux).
A sua música realiza uma síntese magnífica do estilo coral veneziano, do estilo melódico e harmónico napolitano e do barroco vienense que então estava no apogeu. Foi considerável a sua influência sobre os músicos vienenses da geração seguinte (nomeadamente J. Haydn).
✪ Cerca de 90 óperas, serenatas e cantatas dramáticas (constituindo estas últimas a parcela mais original da sua obra) – inúmeras árias, madrigais, cânones – cerca de 30 oratórios – numerosas missas, motetos e composições religiosas de todos os tipos – sinfonias, sonatas, composição para instrumentos de teclas.
Ø *Cantatas* (Loehrer).

CAMBERT, Robert (Paris, cerca de 1628/Londres, 1677). Aluno de Chambonnières. Organista da Igreja de Saint--Honoré e, depois, superintendente de música de Ana de Áustria. A partir de 1658, esforçou-se por adaptar à língua francesa o estilo das novas óperas venezianas e romanas (Cavalli, Cesti, Rossi), que implicava a continuidade da acção e a utilização de um recitativo melódico acompanhado (*recitativo stromentato*). Em sociedade com o abade Pérrin, que escreveu a maior parte dos seus libretos, obteve um privilégio para fundar um teatro de ópera destinado a representar «academias de ópera ou representações em música e em língua francesa, no estilo das de Itália.» Esse teatro funcionou durante um ano (1671-1672), antes de ter sido levado à falência por comanditários desonestos. O abade Pérrin foi preso e Cambert teve de vender o seu privilégio a Lully, que mandou fechar o teatro para abrir a sua Academia Real de Música. Este insucesso levou Cambert a partir para Londres onde fundou, com o seu aluno Grabu, a Royal Academy of Music que parece não lhe ter sobrevivido. Nada sabemos acerca dos últimos anos da sua vida e pensa-se que morreu envenenado.
✪ Algumas óperas ou «comédias em música» (*La Pastorale d'Issy, Ariane, Pomone, Les Peines et les Plaisirs de l'Amour), Ballet et Musique pour le divertissement du Roy de la Grande-Bretagne*, uma colecção de *Airs à boire* a 2 e 3 vozes.

CAMBINI, Giovanni Guiseppe (Livorno, 13 Fev. 1746/Paris, 29 Dez. 1825). Violinista e violetista. Aluno do padre Martini. Em 1766 ou 1767, um barco que o levava de Nápoles (onde tinha sido representada, sem êxito, a sua primeira ópera) para Livorno foi capturado por corsários que o venderam como escravo: mas foi resgatado, pouco depois, por um rico veneziano, que lhe devolveu a liberdade. Em 1770, instala-se em Paris onde Gossec apresenta as suas sinfonias no «Concerto espiritual».
✪ Cerca de 20 óperas, 60 sinfonias, 144 quartetos de cordas (a melhor parte da sua obra), 29 sinfonias concertantes e cerca de 400 obras instrumentais diversas.

Ø *Sinfonia Concertante* (conjunto Angleicum).

CAMPIAN, **Thomas** (Londres, 12 Fev. 1567/Londres, 1 Mar. 1620). Médico e poeta muito considerado. Um dos melhores compositores de *ayres* inglesas. É possível que tenha participado na expedição de Lord Essex que, em 1591, desembarcou em Dieppe e cercou Ruão.
◯ 5 livros de *ayres* [1601-1617] (mais de 100 árias com o acompanhamento de alaúde) e várias «mascaradas» (todos os poemas são seus).
Ø *10 Ayres* (Soames).

CAMPRA, **André** (Aix-en-Provence, 4 Dez. 1660/Versalhes, 29 Jun. 1744). Filho de um cirurgião natural de Turim. Foi, sucessivamente, mestre de música nas catedrais de Toulon, Arles, Toulouse e, finalmente, na Notre--Dame de Paris (1694-1700). Em 1697 (*L'Europe Galante*), vira-se para o teatro, o que em breve faz com que seja destituído das suas funções eclesiásticas. Torna-se, então, mestre de música do príncipe de Conti e, depois, mestre da capela real (1723) e director musical da ópera (1730). Nos géneros do moteto e da tragédia lírica, tal como tinham sido cultivados, respectivamente, por Delalande e Lully, o génio meridional de Campra introduziu um eco do novo estilo italiano, que então se desenvolvia nos oratórios e óperas de A. Scarlatti. Foi, por outro lado (*L'Europe Galante*), o verdadeiro criador da ópera-bailado, cujo género tivera origem, dois anos antes, no *Ballet des saisons*, de Colasse. Cronologicamente, as obras dramáticas de Campra situam-se exactamente entre as de Lully e as de Rameau, garantindo a continuidade da ópera francesa entre duas grandes épocas. Algumas das suas obras mantiveram-se no repertório da ópera durante cerca de um século.
◯ OBRAS DRAMÁTICAS (9 das quais foram compostas para o colégio de jesuítas Louis-le-Grand e a maior parte das restantes para a ópera): 12 óperas ou tragédias líricas (entre elas *Trancrède e Camille*), 8 óperas-bailados (entre as quais figuram *l'Europe Galante e le Carnaval de Venise*), 15 *intermezzi*, divertimentos, etc. 5 arranjos ou *pastiches* (sobre a música de Lully, Charpentier, Colasse) – OBRAS RELIGIOSAS: 5 livros de motetos, 2 livros de salmos (dedicados a Luís XIV), 1 missa *Ad majorem Dei gloriam a 4* vozes, *1 Requiem* – CANTO SOLISTA: 3 livros de *Cantates françoises* e árias dispersas em várias colectâneas da época.
Ø 3 *Árias de Óperas* (Susman), moteto *Pange Língua* (Roussel), *Requiem* (Gardiner), *Te Deum* (Fremaux).

CANNABICH, **Christian** (Mannheim, 28 Dez. 1731/Frankfurt-am-Main, 20 Jan. 1798). Violinista e director de orquestra, filho de um oboísta da orquestra de Mannheim. Foi aluno de J. Satamitz que, aos treze anos, o fez entrar para a orquestra palatina. O Eleitor mandou-o estudar para Roma, sob a direcção de Jommelli. Após a morte do seu professor (1757), sucedeu-lhe como *Konzertmeister* e mais tarde, em 1774, foi nomeado director da música intrumental do Eleitor, cargo que conservou depois de a corte eleitoral ter sido transferida para Munique. Primeiro grande director

de orquestra, no sentido moderno do termo, fez da orquestra de Mannheim a melhor da Europa. Mozart, em várias cartas a seu pai, escritas de Mannheim em 1777-1778, descreve com perfeição a orquestra, acrescentando que Cannabich era o melhor director de orquestra que tinha conhecido.
✪ Cerca de 100 sinfonias e aberturas, cerca de 50 quintetos, quartetos, trios e sonatas, uns 40 bailados (de que se perdeu mais de metade).

Capdevielle, Pierre (Paris, 1 Fev. 1906/Paris, 1969). Aluno de Gédalge (fuga), de Vidal e de Vincent d'Indy (composição), de Philipp (piano). Foi director da música de câmara da RTF (onde, por vezes, foram reveladas sob a sua batuta obras antigas, pouco conhecidas), membro do Conselho Internacional da Música da UNESCO, vice-presidente da SIMC.
✪ O «mito lírico» *Les Amants Captifs*, o oratório *Peregrinos*, suites sinfónicas, melodias da melhor qualidade.

Caplet, André (Le Havre, 23 Nov. 1878/Neuilly-sur-Seine, 22 Abr. 1925). Director de orquestra. Tendo ganho o Grande Prémio de Roma, em 1901, viajou pela Itália e pela Alemanha (onde assistiu, em Berlim e em Dresden aos concertos de Mottl e de Nikishc). Foi amigo de Débussy, que o encarregou da transcrição para piano de obras sinfónicas e da direcção da primeira execução do *Martyre de Saint Sébastien* (1911). Director de orquestra admirável, actuou regularmente em Boston entre 1910 e 1914. Era, desde 1900, director de música do Odéon. A sua música religiosa (a melhor parte da sua obra) está impregnada de uma poesia mística muito delicada e pessoal; aí o tratamento das vozes é excepcionalmente cuidado.
✪ *Le Miroir de Jésus* (solista, coros, quintetos de cordas e harpas), uma missa a três vozes, numerosas melodias, música de câmara.
Ø *Inscriptions champêtres* para coro feminino (Chorale Gouverné).

Cardoso, Frei Manuel (Fronteira, 1571/Lisboa, 24 Nov. 1650). Compositor de música religiosa, famosa no seu tempo em toda a Península Ibérica na corte de Filipe IV (III de Portugal) e depois pelo rei D. João IV que o recebia ou o visitava amiúde. Estudou no seminário de Évora e foi mestre de capela da Sé dessa cidade, tendo professado no convento do Carmo em Lisboa (1589). A sua música revela uma linha contrapontística austera, mas cheia de expressão e misticismo. Ainda em vida viu a sua obra impressa, a qual se reparte por todas as formas da música litúrgica: *Missas, Motetos, Cânticos, Magnificat, Te Deum, Salmos, Ofícios da Semana Santa, Salve Regina*. Todas estas composições são para vozes que podem ir desde quatro até oito. A maior parte destas obras foi editada pela Fundação Gulbenkian na série *Portugaliae Musica*, volumes V, VI, XIII, XX, XXII e XXVI.

Carissimi, Giacomo (Marino, 18 Abril 1605/Roma, 12 Jan. 1674). Primeiro chantre e organista do duomo de Tivoli, depois mestre de capela em Assis até 1629; seguidamente foi, até ao final da sua vida, mestre de capela da Igreja de São Apolinário, que dependia do Collegium Germanicum de Roma. Aí adquiriu uma enorme reputação que lhe permitiu formar numerosos discípulos, entre os quais figuram M.-A. Charpentier, J. K. Kerll e, talvez, A. Scarlatti. Carissimi é o primeiro grande mestre da cantata profana (com recitativos e árias) e do oratório latino. Tendo aberto o caminho a A. Scarlatti, pode mesmo ser considerado um dos criadores dessas formas que apenas haviam sido esboçadas pelos seus antecessores, especialmente no âmbito do *Oratório del Crocifisso*, berço do oratório latino. Além disso, provou ter um sentido dramático notável, uma imaginação sempre desperta, um ecletismo tão amplo quanto possível no plano da expressão melódica (*recitativo secco*, declamação melódica na linha de Monteverdi, *arie* de todos os tipos), enfim, um sentido verdadeiramente moderno da tonalidade, que coloca as modulações na perspectiva certa.

✪ Pelo menos 16 oratórios ou «histórias bíblicas» em latim (entre os quais se conta *Jefte*, a sua obra-prima), compostos para o «Oratório del Crocifisso», de Roma, numerosas cantatas de câmara, missas, motetos. Ø *História de Ezequias, História de Abrão e Isaac* (Corboz), *O Dilúvio Universal* (Conjunto Angelicum), *Jefte* (Conjunto Berlim), *Dives Malus* (Ephirkian).

CARREIRA, António (Lisboa, 1520--30/cerca 1598). Compositor e organista, trabalhou para a Capela Real Portuguesa ao serviço de D. João III e de D. Sebastião. As suas composições para órgão e outros instrumentos de tecla, cuja maioria são *Tentos e Fantasias*, devem ter sido muito procuradas no seu tempo, o que revela a sua celebridade dentro do repertório de música para tecla. Os próprios músicos do mosteiro de Santa Cruz de Coimbra tinham cópias das obras de Carreira na sua Biblioteca de Música. O seu estilo, embora com influências ibéricas, revela-se, contudo, cheio de expressão, com forte personalidade individual e rico de contrastes, utilizando o efeito das dissonâncias e sabendo ornamentar os seus temas com magníficas «glosas». Algumas das suas composições têm sido publicadas em antologias da *Portugaliae Musica* da Gulbenkian.

CARVALHO, João de Sousa (1745--1798). Compositor, mestre de capela, professor de contraponto no seminário patriarcal, mestre dos príncipes e infantes da família real, supõe-se que Sousa Carvalho tenha nascido no Alentejo. Mandado por D. José para Itália com a finalidade de se aperfeiçoar na arte teatral, regressou depois a Lisboa, onde teve alunos que vieram mais tarde a ser músicos célebres, entre os quais se contam Marcos Portugal e Leal Moreira. É considerado um dos maiores compositores portugueses de ópera italiana ao gosto da época. Entre as suas obras mais conhecidas podemos citar as seguintes, segundo o seu aparecimento em ordem cronológica: *L'Amore industrioso* («drama gicoso») (1769); *Eumene* («drama per musica») (1773); *L'Angelica* («serenata per musica») (1778); *Perseo* («drama per musica») (1779); *Testoride Argonauta* («dramma») (1780); *Seleuco Re di Siria* («drama per musica») (1781); *Everardo III Re di Lituania* («drama per musica») (1782); *Penélope* («drama per musica»)

(1782); *L'Endimione* («dramma per musica») (1783); *Adrasto Re degli Argivi* («drama per musica») (1784); *Nettuno ed Egle* («pastoral») (1785); *Alcione* (1787); *Numa Pompilio Il Re di Romani* («serenata per musica») (1790); *Jomiri Amazzona Guerriera* (?). Ao lado destas obras poderia referir-se ainda outras no domínio da música religiosa, como missas, salmos, responsórios e ainda algumas tocatas para cravo. Ultimamente, algumas das suas composições têm sido editadas, sendo de referir entre elas *L'Amore Industri*oso (vol. II de *Portugaliae Musica*) e a Abertura da ópera *Penélope* (Vol. XIV de *Port. Musica*), ambas da Gulbenkian.

CASELLA, **Alfredo** (Turim, 25 Jul. 1883/Roma, 5 Mar. 1947). Filho de um violoncelista, professor do Liceo Musicale de Turim, e de uma boa pianista amadora, começa muito cedo a estudar piano com a sua mãe e aparece pela primeira vez em público aos 11 anos. Aos 13, entra para o Conservatório de Paris, onde se torna aluno de Diemer (piano) e Fauré (composição). Viveu em Paris até 1915, frequentando os meios musicais de vanguarda (e sofrendo, como os seus colegas franceses, a influência de Stravinski), dando concertos como pianista e director de orquestra, trabalhando como assistente de Courtot a dar aulas de piano no Conservatório... De regresso a Roma, é nomeado professor de piano do Conservatório e começa a ganhar reputação como compositor; mas durante alguns anos as suas obras provocam escândalo e são boicotadas sistematicamente. Entretanto, a sua enorme actividade e o seu perfeito conhecimento da história musical do seu país dão origem a que se torne chefe da jovem escola romana e um dos principais promotores da tendência neoclássica que se afirma em Itália, a partir de 1920. Pela sua obra, o seu magistério, os seus escritos, a sua acção em prol da música nova, Casella é o mais importante compositor italiano da sua geração.

✪ 3 óperas (entre elas *La Donna Serpente*), 4 bailados (entre os quais se conta *La Giara*) – *Missa solennis pro Pace* para solistas, coros, orquestra e órgão – várias obras para piano e orquestra (a suite *Scarlattiana*, 1 partita, 1 concerto para cordas, piano e percussão), concertos de violino, de violoncelo, de orgão, 1 triplo concerto de violino, violoncelo e piano – numerosas peças para piano, melodias, bem como obras sobre a música (Bach, Beethoven, Stravinski, a música de piano) e reedições modernas de obras de Monteverdi, Vivaldi e Clementi.

CASSUTO, **Álvaro** (n. Porto, 1939). Compositor e director de orquestra a que sempre se tem dedicado, pode ser considerado um dos iniciadores em Portugal de uma escrita serial dodecafónica dentro de uma linha contemporânea. Entre as suas variadas obras podem citar-se: *Sexteto de Cordas, Variações Para Orquestras, Permutações Para Duas Orquestras, Sinfonia Breve n.º 1 e 2 e Sonatina Para Piano*.

CASTELNUOVO TEDESCO, **Mario** (Florença, 3 Abr. 1895/Hollywood, EUA, 17 Março 1968). Aluno de Pizzetti, começou a sua carreira aos 15 anos. Tornou-se num dos admiráveis compositores de melodias da sua geração, demonstrando, na escolha dos poemas, um gosto excepcional e uma cultura ecléctica; compôs, nomeadamente, música para todas as canções das peças de Shakespeare. A partir de 1938, passou a viver nos Estados Unidos da América devido às leis raciais promulgadas por Mussolini.

✪ 3 óperas, 2 bailados, aberturas para 7 peças de Shakespeare – 3 concertos de violino, 2 de piano e 1 de guitarra – *3 Fioretti* de São Francisco de Assis, para voz e orquestra, coros e numerosas melodias (entre as quais 12 volumes de *Canções de Shakespeare*).
Ø *Peças Para Guitarra* (Segovia).

CAVALIERI, **Emilio de** (Roma, cerca de 1550/Roma, 11 Mar. 1602). Organista do Oratório del Crocifisso de Roma, entre 1578 e 1584, e, depois, superintendente das artes na corte de Fernando I de Médicis, em Florença, entre 1588 e 1596. Aí frequentou as reuniões da *camerata Bardi* (V. CACCINI* e PERI*) e foi, provavelmente, o primeiro a escrever no novo *stilo rappresentativo* ou *recitar cantando*, imediatamente seguido por Caccini e Peri. Foi também um dos primeiros a utilizar o baixo contínuo, antes mesmo de Viadana, a quem foi atribuída a invenção. A sua obra principal, *Rappresentazione di Anima e di Corpo,* foi executada em Roma, em 1600, no Oratorio della Vallicella, criado em 1575 por São Filipe Nery (1515/1595), o fundador da Congregazione dell Oratorio. Com efeito, esta célebre *Rappresentazione* é uma espécie de ópera sacra, muito afastada ainda da forma do oratório clássico (Schütz, Carissimi e seus continuadores), que é, por definição, estático. Num prefácio extremamente preciso, o compositor dá as suas indicações para os movimentos cénicos, a instrumentação, a realização do baixo contínuo, os ornamentos vocais.

✪ *Rappresentazione di Anima e di Corpo* (1600), várias pastorais dramáticas (em estilo novo), vários *intermedii* (peças de circunstância em estilo antigo), madrigais.
Ø *Rappresentazione* (Mackerras).

CAVALLI, **Francesco** (Crema, Lombardia, 14 Fev. 1602/Veneza, 14 Jan. 1676). Chamava-se Caletti-Bruni e era filho do mestre de coros da Catedral de Crema, com quem aprendeu os primeiros rudimentos de música. Um rico patrício veneziano (cujo nome passou a usar por gratidão) assegurou-lhe a educação musical e fê-lo entrar para o coro de São Marcos, então dirigido por Monteverdi. Mais tarde, tornou-se segundo organista da célebre basílica (1640), depois primeiro organista (1665) e, finalmente, mestre de capela (1668). Em 1660, foi a Paris, a convite de Mazarino, e apresentou *Serse* no Louvre, por ocasião dos festejos de casamento de Luís XIV. Cavalli é, antes do mais, um músico de teatro. Deste ponto de vista, o seu papel foi quase tão importante como o do seu professor, Monteverdi, depois do qual se tornou o maior representante da ópera veneziana do século XVII. A sua arte, servida por um génio musical particularmente fecundo, assinala a transição entre o estilo dramático de Monteverdi e o lirismo da futura ópera napolitana.

✪ Pelo menos 42 óperas (entre as quais *Giasone* e *Ciro*), uma missa, motetos e salmos (2 a 12 vozes), um

Requiem (a 8 vozes), *Cansonette*, sonatas instrumentais.
Ø *Messa Concertata* (Ensemble Angelicum), *Ormindo* (Leppard).

CAVAZZONI, Girolamo chamado «d'Urbino» (Urbino, ? cerca de 1500/Veneza, ? 1560). Organista, cuja colecção de tablaturas de órgão (1542-1543) está na origem da *canzona* instrumental (e, por conseguinte, do *ricercare*, uma vez que as duas formas são extraordinariamente próximas).
○ *Intavolatura*, ou colectânea de peças para órgão em 2 volumes, incluindo: transcrições de obras polifónicas, *canzoni* e *toccate*, 3 missas.
Ø *Salve Virgo* (Anthologie orgue Froidebise).

CAVAZZONI, Marc'Antonio dito «de Bolonha» (Urbino ou Bolonha, ? cerca de 1480/Veneza, ? 1559). Pai do precedente. Organista da corte de Leão X, em seguida da Catedral de Chioggia e, finalmente, chantre em São Marcos de Veneza, onde se tornou amigo de Willaert. Foi o primeiro compositor importante de música de órgão em Itália. Os seus *ricercare* e as suas *canzoni* têm uma forma ainda incerta e aproximam-se do género *toccata*, os primeiros, e da canção francesa, os segundos (V. Girolamo CAVAZZONI*).
○ Uma colectânea de *Ricercari, motetti e canzoni* para órgão [1525].
Ø *Canzoni* (Anthologie orgue Froidebise).

CAZZATI, **Maurizio** (Guastalla, Reggio Emilia, 1620/Mântua, 1677). Mestre de capela, sucessivamente, em Mântua, Ferrara, Bérgamo, Bolonha, e, depois, novamente em Mântua (ao serviço da duquesa Anna Isabella de Gonzagne). Professor de G. B. Vitali, foi o criador da escola instrumental de Bolonha.
○ Oratórios, inúmeras composições religiosas (entre as quais se contam 43 op. publicados), árias e madrigais (8 op. publicados), composições instrumentais (8 op. publicados: *sonate, canzoni da sonare...*).

CERTON, **Pierre** (?/Paris, 22 Fev. 1572). «Professor das crianças» e, depois, capelão vitalício da Saint-Chapelle. Amigo de Sermisy e de Goudimel.
○ 8 missas, cerca de 50 motetos, 50 salmos, mais de 200 canções.
Ø *Chansons* (Anthologie Blanchard) (Lamy).

CESTI, **Pietro Antonio** chamado Marc'Antonio (Arezzo, 5 Ago. 1623//Florença, 14 Out. 1669). Tomou o hábito dos frades menores aos 14 anos, mas das cartas do seu amigo Salvator Rosa ressalta que foi despojado dos seus votos em consequência de aventuras pouco compatíveis com o seu cargo. Em Roma (1640-1645), foi aluno de Abbatini e de Carissimi. Chamado a Florença para a corte dos Médicis, em 1650, foi dispensado um pouco mais tarde, devido à sua conduta inconveniente. Foi, então, para Innsbruck, como mestre de capela da corte de Fernando I e, depois, da de Leopoldo I, em Viena; mas as suas funções deixaram-lhe tempo livre para várias viagens a Itália. Acima de tudo, Cesti interessava-se pelo teatro, a que dedicou quase toda a sua actividade de compositor. As suas óperas criadas, na sua maioria, em Veneza, Innsbruck e Viena, valeram-lhe uma grande celebridade. Mais do que a de Cavalli, a sua obra representa uma

evolução em direcção da expressão lírica e do *bel canto*: arte de síntese (nomeadamente dos estilos da ópera veneziana e da cantata napolitana) que não permite ligar completamente Cesti a uma escola regional italiana.
✪ Numerosas óperas (das quais só conhecemos 14), motetos, cantatas de câmara.
Ø *Serenata,* ópera ou *favola rusticale* (Chailley).

CHABRIER, **Emmanuel** (Ambert, Puy-de-Dôme, 18 Jan. 1841/Paris, 13 Set. 1894). Desde os 6 anos que estudava piano como amador e manifestava dons notáveis para a composição quando, a instâncias do pai, que o destinava à administração pública, começou a estudar Direito. Em 1862, entrou para o Ministério do Interior, de onde só se demitiu em 1880, para se consagrar inteiramente à música. Entretanto, estudara música com A. Hignard, um músico obscuro, tornara-se amigo de Manet, Verlaine, Duparc e compusera uma pequena obra-prima, cheia de vitalidade e espírito: *L'Étoile*. Apesar de admirar apaixonadamente Wagner, lança como que um desafio em pleno wagnerismo, com os traços brilhantes de um espírito francês, feito de jovialidade e de humor, de fina sensibilidade velada pela ironia. Foi considerável a influência deste músico excepcional sobre os compositores franceses das gerações seguintes (nomeadamente, o Grupo dos Cinco e, muito em especial, Poulenc). As suas obras-primas são a ópera-cómica *Le roi malgré lui* e as *10 Pièces pittoresques* para piano.
✪ TEATRO: *L'Étoile* (Bouffes-Parisiens, 1877), *Une éducation manquée* (Téâtre des Arts, 1913), *Gwendoline* (Bruxelas, la Monnaie, 1886), *Le Roi malgré lui* (Opéra-Comique, 1887), *Briseis* (inacabado) (Ópera de Berlim, 1899) – ORQUESTRA: *España, Joyeuse marche, Ode à la musique* (com coros) – PIANO: *Dix pièces pittoresques* (das quais, *Sous-Bois, Idylle, Scherzo-Valse* e *Danse villageoise,* foram orquestradas pelo próprio Chabrier), *Bourrée fantastique, 5 peças póstumas* – CANTO: melodias, *duos bouffes* (inéditos).
Ø *España* (Karajan), *Une éducation manquée* (Bruck), *Joyeuse marche* (Karajan), *Pièces pittoresques* (Barbier), *Oeuvre pour piano intégral* (M. Meyer), *Mélodies* (Jansen).

CHAILLEY, **Jacques** (Paris, 24 Mar. 1910/Montepellier, 21 Janeiro 1999). Musicólogo. Director de coros. (Director do coral Alauda). Filho de músicos excelentes; aluno de N. Boulanger, Cl. Delvincourt, H. Busser (composição) e de Y. Rokseth (musicologia). Especialista de música medieval, foi titular da cátedra de musicologia da Sorbonne e da de Conjunto Vocal do Conservatório. Sucedeu a Daniel Lesur na direcção da Schola Cantorum.
✪ *Pan et la Syrinx* (ópera-cómica), *Cantique du Soleil* para contralto e orquestra, uma sinfonia, música de cena, um quarteto de cordas, melodias.
Ø *Messe Brève* (Chailley), *Mélodies* (Mauranne).

CHAMBONNIÈRES, **Jacques Champion de** (?, 1602/Paris, 1672?). Cravista, filho de um cravista do rei. Pode ser considerado o chefe da escola francesa de cravo e a sua maneira de tocar, especialmente refinada e sub-

CHAMBONNIÈRES, Jacques Champion de

til, valeu-lhe considerável reputação em toda a Europa. Sucedeu a seu pai como cravista do rei (nos reinados de Luís XIII e de Luís XIV) e esteve, durante algum tempo, ao serviço das cortes da Suécia e do Brandeburgo. Na sua música, destinada exclusivamente ao cravo, herda dos alaúdistas e organistas da geração precedente um estilo polifónico cujo arcaísmo é compensado por uma ornamentação luxuriante e subtilezas harmónicas «modernas». Toda a sua música se apresenta sob a forma de suites de danças à maneira dos alaúdistas. Chambonnières foi o professor de Nivers, Cambert, le Bégue, D'Anglebert bem como dos três primeiros Couperin (pai e tios de François, «o Grande») que apresentou em Paris, cerca de 1650.

✪ Peças para cravo (2 livros publicados, o primeiro dos quais contém uma tabela de ornamentos preciosa).
Ø *Recital M. Charbonnier.*

CHAPORINE, Yuri Alexandrovitch (Glukhov, Ucrânia, 8 Nov. 1889/?, 1966). Depois de ter estudado Direito, aos 24 anos entra para o Conservatório de São Petersburgo, onde foi aluno de Sikolov, N. Tcherepnine e Steinberg.

✪ *Os Dezembristas* (ópera), *No Campo de Batalha de Kulikovo* (cantata), *Batalha Pela Terra Russa* (oratório), música de cena e de filmes, uma sinfonia muito bela, melodias.
Ø Extractos de *Dezembristas.*

CHARPENTIER, Gustave (Dieuze, Lorena, 25 Jun. 1860/Paris, 18 Fev. 1956). Aluno de Massenet no Conservatório de Paris, ganha o Grande Prémio de Roma, em 1887. A sua obra-prima, *Louise*, «romance musical», deve o seu enorme êxito a uma veia melódica fácil, bem como ao naturalismo e ao sentimentalismo do libreto (do próprio Charpentier). As personagens são pessoas simples do quotidiano, tratadas com um realismo a que o teatro daquele tempo não estava habituado. Na perspectiva do socialismo ingenuamente romântico que inspirava *Louise*, Charpentier funda, em 1902, o Conservatoire Populaire de Mimi Pinson, que tinha como finalidade dar aos trabalhadores franceses um teatro musical popular. Aí forma, nomeadamente, uma orquestra de «midinettes». Em 1913, foi eleito para o lugar de Massenet no Instituto.

✪ 2 óperas: *Louise* (Opéra-Comique, 1900) e *Julien* (Opéra-Comique, 1913) – *Impressions d'Italie*, para orquestra, *La Vie du Poète*, para solistas, coros e orquestra, melodias com acompanhamento de piano ou de orquestra.
Ø *Louise* (Prêtre), *Impressions d'Italie* (Fourestier).

CHARPENTIER, Marc-Antoine (Paris, 1634/Paris, 24 Fev. 1704). Aluno de Carissimi, em Roma, onde permaneceu vários anos. Quando voltou a França, foi convidado por Molière, que rompera com Lully, para colaborar nas representações do Théâtre Français (daí nasceram as partituras para *Le Mariage Forcé* e *Le Malade Imaginaire*). Depois foi, sucessivamente, mestre da música da Casa Professa dos Jesuítas e da Sainte-Chapelle, ao mesmo tempo que ensinava música ao duque de Orleães (para quem escreveu um tratado de composição e de acompanhamento).

Músico mais culto, mais inspirado e mais refinado do que Lully, tinha certamente muito menos sentido de teatro, o que pode explicar o reduzido êxito da sua música dramática. O seu verdadeiro génio manifestava-se superiormente, em contrapartida, na música religiosa, onde adapta o estilo italiano; a qualidade da sua escrita vocal trai especialmente a influência do seu professor e dos artistas romanos.

✪ TEATRO: óperas (*Médée, Les Amours d'Acis et de Galatée, Philomèle*), tragédias líricas para os jesuítas, pastorais, músicas de cena – MÚSICA SACRA: *Histoires Sacrées* (oratórios latinos sobre assuntos bíblicos), 12 missas, cantatas, salmos, motetos, *Te Deum, Magnificat, Leçons des Ténèbres, Litanias da Virgem* – MÚSICA INSTRUMENTAL: *Ballets des Saisons, Orphée* (bailado), um concerto para 4 violas, aberturas, serenatas.

Ø *Messe de Minuit* (Willcocks), *Le Reniement de Saint Pierre* (Martini), *Cantatas, Te Deum* (Corboz), *Leçons des Ténèbres, Magnificat, Ave Regina* (Blanchard).

CHAUSSON, **Ernest** (Paris, 20 Jan. 1855/Limay, 10 Jun. 1899). Depois de ter estudado Direito, só entrou para o Conservatório de Paris (no curso de Massenet) aos 25 anos. Mas a rigidez do ensino oficial era incompatível com o seu carácter; depois de ter sido admitido na cadeira de órgão de Franck, deixou o Conservatório para ter lições particulares com esse professor, a quem o ligavam várias afinidades. Muito independente nas suas opiniões estéticas, manifestava um perfeito liberalismo em relação às dos outros. Desde 1888 até à sua morte, como secretário-geral da Société Nationale de Musique dedicou-se activamente a dar a conhecer a música dos jovens compositores franceses. Foi para os seus colegas, nomeadamente para Débussy, um amigo extraordinariamente dedicado. Chausson faleceu aos 44 anos em consequência de um acidente de bicicleta (fractura do crânio). A sua obra é característica da escola franckista, embora muitas vezes se descubra nela traços de influência wagneriana (*Symphonie*, por exemplo); mas distingue-se devido a um encanto particular e uma harmonia refinada que prenuncia o impressionismo.

✪ *Le Roi Arthus*, drama lírico (Bruxelas, La Monnaie, 1903) – 8 motetos – *Hymne védique*, para coro e orquestra, *Poème de l'amour et de la mer* para 1 voz e orquestra – sinfonia em *si bemol*, poemas sinfónicos, *Poème*, para violino e orquestra, a sua obra mais célebre – Concert de violino, piano e quarteto de cordas, um quarteto com piano e um quarteto de cordas (inacabado), numerosas melodias.

Ø *Symphonie* (Munch), *Poème pour violon* (Oinstrakh), *Concert* (Francescatti, Casadesus e Quatuor Guilet), *Mélodies* (Sousay).

CHÁVEZ, **Carlos** (México, 13 Jun. 1899/México, 2 Ago. 1978). Filho de pai mexicano e de mãe índia, começou a estudar música muito cedo com Manuel Ponce. A partir dos 10 anos, compôs obras académicas, românticas e impressionistas. Mas a sua personalidade só se revelou quando, em 1921, descobriu o seu gosto pela música tradicional mexicana. Em 1928, fundou a Orquestra Sinfónica do México e foi nomeado director do Conservatório. A sua obra, cujas características dominantes são a austeridade da escrita contrapontística e a importância das pesquisas rítmicas (o próprio piano é muitas vezes tratado como instrumento de percussão), tem uma diversidade notável: música pura de tendência experimental e música «de intervenção» reflectindo preocupações políticas e sociais...

✪ *Llamadas* (sinfonia proletária para coros e orquestra), 4 sinfonias (entre elas *Sinfonia Índia*), 4 bailados (entre os quais se conta *Hija de Colquide*, criada por M. Graham com o título *Dark Meadow*), música para a *Antígona*, de Sófocles, concertos (de 4 trompas, de violino, de piano), *Toccata* para instrumentos de percussão, 3 quartetos, peças para piano, melodias e canções mexicanas.

CHERUBINI, **Luigi** (Florença, 14 Set. 1760/Paris, 15 Mar. 1842). A partir dos 6 anos, aprendeu música com seu pai, músico do Teatro alla Pergola e, aos 16 anos, já tinha escrito um número importante de composições religiosas. Em 1778, o grão-duque da Toscana mandou-o estudar para Veneza, sob a direcção de Sarti; aí aprendeu, principalmente, o rigor do velho estilo polifónico italiano. É nessa época que se orienta para o teatro e começa a compor uma série de óperas no estilo da escola napolitana. Em 1784, apresenta quatro óperas em Londres, sem grande êxito; mas ocupa durante um ano o cargo de compositor do rei de Inglaterra. Em 1786, instala-se em Paris e muda radicalmente o seu modo de compor em favor de um estilo de ópera dramática e expressiva, sobre libretos franceses, estilo muito pessoal, mas mais na linha da reforma gluckista do que da tradição picciniste. O êxito destas obras novas foi honroso, mas uma situação financeira precária (aliada à antipatia de Napoleão) teve a infelicidade de azedar profundamente o carácter deste misantropo. Em Paris, no entanto, Cherubini foi, sucessivamente, director do Théâtre de Monsieur, nas Tulherias (onde dirigiu obras de Paisiello, Cimarosa, Anfossi, etc., 1789--1792), inspector do ensino no Conservatório organizado recentemente (1796-1814), superintendente da capela de Luís XVII (1816), professor de composição e, depois, director do Conservatório (1822 até à sua morte). Em 1805, fora a Viena, onde Haydn e Beethoven lhe haviam expressado a sua admiração pelas suas óperas e pela sua música sacra. Encontrava-se aí quando rebentou a guerra contra a França; Napoleão ocupou Viena e Cherubini foi encarregado de organizar os «serões» do imperador, em Schönbrunn (1806). De regresso a França, dedicou-se quase exclusivamente à música sacra. Há um retrato de Cherubini, pintado por Ingres, no Museu do Louvre.

✪ Numerosas missas (entre as quais 2 *Requiem*), motetos, obras religiosas diversas, 17 cantatas e obras de circunstância (como a cantata sobre a morte de Haydn), 13 óperas italianas (incluem *2 pasticcios* em colaboração), numerosas romanças, árias, duetos, cantos revolucionários, obras instrumentais, livros de ensino.

Ø *Médée,* ópera (Callas, Serafin).

CHOPIN, **Frédéric – ou Fryderyk** (Zelazowa-Wola, próximo de Varsóvia, 1 Mar. 1810/Paris, 17 Out. 1849).

CHOPIN, Frédéric

Filho de Nicolas Chopin (1771-1844), professor francês que se fixara em Varsóvia em 1787, e de Justyna Krzyzanowska (1782-?). Criança imaginativa, inteligente, dotada de sentido de humor, autêntico menino-prodígio, escrevia versos aos 6 anos, publicou a sua primeira polaca aos 7 anos e meio e deu o seu primeiro concerto público aos 9. Depois de excelentes estudos gerais, tornou-se aluno de J. Elsner, director do Conservatório de Varsóvia (harmonia, contraponto e composição); quanto ao piano, nada mais tinha a aprender e tudo o que sabia aprendera sozinho ou quase (exceptuando as lições de um modesto professor de música, originário da Boémia, Wojcieck Zywny). A reputação do jovem músico em breve ultrapassou os salões da capital polaca, que disputavam a sua presença. Os dois concertos que em 1829 deu em Viena obtiveram um êxito triunfal; conseguiu publicar nessa cidade as suas primeiras composições, entre as quais figuravam as *Variações op. 2* sobre *La ci darem la mano...* que, chegadas às mãos de Schumann, deram origem ao célebre artigo onde exclamou: «Tiremos o chapéu, senhores, é um génio». Já em plena posse do seu génio, Chopin deixa a Polónia, em 1830, para fazer «uma viagem de estudo» depois de ter dado três concertos triunfais em Varsóvia. Passa por Bratislava, Dresden, Praga, Viena, Munique, Estugarda (onde fica transtornado ao saber da tomada de Varsóvia pelos Russos) e chega a Paris onde, no ano seguinte, se decide fixar. O seu primeiro concerto parisiense (*Concerto em Fá, Variações op. 2*, etc.) tem pouco êxito, mas a alta sociedade disputa as suas lições a preço de ouro e Chopin, contente com este tipo de vida que lhe proporciona rendimentos confortáveis, renuncia quase totalmente a uma carreira de virtuoso, pouco adequada ao seu temperamento (em toda a sua carreira não dará mais de 30 concertos). Graças a Liszt, que encontrou em casa de Marie d'Agoult, conhece George Sand. De início acha-a pouco simpática, mas ela distrai-o de uma profunda decepção sentimental (o seu amor pela encantadora Maria Wodzinska, contrariado pelos pais da jovem, que temiam a saúde já incerta do músico).

A curiosidade que George Sand lhe inspirava transformou-se, em breve, em amor: foi o início de uma ligação de que é difícil dizer se provocou a felicidade ou infelicidade dos interessados. Passam o Inverno de 1838 em Maiorca, na Cartuxa de Valdemosa (cerca de 10 km de Palma), estada nefasta para a saúde de Chopin em quem se apresentam os sintomas da tuberculose. Depois, todos os verões iam para Nohant, próximo de Châteauroux, onde a romancista recebia os mais ilustres artistas e literatos: Liszt, Delacroix, Balzac, Arago, Quinet... O objectivo de George Sand era subtrair o seu músico da atmosfera debilitante dos salões parisienses e criar-lhe, na sua propriedade, melhores condições de trabalho: efectivamente, ele nunca se soube concentrar em Paris e boa parte da sua obra foi escrita em Nohant. Infelizmente, os cuidados maternais com que esta mulher devoradora cercava o seu «Chopinet», o seu «querido doente», tiveram consequências funestas, não só por retirarem a Chopin as possibilidades de defesa física e psicológica,

CHOPIN, Frédéric

mas também por criarem à sua volta uma lenda absurda de poeta agonizante, destituído de virilidade, exaltando um sentimentalismo mórbido. As razões complexas da ruptura, que se produziu em 1847, foram de ordem familiar.

Depois de se instalar em Paris (onde viveu, sucessivamente, na rue Chaillot, rue Pigalle, place d'Orléans, place Vendôme), Chopin viaja pouco: estadas curtas na Alemanha, onde se encontra com Mendelssohn e Schumann (dispensa-lhes a sua amizade mas não a sua admiração), uma temporada em Londres. Em 1848, dá o seu último concerto em Paris (toca duas obras recentes, a *Berceuse* e a admirável *Barcarolle*). No mesmo ano, uma das suas alunas, Jane Stirling, que sonha casar com ele, organiza-lhe uma digressão de concertos em Inglaterra: Londres, Manchester, Glasgow, Edimburgo. No ano seguinte, esgotado pela doença, morre na noite de 16 para 17 de Outubro no apartamento n.º 12 da place Vendôme, onde acabara de se instalar. Os seus funerais só se realizaram a 30 de Outubro, para se poder organizar, conforme seu desejo, uma audição do *Requiem*, de Mozart. Foi sepultado no Père Lachaise e o seu coração foi levado para a igreja da Santa Cruz em Varsóvia.

Aliando o poder à doçura, o refinamento à virilidade, foi um pianista extraordinário, sem dúvida o maior do seu tempo. Homem culto, conviveu com a elite intelectual, mas, ao contrário de Schumann, nunca deixou que a sua cultura literária invadisse a sua arte. A sua música, pura e sóbria, faz dele irmão espiritual de Mozart, de Schubert e, em certa medida, de Bellini. A melodia é o princípio gerador da sua obra; nada nela é ornamentação gratuita, nada é supérfluo, tudo contribui para a beleza do desenho (nomeadamente, as passagens em «pequenas notas», que tantas vezes se convertem, infelizmente, em traços de virtuosismo). Apesar da originalidade da sua invenção harmónica que, por vezes, anuncia Wagner, Brahms e até Bartok, Chopin é um clássico. O seu estilo estava formado desde 1830 e as únicas influências verdadeiramente profundas que sofreu foram as da música polaca e de J. S. Bach. Gostava de Mozart mas, acima de tudo, admirava Bach, de que tocava sempre uma página para si próprio antes dos seus concertos. Em contrapartida, detestava o exagero de um Meyerbeer ou mesmo de um Berlioz; Beethoven impressionava-o; quanto à maioria dos seus contemporâneos, só sentia indiferença pela sua obra (Bellini conta-se entre as raras excepções). A forma do génio de Chopin, o seu gosto pela medida e, sobretudo, as raízes profundas que fizeram sempre dele, perante a opressão, o símbolo do nacionalismo polaco, tudo isso contradiz as lendas afectadas e lacrimejantes mantidas por «vidas romanceadas» inqualificáveis e por tantas interpretações exageradas e impudicas.

✪ Exceptuando algumas obras de música de câmara (entre elas um trio com piano, uma sonata de violoncelo e piano, variações para flauta sobre um tema de Rossini) e uma colecção de 17 *Cantos Polacos,* toda a obra de Chopin se destina ao piano. – COM ORQUESTRA: Variações sobre *La ci darem la mano* (do *Don Giovanni*, de Mozart), 2 concertos (*lá menor e mi menor*), *Grande Polonaise em mi bemol* – PIANO SOLISTA: 14 polacas (1817-46), 51 mazurcas (1824-46), 26 prelúdios, entre os quais se contam os 24 do *op. 28* (1836-39) e *Trois Nouvelles Études* (1839, para o método de Moscheles), 19 valsas, duas das quais inéditas (1826-48), 4 baladas (1836-42), 4 improvisos (1834-42), 4 Scherzos (1835-43), 3 sonatas, em *dó menor,* (1828), *si bemol menor* com marcha fúnebre (1839), *si menor* (1844), 4 rondós, 4 séries de variações e diversas composições isoladas entre as quais a *Fantaisie-Impromptu* (1834), a *Fantaisie op. 49* (1840-41), a *Berceuse op. 57* (1843), a *Barcarolle op. 60* (1845-46).

Ø *Concertos, Sonatas, Mazurcas, Valsas, Polacas* (Rubinstein), *Barcarolle, Berceuse, Fantaisie* (Cortot), *Estudos* (Pollini), *Nocturnos, Baladas* (Arrau), *Prelúdios* (Argerich).

CHOSTAKOVITCH, Dimitri (São Petersburgo, 25 Set. 1906/Moscovo, 8 Ago. 1975). Pianista e director de orquestra. Foi aluno, em Leningrado, de Nicolaiev (piano), Steinberg e Glazunov (composição). Os seus dotes extraordinários provocaram a estupefacção dos professores. A sua *1.ª Sinfonia*, que continua a ser uma das suas obras mais populares, foi escrita antes de ter terminado os estudos no Conservatório; dois anos mais tarde (1927), recebeu do governo a encomenda de uma sinfonia para comemorar a revolução de Outubro (*Sinfonia nº 2*). Era, aos 21 anos, o início da sua carreira oficial de músico soviético, integrado na vida política e social do seu país. A singularidade desta carreira foi a alternância de honras e desgraça: ataques virulentos do *Pravda*, contra a ópera *Lady Macbeth de Metsensk*, em 1936 (depois de dois anos de êxito) – prémio Estaline para o *Quinteto*, em 1940 – prémio Estaline, em 1942, para a *7.ª Sinfonia*, inspirada pela resistência do povo de Leninegrado (a sua execução perante os mais altos dignitários soviéticos, na altura mais trágica da guerra, foi uma apoteose) – ataque virulento do Comité Central do Partido Comunista, em 1948 (nomeadamente a propósito da *9.ª Sinfonia*, criada em 1945): censura-se a Chostakovitch o seu «formalismo», a sua «submissão à decadência burguesa», etc. – de novo em graça e terceiro prémio Estaline, em 1949, para o oratório *O Canto da Floresta* e a música do filme *A Queda de Berlim*... Chostakovitch é, certamente, depois da morte de Prokofiev, o primeiro compositor soviético e um dos maiores compositores do nosso tempo, pelo menos se considerarmos as suas obras-primas. Com efeito, encontra-se o que há de melhor e de pior na produção estranhamente díspar deste compositor; poderemos procurar as razões para tal, não só na interferência irregular de elementos ideológicos, mas também na diversidade das influências musicais (Beethoven, Tchaikovski, Strauss, Mahler, Glazunov, Prokofiev...).

✪ 3 óperas (*O Nariz, Lady Macbeth de Metsensk, Os Jogadores*), bailados, música de cena e de filmes – 15 sinfonias (1925 e 1972), 1 concerto de piano, trombeta e cordas, 1 concerto de piano, 1 concerto de violino – 24 prelúdios para piano, 24 prelúdios e fugas para piano, música de câmara (inclui 15 quartetos de cordas), melodias.

Ø *Sinfonias n.º* 5 (Kondrachine), *n.º 7* (Ancerl), *n.º 10* (Karajan), *n.º 11* (Cluytens), *n.º 12* (Mravinski), *n.º 13* (Ormandy), *n.º 14* (Ormandy), *n.º 15* (Chostakovitch). *Concerto de Piano e Trombeta* e *Concerto de Piano* (Grinberg, Chostakovitch, Rojdestvenski). *Concerto de Violino* (Oistrakh), *Prelúdios e Fugas* (Richter).

Ciampi, Vicenzo Legrenzio (Placenza, ? 1719/Veneza, 30 Mar. 1762). Cravista. Aluno, em Nápoles, de Durante e Leo, fez representar nessa cidade, a partir dos 18 anos, as suas primeiras óperas. Entre 1748 e 1756, viveu em Londres como director de uma companhia de ópera italiana. Em 1753, fez uma viagem a Paris, onde a sua ópera-bufa *Bertoldo in corte* foi representada na ópera (inspirando a Favart uma «paródia» que ficou célebre na época: *Ninette à la cour*). Em 1760, é nomeado *Maestro di cappella* no Ospedale degli Incurabili de Veneza.
✪ Numerosas óperas e óperas bufas (conhecem-se cerca de vinte), obras religiosas polifónicas, música instrumental (12 sonatas para cravo, 6 concertos a 6).

Ciconia, Johannes (Liège, 1335//Pádua, Dez. 1411). Teórico. Cónego em Liège e, depois (de 1401 e 1411), em Pádua e Veneza. Foi, na Itália Setentrional, o mais notável compositor do período que separa Landini de Dufay. A sua música utiliza tanto o estilo isorrítmico francês como o estilo italiano.
✪ 10 fragmentos de missa, 10 motetos e cerca de vinte composições profanas foram identificadas.

Cifra, António (Roma, 1584/Loreto, 2 Out. 1629). Depois de ter feito a sua aprendizagem musical em Roma como corista em São Luís dos Franceses, foi, sucessivamente, director musical do seminário romano e do Collegium Germanicum e, depois, mestre de coros em São João de Latrão e na Santa Casa de Loreto.
✪ Missas, motetos (mais de 200), salmos, madrigais e numerosas canções sobre baixos obstinados, retirados aos géneros populares da *romanesca* e do *ruggiero*.

Cilea, Francesco (Palmi, Calábria, 26 Jul. 1866/Varazza, 20 Nov. 1950). Aluno de Cesi (piano) e Serrao (composição) no Conservatório de Nápoles. A criação, em 1897, da ópera *L'Arlesiana,* em Milão, foi o primeiro grande êxito de Caruso.
✪ Óperas, a mais célebre das quais é *Adriana Lecouvreur* (Milão, 1902) peças para piano, uma sonata de violoncelo e piano.
Ø *Adriana Lecouvreur* (Tebaldi).

Cimarosa, Domenico (Aversa, Nápoles, 17 Dez. 1794/Veneza, 11 Jan. 1801). Aluno de Tenaroli e, talvez, de Sacchini, no conservatório napolitano de St.ª Maria di Loreto (1761-1772). Estreou-se em Nápoles, no Carnaval de 1772, com a ópera-bufa *Le Stravaganze del Conte*, que teve um grande êxito. A partir de 1780, era considerado por todos um rival de Paisiello e as suas obras eram representadas não só em Nápoles e em Roma, mas também em Veneza, Milão, Florença, Paris, Londres, Viena, Dresden, etc. Chamado a São Petersburgo por Catarina II, é, entre 1787 e 1791, compositor da câmara da imperatriz e do teatro imperial. No regresso, fica um ano em Viena como *Kappellmeister* de Leopoldo II; aí compõe e apresenta, em 1792, no Burg Theater, o seu imortal *Matrimonio segreto*, que, depois, é representado mais de 100 vezes consecutivas no Teatro dei Fiorentini de Nápoles. Stendhal exprimirá mais tarde, em termos entusiásticos, a sua admiração por esta obra-prima. Durante a efémera República Partenopéia (1799), Cimarosa aceita dirigir a audição de um hino republicano, durante uma cerimónia organizada pelos franceses. Três meses mais tarde, o cardeal Ruffo reconquistou a cidade e prendeu o músico, apesar de este se ter apressado a escrever uma cantata para o regresso do rei Fernando IV. Foi condenado a deixar o reino e teve de se refugiar em Veneza, onde terminou os seus dias (envenenado, diz-se). Foi um dos maiores mestres da ópera-bufa e os seus «conjuntos» prodigiosos são por vezes dignos de Mozart.

✪ Cerca de 70 obras de teatro, na sua maioria óperas bufas (entre as quais, *La Finta Pagina, La Vanita Delusa, Il Matrimonio Segreto, I Traci Amanti, Le Astuzie Femminili*) – 6 oratórios, 7 cantatas, missas e outras obras religiosas – 32 sonatas de cravo, 1 concerto de piano, 1 concerto de oboé.

Ø *Il Matrimonio Segreto* (Sciutti, Stignani, Alva, Sanzogno), *Il Maestro di Cappella* (Amaducci), *Concerto de Oboé* (Pierlot).

Clarke, Jeremiah (?, cerca de 1673//Londres, 1 Dez. 1707). Organista e maestro de coro da catedral de São Paulo, em Londres. Aluno de Blow, sob cuja direcção cantou, quando era criança, na Royal Chapel.

✪ *2 anthems*, 2 «serviços», odes de circunstância, música de cena, peças para cravo.

Clemens Non Papa, cognome de Jacques Clément (Ypres, cerca de 1500//Dixmude, cerca de 1556). Mestre de canto em Bruges (Saint-Donatien). Cerca de 1546, adoptou o cognome com que passou à posterioridade, sem dúvida para se distinguir do poeta Jacques Clément, natural de Ypres, que, ordenado padre, passou a ser conhecido como «padre Clément» ou «Clements Papa» (e não, como geralmente se afirma, para se distinguir do papa Clemente VII, falecido 10 anos antes).

✪ 15 missas, cerca de 230 motetos e muitas canções polifónicas dispersas pela maior das colectâneas do tempo.

Ø Anthologies Blanchard e «Cour de Bourgogne».

Clementi, Muzio (Roma, 23 Jan. 1752/Eyesham, Worcestershire, 10 Mar. 1832). Pianista ilustre. Menino-prodígio, aos 9 anos era organista e, aos 12, compositor (peças polifónicas, oratório, missa para coro duplo). Em 1776, um fidalgo de Dorset convidou-o a aperfeiçoar a sua cultura musical e geral em Inglaterra. Obteve um êxito enorme como virtuoso, fixou-se em Londres, em 1773, e deu recitais e dirigiu, durante 3 anos, a Ópera Italiana. Em 1781, realizou uma longa digressão de concertos, que o levou a Paris, a Munique e a Viena, onde o imperador organizou uma espécie de competição musical com Mozart, competição em que parece não ter havido vencedor. De regresso a Londres, entrou para uma sociedade de editores e fabrico de pianos e, depois, estabeleceu-se por conta própria, criando a florescente casa Clementi and Cº. Em 1802, foi a São Petersburgo com o seu aluno Field e fez ainda numerosas viagens pela Europa (Rússia, França, Itália, Alemanha...). O seu génio pedagógico e pianístico faz muitas vezes esquecer a qualidade das suas composições, algumas das quais são dignas de Haydn.

○ Mais de 100 sonatas (64 para piano, as outras para piano e diversos instrumentos), *Gradus ad Parnassum* (100 estudos para piano), numerosas peças isoladas para piano, algumas sinfonias e aberturas.

Ø *Sonatas de Piano op. 14 (H. Boschi).*

CLÉRAMBAULT, **Louis-Nicolas** (Paris, 19 Dez. 1676/Paris, 26 Out. 1749). Organista. Filho de um membro dos «vinte e quatro violinos», Dominique Clérambault, falecido em 1704. Aluno de J-B. Moreau e de A. Raison, sucedeu a este no órgão dos jacobinos da rue de Saint-Jacques; depois, em 1715, sucede a Nivers na tribuna de Saint-Sulpice. Clérambault teve um papel importante na história da música ao adaptar ao gosto francês as formas da cantata e da sonata italianas.

○ 5 livros de *Cantatas françaises* (o melhor da sua obra), *Historie de la femme adultère* (oratório), *Le soleil vainqueur des nuages* (espécie de cantata alegórica com representação cénica) – motetos, peças para órgão e cravo.

Ø Moteto *Exultate Deo* (Bigot), cantata *Orphée* (Ogeàs, Belai), *Suite Para Cravo* (Charbonnier).

COELHO, **Manuel Rodrigues** (Elvas, c. 1555/Lisboa (?) c. 1635). Iniciou os seus estudos de música na Sé de Elvas e em 1573 era organista substituto na Catedral de Badajoz. Depois foi sucessivamente organista nas sés de Elvas e Lisboa e da Capela Real, de que foi também capelão, vindo a falecer na zona de Lisboa cerca de 1635. Em 1620 publicou a sua obra *Flores de Música: Para o Instrumento de Tecla & Harpa* que pode ser considerada a maior obra de música para instrumentos que primeiro se publicou em Portugal e, como tal, um marco na produção musical deste género no contexto português. A obra é uma espécie de colectânea composta de 24 *Tentos* cujo processo de escrita, apresenta «muitos contrastes, intensidade de expressão, ideias brilhantes e simultaneamente de acerba beleza. É uma arte sublime, também adequada à interpretação em harpa, cravo, clavicórdio ou positivo» (M. S. Kastner). Uma edição actual de *Flores de Música* apareceu em *Portugaliae Musica* (Fundação Gulbenkian) repartida em dois volumes, figurando os 24 *Tentos* no volume I, com o volume II dedicado a composições sobre temas litúrgicos.

COELHO, **Rui** (Alcácer do Sal, 2 Março-1892/?, Maio 1986). Fez os seus estudos no Conservatório de Lisboa, tendo posteriormente aprofundado composição em Berlim, com Bruch e Schönberg. Toda a sua obra de temática marcadamente nacional abrange os mais variados géneros, desde a ópera ao *lied* e da música sinfónica à música de câmara e bailado. A crítica não tem sido pacífica relativamente à qualidade das suas obras sob o ponto de vista estilístico e estético. Apesar de tudo, revela-se um compositor profícuo e, dentre as inúmeras obras, salientamos as seguintes: 13 óperas (*Belkiss, Inês de Castro, Rosas de Todo o Ano, Soror Mariana, Auto da Barca do Inferno, Inês Pereira, Tá Mar, Entre Giestas, O Cavaleiro das Mãos Irresistíveis, O Rouxinol Cativo, Auto do Berço, Crisfal* (écloga) e *D. João IV*); 5 *Sinfonias Camonianas;* poemas sinfónicos; Suites; duas oratórias (*Fátima* e *Oratória da Paz*); sonatas para violino e piano (duas); um trio com piano; um quarteto de cordas; 7 bailados (*A Princesa dos Sapatos de Ferro, A Feira, Alfama, Rainha Santa, D. Sebastião, Bailado do Encantamento* e *Bailado da Ribeira*); diversas peças para música vocal e para piano, e ainda algumas harmonizações de canções populares portuguesas. Paralelamente, a sua actividade desenvolveu-se também através de críticas musicais em diversos periódicos.

Coleridge-Taylor, Samuel (Londres, 15 Ago. 1875/Londres, 1 Set. 1912). Filho de um médico negro da Serra Leoa, que casara com uma inglesa. Aluno de Stanford; durante os seus anos de estudo no Royal College of Music escreveu a primeira parte (*Hiawatha's Wedding Feast*) da sua obra principal, uma grande trilogia intitulada *Song of Hiawatha*. Em 1904, tornou-se director da Haendel Society.
✪ Uma ópera (*Thelma*), grandes obras corais (entre elas, *Song of Hiawatha*, trilogia para solista, coros e orquestra), música de cena, *Symphonic Variations on an African Air*, concerto e sonata de violino, peças para piano (incluindo *24 Negro Melodies*).

Colin de Blamont, François (Versalhes, 22 Nov. 1690/Versalhes, 14 Fev. 1769). Aluno de seu pai (membro da Orquestra Real) e de Delalande, que, em 1719, fez com que obtivesse o cargo de superintendente da música real. Após a morte do seu professor, sucedeu-lhe como «Mestre de música de câmara».
✪ Uma dezena de divertimentos e bailados, 3 livros de cantatas francesas para voz solista, motetos e um *Essai sur les goûts anciens et modernes de la musique* em que refuta as ideias de Rousseau.

Colasse, Pascal (Reims, Jan. 1649/ /Versalhes, 17 Jul. 1709). Aluno predilecto de Lully, colaborou em várias óperas do seu professor, completando partituras que apenas comportavam a linha melódica e o baixo contínuo. Foi *batteur de mesure* [espécie de director de orquestra, que cuidava do ritmo e do profissionalismo dos músicos; o cargo foi extinto na segunda metade do século XVIII; *N.T.*] na Academia Real de Música bem como «mestre de música e compositor de câmara». No fim da vida, arruinou-se à procura da pedra filosofal.
✪ Uma dezena de óperas, *Motets et élèvations pour la chappelle du roy*, uma colectânea de *Cantiques spirituels*, de Racine, árias e *vaudevilles*.

Comes, Juan Bautista (Valência, 29 Fev. 1568/Valência, 5 Jan. 1643). Aluno de Pérez. Mestre de capela da Catedral de Valência, é o melhor representante da escola valenciana.
✪ Mais de 200 composições sacras de grandes proporções (4 para 17 vozes, por vezes com um importante acompanhamento instrumental).

Compère, Loyset (?, cerca de 1450/ Saint-Quentin, 16 Ago. 1518). Provavelmente aluno de Okeghem, foi um dos maiores mestres da geração de Josquin. No entanto, não sabemos quase nada acerca da sua vida, a não ser que esteve durante algum tempo ao serviço do duque de Milão (1474--1475) e, depois, foi chantre ordinário do rei de França (cerca de 1486) e que terminou os seus dias como cónego da colegiada de Saint-Quentin.
✪ Missas, motetos, *Manificat* e, sobretudo, umas 50 canções francesas e italianas.
Ø *2 Canções* (Anthologie Blanchard).

Constant, Marius (Bucareste, 7 Fev. 1925/Paris, 15 Mai. 2004). Aluno de T. Aubin e O. Messiaen, no Conservatório de Paris, estudou também sob a direcção de N. Boulanger e Honegger. Ganhou o Prémio Itália, em 1952, com *Le joueur de flûte*, obra radiofónica transformada, mais tarde, em bailado por J. Charrat. Constant foi director musical dos Ballets, de Roland Petit, e director do conjunto de música contemporânea Ars Nova. Dedicou-se, com uma autoridade inteligente, à via ainda pouco explorada das músicas aleatórias (onde um acaso controlado preside ao jogo de combinações sonoras «prováveis»).
✪ Bailados: *Haut-Voltage* (Paris, Béjart, 1956), *Cyrano de Bergerac* (Copenhaga, R. Petit, 1959), *Concerto Pour 3* (Chicago, R. Page, 1961), *Éloge de la Folie* (Paris, R. Petit, 1966) – *24 Préludes* para orquestra (1958), 1 concerto de piano (1957), a notável suite sinfónica *Turner* (1961) – *Chants de Maldoror* (1962) para recitante, coreógrafo-director de orquestra e 23 «improvisadores».
Ø *Éloge de la Folie* (Constant), *Candide* (Constant).

Constantinescu, Pàl, (Ploesti, 30 Jun. 1909/Bucareste, 10 Dez. 1963). Aluno de Jora no Conservatório de Bucareste, onde ele próprio foi professor de harmonia, contraponto e composição. Foi o compositor romeno mais interessante da sua geração.
✪ A ópera *Noite de Tempestade*, o bailado *Bodas nos Cárpatos* (representado em toda a Europa); liturgia bizantina, oratório de Natal e paixão, em estilo bizantino; uma sinfonia, uma suite romena para orquestra, um concerto de piano, melodias.
Ø *Concerto de Piano* (Gheorgin, Silvestri).

Cooke, Henry (Lichefield?, cerca de 1616/Hampton Court, 13 Jul. 1672). Cantor (baixo) e maestro de coros. Durante a guerra civil combateu no exército do rei; ganhou os galões e passou à posteriodade com o nome de Captain Cooke. Quando da Restauração, foi nomeado «mestre dos alunos da capela real», onde teve entre os seus jovens alunos Blow e Purcell. Devido aos seus ensinamentos notáveis e espírito de iniciativa, exerceu uma profunda influência sobre a escola inglesa, na época dos últimos Stuart.
✪ Cerca de trinta *anthems* e cantos de igreja.

Coperario, John - John Cooper (?, cerca de 1575/Londres, 1626). Tocador de alaúde e de baixo de viola. Mestre de música de Carlos 1. Depois de uma viagem a Itália, cerca de 1604, italianizou o seu nome e o estilo e deu o impulso inicial à brilhante carreira das fantasias para violas, na Inglaterra do século XVII.

○ Canções e danças para as «mascaradas» da corte, música de igreja, uma colectânea de árias fúnebres para 2 vozes com alaúde e baixo de viola e, sobretudo, fantasias e suites admiráveis, para as violas.

Ø *Fantasias e Suites* (Conjunto Th. Dart.).

COPLAND, **Aaron** (Brooklyn, 14 Nov. 1900/2 Dez. 1990). Aluno de Goldmark e de Nadia Boulanger. É a primeira figura da música americana contemporânea, a cuja difusão consagrou uma energia e dedicação extraordinárias: série de concertos com R. Session, entre 1928 e 1932, direcção do American Festival of Contemporary Music em Yaddo (NY), grande actividade no seio da sociedade dos compositores americanos e da SIMC, numerosos artigos e conferências sobre a música contemporânea... Na sua música, de um lirismo vigoroso, uma harmonia muitas vezes áspera e austera dá colorido a uma inspiração melódica muito pessoal (com frequentes progressões ascendentes de quarta, sétima ou nona) onde se encontram reminiscências do *jazz* e do folclore americano.

○ Bailados (entre eles *Appalachian Spring*), excelente música de cena e de filmes, 3 sinfonias, diversas peças sinfónicas (entre as quais *El Salon Mexico*), concerto de piano, concerto de clarinete, sonata de piano.

Ø *Sonata e Fantasia Para Piano* (Lee).

CORELLI, **Arcangelo** (Fusignano, Bolonha, 17 Fev. 1653/Roma, 8 Jan. 1713). Violinista. Era membro de uma rica e muito antiga família de Fusignano, que ainda tem representantes nos nossos dias (descendentes de um dos seus irmãos). Depois de ter recebido os primeiros ensinamentos musicais de um padre de Faenza, foi estudar violino para Bolonha (1666-1670), com os músicos da célebre escola bolonhesa. Em 1670, o seu talento afirmava-se ao ponto de o admitirem como membro da ilustre Academia Filarmónica. Nada se sabe acerca de uma hipotética viagem à Alemanha que teria feito pouco antes de 1680. Mas parece que, a partir de 1675, se fixou definitivamente em Roma, onde ocupou desde logo uma posição importante: era sumptuosamente recebido em casa de Cristina da Suécia e do cardeal Ottoboni, sobrinho do papa e mecenas célebre, que adoptou o jovem músico e lhe reservou um quarto no seu palácio. A sua carreira foi feliz e a sua vida pacífica, no meio dos seus violinos e da sua magnífica colecção de quadros. Foi sepultado no Panteão de Roma, onde o cardeal Ottoboni mandou erigir sobre o seu túmulo um esplêndido monumento em mármore.

Na sua obra, Corelli deu os primeiros modelos perfeitos da sonata pré-clássica e do *concerto grosso*. Foi o verdadeiro fundador da escola clássica de violino. A qualidade da sua escrita baseia-se numa procura de simplicidade e no cuidado posto na exploração das qualidades expressivas do instrumento: recusa do virtuosismo inútil (em especial das cordas duplas, que fascinavam os violinistas alemães da época), tendência para se manter dentro dos limites da tessitura vocal (a mão esquerda não ultrapassa, normalmente, a terceira posição),

estilo essencialmente melódico. Entre os seus muitos alunos contam-se Geminiani e Locatelli; mas podemos considerar seus discípulos espirituais a maior parte dos grandes violinistas italianos do século XVIII. Obra pouco numerosa, mas perfeita e homogénea: consiste exclusivamente em seis colectâneas de música instrumental: op. 1: *XII Suonate a tre: due violini e violoncello col basso per l'organo* [1681] (Sonatas de igreja) – op. 2: *XII Suonate da camera a tre: due violini, violoncello e violone o cembalo* [1685] – op. 3: *XII Suonate a tre: due violini e arcilento, col basso per l'organo* [1689] (sonatas de igreja); op. 4: *XII Suonate da camera a tre: due violini e violone o cembalo* [1694] – op. 5: *XII Suonate a violini e violone o cembalo* [1700] (estas sonatas de violino e baixo foram arranjadas em *concerti grossi* por Geminiani) – op. 6: *Concerti grossi...* [póstumas, 1714.]
Ø *Sonata op. 5* (Melkus, Dreyfus), *Concertos op. 6* (Gracis).

Cornelius, Peter (Mainz, 24 Dez. 1824/Mainz, 26 Out. 1874). Poeta. Foi actor antes de ser músico. Depois de ter estudado em Berlim, foi para Weimar onde recebeu conselhos de Liszt (que dirigiu o seu *Barbeiro de Bagdad*) e conheceu Berlioz (cujas obras traduziu). Na *Neue Zeitschrift für Musik*, foi um ardente defensor da música nova, tal como era concebida pela jovem escola alemã reunida em torno de Liszt.
✪ 2 óperas e 1 ópera-cómica (*O Barbeiro de Bagdad*, a única das suas obras cuja celebridade ainda se mantém), numerosos coros e melodias, para as quais escreveu a maior parte dos poemas, uma colectânea de poesia *(Lyrische Poesien)*.
Ø *O Barbeiro de Bagdad* (Czerwenka, Schwarzkopf, Gedda, Leinsdorf).

Cornet, Peter (?/Bruxelas, ? por volta de 1633). Organista do arquiduque Alberto, entre 1593 e 1626. Durante algum tempo foi cónego da colegiada de São Vicente, em Soignies. As suas obras, muito belas e perfeitamente construídas, evocam o estilo das obras da escola inglesa.
✪ Peças para órgão (2 fantasias, 1 tocata, 1 *Salve,* 2 correntes) conservadas na Biblioteca de Berlim.
Ø *Fantasia* (Recital Peters).

Corrette, Michel (Ruão, 1709/Paris, 22 Jan. 1795) Filho de organista, foi também organista dos jesuítas e do duque de Angoulême.
✪ (Obra enorme mas de qualidade desigual): missas, motetos, 21 *Concertos comiques, Fantaisies à trois,* peças para órgão, para cravo, para violino e para vários outros instrumentos, entre os quais a gaita-de-foles e a sanfona – várias árias para as peças representadas nas Feiras de Saint-Germain e Saint-Laurent – obras didácticas (entre as quais *L'École d'Orphée,* método de violino).
Ø *Concertos comiques* (Antiqua Musica), *Victoire d'un combat naval* (Concert Cotte).

Costa, Luís (Farelães, Barcelos, 25 Nov. 1879/Porto, 7 Jan. 1970). Compositor e pedagogo, desenvolveu a sua actividade musical sobretudo como pianista, sendo considerado um dos maiores virtuosos do teclado, não só em Portugal como no estrangeiro, onde deu muitos recitais. Intérprete exímio de piano, a sua obra como compositor tinha de reflectir essa sua qualidade. Escreveu para piano peças bem estruturadas entre as quais se contam uma *Sonata*, diversos *Prelúdios* e *Estudos*, os *Poemas do Monte* e as *Telas Campesinas*, sendo a *Fantasia* para piano e orquestra a sua obra de maior vulto. São de referir ainda diversas obras de câmara como um *trio* e um *quinteto* com piano, *sonatinas* para violino, violeta e flauta, dois *quartetos* e uma *sonata* de violoncelo e *melodias*.

COSTELEY, **Gillaume** (Pont-Audemer ?, 1531/Évreux, 1 Fev. 1606). Organista de Carlos IX e Henrique III (1560 a 1585) e *valet de chambre* do rei, é um dos mais importantes compositores de canções francesas da segunda metade do século XVI. Humanista, frequentador do salão da condessa de Retz, parece ter tido um espírito brilhante e naturalmente curioso; a acústica encontrava-se, naturalmente, entre as suas preocupações, uma vez que compôs melodias em terço de tom (experiências infelizmente sem futuro).
✪ Numerosas canções francesas (uma importante colectânea, intitulada *Musique de Guillaume Costeley, organiste...* e publicada em 1750 por Le Roy e Ballard, contém 103, na sua maioria a 4 vozes), alguns motetos, obras para órgão (perdidas, com excepção de uma fantasia que se encontra na BN).
Ø 4 *Canções* (Conjunto Kreder).

COUPERIN, **Armand-Louis** (Paris, 25 Fev. 1725/Paris, 2 Fev. 1789). Um dos maiores organistas e peritos no fabrico de órgãos do seu tempo. Sucedeu a seu pai, Nicolas Couperin, em Saint-Gervais, foi também titular de vários outros órgãos parisienses, entre os quais o de Saint-Merry e o da Sainte-Chapelle. A sua técnica, que impressionou vivamente os seus contemporâneos, rompia definitivamente com as tradições do órgão clássico, que tinham chegado ao seu apogeu com as duas missas para órgão de François, «o Grande».

COUPERIN, **François** – chamado Couperin, *o Grande* (Paris, 10 Nov. 1668/Paris, 12 Set. 1733). Organista e cravista. Aos 11 anos, herdou, por morte do pai, Charles, o lugar de organista de Saint-Gervais, mas Delalande assegurou a transição até o rapaz ter 17 anos (fim de 1685). Aluno de seu pai e, depois, de seu tio François, bem como do organista Jacques Thomelin, amigo da família, tornou-se rapidamente célebre. Em 1690, difundiu em cópias manuscritas a sua obra para órgão constituída por duas missas. Em 1693-1694, foi nomeado organista da capela de Luís XIV (encarregado, sobretudo, de compor música religiosa, porque o grande órgão de Versalhes só foi terminado em 1736), depois «mestre de cravo dos Infantes de França» e *ordinaire de la musique du roi*. Em 1714 e 1715, distraiu a velhice de Luís XIV apresentando nos «concertos de domingo» os seus célebres *Concerts royaux*. Nessa época, torna-se figura nacional e os seus contemporâneos já lhe chamam Couperin, «o Grande». Infelizmente, em 1723, a sua saúde precária forço-o a ceder o órgão de Saint-Gervais a seu primo Nicolas e em 1730 sua filha Margerite-Antoinette tem de o substi-

COUPERIN, François

tuir temporariamente nas funções na corte. A longa correspondência que manteve com J. S. Bach perdeu-se, infelizmente (segundo uma tradição oral que data dos últimos Couperin, essas cartas teriam desaparecido depois de terem servido para cobrir os potes de compota).

🟢 MÚSICA VOCAL: *6 Elévations* (vozes e baixo contínuo), *3 Leçons de Ténèbres* (vozes e baixo contínuo) (perderam-se outras 6), motetos para vozes e instrumento (no estilo de Carissimi e Charpentier), *airs sérieux* (nada sérios) para 1, 2 ou 3 vozes e baixo contínuo – MÚSICA DE CÂMARA: sonatas em trio (no estilo dos op. 3 e 4 de Corelli), 14 *Concerts Royaux* (dos quais os 10 últimos foram publicados com o título *Les Goûts réunis*), *Apothéose de Lully* e *Apothéose de Corelli* (grandes sonatas a 3), *Les Nations* (4 sonatas a 3, seguidas, cada uma delas, de uma suite de danças francesas) – MÚSICA PARA ÓRGÃO: *Pièces d'orgue consistantes en deux Messe:* uma *A l'usage ordinaire des paroisses pour les fêtes solemnelles*, a outra *Propre pour les couvents de religieux et religieuses* – MÚSICA DE CRAVO: 233 peças, agrupadas por tonalidades em 27 «ordens» (que deviam ser tocadas por inteiro, como uma suite), sendo o total distribuído por 4 livros, publicados entre 1713 e 1730 – OBRA TEÓRICA: *L'Art de toucher le clavecin*, muito importante para a interpretação da música francesa do início do século XVIII.

Couperin teve o génio de harmonizar o estilo italiano com o francês. Os seus conhecimentos do contraponto, recebidos do seu professor Thomelin, faziam dele um êmulo de Corelli; o seu sentido de humor e da medida, a simplicidade e a frescura da sua invenção melódica tornaram-no um dos maiores músicos franceses de todos os tempos. Compôs sonatas italianas (sonatas em trio), suites francesas (*Concerts royaux*), música de igreja digna de Carissimi (uma das mais belas partes da sua obra, muito raramente tocada) e, finalmente, obras que realizam a síntese dos estilos francês e italiano (*Les Nations* e as duas *Apothéoses*). A sua produção de órgão, também muito pouco conhecida, é o culminar de uma tradição que remonta a Titelouze. Quanto à sua música de cravo, quer se trate de peças simples de dança (*1.º livro*), de peças pastorais (*Le Bavolet flottant*), de chaconas e passacalhes (*Passacaille* do 2.º livro e *Les Folies françaises*), quer se inspire na música popular de Couperin, 1722 (*Les Fastes de la grande Menestrandise*), quer seja burlesca (*La Pantomime*) ou séria (*La Couperin*), constitui, certamente, a parcela mais original da sua obra e um dos pontos altos de todo o repertório de cravo.

Ø *Trois leçons de Ténèbres* (Deller, Chapuis), *Missas para órgão* (Chapuis), *Concerts royaux* e *Apothéoses* (Tessier), *Les Nations* (Paillard), *Peças para cravo* (Dreyfus, Verlet).

COUPERIN, Louis (Chaumes-en-Brie, cerca de 1626/Paris, 29 Ago. 1661). Organista. Filho de um comerciante, excelente organista amador, foi, sem dúvida, iniciado na música por seu pai. Uma vez, por volta de 1650, em companhia de seus irmãos François, Charles e de alguns amigos músicos, ofereceu ao ilustre Chambonnières (que residia perto de Chaumes) um

concerto ao alvorecer, no dia do seu aniversário; Louis compusera a música. O mestre ficou encantado, tanto que se ofereceu para levar Louis para Paris para lhe arranjar emprego e o apresentar à corte. Em 1653, Chambonnières conseguiu-lhe um lugar de organista de Saint-Gervais, que iria ser ocupado pela família Couperin durante mais de século e meio. Couperin foi também *ordinaire de la musique du roi.* Morreu jovem, vítima de mal desconhecido. Na sua música, extraordinariamente «moderna» (cromatismos, modulações ousadas, função dramática do acorde de sétima diminuta, como em Mozart ou Beethoven), descobrimos um sentido dramático quase romântico, associado a uma predilecção pelas velhas formas contrapontísticas (as chaconas e passacalhes para instrumentos de tecla constituem o que de melhor tem a sua obra).
❂ 3 *sinfonias* para instrumentos, 5 fantasias para 2 violas, numerosas peças para órgão e cravo (das quais chegaram aos nossos dias cerca de 150).
Ø *Peças para órgão* (Chapuis), *Peças para Cravo* (Verlet).

CRÉQUILLON, **Thomas** (?/Béthune cerca de 1557). Mestre de coro e compositor de Carlos V. Cónego de Namur, Termonde e Béthune. Grande compositor, cujos motetos, sobretudo, são notáveis pela nobreza, grandeza e pureza do estilo de imitação.
❂ 116 motetos, 16 missas (4, 5, 6 vozes), lamentações a 4 e 5 vozes, cerca de 200 canções.
Ø *Canções, Motetos* (Caillat).

CRISTO, **Dom Pedro de** (Coimbra, *c.* 1550/Coimbra 16 Dez. 1618). Tendo passado maior parte da sua vida em Coimbra, no Mosteiro de Santa Cruz, onde professou em 1571, embora tivesse estado também no Mosteiro de S. Vicente de Fora, em Lisboa, pertencente à mesma Congregação, Dom Pedro de Cristo (cujo nome secular era Domingos) pode ser considerado um dos maiores polifonistas do século XVI no domínio da música religiosa. Pouco conhecido, em virtude da sua obra não ter sido ainda publicada na quase totalidade, é possível, todavia, avaliar da qualidade e número de suas obras pelo que foi publicado sobre ele por Ernesto Gonçalves de Pinho em *Santa Cruz de Coimbra – Centro de Actividade Musical nos séculos XVI e XVII* com alguns dados biográficos inéditos e uma informação valiosa sobre as obras, ainda manuscritas, deste frade crúzio. Mestre de capela do mosteiro, cargo de que foi titular a partir de 1597, Dom Pedro de Cristo foi ao mesmo tempo professor de música, cantor e tangedor de vários instrumentos, nomeadamente de tecla, baixão harpa e flauta. Mas é como compositor que tem o seu lugar na História, com a sua vasta obra vocal polifónica de 3 a 6 vozes, compreendida por inúmeros *Motetes, Responsórios, Salmos, Missas, Hinos, Paixões, Lamentações, Versos Aleluiáticos, Cânticos e Vilancicos Espirituais.* Das 220 peças que compõem a totalidade destas espécies, apenas uma dúzia e meia foi publicada em notação musical actual. Elaboradas com simplicidade e elegância, inspiradas ou não na temática gregoriana, mantendo, por um lado, aquela técnica rigorosa herdada da maneira de compor quatrocentista de influência flamenga, conseguindo, por outro, libertar-se dos apertados esquemas de imitação nas linhas melódicas, de forma a produzir um contraponto de construção sóbria afastada dos grandes efeitos, mas que realça com clareza a palavra do texto sagrado – as obras de Dom Pedro de Cristo conservam todo o elevado sentido espiritual da oração cantada dirigida a Deus, em que a profunda religiosidade e o simbolismo cristão de inspiração humanista se moldam na perfeição formal da polifonia do Renascimento.

Croce, Giovani (Chioggia, Veneza, cerca de 1557/Veneza, 15 Mai. 1609). Aluno de Zerlino, que fez que o admitissem, aos 8 ou 9 anos, como corista de São Marcos. Em 1603, com o apoio do doge Grimani (em cujas exéquias foi tocado o *Requiem*, de Croce), foi nomeado mestre de capela de São Marcos. Um dos mais eminentes compositores da escola veneziana, foi o principal colaborador musical dos festivais dramáticos que estavam em moda, nessa época, na cidade dos doges. Os seus dois madrigais dramáticos (ou comédias madrigalescas destinadas a representação cénica) contam-se entre os primeiros do género; foram compostos sobre textos em dialecto veneziano e incorporam canções populares. A sua música religiosa adopta a tradição veneziana do coro duplo. É um dos raros compositores venezianos em que nos apercebemos da «moderna» tendência para o estilo monódico.
Ø Missas (a 5, 6, 8 vozes), motetos (4 e 8 vozes), *Septem Psalmi poenitentialis*, madrigais (5 e 6 vozes), 2 madrigais dramáticos *(Mascherate pracevole e ridicolose e Tiaca musicale)*, canzonette.

Croft, William (Nether Ettington, Warwickshire, Dez. 1678/Bath, 14 Ago. 1727). Organista da Igreja de Santa Anna (Soho), depois da capela real e, finalmente, da Westminster Abbey, após a morte do seu professor J. Blow, a quem também sucedeu nas funções de compositor e professor das crianças da capela real.
✪ *Anthems*, salmos, um serviço fúnebre muito belo (ainda hoje tocado frequentemente em Inglaterra) – música instrumental, *ayres*.

Crüger, Johann (Gross-Bree, Prússia, 9 Abr. 1598/Berlim, 23 Fev. 1662). Organista, teórico eminente, foi, durante quase toda a vida, chantre de São Nicolau, em Berlim. Hoje é sobretudo conhecido devido às suas melodias de corais, algumas das quais se tornaram universais graças ao génio de Bach (*Nun danket alle Gott..., Jesu meine Freude..., Schmuke dich, o liebe Seele...*).
✪ Várias colectâneas de corais (uns a 1 voz e baixo, outros a 4 vozes e 2 instrumentos), motetos e *Magnificat*, uma colecção de *Recreationes musicae* (33 madrigais ou canções), obras teóricas (entre elas, um método de baixo cifrado).

Cui, César (Vilnius, 18 Jan. 1835/São Petersburgo, 24 Mar. 1918). Filho de um oficial francês que se fixara na Polónia e de uma lituana. Aluno ocasional de Moniuszko, foi, acima de tudo, um autodidacta e a música constitui a sua profissão secundária. Formado na célebre escola militar de São Petersburgo, tornou-se uma grande autoridade em questões de fortificação e terminou a sua carreira como general. A sua pena brilhante fez dele o porta-voz do célebre Grupo dos Cinco (que além dele compreendia Balakirev, Borodine, Rimski-Korsakov e Mussorgski).

✪ 11 óperas, mais de 300 melodias, 4 suites para orquestra, numerosas peças para piano.

Czerny, Karl (Viena, 20 Fev. 1791/ /Viena, 15 Jul. 1857). Pianista e pedagogo. Graças às lições de seu pai (ele próprio um óptimo pianista), tocava de cor, aos 10 anos, um importante repertório de mestres clássicos. Os seus dotes pedagógicos em breve se revelaram e, aos 15 anos, era já um professor requestado. Entretanto (1800-1803), fora aluno de Beethoven. Deu muito poucos concertos públicos, consagrando-se principalmente ao ensino e à composição; Liszt figura entre os seus alunos.

✪ Mais de 1000 obras no total: 24 missas, 4 *Requiem*, 300 graduais e ofertórios, sinfonias, aberturas, concertos, música de câmara, melodias e numerosas composições para piano (incluindo várias colecções de exercícios e arranjos de óperas, de oratórios, de aberturas, de sinfonias, etc.).

Ø *Variações la Ricordanza* (Recital Weissenberg).

Dalayrac, Nicolas (Muret, Languedoc, 8 Jun. 1753/Paris, 27 Nov. 1809). Destinado originalmente à carreira jurídica, incorporado como alferes na guarda do conde de Artois, em Versalhes, iniciou-se na música como autodidacta. As suas primeiras óperas cómicas foram criadas em 1782, na Comédie-Italienne, com o apoio de Maria Antonieta.

✪ Cerca de 60 óperas cómicas.

Dallapiccola, Luigi (Pisino d'Istria, Trieste, 3 Fev. 1904/Florença, 18 Fev. 1975). Pianista. Quando nasceu, na sua província natal que pertencia ao Império Austro-húngaro, os italianos e os indivíduos pró-italianos eram alvo de medidas discriminatórias. Em 1917, foi exilado para Graz, juntamente com a família, uma vez que seu pai foi declarado *politisch unverlasslich* [não era de confiança política]: foi a oportunidade para se iniciar na música sinfónica e na ópera alemãs. Depois da derrota do exército austríaco, volta a Pisino, libertada pelos italianos, e termina os seus estudos musicais em Trieste e, depois, em Florença (Consolo e Frazzi). Admira Débussy, cujo *Pelléas* descobriu em Bolonha, em 1919. A partir de 1930, faz numerosas digressões de concertos com o violinista Materassi e dedica-se a defender a música moderna, nomeadamente no quadro da SIMC, de que se torna o delegado italiano. Em 1924, tinha ouvido *Pierrot lunaire*, dirigido por Schönberg, mas o seu interesse pela música dodecafónica só data do seu encontro com Berg, em 1933. A sua primeira obra influenciada por esta técnica é o *Divertimento in quattro esercizi* (1934). Utilizando muito livremente as regras do desenvolvimento serial, adapta-as ao seu estilo pessoal (clássico e mediterrânico), renunciando ao neo-romantismo ou ao expressionismo dos músicos vienenses. Na escolha das séries, evita os grandes intervalos dolorosos, tão caros a Webern e seus discípulos, preferindo os movimentos melódicos conjuntos, geradores de impressões tonais. Dotado de um sentido dramático notável e de uma técnica perfeita de escrita vocal, Dallapiccola deu o melhor de si próprio na música vocal; as suas óperas *Volo di notte* e, sobretudo, *Il Prigioniero* contam-se entre as obras-primas do teatro lírico contemporâneo.

✪ 2 óperas: *Volo di notte,* segundo o romance de Saint-Exupéry (Florença, 1940) e *Il Prigioniero* (Florença 1950) – o bailado *Marsia* – grandes obras corais, entre elas *Job* («sacra rappresentazione» para solistas, coros e orquestra), *Canti di prigionia e Canti di liberazione* – *Divertimento in quattro esercizi* para soprano e 5 instrumentos, 3 *Linche greche* para soprano e instrumentos, 5 *canti* para barítono e 8 instrumentos – *Piccolo concerto per Muriel Couvreux* para piano e orquestra de câmara, *Inni* para 3 pianos, *Sonata Canonica e Quaderno musicali di Anna Libera* para piano solista.

Ø *Canti di prigiona, Cori di Michelangelo* (Jurgen).

DANDRIEU, Jean-François (Paris, 1682/ /Paris, 17 Jan. 1738). Organista e cravista, aluno de J. B. Moreau. Foi titular dos órgãos de Saint-Merry, da capela real e de São Bartolomeu (onde sucedeu a seu tio, Pierre Dandrieu).

✪ *Les Caractères de la guerre,* ou *Suite de symphonies,* 3 livros de peças para cravo, 1 livro de órgão, 1 livro de sonatas de violino, 1 livro de sonatas em trio e uma obra teórica, *Principes de l'accompagnement du clavecin.*

Ø *Peças Para Cravo* (Gerlin), *Peças Para Órgão* (Chapuis).

Daquin, Louis (Paris, 4 Jul. 1694/ /Paris, 15 Jun. 1772). Organista. Aluno de Bernier (composição) e de Marchand (órgão). Afilhado de E. Jacquet de La Guerre, começou a sua carreira aos 12 anos como substituto de Marin de La Guerre, organista de Sainte-Chapelle (aos seis anos tocara perante Luís XIV). Foi organista da Igreja de São Paulo (1727: a sua candidatura foi preferida à de Rameau), do convento dos Franciscanos (onde sucedeu a Marchand, em 1732), da capela real (onde sucedeu a Drandrieu) e da Notre-Dame de Paris.

✪ Música religiosa, *divertissements,* numerosas peças para órgão e cravo.

Ø *Peças Para Cravo* (Guerlin), *Peças Para Órgão* (Chapuis).

DARGOMYJSKI, Alexandre Sergueïevitch (Dargomyz, Tula, 14 Fev. 1813/ /São Petersburgo, 17 Jan. 1869). Começou por ser um excelente amador até que, em 1833, conheceu Glinka, que o introduziu no meio artístico e o ajudou a completar a sua formação musical. As suas primeiras obras seguiam o estilo tradicional de Auber ou de Halévy. Mas depois da sua viagem a Paris (1844-45), interessa-se pelo folclore do seu país e pelos problemas da declamação da língua russa: a partir de *Rusalka* (1856), utiliza, com um sentido dramático notável, uma forma de recitativo melódico muito pessoal que prenuncia Mussorgski. Foi, com Glinka, um dos fundadores da escola musical russa.

✪ 6 óperas (entre as quais *O Conviva de Pedra*, segundo Pushkin, a sua obra-prima), fantasias para orquestra, numerosas melodias.

Ø *Melodias* (recital Petrov), extraído de *Rusalka* (Chaliapine).

DAUVERGNE, Antoine (Moulins, 2 Out. 1713/Lyon, 11 Fev. 1797). Violinista. Director do Concert spirituel e da Ópera; superintendente da música do rei (1764). O seu interlúdio *Les Troqueurs* (1752) pode ser considerado o primeiro exemplo de ópera-cómica francesa.

✪ Tragédias líricas, óperas-bailados, interlúdios e óperas-cómicas – motetos – 4 *Concerts de symphonies*, sonatas em trio.

Ø *3.ᵉ Concert de Symphonies* (Paillard).

DAVID, Félicien (Cadenet, Vaucluse, 13 Abr. 1810/Saint-Germain-en-Laye, 29 Ago. 1876). Mestre de capela em Aix, logo após ter terminado o curso secundário partiu para Paris para, no Conservatório dessa cidade, completar uma formação musical de autodidacta. Entre 1833 e 1835, realizou uma viagem pelo Médio Oriente (Turquia, Egipto, Palestina), donde trouxe um gosto pelo orientalismo: foi essa a origem de um exotismo musical que se manifestou, com momentos mais ou menos felizes, durante um século. Em 1869, sucedeu a Berlioz no Instituto.

✪ Óperas e óperas-cómicas, sinfonias descritivas com voz (espécie de oratórios, como *Le Désert,* a sua obra mais célebre), 2 sinfonias, 24 quintetos, numerosas melodias.

DEBUSSY, Achille Claude (Saint-Germain-en-Laye, 22 Ago. 1862//Paris, 25 Mar. 1918). Seu pai tinha uma pequena loja de porcelanas e objectos chineses na Rue du Pain, em Saint-Germain, mas em 1865 faliu e a família fixou-se em Paris. Os Debussy não são músicos; porém, a conselho de uma parente que descobre os dons excepcionais da criança, proporcionam-lhe lições de piano e deixam que, aos 10 anos, entre para o Conservatório de Paris. Entre 1873 e 1884, assiste às aulas de Marmontel (piano), Lavagnac (solfejo), Durand (harmonia), Franck (órgão), Massenet e Giraud (composição) e em 1884 ganha o primeiro Grande Prémio de Roma com a cantata *L'Enfant Prodigue.* Antes, fora contratado como pianista pela baronesa von Meck, amiga e protectora de Tchaikovski: acompanhou-a, durante três anos consecutivos, nas suas viagens pela Suíça, pela Itália (onde conheceu Wagner), a Viena e a Moscovo, tocando a quatro mãos com a dona da casa e dando lições às filhas. Pouco depois, encontrou a encantadora Mme. Vanier, música excelente dotada de uma linda voz; ligado a ela por um amor platónico e seu companheiro constante, passa longos momentos na sua biblioteca. Estas relações foram decisivas para o enriquecimento da sua cultura geral (rudimentar quando saiu do Conservatório) e para a formação do seu gosto. Entre 1885 e 1886, vive na *Villa* Médicis e os seus «Envios de Roma» escandalizam o Instituto: censura-se-lhe o facto «de ser atormentado pelo desejo de escrever coisas estranhas, incompreensíveis, inexecutáveis», e fala-se mesmo de «impressionismo vago». Ao voltar, apaixona-se por uma rapariga muito bela, Gabrielle Dupont, a «Gaby dos olhos verdes»: instala-se com ela num pequeno apartamento na Rue de Londres, 42. É nessa época que, de vez em quando, frequenta as «terças--feiras» de Mallarmé: aí, conhece Pierre Louys, de quem se torna amigo, H. de Régnier, Laforgue, Verlaine e um pequeno grupo de pintores e músicos, alguns dos quais virá a encontrar, mais tarde (cerca de 1900), nas «quartas-feiras» de P. Louys e no Café Weber. Caseiro por temperamento, não tornará a deixar Paris até ao final da vida, salvo durante estadas curtas em Londres, Viena (onde Brahms o convida para jantar e para ver a *Carmen*), Bayreuth (onde tem a revelação de *Parsiful* e de *Tristão e Isolda*) e, entre 1912 e 1914, uma série de concertos em Viena, Budapeste, Moscovo, São Petersburgo, Roma e Amesterdão. À influência dos meios literários e artísticos de vanguarda junta-se a das descobertas puramente musicais: revelação da música javanesa na exposição de 1889, de *Boris Godunov*, que é decifrado ao piano em casa dos Chausson, encontro com Satie, pianista no «Cabaret» do Chat Noir, que prega uma certa simplicidade medieval e encadeia, na sua música, os acordes de nona. No entanto, não devemos equivocar-nos com o significado da «influência russa» ou do outro «wagnerismo» em Debussy; era demasiado original para imitar quem quer que fosse e não podemos encontrar nada de russo ou de wagneriano em *Pelléas*. Mas é certo que a riqueza da harmonia e instrumentação wagneriana, a qualidade expressiva da declamação melódica mussorgskiana, o colorido pouco comum das músicas orientais e a falsa ingenuidade de Satie foram estimulantes ou catalisadores na formação do estilo de Debussy. Em 1899, Debussy casa com Rosalie (Lily) Texier, bela costureira, amável mas pouco culta, de quem se divorcia em 1905. Casa, então, com Emma Bardac, com quem se instala numa casa própria, na Square do Bois de Boulogne, 24. Terá uma filha deste segundo casamento. Claude-Emma (1905/1919), chamada Chouchou, a quem dedicou *Children's Corner*. Debussy nunca teve qualquer cargo oficial e nunca foi uma «vedeta», evitando o mais possível apresentar-se em público, embora fosse um pianista maravilhoso. A parte mais importante da sua vida profissional era a criação das suas obras. O principal acontecimento foi a criação de *Pelléas et Mélisande* na Opéra-Comique (1902), sob a direcção de Messager, com Mary Garden e Jean Périer nos principais papéis (cenografia de Jusseaume). Alguns anos antes, Debussy definira o libretista ideal: «Aquele que, dizendo só metade das coisas, me irá permitir enxertar o meu sonho no seu; que irá conceber personagens cuja história e residência não serão de qualquer tempo ou lugar; que não me imporá a cena a realizar e que me deixará livre para, aqui ou ali, ter mais arte do que ele e completar a sua obra...» O drama de Maeterlinck correspondia a este ideal: permitiu a Debussy escrever uma obra totalmente nova, que se opôs a uma das mais célebres cabalas da história da música. Cerca de 1910, as primeiras manifestações de um cancro afectaram profundamente a sua saúde; muitos projectos tiveram de ser abandonados, entre eles a composição de várias óperas. O mal agravou-se rapidamente, depois de duas dolorosas operações. A morte de um dos maiores músicos de todos os tempos passou despercebida, enquanto o «Bertha» bombardeava Paris [canhão gigantesco, fabricado pela Krupp, com que os alemães bombardearam Paris durante a 1.ª Guerra Mundial. *N.T.*]. Foi sepultado no Père Lachaise mas, no ano seguinte, os seus restos foram

transladados para o cemitério de Passy onde repousa, como era seu desejo, «entre as árvores e os pássaros».
◐ MÚSICA VOCAL: *Pelléas et Mélisande* (drama lírico), *Le Martyre de Saint Sébastien* (mistério de G. d'Annunzio), música de cena para *O Rei Lear*, 3 bailados (*Jeux, Khamma* e *La Boite à joujoux*), 3 cantatas (*L'Enfant prodigue, La demoiselle élue* e *Ode à la France*), *Trois Chansons de Charles d'Orléans* para coro misto, numerosas melodias (entre as quais, *Cinq poèmes de Baudelaire, Ariettes oubliées, Fêtes galantes, Chansons de Bilitis, 3 Ballades de Villon, 3 Poémes de Mallarmé*) – MÚSICA SINFÓNICA: *Prélude à l'aprés-midi d'un faune, 3 Nocturnes, La Mer* (3 esboços sinfónicos: a sinfonia de Debussy), *Images* (sem qualquer ligação com as *Images* para piano), *Fantaisie* para piano e orquestra, *Danse sacrée et Danse profane* para harpa e cordas – MÚSICA DE CÂMARA: Quarteto de cordas, sonata para violoncelo e piano, sonata para violino e piano, sonata para flauta, violeta e harpa – PIANO: *Suite bergamasque* (que inclui *Clair de Lune*), Suite *Pour le piano, Estampes* (inclui *Soirée dans Grenade*), *L'Isle Joyeuse*, 2 cadernos de *Images* (que integra *Reflets dans l'eau*), *Children's Corner*, 24 *Préludes*, 12 *Études, En blanc et en noir* para 2 pianos – OBRA LITERÁRIA: artigos em *Revue Blanche, Gil Blas, Le Mercure de France, Le Figaro, Comoedia*, Revista *SIM*, etc., parte dos quais está compilada com o título *Monsieur Croche anti-dilettante*.
A profunda originalidade do estilo de Debussy, o seu carácter de excepção, permitem-lhe escapar a qualquer classificação. E por isso, há que exprimir prudentes reservas quando se tenta estabelecer um paralelo com a pintura impressionista ou com a poesia simbolista. No entanto, num primeiro «período» da sua obra, Debussy mostra-se o mais puro, o mais autêntico «impressionista»: os contornos melódicos esfumam-se no reflexo de harmonias luminosas que sugerem uma infinidade de cantos possíveis, o sentimento substitui a retórica; a sensação, a forma, o ritmo interior, a organização aritmética das durações. As obras-primas deste período são o *Prélude à l'aprés-midi d'un faune, Soirée dans Grenade* e *Jardins sous la pluie* (n.os 2 e 3 de *Estampes*), *Nuages, La Mer* e, numa certa medida, essa obra-prima fora de série que é *Pelléas*. Num segundo «período», Debussy adopta um estilo próprio que não tem equivalente quer na música, quer nas outras artes: estilo que permanecerá maravilhosamente «moderno» durante muito tempo, e cujos melhores exemplos se encontram em *Le Martyre de San Sébastien*, nas sonatas, nos *Préludes* e, sobretudo, nos *Études* para piano e, finalmente, nos *Jeux*, essa obra-prima infelizmente tão mal conhecida. A obra de Debussy fez soprar na música um vento de liberdade, alterando as leis da harmonia, ignorando as convenções formais, criando uma nova técnica de piano... Abre a porta a todas as ousadias e protege todos os academismos.

Ø *Pelléas et Mélisande* (Soederstroem, Schirley, Boulez), *Martyre de Saint Sébastien* (Monteux), *La Mer, Jeux, Prélude à l'après-midi d'un faune, Images* (Boulez), *Nocturnes* (Inghelbrecht), obra para piano

(Paraskivesco, Lee, Michelangeli), Quarteto (Quarteto Dinamarquês), Melodias (Souzay).

Delalande, Michel-Richard (Paris, 15 Dez. 1657/Versalhes, 18 Jun. 1726). Organista da Igreja de Saint-Louis-des-Grands-Jésuites, de Saint-Gervais (durante seis anos, até François Couperin ter idade para suceder ao pai), e de Saint-Jean-en-Grève. Fez a sua aprendizagem musical na escola de Saint-Germain-l'Auxerrois e aprendeu sozinho a tocar vários instrumentos. Músico oficial, acumulou cargos na corte (mestre e compositor da capela real, superintendente e compositor da música de câmara) e foi magnanimamente remunerado, condecorado e nobilitado por Luís XIV e Luís XV. Em 1864, casou com a irmã do compositor J. F. Rebel, excelente cantora, a quem o rei atribuiu o dote de uma pensão.
A música de Delalande é uma síntese harmoniosa dos estilos francês e italiano. Contrapontista mais hábil do que Lully e melhor melodista, é o continuador da obra de Charpentier. Os seus grandes motetos, que constituem o ponto mais alto da sua obra, foram, até final do século xviii, o fundo principal do repertório do *Concert spirituel*, de onde irradiaram para a Europa. É provável que tenham exercido alguma influência na obra de Haendel e talvez mesmo na de Bach. Entre os numerosos alunos de Delalande, contam-se Colin de Blamont e Destouches.
✪ Muitos motetos para solistas, coros e orquestra (a publicação póstuma de 42 deles foi realizada a expensas do rei), *Trois leçons de Ténèbres*, cerca de 20 bailados e divertimentos para as festas da corte, 4 *Symphonies de noëls,* as *Symphonies pour les soupers du roy* (reunidas e copiadas por Philidor, na sua qualidade de «guarda da biblioteca da música do rei»).
Ø Motetos *Beatus Vir, Usque quo Domine, Exaltato te, Nisi Dominus* (Fremaux), *Symphonies pour les soupers du rov* (Paillard).

Delannoy, Marcel (La Ferté-Alais, 9 Jul. 1898/Nantes, 16 Set. 1962). Autodidacta, mas amparado por Honegger e Roland-Manuel, só se dedicou à música aos 20 anos, depois de ter estudado pintura e arquitectura na escola de belas-artes. A partir da criação, na Opéra-Comique, de *Poirier de misère* (1927), que mereceu a viva aprovação de Ravel, impôs-se como um músico original, sem sistema, dotado de grande sentido teatral e de um génio melódico fecundo que, por vezes, acusa a influência vivificante da canção popular.
✪ *Puck* (ópera feérica), *Le Poirier de misère* e *Ginevra* (óperas cómicas), *Philippine* (ópera-bufa), 4 bailados, 2 sinfonias, suites sinfónicas, concerto de piano, quarteto de cordas, melodias (entre eles *Etat de veille*, com orquestra).

Delibes, Léo (Saint-Germain-du-Val, Sarthe, 21 Fev. 1836/Paris, 16 Jan. 1981). Aluno de Adam, no Conservatório de Paris, foi organista de Saint-Pierre de Chaillot e Saint-Jean-Saint-François e chefe de coros da ópera. Sucedeu a Reber como professor do Conservatório (1881) e a V. Massé no Instituto (1884). A sua música amável e fácil, mas de boa qualidade, não merece o desdém a que amiúde é votada.

✪ 6 óperas cómicas (entre as quais *Lakmé*), 15 operetas (entre as quais *Serpent à plumes*), 4 bailados (entre os quais se destacam *Coppélia,* a sua obra-prima, e *Sylvia*), obras sacras, coros e melodias.
Ø *Lakmé* (Mado Robin, Sebastien), *Sylvia,* e *Coppélia* (Cluytens).

DELIUS, **Frederick** (Bradford, 29 Jan. 1862/Grez-sur-Loing, 10 Jun. 1934). Como seus pais contrariavam a sua vocação musical, partiu, aos 20 anos, para a Florida para cultivar laranjais. Aprende música sozinho durante as horas vagas. Mais tarde, completa a sua formação musical no Conservatório de Leipzig, sob a direcção de Reinecke; aí conhece Grieg, cuja influência se faz sentir nas suas primeiras obras. A partir de 1890, radica-se definitivamente em França, primeiro em Paris, e, depois, em Grez-sur--Loing, no Seine-et-Marne. Completamente ignorante da arte do êxito, não pertenceu a qualquer escola ou movimento musical e manteve-se à margem dos meios musicais parisienses (a França, onde viveu mais de 40 anos, ainda o desconhece). A sua arte profundamente original, com um misterioso perfume poético, só foi apreciada em Inglaterra após a sua morte, graças ao zelo do seu dedicado amigo, o director de orquestra Sir Thomas Beechan.
✪ 6 óperas (entre as quais *Romeo und Julia auf dem Dorfe*) – grandes obras corais (*Eine Messe des Lebens* e *Requiem* segundo Nietzsche, *Appalachia,* inspirado num velho canto negro, *Sea Drift*) – rapsódias para orquestra (entre elas *A Brig Fair*, sobre temas populares do Lincolnshire), concertos (piano, piano e violoncelo, violino, violoncelo), 3 sonatas de violino e piano, melodias.

DELLA VIOLA, **Alfonso** (Ferrara, ?/ /Ferrara ?, depois de 1567). Mestre de capela do duque de Ferrara, Ercole II. Foi, provavelmente, o primeiro a musicar por inteiro obras dramáticas: as suas composições contêm o embrião da futura ópera. Os diálogos e os intermédios eram, de um modo geral, escritos no estilo do madrigal; no entanto, parece que *Il Sacrifizio*, «favola pastorale» representada em 1554, continha uma parte monódica, 40 anos antes do aparecimento do *stile rappresentativo* (Ver CACCINI* e PERI*).
✪ Várias tragédias e pastorais em música (de que só se conservam os libretos), motetos, madrigais a 5 vozes.

DELVINCOURT, **Claude** (Paris, 12 Jan. 1888/Orbetello, Itália, 5 Abr. 1954). Aluno de Caussade, Busser e Widor, ganhou, em 1913, o primeiro Grande Prémio de Roma com a sua cantata *Faust et Hélène.* Foi, sucessivamente, director do Conservatório de Versalhes (1931-1941) e do Conservatório de Paris (1941-1954), cujos métodos e espírito renovou.
✪ *Lucifer* (mistério), *La Femme à barbe* (comédia musical), *Oedipe-Roi* (oratório), obras sinfónicas (*Bal vénitien, Radio-sérènate,* etc.), música de câmara, peças para piano.
Ø *Sonata de Violino e Piano* (Crut, Descaves).

DESMARETS, **Henry** (Paris, cerca de 1660/Lunéville, 7 Set. 1741). Aluno de Lully. Em 1690, sucede a Charpentier como mestre de música da casa professa dos jesuítas. Alguns anos

mais tarde, é acusado de rapto e tem de refugiar-se em Espanha, onde permaneceu ao serviço de Filipe V. A partir de 1708, fica ao serviço do duque de Lorraine, em Nancy e Lunéville.
✪ Tragédias líricas, bailados e divertimentos, grandes motetos no estilo de Delalande.

Destouches, André Cardinal (Paris, Abr. 1672/Paris, 3 Fev. 1749). Começou a vida, ainda jovem, aluno dos jesuítas, acompanhando o padre Tachard ao Sião (1687); mais tarde, aos 20 anos, participou, como mosqueteiro do rei, no cerco de Namur. Excelente músico amador, foi, durante algum tempo, aluno de Campra (1696-97) e compôs três árias para *L'Europe galante* do seu professor. Obteve um enorme êxito com a estreia da sua primeira ópera, *Issé*, realizada em 1697. Destouches foi inspector-geral (1713) e, depois, director (1728) da ópera (alguns dos artigos do regulamento que estabeleceu na época ainda estão em vigor) e, finalmente, superintendente da música real. É, a par de Lully e Rameau, um dos melhores compositores de ópera francesa.
✪ 10 óperas (entre as quais *Les Eléments,* em colaboração com Delalande), 2 cantatas, motetos, *Te Deum, De profundis.*

Diabelli, Anton (Mattsee, Salaburgo, 6 Set. 1781/Viena, 7 Abr. 1858). Pianista e pedagogo (piano e guitarra), aluno de Michael Haydn. A sua música sacra está muito divulgada na Áustria; o valor pedagógico das suas peças para piano garante-lhe uma grande difusão em todo o mundo; mas foi sobretudo como fundador da editora Diabelli and C.º que desempenhou um papel histórico. Essa firma editou Haydn, Mozart e sobretudo Schubert (publicando um catálogo temático das suas obras). Indirectamente, devemos a Diabelli um dos pontos altos da música: as *32 Variações Sobre Uma Valsa de Diabelli, op. 120,* que foram encomendadas a Beethoven, em 1821.
✪ (Obra inumerável): Missas, motetos, árias, música de cena e numerosas peças para piano.

Diepenbrock, Alphons (Amesterdão, 2 Set. 1862/Amesterdão, 5 Abr. 1921). Doutorado em Letras (defendeu, na Universidade de Amesterdão, uma tese sobre a vida de Séneca), professor de filologia, foi em música um autodidacta. Sofreu a influência de Wagner, Debussy e Mahler (de quem se tornou amigo) e, em certa medida, dos músicos do Renascimento. Foi, com Wagenaar, um dos promotores da escola holandesa contemporânea.
✪ Música de cena (nomeadamente para o *Fausto*, de Goethe, e a *Electra*, de Sófocles), *Missa in die festo* (tenor, coro, órgão), *Te Deum* (solistas, coros e orquestras), *Lieder* com acompanhamento de orquestra e várias outras obras vocais.

Ditters von Dittersdorf, Karl (Viena, 2 Nov. 1739/Rothlhotta, próximo de Neuhof, Boémia, 24 Out. 1799). Violinista, aluno de Ziegler e Bonno, em Viena. Fez, como jovem virtuoso, uma digressão, que lhe deu fama, por Itália, na companhia de Gluck. Mais tarde, foi músico e *Kappellmeister* de numerosas cortes principescas e arcebispais, nomeada-

mente, as do príncipe Esterhazy e do príncipe-arcebispo de Bratislava (graças a quem foi cavaleiro da Espora de Ouro).
✪ (Obra inumerável, num estilo brilhante que alia a influência italiana à da música popular): 35 óperas (óperas bufas italianas e *Singspiele* alemães), oratórios, missas, cerca de 140 sinfonias, 22 concertos para diversos instrumentos, incontáveis peças para piano, música de câmara.
Ø *Quarteto de Cordas* (Novo quarteto dinamarquês), *Três Concertos* (Veyron-Lacroix, Redel).

DOHNÁNYI, Ernö (Pozsony [Pressburg], 27 Jul. 1877/Nova Iorque, 11 Fev. 1960). Pianista e director de orquestra. Aluno de Koessler (Budapeste) e de E. Albert (Berlim), foi professor na Hochschule für Musik (Berlim), director do Conservatório de Budapeste e da rádio húngara. Considerado um dos maiores virtuosos do seu tempo, fez numerosas digressões pela Europa e pelos Estados Unidos. Em 1948, decidiu abandonar a Hungria por razões políticas e fixou-se, primeiro, na Argentina e, depois (um ano mais tarde), nos Estados Unidos, onde foi professor de composição na Universidade da Florida (Tllahasse). Bartók e Kodály, quatro e cinco anos mais novos do que ele, haviam sofrido, em maior ou menor grau, a sua influência, no início das suas carreiras; mas Dohnányi, fiel à estética de Brahms, não os acompanhou na construção de uma arte musical especificamente húngara. Na sua obra, os traços de nacionalismo musical resumem-se a algumas citações de folclore, cujas características fundamentais não assimilou.

✪ 3 óperas, 1 bailado, *Missa in dedicatione Ecclesiae*, 3 sinfonias, suites sinfónicas sobre *Ah, vous dirai-je maman*, 3 quartetos de cordas, 2 quintetos com piano, peças para piano, melodias.
Ø Variações sobre *Ah, vous dirai-je maman* (Katchen).

DONATO, Baldissare (?, 1530/Veneza, 1603). Cantor. Foi, provavelmente, aluno de Willaert, de quem se mostrou discípulo e continuador. Ligado toda a sua vida a São Marcos de Veneza, exerceu aí as funções de músico e cantor (Willaert era *Maestro di cappella*), de *Maestro di cappela picolla* (C. Rore era *Maestro di cappella*) e, finalmente, (1550, após a morte de Zerlino) de *Maestro di cappella*. Em 1550, a publicação das suas primeiras colectâneas (um livro de *Napolitane e alcuni madrigali a 4 voci* e um livro de *Canzon villanesche alla napolitana*) trouxe-lhe a celebridade; o segundo contém uma *Canzon della galllina*, cujo tema foi retomado pelos cravistas (cf. *La Poule*, de Rameau) e, mais tarde, por Haydn (Sinfonia n.º 83, «A galinha»). Nestas colectâneas, o estilo de Willaert é adaptado a temas especificamente napolitanos: esta aproximação de um estilo universalmente italiano é um traço particularmente original da obra de Donato, músico veneziano.
✪ *Canzon villanesche alla napolitana a 4 voci*, várias colecções de madrigais a 4, 5, 6 e 7 vozes, uma colecção de motetos a 5, 6 e 8 vozes e numerosos madrigais, salmos, motetos dispersos por colectâneas da época.
Ø *Villanella* (Madrigalistas de Praga).

DONIZETTI, Gaetano (Bérgamo, 29 Nov. 1797/Bérgamo, 8 Abr. 1848).

DONIZETTI, Gaetano

Aluno do Padre Mattei (o professor de Rossini), em Bolonha. Pouco depois dos seus primeiros êxitos em diferentes teatros italianos fixou-se, em 1827, em Nápoles, onde se tornou professor do Real Collegio di Musica e estreou, em média, três novas óperas por ano. Mas em 1838 trocou Nápoles por Paris, de onde fez várias viagens a Itália (em 1842, dirigiu em Bolonha a primeira audição do *Stabat Mater* de Rossini) e a Viena. Os últimos anos da sua vida foram ensombrados por uma paralisia geral e perturbações mentais, que obrigaram ao internamento, em 1846, num hospital psiquiátrico de Ivry: no ano seguinte, foi levado para Bérgamo, onde morreu. A incrível velocidade de trabalho de Donizetti (algumas óperas, libreto e música, foram compostas em quinze dias) e a sua enorme actividade (era, muitas vezes, mestre de canto e encenador dos seus espectáculos) não lhe permitiram realizar uma obra homogénea. Nela encontram-se, lado a lado, o melhor e o pior: o atractivo de uma inesgotável veia lírica é, muitas vezes, enfraquecido pela vulgaridade da harmonia e da instrumentação. Salvo raras excepções (entre as quais se contam *Elisir d'Amore* e *Dom Pasquale*, duas obras-primas de ópera-bufa, dignas de Rossini), o interesse das óperas de Donizetti está ligado ao culto do *bel canto*, ao fascínio da exploração vocal.

❂ 71 óperas (*serie e buffe*) as mais célebres das quais são: *Anna Bolena* (Milão, 1830, com Pasta e Rubini), *Elisir d'Amore* (Milão, 1832), *Lucrezia Borgia* (Scala de Milão, 1833), *Lucia di Lammemoor* (S. Carlo de Nápoles, 1835, com Duprez e Persiani), *La Favorite* (Ópera de Paris, 1840), *Don Pasquale* (Théâtre-Italien de Paris, 1843)... – 115 composições religiosas, oratórios, sinfonias, música de câmara.

Ø *Elisir d'amore* (Cotrubas, Domingo, Pritchard), *Lucrezia Borgia* (Caballé), *Lucia* (Sutherland, Bonyng), *Don Pasquale* (Gracis).

DOWLAND, John (Londres?, 1563/Londres?, 20-21 Jan. 1626). Tocador de alaúde e cantor. Nada sabemos dos seus antecedentes e educação. Encontramo-lo ao serviço do embaixador da Inglaterra, em Paris (1580-84), e, depois, como tocador de alaúde nas cortes de Brunswick e Hesse (1594--98). Em 1595, deixa Nuremberga e dirige-se para Itália, a fim de estudar com Marenzio em Roma; em Veneza, torna-se amigo de Giovanni Croce e interrompe a sua viagem em Florença, com medo de ser confundido com os «papistas» ingleses refugiados em Itália, e regressa a Nuremberga. Entre 1595 e 1606, é tocador de alaúde na corte de Cristiano IV da Dinamarca, de onde, em 1601, viaja até Inglaterra para comprar instrumentos. Depois, fixa-se neste país; só em 1612 obtém o seu primeiro emprego na corte de Inglaterra (*second musician for the luthes*), cargo em que lhe sucederá seu filho Robert (cerca de 1585/1641). Como virtuoso, Dowland foi célebre em toda a Europa e é provável que tenha sido o maior tocador de alaúde da sua época. Mas, sobretudo, ocupa um lugar cimeiro na história da canção e da melodia. Os seus quatro livros de *ayres* ou canções com acompanhamento de alaúde contêm obras-primas, que antecipam o *lied* romântico e a melodia contemporânea e onde Dowland se revela um dos notáveis pioneiros da monodia acompanhada. Como se depreende dos títulos (ver em baixo), os dois primeiros livros relacionam-se com a escrita polifónica tradicional; mas uma vez que a parte superior suporta todo o interesse melódico, foi prevista uma redução das partes complementares em tablatura de alaúde para permitir que fossem interpretadas por uma só voz acompanhada.

As peças do 3.º e 4.º livros são puras monodias acompanhadas. Dowland teve antecessores nesta via, nomeadamente Milan e Byrd, mas a perfeição da sua invenção melódica, a maturidade do seu sentido harmónico, a fina qualidade do seu lirismo pessoal fazem dele o primeiro grande compositor de melodias: *Flow my tears* (2.º livro), *Weep you no more, sad fountains* (3.º livro) e *In silent night* (4.º livro), contam-se entre as obras-primas deste género.

❂ *First Booke of Songes or Ayres of Foure Parts with Tableture for the Lute* (sic) [1597], *Seconde Booke of Songes or Ayres of 2, 4 and 5 parts* [1600], *Third and last Booke of Songes and Ayres* [1603], *A Pilagrimes Solace... to be sung and plaid with the Lute and the viols* (4.º livro) [1612], ou seja, um total de 87 peças – *Lacrymae, or seven Teares, figured in seven passionate Pavans* (suite para um conjunto de 5 violas) [1604] – *Ayres,* peças para alaúde e para violas, dispersas por antologias colectivas.

Ø *First Booke of Ayres* (S. Cape), *Lacrymae* (Wenzinger), *Ayres* (Deller).

Draghi, Antonio (Rimini, 1635/Viena, 6 Jan. 1700). Foi, como *Intendente delle musiche Teatrali* e, depois, como director da capela imperial, o senhor absoluto da música da corte de Viena, durante 30 anos. A sua colaboração com o arquitecto Burnacini impulsionou, de modo notável, o teatro musical vienense.

❂ Cerca de 175 óperas (de qualidade muito desigual), cerca de 40 oratórios, numerosas obras de circunstância.

Du Caurroy, Eustache (Gerberoy, próximo de Beauvais, Fev. 1549/Paris, 7 Ago. 1609). Mestre de capela e compositor da câmara de Henrique IV, que em 1599 criou para ele o lugar de superintendente da música real. A sua obra religiosa e instrumental exerceu uma profunda influência na música dos seus contemporâneos e, 25 anos após a sua morte, Mersenne considerava-o o verdadeiro mestre espiritual de todos os compositores franceses.

❂ *Preces ecclesiasticae* (colecção de 50 motetos), *Meslanges de musique* (62 canções, salmos e motetos), *Missa pro defunctis*, 42 fantasias instrumentais.

Ø *Missa pro defunctis* (Martin), *Fantasias* (Wenzinger).

Dufay ou Du Fay, Guillaume (?, cerca de 1400/Cambrai, 27 Nov. 1474). Depois de ter aprendido música como menino de coro da Catedral de Cambrai, entrou para o serviço de Carlo Malatesta, senhor de Rimini (cerca de 1419-1426). Depois, foi chantre da capela pontifícia em Roma, Florença e Bolonha (1435-1437), e músico do duque de Sabóia (1434-1435 e 1437-1444). Parece que, a partir de 1445, fixou em Cambrai a sua residência principal, fazendo no entanto numerosas, embora breves, viagens (nomeadamente às cortes da Borgonha e Sabóia, a Turim e a Besançon, no Bourbonnais). A sua celebridade é, então, considerável e a sua autoridade musical exerce uma influência benéfica sobre grande parte da Europa. Como testemunho de admiração, as personagens mais ilustres dão-lhe a sua amizade (Carlos, o *Temerário* conta-se entre os seus legatários), bem como pensões, prebendas e títulos lucrativos: é *cantor* do duque de Borgonha, cónego em Tournai, Bruges, Lausanne, Mons e, sobretudo (a partir de 1435), em Cambrai. Foi, na verdade, o maior músico da primeira metade do século XV e também o maior que a história da música tivera até então. Homem de uma grande cultura, soubera, ao longo das suas numerosas viagens, assimilar as técnicas francesa, inglesa e italiana, para delas fazer uma síntese surpreendente. Criou o modelo perfeito da missa polifónica construída sobre um *Cantus firmus* (tema litúrgico ou profano que serve de base e fio condutor a toda a composição), modelo cuja fecundidade se manifestou até ao final do século XVI.

✪ 9 missas (entre as quais, *Se la face ay Pale*, *L'Homme armé Caput*, *Ecce ancilla Domini*, *Ave Regina coelorum*), 35 fragmentos de missas, 5 *Magnificat*, cerca de 80 motetos e hinos (sagrados e profanos), 75 canções francesas.

Ø Missa *L'Homme Armé* (Blanchard), *Missa Se la Face ay Pale* (Collegium Aureum), *Canções e Motetos* (Ambrosian Singers).

DUKAS, Paul (Paris, 1 Out. 1865/Paris, 17 Mai. 1935). Aluno de Guiraud e de Dubois no Conservatório de Paris, ganhou um segundo Prémio de Roma. Era um homem tão delicado, tão modesto e tão fechado que mesmo os seus amigos pouco souberam da sua vida, dedicada, em grande parte, ao ensino. Foi professor de composição no Conservatório de Paris e na École Normale de Musique (contam-se entre os seus alunos: Samazeuilh, Duruflé, Messiaen, Tony Aubin...). A sua reputação data de 1897, ano da primeira audição da sua sinfonia em *dó maior* e, sobretudo (sob a direcção do compositor, na Societé Nationale), do célebre *Apprenti sorcier:* esta obra admirável, mas pouco representativa do talento de Dukas (embora a sua glória assente num mal-entendido), deu rapidamente a volta ao mundo. Como muitos dos seus contemporâneos, sofreu a influência de Wagner e, depois, de Debussy (cujo *Pelléas* admirou logo que o ouviu), mas a sua obra está marcada por um cunho de originalidade, por uma preocupação rara com a construção e uma sensibilidade poética muito pessoal. Em 1934, sucedeu a Bruneau no Instituto.

✪ *Ariane et Barbe-Bleue,* a sua obra-prima (como lírico), *La Peri* (poema dançado), *Ouverture pour Polyeuete*, Sinfonia em dó – Sonata *Variações sobre um tema de Rameau* (outra obra-prima) e *Plainte au loin d'un faune...* para piano – *Sonnet de Ronsard* para coro e piano. Demasiado preocupado com a perfeição, destruiu numerosas partituras que julgava indignas de serem apresentadas ao público; entre essas obras perdidas, figuravam um drama musical (*Le Nouveau Monde*), dois bailados, uma segunda sinfonia, um poema sinfónico, uma sonata de violino e piano. Devemos também a Dukas escritos sobre música e revi-

sões das obras de Rameau e de Beethoven.
Ø *La Peri* (Martinon), *L'Apprenti sorcier* (Munch), *Variações Sobre Um Tema de Rameau* (Boschi).

DU MONT, Henry (Villes-1'Évêque, próximo de Liège, 1610/Paris, 8 Mai. 1684). Fez os seus estudos musicais como menino de coro na colegiada de Maastricht e, depois, provavelmente em Liège. Em 1638, fixou-se em Paris onde, mais tarde, se tornou cravista da câmara do duque de Anjou e, posteriormente, mestre e compositor da capela real. É conhecido hoje em dia devido às suas missas em cantochão (sobretudo a do primeiro tom), cantadas em todas as paróquias católicas; mas a parte mais interessante da sua obra é constituída pelos seus motetos – a 1, 2 e 3 vozes – de que é o percurssor, em França, e grandes motetos para 2 coros, cujo estilo aperfeiçoou.
✪ *Messes Royales en plain-chant musical* – 6 livros de *Motets-Cantica Sacra,* a 2, 3, e 4 vozes, árias a 4 partes sobre a paráfrase dos salmos, 3 livros de *Meslanges* (motetos, canções, peças instrumentais, etc.).
Ø *Messe Royale du premier ton* e *Messe des Anjes* (Doury), *Messe de la dédicace* e *Messe du deuxiéme ton* (Le Coate), *Dialogues de anima* (Hewitt), *3 Grandes Motetos* (Fremaux).

DUNI, **Egidio Romoaldo** (Matera, Lucania, 9 Fev. 1709/Paris, 11 Jun. 1775). Aluno de Durante no Conservatório Santa Maria di Loreto de Nápoles. Passou cerca de dois anos em Inglaterra (1737-38) para apresentar aí as suas óperas e, depois, foi mestre de capela em Bari e na corte de Parma. Em 1757, a sua ópera-cómica *Le Peintre amoureux de son modèle* teve um tal êxito (aliás merecido) em Paris, que decidiu fixar-se definitivamente nessa cidade. Colaborando, então, com os melhores libretistas (Favart, Vadé, Anseaume) tornou-se um dos mais notáveis promotores da ópera-cómica francesa. Em 1761, assumiu a direcção da Comédie-Italienne.
✪ 20 óperas cómicas francesas, 14 óperas ou óperas bufas italianas, 1 oratório *(Giuseppe Riconosciuto)*.

DUNSTABLE, **John** (?, cerca de 1380//Londres, 24 Dez. 1453). Quase nada se sabe acerca da vida deste grande músico, a não ser que se dedicou à matemática e à astronomia e esteve ao serviço do duque de Bedford (irmão de Henrique V). Pensa-se que depois da batalha de Azincourt acompanhou o duque ao continente, uma vez que a maior parte dos seus manuscritos foi encontrada em Itália. A sua reputação e influência sobre os músicos da primeira metade do século XV parecem ter sido consideráveis. Martin le Franc (em *Le Champion des Femmes,* 1437) apontou-o como o iniciador da nova escola de contraponto e modelo de Dufay e Binchois. É verdade que, depois da crise de crescimento que a música acabara de sofrer, especialmente em França e Itália, o génio de Dunstable, que contrastava fortemente com o formalismo asfixiante da *Ars Nova,* trouxe à arte polifónica a atmosfera fresca e luminosa de que necessitava. Devido a uma consequência feliz da sua insularidade tradicional, a Inglaterra do século XIV ficara indiferente perante as reformas da *Ars Nova*: foi assim

Dunstable, John

que a arte de Perotin, aperfeiçoada consideravelmente no solo britânico, foi, de certo modo, trazida de novo para o continente pelos ocupantes ingleses. Dunstable foi não só o principal artífice deste renascimento, como teve também o mérito de enriquecer a arte polifónica com um certo sentido harmónico (emancipação definitiva da terça e da sexta, consideradas como consonâncias, encadeamentos sistemáticos de «acordes» de sexta).
✪ Fragmentos de missas, 33 motetos, 2 canções francesas.
Ø *5 Motetos* (Cape).

Duparc, Henri Fouques (Paris, 21 Jan. 1848/Mont-de-Marsan, 12 Fev. 1933). Quando estudou no colégio dos jesuítas de Vaugirard teve como professor de piano o célebre César Franck, que descobriu os seus dotes e lhe ensinou composição (em 1888, dedicou-lhe a sua sinfonia). Mais tarde, Duparc teve como amigos V. d'Indy e Chabrier. Juntamente com este último, iniciou-se na arte wagneriana e, em 1869, durante uma viagem a Weimar, conheceu Liszt e Wagner. Foi, durante muitos anos, secretário da Société Nationale de Musique, de cuja fundação foi um dos artífices, (com Frank, Saint-Saëns, Fauré, Chausson). Em 1885, deixou definitivamente de compor, legando-nos uma obra minúscula cuja parcela mais importante é constituída pelas suas admiráveis melodias. Atribui-se muitas vezes a perturbações mentais graves esta súbita esterilidade, aos 38 anos. No entanto, nem a sua correspondência, nem as conversas que nos são narradas por aqueles que o conheceram (nomeadamente P. Landormy) revelam sintomas de demência; trata-se, sobretudo, de uma tendência psicasténica que os acontecimentos agravaram ao longo dos 48 anos de vida que lhe restavam. Foram vários os factores psicológicos e fisiológicos responsáveis pelo aniquilamento da sua vocação criadora. Primeiro, o instinto crítico exarcebado que o levou a destruir algumas das suas demasiado raras composições (só considerou satisfatória a sua colecção de treze melodias e duas ou três outras excepções). Depois, as perturbações visuais que lhe não permitiam ler música: o seu campo de visão era tão limitado em altura que, em 1909, se queixava de só poder ler uma pauta numa partitura de piano. Esta doença agravou-se devido a uma catarata, operada, sem êxito, em 1924. E, por fim, o sentimento religioso deste católico fervoroso, que estimulava a humildade do criador exigente e a sua renúncia perante o sofrimento físico, sujeitava a sua vontade e imaginação a uma devoção que se fortaleceu durante uma peregrinação a Lourdes com Claudel e Jammes (1906) e se tornou, em breve, a única consolação do músico desamparado.
✪ 1 moteto, 2 poemas sinfónicos, 1 suite para piano (*Feuilles volantes*), 1 dueto e 16 melodias (uma colecção de 5 e, depois, uma de 13 que inclui 2 melodias da primeira). Estas melodias, que por si só garantem a celebridade mundial de Duparc, contam-se entre as maiores obras-primas do género: o poder expressivo, a perfeição de escrita vocal, o esplendor do acompanhamento fazem delas modelos perfeitos de melodias francesas.
Ø *Doze Melodias* (Souzay).

Dupré, Marcel (Ruão, 3 Mai. 1886/ /Mendon, 30 Mai. 1971). Organista. Foi nomeado, aos 12 anos, titular do órgão de Saint-Vivien, em Ruão, antes de entrar para o Conservatório de Paris (aluno de Diemer, Guilmant, Widor). Ganhou o Grande Prémio de Roma em 1914. Assistente de Widor (1906), sucedeu-lhe em 1934 no órgão de Saint-Sulpice. Improvisador extraordinário, pode ser considerado a primeira figura da escola francesa contemporânea de órgão. A partir de 1926 e sucedendo a Gigout, ensinou órgão no Conservatório de Paris, de que foi director entre 1954 e 1956; foi, além disso, director do Conservatório Americano de Fontainebleau (os organistas americanos actuais foram, na maior parte, seus alunos).
✪ Obras religiosas, *La France au Calvaire* (oratório), sinfonia e concerto de orquestra e órgão, peças para piano, melodias, obras de órgão (2 sinfonias, 79 corais, *Le Tombeaux de Titelouze...*), bem como numerosas obras pedagógicas (tratado de improvisação, curso de harmonia, de contraponto, de fuga).
Ø *Symphonie-Passion* (Cochereau).

Durante, Francesco (Frattamagiore, perto de Nápoles, 31 Mar. 1684/ Nápoles, 13 Ago. 1755). Aluno de seu tio, Don Angelo Durante, no Conservatório de S. Onofrio, em Nápoles, e, talvez, de Pitoni, em Roma. Mais tarde, ele próprio foi professor nos conservatórios napolitanos dos Poveri di Gesu Cristo (1728-39), de S. Onofrio (1745-1755) e St.ª Maria di Loretto (1742-55). A sua biografia é muito incompleta: nomeadamente, perde-se a sua pista entre 1711 e 1728, época em que se crê que permaneceu em Roma e, talvez, em Saxe. Homem simples, íntegro e sensato, era respeitado tanto pelo seu talento como pela nobreza e justiça do seu carácter. Casado três vezes, perdeu prematuramente as duas primeiras mulheres. A primeira quase o arruinou por causa do vício do jogo e, um dia, vendeu os seus manuscritos, sem que isso alterasse o seu temperamento pacífico (tornou a transcrever, de memória, as partituras vendidas). A segunda, bela e encantadora, fora sua criada; amava-a ternamente mas, quando ela morreu, teve a serenidade suficiente para compor e dirigir a música das exéquias, que foi executada em sua casa, antes de ele próprio a meter no caixão. Segundo Paisiello, Durante morreu devido a uma indigestão de melões. A sua reputação estendera-se a toda a Europa, como prova a dispersão dos seus manuscritos (as colecções mais importantes encontram-se em Viena e, sobretudo, no Conservatório de Paris). Entre os seus muitos alunos, contam-se Pergolesi, Traetta, Sacchini, Piccini, Paisiello. Ao contrário dos outros músicos napolitanos da sua época, não escreveu para o teatro, particularidade que confirmaria a hipótese de uma formação romana ou, pelo menos, de uma estada prolongada em Roma. Uma das principais qualidades da música de Durante reside na liberdade e pureza da invenção melódica que se alia a uma certa fantasia na polifonia, pela qual se opunha a L. Leo, mais velho do que ele, guardião, na sua música religiosa, das mais severas tradições contrapontísticas (os seus defensores e alunos, os «durantisti» e os «leisti», defrontaram-se, durante algum tempo, numa disputa estética sem gravidade).

DURANTE, Francesco

✪ 3 oratórios (perdidos), cerca de 14 missas, uns 50 motetos, salmos ou hinos – 6 cantatas profanas, 18 duetos para soprano e contralto – 8 *Quartetti concertanti,* um concerto de cravo, uma sonata de órgão, obras para cravo (sonatas, *divertimenti,* fugas, partitas).
Ø 4 *Concertos Para Cordas* (Collegium Aureum), *Concertos de Violino* (Lautenbacher), *Peças Para Cravo* (Tagliavini).

DUREY, Louis (Paris, 27 Mai. 1888//St. Tropez, Jul. 1979). Um dos fundadores do Grupo dos Seis, afastou-se, a partir de 1923, e só sofreu muito levemente a influência de Satie e Stravinski, que Cocteau propunha como modelo dos jovens músicos. Depois de 1930, não acrescentou quase nada a uma obra pouco abundante, dominada por algumas colecções de melodias. Em 1948, foi um dos animadores da Association française des musiciens progressistes.
✪ Colecções de melodias (das quais as mais interessantes são *Images à Crusoe, Le Bestiaire, Poème de la Prison, 6 Madrigaux*), 3 quartetos de cordas, 1 trio, peças para piano e várias obras nunca publicadas (entre as quais figura a ópera em um acto *L'Occasion*). Devem-se-lhe também harmonizações de canções populares.
Ø Disco antológico de obras de Durey (Kolassi, Boshi, conjunto Kreder).

DURUFLÉ, Maurice (Louviers, 11 Jan. 1902/?, 1986). A partir de 1930, organista de Saint-Etienne-du-Mont. Foi aluno de Tournemire, Vierne, P. Dukas, no Conservatório de Paris, onde ensinou harmonia, a partir de 1943.

✪ *Requiem* (1947) (a sua obra-prima, que entrou no grande repertório), 3 danças sinfónicas, peças de órgão.
Ø *Requiem* (Duruflé).

DUSSEK, Jan Ladislav (Caslav, Boémia, 12 Fev. 1760/Saint-Germain--en-Laye, 20 Mar. 1812). Ilustre pianista. Depois dos estudos teológicos em Praga, tornou-se organista em Malinas e Berg-op-Zoom e, depois, começou a sua carreira de pianista em Amesterdão e Haia. Mais tarde, apresentou-se em Hamburgo (onde recebeu conselhos de C. P. E. Bach), Berlim, São Petersburgo, Paris (onde tocou na presença de Maria Antonieta). Posteriormente, fundou em Londres uma casa editora que faliu, e fixou-se, em seguida, em Hamburgo, depois na corte da Prússia e finalmente em Paris e Saint-Germain.
✪ 15 *concertos* e 50 sonatas para piano, 60 sonatas para violino, música de câmara (que integra 14 trios com piano).

DUTILLEUX, Henry (Angers, 22 Jan. 1916/). Aluno de Büsser, ganhou o primeiro Grande Prémio de Roma, em 1938. Um dos mais dotados músicos franceses da sua geração, soube impor um estilo pessoal, permaneceu independente de todas as escolas contemporâneas, de todos os academismos de ontem e de hoje. Casou com a pianista Geneviève Joy.
✪ 3 bailados (*La Belle Époque, Salmacis, Le Loup*), 2 sinfonias, suites sinfónicas, *3 Sonnetes de Jean Cassou* para barítono e orquestra, uma grande sonata de piano (uma das mais belas do nosso tempo).
Ø *Concerto* (Rostropovitch), *Sinfonia n.º 1* (Fremaux), *n.º 2* (Munch), *Metaboles* (Munch), *Sonata* (Joy).

DVORÁK, Antonin (Nelahozeves, Boémia, 8 Set. 1841/Praga, 1 Maio 1904). Filho de um estalajadeiro, manifestou dons musicais precoces e trabalhou com o professor organista da aldeia. Seu pai desejava para ele um futuro como hoteleiro ou talhante, e foi-lhe difícil conseguir que o deixasse prosseguir os estudos musicais na excelente escola de organistas de Praga. Aí, adquiriu um sólido domínio de todos os ramos da sua arte e, ainda, um conhecimento profundo dos mestres clássicos. Mas a falta de subsídios paternos obrigou-o a ganhar penosamente a vida como violinista em orquestras de segunda ordem; felizmente, em 1862 conseguiu arranjar um lugar na orquestra da recém-fundada Ópera Nacional. Pôde assim ouvir a música de Smetana (diz-se, até, que tocou sob sua direcção): a audição de *A Noiva Vendida* (1866) revelou-lhe a novidade de um nacionalismo musical checo que se tornou o fio musical da sua vocação. A oportunidade da sua vida foi ter suscitado a admiração e a simpatia de Brahms, que revolveu céus e terra para lhe abrir as portas do êxito. Graças às relações de Brahms, os editores em breve disputavam as composições de Dvorák que os maiores directores de orquestra e virtuosos incluíram nos seus programas (H. Richter, H. von Bülow, Liszt, Joachim...). Então, tornou-se rapidamente célebre, fez várias viagens (sobretudo a Inglaterra) para dirigir as suas obras, foi nomeado professor de composição (1891) e, depois, director (1901) do Conservatório de Praga, com uma interrupção de três anos, durante os quais dirigiu o National Conservatory of Music de Nova Iorque. Devido aos seus ensinamentos, teve uma influência determinante na evolução da escola musical checa de que foi, com Smetana e Janácek, um dos promotores. Contam-se entre os seus alunos Suk (que se tornou seu genro) e Novák.

A arte de Dvorák aproxima-se da de Smetana pela inspiração eslava, da de Brahms devido ao classicismo da forma e ao optimismo que transparece numa escrita harmónica e instrumental brilhante, da de Schubert graças à espontaneidade da inspiração melódica. Numa grande parte da sua obra, o sentimento nacional (ou, para sermos mais exactos, eslavo) exprime-se não só pela adesão aos caracteres melódicos e rítmicos de um determinado folclore musical, mas também por uma forma particular de lirismo que se alimenta nas fontes da cultura popular checa (sinfonia em *Ré Maior* e *Do Novo Mundo, Sexteto op. 48, Danças Eslavas, Suite Checa, Variações Sinfónicas op. 78, Quartetos op. 51, 105, 106).*

✪ TEATRO: 10 óperas, as mais importantes das quais são: *Jakobin, Cert a Kaca* («O Diabo de Catarina») e, sobretudo, *Rusalka* – MÚSICA CORAL: *Santa Ludmilla* (grande oratório nacional), *Missa* em *Ré Maior, Requiem, Te Deum, Stabat Mater,* para solistas, coros e orquestras, coro *a cappela* – MÚSICA SINFÓNICA: 9 sinfonias (as mais belas são a 7.ª, em *Ré Menor,* e a 9.ª, chamada *Do Novo Mundo*), 2 séries de *Danças Eslavas,* poemas sinfónicos, suites, aberturas, vários concertos (de piano, violino e violoncelo) – MÚSICA DE CÂMARA: 12 quartetos de cordas, 5 quintetos (dos quais 2 com piano, um sexteto, peças para violino e piano, numerosas peças para piano (8 *Hu-*

moresques, das quais a 7.ª se tornou célebre numa transcrição para violino, de Kreisler; valsas, mazurkas, 13 *Imagens Poéticas*), uma centena de melodias e duetos.
Ø *Rusalka* (Ópera de Praga), *Stabat Mater* (Smetácek), *Requiem* (Ancerl), *Missa em Ré Menor* (Smetácek), Sinfonias *n.º 7* (Sejna), *n.º 8* (Giulini), *n.º 9* (Ancerl ou Giulini), *Concertos de Violino* (Milstein), *de Violoncelo* (Fournier), *Danças Eslavas* (Karajan), *Quarteto op. 105* (Smetana), e *op. 95* (Quarteto húngaro).

Eccard, Johann (Mühlhausen, Turíngia, 1553/Berlim, 1611). Aluno de Lassus, em Munique, foi, sucessivamente, *musicus* e *Kapellmeister* do margrave de Brandeburgo, em Königsberg e, depois, *Kapellmeister* do Eleitor, em Berlim.
◐ Missas, motetos e, sobretudo, *lieder* polifónicos admiráveis (170 sagrados e 80 profanos).
Ø 3 *Geistlische Lieder* (Harmonia Mundi).

Egk, Werner (Auchsescheim, próximo de Augsburgo, 17 Mai. 1901//Iming-am-Ammerse, Baviera, 10 Jul. 1983). Director de orquestra da Ópera de Berlim (1935-1941) e, depois, director da Hochschule für Musik; músico quase oficial do III *Reich.* Autodidacta (exceptuando alguns estudos em Francoforte e Munique), é um dos raros compositores alemães contemporâneos que escaparam à influência do estilo contrapontístico de Hindemith. A sua arte deve muito ao génio sinfónico e dramático de Strauss, temperado pela influência da música e da cultura francesas e também de Stravinski.

◐ 7 óperas, entre elas *Der Revisor* (Schwetzingen, 1957), 4 bailados, obras radiofónicas (de forma cantada ou ópera) – uma *Orchestersonate,* uma *Französische Suite* segundo Rameau, *Geigenmusik* para violino e orquestra, *A Tentação de Santo Antão* para voz e quarteto de cordas, uma sonata de piano.
Ø *Französische Suite* (Fricsay), *A Tentação...* (Benningsen, Koeckert).

Eisler, Hanns (Leipzig, 6 Jul. 1898//Berlim, 1962). Aluno de Schönberg e Webern, em Viena; no entanto, quase não adoptou, salvo raras excepções, a técnica dodecafónica. Adversário resoluto da teoria da «arte pela arte» foi, em contrapartida, um apóstolo da «arte comprometida». Para ele, a música devia ser a expressão dos problemas políticos e sociais do nosso tempo, tal como o teatro de Brecht. Entre 1933 e 1948, Eisler viveu nos Estados Unidos, especialmente em Hollywood, onde estudou sistematicamente os problemas da música de filmes; a sua obra *Composing for the films* é, talvez, o que de mais inteligente se escreveu sobre este assunto.
◐ 1 ópera (*Goliath*), numerosas obras corais (entre as quais figuram cantatas sobre textos de Brecht e Silone), muitos *lieder* (entre eles *Tagebuch* para 3 vozes femininas, tenor, violino, piano e *Hollywooder Liederbuch,* que contém cerca de 200 melodias), música de cena para peças de Shaw e de Brecht (*Galileo Galilei*), música de filmes, uma *Kammersymphonie.* Compôs o hino da República Democrática Alemã.

Elgar, Sir Edward (Broadheath, próximo de Worcester, 2 Jun. 1857/

/Worcester, 23 Fev. 1934). Autodidacta (salvo algumas lições tardias de violino com Politzer), iniciou-se na música com seu pai, que era organista e comerciante de música em Worcester. Foi assim que aprendeu órgão, violino e fagote, que conseguiu obter alguns empregos em orquestras locais e que se tornou substituto de seu pai no órgão da Igreja de St. George, antes de lhe suceder, em 1885. Nesse tempo, escreveu apenas obras sem importância: só aos 32 anos se dedicou por inteiro à composição. Adquiriu rapidamente uma grande reputação no seu país natal, sobretudo depois das primeiras audições das variações *Enigma* (1899) e do oratório *The Dream of Gerontius* (festival de Birmingham, 1900), ambas sob a direcção de H. Richter, que foi seu amigo e intérprete fiel. A partir do início do século, os Ingleses consideram Elgar um dos maiores compositores do seu tempo e suas obras começam a aparecer regularmente nos programas britânicos, ao mesmo tempo que era quase desconhecido no resto da Europa. Estas duas atitudes extremas são igualmente injustificadas. A obra de Elgar, em que se nota a influência de Wagner e de Brahms, compreende grandes páginas, altamente inspiradas (sobretudo, em *The Dream of Gerontius*, em *Enigma*, em *Falstaff*, no concerto de violino) ao lado de longos e fastidiosos desenvolvimentos.

✪ Oratórios (*The Dream of Gerontius*, *The Apostels*, etc.) – hinos, *anthems* e numerosos coros *a cappella* – música de cena – 2 sinfonias, *Variations on an Original Theme (Enigma)* para orquestra, *Falstaff* (estudos sinfónicos), concerto de violino, concerto de violoncelo – um quinteto, um quarteto de cordas, numerosas melodias.

Ø *Dream of Gerontius* (Barbirolli).

EMMANUEL, Maurice (Bar-sur-Aube, 2 Mai. 1862/Paris, 14 Dez. 1938). Musicólogo. A sua infância na Borgonha revelou-lhe o folclore musical da região. Depois dos estudos secundários, trabalhou no Conservatório de Paris (aluno de Dubois e Delibes), ao mesmo tempo que assistia às aulas da Escola do Louvre e preparava o seu doutoramento em Letras (Tese sobre a *Orchestrique grecque*, defendida com êxito). Foi mestre de capela de Sainte-Clotilde (1904-1907) e professor de História da Música no Conservatório (1907--1936). Uma das particularidades da sua música é a intervenção da escrita modal, em que se manifesta o seu gosto pelas velhas modas populares, predilecção manifestada em trabalhos sobre o cantochão e o folclore.

✪ 2 óperas (*Prométhée enchainé* e *Salamine*), 2 sinfonias, uma *Suite française* para orquestra, 6 sonatinas e uma *Suite bourguignone* para piano, melodias, harmonizações de canções da Borgonha e obras de musicologia (entre as quais se contam uma *Histoire de la langue musicale* e um estudo notável sobre o *Pélléas et Mélisande de Claude Débussy*).

Ø *Suite Bourguignone* (Boschi).

ENCINA, Juan del (Encina, perto de Salamanca?, 12 Jul. 1468/Leão?, 1529). Poeta e músico da corte do duque de Alba, arcediago de Málaga, fez três viagens a Roma (entre 1500 e 1516), suscitando o interesse do Papa Leão X (que o reteve, talvez, durante dois anos, entre os seus *Musici e cantori* *segreti*). Foi ordenado padre em 1519 e celebrou a primeira missa em Jerusalém, durante uma peregrinação.

✪ Textos e músicas de várias *representaciones* (ou *autos*) e éclogas; bem como 2 *sacre rappresentazione* italianas, cuja música é constituída por *canciones* e *villancicos* polifónicos.
Ø 9 *Canciones* (Cape).

ENESCO, George (Dorohoiû, Roménia, 19 Ago. 1881/Paris, 4 Mai. 1955). Violinista e pianista. Tendo entrado aos 7 anos para o Conservatório de Viena, sai de lá aos 12 anos com os primeiros prémios de violino e harmonia. Termina os estudos no Conservatório de Paris (Massenet, Gédalge, Fauré). Aos 18 anos, começa uma brilhante carreira de virtuoso. Logo após a I Guerra Mundial, fixa-se em Paris e faz várias digressões internacionais; os seus dotes excepcionais permitiram-lhe também iniciar uma carreira de pianista (interpretação das sonatas de Beethoven com Thibaud). A música de Enesco está para a Roménia como a de Bartók para a Hungria; é o maior representante da escola romena contemporânea, de que pode ser considerado fundador.

✪ A ópera *Édipo,* a sua obra-prima (Ópera de Paris, 1936), 3 sinfonias, 2 rapsódias romenas, 2 suites para orquestra, 3 sonatas de violino, 3 sonatas de piano.
Ø 2 *Rapsódias Romenas* (Silvestri), *Sinfonia da Camera* e *Deceto* (Silvestri), *Sonata Para Piano n.º 3* (Lipatti).

ESPERANÇA, Dom Pedro da, (fal. 24 Jun. 1660). Organista e compositor, professor no Mosteiro de Santa Cruz de Coimbra, foi neste Convento e no de S. Vicente de Fora, em Lisboa, que exerceu a sua actividade. Com uma obra essencialmente no âmbito da música religiosa vocal, merece, todavia, uma referência especial a circunstância de nos ter deixado quatro *Responsórios* de Matinas do Natal cujos respectivos versículos são escritos para uma voz e instrumentos. As obras ainda manuscritas, salvo raras excepções, aguardam quem as coloque em notação actual e as torne conhecidas do público.

ESPLÁ, Oscar (Alicante. 5 Ago. 1886/ /Madrid, 6 Jan. 1976). Engenheiro e filósofo, homem de vasta cultura, foi autodidacta em música. Mais tarde, terminou, na Alemanha, a sua formação como compositor e fez numerosas viagens de estudo pela Europa, interessando-se especialmente pelas músicas populares. Foi delegado da Espanha na Unesco.

✪ A ópera *La Bella Durmiente,* a cantata *La Nochebuena del Diablo* – poemas sinfónicos, suite para orquestra, *Sonata del sur* para piano e orquestra, sonata de violino, sonata de piano, peças para guitarra.

ESTEVES, João Rodrigues (século XVIII). Músico e escritor teórico, são as palavras que os documentos mais antigos dizem a respeito deste compositor português que foi mestre de capela na Sé de Lisboa. Esteve em Roma durante vários anos, por ordem de D. João V, para se aperfeiçoar na arte musical. Existem cerca de uma centena de composições suas, ainda quase todas manuscritas, em diversos arquivos portugueses. São *Missas, Motetos, Hinos, Lamentações,* muitas delas escritas para vozes mistas e baixo cifrado. A distribuição e número das vozes é muito variável, optando geralmente por um ou dois coros com órgão na realização do baixo cifrado. O seu estilo aproxima-se bastante da prática romana de compor e do estilo concertado com preponderância para a harmonia vertical, em que pequenas frases de motivos imitativos alternam com elementos mais compactos de carácter homofónico. Algumas das suas obras estão publicadas no volume XXXIII de *Portugaliae Musica*, da Gulbenkian.

FALCONIERI, Andrea (Nápoles, 1586//Nápoles, 29 Jul. 1656). Tocador de alaúde do duque de Parma (1604--1614 e 1629-1635) e, depois, da capela real de Nápoles (1639-1642), de que se tornou *Maestro di cappella*, depois da morte de Trabacci. Morreu de peste durante a grande epidemia de 1656.
❂ 1 volume de *Villanelle* (1 a 3 vozes com acompanhamento de guitarra), 2 volumes de *Musiche* (1 a 3 vozes com acompanhamento de guitarra), 1 volume de madrigais (5 a 10 vozes), 1 volume de *Canzoni, Sinfonie, Fantasie, Capricci*... e danças (1 a 3 violas ou violinos e baixo contínuo).

FALLA, Manuel de (Cádiz, 23 Nov. 1876/Alta Gracia, Argentina, 14 Nov. 1946). Era andaluz pelo lado do pai e catalão pelo da mãe. Esta, pianista de talento, dirigiu os seus primeiros estudos musicais. Depois, no Conservatório de Madrid, foi aluno de Trago (piano) e de Pedrell (composição). Pedrell foi quem primeiro se apercebeu do seu génio e o dissuadiu de seguir uma carreira de pianista que, no entanto, se adivinhava brilhante; exerceu uma influência duradora sobre o jovem compositor, iniciando-o no folclore e na antiga música sacra espanhola. Entre 1907 e 1914, Falla viveu em Paris em condições económicas precárias, ganhando a vida com lições e concertos de piano ocasionais. Foi aí que conseguiu, com algum trabalho, alguma reputação entre os músicos que se tornaram seus amigos: Debussy, Dukas, Ravel, Albéniz e o pianista R. Viñes (que tocou as suas *4 Peças Espanholas* na Société Nationale). A obra e a amizade de Debussy constituíram uma útil contribuição para a evolução do seu estilo, ao revelarem-lhe um universo harmónico fascinante e ao fazerem-lhe sentir a importância do espírito da *evocación,* na música tradicional espanhola. Durante a I Guerra Mundial viveu em Madrid, mas em 1921 fixou-se em Granada onde organizou, em 1922, um memorável festival de *cante jondo*. Em 1925, criou em Sevilha a Orquestra Bética de Câmara. Durante os últimos vinte anos da sua vida produziu poucas obras, tendo-se dedicado, sobretudo, à composição de um oratório monumental, *La Atlantida*. Considerava esta obra a coroação da sua carreira, mas ficou inacabada (foi terminada, nos anos 50, pelo seu aluno e discípulo E. Halffter). Falla morreu na Argentina, onde vivia, desde 1940, em casa de sua irmã. Dois meses mais tarde, o seu corpo foi trazido para Cádis. Durante a cerimónia fúnebre, que se realizou na catedral, foi cantado, com autorização do papa, que dera ao defunto o título de «Filho predilecto da Igreja», o *officium defunctorum* de Victoria. Falla foi inumado na cripta da catedral da Cádis.
Toda a música de Falla é genuinamente espanhola. Tendo assimilado

FALLA, Manuel de

os traços essenciais da música tradicional do seu país (sobretudo o folclore andaluz), criou um estilo profundamente original. Mais clássico e conciso do que o dos grandes compositores espanhóis, esse estilo é, no entanto, a melhor expressão da alma espanhola, talvez porque retira a sua substância mais do próprio espírito do folclore do que da exploração sistemática das melodias e dos ritmos populares. Uma preocupação com a forma ao serviço de uma imaginação fecunda, um génio maravilhoso da instrumentação (sempre com uma sobriedade perfeita), uma constante nobreza no tratamento dos temas mais diversos, fazem de Falla um dos maiores compositores do seu tempo.

✪ MÚSICA VOCAL: o oratório *La Atlantida* (terminado por Halffter, Madrid, 1961); *Soneto a Córdoba* para voz e orquestra; 2 óperas: *La Vida Breve* (Nice, 1913), *El Retablo de Maese Pedro* (Paris e Madrid, 1923); 3 *melodias, Psyché* para voz e 5 instrumentos; e *Siete canciones populares españolas* – MÚSICA INSTRUMENTAL: 2 bailados: *Amor Brujo* (Madrid, 1915) e *El Sombrero de Tres Picos* (Diaghilev, Londres, 1919; cenários e guarda-roupa de Picasso), *Homenajes* para orquestra, *Noches en los Jardines de España* para cravo e orquestra, *Concerto* para cravo e orquestra de câmara, *Homenaje pour le Tombeau de Debussy*, para guitarra, *4 Pièces Espagnoles* e *Fantasia Betica* para piano.

Ø *La Vida Breve* (Frühbeck), *El Amor Brujo* (Frühbeck), *El Sombrero de Tres Picos* (Frühbeck), *Noches en los Jardines de España* (Soriano, Frühbeck), *Canciones Populares Espanolas* (Berganza).

FARIA, **Manuel Ferreira de** (S. Miguel de Ceide, 18 Nov. 1916/5 Jul. 1983). Estudou no Seminário Arquidiocesano de Braga e posteriormente no Instituto Pontifício de Música Sacra. A sua actividade musical desenvolveu-se na cidade de Braga, ligado a diversas instituições como pedagogo, director de grupos corais e crítico musical em periódicos regionais. Entre as suas obras destacam-se seis *Missas*, vários cadernos de cânticos populares, algumas obras orquestrais (como *Embalo* em 1951) e ainda outras peças para vozes, de carácter religioso bem como harmonizações de canções populares.

FARNABY, **Giles** (?, cerca de 1565//Londres, Nov. 1640). Não sabemos quase nada sobre a sua vida, e deve ter sido o único mestre de instrumentos de tecla que nunca ocupou um lugar de organista. Aliás, a sua música para teclado destina-se inequivocamente, pela escrita e características, a instrumentos de cordas picadas (virginal, cravo). O encanto muito especial desta música reside no seu lirismo quase romântico, na sua finura, no seu carácter fantástico.

✪ Salmos e *canzonets* a 4 vozes, peças para virginal, das quais cerca de 50 foram incluídas no *Fizwilliam Virginal Book* (publicado em 1899).

Ø *Peças para virginal* (Récits Dart et Gerlin).

FASCH, **Carl Friedrich** (Zerbst, 18 Nov. 1736/Berlim, 3 Ago. 1800). Aluno de seu pai, Johann Friedrich. Em 1756, foi nomeado cravista de Frederico II da Prússia, com a ajuda de C. P. E. Bach. Em 1791, fundou a

célebre Singakademie de Berlim; depois da sua morte, esta academia realizou, em sua memória (e conforme o seu desejo) a primeira audição em Berlim do *Requiem*, de Mozart.
✪ Um oratório (que ele destruiu juntamente com outras obras), uma grande missa para 16 vozes, um *Requiem*, um grande número de cantatas, motetos, *Lieder*.

Fasch, Johann Friedrich (Buttelsstedt, Weimar, 15 Abr. 1688/Zerbst, 5 Dez. 1758). Pai do precedente. Aluno de Krieger, como corista da capela da corte de Weissenfels, e, depois, aluno de Kuhnau em São Tomás de Leipzig. Tornou-se mestre de capela da corte de Zerbst.
✪ 3 óperas (perdidas), missas, motetos, uma Paixão, numerosas cantatas, «Aberturas francesas» (ou suites de orquestra, 5 das quais foram recopiadas por Bach como testemunho de admiração), concertos.
Ø *Concerto de 2 oboés, 2 fagotes, 2 trompas e cordas* (Paillard).

Fauré, Gabriel (Pamiers, Ariège, 12 Mai. 1845/Paris, 4 Nov. 1924). Sexto filho de um professor, mostrou desde muito cedo dotes excepcionais para a música, embora os seus pais não tivessem mostrado o menor agrado por essa arte. Por recomendação do senhor Sanbiac, deputado de Ariège, que ouviu a criança, então com nove anos, e ficou impressionado, Niedermeyer ofereceu-se para a admitir gratuitamente como interno na sua célebre escola de música. Na escola de Niedermeyer, de que foi aluno entre 1855 e 1865, Fauré teve como professor de piano Saint-Saëns, dez anos mais velho do que ele. Mais tarde, diria que lhe devia tudo: na verdade, o jovem professor e o seu aluno estabeleceram laços de amizade e Saint-Saëns não só fez de Fauré um excelente pianista, como o iniciou na música dos mestres clássicos, abrindo-lhe novos horizontes sobre a obra de J. S. Bach. Logo que terminou os estudos, Fauré foi nomeado organista da Igreja de São Salvador, em Rennes (1866-1870), de Notre-Dame de Clignancourt (1870) e, finalmente, depois da guerra (alistara-se na infantaria) e da Comuna, organista de Saint-Honnoré d'Eylan. Por vezes, substituía Widor em Saint-Sulpice e Saint-Saëns na Madeleine, tendo sido nomeado titular desta última em 1896. Seguiu-se a época da iniciação na música de Liszt e Wagner que marcou profundamente quase todos os compositores da sua geração. Em 1877, acompanhou o seu amigo Saint-Saëns a Weimar, a fim de assistir à primeira representação de *Sansão e Dalila*, montada por Liszt. Nos anos que se seguiram foi a Colónia e a Munique para assistir às representações da *Tetralogia*. Embora tenha ficado muito impressionado, a estética de Liszt e de Wagner não influenciou a sua música... e durante muito tempo ignorou-se a existência de um músico tão indiferente ao gosto da época que, aos 50 anos, não tinha ainda escrito uma ópera ou uma grande obra sinfónica. Todavia, em 1896, ano em que se tornou titular no órgão da Madeleine, foi nomeado professor de composição do Conservatório, fase decisiva de uma notável carreira de pedagogo que começara discretamente, em 1872, na escola Niedermeyer. Os seus muitos alunos (entre os quais se contam Ravel, Ko-

FAURÉ, Gabriel

echlin, Roger Ducasse, F. Schmitt, Casella, Enesco, etc.) muitas vezes referiam com agrado os seus ensinamentos brilhantes e liberais. As consagrações oficiais começaram então a atrair a atenção dos melómanos para este semidesconhecido (ainda hoje o é um pouco): em 1905, sucede a Dubois como director do Conservatório (afasta, habilmente, alguns dos fósseis mais incómodos e chama um Debussy, um d'Indy); em 1909, sucede a Reyer, no Instituto e, em 1920, recebe o grande colar da Legião de Honra. Viveu os últimos anos no isolamento, devido a uma surdez que, em 1920, o obrigou a demitir-se do Conservatório. No entanto, no ano da sua morte, conseguiu terminar, em Annecy, uma das suas maiores obras-primas, o *Quarteto de Cordas*. Teve direito a exéquias nacionais.

✪ TEATRO: música de cena para *Calígula, Shylock, Le Voile du Bonheur* (G. Clemenceau) e, sobretudo, *Pelléas et Mélisande*, de Maeterlinck (Londres, 1898). 2 óperas: *Prométhée* (Béziers, 1900) e *Pénélope* (Monte Carlo, 1919). Um divertimento musical: *Masques et Bergamasques* (Monte Carlo, 1919) – MÚSICA VOCAL: *Requiem* (solistas, coros e orquestra), *Messe basse* (3 vozes femininas e orgão), *Cantique de Jean Racine* (coros, harmonium e cordas), diversas composições religiosas, várias obras para coros e orquestra (*Les Djinns, La Naissance de Vénus, Madrigal, Pavane*) e, sobretudo, 97 melodias, entre as quais figuram as suas obras mais célebres e, talvez, mais perfeitas (especialmente as *5 Mélodies*, de Verlaine, e os ciclos de *La Bonne Chanson*, da *Chanson d'Ève*, do *Jardin clos*, do *Horizon chimérique*) – PIANO: *Ballade* (com orquestra), *Fantaisie* (com orquestra), 3 *Romances sans paroles*, 6 *Impromptus*, 13 *Barcarolles*, 13 *Nocturnes*, 4 *Valses-Caprices*, 9 *Préludes*, *Thème et Variations*, 8 *Pièces brèves*, *Dolly* (4 mãos) – MÚSICA DE CÂMARA: 1 trio, 2 quartetos e 2 quintetos com piano, 1 quarteto de cordas, 2 sonatas de violino e piano, 2 sonatas para violoncelo e piano.

A arte subtil de Fauré, alheia a todas as formas de grandiloquência, aproxima-se da de Verlaine, tal como se exprime e apresenta magistralmente na *Art poétique*. Fora destes limites, a arte de Fauré é considerada, geralmente, a encarnação musical da cultura francesa naquilo que tem de mais original e, por consequência de menos exportável. Esta música aristocrática, já pouco popular em França, parece inassimilável aos melómanos estrangeiros. É certo que a beleza e a originalidade da música de Fauré, de que as melodias e as peças para piano constituem os exemplos mais perfeitos, só se descobre com o tempo: é a recompensa para o amador culto (e essa é a censura que lhe podemos fazer) que saiba encontrar, na subtileza da escrita harmónica donde geralmente emana a música de Fauré, o segredo de uma sensibilidade musical pouco comum; sensibilidade musical completamente absorvida pelo complexo harmonia-melodia, mas indiferente ao aspecto sensual da música, a ponto de confiar a outrem os trabalhos de orquestração (orquestração de *Pelléas* por Koechlin, de *Prométhée* por um obscuro director de orquestra).

Ø *Requiem* (Carboz), *Mélodies* (Souzay), todas as peças para piano (E. Crochet), *Mélodies* (Souzay, Ameling), *Musique de Chambre intégrale* (solistas e quartetos Via Nova).

FAYRFAX, Robert (Deeping Gate, Lincolnshire, Abr. 1464/Saint-Albans, 24 Out. 1521). «Fidalgo da capela real» e, depois, organista e *informator chori* da abadia de Saint-Albans. Era primeiro cantor da Chapel Royal, quando ela veio a França com Henrique VIII, por altura do encontro do campo do Drap d'or (1520); conta-se que, então, a Chapel Royal se juntou à capela de Francisco I para fazer uma alvorada aos dois soberanos. As obras de Fayrfax (sobretudo as religiosas de grandes dimensões) eram muito apreciadas na sua época e figuram em antologias até ao início do século XVII.
✪ 6 grandes missas, 2 *Magnificat*, 13 grandes motetos a 4 e 5 vozes, 9 canções polifónicas a 3 vozes.

FEO, Francesco (Nápoles, 1691/Nápoles, 1761). Aluno de Fago no Conservatório della Pietá dei Turchini, em Nápoles, veio a ser professor em dois outros conservatórios dessa cidade (S. Onofrio e dei Poveri di Gesu Cristo). A biblioteca musical dos padres Filippini (convento dos Gerolomini), em Nápoles, conserva cerca de 150 manuscritos das suas obras, na sua maior parte autógrafos.
✪ Missas, motetos, *Requiem,* 8 oratórios, 11 óperas, intermédios e cenas bufas (que se destinavam a ser inseridas nas *opere serie*).

FERNANDES, António (nascido em Sousel, século XVII). Pouco se sabe da vida deste teórico português do século XVII. Foi mestre em Lisboa e, em 1626, mandou imprimir *Arte de Música de Canto Dorgam, e Canto Cham & Proporções de Música divididas harmonicamente*, na conhecida tipografia de Pedro Craesbeck. É uma obra que tem suscitado por parte dos musicólogos opiniões divergentes quanto à sua importância, já pelo conteúdo doutrinário, já por ter sido a primeira obra deste género em língua portuguesa. A acreditarmos nas notícias de Barbosa Machado a seu respeito, mencionando mais quatro obras teóricas da sua autoria, podíamos de facto considerá-lo um homem notável como fez D. Francisco Manuel de Melo.

FERNANDEZ, Óscar Lourenzo (Rio de Janeiro, 4 Nov. 1897/Rio de Janeiro, 26 Ago. 1948). Compositor brasileiro de ascendência espanhola. O seu principal mérito advém-lhe do facto de ter sido um dos principais impulsionadores duma música nacional brasileira, quer pela actuação que teve como seu organizador quer pelas obras que compôs. É-lhe apontada uma certa deficiência na sua formação técnica, todavia merecem ser citadas as seguintes obras: *Trio brasileiro* (1923); a ópera *Malazarte* (1941) baseada numa lenda nativa; o poema sinfónico *Imbapara*; a suite *O Reinado do Pastoreio* de temas populares; as *Variações Sinfónicas*, para piano e orquestra; a suite para quinteto de sopro; dois quartetos; *Três estudos em forma de Sonatina*; *Três suites brasileiras* para piano; e diversas melodias.

FERRABOSCO, Alfonso (Bolonha, Jan. 1543/Bolonha, 12 Ago. 1588). Filho de um *Maestro di cappella* que compusera madrigais. Segundo uma carta datada de 1564, onde fala da sua juventude consagrada desde há muito ao serviço da rainha (Isabel I), parece que teria ido muito novo para Inglaterra. Ficou aí até 1578 e, depois, entrou para o serviço do duque de Sabóia. É provável que tenha sido uma espécie de espião ao serviço de Isabel I; nessa qualidade, teria realizado várias missões secretas junto de altas personalidades da igreja romana e do mundo da diplomacia, o que lhe teria acarretado alguns problemas com a Inquisição. Foi também acusado injustamente de assassínio. Terminou a sua vida misteriosa e agitada ao serviço do duque de Sabóia, com quem foi para Espanha, em 1585.

❍ Moteto, madrigais, peças para alaúde.

FERRABOSCO, Alfonso (Greenwich, cerca de 1575/Greenwich, Mar. 1628). Cantor e tocador de viola, filho do precedente. Parece ter sido adoptado pela rainha, que se opôs a que deixasse a Inglaterra, com seu pai, em 1578. Foi músico «para os violinos» de Jaime I e, depois, compositor da música para diversas «mascaradas» de Ben Jonson, de quem foi amigo.

❍ 1 livro de *ayres* com acompanhamento de alaúde e de baixo de viola (uma parte dos quais provém das «mascaradas» de Ben Jonson), 1 livro de *Lessons for 1, 2, 3 viols* (peças curtas de dança) e, sobretudo, fantasias e pavanas admiráveis para violas.

Ø *Peças Para Violas* (Dart).

FERROUD, Pierre-Octave (Chasselay, Rhône, 6 Jan. 1900/Debrecen, Hungria, 17 Ago. 1936). Aluno de Guy Ropantz e de Florent Schimtt. Principal animador da sociedade de música contemporânea Le Triton. Morreu, com 36 anos, num acidente de automóvel.

❍ 1 ópera-bufa *(Chirurgie)*, 1 bailado, 1 sinfonia, poemas sinfónicos, 1 quarteto de cordas, suites para piano, melodias.

FESCH, Willem de (Alkmaar, Ago. 1687/Londres, 3 Jan. 1761). Mestre de capela e organista da catedral de Antuérpia, viveu, depois, em Londres, a partir de 1731.

❍ Oratórios, *canzotiette* italianas, *English Songs* e, sobretudo, uma grande quantidade de obras instrumentais no estilo italiano (*concerti grossi* e sonatas para várias combinações de instrumentos).

FESTA, Costanzo (?, Piemonte, 1480//Roma, 10 Abr. 1545). *Maestro di cappella* na capela do Vaticano. Teve um papel muito importante no desenvolvimento da escola madrigalista italiana, e foi um dos primeiros representantes da escola romana de música religiosa (precursor imediato de Palestrina).

❍ Missas, motetos, madrigais e *frottole*.

FÉVIN, Antoine de (Arras?, 1474//Blois, Jan. 1512). Filho de um almotacem de Arras, foi, talvez, aluno (ou pelo menos discípulo) de Josquin. Ignoramos quase tudo a seu respeito excepto que, à data da sua morte, era músico de Luís XII (que gaba o seu talento numa carta a G. de Montmorency). Contrapontista menos subtil do que Josquin, tinha, no entanto, um notável génio melódico e conta-

-se, talvez, entre os maiores compositores do seu tempo.
○ 12 missas, 29 motetos, *Magnificats*, lamentações, canções francesas.

FIBICH, **Zdenek** (Seborice, Boémia, 21 Dez. 1850/Praga, 15 Out. 1900). Foi aluno de Richter e de Moscheles no Conservatório de Leipzig e, depois, terminou a sua formação musical em Paris e Mannheim. Foi, com Janácek, o compositor mais original da sua geração: originalidade na melodia (que é a expressão de um lirismo intensamente subjectivo), no ritmo (compassos de 5/4 ou 7/4), na harmonia (exemplos de politonalidade e até de atonalidade episódica), na subtileza dos matizes dinâmicos. Além disso, é um dos mais notáveis sinfonistas checos.
○ 7 óperas, as mais notáveis das quais são *Boure* («A tempestade» segundo Shakespeare) e *Sarka* – 5 melodramas (recitante e orquestra), e a trilogia *Hippodamia* (conjunto de 3 melodramas cénicos) – 3 sinfonias (muito belas), aberturas, poemas sinfónicos, peças para piano, melodias.
Ø *Sarka* (Ópera de Praga, Chalabada), *Sinfonia n.º 2* (Sejna).

FIELD, **John** (Dublin, 26 Jul. 1782//Moscovo, 23 Jan. 1837). Pianista. Filho e neto de músicos, foi sentado ao piano muito novo e quase à força; depois, entrou como aprendiz para Clementi and C.º, onde se tornou uma espécie de vendedor-demonstrador de pianos. Como paga dos seus serviços, Clementi dava-lhe lições de piano. Em 1802, levou-o consigo à Rússia, passando por Paris e pela Alemanha. Mas, em 1803, Clementi voltou sozinho a Londres e Field fixou-se em São Petersburgo. Durante 30 anos, conseguiu aí e em Moscovo um enorme êxito, não só como virtuoso, mas também como compositor. Entre 1832 e 1835, fez digressões importantes (Londres, Paris, Milão, Veneza, Nápoles); mas como a intemperança lhe tinha arruinado a saúde, ficou gravemente doente em Nápoles e morreu pouco depois de regressar a Moscovo (após ter obtido os seus últimos triunfos em Viena). Apesar da desigualdade da inspiração, abre o caminho a Chopin, não só ao inaugurar o género do «nocturno» para piano, mas também ao criar um estilo pianístico original, mais próximo de Chopin do que de Clementi.
○ Composições para piano, entre elas 7 concertos, 4 sonatas, 18 nocturnos e algumas obras instrumentais com piano.

FINK, **Henrich** (Bamberg,? 1444/Viena, 9 Jun. 1527). Tendo-se iniciado na música como corista da corte de Cracóvia, continuou os seus estudos na Universidade de Leipzig. Embora possa ser considerado o maior compositor alemão do seu tempo, tudo o que sabemos a seu respeito é que foi *musicus regius* da corte da Polónia e depois *Kapellmeister* do duque de Wurtemberg, em Estugarda, e do futuro imperador Fernando I, em Viena.
○ Missas, motetos, *lieder*.

FIORAVANTI, **Valentino** (Roma, 11 Set. 1764/Cápua, 16 Jun. 1837). Aluno de Sala (Nápoles), foi um dos maiores mestres da ópera-bufa: a sua obra-prima, *Le Cantatrice villane,* tornou-o célebre em toda a Europa. Foi durante algum tempo director de orquestra do teatro de São Carlos, em Lisboa,

e à data da sua morte, em 1817, ocupava o lugar de Mestre de Capela da Basílica de São Pedro, em Roma. Seu filho Vincenzo (1779/1877) teve uma carreira de compositor análoga à sua.
○ Numerosas composições religiosas (missas, motetos, salmos...) e cerca de 75 óperas bufas (chegaram até nós umas 40, entre as quais se contam *La cantatrice villane* e *I Virtuosi ambulanti*).

FISCHER, Johann Caspar (?, cerca de 1665/Rastatt, 27 Mar. 1746). *Kapellmeister* do margrave Luís de Bade, em Schlackenwerth (Boémia) e, depois, em Rastatt. Foi, talvez, o maior mestre de cravo entre Froberger e Bach.
○ Várias colectâneas de música sacra (*Vesperae seu psalmi, Litaniae Lauretanae...* etc.), composições para órgão (prelúdios e fugas, *ricercari*), suites para cravo (suites de danças à maneira alemã e à maneira francesa), *Le Journal du printemps* (suite instrumental).
Ø *Le Journal du printemps* (Conjunto L. de Froment).

FLOTOW, Friedrich von (Teutendorf, Mecklemburgo, 26 Abr. 1812/Darmstadt, 24 Jan. 1883). Foi aluno de Reicha, em Paris. Depois do seu primeiro êxito nessa cidade com *O Naufrágio do Medusa*, não deixou de percorrer a Europa para receber aplausos para as suas óperas de características meio parisienses, meio italianas e encanto melódico fácil.
○ Cerca de 30 óperas (entre elas *Martha*, que ficou célebre), 5 bailados, música de cena.
Ø Extractos de *Martha* (recitais de vários cantores).

FOERSTER, Bohuslav (Detenice, 30 Dez. 1859/Stara Boleslav, 29 Mai. 1951). Amigo de Mahler, teve uma longa carreira como professor e crítico em Hamburgo, Viena e Praga. Foi reitor do Conservatório e decano da Academia das Ciências, de Praga.
○ 6 óperas, 4 missas, oratórios e cantatas, 5 sinfonias, poemas sinfónicos, 2 concertos de violino, música de câmara, numerosas peças para piano, melodias.
Ø Suite *Cyrano de Bergerac* (Bakala).

FORMÉ, Nicolas (Paris, 26 Abr. 1567//Paris, 27 Mai. 1638). Clérigo e, depois, cónego da Sainte-Chapelle, celebrizou-se pelo seu mau carácter, a sua embriaguez e a sua avareza. Foi *Chantre ordinaire de la chapelle du roy* e, depois, vice-mestre e compositor da música de Luís XIII, que lhe testemunhou profunda admiração.
○ 2 missas (das quais se perdeu uma), motetos, um *Magnificat* a 4 vozes.

FORTNER, Wolfgang (Leipzig, 12 Out. 1907/1987). Professor de composição no Instituto de Música Protestante de Heidelberga e educado nas tradições de Max Reger, está na base de uma renovação da liturgia musical luterana
○ *Deutsche Liedmesse (a cappella)*, corais, Salmo XLVI, cantatas profanas – 5 óperas e 1 bailado – uma sinfonia, vários concertos (órgão, piano, 2 pianos, cravo, violino, violoncelo, etc.), música de câmara, peças para piano.

FRANÇAIX, Jean (Le Mans, 23 Mai. 1912/25 Set. 1997). Pianista. Começou os seus estudos no Conservatório de Mans, de que seu pai era director, e continuou-os em Paris, onde obteve um primeiro prémio de piano. Paralelamente, estudou composição com Nadia Boulanger. A sua obra, cujas principais características são o classicismo e a finura de escrita, é dominada pelo *Apocalypse de Saint Jean* para solistas, coros e 2 orquestras.

✪ *Apocalypse de Saint Jean* (oratório), 3 óperas cómicas (entre as quais *Le Diable boiteux*), 8 bailados, 1 concerto de piano, música do filme *Si Versalhes m'était conté*.

Ø *Gargantua* (Piat e Ensemble Colson), *Quarteto de cordas* (Loewenguth).

FRANCK, César (Liège, 10 Dez. 1822//Paris, 8 Nov. 1890). Seu pai era um modesto empregado bancário, de origem flamenga, que casara com uma jovem de Aix-la-Chapelle, Maria Barbara Frings, e se fixara em Liège. Destinava os seus filhos, César e Joseph, à carreira de virtuosos e inscreveu-os no Conservatório de Liège. César, o mais dotado, saiu de lá aos 11 anos para iniciar digressões como pianista. Mas, em 1835, foi levado para Paris para ali estudar contraponto, fuga e composição com Reicha. Este professor excelente morreu no ano seguinte e o jovem César foi admitido no Conservatório de Paris, nas aulas de Zimmermann (piano), de Leborne (composição) e, depois, de Benoist (orgão). Em 1842, preparava-se para o concurso para obtenção do Grande Prémio de Roma, quando o seu pai o chamou de novo a Liège, impaciente por o ver continuar a carreira de virtuoso. Mas, em 1844, voltou para Paris, como professor de piano. Nesse intervalo, publicou os seus *Trios op. 1 e 2*; entre os assinantes contavam-se Liszt, Chopin, Meyerbeer, Donizetti, Spontini.

Depois de, em Paris, ter ocupado vários lugares de organista, foi nomeado, em 1858, mestre de capela e organista da nova Igreja de Santa Clotilde; no ano seguinte, inaugura o novo órgão construído por Cavaillé-Coll, em cujo teclado fará toda a sua carreira de intérprete e improvisador. Em 1872, sucede a Benoist como professor de órgão do Conservatório, onde a sua forma calorosa de ensinar excede em muito os limites de uma cadeira de instrumento. Inicia os seus alunos no génio de Bach, dedica-se a dar a esses aprendizes-improvisadores o sentido da forma e acaba por transformar a sua aula de órgão numa verdadeira aula de composição. Duparc, d'Indy, Lekeu, Chausson, Ropartz, Pierné, Vierne, Tournemire e muitos outros foram seus alunos e pode dizer-se que exerceu uma influência considerável sobre toda a geração de compositores franceses que lhe sucedeu. A sua vida, dividida entre o órgão, os alunos e a composição, foi modesta, séria e apagada. Poucos artistas da sua craveira foram tão profundamente ignorados. A criação das suas obras passava despercebida e as suas qualidades intrínsecas, bondade, ingenuidade e apego ao trabalho não eram aquelas que atraem a curiosidade do público e dos poderosos. Franck só teve o primeiro êxito aos 68 anos, no ano da sua morte, quando da primeira audição do seu *Quarteto de Cordas*. «Vêem», disse, «o público começa a compreender-me». Morreu com uma pleuresia, agravada pelas sequelas de um acidente (alguns meses antes fora atropelado por um autocarro). Foi sepultado no cemitério de Montrouge e, mais tarde, os seus restos foram trasladados para o cemitério de Montparnasse.

Franck, César

◐ 3 óperas: *Le Valet de ferme, Hulda, Ghiselle* — Música religiosa de interesse secundário, à excepção da *Messe à 3 vois* e do *Psaume CL* — Grandes obras corais, entre as quais *Rédemption* para soprano, coros e orquestra (1871-74), *Les Béatitudes* para solistas coros e orquestra, oratório em 8 partes (1869-79), *Psyché* para coros e orquestra (1886-88) — poemas sinfónicos, sinfonia em *Ré Menor* (1888), *Variations symphoniques* para piano e orquestra (1885) — Música de câmara (que inclui o *Quinteto* e a *Sonata Para Piano e Violino*, que são, talvez, as suas obras-primas) — *Prélude, Choral e Fugue* (uma espécie de homenagem a Bach) e *Prélude, Aria et Final* (uma verdadeira sonata) para piano — obras para órgão: *Six Pièces pour grand orgue* que incluem a *Grande Pièce Symphonigue* (1860-62), *Trois Pièces pour grand orgue* (1878), *Trois chorals* (1890).

V. d'Indy divide esta obra em três períodos: o primeiro, dedicado à música utilitária, às peças para piano (1841-50); o segundo, à música de igreja, de qualidade muito desigual (1858-74), e o terceiro, que inclui a maior parte das suas obras-primas (1876-90). Essas obras-primas são: o *Quinteto*, o *Quarteto*, a *Sonata de Piano e Violino*, os *Três Corais* e as *Seis peças para órgão*, a *Sinfonia* e as *Variações Sinfónicas*. Há fragmentos muito belos nas páginas sinfónicas de *Rédemption* e das *Béatitudes*, mas estas duas grandes obras pecam por alguma pobreza da escrita coral e também por um certo mau gosto de Franck, ao fazer uma obra monumental, mau gosto de que não aparece qualquer vestígio na sua música de câmara. O carácter desigual da sua produção, que podemos atribuir à sua modéstia e indulgência universal, não impediu Franck de exercer influência considerável na evolução da música francesa: foi o fundador da escola francesa contemporânea de órgão, revelou aos seus alunos a natureza profunda do génio de Bach, e deu o modelo de uma forma chamada «cíclica» (sinfonia, música de câmara), em que o reaparecimento, nos diversos andamentos, de um tema ou de um fragmento melódico assegura a coesão da obra.

Ø *Les Béatitudes* (Allain), *Symphonie et Variations Symphoniques* (Entremont, Martinon), *Sonata* (Oistrakh, Jampolski), *Quinteto* (Quarteto Loewenguth-Eymar), *Quarteto* (Parrenim), *L'Oeuvre d'orgue intégrale* (Marchal), *Prélude, Choral et Fugue* (François).

Franck, Melchior (Zittau, cerca de 1575/Coburgo, 1 Jun. 1639). Talvez aluno de Hassler. Viveu em Nuremberga como pedagogo e foi *Kapellmeister* do duque de Coburgo de 1603 até à sua morte. Ligado às tradições polifónicas, não foi pequena a sua contribuição para o aperfeiçoamento da escrita dos acompanhamentos instrumentais.

Numerosas colecções de *Melodiae Sacrae, Geistliche Gesänge*, etc., *lieder* polifónicos, várias colectâneas de danças instrumentais.

Ø *Musikalische Bergkreyen, lieder* (Coral Arndt).

Francoeur, François (Paris, 28 Set. 1698/Paris, 6 Ago. 1787). Violinista. Admitido aos 12 anos na orquestra da corte, veio a ser, mais tarde, compositor e depois superintendente da música do rei e, ao mesmo tempo,

inspector da ópera; em seguida, foi director deste teatro.
○ Uma dúzia de óperas, em colaboração com Rebel, sinfonias, 2 livros de sonatas de violino.
Ø *Sonata n.º 6* (Cyroulnik).

FREDERICO II (Berlim, 24 Jan. 1712//Potsdam, 17 Ago. 1786). Rei da Prússia (1740-86) e flautista, aluno de Quantz. Devolveu a Berlim o lugar importante que havia perdido na Europa musical, criando, nomeadamente, uma ópera permanente na sua capital. C. P. E. Bach foi cravista da sua corte, entre 1740 e 1767, e Johann Sebastian foi a Potsdam, em 1747, a convite do rei que lhe propôs o tema da sua *Oferenda musical* (Bach acompanhou o rei-flautista e queixou-se de que ele não tocava no compasso).
○ 21 Sonatas para flauta e cravo, 4 concertos de flauta e cordas, algumas árias de óperas, nomeadamente para a *Merope* de Voltaire.
Ø *Sonata n.º 48* (Scheck).

FREITAS, **Frederico de** (Lisboa, 15 Nov. 1902/Lisboa, Jan. 1980). Frequentou o Conservatório Nacional. Obteve, em vida, grandes triunfos como director de orquestra. A sua música é fundamentalmente nacionalista, baseando-se muitas vezes no folclore.
○ 6 bailados, 1 cantata, 1 *missa solene,* várias sonatas, missas, melodias.

FREITAS BRANCO, **Luís Maria da Costa de** (Lisboa, 12 Out. 1890/Lisboa, 27 Nov. 1955). Compositor, professor, musicólogo e crítico musical, Freitas Branco deixou-nos uma vasta obra nos diversos domínios da música. A sua influência sente-se, sobretudo, na música instrumental, numa época em que quase toda a produção musical portuguesa se confinava ao teatro. A sua actividade insere-se no amplo movimento renovador das artes e das letras em que impera um estilo sinfónico de feição clássica, mas a que não é alheio um certo modernismo. Os seus trabalhos como crítico e publicista podem ler-se nos diversos periódicos da capital portuguesa, onde mantinha regularmente uma colaboração. Funda e dirige, de 1929 a 1948, a revista *Arte Musical* e em 1950 dirige a *Gazeta Musical*, órgão da Academia dos Amadores de Música. Dentro das matérias curriculares do ensino da música, deve--se-lhe a introdução de algumas disciplinas e alterações na orientação de outras. A sua importância como musicólogo advém, sobretudo, do facto de reconhecer mérito à música vocal portuguesa dos séculos XVI e XVII, abrindo caminho à investigação neste domínio. Escreveu algumas obras teóricas das quais se destacam um *Tratado de Harmonia* (1930), *Elementos de Ciências Musicais* (1920), manuais escolares (*Acústica e História da Música*) (1930), uma *História Popular da Música* (1943) e algumas monografias. A sua obra musical abrange os mais diversos domínios de géneros e formas. Não cabendo aqui uma lista exaustiva de todas as suas composições citaremos apenas as que julgamos mais significativas: 5 *Sinfonias* – Fá maior, si bemol menor, mi menor, ré maior e si menor (esta, chamada *Do Trabalho,* tem coros no andamento final); cinco *Poemas Sinfónicos* (*Paraísos Artificiais, Vathek, Viriato, Depois de uma leitura de An-*

tero de Quental, Tentações de S. Frei Gil); 2 *Suites Alentejanas; Peças em forma de Polaca;* uma abertura, *1640; Variações sobre um tema original e fuga tríplice* (para cordas e órgão); − MÚSICA CORAL-SINFÓNICA: *Manfredo* (sinfonia dramática) e *Noemi* (cantata); um Concerto de violino; uma *Balada;* uma *Cena lírica,* Sonatas para violino ou violoncelo e piano); variadas obras para piano, para órgão e para vozes ou vozes e órgão. Algumas destas são de música religiosa, mas é muito maior a sua produção no domínio da música vocal não religiosa sendo de destacar entre estas os *Madrigais Camonianos* (quer para coro masculino, quer para coro feminino), *A Ideia, Trilogia da Morte, Despedida, Canto do Mar e Canto Divinal.* São ainda de salientar as numerosas harmonizações de canções populares portuguesas para vozes, voz e piano ou orquestra. Entre os poetas portugueses que ele trabalhou contam-se Camões, Antero de Quental, A. Correia de Oliveira, A. Sardinha, Eugênio de Castro, Mário Beirão, etc., e também alguns estrangeiros.

FRESCOBALDI, Girolamo (Ferrara, Set. 1583/Roma, 1 Mar. 1643). O maior organista do século XVII. Foi aluno do compositor L. Luzzaschi, organista da Catedral de Ferrara. No regresso de uma viagem à Flandres com o cardeal Bentivoglio, foi nomeado organista da Basílica de São Pedro, em Roma (1608): tinha já adquirido uma tal reputação que, diz-se, 30 000 pessoas vieram ouvi-lo no dia em que começou a exercer as suas novas funções. Manteve esse cargo até à morte, exceptuando os seis anos (1628-34) que passou em Florença como organista da corte de Fernando de Médicis. A sua fama, sobretudo depois da publicação das *Fiori musiccali* [1635], proporcionou-lhe alunos de todas as partes. Froberger, organista da corte de Viena, estudou com ele entre 1637 e 1641.

A sua obra esplêndida é uma das pedras de toque da música instrumental clássica; é o traço de união entre a rica escola instrumental italiana do século XVI, de que é herdeira, e os percursores imediatos de Bach, quase todos tributários (como, aliás, o próprio Bach) do génio de Frescobaldi. Manteve as designações arcaicas herdadas de gerações precedentes (*ricercare, canzonne*), mas rompe com as formas antigas ao ponto de a sua obra conter, em potência, toda a arte da fuga, tal como se desenvolveu na obra de Bach.

✪ VOCAL: 2 livros de madrigais, 2 livros de *Arie Musicali* (com acompanhamento de cravo), algumas peças religiosas (entre as quais 2 fragmentos de missas de autoria duvidosa) − INSTRUMENTAL (órgão ou cravo, indiscriminadamente, salvo indicação contrária): *Toccate... e Partite d'intavolatura, Fantasie a 4* (órgão)*, Canzoni* («que podem ser tocadas em qualquer tipo de instrumento»), *Ricercari e Canzoni francesi; Capricci, Canzoni francesi ed Arie* e, sobretudo, as admiráveis *Fiori Musicali* (que incluem 3 missas para órgão, parafraseando os temas do cantochão). Compôs também 3 *Canzoni per quatro chitarroni o leuti.*
Ø *Fiori Musicali,* integral (F. Tagliavini), *Canzoni francesi* (Saorgin).

FROBERGER, Johann Jakob (Estugarda, 18 Mai. 1616/Hérico, perto de

Montbéliard, 7 Mai. 1667). Organista e cravista. Entre 1636 e 1657, foi organista da corte de Viena, de onde foi enviado a Roma (1637-41) para estudar com Frescobaldi. Entre 1650 e 1652, teve uma estada triunfal em Bruxelas e em Paris. Em 1662, foi para Londres, mas chegou lá num tal estado de pobreza (fora roubado três vezes durante a viagem) que teve de aceitar accionar os foles do órgão da Westminster Abbey, onde oficiava Christopher Gibbons, filho do célebre Orlando. Morreu na residência da duquesa viúva de Wurtemberg, em Héricourt, próximo de Montbéliard. Realizando a fusão dos estilos francês e italiano com o alemão, Froberger foi um dos principais elos da corrente que liga Frescobaldi a Bach.
✪ (Obra exclusivamente para cravo ou órgão): 2 colecções de *Partite di Toccate, Canzone, Ricercari*..., uma colecção de *Suites de cravo,* diversas peças para órgão ou cravo em manuscritos isolados.
Ø *Peças Para órgão e Cravo* (Leonhardt), *Música Para Clavicórdio* (Dart).

FUMET, **Dynam-Victor** (Toulouse, 4 Mai. 1867/Paris, 2 Jan. 1949). Organista, pianista e poeta. Aluno de Giraud e de Franck no Conservatório de Paris, reprovou no concurso de Roma e começou modestamente a sua carreira como assistente de Franck e como pianista no *Cabaret* do Chat Noir (onde precedeu o seu amigo Satie). Amigo e discípulo de Louise Michel, escreveu versos para o jornal anarquista *La Révolte*. Do anarquismo passou, em seguida, para o ocultismo e, depois de uma tentativa de suicídio, para o misticismo. Primeiro, inventou uma estranha religião pessoal mas, depois, tornou-se um católico perfeito por influência de Léon Bloy. Então, foi nomeado director de coros do colégio dos oratorianos de Juilly e organista da Igreja de Santa Ana onde se revelou um improvisador maravilhoso (1910-1949). A sua música nobre, sedutora e sensível, encontra-se num esquecimento perfeitamente injustificado.
✪ O oratório *Sancta Genovefa*, 3 missas para coro e órgão, um *Requiem*, poemas sinfónicos, música de câmara, peças para órgão.

FUX, **Johann Joseph** (Hirtenfeld, Estíria, 1660/Viena, 14 Fev. 1741). Organista. Filho de camponeses, ao que parece, autodidacta na música, chegou a *Kapellmeister* da Catedral de Santo Estêvão e, depois, da corte (1715). O seu *Gradus ad Parnassum* é, sem dúvida, o mais notável tratado de contraponto que já se escreveu.
✪ (405 obras que se conservam hoje em dia): 50 missas, 3 *Requiem*, 237 obras religiosas diversas, 11 oratórios, 19 óperas, 29 partitas e aberturas, 36 sonatas a 3, e o *Gradus ad Parnassum* (diálogo, em latim, entre o professor e o aluno, a que se seguem exercícios de composição).
Ø *Serenata* (Paillard).

GABRIELI, **Andrea** (Veneza, cerca de 1520/Veneza, 1586). Organista. Aluno de Willaert, em São Marcos, onde deve ter sido chantre, depois de 1536. Sabemos muito pouco da sua vida. Na juventude, parece ter viajado pela Boémia e na Renânia: encontramo-lo, juntamente com Lassus, no séquito do duque da Baviera, aquando da coroação do imperador Maximiliano II, em Francoforte. De regresso a Veneza, foi nomeado segundo organista (1564) e, depois, primeiro organista (1584) de São Marcos (o seu sobrinho Giovanni ocupou então o seu lugar no segundo órgão). A sua reputação estendeu-se a toda a Europa: Lassus visitou-o várias vezes e entre os seus amigos contam-se vários músicos estrangeiros, como Hassier e Archinger.

O seu génio universal e profundamente original abre o caminho ao seu sobrinho e editor Giovanni Gabrieli e à geração de músicos que lhe sucede. Herdeiro do seu professor Willaert (ele próprio aluno de Mouton, que foi discípulo de Josquin), constitui o traço de união entre a antiga arte polifónica e a música moderna que iria nascer no início do século XVII. Teve um papel de inovador em inúmeros domínios: − embriões da futura ópera (coros para uma representação de *Édipo*, de Sófocles, cantatas semidramáticas encomendadas pela nobreza veneziana) − introdução dos instrumentos nas grandes obras corais (*concerti* póstumos de 1587, *per voci instrumenti musicali...* [sic], e *Psalmi pœniten tialis... Tum omnis generis instrumentarum tum ad vocis modulationem accomodati*) − primeiros exemplos de «escrita sinfónica», nas *Sonate a 5 instrumenti* [1586], onde emprega pela primeira vez o termo *Sonata,* e na *Aria della Battaglia* (segundo *La Guerre* de Janequim), escrito apenas para instrumentos de sopro: pode ser considerado o pai da orquestração moderna, abrindo caminho às pesquisas mais audaciosas do seu sobrinho Giovanni. Primeiro exemplo de música séria escrita, inequivocamente, para os novos violinos (*Concerti,* de 1587, em colaboração com Giovanni), embrião da fuga monotemática nos *ricercari* e nas *fantasie* para órgão.

❂ MÚSICA VOCAL: missas a 6 vozes, *Cantiones sacrae* de 4 a 16 vozes [1562-1578], *Psalmi pœnitentiales* a 6 vozes e instrumentos [1583], 6 livros de madrigais a 3, 5 e 6 vozes, *Concerti a 6-16 voci* com ou sem instrumentos [1587] (com Giovanni), *Greghesche* (em dialecto levantino) e *Giustinianie* (em língua veneziana), *Mascherate* − MÚSICA INSTRUMENTAL: 2 livros de *Canzoni alla francese per l' organo* [1571-1605], 3 livros de *Ricercari* para órgão ou cravo [póstumos: 1595-96], *Sonate a cinque instrumenti.*

Ø *Missa Brevis* (R. P. Martin), *Ricercare* (Wenzinger).

GABRIELI, Giovanni (Veneza, 1557/ /Veneza, 12 Ago. 1612). Organista. Aluno do seu tio Andrea Gabrieli, cuja obra, quase integral, publicou conjuntamente com a sua. Entre 1575 e 1579, foi assistente de Lassus na capela da corte da Baviera. Em Veneza, tornou-se assistente de Merulo, em São Marcos, e, em 1584, titular do segundo órgão. Exerceu uma influência considerável na evolução da música, nomeadamente por intermédio dos seus numerosos alunos; entre estes contavam-se Hassler, Aichinger (ambos alunos de Andrea), os dinamarqueses Nielsen e Peder son, A. Grandi e, sobretudo, Heinrich Schütz. Herdeiro espiritual de seu tio enriqueceu e completou o contributo de Andrea para a história da música. Os seus génios são inseparáveis, tal como foram as suas obras nas publicações comuns. Todavia, a contribuição pessoal de Giovanni, a originalidade capital da sua obra, reside na qualidade e precisão perfeitamente moderna da sua instrumentação, que estabelece o equilíbrio entre as vozes e os grupos de instrumentos com uma perfeição jamais atingida anteriormente. As *Canzoni* e *Sonate* são já composições «sinfónicas», no sentido que hoje damos a este termo. Por outro lado, faz oposições surpreendentes entre metais e cordas, como na célebre *Sonata piano forte* (extraída das *Sacres Symphonie*), obra verdadeiramente revolucionária. Os grandes mestres do Renascimento e especialmente Schütz, Monteverdi, Praetorius, Hassler, Sweelinck, Frescobaldi são todos, mais ou menos, devedores ao génio de Gabrieli.

MÚSICA VOCAL: 2 livros de *Sacrae Symphonine* (as suas obras-primas) [1597-1615], *Concerti... a 6-16 voci com instrumentos* [1587] (v. Andrea GABRIELI*), *Madrigali et ricercari a 4* [1587], moteto e madrigais em diversas antologias colectivas da época — MÚSICA INSTRUMENTAL: *Canzoni e Sonate* de 3 a 22 vozes [1615], *Intonazioni e ricercari per l'organo* (4 volumes) [1593-1595].

Ø *Sacrae Symphoniae* (Carboz), *Canzoni e Sonate, Sonata pian' e forte* (Wenzinger).

GADE, **Niels** (Copenhaga, 22 Fev. 1817/Copenhaga, 21 Dez. 1890). Depois de ter começado como violinista, aos 16 anos, atraiu a atenção do mundo musical com uma abertura sinfónica, *Ecos de Ossian*, que foi impressa pela nova Musikforeningen de Copenhaga e publicada, pouco depois, por Breitkopf. A sua *Primeira Sinfonia* atraiu a atenção de Mendelssohn, que se encarregou da primeira audição no Gewandhaus de Leipzig (1843). Pouco depois, Gade foi nomeado professor do Conservatório de Leipzig e director da orquestra do Gewandhaus. De regresso a Copenhaga, tornou-se chefe da Musikforeningen e participou (com Hartmann e Paulli) na fundação do Conservatório Real. A obra de Gade foi profundamente influenciada pela música de Mendelssohn, mas permanece original porque está impregnada do folclore dinamarquês (isto é verdade sobretudo no que respeita ao primeiro terço desta obra, que contém as composições mais interessantes).

✪ 3 bailados, música de cena, numerosas cantatas profanas (entre elas, a célebre *Everskud*), 8 sinfonias, aberturas, música de câmara, encantadoras peças para piano.

GAGLIANO, **Marco da** — de seu nome verdadeiro Zenobi (Gagliano, perto de Florença/ cerca de 1575/Florença, 24 Fev. 1642). Destinado à carreira eclesiástica, tornou-se cónego de São Lorenzo em Florença e, mais tarde, protonotário apostólico. Ocupou os lugares de *Maestro di cappella* de São Lorenzo e da corte do grão-duque da Toscana. Durante cerca de 40 anos, este grande músico esquecido foi um dos principais animadores (se não o principal) da vida musical florentina. A primeira representação em Mântua (1607), da sua ópera *Dafne* deu-lhe uma reputação igual às de Peri, Caccini, Cavalieri ou Monteverdi. Numa carta dirigida ao cardeal Gonzague, Peri saúda esta obra como a melhor adaptação musical do célebre poema de Rinuccini. No importante prefácio onde expõe as suas ideias acerca do

GAGLIANO, Marco da

teatro musical, Gagliano faz o elogio da *Euridice*, de Peri, e da *Arianna*, de Monteverdi.

✪ 6 livros de madrigais a 5 vozes, *Officium Defunctorum* a 4 vozes, *Missa e Sacrae cantiones* a 6 vozes, *Musiche a 1, 2, 3 voci* .... *Basso generalis sacrarum cantionum* (1 a 6 vozes), *Responsoria Majoris hebdomadae* a 4 vozes, as óperas *Dafne* e *Flora*. Perderam-se várias obras, entre elas a ópera *Il Medoro* (em colaboração com Peri) e várias óperas sacras.

GAGNEBIN, Henri (Liège, 13 Mar. 1886/Genebra, 1 Jun. 1977). Organista. Aluno de Vierne e d'Indy, em Paris (Schola), exerceu funções de organista em Paris e Lausanne, e tornou-se professor do conservatório desta cidade, antes de ser director do Conservatório de Genebra.

✪ 2 grandes oratórios (*Saint François d'Assise e Requiem des vanités du monde*), 3 sinfonias, concerto de piano, concerto de violoncelo, 3 quartetos.

GALILEI, Vincenzo (St.ª Maria in Monte, próximo de Florença, 1520//Florença, 29 Jun. 1591). Tocador de alaúde, pai do célebre astrónomo. Aluno de Zerlino, cujo sistema de intervalos musicais combateu mais tarde, em favor do de Pitágoras, foi um dos principais animadores da *camerata Bardi* (V. CACCINI*, PERI*): Humanista distinto, publicou o texto de três hinos apócrifos atribuídos a Mesomedes.

✪ 2 livros de madrigais, peças para alaúde, obras teóricas.

GALLET, Luciano (Rio de Janeiro, 28 Jun. 1893/Rio de Janeiro, 29 Out. 1931). Brasileiro de ascendência francesa, este compositor situou o seu maior interesse no foclore índio e negro, estudando a sua influência na música brasileira, de que resultou, além de outras obras, *Estudos de Folclore*, publicado postumamente por Mário de Andrade. Recebeu influências de Milhaud, de quem foi amigo pessoal durante a estada deste no Brasil como secretário do embaixador francês. Entre as obras que compôs destacam-se as seguintes: *Nhô Chico*, uma suite para flauta, oboé, clarinete e fagotes sobre temas afro-brasileiros; *Doze Exercícios Brasileiros*, para piano a quatro mãos; e dois cadernos de harmonizações de canções populares basileiras.

GALLUS, Jacobus-Handl Jakob (Rybnica, Eslovénia, 31 Jul. 1550/Praga, 18 Jul. 1591). Monge cisterciense, viveu durante algum tempo nos mosteiros de Melk e de Zwettl, percorreu a Morávia, foi mestre de capela do bispo de Olomouc e, finalmente, fixou-se em Praga, cerca de 1586, para aí publicar as suas obras. Estas são de uma grande beleza e ligam-se, pelo estilo, à escola veneziana.

✪ Missas (7 e 8 vozes), numerosos motetos (4 a 12 vozes), uma paixão a 8 vozes, diversas colecções de *Sacrae Cantiones, Moralia, Harmoniae variae*.

Ø Moteto *Peccantem me* (Madrigalistas de Praga), moteto *Hodie Christus natus est* (Wiener Akademie Kammerchor).

GALUPPI, Baldassare (Ilha de Murano, Veneza, 18 Out. 1706/Veneza, 3 Jan. 1785). Aluno de seu pai (barbeiro e violinista de teatro). Quando tinha 13 anos, a sua primeira ópera (*Gli amici rivali*) foi pateada em Chioggia; então, decidiu aprender a sério o seu ofício na escola de Lotti. Em 1728, recomeçou a escrever óperas, ao que parece com algum êxito, uma vez que chegou a apresentar cinco no mesmo ano nos teatros de Veneza; mas foi entre 1750 e 1765 que compôs a maior parte das suas verdadeiras obras-primas, as óperas bufas com libretos de Goldoni (entre as quais figuram *Il filosofo di campagna* e *Il mondo della luna*). Exceptuando algumas estadas em Londres (1741-43) e em São Petersburgo (1766-69), viveu em Veneza, onde se tornou mestre de capela de São Marcus e director do Conservatório degli Incurabili.

Nos belos finais das suas óperas, aperfeiçoa a unidade dramática procurada pelos músicos da escola napolitana (Leo, Logroscino), prenunciando os grandes conjuntos mozartianos.

✪ Uma centena de óperas (cerca de 40 «bufas», 20 das quais com libretos de Goldoni e cerca de 60 «sérias», estas últimas de menor interesse) contribuição de árias para diversos *pasticcios*, cerca de 30 oratórios e 7 cantatas dramáticas, sonatas e concertos de cravo, *concerti grossi*.

Ø *Concerto a 4* (Conjunto Fasano).

GASPARINI, **Francesco** (Camaiore, Lucca, 5 Mar. 1668/Roma, 22 Mar. 1727). Aluno de Corelli e Pasquini, em Roma. Entre 1702 e 1720, viveu em Veneza: era um dos mais populares compositores de ópera e ensinava no Ospedale della Pietà. D. Scarlatti, B. Marcello e J. J. Quantz foram seus alunos. Vivaldi, que era então *Maestro dei concerti* no La Pietà, substituiu-o, pouco a pouco, nas suas funções. Em seguida, fixou-se em Roma, onde em 1725 foi nomeado *Maestro di cappella* de São João de Latrão. Um duelo musical entre ele e A. Scarlatti deu origem a uma troca de cantatas (de que se conserva um manuscrito em Napóles).

✪ Mais de 65 óperas e *Intermezzi*, 7 oratórios, missas, salmos, motetos, cantatas de câmara e um importante tratado de baixo contínuo (*Armonico pratico al cembalo*).

GASTOLDI, **Giovanni Giacomo** (Caravaggio, cerca de 1556/Mântua ?, 1622). Mestre de capela em Mântua e, depois, em Milão.

✪ *Balleti* e *Canzonette* na forma madrigalesca, música para a *Favola Idropica*, de Guarini (com outros compositores, entre eles Monteverdi), missas, motetos.

Ø *Balletti per cantare, suonare e ballare* (Ensemble Lyon).

GEMINIANI, **Francesco** (Lucca, Dez. 1687/Dublin, 17 Set. 1762). Violinista. Aluno de Corelli, em Roma, foi, ao que parece, um virtuoso extraordinário; mas o seu estilo exuberante poderia parecer excêntrico se tomássemos como referência o nobre classicismo do seu professor. A grande vivacidade do seu temperamento, a falta de compasso, fecharam-lhe as portas da carreira de *Maestro di cappella* (perdeu a direcção da Ópera de Nápoles, cujos músicos não conseguiam acompanhar a sua batuta fantasista). Em 1714, fixou-se em Inglaterra, onde se apresentou com grande êxito, acompanhado por Haendel. Entre 1733 e 1740 viveu em Dublin, numa casa magnífica anexa

GEMINIANI, Francesco

a uma sala de concertos. Aí recebia os seus alunos e dava concertos privados. Durante o resto do tempo viveu em Londres até 1749. Instala-se, então, em Paris onde monta, nas Tulherias, uma peça fantástica espectacular, *La Forêt enchantée* (31 de Março de 1754). Em 1755, volta para Londres e Dublin. Geminiani aperfeiçoou consideravelmente a técnica de violino. Não só tocava com à-vontade as obras de Corelli que, na época, eram consideradas difíceis, como acumulava ousadias técnicas nas suas próprias obras. Entre as suas obras teóricas figura um tratado de uma importância considerável, uma vez que encontramos nele todos os princípios da técnica moderna do violino, *The Art of playing in the violin:* esta obra, escrita em inglês, faz dele o mestre da escola britânica de violino. Todavia, nas suas composições, é muito menos original do que os seus grandes contemporâneos italianos, nomeadamente, Vivaldi ou Tartini. Permaneceu fiel à antiga forma da sonata de igreja que Corelli lhe ensinara, mas sem nunca ter atingido a perfeição e o esplendor das obras do seu mestre.

✪ 42 sonatas de violino, 18 concertos com primeiro violino, *concerti grossi*, trios, peças para cravo (arranjos de concertos) e 7 obras teóricas.

Ø *Concerti grossi* op. 7 (I Musici).

GERSHWIN, George (Brooklyn, 25 Set. 1898/Hollywood, 11 Jul. 1937). Pianista. Nascido numa família modesta, descobriu já tarde a sua vocação, aprendeu piano e foi contratado como pianista-demonstrador por uma firma de instrumentos musicais. Ao mesmo tempo, estudou harmonia com R. Goldmark. Aos 21 anos, apresentou, com êxito, a sua primeira comédia musical, *La Lucille*, e compôs uma canção de sucesso, *Swanee*, que atingiria os milhões de cópias. Nessa época descobriu a riqueza do *jazz*. As suas obras importantes, à excepção de *Rhapsody in blue*, não tiveram o êxito que mereciam: o público dos concertos e os músicos não levavam a sério este compositor de cançonetas. *An American in Paris* provocou o escândalo, aquando da sua primeira audição, em 1931, no festival da SIMC, em Londres; *Porgy and Bess*, essa pequena obra-prima, foi acolhida com indiferença em Boston. No entanto, Ravel soube detectar de imediato o talento do jovem americano que lhe viera pedir conselhos: afirmou-lhe simplesmente que não tinha nada para lhe ensinar. Gershwin viveu em Hollywood, durante o último ano da sua vida, pois queria dedicar-se à música para filmes.

✪ A ópera negra *Porgy and Bess*, uma dezena de comédias musicais, *Rhapsody in Blue*, um concerto e uma segunda *Rhapsody*, para piano e orquestra – *An American in Paris* e *Cuban Overture* para orquestra sinfónica – *Jazz piano preludes*, muitas canções.

Ø *Porgy and Bess* (Engel), *Rhapsody in Blue* e *Concerto* (Wayenberg).

GERVAIS, Charles-Hubert (Paris, 19 Fev. 1671/Paris, 15 Jan. 1774). Superintendente de música do duque de Orléans (ele próprio um excelente amador). Foi um encantador músico de corte, cuja obra fácil de agradar é característica do período da Regência.

✪ 4 óperas, motetos (45 volumes manuscritos), cantatas, árias.

Ø Salmo *Exaudit Te* (Martini).

Gervaise, Claude (?/?). Da sua vida apenas sabemos que a sua actividade se centrou em Paris, em meados do século XVI, e que, nessa cidade, Attaingnant publicou as suas célebres *Danceries*. Estas obras parecem concebidas para um conjunto de cordas e madeiras, mas não têm qualquer indicação instrumental.
Ø *3 Bransles* (P. Chaillè).

Gesualdo, Carlo, príncipe de Venosa (Nápoles, cerca de 1560/Gesualdo, Avellino, 8 Set. 1613). Membro de uma família nobre da Itália Meridional, sobrinho do arcebispo de Nápoles, Alfonso Gesualdo, conviveu, em casa de seu pai, Dom Fabrizio, com numerosos músicos, entre eles seu primo Ettore Gesualdo, cantor e tocador de alaúde, F. e S. Dentice, F. Filomarino, etc. Neste meio, aprendeu a tocar alaúde (de que foi um excelente instrumentista) e foi, provavelmente, iniciado na composição por Pomponio Nenna, de Bari. Em 1586, casou com Donna Maria d'Avalos, mas quatro anos depois matou a mulher e o amante (drama evocado por Anatole France em *Le puits de Sainte-Claire*). Três anos mais tarde, no início de 1594, casa com Leonora d'Este, filha do duque Alfonso II e no mesmo ano aparecem os seus dois primeiros livros de madrigais. Este segundo casamento realizou-se em Ferrara, onde Gesualdo se aconselha com L. Luzzaschi, que será professor de Frescobaldi. No entanto, o príncipe mantinha ligações amorosas notórias: Donna Leonora queixou-se de tal facto em cartas dirigidas a seus irmãos, Alessandro (o cardeal) e Cesare (o novo duque de Modena). Durante uma segunda viagem a Ferrara, Gesualdo fez escala em Florença, onde muito provavelmente contactou com a *camerata Bardi* (V. Caccini*, etc.). É incontestável que estava ao corrente das ideias novas: são testemunho disso algumas particularidades do seu estilo bem como a presença do cantor Scipione Palla, professor de Caccini, entre os músicos ao seu serviço. Os seus quatro primeiros livros de Madrigais a 5 vozes integram-se no grande estilo madrigalesco, tal como foi cultivado pelos seus contemporâneos, Marenzio e Monteverdi. Mas as suas obras posteriores são criações de vanguarda: nelas, Gesualdo evolui com um soberbo à-vontade num universo harmónico totalmente novo, que pode parecer irracional se procurarmos nele uma lógica independente da imaginação poética. É norteado por uma profunda sensibilidade, um instinto seguro da eficácia dos contrastes, uma capacidade de traduzir emoções simples, uma grande compreensão dos poemas (Ariosto, Guarini, Tasso), e por uma técnica notável, que lhe permite brincar livremente com as regras. Demasiado original para fundar uma escola, não teve discípulos.
✪ 6 livros de madrigais a 5 vozes [1594-1611], 1 livro de madrigais a 6 vozes [póstumos, 1626], 2 livros de *Sacrae Cantiones* (5, 6, 7 vozes), *Responsoria* 4, 6 vozes.
Ø *Opera Omnia* (Ephrikian, Deller).

Ghedini, Giorgio Federico (Cuneo, Piemonte, 11 Jul. 1892/Nervi, 25 Mar. 1965). Aluno do Liceo Musicale de Bolonha, estreou-se como director de orquestra em Turim, em seguida foi professor de harmonia e de composição em Turim, Parma e Milão e, finalmente, director do Conservatório de Milão. A partir de 1936, criou um estilo muito pessoal, cuja influência se fez sentir bastante profundamente na nova geração: música transparente e serena, em que a procura da qualidade sonora não obedece a qualquer sistema pré-concebido, mas na qual se adivinha, por vezes, o culto de Ghedini pela música italiana do século XVIII.

✪ 7 óperas, o oratório *La Messa del Venerdi Santo*, cantatas e concertos espirituais, o célebre *Concerto dell'Albatro* (8 instrumentos, solistas, cordas, percussão, recitador), vários concertos (piano, 2 pianos, violino, violeta), música de câmara.

GIARDINI, Felice de (Turim, 12 Abr. 1716/Moscovo, 8 Jun. 1796). Violinista, desde os 12 anos, da orquestra da ópera de Roma e, depois, de Nápoles. Durante 40 anos, viveu em Londres, onde obteve um êxito excepcional como solista e dirigiu, durante muito tempo, a Ópera Italiana. Em 1793, fixou-se na Rússia, onde morreu na miséria.

✪ 4 óperas, árias, música de cena, numerosas obras instrumentais.
Ø *Sonata a 3* (Quarteto Scala de Milão).

GIBBONS, Orlando (Oxford, Dez. 1583/Canterbury, 5 Jun. 1625). Seu pai, William Gibbons, era músico e conselheiro municipal de Oxford; teve dez filhos, quatro dos quais foram músicos. Orlando, o mais novo, tinha 4 anos quando a família se instalou em Cambridge, onde fez todos os seus estudos. Aos 12 anos, foi admitido no coro do King's College, onde foi aluno do irmão, Edward. Os seus estudos foram coroados com o títulos de bacharel em música pela Universidade de Cambridge e, mais tarde, pelo de doutor em música pela Universidade de Oxford. Organista da Chapel Royal, de 1605 até à sua morte, foi também nomeado pelo rei *musician for the virginalles* (1619) e em 1623 sucedeu a John Parsons como organista de Westminster Abbey: a 5 de Abril de 1625, dirigiu aí a música das exéquias de Jaime I. Algumas semanas mais tarde, foi enviado a Canterbury, com toda a capela real, para acompanhar o novo rei, Carlos I, que aí ia receber a sua rainha, Henriqueta de França. Esta demorou a chegar e Gibbons morreu, entretanto, aos 42 anos, vitimado por uma apoplexia. Foi sepultado na Catedral de Canterbury, onde está um monumento erigido à sua memória. Deixou sete filhos, o segundo dos quais, Cristopher, foi um excelente músico, autor de belas fantasias para cordas. Os seus madrigais e fantasias para violas colocam-no, com Byrd, na primeira linha dos músicos isabelinos. Os seus *anthems* (espécie de moteto anglicano) são as suas obras mais populares em Inglaterra; quinze deles (*full anthems*) são obras-primas da escrita polifónica, os outros (*verse anthems*), onde os coros alternam com solistas acompanhados pelo órgão e pelas cordas, são experiências interessantes, nas quais, no entanto, Gibbons foi precedido por Byrd e largamente ultrapassado, 50 anos mais tarde, por Blow e Purcell.

✪ 2 serviços completos e 40 *anthems*, 20 *madrigals and motets... apt for viols and voyces* (profanos), 30 fantasias para violas, mais de 50 composições para teclado (órgão, cravo ou virginal).
Ø *Anthems*, Madrigais, Fantasias Para Violas (Conjunto Deller), Peças Para Cravo (Dart).

GIGAULT, Nicolas (Paris, 1627/Paris, 20 Ago. 1707). Organista das igrejas de Saint-Honoré, Saint-Nicolas-des--Champs e Saint-Martin-des-Champs. Teve dois filhos organistas e foi um dos professores de Lully.
✪ 2 colecções de *Noëls Variés* (órgão ou cravo) e um *Livre d'Orgue*.

GIGOUT, Eugène (Nancy, 23 Mar. 1844/Paris, 9 Dez. 1925). Organista de Saint-Augustin durante 62 anos. Aluno de Saint-Saëns na escola de Niedermeyer onde foi, por seu lado, o professor de Fauré e de Messager. Em 1911, sucedeu a Guilmaut como professor de órgão do Conservatório.
✪ Cerca de 500 peças para órgão, alguns motetos, peças instrumentais (entre elas, uma sonata para piano).
Ø *Tocata* (M.-Cl. Alain).

GILLES, Jean (Tarascon, 1669/Augnon, 5 Fev. 1705). Mestre de capela em Aix-en-Provence, Toulouse, Avignon. É célebre devido à sua *Messe des Morts*, que tocou nas exéquias de Luís XV e de Rameau.
✪ Missas e motetos.
Ø *Missa de Requiem* (Fremaux), *Te Deum* (Martini).

GILSON, Paul (Bruxelas, 15 Jun. 1865/Bruxelas, 3 Abr. 1942). Crítico musical (*Le Soir*, *Diapason*, *Le Midi*); fundador da *Revue Musicale belge* (1924). Aluno de Gevaert, foi professor de harmonia dos Conservatórios de Bruxelas e Antuérpia e, depois, inspector do ensino musical. É um dos chefes da escola belga flamenga.
✪ Óperas e bailados, oratórios (entre os quais se conta *Francesca da Rimini*), grandes obras sinfónicas.

GIORDANI, Tommaso (Nápoles, cerca de 1730/Dublin, Fev. 1806). É confundido muitas vezes com um Giuseppe Giordani (não são parentes); muitas das obras atribuídas a este são de Tommaso, mas subsiste uma dúvida quanto à célebre «canzonetta» *Caro mio ben...* O pai de Tommaso (também Giuseppe) formara com a família uma companhia de ópera italiana que deixou Nápoles, cerca de 1745, e percorreu a Itália, chegando a Graz, Francoforte, Amesterdão e Londres (1753); Tommaso tocava cravo e compunha aberturas ou árias novas para as óperas do repertório (principalmente óperas bufas napolitanas). Após a dissolução desta companhia, fixou-se em Londres e Dublin, onde ensinou piano.
✪ Cerca de 50 óperas (italianas e inglesas), um oratório (*Isaac*), um *Te Deum*, cantatas, concertos e sonatas de piano, muita música instrumental.
Ø *Caro Mio Ben* (M. Klose), *Concerto de Piano* (Jenkins).

GIORDANO, Umberto (Foggia, 27 Ago. 1867/Milão, 11 Nov. 1948). Um dos principais representantes do «verismo» italiano (com Mascagni e Leoncavallo); a sua veia melódica fecunda não está isenta de vulgaridade.
✪ Uma dezena de óperas, as melhores das quais são *Andrea Chénier* e *Fedora*.
Ø *Andrea Chénier* (Tebaldi, Gavazzeni).

GIOVANNI DA CASCIA (?/?). Século XIV. Um dos melhores músicos da primeira geração da *Ars Nova* florentina. Entre 1329 e 1351, viveu na corte de Verona.
✪ Madrigais, *caccie, ballate* (a maior parte a 2 vozes).

GIROUST, François (Paris, 1738/Versalhes, 28 Ago. 1799). Mestre de capela e superintendente de música do rei, o que não o impediu de compor um *Hymne des Versaillois* para as festas revolucionárias de 1793. Músico agradável de segunda categoria, gozou de alguma popularidade depois da descoberta da sua missa *Gaudete*, destinada à sagração de Luís XVI.
○ Missas, motetos, salmos, oratórios e uma ópera, *Télèphe*.
∅ *Messe pour le sacre de Louis XVI.*

GLAZUNOV, Alexandre-Konstantinovitch (São Petersburgo, 10 Ago. 1865//Paris, 21 Mar. 1936). Filho de um editor, fez sólidos estudos gerais e breves estudos musicais com Rimski-Korsakov. Excepcionalmente dotado, encorajado por Balakirev (que dirigiu a sua *1.ª Sinfonia,* composta aos 16 anos) e Liszt, que o tornou conhecido no estrangeiro, foi «lançado» rapidamente, como poucos compositores tiveram a sorte de ser. Belaiev fundou a sua célebre editora principalmente para publicar as obras de Glazunov. Este foi director do conservatório de São Petersburgo (1906-1917) mas em 1928 deixou a URSS e fixou-se em Paris, depois de umas digressões como director de orquestra pela Europa e Estados Unidos. É considerado um dos modelos do «classicismo» russo e, juntamente com Rimski, um dos mestres da instrumentação.
○ 8 sinfonias, 3 bailados, poemas sinfónicos, aberturas, concertos (2 de violino, 2 de piano, 1 de violoncelo, 1 de saxofone e flauta), 7 quartetos de cordas, numerosas peças para piano, 20 melodias.
∅ *Concerto de Piano n.º 1* (Richter), *Concerto de Violino n.º 2* (Milstein).

GLIÈRE, Reinhold Moritzovitch (Kiev, 11 Jan. 1875/Moscovo, 23 Jun. 1956). Aluno de Taneiev e de Ippolitov-Ivanov no Conservatório de Moscovo, começou, logo após sair do Conservatório, uma importante carreira de professor: entre os seus muitos alunos contam-se Miaskovski, Prokofiev e Katchaturian. Em 1913, foi nomeado director do Conservatório de Kiev mas em 1920 fixa-se em Moscovo, onde participa activamente na vida musical, nomeadamente organizando concertos nas fábricas. A sua obra (em que se combinam as influências dos clássicos russos e do folclore), os seus trabalhos científicos (principalmente sobre os folclores da Ucrânia e do Azerbeijão) e a sua influência valeram-lhe as mais altas honras: presidente do comité da União dos Compositores Soviéticos, doutor em Ciências, dignitário da Ordem da Bandeira Vermelha e da Ordem de Mérito, e, finalmente, artista do povo da URSS.
○ 3 óperas, 6 bailados, 3 sinfonias, poemas sinfónicos e aberturas para orquestra, 3 quartetos de cordas, 175 peças para piano, 123 melodias.

GLINKA, Mikhail Ivanovitch (Novospasskoïe, Smolensk, 1 Jun. 1804//Berlim, 15 Fev. 1857). Filho de um oficial na reserva, pertencia a uma família de ricos fidalgos de província e foi criado no campo, no ambiente musical das canções e danças dos camponeses, que marcaram profundamente a sua sensibilidade de artista. A sua vida foi uma série de empreendimentos inacabados: estudos fragmentados com uma multidão de professores (entre eles Field), numerosas viagens a Itália (onde conheceu Bellini e Donizetti), amizades de pouca duração, entusiasmos dispersos. Todavia, a criação, em 1836, de A *Vida Pelo Czar*, primeira ópera nacional russa, pode considerar-se o nascimento da escola musical russa. O êxito foi imediato, êxito esse que não terá *Russlan e Ludmilla* (1842) que, no entanto, é muito superior, do ponto de vista puramente musical. O meio de amadores no qual Glinka viveu, a sua formação desordenada, a sua saúde frágil, a decepção após o insucesso de *Russlan*, tudo isso pode explicar o facto de só tão raramente ter dado o melhor de si (tal como se nos apresenta em algumas páginas prodigiosas de *Russlan*). Todavia, é o pai da escola russa, que lhe deve a assimilação de um folclore rico, a criação de uma harmonia especificamente russa em que se conjugam o gosto pelas rimas ímpares e o sentimento nacional em música.

✪ As óperas *A Vida Pelo Czar* (ou *Ivan Soussanine*) e *Russlan e Ludmilla,* música de cena para *O Príncipe Kholmski*, música de igreja (*a cappella*), obras sinfónicas (entre elas, *Kamarinskaia*), muitas peças de música de câmara, peças para piano, melodias, etc.

Ø *Ivan Soussanine* (Markévitch), *Russlan e Ludmilla* (Teatro Bolshoi), *Kamarinskaia* (Toscanini).

GLUCK, Christoph Willibald (Erasbach, Baviera, 2 Jul. 1714/Viena, 15 Nov. 1787). Não existe qualquer documento que nos permita ser peremptórios quanto à nacionalidade deste compositor. Parece que a sua família era oriunda da Boémia; ele próprio fez parte dos seus estudos em Praga. Mas quando do seu nascimento, o pai era inspector das florestas do Eleitor da Baviera. Ignoramos como se exprimia em checo; em contrapartida, dava sempre erros quando escrevia em alemão (talvez falasse um dialecto como o vienense ou qualquer outro) e as línguas que escolheu para a composição musical foram o italiano e o francês. Não dispomos também de informações acerca dos primeiros estudos do jovem Gluck, feitos na Boémia, onde o pai foi administrador do conde Kinski e, depois, do princípe Lobkowitz. Em 1832, matriculou-se na Universidade de Praga, onde ganhou a vida a dar lições de violoncelo e tocando órgão e violino. Em Praga, ouviu as mais recentes óperas italianas, sobretudo as de Hasse que, apesar de alemão, era na época o principal representante da escola napolitana naquela parte da Europa. A profunda impressão que elas lhe causaram levou-o, sem dúvida, a ir para Milão, para estudar sob a direcção de Sammartini. Permaneceu oito anos nesta cidade e nela representou (e também em Veneza) as suas primeiras obras italianas, com um êxito mais do que honroso.

Em 1745, aceitou um convite para acompanhar a Londres o príncipe Lobkowitz. Aí obtém pouco êxito junto de um público habituado à perfeição de escrita de Haendel. Gluck carece de conhecimentos e Haendel considera que o seu cozinheiro sabe mais de contraponto do que o jovem colega; no entanto, recebe-o cortesmente e dá-lhe alguns conselhos. Antes de se instalar definitivamente em Viena, Gluck faz ainda numerosas viagens, nomeadamente como director de orquestra itinerante de uma companhia de ópera italiana de Hamburgo, apresentando-se, por vezes, como solista de cravo ou de «glass-harmonia». (Em Londres, toca um *Concerto de 26 copos afinados com água*.) Em 1755, é nomeado director musical da corte de Viena, graças ao conde Durazzo (director dos teatros imperiais), que o conseguiu interessar pela nova ópera-cómica francesa, o incitou a compor esse tipo de peças e contribuiu para o afastar das convenções da ópera italiana tradicional onde o mantinham os libretos de Metastasio. Em 5 de Outubro de 1762, foi representada, no Burg Theater, *Orfeo ed Euridice*, com libreto de Calzabigi. A este último (que escreveu também os libretos de *Alceste* e de *Paride ed Elena*) deveu Gluck grande parte da «reforma da ópera», iniciada com *Orfeo*. Calzabigi, que se formara no gosto francês durante os dez anos que passou em Paris, revelava nos seus libretos um espírito totalmente novo. *Alceste* só foi representada no Burg Theater a 16 de Dezembro de 1767. Entretanto, Gluck viajara bastante, nomeadamente até Paris: viagem de estudo destinada a preparar uma estada mais duradoura. A partir de 1773, divide-se entre Viena e Paris, apresentando nesta cidade, a 19 de Abril de 1774, a sua primeira ópera francesa, *Iphigénie en Aulide*, com o apoio de Maria Antonieta, que fora sua aluna em Viena. Esta obra e, depois, a versão francesa de *Orfeo ed Euridice* (em que o papel principal não pertence ao contralto mas sim ao tenor) tiveram grande êxito. Mas em 1776, os partidários da ópera italiana opuseram, estupidamente, Piccini a Gluck, embora nenhum dos dois músicos tivesse desejado esta querela, bastante inquinada por alguns diletantes ociosos e também pelo orgulho e falta de liberalismo de Gluck. A série das seis óperas francesas foi completada pela versão francesa de *Alceste* (assobiada pelos «piccinistas»), *Armide*, *Iphigènie en Tauride* (grande êxito), *Echo et Narcisse*. O insucesso desta última ópera levou Gluck a abandonar definitivamente a França. Quando morreu, aos 74 anos, estava semiparalítico devido a vários ataques de apoplexia.

A importância histórica de Gluck e o seu direito ao reconhecimento póstumo residem essencialmente nas seis grandes óperas francesas que ilustram os princípios expostos no célebre prefácio de *Alceste*. Aí, aparecem importantes reformas que exerceram uma profunda influência na ópera posterior: − Supressão das árias inúteis, bem como dos ornamentos supérfluos; − Substituição do *recitativo secco*, acompanhado pelo cravo, por um recitativo melódico acompanhado pela orquestra; − Importância da abertura, que anuncia e resume o drama; − Função dramática dos coros. No entanto, a ausência de espírito deste homem sério, a sua falta de jeito para a escrita contrapontística, o seu desprezo pela sedução fazem-nos mergulhar, por vezes, no aborrecimento, apesar do seu sentido do teatro, da nobreza e simplicidade do seu génio musical.

✪ 107 óperas, de que conhecemos cerca de 40 óperas italianas, uma dúzia de óperas cómicas e 6 grandes óperas francesas − bailados, pantominas − algumas obras religiosas e instrumentais.

Ø *Orfeo* (Fasano), *Alceste* (Flagstad, Jones).

GODARD, Benjamin (Paris, 18 Ago, 1849/Cannes, 10 Jan. 1895). Aluno de Reber e de Vieuxtemps. Beneficiou da simpatia de Pasdeloup, que apresentou as suas obras sinfónicas de encanto fácil. É conhecido nos nossos dias devido à *berceuse* extraída da ópera *Jocelyn*.
☉ 6 óperas, sinfonias programáticas, numerosas peças para piano, uma centena de melodias.

GOLESTAN, Stan (Vaslui, Roménia, 26 Mai. 1875/Paris, 22 Abr. 1956). Radicado em Paris desde a infância, foi aluno de d'Indy, Roussel e Dukas, crítico do *Figaro* e adido cultural da embaixada da Roménia. Foi, com Enesco, um dos fundadores da escola romena contemporânea.
☉ 2 *Rhapsodies roumaines* para orquestra, 1 concerto de piano (*Sur les cimes carpathiques*), *Concerto roumain* de violino, *Concerto moldave* de violoncelo: obras impregnadas de folclore romeno.

GOMBERT, Nicolas (Bruges?, cerca de 1505/Tournai?, 1556). Discípulo e, talvez aluno de Josquin. Chantre da capela privada de Carlos V e «professor dos infantes», seguiu o imperador, com os seus jovens cantores, até Espanha, Itália e Alemanha. Considerado um inovador pelos seus contemporâneos, foi o maior músico da sua geração, nomeadamente ao adaptar, com uma habilidade rara no seu tempo, o estilo da música às características da letra.
☉ Cerca de 12 missas, 170 motetos e 60 canções.
Ø 2 *Chansons* (Antologia Blanchard).

GOMES, António Carlos (Campinas, 11 Jul. 1836/Belém, 16 Set. 1896). Compositor brasileiro de ascendência portuguesa, Carlos Gomes repartiu a sua actividade entre o Brasil e a Itália. Iniciados os seus estudos com o pai, chefe de banda em Campinas, cedo começou a compor. No Conservatório do Rio de Janeiro estuda com J. Giannini e começa a sua produção operística com as óperas *A Noite do Castelo* (1861) e *Joana de Flandres* (1863), após o que parte para Itália com pensão concedida por D. Pedro II para se aperfeiçoar. Em Milão viu os seus primeiros êxitos com as comédias musicais *Se sa minga* e *Nella luna*, consolidados com a ópera *Il Guarany* (1870) apresentada no Scala de Milão. Seguiram-se depois as óperas *Fosca* (1873), *Salvador Rosa* (1874), *Maria Tudor* (1879), *O Escravo* (1889), *O Condor* (1895). Nomeado director do Conservatório de Belém, morre poucos meses depois. Pode ser considerado um dos maiores compositores brasileiros, mas a sua música de belas melodias, moldada pelo estilo italiano da época (embora com *Fosca* o quisessem acusar de wagnerismo) não está de modo nenhum dentro das tendências nacionais brasileiras. A par das óperas citadas, podemos colocar ainda a ode *Il saluto del Brasile* (1876) e a cantata *Colombo* (1892), escrita para o Festival Columbus.

GOSSEC, François-Joseph (Vergnies, Nord, 17 Jan. 1734/Passy, 16 Fev. 1829). Foi director da orquestra privada da La Poupelinère (por recomendação de Rameau) e depois director dos espectáculos do príncipe de Conti, em Chantilly. Durante a revolução foi chefe de música da Guarda Nacional e compôs vários hinos revolucionários. Em 1795, foi um dos fundadores do Conservatório Nacional, onde ensinou composição. Orquestrador hábil, que abre o caminho a Berlioz, causou sensação com algumas obras religiosas onde pensara (processo caro a Verdi) colocar um grupo de instrumentos de sopro ou um coro, fora do lugar de audição.

✪ Uma dúzia de óperas e de óperas cómicas, missas, motetos, oratórios, mais de 30 sinfonias, 12 quartetos.

Goudimel, Claude (Besançon, *c.* 1510/Lyon, 27 Ago. 1572). Não sabemos nada acerca da sua juventude ou dos seus professores. A partir de 1549, vive em Paris, onde publica canções e parece ter-se associado ao editor Du Chemin. Entre 1557 e 1587 (aprox.), vive em Metz onde se relaciona com os meios hugnenotes; havia vários anos que se interessara pela tradução dos salmos, feita por Marot e por Bèze, que pensava musicar integralmente. Cerca de 1560, liga-se definitivamente à Reforma; as suas últimas obras católicas, um *Magnificat* e quatro missas, são publicadas em 1557 e 1558. Perto do final da sua vida, troca Metz por Besançon e, depois, por Lyon, onde é assassinado, três dias depois do São Bartolomeu, aquando dos massacres de huguenotes. Uma tradição segundo a qual Goudimel teria fundado, em Roma, uma escola de música onde Palestrina estudara, parece carecer de fundamento.

As suas obras gozaram de grande popularidade, encontramo-las em numerosas colectâneas dos séculos XVI, XVII e XVIII. A sua fama deve-se, principalmente, ao saltério huguenote, de que publicou duas versões musicais completas: uma em estilo contrapontístico ornamentado, pertencendo a melodia ao soprano (1564), e outra em estilo harmónico, quase nota contra nota, sendo a melodia do tenor (1563). Esta última ocupa um lugar importante na liturgia musical do culto calvinista.

✪ 5 missas (*Il ne se trouve... – Audi filia – Tant plus je mez – De mes ennuis – Le bien que j'ay*) – *Magnificat,* motetos, salmos – canções espirituais e profanas.

Ø *Missa Le Bien que j'ay* (Carboz).

Gounod, Charles (Paris, 18 Jun. 1818/ Saint-Cloud, 18 Out. 1893). Filho de um Grande Prémio de Roma de pintura e de uma excelente pianista. Teve as primeiras lições de música com sua mãe e Reicha, e depois dos estudos secundários no Liceu de São Luís entrou, em 1836, para o Conservatório (aluno de Halévy, Paer e Lesueur). Em 1839, ganhou o Grande Prémio de Roma. A sua estada na capital italiana permitiu-lhe estudar os velhos mestres italianos (sobretudo Palestrina) e apresentar na Igreja de São Luís dos Franceses uma missa para 3 vozes e orquestra. Durante a viagem de regresso, por Viena e Berlim, descobre a música dos românticos alemães e conhece Mendelssohn. Em Paris, começa a estudar teologia e durante algum tempo encara a hipótese de tomar ordens... Abandonado este projecto, vira-se para a música de teatro, que lhe dará a celebridade. A sua primeira ópera, *Sapho*, é representada em 1851 na Ópera com Pauline Viardot no papel principal, obtendo um êxito honroso. Mas as três obras que garantem definitivamente a sua reputação, depois de terem sido acolhidas triunfalmente, são *Faust* (19 de Março de 1859), *Mireille* (19 de Março de 1864) e *Roméo et Juliette* (27 de Abril de 1867), todas elas encenadas no Théâtre-Lyrique, com Marie Miolan--Carvalho como protagonista. Entre 1870 e 1875, Gounod permanece em Londres. Mais tarde, imbuído de um profundo sentimento místico, dedicar-se-á à música religiosa e escreverá vários oratórios para os grandes festivais ingleses. Foi membro do Instituto e grande oficial da Legião de Honra. Sem o sobrevalorizar, há que prestar homenagem a este músico francês puro por ter assegurado a perenidade da música do seu país em pleno romantismo alemão, por ter salvo a ópera francesa da grande onda wagneriana.

○ Cerca de 20 missas. 2 *Requiem,* inúmeros motetos, cânticos, etc. – 12 óperas (entre as quais uma ópera-cómica, *Le Médecin malgré lui*) – oratórios, coros e cantatas (entre elas *Gallia, Rédemptione, Mors et Vita*) – 2 sinfonias, peças para piano, cerca de 140 melodias.

Ø *Faust* (Cluytens), *Mireille* (Cluytens), *Romeo et Juliette* (Erede), 15 *Melodias* (Doria).

Grabu, Louis (?/?). Século XVII. A sua biografia é obscura. Passou grande parte da sua vida em Inglaterra, onde os favores do rei Carlos II lhe valeram vários cargos oficiais e onde colaborou na fundação, por Camber, da Royal Academy of Music. Apesar da mediocridade da sua música, teve grande influência na vida musical inglesa.

○ Óperas, música de cena, *ayres* ingleses.

Grainger, Percy (Melbourne, 8 Jul. 1882/White Plains, NY, 20 Fev. 1961).
Pianista (menino-prodígio). Aluno de Busoni, em Berlim, e discípulo de Grieg, de quem se tornou amigo em Londres e que iniciou nas riquezas do folclore (Grainger recolheu e harmonizou numerosas melodias populares britânicas). Viveu nos Estados Unidos a partir de 1944.

○ Numerosas obras corais (entre elas uma série inspirada no *Livro da Selva*, de Kipling), obras sinfónicas e música de câmara (obras que utilizam frequentemente o folclore ou se inspiram em lendas populares).

Ø *Lincolnshire Post* para instrumentos de sopro (Fennell).

Granados, Enrique (Lérida, 27 Jul. 1867/no mar, 24 Mar. 1916). Pianista. Aluno de Pujol (piano) e de Pedrell (composição), em Barcelona, e, depois, de Bériot, em Paris (onde entre 1887 e 1889 partilha o apartamento com R. Viñes). O seu primeiro recital em Barcelona (1890) e as suas primeiras obras tornaram-no imediatamente notado. Fez uma brilhante carreira de virtuoso na Europa e nos Estados Unidos, para onde voltou, em 1915, para a criação da sua ópera *Goyescas* (adaptada das suas suites de piano). No regresso morreu, juntamente com sua mulher, no naufrágio do «Sussex», torpedeado por um submarino alemão, entre Dieppe e Folkestone. A sua música, em que nos apercebemos da influência de Chopin, Grieg, Liszt, faz dele o criador da moderna escola de piano espanhola. A sua obra, que logo se tornou popular, os seus êxitos como virtuoso e a sua morte trágica contribuíram para atrair a atenção da Europa para a música espanhola em geral.

○ 7 óperas ou zarzuelas (entre as quais *Goyescas*), suites e poemas sin-

fónicos para orquestra, melodias (das quais 4 belas *Tonadillas*) e coros e, sobretudo, numerosas peças para piano, que incluem as *Goyescas* (7 peças que constituem o ponto mais alto da sua obra, em especial a admirável *Maja y el ruiseñor*, n.º 6), 12 *Danzas Españolas, Escenas romanticas, Estudios expressivos*.
Ø 12 *Danzas Españolas* (G. Soriano), *Goyescas* (Larrocha), *Goyescas*, ópera (Argenta).

GRANDI, Alessandro (?, Sicília, ?//Bérgamo, 1630). Ocupou cargos de *Maestro di cappella* em Ferrara, Veneza e Bérgamo (onde morreu de peste com a família). Especialista do moteto concertante e do madrigal monódico, foi o primeiro a utilizar o termo «Cantata» para designar certas obras vocais (neste caso peças monódicas com várias estrofes variadas sobre um mesmo baixo).
✪ Missas, motetos, 4 livros de *Cantante et arie*, 2 livros de *Madrigali concertati*.

GRAUN, Karl Heinrich (Wahrenbruck, próximo de Dresden, 7 Mai. 1701/Berlim, 8 Ago. 1759). Cantor. Aos 11 anos, era *Ratsdiscantis* (aproximadamente: «soprano municipal»!), em Dresden. Foi, mais tarde, tenor da Ópera de Brunswick e, depois, director de música do príncipe herdeiro da Prússia que ao tornar-se, mais tarde, Frederico, *o Grande*, o nomeou *Kapellmeister* da corte. Teve como missão criar em Berlim uma ópera italiana de primeira ordem.
✪ 5 óperas alemãs, cerca de 30 óperas italianas, obras corais (entre as quais um belo *Te Deum* e a cantata--paixão *Der Tod Jesu*), mais de 50 cantatas italianas, *lieder* alemães. A sua música denota a influência das obras de Keiser e de Lotti.

GRAUPNER, Christoph (Hartmannsdorf, Saxe, 13 Jan. 1683/Darmstadt, 10 Mai. 1760). Aluno de Kuhnau, em São Tomás de Leipzig, onde após a morte de seu professor teria sido *Kantor* em vez de Bach se não estivesse ligado, como *Kapellmeister*, ao landgrave de Hesse-Darmstadt.
✪ Cerca de 15 óperas, 1300 obras religiosas, 116 sinfonias, suites para cravo, sonatas para diferentes formações instrumentais.
Ø *Sonata a 4* (Wahl).

GRECO, Gaetano (Nápoles, cerca de 1650/Nápoles, cerca de 1728). Aluno do Conservatório dei Poveri, em Nápoles, onde, depois, foi professor, bem como em S. Onofrio (entre os seus alunos contam-se: Durante, Porpora, Vinci, Pergolesi).
✪ Música religiosa (inclui a *Litanie a 4 voci*) e música para instrumentos de tecla (suites para cravo, *Toccate e Fughe* para órgão).
Ø *Balleto di Mantua* (Gerlin).

GRETCHANIANOV, Alexandre Tikhonovitch (Moscovo, 25 Out. 1864//Nova Iorque, 3 Jan. 1956). Aluno dos conservatórios de Moscovo e de São Petersburgo (Rimski-Korsakov). Apesar do êxito da sua primeira ópera (*Dobrinia Nikitch*), com Chaliapine no papel principal, dedicou-se sobretudo à música religiosa. Em 1925, deixa definitivamente a Rússia (onde a sua música, considerada «burguesa», não é muito apreciada) e fixa-se, primeiro, em Paris e depois em Nova Iorque (em 1946, torna-se cidadão americano).

✪ 2 óperas, numerosas composições religiosas (entre elas 2 liturgias de São João Crisóstomo e uma bela *Missa aecumenia*), 6 sinfonias, mais de 250 melodias.
Ø *Litania* (Cossacos do Don).

GRÉTRY, André Modeste (Liège, Fev. 1741/Montmorency, 24 Set. 1813). Filho de um modesto violinista de igreja, não mostrava qualquer propensão para a música. No entanto, foi admitido como corista da Igreja de São Dinis, em Liège, donde foi despedido ao fim de dois anos: em seguida, estudou de modo desordenado com vários professores que, um a um, foram renunciando a ensinar-lhe fosse o que fosse de harmonia, contraponto ou orquestração. No entanto, a sua vocação musical manifestara-se após a audição de umas óperas bufas napolitanas representadas por uma companhia italiana. Com efeito, tornou-se num músico de teatro e o seu talento, essencialmente melódico, consistiu em conciliar o *bel canto*, tal como se cultivava em Itália, e os imperativos da prosódia francesa ou da justa expressão dramática. Entre 1759 e 1766, vive em Roma, graças a uma bolsa. Nesta cidade, trabalha durante dois anos com Casali. Depois, parte para Paris, passando por Génève, onde é, durante um ano, professor de canto (torna-se amigo de Voltaire, que o acha espirituoso). Em Paris, estreia-se com um insucesso; depois, como o êxito surgiu rapidamente com os bons libretos (nomeadamente de Marmontel e, mais tarde, de Sadaine... e um libreto da autoria do futuro Luís XVIII, *La Caravane du Caire*) compõe regularmente obras agradáveis para a Comédie-Italienne e, depois, para ópera e a Opéra-Comique.
«Fazia graça e não música», diz Méhul. No entanto, uma veia melódica fecunda e um sentido profundo da expressão dramática, permitiram-lhe, apesar da textura harmónica e da instrumentação pouco satisfatórias, realizar algumas obras-primas da ópera-cómica francesa, especialmente *Le Tableau Parlant* e *Richard Coeur de Lion*. Foi membro do Instituto desde a sua fundação, em 1795; Napoleão nomeou-o cavaleiro da Legião de Honra, em 1802, pouco depois da fundação da ordem: por fim, teve a honra de em vida dar o nome a uma rua próximo da Comédie-Italienne. Terminou os seus dias perto de Montmorency, no eremitério de J. J. Rousseau, que tinha comprado.
✪ Cerca de 70 óperas cómicas e algumas óperas, várias obras instrumentais (que ficaram em manuscrito), obras literárias, entre elas, as *Mémoires*.
Ø Suite de *Zémire et Azor* (Beecham).

GRIEG, Eduard (Bergen, 15 Jun. 1843/Bergen, 4 Set. 1907). Filho do cônsul britânico em Bergen, Alexander Grieg (súbdito norueguês, mas de origem escocesa). Muito novo, teve as primeiras aulas de piano com a mãe mas em 1858, a conselho do célebre violinista Ole Bull, que ficara maravilhado com os dotes do rapaz, foi mandado para Leipzig, onde foi aluno de Wenzel, Moscheles e Reinecke. Nessa cidade ouviu muito boa música, nomeadamente o concerto de Schumann interpretado por Clara. Em 1863, parte para Copenhaga, onde recebe conselhos e incentivos de Niels Gade e conhece sua prima Nina Hagerupe, excelente cantora, que virá a ser sua mulher e a sua melhor intérprete. Quando do regresso à Noruega, o jovem músico Richard Nordraak (que irá falecer com 24 anos, em 1866) revela-lhe o folclore norueguês: imbuído até então das culturas alemã e dinamarquesa, sente-se, de súbito, profundamente ligado à sua terra natal e sonha criar, com Nordraak, uma escola nacional norueguesa. Fixa-se em Christiania (Oslo), onde funda em 1867 a Academia Norueguesa de Música e faz amizade com Ibsen e Bjornson, de quem irá musicar muitos poemas. Como pianista e director de orquestra, Grieg fez várias viagens à Alemanha, Itália, Inglaterra, Holanda, Paris, Praga, Varsóvia, etc., durante as quais conheceu os maiores compositores do seu tempo, nomeadamente, Liszt, Wagner, Tchaikovski e Brahms. O seu génio melódico, a qualidade da sua escrita pianística, a ousadia das suas harmonias que, por vezes, anunciam Debussy, enfim, a sua inspiração nacional, fazem de Grieg, ressalvadas as devidas proporções, uma espécie de Chopin escandinavo.

✪ Música de cena para *Sigurd Jorsalfar*, de Bjornson e *Peer Gynt* de Ibsen (donde tirou duas célebres suites de orquestra), um concerto de piano, muitas peças para piano e violino (entre eles 10 volumes de «Peças líricas»: *Lyriske Stykker*, que contêm algumas obras-primas), 3 sonatas de piano e violino, muitas melodias (em que se incluem as colecções op. 21, op. 33, op. 61, op. 67).

Ø *Peer Gynt* (Beecham), *Concerto de Piano* (Entremont), *Peças Para Piano* (A. Rubinstein).

GRIGNY, Nicolas de (Reims, 8 Set. de 1672/Reims, 30 Nov. 1703). Organista, filho, neto e sobrinho de organistas de Reims; aluno de Le Bégue. Ocupou a tribuna da abadia de Saint-Denis (1693-1695) e, depois, a da Catedral de Reims (1697-1703). Embora tenha morrido aos 32 anos, pode ser considerado o maior mestre francês do órgão do tempo de Luís XIV. J. S. Bach recopiou integralmente o seu *Livre d'orgue*.

✪ *L'orgue contenant une messe et les hymnes des principalles festes de l'année*.

Ø *Obra integral de órgão* (A. Isoir).

GUARNIERI, Mozart Camargo (Tietê, São Paulo, 1 Fev, 1907/São Paulo, 13 Jan. 1993). Compositor, professor e chefe de orquestra brasileiro, inicia os estudos na sua terra natal, continuando-os em São Paulo; mais tarde, vai a Paris aperfeiçoar-se. É considerado um dos compositores brasileiros contemporâneos que melhor soube fazer a simbiose entre a música europeia e o folclore brasileiro com a mais coerente ciência e técnica, caracterizadamente lírico, de espírito «nacionalista». Entre as suas obras que abrangem os mais diversos géneros e formas destacam-se: *Sonatina* para piano; *Choro*, para quinteto de sopro; peça coral *Coisas de Este Brasil*; *Flor de Tremembé*, para quinze instrumentos solistas; duas *Sinfonias* (1942 e 1948); 1.º Quarteto de cordas (1942); 2.º Concerto de piano (1948); ópera em um acto: *Malazarte*; cantata *A Morte do Aviador* (soprano, coro e orquestra); *Abertura Concertante*; peças orquestrais *Encantamento, Dança Brasileira, Dança Selvagem e Ponteios*; sonatas para violino e para violoncelo;

sonatinas; *Tocata e Dança Negra* para piano; e numerosas canções, algumas das quais com orquestra.

GUÉDRON, Pierre (Châteaudun, 1565/ /Paris (?), cerca de 1620). Membro da capela do cardeal de Guise e, depois, da de Henrique IV e, por último, superintendente da música do rei. Na música vocal que escreveu para os bailados da corte, nos reinados de Henrique IV e Luís XIII, revelou-se o melhor artífice do despontar da monodia em França.
✪ 6 Livros de *Airs de Cour.*

GUERREIRO, Francisco (Sevilha, Mai. 1527/Sevilha, 8 Nov. 1599). Aluno de seu irmão mais velho, Pedro, e de Castilleja (mestre de capela da catedral de Sevilha). Sucedeu ao seu professor, em Sevilha, e ocupou um lugar análogo em Málaga. Fez uma longa viagem a Roma, Veneza e Jerusalém, que conta num livro precioso (*El viáje de Jerusalém*, de que foram publicadas várias edições nos séculos XVII e XVIII). Hábil contrapontista, escrevendo admiravelmente para vozes, está, no entanto, longe de ter o génio de Morales, que admirava profundamente e de quem se dizia discípulo.
✪ 18 missas, motetos, salmos, vésperas, *Canciones y villanescas espirituales.*
Ø *Villanescas* (Morondo).

GUGLIELMI, Pietro Alessandro (Massa di Carrara, 9 Dez. 1728/Roma 18 Nov. 1804). Aluno de Durante, em Nápoles, onde foram representadas as suas primeiras óperas. Viajou pela Alemanha, viveu durante algum tempo em Londres, onde se ligou a J. C. Bach e foi contratado pelo King's Theater (1767-1772); finalmente, foi nomeado, por Pio IV, mestre de capela de São Pedro de Roma (1793).
✪ 5 oratórios, 12 cantatas, motetos e 110 óperas (cerca de 45 sérias e 65 cómicas) algumas das quais, embora pequem por um excesso de facilidade, pertencem à melhor linha da ópera-bufa napolitana.

GUILMANT, Alexandre (Boulogne-sur-Mer, 12 Mar. 1837/Meudon, 29 Mar. 1911). Organista, aluno de seu pai (organista em Boulogne). Começou, antes dos 21 anos, uma carreira de organista, de mestre de capela e de professor. Foi organista da Trinité, em Paris, (1871-1901), professor do Conservatório (professor de Dupré) e um dos fundadores da Schola cantorum.
✪ Numerosas obras de órgão, entre as quais figuram 2 sinfonias com orquestra, 8 sonatas, 25 suites de peças.

HÁBA, Alois (Vizovice, Morávia, 21 Jun. 1893/Praga, 18 Nov. 1973). Foi aluno de Novák, em Praga, de Schereker, em Viena, e concluiu os seus estudos em Berlim (acústica). Depois de ter sofrido profundamente a influência dos seus professores e mais ainda a de Schönberg, encontrou a sua vocação num atonalismo alargado, baseado num sistema temperado por 1/4 de tom ou 1/6 de tom (divisão da oitava em 24 ou 36 intervalos iguais). A partir de 1923, ensinou música em 1/4 de tom (*ctvrttónová hudba*) no Conservatório de Praga e mandou construir instrumentos em 1/4 de tom (piano, trombeta, clarinete) e 1/6 de tom (harmónio), mas a sua aula foi suprimida em 1949. Formou alunos (checos e jugoslavos, sobretudo), criou um sistema de composição em 1/4 de tom, mas não parece que a sua obra e as suas teorias venham a modificar o rumo da história da música. Se os pequenos intervalos se instalarem nos nossos hábitos musicais, não será certamente mediante um academismo aparentado com o dodecafonismo serial, mas sobretudo graças à proliferação das «músicas experimentais» livres (concreta, electrónica, algorítmica, etc.).

🕂 MÚSICA TRADICIONAL EM MEIOS TONS (EM GERAL DODECAFÓNICA): a ópera *Nova Zeme* (*Novo mundo*) (1935), coros para voz masculina, uma cantata pela paz – *Cesta Zivota* («O Caminho da Vida» para orquestra); peças para piano – MÚSICA EM 1/4 DE TOM: a ópera *Matka* («A Mãe») (1929), coros; 3 quartetos de cordas, suite para clarinete, fantasias para clarinete e piano, para violeta e piano, para violoncelo e piano; 5 suites, 10 fantasias e 1 sonata para piano, 2 suites para guitarra, melodias com acompanhamento de guitarra – MÚSICA EM 1/6 DE TOM: a ópera *Prijd Kralovsti Tvé* («O Teu Reino Aproxima-se»), 1 quarteto de cordas, 6 peças para harmónio. Publicou num tratado: *Neue Harmonielehre des diatonischen, chromatischen, Viertel, Drittel und Zwölftel-Tonsystems* (Leipzig, 1927).

HAENDEL, **Georg Friedrich** (Halle, 23 Fev. 1685/Londres, 14 Abr. 1759). Seu pai, Georg Haendel (1622-1697), barbeiro-cirurgião e camareiro do duque de Saxe-Weissenfels, tinha amigos entre os artistas da corte, mas era pouco dado às artes. Casou em segundas núpcias com Dorothea Taust, filha de um pastor, que lhe deu 4 filhos; Georg Friedrich foi o segundo.

O jovem Haendel fez uns sólidos estudos gerais no Gymnasium de Halle (1692-1702) e embora seu pai se opusesse à sua vocação musical, conseguiu, desde muito jovem – ao que parece com a cumplicidade da mãe –, aprender a tocar órgão e cravo. Aos 7 anos, quando, como era costume, acompanhou o pai a Weissenfels, conseguiu tocar o órgão da capela da corte, na presença do duque e do seu mestre de capela, J. Ph. Krieger. O duque, maravilhado, insistiu em que o filho do seu camareiro tivesse aulas com Zachau, em Halle. Em três anos, esse professor excelente ensinou-lhe o que lhe faltava aprender sobre a arte de tocar instrumentos de tecla e fê-lo descobrir as regras da composição, por meio da análise das sonatas alemãs e italianas. Pouco depois, Haendel foi nomeado organista assistente (1697); e, em seguida, titular (1702) da Catedral de Halle. Quando saiu do Liceu, em 1702, inscreveu-se na universidade para cursar Direito, como era vontade do seu pai (falecido em 1697); aí inicia uma amizade duradoura com Telemann. Mas, um ano mais tarde, impelido por uma firme ambição e uma vocação que exigia horizontes mais vastos, troca Halle, o seu órgão e a universidade, por Hamburgo, que é então uma das primeiras capitais musicais da Europa. Obtém um modesto lugar de *violino di ripieno* e depois um importante de cravista na orquestra da ópera, dirigida pelo célebre Kaiser. Pouco tempo após a sua chegada, torna-se amigo de Mattheson, com quem faz uma viagem a Lübeck para ouvir Buxtehude. Ambos pretendem suceder ao ilustre organista que se quer reformar; mas ao saberem que ele só cederá o órgão da

HAENDEL, Georg Friedrich

Marienkirche ao candidato que casar com a filha, os dois jovens músicos retiram-se da competição (dois anos mais tarde J. S. Bach renunciará, nas mesmas circunstâncias, aos atractivos de Anna Margreta Buxtehude).

Em 1705, as suas duas óperas, *Almira* e *Nero*, são representadas em Hamburgo com algum êxito. No entanto, como o futuro lhe parecesse incerto nessa cidade, decidiu, em 1706, partir para Itália (em condições financeiras que nunca foram aclaradas). Deu audições em Florença, onde compôs cantatas italianas e levou à cena, com o apoio de Fernando de Médicis, a sua ópera *Rodrigo*; em Roma, frequenta o palácio do cardeal Ottoboni e o do príncipe Ruspoli, conhece Corelli, os Scarlatti e Pasquini: em Nápoles, onde permanece durante quase um ano, o cardeal Grimani dá-lhe o libreto de *Agrippina*, representada triunfalmente em Veneza no ano seguinte. Em 1710, abandona a Itália e instala-se em Hannover onde, graças à amizade e à influência de Steffani, é nomeado *Kapellmeister* do Eleitor Georg, em substituição daquele. Pouco depois de assumir as suas funções, pede uma dispensa para ir visitar Inglaterra, onde tem algumas relações graças ao embaixador britânico em Veneza. Londres é, então, (quinze anos após a morte de Purcell) um bastião da ópera italiana. Haendel cria aí um círculo de admiradores e obtém um enorme êxito com a ópera *Rinaldo*, composta em quinze dias. Regressa a Hannover após uma ausência de seis meses, que o seu patrão não levou muito a mal, uma vez que em 1712 lhe concede uma nova licença para ir a Londres (com a condição de regressar «num prazo razoável»).

Aí, Haendel compõe um *Te Deum* para a paz de Utreque e uma ode para o aniversário da rainha Ana, caindo, deste modo, nas boas graças da rainha, e é premiado com uma pensão real... e esquece totalmente a corte de Hannover. Ora, após a morte da rainha Ana, em 1714, o sucessor é o seu primo afastado, Jorge I, Eleitor de Hannover, naturalmente indisposto com o seu infiel *Kapellmeister*. Mas devido ao sucesso das suas primeiras óperas londrinas e à benevolência do soberano, Haendel torna a cair em graça muito rapidamente (a lenda diz que teria sido aquando de uma festa aquática, durante a qual se teriam tocado fragmentos da *Water Music*). A pensão da rainha Ana é, em breve, restabelecida e duplicada.

Depois de ter desempenhado durante algum tempo as funções de mestre de capela do duque de Chandos, Haendel (juntamente com Bononcini e Ariosti) assume, em 1719, a direcção da nova Royal Academy of Music que se instala no Teatro de Haymarket. Este músico alemão (que se naturaliza inglês em 1726) vai dedicar boa parte da sua carreira a escrever óperas italianas para o público inglês. De início, o êxito da empresa é total mas, em breve, os *cachets* fabulosos exigidos por vedetas como o soprano Cuzzoni e o *castrato* Senesino comprometeram o equilíbrio financeiro da Academy. E, sobretudo, discussões violentas, nascidas da inveja, irão prejudicar a reputação da empresa e a qualidade dos seus espectáculos. Haendel, apoiado pelo rei, vê opor-se-lhe o seu próprio sócio, Bononcini, apoiado pelo príncipe de Gales; perante o sucesso do primeiro, Bononcini passou a sentir um azedume

HAENDEL, Georg Friedrich

só igualado pela hostilidade do príncipe de Gales em relação ao soberano. Organizam-se cabalas e para pôr fim à desordem, Haendel, demasiado ambicioso, contrata a célebre Bordoni (casada com o compositor Hasse) e tem a temeridade de a querer apresentar em palco com a Cuzzoni, na sua ópera *Alessandro*. Como era de esperar, uma cena de pugilato opõe as duas *prime donne* durante uma representação, apesar da presença na sala do príncipe de Gales. O golpe fatal para a empresa de Haymarket é desferido em 1728, quando a *Beggar's Opera*, de Pepusch, é representada em Lincoln's Inn Fields, onde funciona, desde 1715, um teatro rival. Sátira da ópera italiana (Cuzzoni e Bordoni puderam reconhecer-se em Polly e Lucy), em que são utilizadas canções populares e árias de ópera da moda, esta obra obtém um grande êxito. A Royal Academy of Music, cujo défice se torna inquietante, resigna-se a fechar as portas. Após novas tentativas sem futuro na sua carreira de director de teatro, Haendel, cansado dos ataques dos seus adversários, voltou-se decididamente para o oratório, a partir de 1738.

Herdado de Carissimi, mas transformado pelo génio de Haendel ao ponto de se converter num género tipicamente britânico, mais dramático do que religioso, o oratório tinha a vantagem de ser a única forma de espectáculo autorizada durante a quaresma, o que, nessa época do ano, reduzia consideravelmente a concorrência. Entre as diferentes partes dos seus grandes oratórios, o autor conseguia êxitos de virtuoso, improvisando ao órgão ou interpretando concertos. A primeira audição do *Messias*, em Dublin, em 1742, foi um dos maiores triunfos da sua carreira.

Em 1750, durante uma viagem à Holanda e à Alemanha, a saúde de Haendel foi gravemente afectada por um acidente rodoviário. Em breve, a sua visão diminuiu de forma inquietante. Foram tentadas três operações, uma das quais pelo célebre cirurgião Taylor, que operara Bach tão desastrosamente. Cego, deixou de compor, mas continuou, durante os últimos seis anos da sua vida, a interpretar as suas obras. Faleceu na sua casa de Brook Street (Grosvenor Square), na madrugada de 14 de Abril de 1759, e foi sepultado a 20, na Westminster Abbey, onde foi erigida uma estátua de Roubiliac sobre o seu túmulo. Considerado um músico inglês no seu país adoptivo, figura no *Dictionary of National Biography*, e os seus manuscritos formam, no British Museum, uma importante colecção de 97 volumes.

(Obra publicada quase integralmente pela Haendel-Gesellschaft): 41 óperas italianas (1705-1741), entre as quais se contam *Rinaldo, Il Pastor Fido, Ezio, Sosarme, Alcinu, Arminio, Serse* (donde foi extraído o célebre *Largo*) – uma «mascarada» inglesa: *Acis and Galatea* (pequena obra-prima) – 13 *pasticcios* arranjados por Haendel (música de Haendel e de outros compositores) – 24 oratórios (1708 e 1732-1757) entre os quais *Saul, Israel in Egypt, Messiah, Belshazzar, Jephta* (alguns, como *Semele*, são quase óperas); exceptuando os dois oratórios italianos de 1708, baseiam-se todos em textos ingleses; 15 têm temas bíblicos e os outros temas profanos – Odes de circunstância (para o aniversário da rainha Ana, para o dia de St.ª Cecília, etc.) – 2 paixões em alemão (1704-1715) – 100 cantatas italianas, 22 duetos, 12 *Deutsche Lieder,* 7 *Airs François,* 24 *Minuet Songs* – 20 *Anthems,* salmos, motetos, 3 *Te Deum. Water Music* (suite para orquestra em 20 partes), *Fireworks Music* (suite para orquestra em 6 partes), 20 concertos para órgão e orquestra, 20 *concerti grossi,* diversos concertos, cerca de 40 sonatas, trios, etc., para diversos instrumentos. Peças para cravo. Na grande variedade da obra de Haendel, a música de estilo alemão ocupa um lugar extremamente reduzido: 2 paixões, 2 colecções de *lieder,* uma parte das obras instrumentais. A sua obra é constituída principalmente por música italiana (óperas, cantatas, música de câmara) e inglesa (oratórios, *Water Music,* concertos de órgão). As cantatas são belas composições no estilo de Leo ou Scarlatti. As óperas são obras-primas musicais, dignas das melhores óperas italianas do tempo, mas a sua absurda concepção dramática (fruto do culto sem peias da *prima dona* ou do *gran uomo*) e a mediocridade de quase todos os seus libretos levaram ao seu esquecimento parcial: a partir de 1952, foram feitos alguns esforços em vários teatros da Europa (nomeadamente em Halle) para levar de novo estas obras à cena. Os oratórios que, provavelmente, constituem o melhor da obra de Haendel, desempenham, em Inglaterra, o papel de ópera nacional, quase inexistente nesse país. Na verdade, são mais uma espécie de óperas, sem encenação, e onde os coros têm de um modo geral, um papel preponderante. Com os grandes oratórios, Haendel criou um género tipicamente inglês cujo culto, quase religioso, se perpetuou até aos nossos dias graças aos grandes festivais corais (Birmingham, Gloucester, Hereford, Worcester...), instituições também tipicamente britânicas. Segundo Beethoven, Haendel era o maior compositor de todos os tempos, juízo talvez excessivo mas nas melhores páginas dos seus oratórios mostra-se, com efeito, igual aos maiores.

Ø *O Messias* (Mackerras) *Israel no Egipto* (Mackerras), *Saul* (Mackerras), *Júlio César* (Richter), *Alexander's Feast* (Deller), *Alcina* (Bonynge), *Acis and Galatea* (Marriner), *Water Music* (Malgoire), *Concertos de órgão* (Malcolm), *Concerti grossi, op. 3* (Barchai), *Concerti grossi, op.* 6 (Paillard), *Peças Para Cravo* (Sgrizzi), *Sonatas de Violino e Cravo* (Suk, Ruzickovà).

HAHN, Reynaldo (Caracas, Venezuela, 9 Ago. 1875/Paris, 28 Jan. 1947). Director de orquestra e crítico. Tendo chegado a França com 3 anos, foi admitido, com 11 anos, no Conservatório de Paris (Lavignac, Dubois, Massenet) e publicou as suas primeiras obras aos 14 anos. Foi director de orquestra do Casino de Cannes, crítico musical do *Figaro* e director da ópera de Paris (1945). Intérprete apreciado de Mozart, dirigiu *Don Giovanni* em Salzburgo.

✪ Óperas (entre elas, *Le Marchand de Venise*), bailados (*Le Bal da Béatrice d'Este* e *La Fête chez Thérèse*), numerosas operetas (entre as quais se conta *Ciboulette,* a mais conseguida e célebre), música de cena e comédias musicais (entre as quais figura uma amável partitura para o discutível *Mozart,* de Sacha Guitry) – música de câmara, peças para piano e, sobretu-

do, numerosas e encantadoras melodias que ele próprio cantava ao piano com muita sensibilidade e espírito.
Ø *Mozart* (Jowe), *Ciboulette* (Bonneau), *Mélodies* (J. Jansen).

Hamal, Jean-Noël (Liège, 23 Dez. 1709/Liège, 26 Nov. 1778). Filho e discípulo de Henri-Guillaume Hamal, compositor e cravista de Liège. Fez duas visitas a Itália, onde se tornou amigo de Jommelli e Durante, e permaneceu durante bastante tempo em Paris, onde o famoso Concert Spirituel lhe inspirou a criação de uma organização semelhante em Liège. Hamal veio a ser capelão imperial e cónego da igreja de Saint-Giles.
✪ Mais de 275 obras religiosas, muitas vezes notáveis, 5 óperas-cómicas valãs, 15 sinfonias, 11 aberturas, numerosas peças para cravo.
Ø *Motetos* (Paillard).

Hambraeus, Bengt (Estocolmo, 29 Jan. 1928/Glen Roy Apple-Hill [Montreal], 21 Set. 2000). Organista e musicólogo, pôs a sua vasta cultura musical ao serviço das pesquisas de composição, que o colocam na vanguarda dos compositores da sua geração. Foi o primeiro a tratar o órgão com os processos da música electroacústica, nomeadamente nas obras que realizou no estúdio de Colónia, em 1955, e no de Milão, em 1959.
✪ *Cantigas de Santa Maria* (3 vozes e cordas), *Crystal Sequence* para coro feminino, concerto de órgão e cravo, música de órgão (*Constellations I, II, III, IV*, «trabalhadas» em fita), *Rota* para três orquestras e fita magnética, etc., bem como trabalhos musicológicos sobre o órgão barroco e sobre a música do século XVI.

Hammerschmidt, Andreas (Brüx, Boémia, 1612/Zittau, 29 Out. 1675). Organista em Zittau, desde 1639 até à sua morte, foi um dos maiores mestres da música luterana do século XVII. A sua obra, que, em parte, se liga à tradição inaugurada por Schutz na Alemanha, exerceu influência apreciável na geração seguinte, nomeadamente em Bach.
✪ 5 volumes de *Musicalische Andachten* (157 peças espirituais, entre elas, 21 em estilo italiano com baixo contínuo, 105 no estilo polifónico com ou sem instrumentação *ad libitum*, 31 no estilo de Schutz com partes instrumentais obrigadas) – 17 missas luteranas (*Kyrye* e *Gloria*) – 34 *Dialoghi* «entre Deus e uma alma fervorosa» – 20 motetos latinos – *Fest-Bussund Dank-Lieder* (32 hinos para 5 vozes e 5 instrumentos, donde provêm muitas belas melodias de corais ainda hoje utilizados na igreja luterana) – *Liebesgesänge* profanos (com instrumentos) – uma colecção de peças para 5 violas (pavanas, galhardas, etc.)
Ø *Es danken dir...* (Recital Krebs).

Harsanyi, Tibor (Magyarkanizsa, 27 Jun. 1898/Paris, 19 Set. 1954). Aluno de Kodály (composição) e de Kovacs (piano), em Budapeste, começou uma brilhante carreira de pianista que em 1923 o levou a Paris, onde decidiu instalar-se. Foi assim que fez parte de um grupo de músicos estrangeiros seduzidos pela cultura francesa que é designado pelo nome da Escola de Paris. O seu estilo muito pessoal é marcado pelas influências de Bartók, de Debussy e do *jazz*.
✪ 2 óperas, 3 bailados, uma *Cantate de Nöel*, uma sinfonia, um concerto

de violino, numerosas obras para piano, entre as quais uma *Concertstück* e um concertino com orquestra.
Ø *Histoire du Petit Tailleur* para declamador e instrumentos (Dauphin, Harsanyi).

HARTMANN, **Johann Peter Emilius** (Copenhaga, 14 Mai. 1805/Copenhaga, 10 Mar. 1900). Filho e neto de organista, ele próprio o era; teve um filho também organista, Emil (1836-1898). Um dos chefes da escola romântica dinamarquesa, com Gade (que veio a ser seu genro), foi um dos fundadores da Musikforeningen, de que foi presidente entre 1839 e 1892.
✪ Óperas, bailados, numerosas obras corais (muitas vezes inspiradas em lendas dinamarquesas), sinfonias, peças para piano, melodias.

HASSE, **Johann Adolph** (Bergedorf, perto de Hamburgo, 25 Mar. 1699//Veneza, 16 Dez. 1783). Começou a sua carreira como tenor, primeiro em Hamburgo, sob a direcção de Keiser, depois em Brunswick, onde, em 1721, foi representada a sua primeira ópera, *Antioco*. Em 1722, foi estudar para Nápoles com Porpora e A. Scarlatti. Veio a ser um produto puro da escola napolitana e adquiriu rapidamente uma prestigiosa reputação, primeiro em Itália, onde é alcunhado «il Sassone» (embora não fosse saxão) e, depois, em toda a Europa. Em 1730, casa, em Veneza, com a célebre cantora Faustina Bordoni que se encontrava, então, no auge da beleza e da glória. No ano seguinte, foi nomeado *Kapellmeister* da corte de Dresden, e sua mulher *prima dona* da ópera. Viajaram pela Itália, foram a Londres, a Paris e a Viena. Durante o cerco de Dresden, em 1760, quase todos os manuscritos de Hasse foram destruídos e a vitória dos Prussianos obrigou o rei de Saxe a dispensar os seus músicos, por razões económicas. Os Hasse retiraram-se para Viena e, depois, para Veneza, onde Faustina faleceu dois anos antes de seu marido. Um notável génio melódico dera a este músico, injustamente esquecido hoje em dia, um êxito quase contínuo e uma celebridade excepcional.
✪ 60 óperas, 13 *intermezzi* – 12 oratórios, 10 missas, 3 *Requiem*, 22 motetos, salmos, litanias, etc. – obras instrumentais (concertos, trios, sonatas).
Ø *La Contadina* (Ephrikian), *Sonata de Flauta* (Rampal).

HASSLER, **Hans Leo** (Nuremberga, 25-26 Out. 1564/Francoforte, 8 Jun. 1612). Oriundo de uma família de organistas (seu pai e seus dois irmãos), foi aluno de seu pai antes de ter sido enviado para Veneza a fim de estudar com A. Gabrieli. Foi, sucessivamente, organista da Catedral de Augsburgo, da Frauenkirche de Nuremberga, das capelas privadas do imperador Rodolfo II, em Praga, e do Eleitor de Saxe, em Dresden.
✪ 100 motetos (*Cantiones Sacrae* e *Sacri Concentus*), 8 missas, 2 colecções de corais (52 composições em imitação no estilo do moteto sobre melodias célebres de corais – 70 harmonizações simples para uso no culto) – 1 colecção de *Canzonette,* 1 de *Madrigali,* 2 colecções de *Neue teüsche Gesänge* (donde Bach extraiu a melodia do célebre coral *O Haupt Voll Blut,* que aparece 5 vezes na *Paixão Segundo São Mateus*), peças de órgão (*ricercari, canzoni...*).
Ø *10 teüsche Gesänge* (Ardnt).

HAUER, Josef Mathias, (Wiener-Neustadt, 19 Mar. 1883/Viena, 22 Nov. 1959). Teórico. Em grande parte autodidacta, foi mestre-escola e, depois, professor de música nas escolas secundárias, tendo passado a maior parte da sua vida em Viena numa reclusão austera e, por vezes, em grande miséria. Só obteve o seu primeiro êxito como compositor aos 70 anos, com a cantata *Der Mensche Weg*. Tendo-se dedicado, a partir de 1908, à construção de um sistema atonal, foi o inventor do princípio da «série» ou *Grundgestalt*, explorado por Schönberg a partir de 1923. O seu interessante sistema baseia-se na classificação das inúmeras «séries» possíveis de 12 sons (12! = 479 001 600) em 44 *Tropen* ou famílias melódicas que desempenhariam na música dodecafónica o papel dos modos no cantochão. A sua obra, austera mas poucas vezes agressiva, contém páginas magníficas (cantatas e melodias sobre poemas de Hölderlin).

✪ 2 missas, 2 óperas, 2 cantatas (Hölderlin), 8 suites sinfónicas, mais de 30 *Zwölftonspiele* para orquestra, concertos (piano e violino), 6 quartetos de cordas, peças curtas para piano, 6 colecções de melodias com textos de Hölderlin, bem como numerosas obras teóricas. Por outro lado, conservam-se em Darmstadt numerosas *Zwölftonspiele* (para diversas formações) que ficaram manuscritas.

HAYDN, Joseph (Rohran, Baixa Áustria, 1 Abr. 1732/Viena, 31 Mai. 1809). Seu pai, Mathias Haydn (1699-1763) era carpinteiro de carros e filho de carpinteiro de carros. Por vezes, embora sem razões concretas, supôs-se que era de origem eslava. O patronímico é bem alemão e pode encontrar-se a partir do século XII. Sua mãe, Maria Koller (1707-1754), era cozinheira do conde Harrach. Tiveram doze filhos; Joseph foi o segundo e Michael o sexto. Joseph Haydn casou (1760) com Maria Ana Keller (1729-1800), filha de um cabeleireiro, pouco inteligente e irascível. A união foi infeliz: o lar desfez-se ao fim de poucos anos e não houve filhos. Bons, honestos, trabalhadores, Mathias e sua mulher gostavam de música e cantavam, sem que todavia tivessem a mínima cultura musical. O pequeno Joseph espantava-os com os seus dotes e a afinação da sua voz. Aos 6 anos, foi enviado para casa de um primo, J. M. Franck, mestre-escola em Hainburg, que lhe ensinou canto e os rudimentos de cravo e violino. Em 1740, G. Reutter, *Kapellmeister* da Catedral de Santo Estêvão, ouviu-o em Hainburg e levou-o para Viena como corista. Aí, ao mesmo tempo que continua os seus estudos gerais, aperfeiçoa-se na execução dos instrumentos. O coro canta em Schönbrunn, recém-construído, onde o jovem Haydn atrai a atenção da imperatriz devido às suas travessuras (balança-se andaimes que ainda não foram retirados). Um dia, a sua voz começa a mudar; é despedido (1748) ao primeiro pretexto. Sem recursos, instala-se numas águas-furtadas, graças à ajuda de um antigo colega de coro e dedica-se ao estudo solitário das leis da composição. Descobre C. P. E. Bach, cuja obra exerce uma influência decisiva na sua formação. Em 1751, compõe a sua primeira missa e um amigo encomenda-lhe a música para uma farsa de sua autoria, *Der Brumme Teufel* (espécie de opereta). Na mes-

HAYDN, Joseph

ma época, graças a Metastasio, que morava nos andares mais nobres da mesma casa, encontra o célebre Porpora que o contrata como acompanhador e, em contrapartida, lhe ensina o seu método de canto e da arte da composição. Em 1753, acompanha o seu patrão às termas de Mannersdorf: aí, encontra Wagenseil, Dittersdorf e Gluck que o aconselha a ir estudar para Itália. Haydn sonhará durante muito tempo com este projecto que não irá realizar: contentar-se-á com devorar o *Gradus ad Parnassum,* de Fux, e ouvir o ilustre Porpora. Em 1755, um rico mecenas, K. J. von Fürnberg, convida-o para a sua casa de campo em Weinzierl, onde se reuniam músicos. Compõe para esta assembleia a sua primeira sinfonia e os doze primeiros quartetos (*op. 1* e *2*), criando uma reputação entre os mélomanos vienenses que fará que, em 1759, seja nomeado *Musikdirektor* do conde Morzin, próximo de Pilzen (Boémia). Aí, encontra uma orquestra privativa para a qual escreve um bom número de peças instrumentais (entre as quais se conta uma meia dúzia de sinfonias). Em 1761 entra para o serviço dos príncipes Esterhazy, a quem ficará ligado quase toda a vida como *Kapellmeister,* primeiro em Eisenstadt e depois em Esterhaz, perto do lago Neusiedler. Nesta sumptuosa mansão, cujo luxo se comparava ao de Versalhes, as cabeças coroadas e grandes personagens eram recebidas da forma mais encantadora. Aí funcionavam dois teatros (entre eles, um de fantoches) com o concurso dos músicos da corte, de cantores italianos contratados ao ano e de virtuosos de passagem. Haydn compôs para Esterhaz quase todas as suas obras de teatro, a maior parte das suas sinfonias e da sua música de câmara. Separado de Viena e do mundo, via-se na obrigação, dizia, de se tornar original. Até à morte do príncipe Nicolaus, em 1790, não deixou Esterhaz, apesar da sua celebridade crescente, salvo durante algumas viagens a Viena: nomeadamente em 1769, quando toda a companhia do príncipe deu representações em Viena e Schönbrunn, e no Inverno de 1781-1782 quando encontrou, pela primeira vez, Mozart (início de uma afeição e de uma admiração mútua entre os dois músicos). O sucessor do príncipe Nicolaus dispensou os músicos. Haydn conservou as suas funções e o seu cargo mas como não tinha ocupação sentiu-se livre para aceitar um convite para ir a Londres, da parte do violinista Salomon. Foi, nessa altura, encarregado de compor uma série de novas sinfonias: foi a primeira série de 6 sinfonias «de Londres» (n.^{os} *93* a *98*). Londres concedeu uma recepção triunfal ao músico. Em 1794-1795, realizou uma segunda viagem, que se traduziu numa nova série de sinfonias «de Londres» (n.^{os} *99* a *104*) e novos triunfos. Quando regressou a Viena a sua fama era universal. Nesse mesmo ano, três das suas sinfonias londrinas foram apresentadas na Redoutensaal, durante um concerto em que Beethoven (que, dois anos antes, fora durante algum tempo seu aluno) interpretou o seu primeiro concerto de piano; três semanas mais tarde, os dois grandes músicos participaram, na mesma sala, num novo concerto das suas obras. Em Inglaterra, Haydn ficara profundamente impressionado com o *God Save the King*; assim, em 1797, decide compor um hino imperial com o mesmo espírito: foi o famoso *Gott erhalte unser Kaiser*, que, depois de 1922, se tornou o hino nacional alemão. Até ao final da sua vida, gostou desta bela melodia que introduziu, com variações, no *Quarteto op. 76 n.º 3*.

Entre 1798 e 1801, o velho mestre deu, no palácio Schwarzenberger, as primeiras audições de duas gandes obras de admirável juventude, vitalidade e serenidade: os oratórios *A Criação* e *As Estações*. Depois, cansado e doente, quase não compôs. Recebia numerosas visitas, entre elas a da viúva de Mozart, Constance, e de seu filho Wolfgang; este compôs uma cantata para o 73.º aniversário de Haydn. Em 1808, fez a sua última aparição em público numa audição de *A Criação*, dirigida por Salieri, que terminou em apoteose. A sua emoção foi tal que teve de deixar a sala após a primeira parte; então, Beethoven precipitou-se para lhe beijar as mãos. Pouco depois do bombardeamento de Viena faleceu, em plena ocupação francesa, na noite de 30 para 31 de Maio de 1809. Durante a imponente cerimónia fúnebre, a 15 de Junho, tocou-se o *Requiem*, de Mozart; estiveram presentes os mais altos funcionários franceses. Os seus restos mortais foram exumados em 1820 e sepultados em Eisenstadt, a pedido do príncipe Esterhazy. Haydn tivera a carreira mais nobre, mais simples e mais agradável que se possa imaginar; recebera, com uma tranquila bonomia, testemunhos de admiração como poucos artistas receberam. A nobreza do seu carácter só era igualada pela sua fealdade física (um pólipo no nariz, herdado da mãe, marcas de varíola numa pele castanha-escura, uma grande cabeça sobre um corpo pequeno e umas pernas exageradamente curtas).

Mas um olhar benevolente reflectia a sua extrema bondade, a sua modéstia, a sua compreensão para com os outros, com um pouco de malícia infantil. As maiores virtudes morais não deram origem nele a qualquer rigidez: o sentido de humor e a verdadeira indulgência preservaram-nas do farisaísmo. A imensa obra deste vienense puro reflecte a imagem da sua personalidade. A perfeição cuidadosa do seu estilo, a originalidade e espontaneidade da sua inesgotável imaginação melódica chegam para converter Haydn num músico de primeira grandeza, muitas vezes subestimado. Se não foi o «inventor» da sinfonia e da sonata clássicas (Vivaldi, Sammartini, Jonelli, Stamitz, C. P. E. Bach), teve, pelo menos, o mérito de lhe atribuir um esquema quase perfeito, ao mesmo tempo que impôs, de forma brilhante, a formação privilegiada do quarteto de cordas (para a qual compôs algumas das suas obras-primas mais puras) e engrandeceu magistralmente a sinfonia, anunciando Beethoven.

✪ TEATRO: 1 opereta alemã, 17 óperas italianas, óperas para fantoches, música de cena – IGREJA: 14 missas (solistas, coros e orquestra), 2 GRANDES *Te Deum* e um *Stabat Mater* (solistas, coros e orquestra), ofertórios, cânticos, etc. – ORATÓRIOS: *Il Ritorno di Tobia* (1775), *Die Schöpfung* («A criação») (1798), *Die Jahreszeiten* («As Estações») (1801) – OUTRAS OBRAS VOCAIS: coros e cantatas de circunstância, cantatas e árias italianas a uma voz, 47 *lieder* alemães, 14 árias inglesas, duetos, trios e quartetos vocais, cerca de 50 cânones (2 a 8 vozes), arranjos de 450 canções do folclore britânico – MÚSICA SINFÓNICA: 104 sinfonias (das quais as mais belas são as 12 últimas, chamadas «de Londres»), 16 aberturas. *Die Sieben Worte des Erlösers am Kreuze* (espécie de grande oratório sinfónico, formado por 7 «sonatas», uma introdução e uma conclusão; Haydn fez dele dois arranjos, um para coros e orquestra e o outro para quartetos de cordas), 35 danças alemãs, numerosos concertos (15 para teclado, 8 para violino, 5 para violoncelo, 1 para contrabaixo, 2 para trompa, 1 para trombeta, 2 para oboé, 5 para duas *lire da braccio*) – MÚSICA DE CÂMARA E INSTRUMENTOS SOLISTAS: *divertimenti*, cassações, trios, etc.; 84 quartetos de cordas (incluindo os 7 do op. *51*, retirados de *Die Sieben Worte*), 31 trios com piano, 60 sonatas para piano.

Ø *A Criação* (Münchinger), *As Estações* (Karajan), as seis últimas *Missas* (Guest), *Sinfonias n.º 82, 83, 92, 101, 104* (Marriner), *Concertos de Cravo* (Veyron-Lacroix), *Quartetos op. 17 e 76* (Tatraï), *op. 54* (Juilliard), *op. 71 e 74* (Aroliau quartel), *op. 77* (Amadeus), *As Últimas Palavras do Salvador* (Via Nova), *Sonatas de piano* (Mercier).

Haydn, Michael (Rohrau, 14 Set. 1737/Salzburgo, 10 Ago. 1806). Irmão do precedente. Substituiu o seu irmão mais velho no coro da Catedral de Santo Estêvão, em Viena, quando Joseph foi dispensado; também tocava órgão e violino. Autodidacta, estudou, como seu irmão, o *Gradus ad Parnassum*, de Fuchs. Em 1762, é nomeado *Musikdirektor* do príncipe-arcebispo de Salzburgo e, ao mesmo tempo, organista de St. Peter. Ao serviço do príncipe-arcebispo, foi colega dos Mozart, pai e filho, e casou com a cantora M. M. Lipp, que participou nas representações das primeiras óperas do jovem Wolfgang. Foi sepultado na Igreja de St. Peter. Na adega do antigo mosteiro de St. Peter, ainda muito frequentada nos nossos dias, encontra-se uma *Haydn-Stubchen* que era o seu quartel-general.

✪ Óperas, música religiosa (28 missas, *2 Requiem*, 114 graduais, vésperas, ofertórios, litanias), numerosos oratórios e cantatas, 30 sinfonias e *partitas*.

Ø *Requiem* (Hinreiner).

Heller, Istvàn – ou **Stéphane** (Budapeste, 15 Mai. 1814/Paris, 14 Jan. 1888). Pianista, aluno de Czerny, em Viena. Fez a sua primeira grande digressão em 1828, mas a vida fatigante de virtuoso internacional afecta a sua saúde e desagrada-lhe. Schumann incentiva-o na carreira de compositor e arranja-lhe um editor. Em 1838, instala-se em Paris, onde se torna amigo de Liszt, Berlioz e Chopin (Fétis, não sem exagero, prefere-o a este). O seu estilo pianístico original e, por vezes, espantosamente «moderno» exerceu alguma influência nos músicos franceses, sobretudo em Fauré.

✪ Cerca de 300 peças para piano (157 números de opus), entre as quais 80 prelúdios, mais de 100 estudos, 4 sonatas, 3 sonatinas, valsas, mazurcas, nocturnos, peças descritivas, transcrições.

Henry, Pierre (Paris, 9 Dez. 1927). Aluno de Messiaen e Nadia Boulanger, entra em 1949 para o estúdio de pesquisa da RTF onde cria, nesse mesmo ano, com Pierre Schaeffer, um novo meio de expressão sonora: a música concreta. Músico excelente que cortou com as técnicas tradicionais, consagrou toda a sua actividade de compositor à nova arte das músicas electroacústicas, realizando a síntese das linguagens musicais do nosso tempo e das aquisições das músicas concretas e electrónicas. A partir de 1960, trabalha no seu próprio estúdio.

○ *Symphonie pour un Homme Seul* (com Schaeffer) (1950), *Le Voyage* (1962), *Variations Pour une Porte et un Soupir* (1963); *La Reine Verte* (espectáculo de Béjart, 1963); *Messe Pour le Temps Présent* (1967); *Apocalypse de Jean* (1968); numerosas músicas de cena e de filmes.
Ø *Le Voyage, Variations Pour Une Porte et Un Soupir, Apocalypse.*

HENZE, Hans Werner (Guterloh, Vestefália, 1 Jul. 1926/). Aluno de Fortner e de Leibowitz, ligou-se ao dodecafonismo serial, mas livre e temporariamente, sem alienar uma forte personalidade que faz dele o mais interessante músico alemão da geração do pós-guerra. Vive em Itália desde 1953.
○ 6 óperas, bailados, *Apollo und Hyazinth* (para contralto, cravo e oito instrumentos), coros, 6 sinfonias, a admirável *Antígona* para orquestra, concertos (piano, violino, etc.), sonatas (flauta, violino, piano), variações para piano.
Ø *Élegie Pour de Jeunes Amants* (Henze), *Sinfonias* (Henze), *Cantatas* (Henze).

HILLER, Johann Adam (Wendisch--Ossig, Silésia, 25 Dez. 1778/Leipzig, 16 Jun. 1804). Director de orquestra e pedagogo. Fez parte dos seus estudos em Leipzig, onde se instalou definitivamente; aí, dá audições das obras de Haendel e Hasse, os seus autores favoritos, e termina os seus dias como *Kantor* de São Thomas. É o principal criador do *Singspiel*, espécie de ópera-cómica alemã baseada no *lied* popular (*lied* cuja forma e substância aumentou).
○ 15 *Singspiele,* música de igreja, cantatas, *lieder*, algumas obras instrumentais.

HINDEMITH, Paul (Hanau, Hesse, 16 Nov. 1895/Francoforte, 28 Dez. 1963). Violetista. A oposição suscitada pela sua vocação musical dá-lhe a coragem para abandonar, aos 11 anos, a casa da família. Estuda sob a direcção de A. Mendelssohn e de B. Sekles no Conservatório de Francoforte e, aos 20 anos, é nomeado violino solista da ópera de Francoforte. Em 1923, funda o quarteto Hindemith, onde toca violeta. Realiza, então, várias digressões, quer com o quarteto, quer como solista (torna-se um notável virtuoso da violeta e, em 1929, dá a primeira audição do *Concerto*, de Walton). Ao mesmo tempo, começa a adquirir reputação como compositor, graças à SIMC e ao festival de Donauenschingen. Em 1927, é nomeado professor da Hochschule für Musik de Berlim. Mas a partir da eclosão do nazismo é considerado *persona non grata*. Não só mantém relações com músicos de todas as tendências (incluindo alguns judeus), como «perverteu da forma mais vil a música alemã» e o seu êxito «não tem qualquer valor para o nosso movimento» (*Die Musik,* Janeiro de

1935). O próprio Goebbels interveio para denegrir a ópera *Neues von Tage*, em que o músico «ousa profanar o palco com as mais abomináveis dissonâncias, provas de impotência musical». Hindemith perdeu o seu lugar em Berlim e a sua música deixou de ser tocada na Alemanha. Fez numerosas digressões pelo estrangeiro, nomeadamente na Turquia, onde foi encarregado de organizar a vida musical do país, e em 1939 instalou-se definitivamente nos Estados Unidos, onde foi chefe do departamento musical da Universidade de Yale, entre 1942 e 1945. Regressou à Europa depois da guerra, mas recusou o lugar de director da Hochschule de Berlim e foi nomeado, pouco depois, chefe do departamento musical da Universidade de Zurique.

A sua música é a de um homem sério, voluntarioso, que possui uma grande técnica mas, ao mesmo tempo, muito ecléctico e de temperamento alegre. As suas primeiras obras, essencialmente contrapontísticas, têm origem num neoclassicismo austero que exclui toda a sensualidade (por exemplo, *Kammermusik n.º 2*). A partir de 1930, o estilo da maturidade plena caracteriza-se por uma maior amplidão e convicção quente, e pela exploração de um novo sistema pessoal baseado (uma vez mais!) na série dos primeiros harmónicos naturais. Os princípios fundamentais deste sistema, que estabelece uma hierarquia muito artificial dos intervalos, estão expostos na obra *Unterweisung im Tonsatz*. A análise de Hindemith, muito incompleta do ponto de vista científico e filosófico, é uma reedição da inocência de Rousseau para quem a Natureza (muito sumariamente observada, na verdade) contém as únicas justificações de um sistema estético coerente.

✪ (Obra considerável): 8 óperas (entre elas, *Mathis der Maler* e *Harmonie der Welt*), 3 bailados (entre os quais figura *Nobilissima visione*), grandes obras corais (entre elas, *Apparebit repentita dies*), coros *a cappella*, numerosos *lieder* (com piano ou conjunto instrumental), 3 sinfonias (mais as sinfonias extraídas das duas óperas referidas), *Metamorfoses Sinfónicas de Temas de Weber*, numerosos concertos (violino, violeta, violoncelo, piano, clarinete, trompa, trombeta, órgão), *6 Kammermusike* (concertos de câmara: *n.º 1*, para cordas; *n.º 2*, para piano; *n.º 3*, para violoncelo; *n.º 4*, para violino; *n.º 5*, para violeta; *n.º 6*, para *viola d'amore*); *Os Quatro Temperamentos* (tema e variações para quarteto com piano), 7 quartetos de cordas, 4 sonatas para diversos instrumentos de sopro, *Ludus tonalis* para piano (com fins didácticos), *Gebrauchmusik* (música funcional), obras para orquestras de amadores.

Ø *Apparebit repentita dies* e *Missa* (Gottwald), *Mathis* (extractos) (Ludwig), *Trauer-Musik* (Binder, Kegel), *Sinfonia e Metamorfoses* (Bernstein), *Concerto de Violino* (Gitlis), *Quatro Temperamentos* (Hindemith).

HOFFMANN, Ernst Theodor Amadeus (Königsberg, 24 Jan. 1776//Berlim, 25 Jun. 1822). Magistrado, crítico musical, director de orquestra, literato ilustre... Antes de escrever os seus célebres *Contos Fantásticos* fora director musical do Teatro de Bamberg e director de orquestra em Leipzig. Escreveu artigos notáveis sobre a música de Beethoven, seu contemporâneo.

○ Óperas, música religiosa, coros *a cappella*, 1 sinfonia, 4 sonatas de piano, música de câmara, melodias, numerosos artigos sobre música.

HOFHAIMER, Paul (Radstadt, 25 Jan. 1459/Salzburgo, 1537?). Organista na corte de Innsbruck, depois na do Imperador Maximiliano I e, por último, na Catedral de Salzburgo. Amigo de Senfl, que terminou e publicou a sua obra.
○ Numerosas obras de órgão (de que só nos chegou uma pequena parte), *lieder* polifónicos e uma colecção de *Harmoniae Poeticae* sobre odes de Horácio (44 peças das quais 9 de Senfl).
Ø 2 *Peças de órgão* (Récital Froidebise).

HOLBORNE, Anthony (cerca de 1550//Londres, 1602). Tocador de sistro. Na sua colectânea de peças para sistro (*The Cittharn Schoole...*) encontram-se 6 *canzonets* a 3 vozes do seu irmão William.
○ *The Cittharn Schoole...* (57 peças, prelúdios, pavanas, galhardas, etc., entre as quais se contam 25 com acompanhamento de violas) (1597), uma colectânea de pavanas e galhardas a 5 partes instrumentais (1599).
Ø *Extractos da colectânea de 1599* (Th. Dart.).

HOLST, Gustav (Cheltenham, 21 Set. 1874/Londres, 25 Maio 1934). Aluno de Stanford no Royal College of Music, onde veio a ser professor em 1919; amigo de Vaughan Williams. Foi primeiro trombone na orquestra da Ópera de Carl Rosa e na Scottish Opera e, depois, organista da Royal Opera de Londres. Original, dotado de uma forte personalidade e de um espírito curioso, interessou-se muito pelas civilizações orientais e pela literatura védica. Admirável orquestrador, diz-se que aos 13 anos já lera o tratado de instrumentação de Berlioz.
○ 7 óperas (entre elas *At Boar's Head*), grandes obras corais (como o oratório *The Hymn of Jesus* e a sinfonia com coros), a suite sinfónica *The Planets*, um concerto para 2 violinos, peças para piano, melodias.

HONEGGER, Arthur (Le Havre, 10 Mar. 1892/Paris, 27 Nov. 1955). O seu pai, importador de Zurique estabelecido no Havre, e a mãe, excelente pianista amadora, acarinharam a vocação musical do filho. Foi enviado para Zurique a fim de começar os estudos musicais, que terminou em Paris sob a direcção de Capet (violino), de Gédalge (contraponto e fuga), de Widor (composição) e de Vincent d'Indy (direcção de orquestra). Nas aulas de Gédalge, no Conservatório, tornou-se amigo de Milhaud e de Andrée Vaurabourg, que viria a ser sua mulher. A sua primeira obra importante, *Le Dit de Jeux du Monde*, música para um divertimento de P. de Méral, foi representada em 1918, no Vieux-Colombier. Esse teatro era, então, a sede (desde Janeiro de 1918) dos concertos dados por um grupo de amigos que se intitulavam «Les Nouveaux Jeunes», antes de o crítico H. Collet os ter baptizado de Grupo dos Seis: Honegger, Milhaud, Poulenc, Auric, Durey e Germaine Tailleferre. Estes músicos, de que Cocteau se tornou porta-voz em brilhantes aforismos, eram tão diferentes quanto possível, tanto em carácter como em talento. Honegger, em especial, manteve-se alheio aos princípios estéticos que deveriam assegurar a coesão do Grupo dos Seis e inspirar a sua propaganda. Ele próprio afirmava que preferia sempre a música de câmara e a sinfonia à música de circo e ao *music hall*, cujas virtudes desmitificadoras eram exaltadas por Cocteau. Honegger manifesta já a sua perfeita independência, em relação aos seus amigos, em *Le Roi David*, criado, em 1921, no Théâtre du Jorat, em Mézières (Suíça), espantosa antecipação da sua obra futura. Esta obra e *Pacific 231* dão rapidamente a volta ao mundo. Honegger é convidado para todo o lado, multiplicam-se os festivais das suas obras e antes de atingir os 35 anos já é universalmente célebre. A sua vida foi a de um honesto artesão de que emanava uma impressão de saúde moral e também (pelo menos até à crise cardíaca de 1947, de que nunca se recomporia) de saúde física. A sua obra não tem origem em qualquer sistema, em qualquer ideia preconcebida em matéria de estilo. O culto de Bach inspira-lhe o gosto por fortes arquitecturas sonoras, baseadas nas grandes formas clássicas. Uma escrita polifónica complexa em que chocam tonalidades diferentes (sem que a politonalidade seja alguma vez procurada por si mesma) parece o mais natural modo de expressão do seu lirismo grave e vigoroso, por vezes tingido de misticismo.

✪ GRANDES OBRAS DRAMÁTICAS: *Antigone* (Bruxelas, 1927), *Judith* (Montecarlo, 1926), *Nicolas de Flue* (Neuchâtel, 1941), *Amphion* (Paris, 1931) – OPERETAS: *Les Aventures du Roi Pausole, Les Petits Cardinal, La Belle de Meudon* – 14 bailados, numerosas músicas de cena e de filmes (cerca de 40 filmes, entre os quais *La Roue e Napoléon,* de Abel Gance) – ORATÓRIOS: *Le Roi David* (1921), *Les Cris du Monde* (1931), *La Danse des Morts* (1938), *Jeanne au Bûcher* (1935), sendo as duas últimas sobre poemas de Claudel – CANTATAS: *Cantique de Pâques, Cantique des Cantiques, Chant de Libération, Cantate de Nöel* (a sua última grande obra) – numerosas melodias e as admiráveis *Pâques à New York* para voz e quarteto de cordas – 3 «andamentos sinfónicos» (entre eles, *Pacific 231* e *Rugby*), 5 sinfonias (n.º 2 para cordas, n.º 3 «litúrgica», n.º 4 «Delidiae Brasiliensis», n.ºs 5 «Ditre Re»), *concertino* para piano, concerto de violoncelo, concerto *da camera* para flauta, corne inglês e cordas – MÚSICA DE CÂMARA: 3 quartetos de cordas, 2 sonatas de violino e piano, peças para piano.

Ø *Nicolas de Flue* (Tzipine), *Le Roi David* (Dutoit), *Jeanne au Bûcher* (Ormandy), *Cantate de Nöel* (Martinon), os *3 Concertos* (Tzipine), *Sinfonias n.º 2 e 3* (Bando), Sinfonia *n.º 5* e *Pacific 231* (Bando).

HOPKINS, Antony (Londres, 21 Mar. 1921). Pianista. Aluno de G. Jacob. Foi professor no Morley College, onde M. Tippett, seu colega, exerceu profunda influência sobre a formação do seu estilo.
✪ 6 óperas de câmara, bailados, numerosas músicas de cena (nomeadamente para o Old Vic), para filmes e rádio, cantatas, melodias, 3 sonatas para piano.

HOTTETERRE, Jacques, chamado «le Romain» (cerca 1684/Paris, 16 Jul. 1762). Flautista. Filho de Martin Hotteterre, tocador de gaita de foles da corte; primo de Louis (flautista) e Nicolas (oboísta), músicos célebres da orquestra de Lully. Ao regressar de uma estada prolongada em Roma, foi nomeado flautista, oboísta e violoncelista da *Grande Écurie*. Aperfeiçoou consideravelmente a técnica da flauta travessa, favorecendo a sua adopção definitiva.

✪ 2 livros de peças para flauta, sonatas e suites para 2 flautas e baixo contínuo, peças para gaita de foles e vários tratados (flauta, oboé, gaita de foles).

HÜLLMANDEL, Nicolas Joseph (Estrasburgo, 23 Mai. 1756/Londres, 19 Dez. 1823). Pianista. Recebeu a sua primeira educação musical como menino de coro da catedral, sob a direcção de F. X. Richter e pensa-se que depois se tornou aluno de C. P. E. Bach, em Hamburgo. Cerca de 1776, estabeleceu-se em Paris, onde gozou de boa reputação como professor de piano e cravo (em 1778, quando da sua viagem a Paris, o jovem Mozart apreciou vivamente as sonatas de Hüllmandel). Mas quando rebentou a revolução, decidiu emigrar; escolheu fixar-se em Londres (onde já tocara em público, aos 15 anos).

✪ 26 sonatas de cravo ou piano (com e sem acompanhamento de violino), 2 colectâneas de suites e 2 colecções de árias para cravo ou piano, 2 colecções pedagógicas.

HUMFREY, Pelham (?1647/Windsor, 14 Jul. 1674). Fez a sua aprendizagem musical como menino da capela real sob a direcção de Cooke, a quem sucedeu em 1672 (o jovem Purcell contava-se, na altura, entre as crianças que lhe estavam confiadas). Teve uma importante contribuição na difusão em Inglaterra dos novos estilos francês e italiano que fora aprender ao continente.

✪ Cerca de 20 grandes *anthems* para coros e instrumentos.

HUMMEL, Johan Nepomuka (Poszony ou Presburgo – 14 Nov. 1778//Weimar, 17 Out. 1837). Pianista e director de orquestra. Foi aluno de seu pai e, depois, de Mozart que, impressionado pelos dotes prodigiosos da criança, pediu que lhe fosse confiada (Hummel ficou, assim, a residir durante dois anos na casa de Mozart, em Viena) e, por fim, de Albrechtberger e Salieri. Aos 9 anos, apareceu em público pela primeira vez num concerto dado por Mozart. Mais tarde, realizou uma digressão pela Boémia, Alemanha, Dinamarca, Escócia, Inglaterra, Holanda, como menino-prodígio. Em 1804, foi nomeado *Kapellmeister* do príncipe Esterhazy, em Eisenstadt; depois ocupou cargos análogos em Estugarda e Weimar (onde se tornou amigo de Goethe). Teve relações muito pouco amistosas com Beethoven, seu condiscípulo junto de Albrechtberger. Contam-se entre os seus alunos Czerny, Hiller e Thalberg.

✪ 3 missas, 5 óperas, 6 bailados, diversas obras instrumentais e vocais, inúmeras obras para piano (entre eles, 5 concertos e 24 estudos) e uma obra pedagógica *Klavierschule: Anweisung zum Pianofortespiel...* (1828).
Ø *Concerto de Piano op. 89* (Galling).

HUMPERDINCK, Engelbert (Siegburg--am-Rhein, 1 Set. 1854/Neustrelitz, 27 Set. 1921). Aluno de Hiller, Lachner e Rheiberg. Wagner, que encontrou durante uma viagem a Nápoles, em 1879, convida-o a ir a Bayreuth, onde

colabora na preparação de *Parsifal* (1880-1881). Ensinou, sucessivamente, nos Conservatórios de Barcelona, Colónia e Berlim. O seu êxito baseia-se inteiramente na ópera *Hansel und Gretel* (criada em Weimar, a 23 de Dezembro de 1893) onde são utilizadas brilhantemente canções populares da Vestefália.
○ 7 óperas, música de cena para peças de Shakespeare, baladas para canto e orquestra.
Ø Extracto de *Hansel und Gretel* (diversas antologias)

IBERT, Jacques (Paris, 15 Ago. 1890/ /Paris, 5 Fev. 1962). Aluno de Gédalge e Vidal, ganhou o Primeiro Prémio de Roma e compôs, em Itália, as três *Escales* (Palermo, 1922) que o tornaram de imediato conhecido. Foi director da Académie de France, em Roma (*Villa* Médicis), entre 1937 e 1940 e de 1946 a 1960. Foi durante um ano (1955-1956) director da ópera e em 1956 foi eleito para o Instituto, onde sucedeu a Guy Ropartz.
○ 7 obras líricas (entre elas, a bela ópera-bufa *Angélique*), 7 bailados (incluem *Diane de Poiters*, *Les Amours de Jupiter*, *Le Chevalier Errant*), música de cena, música para cerca de 40 filmes (do *Don Quixote*, de Pabst, ao *Macbeth*, de Welles), *Chant de Folie* para solistas, coros e orquestras, suite *Élisabéthaine* para orquestra com coro feminino, *Escales* (3 peças sinfónicas), *Hommage à Mozart* para orquestra, 1 sinfonia (incompleta), concertos (violoncelo, saxofone, flauta, oboé), um quarteto de cordas muito belo, peças para piano (entre elas as célebres *Histoires*).
Ø *Escales* (Munch), *Histoires* (Doyen), *Quarteto* (Parrenin).

INDIA, Sigismondo d' (Palermo, cerca de 1582/Modena, 1629). De uma família nobre de Palermo, passou provavelmente a sua infância em Nápoles, mas ignoramos quem foram os seus mestres. Desempenhou vários cargos musicais: junto do duque de Sabóia (em Turim), do duque de Este (em Modena) e do cardeal de Sabóia (em Roma).
○ (Perdeu-se uma grande parte da obra): pastorais em música, uma missa, 8 livros de *Madrigali a 5 voci*, 2 de *Villanelle a 2 e 5 voci*, 1 de *Musiche e Balli* (4 vozes e baixo contínuo), 2 de *Sacri concerti a 2-6 voci* (com baixo contínuo, contendo as suas composições mais notáveis).
Ø *Com'è soave cosa* (disco «Árias e Cantatas»).

INDY, Vincent d' (Paris, 27 Mar. 1851/ /Paris, 2 Dez. 1931). Director de orquestra e pedagogo. Primeiro, aluno de Marmontel e de Diemer (piano) e, depois, de Lavignac (harmonia). Teve de interromper os seus estudos aquando da guerra de 1870, para participar, integrado na Garde Nationale, na defesa de Paris. Logo que passou à disponibilidade, completa a sua formação musical junto de Franck, no Conservatório, frequenta os meios de vanguarda (Franck, Massenet, Saint- -Saëns, Bizet) e contribui para a formação da Société Nationale de Musique. Em 1874, é contratado como timbaleiro dos novos Concerts Colonne (onde será, mais tarde, director de orquestra). Nesse mesmo ano, Pasdeloup dirige uma peça sinfónica composta por ele, que constituirá, mais tarde, o segundo quadro da trilogia *Wallenstein*. Em 1875, entusiasma- -se com *Carmen* e, no ano seguinte, assiste à primeira representação da tetralogia wagneriana no novo teatro de Bayreuth: sofreu uma profunda impressão que irá orientar a sua vocação para a procura de um equivalente francês do drama wagneriano. Quando da morte de Franck, em 1890, toma a direcção dos destinos da Société Nationale e, quatro anos mais tarde, funda, com Bordes e Guilmant, a Schola Cantorum, de que vem a ser professor de composição e director. A célebre escola é, em breve, um templo do franckismo e d'Indy, fiel até à morte ao culto cego do seu mestre, prega um pouco por todo o lado a nova religião musical cujos deuses são Bach, Beethoven, Wagner... e Franck. A escola que se forma, então, em torno de Vincent d'Indy irá opor-se sistematicamente ao «debussismo», exaltando a ordem e o rigor, por oposição à sensualidade e à liberdade: tomada de posição tanto mais lamentável quanto o chefe da escola tinha admiração e amizade pessoais por Debussy. Alguns dos seus discípulos desrespeitaram bastante a sua memória, opondo-o a Ravel e Debussy numa querela que ele não previra. A sua carreira de director de orquestra (digressões pela Europa, Rússia e Estados Unidos) valeu-lhe, em 1912, ser nomeado professor de direcção de orquestra no Conservatório, cargo que acumulou com os da Schola Cantorum. Entre os seus alunos mais célebres contam-se Séverac, Roussel, Satie, Le Flem, Honegger, Auric.

Católico intolerante e patriota chauvinista, mais conhecido pela sua rectidão e a sua dedicação, d'Indy impunha respeito devido à sua nobreza de carácter. Poder-se-ia dividir a sua obra em três períodos, dos quais os dois últimos se originam na estética franckista: a primeira (1870-1875) é germânica, sob a influência de Mendelssohn, Schumann e, sobretudo, de Wagner: as principais testemunhas dela são *Le Chant de la Cloche* e *Wallenstein* – a segunda (1885-1918), nacionalista e cristã, é inspirada pelo seu amor pelas Cévennes [cordilheira em França] e, talvez, pela influência pessoal de Duparc: *Symphonie Cévenole, Jour d'Été à la Montagne,* bem como as óperas (ou «acções musicais») *Fervaal* e *L'Étranger,* que são provavelmente as suas obras-primas – a terceira (1918-1931) tende para a simplificação, a economia de meios, o classicismo: *Diptyque Méditerranéen, Quinteto em Sol Menor, 3.º Quarteto.* Fugindo a esta classificação, a *Légende de Saint Christophe,* «drama sagrado», obra gigantesca onde se misturam o melhor e o pior, encerra uma profissão de fé política e religiosa não isenta de megalomania.

✪ 3 dramas musicais sobre libretos do compositor (já citados), 2 óperas cómicas – motetos para coros *a cappella*, grandes obras corais (entre elas, *Le Chant des Cloches*) – poemas sinfónicos, *Wallenstein* (triologia sinfónica), *Jour d'Été à la Montagne,* 3 sinfonias, *Diptyque Méditerranéen,* para orquestra – *Symphonie Sur un Chant Montagnard Français* (ou *Cévennole*) para piano e orquestra – 3 quartetos de cordas, 1 quinteto, 1 sexteto, 1 sonata para violino e piano, 1 sonata para violoncelo e piano, peças para piano (entre as quais a série de *Tableaux de Voyage* e uma sonata), melodias, arranjos de canções populares.

Ø *Symphonie Cévenole* (Henriot, Munch).

INGEGNERI, **Marc'Antonio** (Verona, cerca de 1545/Cremona, 1 Jul. 1592). Aluno, em Verona, de V. Ruffo e, em Parma, de C. De Rore (que, como A. Gabriele, fora aluno de Willaert). Foi mestre de coros na catedral de Cremona, onde Monteverdi foi seu aluno. A sua obra, ao mesmo tempo refinada e calorosa, liga-se, em parte, à escola romana (Palestrina) e à escola veneziana (C. de Rore, Gabrieli).

✪ 27 *Responsoria* para a Semana Santa (as suas obras-primas), 2 livros de missas, 4 livros de motetos (*Sacrae Cantiones*), 1 livro de hinos e 8 livros de madrigais (de que se perdeu um).

Ø 8 *Responsoria* (Chanteurs de St. Eustache).

INGHELBRECHT, **Désiré-Émile** (Paris, 17 Set. 1880/Paris, 14 Fev. 1965). Director de orquestra. Foi director musical do Théâtre des Champs Elysées, desde a sua formação (1913), e criou a Orquestra Nacional (1934). Debussy confiou-lhe a direcção dos coros quando da criação do *Martyre de Saint Sébastien*.

✪ Um *Requiem,* bailados (*El Greco, Le Diable dans le Beffroi*), obras sinfónicas, *Nursery* para piano a quatro mãos (orquestrada depois).

INSANGUINE, **Giacomo,** dito «Monopoli» (Monopoli, Bari, 22 Mar. 1728//Nápoles, 1 Fev. 1795). Aluno de Contumacci no Conservatório de S. Onofrio de Nápoles, onde foi, por sua vez, professor. Foi organista e *maestro di cappella* em S. Genaro. Injustamente esquecido hoje em dia, foi um dos mais típicos representantes da ópera-bufa napolitana.

✪ Missas, salmos, motetos e 20 óperas (11 *buffe* e 9 *serie*).

IRELAND, **John** (Bowdon, Cheshire, 13 Ago. 1879/Washington, 12 Jun. 1962). Filho de A. Ireland, foi aluno de Stanford no Royal College of Music onde, mais tarde, veio a ser professor de numerosos músicos ingleses, entre eles, Britten, Brahms; depois, Debussy, Ravel e Stravinski exerceram uma profunda influência na formação do seu estilo.

✪ Música de igreja, obras corais, *These Things Shall Be* (tenor, coros e orquestra). Peças sinfónicas (*Main--Dun, London overture, Concertino Pastorale* para cordas, a abertura *Satyricon...*), concerto e *Legend* para piano e orquestra, numerosas composições para piano (entre as quais uma bela sonata) – música de câmara, numerosas melodias.

ISAAC, **Henricus** – chamado «Arrigo Tedesco» (Brabante ou Flandres, cerca de 1450/Florença, 26 Mar. 1517). Entre 1475 e 1496, reside em Florença, onde sucede a Squarcialupi como organista na corte de Lourenço, *o Magnífico*, ao mesmo tempo que assume as funções de chantre e organista em diversas igrejas. De 1496 a 1513, é compositor na corte de Maximiliano, que se estabeleceu em Viena em 1496.

Viaja muito, seguindo as deslocações da corte (Augsburgo, Innsbruck, Constança) ou por sua própria conta (Florença ou Ferrara, onde encontra Josquin na corte de Ercole de Este). Em Innsbruck, compõe a famosa canção *Innsbruck, ich muss dich lassen*, cuja melodia será, 60 anos mais tarde, a do coral *O Welt, ich muss dich lassen* (na verdade, Isaac só deve ter feito o arranjo polifónico desta melodia, de origem nitidamente popular). Em

Constança, será professor de Seufl e visita de Maquiavel. Passa os últimos anos da sua vida em Florença, como agente de Maximiliano.

A sua obra mais importante é a colecção de *Choralis Constantinus*, composta a pedido do capítulo da Catedral de Constança, colectânea incompleta que foi terminada (cerca de 1531) pelo seu discípulo Seufl e publicada em 1550-1555. Infelizmente perdeu-se uma parte da sua obra, nomeadamente os *canti carnascialeschi* e as *canzoni*. Estas obras seriam testemunhos precisos da tradição monódica que se perpetuou na Itália do século XV, no seio de um mundo musical essencialmente polifónico.

✪ Uma «representação sagrada» *SS. Giovani e Paolo* (1488) − 30 a 40 missas, 50 motetos e *Choralis Constantinus* constituído em 58 missas breves (Intróito, gradual, sequência, comunhão) a 4 vozes, sobre temas litúrgicos tradicionais − cerca de 60 canções polifónicas (alemãs, italianas, francesas, flamengas), *Canti carnascialeschi* (cantos de carnaval) sobre textos de Lourenço, *o Magnífico* (perdidos), 58 peças instrumentais a 3, 4, 5 vozes, 29 peças de *Hausmusik* a 2, 3 e 4 vozes.

Ø Missa *In Dominica Laetare* (C. d'Aix-la-Chapelle), missa *O Praeclara* (Ruhland).

Ives, **Charles** (Danbury, Connecticut, 20 Out. 1874/Nova Iorque, 19 Mai. 1954). Após estudos sérios na Yale University, onde foi sobretudo um autodidacta na música, ocupou vários cargos de organista. Apesar de ter uma profissão que fazia com que os seus colegas músicos o considerassem um amador (a partir de 1916, foi director da Companhia de Seguros Ives and Myrick) foi, desde 1895, um músico de vanguarda, um extraordinário pioneiro, voluntariamente isolado do mundo musical: compôs música politonal antes de toda a gente e utilizou, antes de Stravinski, encadeamentos harmónicos que prenunciam *A Sagração da Primavera*.

✪ Obras corais, 4 sinfonias, 1 quarteto, 5 sonatas para piano e violino, 2 sonatas para piano (entre as quais *Concord Sonata*), mais de 100 melodias.

Ø *Sinfonias 2, 3* (Bernstein).

Jacopo da Bologna (Bolonha, cerca de 1300/?). Músico da corte de Luchino Visconti, em Milão, e, depois, de Mastino II della Scala, em Verona; professor de Francesco Landini, foi, com Giovanni da Cascia, um dos promotores da *Ars Nova* florentina e, indubitavelmente, o maior compositor italiano do seu tempo.

✪ Numerosas composições no novo estilo florentino, de que só chegaram até nós 30 madrigais, 2 motetos, 3 *caccie*, 1 *lauda* e um tratado teórico.

Jacquet de la Guerre, **Elisabeth** (Paris, cerca de 1660/Paris, 27 Jun. 1729). Filha e irmã dos organistas Claude e Nicolas Jacquet, casou em 1684 com Marin de la Guerre, organista de Sain Séverin e, depois, da Sainte-Chapelle. Cravista desde os 5 anos, recebeu desde a mais tenra idade a protecção de Luís XIV, a quem é dedicada a maior parte da sua obra; Madame de Montespan vigiou pessoalmente a sua educação. Depois do seu casamento, fixou-se na ilha de S. Luís, onde deu concertos regulares, entre 1705 e 1716.

○ A ópera *Céphale et Procris*, pastorais e bailados para a corte, 16 cantatas francesas, 2 suites de peças de cravo, 6 sonatas em trio, 6 sonatas para violino e cravo.
Ø *Todas as peças de cravo* (Th. Dart.).

JANÁCEK, Leos (Hukvaldy, perto de Ostrava, 3 Jul. 1854/Ostrava, Morávia, 12 Ago. 1928). A sua região natal (próxima da fronteira polaca) possui um rico folclore, cujo carácter modal é pouco frequente na Checoslováquia. Esta música popular marcou muito profundamente a sensibilidade do futuro músico. Os pais, que gostavam muito de música, mandaram-no para o mosteiro agostinho de Brno, onde foi aluno de Krizkovski. Mais tarde, estudou na escola de órgão de Praga e, depois, em Leipzig e em Viena. Entretanto, fora nomeado mestre de coros da Catedral de Olomouc e director da Orquestra Filarmónica de Brno. Em 1881, abriu em Brno uma escola de órgão (isto é, um conservatório), que dirigiu até 1903. É a época das suas primeiras composições originais. Mas as suas obras-primas são posteriores a 1900: a cantata *Amarus* (1901) e *Jenufa* (1903). Mas teria de esperar até aos 62 anos para conhecer o êxito (reposição de *Jenufa* em Praga em 1916). Esta carreira excepcionalmente pouco precoce explica-se pela profunda originalidade da obra de Janácek, pela sua aparente incoerência a uma leitura desatenta. No entanto, de obras-primas como *Jenufa* ou *Da Casa dos Mortos* emana uma força emocional que só tem equivalente em *Boris Godunov* (não há qualquer semelhança formal entre Mussorgski e Janácek, mas tanto um como outro são incomformistas e solitários, conduzidos por um instinto seguro das possiblidades dramáticas da sua arte). Ao estilo muito pessoal de Janácek ligam-se duas ideias fundamentais: a subordinação das técnicas de modulação ao *tempo* e ao ritmo (o emprego de acordes modulantes é tão menos necessário quanto mais rápido é o movimento) e, por outro lado, a necessidade, na música vocal, de retirar da linguagem falada a forma das células melódicas de base. As únicas influências que sofreu são do folclore (que não cita nas suas obras, mas que recriou) e, em menor medida, de Smetana e Dvorak.

○ TEATRO: 1 bailado, *Ràkos Ràkoczy*, e 9 óperas, entre as quais as suas obras-primas: *Jeji Pastorkyna* (ou *Jenufa*), *Kat'a Kabanova*, *Prihody Lisky Bystwrisky* («A Raposinha Matreira») e *Zmrtvého domu* («Da Casa dos Mortos») – MÚSICA CORAL: uma missa eslavona (*Blagolska Mse*), motetos, 3 cantatas para solistas, coros e orquestra, numerosos coros *a cappella* (admiráveis) – CANTO SOLISTA: a colectânea *Zápisnik Zmizelého* («Diário de um Desaparecido»: uma obra-prima) para tenor, contralto, 3 vozes femininas e piano, colecções de canções populares – MÚSICA INSTRUMENTAL: *Taras Bulba* (rapsódia eslava, para orquestra), poemas ou baladas sinfónicas, concertino e *capriccio* (mão esquerda) para piano e orquestra de câmara, 2 quartetos de cordas muito belos, 1 sonata de violino, 1 sonata de piano.
Ø *Missa Eslavona* (Kubelik), *Jenufa* (Jilek), *Kat'a Kabanova* (Krombholc), *A Raposinha Matreira* (Neumann), *Diário de Um Desaparecido* (Kubelik), *2 quartetos* (Quarteto Janácek).

JANEQUIN, Clément (Châtellerault, cerca de 1485/Paris, 1558). Natural do Poitu, foi talvez aluno de Josquin, como afirma Ronsard. Ignoramos tudo acerca da sua vida até 1529: encontra-se então em Bordéus onde compõe uma canção para celebrar a paz de Cambrai. Pouco depois, fixa-se em Anjou onde permanece até 1549. Entre 1534 e 1537, é mestre da escola de canto da catedral de Angers e em 1548 continua os seus estudos na universidade dessa cidade. É, sucessivamente, nomeado prior de Brossay (próximo de Saumur), de Avrillé (próximo de Angers) onde é, em duas ocasiões, padrinho dos filhos de F. de Gondi, em 1532 e 1537, e, por último, prior de Unverre (perto de Chartres). Em 1549, instala-se em Paris, rue de la Sorbonne. Aí, frequenta a universidade, torna-se capelão do duque de Guise, e, no final da sua vida, compositor ordinário do rei. Este grande compositor, acerca de quem pouco sabemos, que viveu modestamente e morreu pobre (o seu testamento assim o prova!), foi o chefe incontestado da escola parisiense da canção. Os seus grandes frescos vocais, que prenunciam os poemas sinfónicos do século XIX, não têm, no domínio da música imitativa, precedente na história. A célebre canção *La Guerre* (chamada *Bataille de Marignan*) foi adaptada para um conjunto de instrumentos de sopro por A. Gabrieli, com o título *Aria della Battaglia*.
✪ 2 missas (*La Bataille* e *L'Aveuglé Dieu*), várias colectâneas de salmos e de *chansons spirituelles* e mais de 250 canções francesas a 3 e 4 vozes.
Ø 9 *Chansons* (Caillard), *10 Chansons* (Blanchard), *20 Chansons* (Ravier).

JACQUES-DALCROZE, Émile (Viena, 6 Jul. 1865/Genebra, 1 Jul. 1950). Aluno de Delibes, em Paris, e de Bruckner, em Viena. Inventor de um método de «ginástica rítmica» que tem o seu nome, criou, em Genebra (1914), o Instituto Jacques-Dalcroze e fundou várias escolas de «eurritmia» na maioria das capitais.
✪ 4 óperas, grandes obras corais, 2 concertos de violino, 3 quartetos de cordas e numerosas colectâneas de canções inspiradas no folclore suíço.

JAUBERT, Maurice (Nice, 3 Jan. 1900/próximo de Baccarat, morto em combate, 19 Jun. 1940). Foi advogado, antes de se dedicar à música; foi director musical da Pathé-Cinéma e colaborador de R. Clair, Duvivier, Carné, etc.
✪ A ópera de câmara *Contrebanda*, o bailado *Le Jour* – *Ballade e Suite française* para orquestra (segundo Péguy) – música para numerosos filmes (incluindo as maravilhosas partituras de *Quai des Brumes* e *Carnet de Bal*).

JEHANNOT DE LESCUREL (? século XIII/ /Paris, enforcado, cerca de 1300). Poeta. Precursor da *Ars Nova*. Ignoramos por completo a sua biografia.
✪ *Virelais,* baladas e rondós (monódicos, à excepção de um rondó a 3 vozes) incluídos no manuscrito do Roman de Fauvel (BN: ms. fr. 146). As suas poesias foram editadas no século XIX, com o título: *34 Chansons, Ballades et Rondeaux.*

JEREMIAS, Otakar (Pisek, 17 Out. 1892/Praga, 5 Mar. 1962). Director de orquestra. Aluno de Nóvak. Director da Orquestra da Rádio de Praga e, depois, director da Ópera de Praga.

○ 2 óperas, 2 cantatas, coros, 1 fantasia para orquestra, partituras de filmes, melodias.
Ø *Abertura op. 10* (Trhlik).

JIRÁK, Karel Boleslav (Praga, 28 Jan. 1891/?). Director de orquestra. Aluno de Novák e Foerster. Director de Orquestra das óperas de Hamburgo, Brno, Ostrava. Professor no Conservatório de Praga e director musical da Rádio Checoslovaca. Em 1947, emigrou para os Estados Unidos da América.
○ 2 óperas, *Salmo XXIII*, 5 sinfonias, serenata para cordas, rapsódia para violino e orquestra, sexteto de cordas com contralto solista, sonatas (piano, violino e piano, violeta e piano), melodias.

JOACHIM, Joseph (Kittsee, Poszony, 28 Jun. 1831/Berlim, 15 Ago. 1907). Violinista ilustre. Estreou-se em público aos 7 anos e já era um virtuoso completo quando aos 12 anos (1843) se apresentou em Leipzig, acompanhado por Mendelssohn, que orientava os seus estudos musicais. Tornou-se *Konzertmeister* (primeiro violino) da corte de Weimar e, depois, da de Hannover, antes de se fixar em Berlim, onde foi nomeado director da Academia de Música (1868). Em 1869, fundou o seu célebre quarteto.
○ Numerosas obras para violino, entre as quais 3 concertos.

JOLIVET, André (Paris, 8 Ago. 1905/ /Paris 20 Dez. 1974). Estuda pintura, depois sonha com o teatro (monta e interpreta espectáculos dramáticos), antes de se dedicar à música. Os seus estudos musicais, começados na Escola Normal, continuam com Paul de Flem (1927-1932) e Edgar Varèse (1930-1933). O primeiro ensina-lhe as disciplinas clássicas com uma inteligência e um liberalismo esteticamente incomparáveis; o segundo, pioneiro da música «experimental», inicia-o nas leis da acústica e nos sortilégios da orquestra. Em 1935, logo após os estudos, Jolivet compõe uma obra magistral, revolucionária, onde se afirma desde logo o seu estilo muito pessoal: *Mana*, suite de 6 peças curtas para piano, apresentadas ao público pouco depois, num dos primeiros concertos da Spirale. Esta associação de música de câmara, fundada por Messiaen e Lesur, dá origem, no ano seguinte, ao grupo Jeune France, graças à intervenção de Yves Baudrier. Os quatro jovens músicos, ligados principalmente pela amizade, só têm como programa a defesa dos valores espirituais na mais completa independência estética. O primeiro concerto do Jeune France realizou-se em Junho de 1936, sob a direcção de Désormière e com o patrocínio de Duhamel, Mauriac, Valéry, etc. As pesquisas melódicas, harmónicas e rítmicas de Jolivet exercem, então, uma profunda influência sobre a evolução do estilo de Messiaen. Em 1943, Jolivet é chamado a dirigir a música de Honegger para as representações de *Soulier de Satin* na Comédie-Française, onde será director da música durante quinze anos (1945-1960). A partir de 1960, dirige em Aix-en-Provence um conservatório internacional dedicado ao ensino superior da música, num espírito deliberadamente aberto a todas as pesquisas musicais do nosso tempo. Desde 1939 que Jolivet queria «devolver à música o seu carácter original

JOLIVET, André

antigo quando era expressão mágica e encantatória da religiosidade dos grupos humanos»: daí *Mana* («*mana* é aquela força que nos prolonga nos nossos feitiços familiares»), *Cinq Danses Rituelles, Cosmogonie,* etc. A sua música pode ainda exprimir mais simplesmente a condição humana na sua trágica grandeza (*Trois Complaintes du Soldat*, uma obra-prima). Mas impôs-se sempre à sua consciência a função social da música, que nunca quis tratar como uma mera «arte de concordância». As inovações espectaculares, a originalidade dos meios utilizados (harmonia natural baseada em fenómenos de ressonância – utilização de «modos» novos, de ritmos de notação complexa, determinados pelas frases e as intensidades do «fluxo sonoro»), esses elementos de uma subtil alquimia sonora desaparecem no campo de forças de uma vontade criadora, que exerce no ouvinte um poder de encantamento singularmente eficaz.

✪ A ópera-bufa *Dolores*, o oratório *La Vérité de Jeanne*, uma missa para vozes, órgão e tamborim, *Suite Liturgique* (vozes, oboé, violoncelo, harpa), *Trois Complaintes du Soldat* (vozes e orquestra de câmara), *Poemes intimes* (*idem*), *Épithalame* (para «orquestra vocal») – obras sinfónicas (*5 Dances Rituelles, Psyché, Cosmogonie, Suite Transocéane,* 2 sinfonias), concertos para diversos instrumentos (ondas Martenot, piano, trombeta, flauta, harpa, fagote, violoncelo) música de cena (incluindo a de Antígona) – *Mana* e 2 sonatas para piano, 1 quarteto de cordas.

Ø *Concertos Para Ondas* (Loriod), *Harpa* (Laskine), *Piano* (Entremont), *Flauta* (Rampal), *Violoncelo* (Rostropovich), *Trombeta* (André), *Sonatas Para Piano* (Wayenberg).

JOMMELLI, Niccolo (Aversa, próximo de Nápoles, 10 Set. 1714/Nápoles, 25 Ago. 1774). Aluno de Prota e Léo em Nápoles, apresentou a sua primeira ópera, *L'Errore Amoroso,* em 1737, no Teatro Nuovo. Nos anos seguintes, as suas obras são recebidas com um êxito crescente em Veneza (onde é nomeado director do Conservatório dos Incurabili), Turim, Pádua, Bolonha, Roma, etc. Em 1749, faz uma viagem a Viena onde apresenta 5 novas óperas. Após o regresso, é nomeado mestre adjunto da capela pontifícia e começa a escrever música religiosa. Entre 1754 e 1769, é *Kapellmeister* do duque de Wurtemberg, em Estugarda. Aí, compõe uma paixão, um *Requiem*, numerosas óperas novas e aperfeiçoa a sua técnica em contacto com a escola alemã (escrita mais complexa, construção mais elaborada). Quando do seu regresso definitivo a Nápoles, em 1769, as suas novas obras deparam com a indiferença: todavia, Mozart assistiu ao ensaio e à primeira representação de *Armida Abbandonata.*
A obra de Jommelli distingue-se pela nobreza da inspiração melódica (especialmente na música religiosa), por um notável sentido dramático (nomeadamente na utilização do recitativo acompanhado) e pela riqueza de instrumentação.

✪ 1 Paixão, 2 oratórios, numerosas obras religiosas (entre as quais, um *Requiem* e um *Miserere*, obras-primas) e cerca de 70 óperas (sérias, na maior parte).

JONES, Robert (cerca de 1577/?, século XVII). Quase nada sabemos acerca da sua vida, mas conta-se entre os melhores tocadores de alaúde da escola isabelina.

✪ Cerca de 30 madrigais (3 a 8 vozes), de que apenas 15 chegaram até nós, mais de 100 *ayres* (ou canções acompanhadas por alaúde, que também podem ser cantadas a 4 vozes sem acompanhamento).

JONGEN, Joseph (Liège, 14 Dez. 1873/ /Saint-lez-Spa, próximo de Liège, 12 Jul. 1953). Professor nos conservatórios de Liège e de Bruxelas (de que foi director entre 1925 e 1939), é um dos fundadores da escola belga contemporânea.

✪ Uma missa, grandes obras corais, 3 suites para orquestra (*Triptyque*), concertos de violino, de órgão (*Symphonie Concertante*), de piano, de harpa, 3 quartetos de cordas, 2 sonatas de piano e violino, numerosas peças para piano e órgão.

JOSQUIN DES PRÉS (cerca de 1440/ /Condé-sur-l'Escaut, 27 Ago. 1521). Recebeu a sua primeira educação no coro da colegiada de Saint-Quentin, pois foi, sem dúvida, aluno ou, pelo menos, discípulo de Okeghem, com quem aprendeu as subtilezas do velho sistema proporcional e os princípios da imitação canónica. Mas o seu estilo foi também marcado pela escola de Obrecht e Busnois, onde pôde descobrir os segredos da expressão sensível. Começou a carreira como chantre no Duomo de Milão. Em seguida, esteve ao serviço do duque Sforza, em Milão, da capela pontifícia, em Roma (donde fez viagens pela Itália com o cardeal Sforza), do duque de Ferrara, Ercole (em honra de quem compôs a missa *Hercules dux Ferrariae*), do rei de França Luís XII. Foi, durante algum tempo, mestre de coros nas catedrais de Cambrai e Saint-Quentin. As datas da carreira de Josquin des Prés e os itinerários das suas viagens entre a Flandres e a Itália (nomeadamente para recrutar cantores) não puderam ser estabelecidas com a precisão desejável. Viveu os últimos dez anos da sua vida em Condé-sur-L'Escaut, como cónego. A obra de Josquin espantou e maravilhou o mundo até ao aparecimento de Roland de Lassus e Palestrina, depois foi totalmente esquecida até ao fim do século XVIII. Foi então que Burney e, depois, Fetis chamaram a atenção para o primeiro músico da história cujo génio parece evidente ao público de hoje. Continuador de Dufay, com um génio ainda superior, Josquin des Prés não só supera os seus antecessores no campo da habilidade contrapontística, mas é, sobretudo, o primeiro que nos emociona devido à qualidade da inspiração melódica e à justeza da expressão, especialmente nos seus mais belos motetos (*Ave Maria, Stabat Mater* e, sobretudo, o admirável *Miserere*) ou ainda na célebre *Déploration de Jehan Okeghem*.

✪ (Edição moderna, completa, de Smijers): 19 missas, 129 motetos, hinos, salmos, 86 peças profanas (canções, etc.).
Ø Missa *Hercules dux Ferrariae* (Chanteurs Saint-Eustache), Missa *Pange Lingua* (Ensemble Caillard), *Miserere* (Chanteurs Saint-Eustache), Missa *De Beata Vergine* (Blanchard), *Motets à la Vierge* (Jurgens).

KABALEVSKI, Dimitri Borisovitch (São Petersburgo, 30 Dez. 1904/Moscovo, 1987). Aluno de Vassilenko e de Miaskovski no Conservatório de Moscovo, onde ensinou composição.

✪ 3 óperas (entre as quais *Colas Breugnon*, a sua obra-prima), bailados, música de cena, cantatas, 4 sinfonias (das quais 1 com coros), 3 concertos de piano, 1 de violino, 1 de violoncelo, 2 quartetos de cordas, numerosas peças para piano (entre as quais 3 sonatas e 24 prelúdios), melodias.

Ø *Concerto de Piano n.º 3* (Guillels), *Concerto de Violino* (Oistrakh), *24 Prelúdios* (N. Reisenberg).

Kajanus, **Robert** (Helsínquia, 2 Dez. 1856/Helsínquia, 6 Jul. 1933). Director de Orquestra, fez numerosas digressões pela Europa. Aluno de Richter e de Reinecke, em Leipzig, e, depois, de Svendsen, em Paris, estreou-se em Dresden (1881-1882) dirigindo as suas obras, fundou a Orquestra Filarmónica de Helsínquia e organizou, nessa cidade, séries de concertos populares. Professor na Universidade de Helsínquia e na Academia Real de Estocolmo, director de numerosos coros, exerceu uma influência considerável na vida musical do seu país... e mesmo na dos outros países escandinavos (o festival de Copenhaga foi fundado por iniciativa sua, em 1919). Lutou, com uma dedicação inteligente, pela difusão da música finlandesa, especialmente a de Sibelius, de quem era amigo e o intérprete mais eminente.

✪ Cantatas, *Aino* (poema sinfónico com coros), 2 rapsódias finlandesas, 1 *sinfonietta*, peças para piano, melodias.

Kalomiris, **Manolis** (Esmirna, 26 Dez. 1883/Atenas, 3 Abr. 1962). Fundador do Conservatório Nacional de Atenas, é a primeira figura da escola grega contemporânea, o criador de uma música nacional, baseada no folclore, as lendas e o espírito helénicos. Foi membro da Academia de Atenas a partir de 1945.

✪ 4 óperas, 3 sinfonias, poemas sinfónicos, um concerto de piano, um concertino de violino, peças para piano, melodias muito belas, harmonizações de canções populares.

Keil, **Alfredo** (Lisboa, 3 Jul. 1850//Hamburgo, 4 Out. 1907). Português de ascendência alemã por parte do pai e alsaciana por parte da mãe, Alfredo Keil foi pintor, poeta e como músico, embora não fosse a sua principal actividade, merece ser mencionado em lugar de relevo relativamente à história da ópera em Portugal, e para tal bastava que dele citássemos *Serrana* (baseada no conto de Camilo, *Como Ela o Amava*), que pode ser considerado um dos mais importantes marcos na criação da ópera portuguesa. Mas a par desta podemos citar ainda *D. Branca* (com libreto extraído do poema de Garrett), *Irene* (libreto com base na lenda de Santa Iria) e *Susana* (libreto de Higino de Mendonça). Além destas obras são de referir também muitas pequenas peças pianísticas no estilo de salão, três cantatas, um poema sinfónico (*Uma Caçada na Corte*). Foi também Alfredo Keil quem compôs a música do hino português (*A Portuguesa*).

Keiser, **Reinhard** (Teuchern, próximo Weissenfels, 9 Jan. 1674/Hamburgo, 12 Set. 1739). Aluno de seu pai (organista em Weissenfels), de Schelle, em São Tomás de Leipzig, e de Kusser, acompanhou este último para

Hamburgo depois de ter sido, durante algum tempo, director de orquestra e compositor na corte de Brunswick. Em Hamburgo, que decide transformar numa capital da música e da ópera, reina, em breve, como mestre incontestado, compõe regularmente óperas para o Theater am Gansemark (até quatro ou cinco por ano), funda uma série de concertos de Inverno, assume em 1703 a direcção da Ópera (onde é, ao mesmo tempo, compositor, realizador, encenador, etc.) e vem a ser, em 1728, *Kantor* da catedral. Fez várias viagens ao estrangeiro, nomeadamente à Dinamarca, onde foi nomeado director de orquestra do rei, a título honorário.

✪ Cerca de 120 óperas alemãs, oratórios e música religiosa (paixão, cantatas, motetos, etc.), música instrumental.

Ø *Sonata a Três* («Concert de musique baroque»).

KERLL, **Johann Caspar von** (Adorf, Saxe, 9 Abr. 1627/Munique, 13 Fev. 1693). Organista. Aluno de Valentini, em Viena, e, depois, de Carissimi em Roma, foi organista e *vice-Kapellmeister* do Eleitor da Baviera, em Munique e, depois em Viena, organista da Catedral de Santo Estevão e da corte, até ao seu regresso a Munique, em 1684. A novidade do seu estilo faz dele um precursor directo de Bach.

✪ Óperas italianas, missas, um *Requiem*, uma colectânea de *Sacrae Cantiones*, numerosas obras de órgão e cravo, diversas sonatas.

Ø *Peças de Cravo* (Schmidt).

KHATCHATURIAN, **Aram Ilyich** (Tiflis, 6 Jun. 1903/Moscovo, 1 Maio 1978). Filho de um modesto encadernador, não mostrou quaisquer dotes precoces e não recebeu educação musical séria até aos 19 anos; mas conhecia perfeitamente o folclore caucasiano que rodeara a sua infância. Em 1922, estudou violoncelo e composição na escola de música de Gressin e, depois, tornou-se aluno de Miaskovski e de Vassilenko no Conservatório de Moscovo. Sofreu a influência da música francesa e, sobretudo, das tradições culturais da Rússia Meridional e Oriental. Antes e depois da última guerra, a sua reputação estendeu-se a toda a Europa, graças ao êxito do seu *Concerto de Piano*, do seu *Concerto de Violino* e da famosa *Dança do Sabre* extraída do seu bailado *Gayaneh*.

✪ 3 bailados, música de cena e de filmes, um *Canto de Estaline* para coros e orquestra, 2 sinfonias, concertos (de piano, de violino, de violoncelo e de violino e violoncelo), 1 sonata de violino e piano, obras para piano, melodias, bem como arranjos de danças populares, peças para balalaicas, marchas, hinos populares, cantos patrióticos.

Ø *Gayaneh* (Khaïkin), *Concerto de Piano* (Boukoff), *Concerto de Violino* (Oistrakh), *Concerto de Violoncelo* (Knouchevitzki).

KHERENNIKOV, **Tikhon Nikolaïevitch** (Elets, 10 Jun. 1911). Aluno da escola de música Gnassien e, depois, de Chebarine, no Conservatório de Moscovo. A sua música, inicialmente influenciada por Hindemith, simplificou-se e humanizou-se pelo recurso às fontes populares.

✪ 1 ópera, 1 bailado, músicas de cena e de filmes, 3 sinfonias, 1 concerto de piano, belas melodias.

Ø *Melodias* (Petrov).

KODÁLY, Zoltán (Kecskemét, 16 Dez. 1882/Budapeste, 4 Mar. 1967). Folclorista e musicólogo. A sua primeira cultura musical veio-lhe dos ciganos de passagem e dos serões familiares de música de câmara. A mãe tocava piano e o pai, chefe de estação e violinista amador, reunia, por vezes, alguns amigos, amadores como ele, para tocarem os quartetos de Haydn. Como o jovem Zoltan apresentava dotes precoces, mandaram-no aprender piano e violino. Canta nos coros da catedral de Nagyszombat, aproveita as estadas nessa cidade para ler partituras na biblioteca e aprende sozinho a tocar violoncelo. Depois dos estudos secundários, entra para a faculdade de Letras (tese de doutoramento, em 1906, sobre a estrutura das canções populares húngaras) e completa, ao mesmo tempo, os seus estudos musicais no Conservatório de Budapeste, onde conhece Bartók e estabelece com ele relações de amizade. Desejando encontrar a via de um estilo musical puramente magiar, decide estudar as características fundamentais da música húngara e realiza, em 1905, a sua primeira expedição de recolha de música popular. No ano seguinte, na companhia de Bartók, começa a longa e frutuosa colaboração que irá saldar-se com inúmeras publicações do mais alto interesse artístico e científico. Em 1913, publicam um *Plano de uma nova colecção completa de canções populares* (o chamado *Memorandum 1913*) que é uma das cartas de etnografia musical. Em 1906, Kodály passa uma temporada em Berlim e, em 1907, em Paris, onde descobre a música de Debussy. Quando regressa, é nomeado professor de teoria musical e, depois, de composição, no Conservatório de Budapeste.

Entretanto, a sua celebridade como compositor aumenta no estrangeiro. Mas, na Hungria, a sua grande popularidade data da audição do seu *Psalmus Hungaricus* (1923), destinado a celebrar o 50.º aniversário da reunião Buda-Peste. O enorme êxito desta obra admirável estende-se a toda a Europa depois da sua audição em Zurique, em 1926 (Festival da SIMC). Em Outubro de 1926, a ópera *Háry János* proporciona um triunfo a Kodály (a suite de orquestra que, mais tarde, daí irá retirar, virá a ser a sua obra mais popular). Depois, acumulou funções pedagógicas, títulos honoríficos, responsabilidades profissionais, impondo em todo o lado um tal respeito que as autoridades nazis, apesar de um relatório que o teria condenado à deportação, desistiram de o incomodar. A partir de 1947, foi presidente da Associação dos Músicos Húngaros. A sua obra, clássica quanto à escrita, mas muito pessoal na maneira como utiliza as técnicas tradicionais, denota a influência de Brahms e Debussy no colorido harmónico, da escola romana do século XVI na admirável escrita dos coros, do folclore magiar nas estruturas melódica e rítmica. Os pontos altos desta obra, que mergulha as suas raízes no mais profundo da sensibilidade popular, são as óperas *Háry János* e *Szekelyfono* («O Quarto das Fiandeiras»), o *Psalmus Hungaricus* e as *Variações Sobre Uma Canção Popular* (*Felszállott a Pavá...*).

✪ 3 óperas húngaras, grandes obras corais (entre as quais se contam *Psalmus Hungaricus*, *Missa brevis* e *Te Deum*), inúmeros coros *a cappella* (alguns para crianças), melodias com acompanhamento de orquestra ou de piano, numerosas canções populares harmonizadas − Variações *Felszállott a Pavá...* para orquestra, *Danças de Marosszèk* e *Danças de Galánta,* concerto para orquestra, algumas obras de música de câmara, peças para piano − recolhas pedagógicas (mais de 1000 melodias para crianças sob a forma de coros, canções, exercícios de solfejo) e uma enorme quantidade de escritos musicológicos e científicos, incluindo, nomeadamente, a notação e o estudo comparado de centenas de melodias populares.

Ø *Psalmus Hungaricus* (Kodály), *Háry János − Suite de orquestra* (Ferencsik), *Missa brevis* (Kodály), *Te Deum* (Swoboda).

KOECHLIN, Charles (Paris, 27 Nov. 1867/Le Canadel, 31 Dez. 1950). Oriundo de uma família de protestantes liberais, industriais na vanguarda do progresso social, cursou a politécnica antes de entrar, aos 22 anos, para o Conservatório de Paris (Massenet, Gédalge, Fauré). É, sem dúvida, o mais injustamente negligenciado compositor do século XX (o seu talento é comparável ao de um Roussel, mas a maior parte das suas obras não está editada). No entanto, deixou nos seus discípulos, e em nós que o conhecemos, a recordação de um grande sábio, bom, indulgente, prodigiosamente erudito, mas modesto e desinteressado.

✪ 1 ópera, 4 bailados, obras corais (entre as quais figuram *Le Livre de la Jungle* e *L'Abbaye*), 3 sinfonias, poemas sinfónicos, 5 corais para orquestra, *Hvmme* para ondas Martenot e orquestra, música de câmara, numerosas peças para piano, cerca de 100 melodias, bem como obras pedagógicas notáveis (tratados de harmonia, de orquestração, etc.)

KOZELUH, Jan Antonin (Velvary, 14 Dez. 1738/Praga, 3 Fev. 1814). Mestre de coros em Rakovnik e, mais tarde, na Catedral de Praga.

✪ 45 missas, 10 *Te Deum,* 5 *Requiem,* mais de 300 composições sacras (ofertórios, motetos, etc.), 2 óperas, 2 oratórios, 5 sinfonias, diversos concertos: no total mais de 400 obras vocais e instrumentais.

Ø *Concerto de Fagote* (Smetacek).

KREISLER, Fritz (Viena, 2 Fev. 1875/ /Nova Iorque, 29 Jan. 1962). Um dos mais prestigiosos violinistas do nosso tempo. Obteve um primeiro prémio de violino aos 10 anos, no Conservatório de Viena, e outro aos 12 anos no Conservatório de Paris (onde foi também aluno de Delibes na cadeira de composição). Após uma primeira digressão pelos Estados Unidos, em 1889, começou os seus estudos de medicina e só se dedicou definitivamente à música em 1896. Expulso de Berlim pelo nazismo, viveu em França (1933-1939), e, depois, nos Estados Unidos.

✪ 2 operetas (*Sissi* e *Apfelblüten*), um concerto de violino, inúmeras peças para violino (incluindo transcrições e *pastiches*).

Ø *Peças de Violino* (Kreisler − Gimpel − Erlih − Grumiaux).

KRENEK, Ernest (Viena, 23 Ago. 1900/ /Palm Springs, 22 Dez. 1991). Aluno de Shreker, em Viena e, depois, em Berlim, procurou não sofrer a influência do seu professor nem a de Mahler, com cuja filha casou, preferindo cultivar um contraponto atonal particularmente árido (que desabrocha de modo austero na *Segunda* e *Terceira Sinfonias*). Após um período de instabilidade em que sofreu a influência do *jazz* e, depois, adoptou uma forma neo-romântica (ilustrada por algumas obras-primas que parecem prolongar Schubert), converteu-se ao dodecafonismo serial. Viveu a partir de 1938 nos Estados Unidos, onde ensinou em diversas universidades.

✪ 15 óperas (entre as quais se contam a extravagante *Jonny spielt auf* e a importante *Karl V*), 3 bailados, 5 sinfonias, concertos (4 de piano, 2 de violino, 1 de piano e violino, de harpa, de violoncelo, etc.), 7 quartetos de cordas, numerosas obras para piano (incluindo 6 sonatas), colectâneas de *lieder* (entre as quais o excelente *Reisebuch aus den österreichischen Alpen* no espírito dos grandes ciclos schubertianos), bem como obras teóricas e alguns trabalhos musicólogos (entre eles uma edição muito discutível da *Incoronazione di Poppea,* de Monteverdi).
Ø *Lamentatio Jeremiae* (Voorberg).

KREUTZER, **Rodolphe** (Versalhes, 16 Nov. 1766/Genebra, 6 Jun. 1831). Violinista ilustre, uma das primeiras figuras da escola de Paris (com Viotti, Rode e Baillot). Foi, sucessivamente, primeiro violino da Capela Real, do Théâtre-Italien e da Ópera, depois violinista do imperador, mestre da capela de Luís XVIII e director de orquestra da ópera.
✪ Cerca de 40 óperas, numerosos bailados, 19 concertos e inúmeras peças para violino (entre as quais se contam os célebres *40 Études,* obra-prima pedagógica).

KRICKA, **Jaroslav** (Kelc, Morávia, 27 Ago. 1882/Praga, 23 Jan. 1969). Professor de composição em Ekaterinoslav (Rússia) e, depois, director de coros e professor de composição em Praga. A sua imaginação fecunda, o seu optismismo e o seu sentido de humor dão às suas melodias e às suas obras corais um encanto excepcional.
✪ 1 ópera, 4 óperas-cómicas, 4 pequenas óperas para crianças, cantatas, poemas sinfónicos, 2 concertos de violino, pequenas peças para piano, numerosas melodias e harmonizações de cantos populares.

KRIEGER, **Adam** (Driesen, Prússia, 7 Jan. 1634/Dresda, 30 Jun. 1666). Aluno de Scheidt e de Schütz, foi organista da corte do Eleitor de Saxe. *Arien von 1, 2 u. 3 Mal-Stimmen...* com *Ritornellen* instrumentais entre as coplas (uma das melhores colectâneas de *Lieder* do século XVII).
Ø *12 Arien* (Conjunto Neumeyer).

KRIEGER, **Johann** (Nuremberga, 28 Dez. 1651/Zittau, 18 Jul. 1735). Irmão mais novo e aluno de Johann Phillipp. Foi organista da corte, em Bayreuth, e director de música na cidade de Zittau. Haendel recomendara vivamente o estudo do seu *Clavierübung* (em que algumas peças de órgão são dignas de J. S. Bach).
✪ *Neue musikalische Ergetzlichkeit* (colectânea de cantos sacros, «políticos» e dramáticos, a 3 vozes) e outras composições vocais – *Musikalische Partien* (suites para cravo), *Anmuthige Clavierübung...* (prelúdios, fugas, ricercari, etc., para cravo).
Ø *Partita n.º 5* (Krakamp).

KRIEGER, Johann Phillipp (Nuremberga, 25 Fev. 1649/Weissenfels, 7 Fev. 1725). Aluno e assistente do organista Johann Schröder, em Copenhaga, e, depois, de Rosenmüller, em Veneza, terminou os seus estudos em Roma (Pasquim) e em Nápoles. Foi durante mais de 40 anos organista e *Kapellmeister* na corte de Saxe.

✪ Numerosas óperas, serenatas ou intermeios, *Musikalischer Seelenfriede* (recolha de 20 cantos sagrados), 12 sonatas em trio, 12 sonatas para violino e viola *da gamba, Lustige Feldmusik* (suites ou *Partien* para instrumentos de sopro).

Ø *Die Gerechten werden weggerafft,* cantatas (coros Basileia, Sacher).

KROMMER-KRAMARZ, Franz (Kamenice, 27 Nov. 1759/Viena, 8 Jan. 1831). Aluno de um seu tio em Turany, próximo de Brno, foi compositor da câmara do imperador Francisco II, que acompanhou nas suas viagens a França e a Itália. As suas encantadoras composições instrumentais denotam a influência de Haydn e de Mozart.

✪ Missas, sinfonias, concertos (de violino, clarinete, flauta e oboé), numerosos quartetos e quintetos.

Ø *Concerto de oboé* (Devaty), *Concerto de Clarinete* (Smetacek).

KUHLAU, Daniel Friedrich Rudolph (Uelzen, Hanover, 1 Set. 1786/ Copenhaga, 12 Março 1832). Pianista e flautista. Ameaçado pelo recrutamento no exército napoleónico, fugiu para Copenhaga onde, como flautista, veio a ser *Kammermusikus* do rei. Durante uma digressão a Viena, 1825, conhece Beethoven: passaram juntos um serão agradável, bebendo champanhe e compondo cânones-improvisos.

✪ Óperas e importante música de cena (que inclui *Everhoj*, muito célebre na Dinamarca), coros, um concerto de piano, numerosas obras de música de câmara com flauta e sonatinas de piano (que várias gerações de jovens pianistas tornaram familiares).

KUHNAU, Johann (Geising, Saxe, 6 Abr. 1660/Leipzig, 5 Jun. 1722). Depois dos seus estudos (gerais e musicais) na Kreuzschule de Dresden, foi nomeado *Kantor* em Zittau. Mas, em 1682, fixou-se em Leipzig até ao final dos seus dias. Aí continua os estudos (línguas antigas, direito, etc.), funda um Collegium musicum (1688) e obtém os lugares de organista de São Tomás (1684), de director musical da Universidade (1700) e de *Kantor* de São Tomás (1701), onde sucede a J. S. Bach. A sua obra apresenta um grande interesse histórico: foi o primeiro, em 1695, a adaptar aos instrumentos de tecla os princípios da sonata em trio italiana (vários andamentos sem peças de danças).

✪ *Paixão Segundo São Marcos*, motetos e cantatas de igreja e, sobretudo, obras para instrumentos de tecla: 14 sonatas (entre elas as 6 célebres *Biblische Historien*) e 21 partitas (ou *Partien*) em duas colectâneas. Deve-se-lhe também as traduções de textos hebraicos, latinos, gregos, franceses, italianos, poemas satíricos e escritos sobre música.

Ø *3 Sonatas Bíblicas* (Neumeyer, cravo).

KUSSER, Johann Sigismund (Presburgo-Bratislava, 13 Fev. 1660/Dublin, 1727). Amigo e discípulo de Lully, cujo estilo introduziu na Alemanha. Foi *Kapellmeister* do duque de Brunswick-Wolfenbütell e, depois, do duque de Wurtemberg, em Estugarda, director da Ópera de Hamburgo (onde exerceu influência sobre Keiser, seu sucessor) e da Ópera de Estugarda, antes de se fixar em Dublin, onde exerceu vários cargos oficiais.

✪ 14 óperas alemãs, 1 divertimento italiano, 24 suites francesas (*Ouvertures de Théâtre*) em 4 colectâneas, serenatas de circunstância.

KUULA, Toivo (Vaasa, 7 Jul. 1883/durante a guerra civil, Viipuri, 18 Mai. 1918). Director de orquestra (Oulu, Helsínquia, Viipuri). Aluno de Wegelius e de Sibelius, em Helsínquia, de Bossi, em Bolonha, foi profundamente marcado pelo folclore do seu país. O seu desaparecimento prematuro privou a música escandinava de um criador de enorme talento.

✪ Um *Stabat Mater*, cantatas dramáticas, 2 suites para orquestra, 1 sinfonia, peças para piano, melodias.

LE BARRE, Michel de (Paris, cerca de 1670/Paris, cerca de 1743). Flautista. Músico da câmara do rei e da orquestra da ópera.

✪ Comédias-bailados, uma colecção de *Airs à Boire*, 12 livros de *Pièces pour Flûte Traversière avec la Basse Continue,* peças em trio.

Ø *Pièces Pour Flûte* (Scheck).

LACERDA, Francisco de (S. Jorge, Açores, 11 Mai. 1869/Lisboa, 18 Jul. 1934). (O seu nome completo é Francisco Inácio da Silveira de Sousa Pereira Forjaz de Lacerda). Tendo iniciado, ainda criança, o estudo de piano com seu pai, continuou no Porto, para onde foi cursar Medicina, que acabou por deixar para se dedicar exclusivamente à música, a conselho de Soller, mudando-se então para Lisboa. Enquanto ensinava piano no Conservatório desta cidade, obtém uma bolsa do Estado e parte para Paris. Aqui, no Conservatório, continua os seus estudos teóricos e aperfeiçoa-se no órgão. Mas é em 1897 que, ao matricular-se na Schola Cantorum, e tendo como professor de órgão e composição Vincent d'Indy, este descobre o seu talento de chefe de orquestra, abrindo-lhe as portas para uma longa e célebre carreira, à frente das melhores orquestras europeias nos mais importantes concertos, festivais e temporadas musicais. Embora a sua principal actividade tenha sido a de chefe de orquestra, não podemos deixar de recordar que, concomitantemente, foi conferencista, estudioso do folclore, professor de direcção de orquestra, tendo tido alguns alunos que se tornaram célebres, e, por fim, compositor. Entre as suas obras principais são de destacar as seguintes: *Trovas Para Canto e Piano*, editadas pela Gulbenkian (1973) no volume XXIV de *Portugaliae Musica* (algumas delas tiveram também versão para voz e orquestra); dois poemas sinfónicos de inspiração lusitana intitulados *Almourol e Alcácer*; música de cena para *A Intrusa* (Maeterlink); peças para piano, para órgão e para trio e quarteto de cordas. Publicou ainda o *Cancioneiro Musical Português* do qual saíram seis fascículos com melodias acompanhadas a piano.

LADMIRAULT, Paul (Nantes, 8 Dez. 1877/Camoël, 30 Out. 1944). Aluno de Gédalge e de Fauré no Conservatório de Paris, ensinou composição no Conservatório de Nantes, seguindo nesta cidade a difícil carreira de compositor regionalista: as suas obras encantadoras evocam a alma celta e as paisagens bretãs.

✪ 2 óperas, música de cena para *Tristão – Suite bretonne* e *La Brière* para orquestra – sonata de violino e piano, sonata de violoncelo e piano, suites de peças para piano, melodias e numerosas harmonizações do folclore bretão, escocês.

Ø *Sonata de Violoncelo e Piano* (Maréchal, Ousset).

LA GROTTE, Nicolas de (cerca de 1530/?, c. 1600). Tocador de alaúde e organista de Antoine de Bourbon e, depois, do rei Henrique III. Em 1582, participou, com Cl. Le Jeune, nas festas organizadas para o casamento do duque de Joyeuse.

✪ *Les Chansons de P. de Ronsard, Ph. Desportes* e outros, um livro de *airs*.

LAJTHA, László (Budapeste, 30 Jun. 1892/Budapeste, 16 Fev. 1963). Após os estudos em Budapeste, Leipzig e Paris (V. d'Indy), participa em 1910 nas recolhas de canções populares realizadas por Bartók e Kodály e, depois, trabalha por conta própria nas regiões não prospectadas pelos seus colegas, completando de forma útil a obra daqueles. Foi director de música da Rádio Húngara, chefe da secção musical da Comissão Internacional das Artes e Tradições Populares e professor de pesquisas folclóricas na Academia de Música de Budapeste. Na sua obra, a influência húngara é equilibrada pela da cultura latina e, especialmente, francesa (facto excepcional num músico húngaro).

✪ 1 ópera-cómica, 3 bailados, músicas de filmes, 2 missas para coro e órgão, 6 canções de Ch. d'Orléans (*a cappella*), 5 sinfonias, 1 concerto de violino, 8 quartetos de cordas, bem como importantes trabalhos sobre música popular.

LALO, Édouard (Lille, 27 Jan. 1823//Paris, 22 Abr. 1892). No Conservatório de Lille, foi aluno de um violoncelista alemão que tocara sob a direcção de Beethoven. Em seguida, frequentou seis meses as aulas de Habenek (violino), no Conservatório de Paris, mas os seus mestres espirituais foram, então, Beethoven, Schubert e Schumann, cujas partituras estudava com assiduidade. Entre 1855 e 1864, foi violetista do quarteto Armingau-Jacquard, levando uma vida difícil e não conseguindo impor as suas obras; só veio a conhecer o êxito em 1874 e 1875, quando o seu *Concerto de Violino* e a sua *Sinfonia Espanhola* foram criadas por Sarasate. A originalidade da sua instrumentação faz dele um dos criadores da escola sinfónica francesa.

✪ 3 óperas (*Fiesque, Le Roi d'Ys, La Jacquerie*), (obra inacabada), 2 bailados (*Namouna e Néron*), 3 sinfonias (2 das quais inéditas), *Rhapsodie Norvégienne* para orquestra, concertos (violino, violoncelo, piano), *Symphonie Espagnole* e *Fantaisie Norvégienne* para violino e orquestra, música de câmara, numerosas melodias.

Ø *Le Roi d'Ys* (Cluytens), *Symphonie Espagnole* (Kogan, Kondrachine), *Sinfonia em Sol Menor* (Beecham), *Namouna* (Martinon).

LAMBERT, Constant (Londres, 23 Ago. 1905/Londres, 21 Ago. 1951).

Director de orquestra e crítico. Ainda era aluno de Vaughan William, no Royal College of Music, quando Diaghilev lhe encomendou um bailado (*Romeo and Juliet*, Monte Carlo, 1926). Foi director musical dos Ballets de Sadler's Wells. A sua obra é fortemente influenciada pelo *jazz*.

❂ *Summer's Last Will and Testament* (oratório para barítono, coros e orquestra, a sua obra-prima), 4 bailados, música de cena e de filmes, *The Rio Grande* (piano, coros e orquestra), uma *Musica for Orchestra*, 1 concerto e 1 sonata de piano, bem como arranjos de obras antigas (Purcell, Boyce, Haendel).

Landi, Stefano (Roma, cerca de 1590/Roma, cerca de 1655). Cantor (contratenor). Aluno de Nanini, foi mestre de capela do bispo de Pádua, da Igreja de Santa Maria dei Monti, em Roma, e chantre da Cappella Giulia (São Pedro, em Roma).

❂ *La Morte d'Orfeo* (tragicomédia pastoril), *Il Sant'Alessio* (drama sagrado), 1 livro de missas, 2 livros de madrigais, 5 livros de *arie*.

Landini, Francesco ou Landino (Fieste, Florença, 1325/Florença, 2 Set. 1397). Organista, tocador de aláude, flautista, tocador de viola e rabeca, poeta, etc.; discípulo de Jacopo da Bologna. Cego desde a infância, devido à varíola, adquiriu uma vasta cultura e um virtuosismo excepcional em todos os instrumentos (sobretudo no seu órgão portátil). Exceptuando as suas estadas em Verona (onde esteve ao serviço de Martino della Scala) e em Milão (onde, em 1364, venceu um torneio poético), parece que viveu sempre em Florença, onde gozava de excelente reputação. Foi sepultado na Igreja de S. Lorenzo, de que fora organista. A sua obra representa o ponto mais alto da *Ars Nova* florentina.

❂ Diversos *Ballate* (equivalente ao *virelai* francês), madrigais e *Caccie* (2 e 3 vozes).

Ø *Ballate* (Bozzi-Luca, Nobile).

Landowski, Marcel (Pont-l'Abbé, 18 Fev. 1915/Paris, 23 Dez. 1999). Director de orquestra. Aluno de Busser, Monteux e Münch. Director de música da Comédie-Française (1962). Director de música do Ministério dos Assuntos Culturais (1966).

❂ 5 óperas (entre as quais se contam *Le Fou, L'Opéra de Poussière e Le Ventriloque*), oratórios, 3 sinfonias, 2 concertos de piano, 1 concerto para ondas Martenot, música de filmes.

Ø *Le Ventriloque* (Landowski), *Le Fou* (Lombard), *Symphonies* (Bruck).

Langlais, Jean (La Fontenelle, Ille-et-Vilaine, 15 Fev. 1907/Paris, 8 Maio 1991). Organista cego, improvisador notável. Aluno de Marchal e de Dupré (orgão), de N. Gallon e de P. Dukas (composição). Foi organista de Santa Clotilde a partir de 1945.

❂ Motetos, salmos, cantatas, missas, concerto de órgão, concerto de piano e, sobretudo, admiráveis obras de órgão (3 *Paraphrases Grégoriennes, Sinfonia, Suite Francesa*, etc.).

Ø Missas *Salve Regina* e *In Semplicitate* (Collard, Langlais), *Oeuvres d'orgue* (Langlais, M-Cl. Alain).

Lanier, Nicholas (Londres, Set. 1588//Londres, Fev. 1666). Pintor e cantor. Mestre da música e conservador das miniaturas do rei, colabora em várias «mascaradas» da corte. A «mascarada» *Lovers made men*, de Ben Jonson, que musicou integralmente, pode ser considerada a primeira ópera inglesa. Diz-se que Lanier foi o primeiro em Inglaterra a introduzir nela o *stile recitativo* dos italianos. Trata-se apenas de uma forma pessoal de *stile rappresentativo*. Mas após uma estada de três anos em Itália (enviado pelo rei para comprar quadros), emprega, por vezes, o verdadeiro recitativo e a ária estrófica, novos em Inglaterra, ou ainda uma longa declamação cantada influenciada por Monteverdi.

✪ «Mascaradas» (algumas delas de Ben Jonson), cantatas dramáticas, *ayres* ou canções acompanhadas por alaúde.

LARSSON, **Lars Erik** (Akarp, Suécia, 15 Mai. 1908/Helsingborg, Suécia, 27 Dez. 1986). Aluno de Berg, em Viena. Foi professor de instrumentação no Conservatório de Estocolmo e um dos compositores mais tocados na Suécia.

✪ A ópera *Prinsessan pan Cypern*, música de cena e de filmes, obras corais, 3 sinfonias, 1 *serenade* e 1 *sinfonietta* para cordas, concertos (de saxofone, de violoncelo), melodias.

LA RUE, **Pierre de** (Tournai, cerca de 1460/Courtrai, 20 Nov. 1518). Provavelmente aluno de Okeghem ou de Obrecht, foi chantre da capela de Borgonha, no tempo do arquiduque Maximiliano, de Filipe, *o Belo* e Margarida da Áustria. Em 1502, acompanhou Filipe, *o Belo* a Espanha. A sua obra, em que a nobreza da inspiração e o rigor do contraponto são as qualidades dominantes, é muitas vezes comparável à de Josquin e justifica a reputação de que gozava no seu tempo.

✪ 36 missas, 38 motetos, cerca de 40 canções.
Ø *Requiem, Missa Dolores* (Ravier).

LASSUS, **Roland de** (Mons, 1532/Munique, 14 Jun. 1594). A sua encantadora voz de criança atraía a atenção dos melómanos na Igreja de Saint-Nicolas, em Mons, e fez com que por três vezes fosse alvo de tentativas de rapto. O último destes melómanos ousados foi Fernando de Gonzague, vice-rei da Sicília, que com o consentimento forçado dos pais levou a criança para Saint-Dizier (onde comandava as forças imperiais) e, depois, para Palermo e Milão. Após a mudança da voz, Lassus fixa-se em Nápoles (1550-1553) ao serviço do marquês della Terza. Ignoramos quais foram os seus professores, mas é possível que tenha prosseguido os estudos musicais, iniciados em Mons, durante as suas longas estadas em Milão e Nápoles. Em seguida, torna-se mestre do coro de São João de Latrão, em Roma (1553-1555), e depois fixa-se em Antuérpia (1555-1556) onde publica as suas primeiras obras, nomeadamente uma colecção de madrigais a 5 vozes que revelam já grande mestria e uma forte personalidade. A sua celebridade estende-se rapidamente a toda a Europa, e as dedicatórias das muitas obras deste período mostram a extensão das suas relações com os grandes deste mundo.
Em 1556, o duque da Baviera, Alberto, chama-o para a sua corte como chantre, e, depois, em 1563, nomeia-o *Kapellmeister*, funções que exercerá até à morte. A capela da Baviera torna-se,

então, uma das mais prestigiosas da Europa; no seu apogeu irá empregar até 60 cantores e 30 instrumentistas. Em Munique, Lassus desenvolve uma actividade prodigiosa, edificando uma obra monumental, participando em todas as cerimónias, em todas as festas religiosas, em todas as festividades da corte e arranjando ainda tempo para realizar numerosas viagens a Itália e aos Países-Baixos (nas condições de rapidez e comodidade que podemos imaginar!), quer para recrutar cantores, quer para levar as suas obras às mais ilustres personagens a quem haviam sido dedicadas. Dirige-se nomeadamente a Veneza, a Ferrara (para oferecer a Afonso II o seu 4.º livro de madrigais), a Mântua, a Florença, a Roma (para oferecer uma admirável colecção de motetos, o 3.º livro de *Patrocinium musices*, ao Papa Gregório XIII, que o faz cavaleiro da Espora de Ouro), a Paris (onde é recebido com entusiasmo na corte de Carlos IX), etc. Em 1570, é nobilitado pelo imperador Maximiliano. Após a morte do duque Alberto, sucede-lhe seu filho Guilherme (1579). Lassus mantém com o príncipe relações de perfeita amizade, conforme se pode ver por uma correspondência na qual se dá livre curso à fantasia sem peias, ao humor rabelaisiano, mas também à fina sensibilidade do músico; estas cartas são, na sua maioria, escritas num «dialecto» extraordinário constituído por uma mistura de francês, italiano, alemão e latim, língua predilecta deste verdadeiro «europeu». Em 1590, a sua natural alegria termina com uma crise aguda de neurastenia que afecta gravemente o seu estado geral. Em 1593, produz-se uma melhoria considerável graças aos cuidados de um eminente médico da corte, o dr. Mermann: Lassus retoma uma actividade quase normal. A 24 de Maio de 1594, dedica a sua última obra, *Lagrime di S. Pietro*, ao Papa Clemente VIII; mas morre três semanas mais tarde, antes de a ver publicada. Do seu casamento com Regina Wackinger, filha de uma aia da corte, teve seis filhos, quatro rapazes e duas raparigas: Fernando, Rudolfo e Ernest foram músicos na corte de Baviera.

Lassus foi o mais ilustre músico do Renascimento; a sua glória ultrapassou mesmo a de Palestrina, e os seus contemporâneos podiam considerá-lo o maior compositor que existira até então. Hoje em dia, continua a ser um dos maiores e mais fecundos de todos os tempos. Na sua extensíssima obra (mais de 2000 composições identificadas) ele cultiva todos os géneros com igual mestria. O seu génio universal está tão à-vontade na brincadeira como no misticismo e exprime-se tão naturalmente nas formas polifónicas mais complexas como nas da canção popular. O contraste entre uma fé austera e uma inspiração, truculenta ou poética, inesgotável é um dos traços característicos da sua personalidade. Este contraste surge frequentemente na sua obra, nomeadamente nas missas, em que temas de canções (por vezes muito licenciosas) funcionam como *cantus firmus* de construções polifónicas da mais elevada inspiração religiosa (princípio da «missa-paródia», condenada, em vão, pelos papas).

✪ Edição moderna, integral, realizada por Haberl e Sandberger (edições Breitkopf, 1894-1927), completada, a partir de 1956, pelo editor

Bärenreiter. Esta obra compreende, pelo menos: 53 missas (a 4, 5, 6, 8 vozes), 4 paixões, cerca de 60 *Magnificat*, 1000 motetos e salmos (2 a 12 vozes), 200 madrigais ou *villanelle* italianos (3 a 10 vozes), 150 canções francesas, 100 *lieder* alemães.
Ø *Lectiones ex Propheta Job* (Madrigalistas de Praga), *Missa Super Bella Amfitrit'altera* (Schrems), *Prophetiae Sibyllarum* (Madrigalistas de Praga), *Septem Salmi Davidis poenitentiales* (conjunto Aix-la-Chappelle, Pohl), *Les Meslanges* (Ravier), *10 Motetos* (Conjunto Caillard).

Latilla, Gaetano (Bari, 12 Jan. 1711/Nápoles, 15 Jan. 1788). Aluno do Conservatório S. Onofrio de Nápoles. Viveu sobretudo nesta cidade, compondo para o teatro e dando aulas, exceptuando uma estada em Roma e outra em Veneza, onde ocupou o lugar de *secondo Maestro di cappella* em Santa Maria Maior (1738-1741) e em São Marcos (1762-1772). Sua irmã Sílvia foi a mãe de N. Piccini.
✪ 50 óperas (*serie e buffe*), música religiosa, 1 oratório, sinfonias, 6 quartetos de cordas.

Lawes, Henry (Dinton, Wilts, 5 Jan. 1596/Londres, 21 Out. 1662). Cantor. Aluno de Coperario. Compôs a música de várias «mascaradas», nomeadamente o *Comus*, de John Milton; em 1646, Milton dedicou-lhe um soneto muito belo. A qualidade das suas *ayres*, em que a música, perfeitamente adaptada aos versos ingleses, procura libertar-se da influência italiana, faz com que seja considerado uma das primeiras figuras da nova escola inglesa, de que Blow e Purcell constituem o apogeu.
✪ *Anthems,* salmos (com o seu irmão William), canções para as «mascarada», 3 livros de *ayres and dialogues*.
Ø *Ayres* (H. Watts).

Lawes, William (Salisbury, Abr. 1602/ /Chester, 1645). Irmão do anterior e, tal como ele, aluno de Coperario. Músico de Carlos I, compôs música para as «mascaradas» da corte; mas é sobretudo grande na sua música instrumental, que prenuncia Purcell. Obras vocais (salmos, «mascaradas», *ayres*), *Royal Consort* e *Great Consort* (2 colecções de suites instrumentais) e belas fantasias para 5 ou 6 violas.

Lebègue, Nicolas (Laon, 1631/Paris, 6 Jul. 1702). Organista de Saint-Merry, em Paris, e, depois, da Capela Real, onde sucedeu a La Barre. Pertence à escola de Chambonnières e teve muitos alunos, entre eles, Grigny e d'Agincourt.
✪ 3 livros de órgão, 2 livros de cravo.
Ø *Obras de órgão* (Isoir).

Lechner, Leonhard (Vale do Adige, cerca de 1553/Estugarda, 9 Set. 1606). Aluno de Lassus como menino de coro da Capela da Baviera, foi, durante toda a vida, um fervoroso admirador do seu mestre, cujas obras ajudou a publicar. Foi *Kappellmeister* da corte de Wurtemberg, em Estugarda.
✪ Publicação da obra realizada, em 1954, por Bärenreiter: trabalho do maior interesse que arrancará do esquecimento este músico notável): missas, motetos (ou *Sacrae Cantiones*), Salmos da Penitência, uma *Paixão Segundo São João* e numerosos *lieder* alemães sob a forma de madrigais.
Ø *Johannespassion* (Rilling), *7 Deutsche Lieder* (Arndt).

LECLAIR, Jean-Marie, chamado «O velho» (Lyon, 10 Mai. 1697/Paris, 22 Out. 1764). Um dos maiores violinistas do seu tempo. Depois de ter aprendido a profissão de seu pai (passamanaria), tornou-se bailarino, ao mesmo tempo que cultivava os seus dons de violinista amador. Em Turim, onde se apresentava como primeiro bailarino e professor de bailado, conheceu o grande violinista Somis, de quem veio a ser aluno. Tendo-se fixado em Paris, em 1728, obteve um êxito imediato no *Concert spirituel* e na corte. Tendo-se tornado membro da orquestra real, em condições que lhe não convinham, apresentou a sua demissão dois anos mais tarde, dirigiu-se à Holanda para conhecer Locatelli, passou um ano em Chambéry, junto do infante de Espanha, e voltou para Paris, onde foi primeiro violino na orquestra privada do duque de Grammont. Foi assassinado na noite de 22 para 23 de Outubro de 1764 e nunca se chegou a descobrir o móbil ou o autor do crime. Tinha dois irmãos músicos, Jean-Marie («o mais novo») e Pierre. Leclair foi o maior mestre francês do violino. Como Couperin, procurava realizar a fusão dos estilos francês e italiano. Conseguiu-o numa obra original, de uma extrema elegância, onde se não sabe o que deveremos admirar mais: se o brilho da escrita do violino, se a riqueza da invenção melódica ou a maravilhosa habilidade do contraponto.

✪ (Edição moderna completa sob a direcção de Pincherle): a ópera *Scylla et Glaucus,* sonatas para violino solista, 49 sonatas para violino ou flauta e baixo contínuo, 12 sonatas para 2 violinos solistas, sonatas em trio (2 violinos e baixo contínuo), 11 concertos de violino, 1 concerto de flauta ou oboé.

Ø 2 *Concertos de Violino* (Auclair), *Concerto de Oboé* (Pierlot), 8 *Sonatas* (Rampal, flauta), 6 *Sonatas* (Alès, violino), *Sonata op. 9 n.° 3* (Oistrakh).

LECOCQ, Charles (Paris, 3 Jun. 1832/Paris, 24 Out. 1918). Aluno de Halévy (composição) e de Benoist (órgão), no Conservatório de Paris. Descobriu a sua verdadeira vocação na sequência de um concurso de operetas, promovido por Offenbach, em que obteve o prémio juntamente com Bizet. O seu maior êxito, *La Fille de Madame Angot*, conseguiu atingir as 500 representações consecutivas.

✪ 50 operetas, 4 volumes de peças de piano, 5 volumes de melodias.
Ø *La Fille de Madame Angot* (Blareau).

LE FLEM, Paul (Lézardrieux, Côtes-du-Nord, 18 Mar. 1881/ Trégastel, 31 Jul. 1984). Crítico (*Comœdia* e *Écho de Paris).* Após uns estudos gerais avançados (licenciatura em Filosofia), foi aluno de Roussel e d'Indy na Schola Cantorum, onde passou a ensinar contraponto em 1925.

✪ Obras líricas (entre elas, *Le Rossignol de Saint-Malo* e *La Magicienne de la Mer*), coros, uma sinfonia, uma fantasia para piano e orquestra, peças para piano (inspiradas na sua Bretanha natal).

LEGRENZI, Giovanni (Clusone, Bérgamo, Ago. 1626/Veneza, 26 Mai. 1690). Aluno de seu pai. Ocupou os seguintes cargos: organista de Santa-Maria-Maior, em Bérgamo, mestre de capela da Igreja do Espírito Santo, em Ferrara, e, depois e até ao final da sua vida, director do Conservatorio dei Mendicante (1672) e mestre de capela de São Marcos, em Veneza (1685). Reorganizou completamente a orquestra de São Marcos, cujo quadro alargou a 34 músicos. A sua obra admirável, que compreende todos os géneros, e o seu ensino (entre os seus alunos: Lotti, Caldara, Gasparini e, provavelmente, Vivaldi) contribuíram para lhe assegurar um lugar importante na história da música. Sob determinados pontos de vista, Legrenzi foi um inovador: – criação do género da sonata a três (cerca de 15 anos antes de Corelli, que levou esse género ao mais elevado grau de perfeição); – primeiro exemplo de sonata de violino em 3 andamentos (1667); – escrita já «sinfónica», no sentido moderno do termo, nas suas óperas (com várias partes reais, com uma preocupação de colorido instrumental definido, que é uma antecipação de A. Scarlatti e dos seus continuadores).

✪ 18 óperas, 4 volumes de *Cantate e Canzonette*, 1 volume de missas a dois coros, 5 volumes de motetos, 2 volumes de salmos, 6 oratórios, música instrumental (diversas sonatas). Dois temas de Legrenzi foram passados à posteridade por Bach (*Fuga em Dó Menor* sobre um *Thema Legrenzianum eluboratum cum subjecto pedaliter*) e Haendel (melodia de um coro de *Samson* retirado de um moteto de Legrenzi).

Ø Oratório *La Vendità del Core* (R. Blanchard).

Lehar, Franz (Komàrom, 30 Abr. 1870/Ischl, 24 Out. 1948). Foi director de banda militar em Losoncz, Pola, Trieste, Budapeste, Viena, antes do êxito de *A Viúva Alegre* (*Die lustige Witve*, Viena, 1905) o ter orientado definitivamente para a opereta vienense.

✪ 1 ópera (*Kukuska*), cerca de 35 operetas (entre elas, *A Viúva Alegre, O Conde de Luxemburgo* e *O País do Sorriso*), numerosas rapsódias.

Leibowitz, René (Varsóvia, 17 Fev. 1913/Paris, 29 Ago. 1972). Director de orquestra, teórico, crítico. Tendo chegado a Paris em 1925, compôs como autodidacta um certo número de partituras, que irá destruir mais tarde para recomeçar do *op. 1* em 1939. Entretanto, descobre perspectivas completamente novas ao trabalhar com Webern, em Viena, e Schönberg, em Berlim (1930-1933). Pelos seus escritos, os seus concertos e o seu ensino, com um zelo obstinado e uma profunda compreensão da história da música, iniciou toda uma geração de músicos na *Komposition mit zwölf Tonen*, ou dodecafonismo (segundo a denominação que criou).

✪ *La Nuit Close* (drama musical), *Tourist Death* (para soprano e orquestra de câmara), *L'Explication des Métaphores* (recitantes 2 pianos e percussão), 2 sinfonias (*Op. 4 e 16*), *Concerto de Câmara op. 10, Sinfonia de Câmara op. 16,* quinteto de sopro, sonata de piano e várias obras literárias (entre as quais se conta a notável *Introduction à la Musique de Douze Sons*).

Le Jeune, Claude (Valenciennes, 1528/Paris, Set. 1600). Sabemos muito pouco acerca da sua vida. Em 1554, aparece em Lovaina a sua primeira colectânea de canções. Cerca de 1580, é mestre de música do duque de Anjou. Quando da «Journée des barricades», em 1588, os seus amigos huguenotes incitam-no a fugir de Paris com os seus manuscritos. Preso pelos soldados da Liga, deve a sua salvação e salvaguarda das suas obras (que quase foram queimadas) ao seu amigo católico, o compositor Mauduit. Em 1598, aparece uma das suas mais belas colectâneas: o *Dodécachorde contentant 12 psaumes de David* (Versão Marot e Bèze); segundo pode ler-se no frontispício, era então «compositor de música de câmara do rei» (privilégio de edição e altas funções concedidas, sem dúvida, por Henrique IV por aplicação do Édito de Nantes). Numa publicação póstuma, *Le Printemps*, contendo 39 canções, um importante prefácio «sobre a música mensurada» refere que Le Jeune conseguiu melhor do que ninguém a união da harmonia moderna e da métrica antiga, segundo os princípios de Antonie de Baïf. Este poeta fundara, em 1570, uma «academia» para estimular a composição de música sobre versos franceses, medidos segundo a prosódia clássica (a métrica poética, definida pela divisão das breves e longas, deve ser considerada a alma da música). A última colectânea de salmos de Le Jeune (publicada pela irmã em 1613) foi bastante difundida na igreja calvinista, que ainda a utiliza hoje em dia. As peças desta colecção são, na sua maioria, tratadas em contraponto simples, nota contra nota, cabendo o tema principal ao tenor. Na sua sobriedade, favorável ao canto colectivo, possuem uma beleza real: mas as obras-primas de Le Jeune são os grandes salmos, magnificamente elaborados, da colectânea de 1598 (*Dodécachorde...*) e as canções francesas, algumas das quais atingem proporções consideráveis (por exemplo: *Ma Mignonne,* da colectânea «Le Printemps»).

✪ Cerca de 500 salmos (incluindo, pelo menos, duas versões completas do Saltério de Genebra), grandes motetos latinos (nos *Livres de Meslanges*), mais de 200 canções francesas, uma *Missa ad placitum.*

Ø *Octonaires* (Feuilie), *Chansons* (Kreder).

Lekeu, Guillaume (Heusy, perto de Verviers, 20 Jan. 1870/Angers, 21 Jan. 1894). Aluno de Franck e de d'Indy. Quando do concurso de Roma (em que só obteve o segundo prémio), Ysage apreciou muito os seus dotes e encomendou-lhe uma *sonata de violino,* que o tornou rapidamente conhecido. Morreu aos 24 anos, com febre tifóide, deixando várias obras inacabadas (d'Indy terminou a sua *Sonata de Violoncelo* e o seu belo *Quarteto Com Piano).*

✪ Fragmentos de uma ópera e de 2 sinfonias, *Adagio* para quarteto de cordas e orquestra, *Fantaisie sur deux airs angevins* para orquestra, sonata de violoncelo e piano, sonata de violino e piano, quarteto de cordas, trio e quarteto com piano, peças para piano.

Ø *Sonata de Violino e Piano* (Grumiaux).

Leo, Leonardo (San Vito dei Normanni, Brindisi, 5 Ago. 1694/Nápoles, 31 Out. 1744). Aluno de Fago no Conservatório della Pietà dei Turchini, em Nápoles. Por outro lado, deve ter certamente sofrido a influência de A. Scarlatti, de quem é o mais notável émulo; mas nunca foi seu aluno directo. Ainda no Conservatório, estreou-se como compositor com um drama sacro, *Infedeltà Abbattuta*, interpretado pelos seus condiscípulos (1712). Torna-se organista e, depois, *primo maestro* da capela real e ensinou nos conservatórios della Pietà dei Turchini e de S. Onofrio, em Nápoles, onde teve como alunos Jommelli e Piccini. A habilidade da sua escrita contrapontística (sequências fugadas admiráveis nas missas ou salmos), a nobreza da inspiração melódica nas suas obras religiosas, a sua inspiração brilhante no género nascente da ópera-bufa (de que é um dos melhores representantes da sua geração), são as principais qualidades que fazem de Leo um dos maiores mestres da escola napolitana. As suas óperas sérias têm um interesse menor.

✪ 6 oratórios (entre eles, *La Morte di Abele* e *St.ª Elena al Calvario*), 6 missas para coros e orquestra (entre as quais figura uma muito bela em *ré maior*) e 4 *Credos* isolados, numerosos motetos, salmos, etc. (incluindo o admirável *Miserere em Dó Menor* para coro duplo), várias cantatas para voz solista, mais de 70 óperas (entre as quais se contam 2 dramas sagrados e 22 óperas bufas), música instrumental (concerto de 4 violinos, 6 concertos de violoncelo, *toccate* para cravo).
Ø *La Morte di Abele* (Conj. Angelicum).

LEONCAVALLO, Ruggiero (Nápoles, 8 Mai. 1858/Montecatini, 9 Ago. 1919). Filho de um magistrado, foi aluno de Lauro Rossi, no Conservatório de Nápoles. O seu único grande êxito foi a ópera «verista» *Pagliacci*, criada em Milão em 1892, a que se seguiu *La Bohème*, que ainda suscitou algum interesse, apesar da concorrência de Puccini. As suas obras não conseguiram impor-se.
A sua música é bem escrita para a voz, não carece de eficácia dramática, mas denota uma imaginação pobre que, muitas vezes, cai na vulgaridade ou no efeito fácil.

✪ Cerca de 20 óperas (de que escreveu a maior parte dos libretos) e algumas obras sinfónicas.
Ø *Pagliacci* (Del Monaco – Molinari – Pradelli).

LEONIN, ou Leoninus (?/?, século XII). Mestre de capela da Igreja da Bienheureuse-Vierge-Marie (que, em breve, virá a ser a Catedral Notre-Dame de Paris), primeiro grande representante da Escola de Notre-Dame, era considerado o melhor compositor de *organa* do seu tempo. Não foi encontrado qualquer documento que pudesse estabelecer a sua biografia, nem qualquer manuscrito que lhe pudesse ser atribuído com certeza. A paternidade do *Magnus Liber Organi* (que lhe é atribuida por um autor inglês do século XIII) é ainda discutida; por outro lado, esta obra só é conhecida sob a forma de cópias um pouco mais tardias.

✪ *Magnus Liber Organi de Gradali et Antiphonarii pro servitio divino multiplicando* (cerca de 1160-1180), revisto e completado pelo seu sucessor, Pérotin: mais de 80 *organa* a duas vozes onde ora a melodia do cantochão se apresenta em valores muito longos com a segunda voz sobreposta aos seus arabescos, ora as duas vozes se deslocam nota contra nota.
Ø *Organum Judae et Jerusalem* (S. Cape).

LE ROY, Adrian (Montreuil-sur-Mer cerca de 1520/Paris, 1598). Tocador de alaúde e impressor de música. Fundou, com o seu primo R. Ballard, uma das mais importantes casas editoras de música do seu tempo, que beneficiou, durante longos anos, de um quase monopólio em França e que publicou as obras dos maiores músicos da ápoca (nomeadamente, Lassus, de quem era amigo). Os Ballard sucederam-se nessa empresa até 1788.
✪ *Um Livre d'airs de cour mis sur le luth* (1571), uma colecção de peças *en forme de voix de ville*, transcrições de canções e de salmos para alaúde, métodos de alaúde, de sistro, de guitarra.
Ø *14 Airs de Cour* (Van Acker).

LESUEUR, Jean-François (Drucat, Somme, 15 Fev. 1760/Paris, 6 Out. 1837). Mestre de capela em Dijon, Le Mans, Tours e na Notre-Dame de Paris, onde iniciou um estilo grandioso de música religiosa (um crítico censurou-o por ter introduzido a ópera na igreja e a música religiosa na ópera); depois, foi director da música imperial e superintendente da música de Luís XVIII. Professor de composição no Conservatório, formou doze vencedores do Prémio de Roma, entre os quais se contavam Berlioz, A. Thomas e Gounod.
✪ 8 óperas, 33 missas, motetos, salmos, oratórios, cantatas de circunstância.
Ø *Marche du Sacre de Napoléon Ier* (Tzipine).

LESUR, Daniel (Paris, 19 Nov. 1908//Paris, 2 Jul. 2002). Organista e pianista. Aluno de Tournemire, Gallon e Caussade, foi, sucessivamente, organista suplente de Sainte-Clotilde e, depois, dos beneditinos de Paris, professor de contraponto da Schola Cantorum (1935-1939), e director desta celébre escola (1957-1962). De 1971--1972 dirigiu interinamente os teatros líricos reunidos, e foi inspector-geral da Música (1973-1977). Em 1936, participou, com Jolivet, Messiaen e Baudrier, na fundação do grupo Jeune France. A sua distinção e grande cultura fizeram dele o conselheiro de numerosas organizações musicais.
✪ *Messe du Jubilé* (1962), *Cantique des Cantiques* para conjunto vocal, *Suite Française e Ricercare* para orquestra, *L'Étoile de Séville* para orquestra de câmara, *Passacaille* e *Variações* para piano e orquestra, uma sinfonia (1975) para piano e para órgão, admiráveis colecções de melodias (entre elas 4 *lieder* e *Chansons cambodgiennes*).
Ø *Cantique des Cantiques* (Ensemble Madrigal), *Andrea del Sarto* (Rosenthal), *Variations piano et orchestre* (Tagrine, Paillard), *Chansons du Calendrier* (Caillat).

LIADOV, Anatole Constantinovitch (São Petersburgo, 11 Mai. 1855/Novgorod, 28 Ago. 1914). Aluno do pai (mestre de capela da corte) e de Rimski-Korsakov, no Conservatório de São Petersburgo, onde foi professor. Colaborou com Balakirev em pesquisas sobre o folclore russo.
✪ Poemas sinfónicos, 8 cantos populares russos para orquestra, melodias, coros, numerosos arranjos de canções populares e, sobretudo, peças para piano (influenciadas pelo estilo de Chopin) algumas das quais foram orquestradas e transformadas em bailados.
Ø *Baba Yoga, O Lago Encantado, Kikimora*, etc. (Svetlano)

Ligeti, György (Dicsöszentmàrton, Transilvânia, 28 Mai. 1923/Viena, 12 Jun. 2006?). A sua música, cuja influência foi profunda, foge a todos os processos de desenvolvimento conhecidos. Retira das formações tradicionais grandiosas nebulosas sonoras completamente inauditas.

✪ *Requiem* para coro e orquestra, peças para grande orquestra, *Aventuras* (3 vozes e sete instrumentos), peças para cravo e para órgão, 2 quartetos.

Ø *Requiem, Lontano, Continuum* (Gielen), *Aventuras, Atmosferas, Volumina* (Bour e Maderna).

Lima, Cândido (Viana do Castelo, 1939) Compositor de linha «vanguardista» e experimental, professor no Conservatório do Porto. A sua obra, aceite por uns e contestada por outros, tem pelo menos o mérito de perseguir o objectivo cultural em que a música nos aparece ao mesmo tempo destacada e dentro de um contexto de produção espiritual do Homem. Numa análise esquemática que o autor faz de suas obras e que fez publicar, em 1974, numa brochura que reduz ordenadamente a uns quantos tópicos, segundo um critério próprio, a História da Música e algumas disciplinas dos cursos de música, e que intitulou *A Música e o Homem na Reforma do Ensino* (da Antiguidade à vanguarda) Cândido Lima dá-nos a ideia de pretender transpor, ou ligar intimamente, o mundo do imaginário, do poético, do psíquico aqueloutro do concreto, do consciente, do activo e do real. Daí que tenha de se interrogar a si próprio sobre a existência em si de uma dupla personalidade que actua e se exprime ora através do compositor, ora através do professor.

O conjunto das suas obras reflecte e reforça, na sua linha evolutiva, esta filosofia de angústia constante. Entre o que compôs podemos apreciar muitas obras para canto e piano ou só piano; violino e piano; violoncelo e piano; flauta, oboé e violino (*Miniaturas*); orquestra de câmara (*Visões Geométricas*); canto, flauta, clarinete e piano (*Música Para Dois Sonetos de Camões*); órgão, piano, declamador, luzes e mimo (*Projecções I*) e para orquestra (*Epitáfio para F. Kafka*). Nas suas actividades como dirigente de grupos corais e conferências tem-se mostrado um excelente pedagogo.

Lindblad, Adolf Frederik (Skänninge, próximo de Estocolmo, 1 Fev. 1801/Linköping, 23 Ago. 1878). A sua reputação assenta sobretudo em melodias comoventes, cantadas em toda a Europa pela sua aluna Jenny Lind; valeram-lhe o epíteto de «Schubert nórdico».

✪ 1 ópera, numerosas melodias, 2 sinfonias, peças para piano, 7 quartetos de cordas.

Liszt, Franz (Raiding, Hungria, 22 Out. 1811/Bayreuth, 31 Jul. 1886). Seu pai, intendente dos domínios do príncipe Esterharzy, excelente músico amador, deu-lhe as suas primeiras lições de piano. Aos 9 anos, fez as suas primeiras apresentações em público em Poszony (Presburgo) e, depois, exibiu-se em Viena aos 11 anos. Foi tal o entusiasmo na capital que um grupo de ricos mecenas lhe garantiu, durante seis anos, uma pensão que lhe permitisse continuar os estudos. Em Viena, foi aluno de Czerny (piano) e de Salieri (composição). Em 1823, seus pais levam-no para Paris onde, como Cherubini lhe recusou, por ser estrangeiro, o acesso ao Conservatório, teve lições particulares com Paëree Reicha. Durante uma dezena de anos, a sua residência principal será Paris; mas, a partir de 1824, faz-se ouvir, com êxito difícil de imaginar, em França, Inglaterra e Suíça. Em 1825 (aos 14 anos), é representada a sua ópera em um acto, *Don Sanche,* que ficou aquém das expectativas. Estes anos parisienses são ricos em ensinamentos e emoções férteis. Liszt entusiasma-se com o ideal da revolução de Julho, interessa-se pelo movimento saint-simonista, assiste à primeira audição da *Sinfonia Fantástica,* de Berlioz (1830), aos primeiros concertos, em Paris, de Paganini (1831) e de Chopin... O exemplo destes três músicos suscita a sua admiração e fá-lo tomar consciência da sua própria natureza generosa e apaixonada. Durante este período de ardor romântico e de trabalho intenso, convive não só com os músicos, mas também com os maiores literatos do seu tempo: Hugo, G. Sand, Heine, Lamartine, Lamennais. Em casa de Chopin, conhece a condessa d'Agoult (nas letras, Daniel Stern), que abandona o marido e os filhos para o seguir. Entre 1833 e 1840 vivem juntos, principalmente na Suíça e em Itália (onde Liszt compõe os *Années de Pèlerinage*); desta ligação nascem um filho, Daniel, e duas filhas, Blandine (que casará com Émile Olivier, ministro de Napoleão III) e Cosima (que será, sucessivamente, mulher de H. von Bülow e de R. Wagner). Entre 1840 e 1847, Liszt viaja sem parar: França, Alemanha, Bélgica, Suíça, Itália, Inglaterra, Espanha, Portugal, Áustria, Hungria, Sérvia, Bulgária, Rússia, Turquia, toda a Europa o aclama como o maior pianista jamais visto. É o período dos seus maiores êxitos como virtuoso, que ele explora muitas vezes para fins generosos: ajuda às vítimas das inundações do Danúbio, aos habitantes da sua aldeia natal, aos artistas indigentes, contribuição para se erigir um monumento a Beethoven, em Bona, etc. Em 1847, instala-se em Weimar, como *Kappellmeister* da corte. Então, deixa totalmente de dar concertos em proveito próprio, dedicando sobretudo a sua actividade de intérprete (pianista e director de orquestra) aos seus contemporâneos, com uma dedicação que não toma em conta os seus gostos nem as suas simpatias pessoais. Entre as criações ou reposições importantes de que assume a responsabilidade figuram *Lohengrin, Tannhäuser* e *O Navio Fantasma,* de Wagner (que conheceu em Londres, em 1841, e de quem se torna o mais activo defensor): *Benvenuto Celini* e *Roméo et Juliette* do seu amigo Berlioz; *Geneviève e Manfred,* do seu inimigo Schumann; *Samson et Dalila,* de Saint-Saëns; etc. Consegue fazer de Weimar um dos mais prestigiosos centros musicais da Europa. Organiza aí, nomeadamente, dois festivais Berlioz (1852 e 1855) e confia ao músico francês a tarefa de dirigir o seu próprio *Concerto em Mi Bemol,* interpretando ele a parte de piano. É o período da sua ligação com a princesa von Sayn-Wittgenstein. Em 1861, descontente com a hostilidade de certos meios musicais conservadores, fixa-se em Roma, onde recebe a tonsura e, depois, ordens menores. Nunca foi sagrado padre (embora lhe chamassem o abade Liszt): não foi, portanto, autorizado a dizer missa e conservou o direito de casar. Pensava regularizar a sua ligação de Weimar quando o papa lhe deu a conhecer a sua recusa em reconhecer o divórcio da princesa Wittgenstein. A partir de 1870, dividiu a sua vida entre Roma, Weimar, Bayreuth, Paris e Budapeste (onde foi eleito presidente da nova Academia Nacional de Música). Continuou a viajar intensamente até ao final da sua vida, obtendo os seus últimos êxitos em 1866, em Paris e em Londres, onde salas apinhadas aplaudiram a sua *Lenda de Santa Isabel.* Apanhou frio no comboio em que regressava de Bayreuth para assistir à primeira representação de *Parsifal:* oito dias mais tarde, faleceu com uma congestão pulmonar. Para várias gerações, Liszt constituiu o tipo do grande virtuoso internacional «para quem a música tem o lugar da pátria». Falava melhor alemão e, sobretudo, francês (a sua língua predilecta) do que húngaro, viajava permanentemente, estava à vontade em qualquer lugar. Verdadeiro inventor do recital de piano, era, na opinião dos seus contemporâneos, um virtuoso absolutamente fenomenal, mas terrivelmente cabotino. Quanto ao resto, impunha o respeito pela sua generosidade, pela sua dedicação incansável, pela sua nobreza de carácter e pela sua inacreditável capacidade de trabalho. Teve numerosos alunos, entre os quais Bülow, Tansig, Albéniz, d'Albert...

✪ Mais de 700 obras, no total, se contarmos cada uma das grandes colecções pianísticas como uma unidade: MÚSICA RELIGIOSA: 5 missas (entre elas, *Missa de Gran* e *Missa Húngara da Coroação*), 6 grandes salmos, um *Requiem*, 6 oratórios (como *Die Legende von der heiligen Elisabeth e Christus*), um grande número de hinos, cânticos, etc. – MÚSICA VOCAL PROFANA: coros (*a cappella* ou com diferentes acompanhamentos) e 78 melodias francesas, alemãs, italianas, húngaras, inglesas – ORQUESTRA: 12 poemas sinfónicos (entre os quais figuram, *Tasso, os Prelúdios, Orpheus, Prometheus, Mazeppa*), 2 «sinfonias» (*Fausto e Dante*) que ainda são poemas sinfónicos, *Dois episódios de Fausto de Lenau* (com a *1.ª Mephisto-Walz*), *2.ª Mephisto-Walz*, bem como orquestrações das suas próprias obras de piano, da *Wanderer Fantasie*, de Schubert, etc. – PIANO: 2 concertos e uma *Totentanz*, para piano e orquestra – 24 *Grandes Estudos*, 12 *Estudos de execução transcendente*, 6 *Estudos... segundo Paganini* (incluem *Campanella* e *A Caça*), *Années de pèlerinage* (3 anos), *Harmonias poéticas e religiosas*, 2 *Lendas*, uma magnífica *Sonata* (que não é uma sonata), 29 *Rapsódias húngaras* – cerca de 200 «reduções» para piano (das sinfonias de Beethoven, das óperas de Wagner, de 57 *Lieder* de Schubert, etc.), uma centena de fantasias ou paráfrases sobre óperas célebres (*Don Giovanni, Norma, Fausto, Freischütz, Rigoletto, Aida...*): – DIVERSOS – Arranjos de todos os tipos, revisões de obras clássicas para edição, 7 volumes de escritos (correspondência, crítica, análise...). A sua música de piano e, nomeadamente, os grandes estudos, iniciam a moderna técnica de piano. Mas aquilo que de maior escreveu para o seu instrumento talvez seja a *Sonata*. E as mais originais são as

obras dos últimos anos, infelizmente esquecidas hoje em dia, que prenunciam Debussy e Bartók (3.ª *Mephisto-Walz, Nuages Gris, A Gôndola Lúgubre*). Na sua obra sinfónica, Liszt é o criador do poema sinfónico moderno, baseado na transformação de temas (princípio já explorado por Berlioz na sua *Sinfonia Fantástica* e por Schubert na *Wanderer Fantasie*, e que está na origem do *leitmotiv* wagneriano).
Ø *Missa Húngara da Coroação* (Ferencsik), *Christus* (Forrai), *Faust-Symphonie* e *Prelúdios* (Bernstein), *Dois Concertos* (Richter), os *Poemas Sinfónicos* (Haitink), *Sonata* (Horowitz), *Música Para Piano* (integral, Clidat), *Rapsódias* (Cziffra), *Estudos de Execução Transcendente* (Ashkenazy), *Melodias* (Souzay).

Lobo, Duarte (Lisboa, 1565/Lisboa, 24 Set. 1646). A escassez de dados seguros sobre a vida deste compositor português (um dos maiores de todos os tempos) é compensada, felizmente, pela existência de grande parte das suas obras que, na época, tiveram o mérito e a sorte de ser editadas em Antuérpia. Apoiado pela casa real portuguesa, protegido pelo cardeal D. Henrique, Eduardus Lupus, como ele se assinava em latim, repartiu a sua actividade entre Évora e Lisboa como mestre de coro e de capela e como professor. Há quem veja nele o maior polifonista português de todos os tempos. Não podemos hoje partilhar esta mesma opinião num sentido absoluto. Temos de aceitar, contudo, que estamos perante um dos maiores compositores portugueses de sempre, tanto pela sua muita produção, como pela perfeição e qualidade de tudo quanto escreveu. Existem hoje em Coimbra, Évora, Vila Viçosa, Valhadolid, Sevilha, Munique e Viena exemplares de quase tudo o que dele foi editado em Antuérpia, (Platin, entre 1602 e 1639) bem como em Lisboa (Craesbeck, 1607). E o Museu Britânico conta com um bom número de manuscritos que contêm obras de Duarte Lobo, como missas, motetos, etc. As obras editadas na época são as seguintes: 1— *Opuscula: Natalitiae noctis responsoria, 4 et 8 v.: Missa... 8 v.: Beata Maria Virginis Antiphonae, 8 v.: Eiusdem Virginis Salve, Choris, 3 et Il v.* (Antuérpia, Plantin, 1605). 4 — *Liber Processionum et Stationum Ecclesiae Olyssiponensis* (Lisboa, Craesbeck, 1607). 5 — *Liber Missarum, 4, 5, 6, et 8 v.* (Antuérpia, Platin, 1621). *Liber II, Missarum 4, 5 et 6 v.* (Antuérpia, Platin, 1539). Subsidiado pelo Instituto de Alta Cultura saiu, em notação actual, um volume de *Composição Polifónica de Duarte Lobo*, em 1945, por Manuel Joaquim.

Locatelli, Pietro (Bérgamo, 3 Set. 1695/Amesterdão, 30 Mar. 1764). Violinista. Aluno de Corelli, em Roma. Ignoramos quase tudo sobre a sua vida; parece ter viajado muito, antes de se ter fixado em Amesterdão, onde dava concertos públicos regulares. Nos seus concertos e sonatas perpetua (com menos génio) a grande tradição do seu mestre; mas, nos seus caprichos, apenas se preocupa com o virtuosismo instrumental, com uma extravagância e uma audácia que prenunciam Paganini.
✪ *L'Arte del Violino, Op. 3* (contendo 12 *Concerti Grossi* e 24 *Caprichos*), 6 *Introduzioni Teatrali* e 6 *Concerti Op. 4*, 6 *Concerti a Quattro Op. 7* (o

n.º 6 é o admirável *Pianto d'Arianna*), *Contrasto Armonico* (concertos a 4) *Op. 10,* sonatas de violino, sonatas de flauta, sonatas em trio, *Caprichos Enigmáticos.*
Ø *L'Arte del Violino* (Lautenbacher, Kehr), *Sonate Op. 6 n.º 7* (Kogan), *Concerto Pianto d'Arianna* (Fernandez, Paillard).

LOCKE, **Matthew** (Exeter, cerca de 1630/Londres, Ago. 1677). Compositor ordinário de Carlos II. É o maior músico do teatro inglês antes de Purcell. Compôs a música de várias «mascaradas», uma das quais, *Cupid and Death*, é uma verdadeira pequena ópera (1653). No entanto, não podemos considerá-lo «o primeiro compositor inglês de ópera» (V. LANIER). Purcell compôs uma elegia sobre a sua morte.
✪ «Mascaradas», música para *The Tempest*, de Shakespeare (transformada em ópera por Shadwell), 20 *anthems*, vários *consorts* para 2, 3, 4 instrumentos de cordas, peças a 5 e 6 vozes para cornetas e sacabuxas.
Ø 6 *Voluntaries* (Dart).

LŒILLET, **Jean-Baptiste** – ou John (Gand, 18 Nov. 1680/Londres, 19 Jul. 1730). Cravista, oboísta e, sobretudo, flautista. Tinha o pai, tio, primos e dois irmãos músicos; a sua genealogia, ainda muito incerta, e várias semelhanças de nome próprio provocaram muitas confusões. Lœillet foi músico no Queen's Theater, em Londres, dedicando-se depois ao ensino.
✪ 18 sonatas a 3, 12 solos (6 para flauta de bisel e 6 para flauta travessa), *Lessons* para cravo ou espineta, *6 Suites or Lessons* para cravo.

Ø 4 *Sonatas a 3* (Alés, Coddée, Gerlin), 8 *Sonatas* (Poulteau, Chevalet, Schmit).

LOEWE, **Karl** (Löbejun, Saxe, 30 Nov. 1796/Kiel, 20 Abr. 1869). Cantor e organista. Começou como corista da capela da corte de Cöthen, onde a sua linda voz de criança causou admiração a Mme de Stäel. Durante 46 anos, foi *Kantor* e organista de S. Jacob, em Stettin. É conhecido sobretudo devido às suas baladas ingénuas e simples, algumas das quais se incorporam no folclore alemão.
✪ 5 óperas, 16 oratórios, sinfonias, concertos e 368 *Lieder* e baladas.
Ø *Baladas e Lieder* (Fischer-Dieskan).

LOGROSCINO, **Nicola** (Bitonto, Out. 1698/Palermo, cerca de 1766). Aluno de Veneziano e Perugino no Conservatório St.ª Maria di Loreto, em Nápoles, lá permaneceu algum tempo, depois de terminados os estudos, como professor suplente, mas foi despedido em 1727, por causa das suas *male qualitá*. Isso não o impediu de ser nomeado organista do bispo de Conza e, depois, *Maestro di cappella* do Conservatório dei Figloli dispersi, de Palermo. Cognominado *il dio dell'opera buffa*, foi, sem dúvida, um dos maiores mestres deste género, a ajuizar pelas raras partituras que chegaram aos nossos dias.
✪ Música religiosa (salmos, 2 *Stabat Mater*) e cerca de 36 óperas, entre as quais se contam umas 30 óperas bufas (perdidas, na sua maioria).

LOPES GRAÇA, **Fernando** (Tomar, 17 Dez. 1906/Parede, 27 Nov. 1994). Aluno de Adriano Sereia (piano), Tomás Borba (composição), Luís de

Freitas Branco (ciências musicais) e Viana da Mota (virtuosidade), no Conservatório de Lisboa. Vulto destacado da música portuguesa do século XX, deve-se-lhe uma obra importante de recolha folclórica, uma importante actividade de crítico, bem como de musicólogo.

✪ 1 revista-bailado *La Fièvre du Temps*, *Sinfonia Per Orchestre*, quartetos, concertos de piano, obras para coro *a cappella* e melodias.

Lorenzani, Paolo (Roma, 1640/Roma, 28 Out. 1713). Aluno de Benevoli. Ocupou os lugares de *Maestro di cappella* em Turim, nos jesuítas de Roma e, finalmente, na catedral de Messina; daí embarcou para França, em 1678, num barco do marechal de Vivonne (que fora apoiar a revolta de Messina contra os Espanhóis). Acolhido favoravelmente pela corte de Luís XIV, obteve o título de «mestre de música da rainha», mas foi alvo da hostilidade de Lully e dos outros músicos franceses. Em 1694, foi nomeado *Maestro di cappella* de São Pedro, em Roma.

✪ 25 grandes motetos no estilo francês, uma ópera francesa, *Orontée*, algumas óperas italianas, cantatas, árias francesas e italianas.

Lortzing, Albert (Berlim, 23 Out. 1801/Berlim, 21 Jan. 1851). Actor, cantor de ópera (tenor), instrumentista, libretista. Oriundo de uma família de comediantes e músicos, teve uma juventude agitada, durante a qual aprendeu música como autodidacta; casou com uma actriz e levou uma vida nómada, consoante as digressões. No teatro de Leipzig (1833-1837), sofreu a influência do repertório da ópera-cómica francesa, de que quis criar um equivalente tipicamente alemão.

✪ 14 óperas ou óperas-cómicas (das quais o maior êxito foi *Zar und Zimmermann*), música de cena, 2 oratórios.

Lotti, Antonio (Hanover?, 1667//Veneza, 5 Jan. 1740). Cantor e organista. Aluno de Legrenzi, em Veneza, como menino de coro da capela dos doges. Foi organista e, depois, mestre de capela em São Marcos. Entre os seus muitos alunos, figuram Marcello, Alberti, Bassini, Galuppi.

✪ Missas, motetos, cantatas, um célebre *Miserere*, uma colecção de *Duetti, terzatti e madrigal*, 4 oratórios, cerca de 20 óperas.

Ø *Cantatas e Motetos* (Loehrer).

Lully, Jean-Baptiste (Florença, 28 Nov. 1632/Paris, 22 Mar. 1687). A história da sua infância é um emaranhado de lendas que ele próprio ajudou a criar. Parece que só recebeu uma instrução geral e musical rudimentar de um monge franciscano. Aos 13 anos, o jovem foi levado para Paris pelo cavaleiro de Guise, para atender ao desejo da sua sobrinha Mademoiselle de Montpensier, que procurava *un joli petit italien* com quem pudesse conversar na sua língua. Lully estava longe de ser bonito, mas não foi enviado para as cozinhas como se afirma. O seu desembaraço, a sua graça e os seus dotes musicais valeram-lhe ser nomeado pajem de música e moço da câmara de Mademoiselle de Montpensier. Em breve se tornou um dos melhores violinistas da orquestra privada desta princesa. Em 1652, depois da Fronda deixou os serviços de

Mademoiselle, sem dúvida por causa de a prima do rei ter caído em desgraça na sequência dos acontecimentos de 1652: mas afirmou-se que foi despedido por ter composto uma canção satírica. O jovem Luís XIV mandou logo que o contratassem para os «vinte e quatro violinos». Devido ao seu talento de violinista, à sua habilidade para a dança, ao seu espírito cortesão e ao seu prodigioso oportunismo, soube tão bem encantar e adular o rei que se tornou o monarca absoluto da música da corte. Encarregado da direcção dos «pequenos violinos», fundados recentemente, foi nomeado «superintendente da música do rei», em 1661; recebeu, nesse mesmo ano, as suas «cartas de naturalização» e, depois, foi promovido a «mestre de música da família real». Cúpido e sem escrúpulos, conseguia afastar todos os rivais e nenhuma festa se podia realizar na corte sem que solicitassem a sua colaboração como compositor, violinista e bailarino. Foi nesta época que completou a sua cultura musical, seguindo os conselhos de Gigault.

Em 1662, torna-se amigo de Molière, com quem irá colaborar até 1671, numa série de pastorais ou comédias-bailados, em que a música tinha um papel de primeiro plano: *Le Mariage forcé*, *L'Amour médecin*, *Monsieur de Pourceaugnac*, *Le Bourgois gentil-homme* (onde Lully desempenhava o papel do Mufti na cena do Mamamouchi), etc. O seu êxito crescente e os honorários consideráveis não eram suficientes para satisfazer a sua enorme ambição. A falência da Academia Real de Música, explorada por Cambert e Perrin, deu-lhe o motivo para aumentar a sua influência: assumiu o passivo da empresa e conseguiu, com a cumplicidade de Madame de Montespan, que o privilégio concedido em 1669 ao abade Perrin fosse transferido para si, com novas cartas-patentes, o que lhe assegurava o monopólio, de facto, da ópera em França (por exemplo, o seu teatro era o único que podia empregar mais de seis violinos). Boileau chama-lhe *coeur bas, coquin ténébreux, buffon odieux*. Inicia, então, uma colaboração de 14 anos com Quinault, pondo em cena *Les Fêtes de L'Amour et de Bacchus* (1672) e, depois, *Cadmus et Hermione*, a primeira grande ópera francesa (1673). Em 8 de Janeiro de 1687, feriu-se no pé com o grande bastão de direcção, quando apresentava o seu *Te Deum* para celebrar a cura de Luís XIV. O abcesso que se formou provocou a gangrena que o vitimou, três meses e meio depois, na sua casa, rue de la Ville-L'Évêque, deixando seis filhos (três dos quais músicos) e uma enorme fortuna.

Lully foi o criador da ópera francesa. Manteve as formas das óperas de Cavalli, muito do agrado da corte de França, mas adaptou essas formas ao ritmo e ao espírito da poesia francesa. Foi o primeiro a anteceder as suas óperas de verdadeiras aberturas muito desenvolvidas (uma primeira parte lenta e majestosa, seguida de um *allegro* em estilo fugado e, depois, de uma repetição abreviada da primeira parte) que, com o nome de «abertura à francesa», tiveram um enorme sucesso (as «suites» de Bach aumentam-lhe a forma) e contribuíram para criar a sinfonia clássica. O desconhecimento das regras de interpretação da época (nomeadamente no campo dos ornamentos, do ritmo e do *tempo*) contribui, muitas vezes, para desfigurar a música de Lully ao ponto de a tornar insípida e de só deixar aparecer os defeitos (banalidade de harmonia e de instrumentação, monotonia da declamação): a gravação do *Te Deum* representa um esforço muito interessante para reatar a interpretação do século XVII (realização de A. Geoffroi-Dechaume).

❂ 32 bailados da corte, 11 comédias-bailados ou pastorais (com Molière), 14 tragédias líricas (as mais notáveis das quais são *Amadis, Roland* e *Armide*), grandes motetos (*Te Deum, Miserere, Dies Irae, etc.*).

Ø *Alceste* (Malgoire), *Musique pour Molière* (Malgoire), *Xerxès,* bailado (Malgoire), *Te Deum* (Paillard).

MACDOWELL, **Edward** (Nova Iorque, 18 Dez. 1861/Nova Iorque, 23 Jan. 1908). Pianista. Aluno de Savard e Marmontel, no Conservatório de Paris, e de Raff, em Francoforte, foi sobretudo marcado pela influência do professor alemão, por quem manifestava uma profunda admiração. Foi professor no Conservatório de Darmstadt e depois, quando do seu regresso aos Estados Unidos, em 1888, na Columbia University. Foi um dos primeiros a explorarem o rico folclore dos índios da América.

❂ 3 poemas sinfónicos, 3 suites sinfónicas (entre as quais se conta *Indian Suite*), 2 concertos de piano, numerosas peças para piano (poéticas ou descritivas), melodias.

MACHAUT, **Guillaume de** (Champagne, cerca de 1300/Reims, 1377). Um dos maiores poetas da Idade Média. Nada sabemos acerca da sua juventude nem dos seus estudos, a não ser que recebeu, muito cedo, ordens menores, que estudou Teologia (provavelmente na Universidade de Paris) e acedeu ao grau de *magister.* Em vários documentos é também chamado *Clericus elimosinarius* (1330), *notarius* (1332), *secretarius* (1335). Cerca de 1323, estava ao serviço de João de Luxemburgo, rei da Boémia, que acompanhou, até 1340, nas suas expedições à Polónia, Lituânia, Itália, etc. Quando João da Boémia é morto em Crécy (1346), Machaut passa para o serviço de Bonne de Luxemburgo, depois, do rei de Navarra, Carlos, o *Mau,* e, finalmente, do rei de França, Carlos V, e do duque de Berry. Terminou os seus dias como cónego, em Reims, rodeado do maior respeito e admirado como o maior músico do seu tempo.

❂ (Obra conservada integralmente em 32 manuscritos): − 19 *lais.* Longos poemas líricos, compostos por 12 estrofes ou pares de estrofes, todas elas diferentes musicalmente, com excepção da primeira e da última (1 voz e acompanhamento instrumental), 23 motetos (17 em francês e 6 em latim): na forma tradicional do moteto isorrítmico de Philippe de Vitry (3 ou 4 vozes), 1 *Hoquetus:* composição que, do princípio ao fim, explora o processo do hoqueto, que consiste em deslocar nas diferentes partes as notas e os silêncios, cada voz parando e recomeçando, por sua vez, em alternância rápida (3 vozes), 42 baladas: as obras mais originais e interessantes de Machaut, formadas por 3 estrofes, versificadas no esquema ABA BCC DD (em que DD, idêntico em cada estrofe, constitui o estribilho). Os temas inspiram-se no espírito cavaleiresco medieval, a música é expressiva e lírica (uma parte vocal e uma ou duas partes

instrumentais, exceptuando uma «dupla» e uma «tripla» balada com duas e três partes vocais); 21 rondós e 33 *virelais*: são aparentados com as baladas, mas mais curtos, temas mais leves, onde o amor desempenha o papel principal. São um prenúncio dos *airs de cour* (duas, três, quatro partes das quais, em princípio, uma só vocal); 1 missa a 4 vozes, dedicada a Nossa Senhora: a tradição pretende, sem qualquer razão válida, que foi composta para a sagração de Carlos V. É a primeira missa polifónica composta por um só autor (a célebre *Missa de Tournai* é uma junção, feita pelo copista, de elementos de diversas proveniências).
Ø *Messe de Notre-Dame* (Cappella Antiqua), *Baladas, Rondós* e *Virelais* (Ensemble Machaut).

MACQUE, Giovanni de (Valenciennes, cerca de 1551/Nápoles, Set. 1614). Organista. Viveu em Itália a partir dos 15 anos, primeiro em Roma, onde foi aluno de Ph. de Monte e depois, em Nápoles onde foi nomeado, sucessivamente, segundo organista de igreja da Anunciata, depois, organista (1594) e director (1599) da Real Cappella, depois de ter estado algum tempo ao serviço de Don Fabrizio Gesualdo (pai do célebre madrigalista). Último dos grandes organistas flamengos em Itália, antecipa, nas suas obras, Banchieri e Frescobaldi.
✪ 13 livros de madrigais (4 a 6 vozes), 2 livros de *Madrigaleti* e *Canzone Napolitane* (a 6 vozes), motetos, numerosas peças de órgão.

MADERNA, Bruno (Veneza, 28 Abr. 1920/Darmstadt, 13 Nov. 1973). Director de orquestra. Aluno de Malpiero e de Hermann Scherchen. Uma das primeiras figuras da jovem escola italiana, seguiu na via traçada por Webern e dedicou uma grande parte da sua actividade, depois de 1954, à «música electrónica». Dirigiu o Studio di Fonologia da RAI, em Milão (primeiro centro de «música experimental» em Itália).
✪ Concerto para 2 pianos, *Composizione in Tre Tempi* (Orquestra de Câmara), *Serenata* para 11 instrumentos, *Música Per Due Dimensioni* (flauta e fita magnética).

MAGALHÃES, Filipe de (Vila Nova de Azeitão, 1563/Lisboa, 17 Dez. 1653). Discípulo de Manuel Mendes desde 1575, data em que foi admitido no colégio dos moços de coro da Sé de Évora. Filipe de Magalhães é dos compositores portugueses de música e canto polifónicos mais tardiamente descobertos. Foi ordenado sacerdote e a sua vida decorreu em Évora e depois em Lisboa, ligado à capela real, onde foi admitido como capelão cantor e ali permaneceu até à sua morte. Mestre da capela a partir de 1596, no tempo de Filipe I (de Portugal), mas a posse efectiva do mestrado com honras e benefícios só a teria em 1623, sendo em 1640, com D. João IV, reconhecido o seu mérito, a sua dignidade e o seu talento, de tal forma que quando se aposentou teve o seu ordenado por inteiro. Começou por publicar um livro de cantochão que teve várias edições (*Cantus Ecclesiasticus...*). Conseguiu imprimir dois livros de polifonia quando já contava 73 anos de idade: *Missarum Liber* e o das *Magnificat* que Barbosa Machado abre com o *Canticum Beatissime Virginis*, ambos de 1636 na oficina de Craesbeck, em Lisboa. Missas, antífonas, motetos e cânticos a 4, 5, 6 e 8 vozes foram o conteúdo das duas obras, das quais o *Liber Missarum* foi publicado (1975) em notação actual pela Gulbenkian em *Portugaliae Musica*.

Magnard, Albéric (Paris, 9 Jun. l865//Baron, Oise, 3 Set. 1914). Aluno de Dubois e de Massenet no Conservatório de Paris, e, depois, de V. d'Indy. As raríssimas execuções das suas obras (graves, austeras, fortemente construídas e, por vezes, particularmente comoventes) suscitaram o entusiasmo sem reservas de um pequeno grupo de admiradores, entusiasmo tão excessivo como a indiferença do grande público.

✪ 3 óperas (*Yolande, Guercoeur* e *Bérénice*), 4 sinfonias, 1 quarteto de cordas, 1 sonata de piano e violino, algumas melodias.

Mahler, Gustav (Kalisté, Morávia, 7 Jul. 1860/Viena, 18 Maio 1911). Um dos maiores directores de orquestra de todos os tempos. Foi aluno do Conservatório de Viena antes de ter conhecido Bruckner, que exerceu uma profunda influência na sua formação. Em seguida, começou na Universidade estudos de filosofia e de história da música, que não concluiu. A partir de 1880, a maior parte do seu tempo (excepto o Verão, reservado à composição) é dedicado a uma prestigiosa carreira como director de orquestra. Foi, sucessivamente, *Kapellmeister* em Lubliana, Olomouc, Kassel, Praga, Leipzig (onde foi assistente de Nikisch) e, depois, director de orquestra das óperas de Budapeste, Hamburgo e, sobretudo, de Viena (que ele transforma, em dez anos, como director artístico, numa das primeiras óperas da Europa). As suas interpretações de *Don Giovanni*, de Mozart, de *Fidelio* e da *Nona Sinfonia* de Beethoven, convertem-se em modelos inultrapassáveis. Entre 1906 e 1910, realiza uma série de digressões pelos Estados Unidos e dirige regularmente, durante mais de dois anos, no Metropolitan Opera representações memoráveis de Mozart, de Beethoven e de Wagner. Depois de uma última digressão de 65 concertos nos Estados Unidos, regressa a Viena, extenuado e gravemente doente (crise cardíaca, agravada por uma doença infecciosa não identificada): faleceu pouco depois, com 51 anos. Não teve alunos directos, pelo menos com carácter regular, mas contam-se entre os seus discípulos Bruno Walter (seu assistente em Viena), Mengelberg (que, à frente do Concertgebouw de Amesterdão, foi o mais activo defensor da sua música) e Schönberg...

Artista intransigente, levando à obsessão o desejo de perfeição, personalidade atraente e complexa, não isenta de torturas morais e de angústia metafísica, que, na procura exaltante de uma verdade filosófica, na luta desesperada contra a rotina e a corrupção, manifestara pelo seu comportamento uma tendência para a esquizofrenia (ligada, sem dúvida, aos vários dramas familiares que povoaram a sua infância). Censuraram na sua música (onde se nota a influência de Beethoven, de Bruckner e do Wagner de *Tristão*, mas também de Haydn e de Mozart), a publicidade, a confusão, a densidade instrumental (crítica absurda: veja-se as suas revisões das sinfonias de Schumann), a ingenuidade (mas será defeito?). Todavia, é impossível ficar indiferente à grandeza, à nobreza, à intensa emoção que as suas mais belas obras exprimem com calor: os *Kindertotenlieder*, a *Segunda*, a *Quinta* e a *Sétima* sinfonias e, sobretudo, *Das Lied von der Erde* e a *Nona Sinfonia*, as suas obras-primas. Foi, ao mesmo tempo, o último grande sinfonista austríaco e o último grande romântico alemão.

✪ 9 sinfonias e esboços importantes de uma 10.ª (das quais *n.º 2* com sopranos, contralto e coros; *n.º 3* com contralto e coro feminino; *n.º 4* com soprano, *n.º 8* com 2 sopranos, 2 contraltos, 2 tenores, 2 baixos, coro duplo e coro de crianças) – *Das Lied von der Erde* (contralto, tenor e orquestra) – vários ciclos de *Lieder*, a maior parte com acompanhamento de orquestra, entre os quais se contam *Lieder eines fahrenden Gesellen* (poemas de Mahler), 5 *Lieder* (Rückert), *Kindertotenlieder* (Rückert).

Ø *A Canção da Terra* (Haitink), *Kindertotenlieder* (Terrier, Walter), *Knaben Wunderhorn* (Norman, Haitink), *Sinfonias n.º* 1 (Giulini), *n.º 2* (Haitink), *n.º 4* (Haitink), *n.º 5 e 6* (Neumann), *n.º 7* e *n.º 8* (Solti), *n.º 9* (Giulini), *n.º 10* e *Klagende Lied* (Boulez).

Majo, Gian Francesco di, ou De Maio (Nápoles, 27 Mar. 1732/Nápoles, 17 Nov. 1770). Aluno de seu pai no Conservatório S. Onofrio de Nápoles. Foi durante algum tempo organista da capela real, e parece ter viajado muito para apresentar as suas óperas (Roma, Turim, Veneza, Viena, Madrid). Morreu tuberculoso, aos 38 anos.

✪ 20 óperas sérias e música religiosa (missas, salmos, oratórios, etc.).

Malec, Ivo (Zagreb, 30 Mar. 1925). Fez os seus estudos no Conservatório de Zagreb, mas a sua verdadeira orientação musical data da sua fixação em Paris, em 1955. Depois, trabalhou no serviço de pesquisas da ORTF, onde se revelou o seu sentido dramático, numa linguagem musical com uma força e uma clareza notáveis.

✪ *Oral, Mouvements, Sigma* e *Vocatif* para orquestra, *Aquathème* (bailado): *Cantate pour elle*, para soprano, harpa e fita: *Tutti* e *Lamina* para fita magnética e instrumentos; *Miniatures* para flauta, violino, harpa e percussão, etc.

Ø *Triola, Bizarra* (GRM).

Malipiero, Gian Francesco (Veneza, 18 Mar. 1882/Trevi, 1 Ago. 1973). Aluno do Conservatório de Viena, do Liceo Musicale de Veneza e do de Bolonha. Depois de ter sido, durante algum tempo, professor no Conservatório de Parma e director do Instituto de Pádua, foi, a partir de 1939, director do Liceo Musicale Marcello de Veneza. Dividiu a sua actividade entre a composição, o ensino e os trabalhos musicológicos. Assegurou, nomeadamente, a edição da obra integral de Monteverdi, de várias obras de Galuppi, Jommelli, Marcello, Leo, etc., e colaborou na edição das obras completas de Vivaldi. A sua música denota uma natureza romântica (gosto pelo sobrenatural, pelos mitos nórdicos, etc.) temperada pelo estudo dos mestres dos séculos XVII e XVIII. O seu estilo melódico, muito pessoal, parece ter origem num compromisso entre a melopeia «gregoriana» e a música veneziana do século XVI: daí a sua nobreza, a ubiquidade moral,

a sua liberdade rítmica, a sua indiferença perante as servidões do desenvolvimento temático.
○ 25 óperas (entre as quais *Torneo notturno*, *L'Allegra brigata*, *Il figliuol prodigo*), 4 bailados, uma *Missa pro Mortuis* (barítono, coro e orquestra), grandes oratórios (ou «mistérios»), 9 sinfonias, impressões sinfónicas (*Impression del Vero*, *Pause del silenzio*), 4 concertos de piano, 7 quartetos de cordas, etc., bem como várias obras sobre a música.
Ø *Quarteto n.º 4* (Quarteto italiano).

Manchicourt, Pierre de (Béthune, cerca de 1510/Madrid, 5 Out. 1564). Corista da catedral de Arras; em seguida, mestre de coro na catedral de Tournai e, finalmente (de 1561 até à sua morte), mestre da capela de Filipe II, em Madrid.
○ Cerca de 15 missas, numerosos motetos (*cantiones sacrae*), mais de 50 madrigais e canções.
Ø Missa *Quo Obiit dilectus tuus* (R. P. Martin).

Mancini, Francesco (Nápoles, 16 Jan. 1672/Nápoles, 22 Set. 1737). Aluno de Provenzale no Conservatório della Pietà dei Turchini, em Nápoles. Foi organista da corte e, depois da morte de A. Scarlatti, *primo Maestro* della Real Cappella (1725/1737) e *primo Maestro* do Conservatório St.ª Maria di Loreto (1728/1737).
○ Cerca de 25 óperas, oratórios, algumas missas, motetos, cantatas, música para cravo.
Ø *Concerto a Quattro* (Gerlim e conjunto instrumental).

Manfredini, Francesco (Pistoia, 1688/?, 1748). Violinista, aluno de Torelli, foi o digno continuador da obra do seu mestre. Desempenhou funções de *Maestro di cappella* na corte do príncipe António I, do Mónaco, e, depois, no Duomo de Pistoia. Teve dois filhos músicos, Vincenzo (compositor da corte de Catarina II, da Rússia) e Giuseppe (célebre *castrato*).
○ Oratórios, 12 *Sinfonie da Chiesa op. 2*, 12 *Concerti grossi op. 3*, diversos concertos, sonatas em trio.
Ø 6 *Concertos do op. 3* (J. Musici).

Marais, Marin (Paris, 31 Mar. 1656//Paris, 15 Ago. 1728). Ilustre tocador de viola, aluno de Lully. Solista da orquestra real e da Academia Real de Música, foi, sem dúvida, juntamente com Forqueray, o maior violista do seu tempo e o melhor compositor para esta família de instrumentos. Na sua música, ficou preso à tradição de Lully e sofreu pouco a influência italiana. O seu talento melódico e a sapiência da sua escrita instrumental fazem dele um dos grandes compositores franceses do século XVII.
○ 4 óperas, 5 livros de peças para 1 e 2 violas, peças em trio (flauta, violino, viola soprano), *La Gamme* (suite de *sinfonia* para violino, viola e cravo).
Ø *Suite de Orquestra da ópera Alcyone* (Paillaud), *Suite de Peças de Viola* (Wenzinger).

Marcello, Benedetto (Veneza, 1 Ago, 1686/Bréscia, 24 Jul. 1739). Poeta, advogado, membro do conselho dos Quarenta, *provveditore* da cidade de Pola (1730) *camerlengo* em Bréscia (1738). Aluno de Lotti e Gasparini, tornou-se um artista excepcionalmente completo e um dos maiores talentos do seu tempo.

O seu *Estro poetico-armonico* é um dos monumentos da música italiana do século XVIII. Ficou também célebre devido ao seu *Teatro da Moda*, onde, sob a forma de conselhos absurdos às pessoas do teatro (poetas, músicos, cantores, figurantes, pontos, protectores, mães, etc.), faz um quadro irónico dos excessos e das rotinas que minavam o teatro de então.

✪ *Estro poetico-armonico, parafrasi sopra i primi 50 psalmi, poesia di Girolamo Giustiniani* a 1, 2, 3, 4 vozes e baixo contínuo (50 paráfrases reunidas em 8 grandes volumes), 2 óperas (*Dorinda* e *Arianna*), 1 pastoral (*Calisto in orsa*), oratórios, cantatas, *Canzoni madrigaleschi*, concertos a 5... – e uma obra interessante: *Il teatro alla Moda* (panfleto satírico), libretos de óperas, colectâneas de versos.

Ø *Salmos XV e XVIII* (Conjunto Angelicum), *Concertos a 5* (Solistas Milão).

MARCHAND, Louis (Lyon, 2 Fev. 1669/Paris, 17 Fev. 1732). Organista, virtuoso e improvisador com um talento excepcional. Tendo sido, sucessivamente, organista da catedral de Nevers (aos 14 anos), da catedral de Auxerre, de várias igrejas de Paris e, finalmente, da capela real (1706), foi desterrado pelo rei durante vários anos devido à sua vida desregrada e ao seu mau carácter: viveu então na Alemanha (não é certo, como se conta, que se tenha esquivado a uma competição com Bach; mas este copiou as obras de Marchand). A sua obra é desigual e não atinge a nobreza ou a elegância das de Couperin e de Gribny, mas apresenta exemplos de escrita extraordinariamente ousada para a época.

✪ 5 livros de órgão, 2 livros de cravo, algumas *airs de cours*, 3 *cantiques spirituels de Racine*.

Ø *Obras de órgão* (Michel Chapis) e recitais Marchal, Girold, Litaize.

MARENZIO, Luca (Coccaglio, próximo de Bréscia, 1553/Roma, 22 Ago. 1599). Nada sabemos acerca das suas origens e da sua juventude. É provável que tenha estudado em Roma, mas desconhecemos com quem; os seus mestres espirituais parecem ter sido Ingegneri e A. Gabrieli. Entre 1579 e 1586, está em Roma ao serviço do cardeal de Este, irmão do duque de Ferrara. É provável que tivesse acompanhado o cardeal nas suas muitas viagens a Ferrara, onde teria convivido com Torquato Tasso. Entre 1588 e 1590, está na corte dos Médicis, em Florença; dá-se com os músicos da *camerata Bardi* e compõe dois notáveis *intermedi* para o casamento de Fernando de Médicis. Depois, fica algum tempo ao serviço de Virginio Orsini e, em seguida, passa três anos na corte da Polónia. Em 1595, o inglês John Dowland foi seu hóspede e aluno em Roma. Marenzio morreu um ano depois do seu regresso da Polónia, nos jardins da *Villa Médicis*. Ao contrário da maioria dos músicos do seu tempo, não parece ter desempenhado quaisquer funções em igrejas (devido, talvez, à antipatia de Palestrina).

O maior mestre do madrigal tradicional não foi um moderno, como Monteverdi, ou Gesualdo; mas, com um génio e uma habilidade contrapontística excepcionais, soube fazer a síntese das tradições flamenga e italiana. A sua obra considerável, que não tem qualquer defeito, maravilha-nos devido à sua variedade, ao prodigioso desembaraço da polifonia, ao acerto da declamação.

◐ Mais de 200 madrigais a 4, 5 e 6 vozes (publicados em 18 livros, entre 1580 e 1599), 5 livros de *Villanelle ed Arie alla Napoletana* (115 peças), motetos, uma missa a 8 vozes.

Ø 3 *Madrigais* (Cavalli), *6 Madrigais* (Lamy).

Marini, Biaggio (Bréscia, finais do século XVI/Veneza, 20 Mar. 1665). Violinista em Veneza, Bréscia e na corte de Panna, e, depois, *Maestro della Música* do duque da Baviera, em Munique, *Maestro* dell'Accademia della Morte, em Ferrara, *Maestro di cappella* de St.ª Maria alla Scala, em Milão. Foi um dos primeiros violinistas compositores italianos e um dos maiores compositores da música instrumental do século XVII.

◐ Uma colectânea de salmos e uma de vésperas para todas as festas do ano – várias colecções de madrigais, *ari, scherzi scherricanzonette* – *Le Lagrime d'Erminia in stile recitativo* – várias colecções de *symphonie, sonate de chiesa, sonate da camera, canzone, balleti* para várias formações instrumentais.

Ø *Sonata de Violino e Baixo Contínuo* (Harmonia Mundi).

Markévitch, Igor (Kiev, 27 Jul. 1912/7 Mar. 1983). Director de orquestra. Passou a infância na Suíça, para onde sua família emigrou depois da Revolução. Em seguida foi para Paris, onde foi aluno de N. Boulanger e de V. Rieti. Sofreu a influência de Stravinski, de quem foi um intérprete notável.

◐ Cantatas (entre elas *Lorenzo il Magnifico*), 1 salmo para soprano e orquestra, 2 bailados, 1 concerto e 1 *partita* para piano e orquestra, *Hymnes* para orquestra.

Marschner, Heinrich (Zittau, 16 Ago. 1795/Hanover, 14 Fev. 1861). Acima de tudo um autodidacta, apesar do despertar precoce do seu génio musical e dos estímulos de Beethoven, veio a ser *Kapellmeister* da ópera italiana de Dresden (1823-1826), juntamente com Weber, e depois *Kapellmeister* do Teatro de Leipzig e da corte de Hanover.

◐ 14 óperas no estilo de Weber (entre as quais figura *Hans Heiling*, a sua obra-prima), coros, *lieder*, peças para piano.

Martins, Francisco (Évora, século XVII). Admitido no Seminário de Évora, em 1629, para estudar música, foi mais tarde mestre de capela em Elvas. Foi compositor de música religiosa e a sua obra compõe-se de diversas missas, salmos, paixões e ditos de Cristo, responsórios e motetos de 3 a 8 vozes.

Martin, Frank (Genebra, 15 Set. 1890/Nardenne, Holanda, Nov. 1974). Viveu em Amesterdão desde 1946, e a partir de 1950 ensinou composição no Conservatório de Colónia. A originalidade da obra de Martin reside, em parte, na sua atitude perante a técnica dodecafónica: opôs-se, sem dificuldade, aos aspectos negativos do dogma schonberguiano de que soube descobrir e explorar as fontes originais. É assim que, nas suas obras posteriores a 1934, associa as aquisições fundamentais da tonalidade (libertada de todo o formalismo) e as riquezas novas de um universo sonoro de doze sons.

✪ Uma ópera: *Der Sturm* (Ópera de Viena, 1956) – Oratórios (entre os quais se contam *Le Vin herbé* e *Golgotha*, a sua obra-prima), *Der Cornet* para contralto e pequena orquestra (segundo Rilke) – Uma sinfonia, uma *Pequena Sinfonia Concertante* (de piano, violino, cravo, violoncelo), música de câmara.
Ø *Golgotha* (Faller).

MARTIN Y SOLER, Vicente (Valência, 18 Jun. 1754/São Petersburgo, 20 Jan. 1806). Depois de ter sido, durante algum tempo, organista em Alicante, dedicou-se quase exclusivamente ao teatro, onde se estreou, em 1779, em Nápoles. Trabalhou, nomeadamente, com o célebre libretista Da Ponte, em Viena (1785-1788) e em Londres (1794-1798). Dessa colaboração resultaram cinco óperas, uma das quais, *Una Cosa Rara* (1786), teve tal êxito que eclipsou, em Viena, o de *As Bodas de Figaro* (aliás, Mozart cita um fragmento de *Una Cosa Rara* no *finale* do 2.º acto de *Don Giovanni*). A partir de 1788, Martin y Soler foi director de orquestra na corte de Catarina II, da Rússia, e depois conselheiro do czar Paulo 1.
✪ 21 óperas, 5 bailados, algumas composições religiosas.

MARTINI, Giovanni Battista, chamado «Padre Martini» (Bolonha, 24 Abr. 1706/Bolonha, 4 Out. 1784). Teórico. Fez estudos muito completos, não só de música, mas também de filosofia, teologia e matemáticas. Entrou para os Franciscanos e foi ordenado padre em 1729. Durante muitos anos foi mestre da capela de S. Francesco, em Bolonha. A sua enorme erudição, o seu conhecimento profundo da história e da teoria musicais e a sua riquíssima biblioteca (actualmente no Liceo Musicale de Bolonha) atraíram-lhe numerosos alunos; de toda a Europa vinham pessoas para o visitar e consultar. Em 1770, recebeu com extrema delicadeza o jovem Mozart, que contava 14 anos. Grandes personagens, entre elas Frederico, *O Grande* e o Papa Clemente XIV, dispensaram-lhe a sua amizade.
✪ (Obras em grande parte manuscritas no Liceo Musicale de Bolonha): composições religiosas (missas, *Requiem, Litaniae...*) 3 *oratórios*, 3 *intermezi* e 1 *farsetta* (pequenas óperas bufas em 1 acto) – Sonatas de órgão ou cravo. *Duetti da camera* bem como obras pedagógicas e teóricas; *Storia della musica* (obra inacabada, em 3 volumes), um tratado de contraponto em 2 volumes e numerosos textos manuscritos, que traduzem um conjunto considerável de conhecimentos.
Ø *Concertino* para violoncelo e *Sinfonia Concertante* para violino (conjunto Angelicum).

MARTINON, Jean (Lyon, 10 Jan. 1910//Neully, 1 Mar. 1976). Director de orquestra. Aluno de Roussel. Escreveu na prisão as primeiras obras importantes que atraíram as atenções para o seu nome: *Musique d'exil* e *Salmo CXXXVI*. As suas digressões de concertos pela Europa e pelas Américas foram sempre motivo para defender a música contemporânea.
✪ A ópera *Hécube* (Libreto de Moreux, Estrasburgo, 1956), *Salmo CXXXVI*, *Hymne à la Vie* para orquestra, *Concerto Lyrique* para quarteto de cordas e orquestra, 2 concertos de violino.

MARTINU, Bohuslav (Policka, Boémia, 8 Dez. 1890/Liestal, Suíça, 28 Ago. 1959). Graças às lições de um amador, aos 8 anos tocava regularmente violino e aos 10 compôs um *Quarteto de Cordas*. No Conservatório de Praga interessava-se mais pelo teatro do que pelo contraponto: foi expulso, e embora tenha frequentado, durante algum tempo, a célebre escola de órgão de Praga e tido lições com Suk, foi, em grande parte, autodidacta. Depois de ter sido, entre 1913 e 1923, violinista na Orquestra Filarmónica Checa, partiu para Paris a fim de trabalhar com Roussel. Viveu lá até 1940, em condições materiais difíceis, casou com uma francesa e pertenceu ao grupo de músicos estrangeiros a que se chamou Escola de Paris. Graças a Talich, na Checoslováquia, Ansermet e Sacher, na Suíça, Münch, em França, e Kussevitski, nos Estados Unidos, a sua obra impôs-se pouco a pouco, mas só obteve os primeiros êxitos em 1938, quando foram criados o seu *Concerto grosso* e o seu *Double Concerto pour 2 orchestres à cordes*. Fugindo da invasão nazi, deixou Paris e depois de ter atravessado a França e Portugal, embarcou para os Estados Unidos. Aí, Kussevitski encomendou-lhe a sua *Primeira Sinfonia*, Elman um *Concerto de Violino*, e escreveu as *Memorial Stanzas* para violino e piano, em honra de Albert Einstein. Bom violinista amador. Tornou-se cidadão americano e foi nomeado professor da Universidade de Princeton. Depois da guerra ensinou, durante algum tempo, no Conservatório de Praga, mas conservando a nova nacionalidade. Fixou-se depois em Roma, sob os auspícios da American Academy.

É impossível descobrir uma unidade de estilo na obra imponente de Martinu. Nela encontramos o melhor e o pior (desigualdade imputável à sua formação pouco ortodoxa e ao seu carácter intransigente); sendo o que deixou de melhor representado por algumas obras de orquestra e pela música de câmara (que inclui um sexteto muito belo), música sempre sedutora devido à sua vitalidade, originalidade e uma hábil escrita instrumental.

❂ 10 óperas, 10 bailados, música de filmes e de rádio − *Missa no Campo de Honra* (*Polsi Mse*), *Natividade do Senhor* para coros e orquestra, 5 madrigais checos, *Concerto Grosso, Double Concerto Pour 2 Orchestres à Cordes,* 6 sinfonias, 3 *Inventions* para orquestra, poemas sinfónicos (entre os quais, *Lidice*, em homenagem à aldeia mártir), numerosos concertos ou concertinos para diversos instrumentos, música de câmara (sexteto, 7 quartetos de cordas, 3 sonatas de violino e piano, 2 sonatas de violoncelo e piano), peças para piano, melodias inspiradas no folclore checo.

Ø *Bouquet de Fleurs*, cantata (Ancerl), *Frescos de Piero della Francesca* e *Duplo Concerto* (Ancerl), *Seis Sinfonias* (Neumann), *Sonata n.º 3 de Violino e Piano* (Plocek, Palenicek).

MARTUCCI, Giuseppe (Cápua, 6 Jan. 1856/Nápoles, 1 Jun. 1909). Pianista e director de orquestra. Depois de se ter estreado como menino-prodígio, estudou piano e composição (Serrão) no Conservatório de Nápoles. Foi, sucessivamente, professor de piano, director do Liceo Musicale de Bolonha e director do Conservatório de Nápoles. Wagneriano fervoroso, apresentou em Bolonha, em 1888, a

primeira representação em Itália de *Tristão e Isolda*.
✪ 2 sinfonias, 2 concertos de piano, música de câmara, numerosas peças para piano, melodias.

Mascagni, Pietro (Livorno, 7 Dez. 1863/Roma, 2 Ago. 1945). Aluno de Ponchielli no Conservatório de Milão. Aos 26 anos era apenas um obscuro professor de música em Cerignola (perto de Foggia), quando a sua ópera em um acto *Cavalleria Rusticana*, representada em Roma com êxito impensável, o tornou célebre em todo o mundo. Esta obra inteligente, cheia de boas receitas e de lugares-comuns mais ou menos vulgares, faz de Mascagni o iniciador do «verismo», onde um certo naturalismo substitui os enredos tradicionais, como reacção contra a desordem mitológica das antigas óperas. As suas obras seguintes só depararam com indiferença ou hostilidade, e a sua reputação declinou até ao aparecimento de Mussolini: aderente do fascismo foi, então, coberto de honrarias.
✪ 16 óperas, música de filmes (entre os quais *Rapsodia Satanica*), uma missa e um *Requiem*.
Ø *Cavalleria Rusticana* (Tebaldi, Björling, Liede).

Massenet, Jules (Montaud, perto de Saint-Étienne, 12 Mai. 1842/Paris, 13 Ago. 1912). Aluno da mãe (boa pianista amadora) e, depois, de Savard, Reber e Thomas no Conservatório de Paris. Ganhou o Prémio de Roma em 1863 e durante a sua estada na *Villa Médicis* conheceu Liszt. A sua reputação afirmou-se em 1873, quando o seu oratório *Marie-Madeleine* foi estreado por Colonne, no Odéon, com Pauline Viardot no papel principal. Aos 36 anos, alguns anos antes da criação das suas obras-primas, foi eleito para a Académie des Beaux-Arts, vencendo Saint-Saëns, tornando-se assim o mais jovem membro do Instituto, foi nomeado professor do Conservatório de Paris, onde teve comò alunos A. Bruneau, G. Pierné, G. Charpentier, Fl. Schmitt. O seu gosto pelo teatro e pelo público, que procurou encantar e tocar, a sua rica veia melódica, o seu perfeito conhecimento das possibilidades da voz humana valeram-lhe um êxito perfeitamente justificado. Mas se conhecermos *Manon* (uma pequena obra-prima no seu género) e *Werther* (ou *Thaïs*) conhecemos tudo o que Massenet produziu. Ele não se renova e não tem envergadura suficiente para evitar o convencional, apesar da sua «mestria», da sua sensibilidade encantadora e da sua habilidade para agradar. Considerado dentro dos limites do seu génio, limites que era suficientemente perspicaz para reconhecer, é um delicado mestre, cuja influência está longe de ter sido de desprezar.
✪ 26 óperas (entre as quais se contam *Hérodiade, Manon, Le Cid, Werther, Thaïs, Sapho, Le Jongleur de Notre--Dame, Don Quichotte*), 3 bailados, música de cena, 4 oratórios, cantatas, 7 suites sinfónicas, 1 concerto de piano, melodias.
Ø *Manon* (Monteux), *Werther* (Plasson), *Jongleur de Notre-Dame* (Boutry).

Mattheson, Johann (Hamburgo, 28 Set. 1681/Hamburgo, 17 Abr. 1764). Organista, cantor, teórico. A partir dos 9 anos, tocava órgão e cravo, cantava, compunha, o que não o impedia de prosseguir uns estudos gerais muito desenvolvidos que incluíam direito, ciências políticas... dança e esgrima: era excepcionalmente dotado para tudo isso. Aos 14 anos, estreia-se como cantor (em papéis femininos) na ópera de Hamburgo, onde continuará a apresentar-se até 1705 (nomeadamente nas óperas do seu amigo Haendel). Aos 18 anos, apresenta, nesse mesmo teatro, a sua primeira ópera. Em 1703, vai com Haendel para Lübeck; os dois, entusiasmados pela notícia de que Buxtehude procurava um sucessor, preferem no entanto retirar a sua candidatura a casar com a filha do ilustre organista, conforme previsto no contrato. No ano seguinte, Mattheson quase mata Haendel num duelo. Em 1715, é nomeado *Kantor* e cónego da Catedral de Hamburgo, posto que irá conservar até 1728, quando, tendo ensurdecido, se terá de dedicar exclusivamente a escrever críticas e obras teóricas.

✪ 8 óperas, 24 oratórios e cantatas, sonatas de flauta ou violino, suites para cravo, bem como um bom número de obras literárias notáveis, as principais das quais são: *Critica Musica* e *Grundlage einer Ehrenporte* (crítica), *Grosse General basschule* e *Der volkommene Kapellmeister* (teoria).

Mauduit, Jacques (Paris, 16 Set. 1557/Paris, 21 Ago. 1627). Escrivão de recursos no Palácio de Justiça. Pertenceu à segunda Academia de A. de Baïf, de quem foi principal colaborador na tarefa de musicar os versos «com métrica antiga» (V. Le Jeune). Foi amigo íntimo de Ronsard (para cujas exéquias escreveu um *Requiem*) e de Mersenne.

✪ Missas, vésperas, salmos, motetos, canções, *Chansonnettes mesurées a 4 vozes*, música instrumental para os bailados da corte.
Ø Extractos do *Requiem* (Cailley).

Méhul, Étienne (Givet, próximo de Mèziéres, 22 Jun. 1763/Paris, 18 Out. 1817). Depois de, aos dez anos, ter sido organista do mosteiro de Givet, foi enviado para Paris a fim de continuar os seus estudos; aí a revelação de *Iphigénie en Tauride* e os conselhos paternais de Gluck tiveram uma influência decisiva na sua própria carreira, orientando-a para o teatro. O seu primeiro êxito, *Euphrosine*, data de 1790. Tendo-se convertido no melhor compositor francês da sua época, regenerou a ópera-cómica pela combinação do gosto melódico italiano com a estética de Gluck.

✪ 35 óperas-cómicas, 4 bailados, música de cena, 4 sinfonias, cantatas de circunstância, hinos patrióticos (entre os quais se conta *Le Chant du départ*).
Ø *Sinfonia n.º 2* (Oubradous).

Melani, Jacopo (Pistoia, 6 Jul. 1623/ /Pistoia, 19 Ago. 1676). Um dos pioneiros da ópera-cómica em Itália (*La Francia*, 1656). Foi organista e mestre de capela na catedral de Pistoia. É notável a qualidade dramática dos seus recitativos e das suas árias sobre «baixo obstinado», bem como a frescura da sua veia melódica.

✪ Cerca de 15 óperas (sérias e cómicas) sendo algumas delas obras-primas.

Melgás (ou Melgaço), Diogo Dias (Cuba, 11 Abr. 1638/Évora, 13 Mar. 1700). Menino do Coro da Sé de Évora, aí viria a ser mestre de capela, sucedendo a seu mestre Lourenço Rebelo. Como compositor escreveu música vocal para a liturgia como missas, motetos, cânticos. A Gulbenkian publicou em 1978, em *Portugaliae Música,* as suas *Opera Omnia.*

MENDELSSOHN-BARTHOLDY, Félix (Hamburgo, 3 Fev. 1809/Leipzig, 4 Nov. 1847). Descendente de uma grande família judia alemã, para quem o culto dos valores intelectuais e morais foi sempre a preocupação fundamental. Seu avô, Moses (1729-1786), grande figura intelectual do seu tempo, foi poeta e filósofo. O pai, Abraham (1776/1835), inicialmente empregado do Banco Fould, em Paris, estabeleceu-se por conta própria em Hamburgo, com o irmão Joseph, e depois em Berlim, onde os seus negócios prósperos lhe proporcionaram uma fortuna considerável. Converteu-se contra vontade ao cristianismo (luterano) com a ideia de facilitar a carreira do seu filho: foi então que juntou ao seu nome o do cunhado, Bartholdy, para distinguir a sua família dos Mendelssohn que tinham permanecido fiéis à religião judaica. A mãe de Félix, Lea Salomon (1777-1843), irmã de Jacob Solomon-Bartholdy, de quem herdou uma grande fortuna, era muito inteligente e culta, mas modesta, calmamente eficaz, docemente submetida à estrita autoridade patriarcal. A partir de 1811, a casa da família converteu-se num dos mais brilhantes centros intelectuais de Berlim. A inteligência e sensibilidade de Mendelssohn desenvolvem-se aí em condições materiais e espirituais excepcionalmente felizes. Tem os melhores professores, faz estudos clássicos excelentes, incluindo as línguas antigas e modernas e a música, num clima harmonioso, mas marcado pela rigidez de uma disciplina de ferro (levantar às 5 da manhã, etc.). Os seus dotes para a música eram excepcionais. Aos 9 anos, apareceu pela primeira vez em público. Aos 10, foi admitido na Singakademie de Berlim. Aos 14 anos, compondo havia já alguns anos com uma velocidade louca, tinha já no activo uma obra imponente. Os concertos de domingo em casa dos Mendelssohn contavam-se entre os acontecimentos musicais importantes da vida musical berlinense. Aí, Félix apresentava as suas obras perante um público onde sobressaíam artistas de renome (entre eles Moscheles) e altas personalidades berlinenses; tocava piano, tal como sua irmã Fanny, sua irmã Rebeca cantava e o irmão Paul tocava violoncelo; a eles juntavam-se músicos excelentes. Toda a família foi a Paris em 1821 e 1825: aí o jovem Mendelssohn conheceu Halévy, Rossini, Meyerber e Cherubini, cujo juízo faz com que Abraham se decida a apoiar a vocação musical de seu filho. Aos 16 anos, era já um mestre, a julgar pelo seu *Octeto op. 20*, obra admirável que revela uma maturidade excepcional: só Schubert ou Mozart poderiam, com a mesma idade, ter composto uma obra desta qualidade. A formação de Mendelssohn foi completada por aulas de filosofia na Universidade de Berlim (Hegel), e pelo encontro com Goethe, que mostrou, desde logo, simpatia e admiração por ele e teve uma influência directa na evolução da sua inteligência. Em 1829, Mendelssohn realizou uma obra de alcance considerável. Tendo descoberto a *Paixão Segundo São Mateus,* de Bach, consegue executá-

-la de um modo memorável, naquela que foi, sem dúvida, a primeira apresentação da obra após a morte do mestre. Este acontecimento foi a origem do culto que ainda hoje se presta a J. S. Bach. Depois, a carreira de Mendelssohn é excepcionalmente rica. Várias viagens levam-no a Viena, Veneza, Roma, Nápoles, Milão, Munique, Paris, Londres (onde irá muitas vezes, tendo um papel decisivo na vida musical britânica), etc. Dirige as suas obras com um êxito considerável (nomeadamente a abertura do *Sonho de Uma Noite de Verão*, composta aos 17 anos), apresenta-se ao piano e ao órgão e, em toda a parte, a sua inteligência e encanto pessoal granjeiam-lhe a aprovação geral. A sua fama precoce e a sua posição social permitem-lhe ocupar, muito jovem, lugares invejados. É, sucessivamente, director de orquestra do Festival Renano, director musical do Teatro Düsseldorf, director do Gewandhaus de Leipzig, director-geral da música da Prússia e *Kapellmeister* do rei. São outras tantas oportunidades para defender a música do seu tempo (dá, nomeadamente, a primeira audição póstuma, em 1839, da *Sinfonia em Dó*, de Schubert), para dar a conhecer melhor as obras-primas esquecidas de Bach e Haendel, ou para apresentar interpretações modelares das sinfonias de Beethoven e das óperas de Mozart. Leipzig, a sua cidade preferida, torna-se, graças a ele, a capital musical da Alemanha; funda aí o conservatório e confia a Schumann o ensino de piano e de composição. Em 1846, a primeira audição, em Birmingham, do oratório *Elijah* inaugura um género monumental de composição coral que, depois, irá pertencer ao ritual das tradições britânicas. Sobrecarregado pela fadiga, tinha, sobretudo depois da morte de sua irmã Fanny, tendência para crises de depressão; morreu com uma hemorragia cerebral aos 39 anos. As suas exéquias tiveram o carácter de funerais nacionais. Poucos artistas foram tão bafejados pela sorte: rico, sedutor, rodeado pela afeição e pela estima, era muito culto e os seus dotes excepcionais abrangiam os mais diversos domínios (letras, pintura, filosofia, natação, equitação). Pelas razões atrás expostas, exerceu uma influência considerável na vida musical da Europa. Numerosos músicos, entre os quais figuram Berlioz, Chopin, Hiller, Bennett, Gade, Schumann, Wagner, devem-lhe, mais ou menos, uma parte da sua carreira. Deu a conhecer aos seus contemporâneos Lassus, Palestrina, Leo, Lotti, Durante, Bach, Haendel. Para ser um grande artista só lhe faltaram obstáculos a ultrapassar: a sua obra peca pela facilidade. A simples preocupação de agradar serviu-lhe de princípio estético, mas teve o bom gosto de realizar o seu programa na sobriedade e na clareza. A sua ciência muito subtil da orquestração (maravilhosamente eficaz na sua simplicidade) preserva as suas obras sinfónicas e a sua música de câmara dos perigos dessa facilidade natural a que sucumbe, por vezes, a sua música de piano. A sua sensibilidade poética é a de um verdadeiro romântico mas, quanto ao estilo, pode ser considerado o último músico clássico.

✪ MÚSICA VOCAL: 2 grandes oratórios (*São Paulo* e *Elijah*), cantatas, salmos para solistas, coros e orquestras, coros para a liturgia anglicana, numerosos coros *a cappella,* cerca de 100 *Lieder* – MÚSICA SINFÓNICA: músicas de cena (para *Sonho de uma Noite de Verão,* para *Athalie*), aberturas de concerto, 5 sinfonias (mais 12 sinfonias da juventude, inéditas), 2 concertos de piano, 1 concerto de violino – MÚSICA DE CÂMARA E DE INSTRUMENTOS DE TECLA: 1 octeto de cordas, 1 sexteto, 2 quintetos, 48 *Romanças Sem Palavras* para piano, numerosas composições para piano, 6 sonatas para órgão – (inúmeras composições de juventude não mencionadas aqui, entre as quais se contam 5 óperas, ficaram manuscritas).

Ø *Elijah* (Sawallisch), *Sonho de Uma Noite de Verão* (Kubelik), *Sinfonias* (Sawallisch), *Sinfonias Para Cordas* (Marriner), *Concerto de Violino* (Zukerman), *Octeto* (Musici), *Aberturas* (Sawallisch), 2 *Concertos de Piano* (Serkin).

Mennotti, Gian Carlo (Cadegliano, Varese, 7 Jul. 1911/Monte Carlo, Mónaco, 1 Fev. 2007). Aprendeu música ainda muito novo, primeiro com a mãe e depois no Conservatório de Milão; os pais levaram-no frequentemente ao Scalla, onde se fortaleceu o seu gosto pelo teatro. Em 1928, graças a T. Serafin, que era, à data, director de orquestra na Metropolitan Opera, obtém uma bolsa para estudar no Curtis Institute de Filadélfia, sob a direcção de Rosario Scalero. Desde então, viveu principalmente nos Estados Unidos, onde veio a ser professor no Curtis Institute. Foi aí que em 1937 foi criada a sua primeira ópera, *Amelia goes to the Ball* (podemos passar por cima de duas óperas pouco felizes do início da juventude): o êxito foi imediato e, em seguida, todas as suas obras (exceptuando *The Island God*) tiveram carreira excepcional, especialmente *The Medium*, que foi tema de um excelente filme (dirigido pelo próprio compositor), e *The Consul*, que foi traduzida em 8 línguas. A qualidade intrínseca da sua música, que é devedora dos estilos mais diversos e que nem sempre evita a vulgaridade, não justifica este êxito. Mas se julgarmos a música em função da acção dramática, Menntti (que escrevia todos os seus libretos, em inglês, e que dirigiu habitualmente a montagem) surge como um homem de teatro completo. As suas obras, que constituem um prolongamento modernizado do «verismo», surpreendem-nos pela vitalidade, a eficácia dramática, a relação estreita com as necessidades do público contemporâneo: nesta medida, trazem uma solução original para a «Crise do Teatro Lírico».

✪ Óperas: *Amelia goes to the Ball* (1937), *The Old Maid and the Thief* (1939), *The Island God* (1942), *The Medium* (1946), *The Telephone* (1947), *The Consul* (1950), *Amahl and the Night Visitors* (espectáculo de televisão, 1951), *The Saint of Bleecker Street* (1954), *The Three Sundays of a Poet*, ópera madrigalesca, inspirada em O. Vecchi (1958), *Maria Golovine* (Exposição de Bruxelas, 1958), *O Último Selvagem* (1963) – Diversas: 2 bailados, *Apocalipse* para orquestra, concerto de piano, concerto de violino, música de câmara, peças para piano e para carrilhão.

Ø *Concerto de Violino* (Spivakowski, Münch), *The Medium*, *The Telephone* (Blareau).

Mercadante, Saverio (Altamura, próximo de Bari, Set. 1795/Nápoles, 17 Dez. 1870). Aluno de Zingarelli no Conservatório de Nápoles (Collegio di S. Sebastiano), foi mais tarde (1840-1870) o sucessor do seu professor na direcção deste estabelecimento (transferido, a partir de 1826, para o antigo convento S. Pietro, em Maiella). O ensino, as viagens (Viena, Lisboa, Madrid, Paris, etc.), as funções de mestre de capela na catedral de Novara e a oftalmia, que o iria tornar cego em 1862, não abrandaram a sua actividade criadora.
✪ 60 óperas (entre as quais *Elisa* e *Claudio, J. Briganto, La Vestale*), numerosas obras religiosas, fantasias para orquestra.

Merula, Tarquinio (?/? 1.ª metade do século XVII, Cremona ou Bérgamo?). *Maestro di cappella* e organista nas catedrais de Bérgamo e Cremona, organista da corte de Segismundo III, em Varsóvia (1624-1627), e, talvez, organista em Florença. As suas obras são exemplos interessantes, notáveis para a época, da combinação das vozes e dos instrumentos.
✪ Várias colectâneas de missas, salmos, motetos e madrigais para voz e instrumentos, *canzone* e *sonate* instrumentais.

Merulo, Claudio (Correggio, Abr. 1533/Parma. 4 Mai. 1604). Grande organista (em Bréscia, em S. Marcos de Veneza, na corte do duque de Parma). Quer como intérprete (a avaliar pela opinião dos seus contemporâneos), quer como compositor, foi o pai espiritual de Frescobaldi. Em 1574, *La Tragedia*, do poeta Frangipani, foi representada, em Veneza, perante o rei de França Henrique III, com música de Merulo.
✪ Missas (5, 8, 12 vozes), motetos, *Sacrae Cantiones, Sacri Concertus,* (4 a 16 vozes), algumas músicas de cena e, sobretudo, uma obra de órgão incluindo uma missa, *canzoni, ricercari, Toccate* (admiráveis).

Messager, André (Montluçon, 30 Dez. 1853/Paris, 24 Fev. 1929). Director de orquestra. Foi aluno de Gigout, na escola Niedermeyer, e depois de Saint-Saëns. Depois de ter desempenhado vários cargos de organista e de mestre de capela em Paris, foi nomeado director musical da Opéra-Comique (1898-1903: aí, estreou *Louise e Pelléas*), director artístico do Covent Garden (1901-1906), co-director da ópera (1907-1913. montou a tetralogia de Wagner). A qualidade musical das suas operetas (sobretudo, *La Basoche, Véronique e Monsieur Beaucaire*) converte-as em modelos de um género que raramente atingiu tão alto nível artístico.
✪ 20 operetas, 5 bailados, uma *féerie* (*Isoline*), melodias.
Ø *Veronique* (Dervaux), *Monsieur Beaucaire* (Gressier), *Les Deux Pigeons*, bailado (Bonneau).

Messiaen, Olivier (Avignon, 10 Dez. 1908/Clichy, 27 Abr. 1922). Organista (Igreja da Trindade, em Paris, desde 1931) e pedagogo. Filho de Pierre Messiaen (professor de letras e tradutor de Shakespeare) e da poetisa Cecile Sauvage, cresceu num clima de inteligência estética e o seu prodigioso instinto musical manifesta-se a partir dos 8 anos, nas suas primeiras tentativas de composição. Aos 11 anos entra para o Conservatório de

Paris, onde terá como professor J. N. Gallon (harmonia), Caussade (fuga), Dupré (órgão), Emmanuel (história), Dukas (composição) e obtém cinco primeiros prémios. Paralelamente estuda o cantochão, a rítmica hindu, a música em quartos de tom, o canto dos pássaros, os livros santos, a poesia surrealista... A sua reputação aumenta rapidamente; as pessoas acorrem à Trindade, a fim de ouvirem as suas improvisações invulgares e, a partir da apresentação, em 1931, nos concertos Straram, de *Offrandes oubliées*, os meios musicais esperam as suas obras novas com curiosidade. Em 1936, descobre a profunda originalidade da música de Jolivet e é um dos fundadores do grupo Jeune France (V. JOLIVET, LESUR, BAUDRIER). Prisioneiro durante a guerra no *Stalag* VIII A, em Gorlitz (1940/1942), compõe aí uma das suas obras-primas, o *Quatuor pour la fin du temps* (apresentado em primeira audição no campo, em 1941). Logo após a guerra, as suas novas obras (e, sobretudo as *Trois petites Liturgies de la Présence Divine*) desencadeiam, na imprensa musical, uma tempestade hostil cuja violência difamatória não tem, provavelmente, equivalente na história da crítica. Aliás, ataca-se menos a sua música do que os seus comentários místicos e poéticos. No entanto, a sua influência nas novas gerações de músicos torna-se considerável: a partir de 1942, é professor de harmonia no Conservatório, onde, em 1947, é criada para ele a cadeira de Análise e Estética Musicais. Alguns dos seus alunos, como Boulez, abandonam-no durante algum tempo para se submeterem às disciplinas ascéticas ensinadas por Leibowitz, sumo sacerdote do dodecafonismo. Mas em 1949, um pequeno estudo para piano de Messiaen (*Mode de valeurs et d'intensités*) devolve-lhe a confiança dos discípulos infiéis e abre o caminho aos jovens músicos de vanguarda, de que Boulez se tornou padrinho no *Domaine Musical*: música verdadeiramente nova que faz rebentar o quadro da técnica serial, e que se insere tão bem na perspectiva da revolução iniciada por Webern como na dos princípios estéticos do próprio Messiaen.

Estes princípios, demasiado complexos para que os possamos sequer resumir aqui, foram explicados por Messiaen na sua obra *Technique de mon langage musical* (1944). A sua principal originalidade é ter «alargado, ampliado, algumas noções antigas» (noções de pedal, de acento, de célula rítmica) e procurado «regras universais, princípios unificadores»: regras que, ao mesmo tempo, se aplicam à melodia, à harmonia, ao ritmo (valores acrescentados, pedais, princípios da variação, do desenvolvimento). Desta ideia de unificação nasceu o seu último estilo (*Mode de valeurs et d'intensités, Livre d'orgue, Chronochromie*) onde as regras de desenvolvimento retiradas da técnica serial, ou de outras técnicas mais pessoais, se aplicam já não só ao aspecto melódico da música (alturas), mas também ao ritmo (durações), aos matizes (intensidades), à instrumentação (timbres). Messiaen encontra os seus melhores modelos na natureza que conhece bem (em especial, nos pássaros) e a sua inspiração tem como fonte a sua intensa fé católica.

✪ MÚSICA VOCAL: *Poèmes pour Mi, Chants de Terre et de Ciel, Harawi,*

MESSIAEN, Olivier

Petites Liturgies de la Présence Divine, (coro de vozes femininas e orquestra, 1944), *Cinq Rechants* para 12 vozes a *cappella* (1949) – MÚSICA SINFÓNICA: *Offrandes Oubliées* (1930), *L'Ascension* (1934), *Turangalila-Symphonie*, em 10 andamentos (1948), *Réveil des oiseaux* (1953) e *Oiseaux exotiques* para piano e orquestra, *Chronochromie* (1960) – MÚSICA DE CÂMARA: *Quatuor pour la fin du temps* para piano, violino, clarinete e violoncelo (1941) – PIANO: 8 *prelúdios, Visions de l'Amen* para 2 pianos (1943); 20 *Regards sur L'Enfant Jésus* (1944), *Mode de valeurs et d'intensités, Neumes rythmiques*, e *Ile de feu* (1949--50), *Catalogue d'oiseaux* (1960).

MIASKOVSKI, Nicolaï Jakovievitch (Novo-Georgievsk, 20 Abr. 1881//Moscovo, 9 Ago. 1950). Destinado à carreira militar, de início só estudou música como amador. Depois, formado pela Academia Militar e colocado em Moscovo, veio a ser aluno de Glière. Demitiu-se do Exército em 1907 e continuou os seus estudos no Conservatório de São Petersburgo, sob a direcção de Liadov. Em 1921, foi nomeado professor do Conservatório de Moscovo, onde, pelo seu ensino, exerceu uma influência profunda nos compositores soviéticos da nova geração (entre os seus alunos conta-se, nomeadamente, Katchaturian). As suas sinfonias, que revelam um domínio profundo da orquestração, foram consideradas durante muito tempo os modelos da arte russa oficial (com excepção das cinco primeiras, profundamente marcadas por Tchaikovski), arte deliberadamente optimista e grandiosa.

✪ 27 Sinfonias, poemas sinfónicos, um concerto de violino, um concerto de violoncelo, 9 quartetos de cordas, numerosas obras para piano (entre as quais se contam 6 sonatas), melodias, coros.
Ø *Concerto de Violoncelo* (Rostropovitch, Sargent).

MIGOT, Georges (Paris, 27 Fev. 1891//Paris, 5 Jan. 1976). Aluno de C. M. Widor e de V. d'Indy. Ferido gravemente na guerra de 1914-1918, foi forçado durante algum tempo a uma imobilidade que foi útil à sua actividade criadora. Em 1921, recebeu o prémio Blumenthal pelo conjunto da sua obra. Entre 1948 e 1960, foi conservador do museu de instrumentos antigos do Conservatório de Paris. A sua obra compreende cerca de 200 números de *opus*, num estilo contrapontístico que o liga aos polifonistas do século XV.

✪ 10 oratórios (entre eles *Saint-Germain d'Auxerre* para solistas e 3 coros *a cappella*), um *requiem*, óperas de câmara, 5 sinfonias, *Sinfonia da chiesa* (para 85 instrumentos de sopro), suites para orquestra, para piano e orquestra, para violino e orquestra.
Ø *Requiem* (M. Honegger).

MIGNONE, Francisco (São Paulo, 3 Set. 1897/São Paulo, 1986). Compositor brasileiro de ascendência italiana, foi ao mesmo tempo chefe de orquestra e excelente pianista. Fez os seus estudos no Conservatório de São Paulo e após o êxito alcançado pelas suas primeiras obras orquestrais – o poema sinfónico *Caramuru* e a *Suite Campestre* que são ouvidas em 1918 – prossegue a sua formação em Milão. Podemos considerar duas fases na sua evolução. Uma primeira em que se nota uma orientação estética segundo os cânones italianos e uma segunda fase, sobretudo a partir de 1933, em que o compositor procura uma aproximação das realidades musicais brasileiras de características nacionais. Compositor fecundo, entre as inúmeras obras que escreveu destacam-se as seguintes: a ópera *O Contratador de Diamantes* (1924), na qual incluiu o célebre bailado *Congada* escrito antes e em que utiliza ritmos brasileiros; *Cenas da Roça; Intermezzo Lírico; Nocturno-Barcarola*; os poemas sinfónicos *La Samaritaine, Momus, Festa Dionisíaca* e *No Sertão; Suite Asturiana; Maxixe; L'innocente* (ópera, 1928); *Primeira Fantasia Brasileira,* para piano e orquestra (1931); os bailados *Maracatu de Chico Rei* (1934), *Leilão* (1942); as peças sinfónicas *Batucajé e Babaloxá* (1935); *Lara* (1946); *Espantalho; Sinfonia do Trabalho; Festa das Igrejas; Quadros Amazónicos; Lendas Sertanejas;* 6 estudos *Transcendentes;* 12 *Valsas de esquina; Sonata* para piano; e numerosas canções.

Miguéz, **Leopoldo** (Niterói, 8. Set. 1850/Rio de Janeiro, 6 Set. 1902). Brasileiro de ascendência espanhola, adquire no Porto a sua primeira formação musical, continuada mais tarde em Paris. A sua actividade desenvolve-se como chefe de orquestra e compositor. Entre as suas obras mais conhecidas destacam-se: *Marcha Elegíaca a Camões: Sinfonia em si bemol;* as óperas *I Salduni* (1901) e *Pelo Amor* (1897); os poemas sinfónicos *Ave Libertas, Prometeu e Parisina;* a cantata *A Palmeira do Brasil,* para barítono e orquestra; *Ouverture Dramatique; Suite à l'antique; Hino à Proclamação da República; Sonata* para violino e piano; e numerosas peças para piano. Na sua maneira de compor, seguiu Wagner e Liszt.

Mihalovici, **Marcel** (Bucareste, 22 Out. 1898/?, 1985). Aluno de V. d'Indy (Paris) veio a ser, depois da Primeira Guerra Mundial, um dos principais animadores do grupo de músicos estrangeiros conhecido pelo nome de Escola de Paris. Casou com a pianista Monique Haas.
✪ 4 óperas (entre as quais figura *Krapp,* uma obra-prima), bailados, 4 sinfonias, 3 quartetos de cordas, peças para piano, melodias, coros *a cappella.*
Ø *Sonata de Violino e Piano* (Rostal e M. Haas).

Milan, **Luís de** (Valência, cerca de 1500/Valência, cerca de 1562). Tocador de *vihuela* (a *vihuela de mano* é uma espécie de guitarra muito difundida em Espanha no século XVI; desempenhava um papel equivalente ao do alaúde noutros países e notava-se na tablatura de alaúde). Não sabemos quase nada sobre este compositor. Todavia, ocupa um lugar importante na história da música devido ao seu *Libro de musica de vihuela de mano,* intitulado *El Maestro* (1536), primeira colectânea espanhola de tablatura de alaúde, que revela uma técnica extremamente brilhante e variada. As peças vocais desta colectânea são verdadeiros solos acompanhados e não (como a maior parte das canções acompanhadas a alaúde desse tempo) transcrições de peças polifónicas.

◐ *El Maestro* (*villancicos* e sonetos cantados; *Tientos*, pavanas e fantasias instrumentais).
Ø Extractos de *El Maestro* (Michaelis, Gerwig).

MILHAUD, Darius (Aix-en-Provence, 4 Set. 1892/Genebra, 24 Jun, 1974). Oriundo de uma grande família judia estabelecida, desde longa data, na Provença e no Condado de Venais, teve uma infância feliz num meio propício ao seu desenvolvimento moral e intelectual. Os seus dotes precoces só foram contrariados por uma saúde delicada. Aos 7 anos aprende violino e aos 12 é membro de um quarteto de cordas em Aix. Os seus pais destinam-no à carreira de violinista e em 1909 mandam-no para Paris, com o seu amigo Lunel. Todavia, ele sonha ser compositor e assiste, no Conservatório de Paris, às aulas de Leroux (harmonia), Widor (fuga), Gédalge (contraponto). Escreve muita música (que destruirá mais tarde) influenciado por Debussy e Mussorgski. Tem também aulas particulares com Koechlin, a quem deve os pontos essenciais da sua formação musical. Tem 20 anos quando conhece Jammes e Claudel. Este último, nomeado embaixador de França no Rio de Janeiro, contrata Milhaud para seu secretário. Nessa qualidade, permanece no Brasil em 1917-1918 e sente profundamente o encanto do folclore sul-americano. A influência tonificante desta arte popular será completada, um pouco mais tarde, pela do *jazz*, que descobre primeiro em Paris e depois durante uma viagem (1923) aos Estados Unidos. No regresso, junta-se a alguns jovens compositores (Auric, Durey, Honegger, Poulenc, G. Tailleferre) que se encontram regularmente aos sábados à noite. O seu amigo Cocteau propõe-lhe defender a música francesa da intrusão de elementos considerados contrários ao espírito gaulês, como o wagnerismo e o impressionismo («Viva o Galo! Abaixo o Arlequim!», gritava). Erick Satie, promovido a chefe da escola por Cocteau, fascina-os devido à simplicidade ascética da sua música, devido ao seu inconformismo, à sua filosofia benévola, ao seu olhar de velho fauno enternecido. Por analogia com os Cinco Russos, estes jovens músicos, que apenas estão unidos devido à amizade e a algumas aversões comuns, transformaram-se um dia, devido à pena de H. Collet (*Comoedia,* Jan. 1920), no Grupo dos Seis. Como a maior parte dos seus camaradas (sobretudo Honegger), Milhaud não submete a sua personalidade forte aos modelos estéticos nascidos de alguns aforismas inteligentes. Se se diverte em *le Boeuf sur le toit* a ilustrar algumas ideias comuns (aliás, com que virtuosismo!), é profundamente original nas obras grandiosas que são *Les Coéphores* e *Les Euménides* (compostas entre 1915 e 1922). Durante os 15 anos que precedem a guerra, reservando para compor as estadas repousantes em Aix, viaja muito: Viena (onde conhece Schönberg), Holanda, Itália, Espanha, Portugal, URSS, Estados Unidos, etc. Em 1925, casa com a sua prima Madeleine, que se torna sua fiel colaboradora. Em 1940, a expansão do nazismo leva-o a exilar-se com a mulher e o filho Daniel (que, em breve, se tornará conhecido como pintor). À dor de abandonar a sua querida casa de Aix, junta-se a da morte trágica da mãe. Mais mediterrânico do que nunca, conforme provam as suas obras desta época, fixa-se em Oakland, na Califórnia, onde ensina composição no Mills College. Em 1947, é nomeado professor do Conservatório de Paris; depois, divide o seu tempo, todos os anos, entre Paris e Oakland.

A sua obra gigantesca abarca quase todos os géneros, todas as formas, todas as combinações instrumentais. Censuram-lhe ter escrito demasiado, ter acumulado desordenadamente o melhor e o pior. Mas o milagre do seu génio é precisamente uma fecunda espontaneidade, uma inesgotável alegria de criar, desprovida de toda a vaidade. Nada está mais afastado do temperamento de Milhaud do que a megalomania: tal como Mozart, está imune às doenças da inteligência e da sensibilidade. E se não pode ser sempre sublime, é-o, pelo menos, com a regularidade suficiente para que o possamos incluir entre os grandes compositores do nosso tempo. As características principais da sua obra são a importância predominante da escrita contrapontística (que implica uma exploração racional da politonalidade) e o papel essencial atribuído à invenção melódica.

O conjunto desta obra é a imagem de um carácter generoso e recto, que estabelece um equilíbrio harmonioso entre o coração e o espírito. Sofre influência de Debussy, Mussorgski, Satie, Koechlin, Stravinski. Gosta de Berlioz, Bizet, Chabrier, Roussel. Não gosta nada de Schumann, Wagner, Franck; tem horror à arte pretensiosa, à arte fria, mecânica.

✪ É impossível enumerar exactamente a obra completa (já tinha ultrapassado o op. 400 em 1936): 16 óperas (entre as quais se contam 3 óperas-minuto e 3 óperas para crianças): *Les Malheurs d'Orphée* (Bruxelas, 1926), *Esther de Carpentras* (Opéra-Comique, 1938), *Christophe Colomb* (Ópera de Berlim, 1930), *Bolivar* (Ópera de Paris, 1950), *David* (Scala, 1955), etc. – 14 bailados, entre eles *L'Homme et son Désir* (1918), *Le Boeuf sur le toit* (1919), *La Création du Monde* (1923), *Salade,* (1924), muita música de cena, que inclui uma obra de proporções pouco frequentes: *L'Orestie*, de Ésquilo, traduzida por Claudel (*I Agamemnon. II Les Choéphores, III Les Euménides*) – Salmos, numerosas cantatas (sagradas e profanas) e *Pacem in Terris,* «Sinfonia Coral» sobre a Encíclica de João XXIII – várias composições para coros *a cappella*, cerca de 200 melodias (entre as quais figuram *Poèmes Juifs, Soirées de Petrograd, Chants populaires hébraïques, Prières journalières, Le Vovage d'été, Fontaines et Sources*) – 12 sinfonias, numerosas suites sinfónicas, *Carnaval d'Aix* para piano e orquestra, 5 concertos de piano, 2 de violino, 2 de violeta, 2 de violoncelo, outros de percussão, de flauta, de trombone, de harmónica, de harpa, de marimba, etc. – 18 quartetos de cordas, 3 sonatas para violino, 2 sonatas para violeta, 2 sonatas para piano e várias suites de curtas peças para piano.

Ø *L'Homme et son Désir* (Abravanel), *La Création du Monde* e *Le Boeuf sur le toit* (Milhaud), *Sinfonias n.ºs 4 e 8* (Milhaud), *Obra Para Piano* (Février), *Concerto Para 2 Pianos* e *Scaramouche* (Joy Bomeau), *Quartetos 14 e 15* (Qu. Parrenin).

MOESCHINGER, Albert (Basel, 10 Jan. 1897/Thun, 25 Set. 1985). Aluno do Conservatório de Berna, onde ele próprio ensinou até 1943. É uma das personalidades mais originais da escola germânica.

○ Muitas obras corais, 3 sinfonias, 3 concertos de piano, 1 concerto de violino, 6 quartetos de cordas, peças para piano e para órgão.

MONPOU, **Federico** (Barcelona, 16 Abr. 1893/Barcelona, 1987). Autodidacta, criou um estilo muito pessoal que ele próprio classifica como «primitivista»: abandono das barras do compasso e das armaduras das claves, harmonia clara e subtil isenta de resoluções e cadências, poesia discreta e ingénua da inspiração melódica. É um dos mais puros poetas do piano depois de Chopin e Debussy. Este catalão medieval e amante de Debussy conquistou fama como intérprete das suas próprias obras, em Paris, nos anos 20.

○ Peças para piano e melodias.
Ø *Canciones y danzas, Impressiones intimas, Préludes, Scénes d'enfants* (G. Sorianos).

MONDONVILLE, **Joseph de** (Narbonne, Dez. 1711/Belleville, Paris, 8 Out. 1772). Violinista. Depois de êxitos brilhantes como virtuoso, nomeadamente em Paris e Lille, foi designado, em 1744, superintendente da capela real. Protegido por Madame de Pompadour, foi, quando da *Querelle des boufons*, o paladino do *coin du roi* isto é, da escola francesa. Entre 1755 e 1762, ocupou o lugar de director do *Concert Spirituel*.

○ Uma dezena de óperas (entre elas *Daphnis et Alcimadure* em que são utilizadas a língua de oc e folclore provençal), oratórios, motetos, sonatas em trio, sonatas violino e cravo, peças de cravo.
Ø *Laudate Domino* (Martini) *Sonata de Flauta, Violino, Cravo* (conjunto barroco de Paris).

MONIUSZKO, **Stanislaw** (Ubiel, Minsk, 5 Mai. 1819/Varsóvia, 4 Jun. 1872). Aluno da Singakademie de Berlim, teve oportunidade de ouvir numerosas óperas clássicas dirigidas por Spontini. Quando era muito jovem, a sua ambição era escrever para o teatro: conseguiu criar um estilo nacional perfeitamente original, que fez dele o grande mestre da ópera polaca. Todavia, o seu verdadeiro génio afirma-se mais na música religiosa e, sobretudo, nas admiráveis melodias que, sem recurso ao folclore, exprimem a quintessência da alma polaca. Foi director de orquestra da ópera de Varsóvia (1858-1872) e professor no Conservatório.

○ Cerca de 20 óperas (entre as quais figuram *Halka, Hrabina, Straszny dwor*), 6 missas, 1 *Requiem*, 4 *Litanie ostrobramskie*, cantatas, 270 melodias.
Ø *Halka* (Ópera de Poznan, Bierdiajew).

MONSIGNY, **Pierre-Alexandre** (Frauquembergue, Saint-Omer, 17 Out. 1729/Paris, 14 Jan. 1817). Depois dos estudos clássicos, durante os quais aprendera violino como amador, arranjou um emprego na câmara de contas do clero. Em seguida foi intendente da casa do duque de Orléans e depois inspector-geral dos canais. Foi só em 1754, após a representação de *La Serva Padrona*, de Pergolesi, que decidiu dedicar-se à composição, conservando as funções administrativas. Terminou a sua formação musical com uma contrabaixista da Ópera e em 1759 apresentou a sua primeira ópera-cómica, *Les Aveux Indiscrets*, na Feira de Saint-Germain, com grande êxito. Mas o acolhimento excepcionalmente entusiástico de que foi alvo, em 1777, a sua décima quinta obra, *Félix*, inspirou-lhe a prudência de renunciar para sempre à composição. Havia adquirido uma grande fortuna, mas a revolução privou-o de quase todos os seus recursos e teria ficado reduzido à miséria se a Opera-Comique lhe não tivesse atribuído uma pensão a partir de 1798. Em 1813, sucedeu a Gréty no Instituto. Um dos criadores da ópera-cómica francesa, merece a nossa simpatia atenta devido à sua sensibilidade dramática e à qualidade da sua veia melódica (que enriquecem a sua obra-prima, *Le Déserteur*); mas a insuficiência do seu «saber» é, por vezes, traída por alguma falta de desembaraço, por uma harmonia desajeitada e uma instrumentação pobre.

❂ 17 óperas cómicas (duas das quais não foram representadas).

Monte, Philippe de (Região de Mechlin, 1521/Praga, 4 Jul. 1603). Depois de uma longa estada em Nápoles (cerca de 1540-1554), onde esteve ao serviço da família Pinelli e onde, sem dúvida, foi membro de um coro (tinha uma bela voz de baixo), acompanhou Filipe II a Inglaterra, como membro de Capela Real de Madrid. Aí, fez amizade com W. Byrd e mais tarde os dois músicos trocaram manuscritos das suas obras. Em seguida, levou durante alguns anos uma vida errante em Itália. Desde 1568 até à sua morte, foi *Kapellmeister* da corte imperial em Viena, e depois em Praga. Este grande músico, excepcionalmente fértil, é digno de ser comparado com Palestrina, no que toca à sua música religiosa, ou a Lassus (de quem se distingue devido a um estilo mais italiano nos madrigais). A publicação das suas obras, iniciada em 1924, por J. Van Nuffel, dar-lhe-á, talvez um dia, a fama que merece.

❂ 48 missas (24 das quais chegaram aos nossos dias), mais de 300 motetos (*Sacrae cantiones,* etc.), cerca de 1200 madrigais, *Villaneles* e canções francesas (entre as quais os *Sonnets de Ronsard*).

Ø 2.ª *Missa Sine Nomine* (Vijverman).

Montéclair, Michel Pignolet de (Andelot/Haut-Marne, Dez. 1667/Saint-Denis, 27 Set. 1737). Aluno de Moreau na escola de canto da catedral de Langres, cantou em várias outras igrejas e depois entrou como mestre de música para o serviço do príncipe de Valémont, que acompanhou a Itália. Em 1700, fixou-se em Paris, onde foi o primeiro contrabaixista da ópera. Aí, apresentou duas óperas, *Les Festes de l'été* e *Jephté*, que provocou a sua excomunhão pelo arcebispo de Paris.

❂ 2 óperas motetos, cantatas francesas, peças em trio, *Concerts* para flauta e baixo contínuo, bem como obras didácticas (entre elas os *Principes de musique*).

Monteverdi, Claudio (Cremona, Mai. 1567/Veneza, 29 Nov. 1643). Pertencia a uma família abastada com cinco filhos. Seu pai, Baldassare Monteverdi, era um médico célebre. Um dos seus irmãos Giulio Cesare (1573/?), compositor e de talento,

MONTEVERDI, Claudio

veio a ser seu assistente na corte de Mântua e contribuiu activamente para a difusão da sua obra. Cláudio foi aluno de um dos mais notáveis professores do seu tempo, M. A. Ingegneri, *musicae perfectus* da catedral de Cremona desde 1576; iniciou-se, deste modo, na grande tradição polifónica do Renascimento italiano. Aos 15 anos, publicou as suas primeiras obras (*Sacræ Cantiunculae tribus vocibus*) seguidas de *Madrigali Spirituali* (1583) e das *Canzonette* a 3 vozes (1594). Ainda não tinha 20 anos quando apareceu (1587) o seu primeiro *Livro de Madrigais* a 5 vozes. Esta colectânea apresenta uma mestria extraordinária: Monteverdi já nada tinha a aprender no domínio da polifonia tradicional. Em 1590, é contratado pelo duque de Mântua, Vicenzo Gonzaga, como tocador de viola e cantor: será nomeado *Maestro di capella* em 1602, depois da morte de Pallavicino. Passará mais de 20 anos na corte de Mântua, onde em 1595 casa com a cantora Cláudia Cattaneo, que morreu em 1607, deixando-lhe dois filhos. Acompanha o duque em muitas das suas deslocações, nomeadamente na campanha contra os Turcos na Hungria (1595-1596); aí ouve, provavelmente, música turca e eslava, de que a musicóloga húngara Szabolcsi encontra reminiscências nos *Scherzi Musicali* e no 8.º Livro de Madrigais. Em 1600, o duque assiste à representação da *Euridice* de Peri, por ocasião das festas que o grão-duque da Toscana deu para celebrar o casamento da sua filha Maria com o rei de França, Henrique IV. Embora não esteja provado que Monteverdi tivesse estado presente, de qualquer forma, o duque Vicenzo deve ter feito um relato pormenorizado ao seu músico. Alguns anos mais tarde, desejando estar na vanguarda do progresso artístico, Vicenzo e seus filhos encomendam a Monteverdi um espectáculo musicado, no estilo novo iniciado em Florença por Caccini e Peri: daí resultou uma obra-prima, *La Favola d'Orfeo*, primeira ópera digna desse nome, representada na Academia degli Invaghiti a 22 de Fevereiro de 1607. No ano seguinte, durante as sumptuosas festas dadas por ocasião do casamento de Francesco Gonzaga, Monteverdi apresenta duas novas óperas: *Arianna* (infelizmente perdida, com excepção do célebre *Lamento*) e *Il Ballo delle Ingrate*.

Entretanto, a publicação dos 4.º e 5.º *Livros de Madrigais* (1603-1605) e do *Scherzi Musicnli* (1607) tinham-no convertido no maior compositor «moderno» do seu tempo e a sua fama alastrava consideravelmente. Alguns anos antes da publicação destas colectâneas, que constituem o ponto mais alto da arte madrigalesca, o cónego bolonhês G. M. Artusi, que tomara conhecimento de alguns desses madrigais por meio de cópias manuscritas, atacou violentamente a música de Monteverdi num panfleto intitulado: *L'Artusi, ovvero delle imperfettioni della musica moderna* (1600), a que se seguiram outros três ensaios do mesmo género. Este conservador intransigente, aluno de Zerlino, passa pelo crivo da censura académica nove madrigais e *scherzi* (entre eles o admirável *Cruda Amarilli* do 5.º Livro) para lhes descobrir as irregularidades. «Os sentidos enlouqueceram», escreve. «As novas regras (…) tornam a música moderna desagradável ao ouvido».

Monteverdi publica o essencial dos seus argumentos em favor dessa mesma música moderna no prefácio do 5.º *Livro de Madrigais*, argumentos desenvolvidos por seu irmão Giulio Cesare numa *Dichiarazione* publicada como apêndice aos *Scherzi Musicali*. Estes dois textos, muito interessantes, marcam a antítese entre a *prima prattica* (o velho estilo polifónico) e a *seconda prattica* (o novo estilo revolucionário, em que o texto poético «domina a harmonia»). Após a morte de Vincenzo Gonzaga, em 1612, o seu sucessor, Francesco, separa-se bruscamente de Monteverdi, que também não estava nada satisfeito com as suas condições de trabalho. Regressa a Cremona, célebre e pobre. Mas no ano seguinte é eleito *Maestro di cappella* de São Marcos, em Veneza, e mestre de música da Sereníssima República. Irá passar, nessa cidade, os últimos 30 anos da sua vida, apenas se ausentando raramente para breves estadas em Mântua e Cremona, organizando magistralmente a liturgia musical de São Marcos, para a qual compôs a maior parte da sua música religiosa. Durante este período, abatem-se sobre ele e sobre a sua família várias desgraças: guerra para a sucessão do Ducado de Mântua (vários dos seus manuscritos desaparecem, durante o saque da cidade, em 1630), epidemia de peste (perde o filho Francisco), prisão de seu filho Massimiliano, médico e astrólogo, pela Inquisição... Em 1632, recebe ordens. Tinha ficado uma dezena de anos sem escrever para o teatro até que, em 1637, a abertura do primeiro teatro de ópera veneziano (S. Cassiano) estimula de novo o seu génio dramático. Neste teatro, e no SS. Giovanni e Paulo, que abre pouco depois, Monteverdi apresenta quatro novas óperas. Duas destas obras, que iniciam a era do *bel canto*, chegaram até nós: *Il Ritorno d'Ulisse* e essa grande obra-prima que é *L'Incoronazione di Poppea*. Monteverdi faleceu pouco depois de uma última viagem a Cremona. Fizeram-lhe exéquias sumptuosas, simultaneamente em São Marcos e Stª. Maria dei Frari, onde está sepultado. Os seus alunos mais célebres são Cavalli e Rovetta; mas a maior parte dos músicos que vivia em Itália no início do século XVII sofreu a sua influência, nomeadamente Schütz (que, por certo, conheceu Monteverdi em 1628).

Podemos distinguir três estilos na obra de Monteverdi. São eles, empregando a sua própria terminologia: – *Prima prattica* (os 4 primeiros livros de *Madrigais* e as 2 missas): exploração de todas as possibilidades do estilo polifónico tradicional – *Secunda prattica* (Madrigais, Livros V e VI, *Orfeo*, *Vésperas*): princípio revolucionário da subordinação da música ao texto poético, que cria uma ruptura com as regras complexas da polifonia tradicional e exige a criação de um estilo melódico novo, utilização do baixo contínuo nos madrigais: sumptuosidade da instrumentação nas obras para teatro ou para a igreja – *Stile concitato* (Madrigais, Livros VII e VIII, últimas óperas): anunciado no prefácio do Livro VIII, este estilo consagra o triunfo da melodia acompanhada: a instrumentação é, ao mesmo tempo, sóbria e mais subtil, a melodia, mais leve, «imita» mais perfeitamente os sentimentos. A partir de *Orfeo*, que supera de longe tudo o que antes fora tentado no mesmo género, Monteverdi impõe-se como o verdadeiro criador da ópera, o único capaz de explorar as experiências da *camerata* florentina (V. CACCINI* e PERI*), acrescentando-lhe a riqueza instrumental dos *intermedii* do Renascimento, a importância dos coros, a novidade da *aria da capo* (por exemplo, a ária de «*Orfeo*» *Vi ricordo boschi oscuri*). 35 anos mais tarde, *L'Incoronazione di Poppea*, onde anuncia o *bel canto*, pode ser considerada o primeiro drama lírico da história da música. *Orfeo* conserva ligações com o século XVI, *Poppea* pertence totalmente ao futuro. Os novos estilos transformam o madrigal, a partir do 6.º Livro, em cantata dramática ou até em pequena ópera (*Tirsi e Clori* do 7.º Livro e *Il Combattimento...* do 8.º). A música religiosa é, no seu conjunto, mais tradicional, exceptuando a obra-prima revolucionária que as *Vésperas* (*Vespro della Beata Vergine...*) constituem. Herdeiro dos grandes madrigalistas, visionário da nova arte, Monteverdi é um dos maiores reformadores da música. Com ele começa a história da música moderna.

◘ Óperas: 18 no total, 12 das quais desapareceram em 1630, durante o saque de Mântua (entre as quais se contavam *Arianna*, a ópera-bufa *La finta pazza*, *Licori e Armida*, cuja importância ressalta da correspondência de Monteverdi). As 6 obras existentes são: *La Favola d'Orfeo* (Mântua, 1607); *Il Ballo delle Ingrate* (Mântua, 1608), *Tirsi e Clori* (Madrigais, 7.º Livro) (Mântua, 1616), *Il Combattimento di Tancredo e Clorinda* (Madrigais, 8.º Livro) (Veneza, 1624), *Il Ritorno d'Ulisse in Patria* (Veneza, 1641), *L'Incoronazione di Poppea* (Veneza, 1642) – MÚSICA RELIGIOSA: *Sacrae Cantiunculae* a 3 vozes, *Madrigali Spirituali* a 4 vozes, *Vespro della Beata Vergine da concerto...* (1 a 8 vozes: suite de motetos com instrumento), 2 missas *a cappella* (4 vozes e 6 vozes), salmos (1 a 8 vozes com instrumentos) – Madrigais: 1 livro de *canzonette* (a 3 vozes), 2 livros de *Scherzi Musicali* (a 3 vozes e instrumentos – a 1 e 2 vozes com baixo contínuo), 9 livros de madrigais propriamente ditos (Livros I a IV, a 5 vozes *a capella* – Livros V e VI, a 5 vozes com baixo contínuo – Livro VII, a 1, 2, 3, 4, 6 vozes e baixo contínuo, por vezes com instrumentos obrigados – Livro VIII, *Madrigali guerrieri ed amorosi in genere rappresentativo*, 1 a 8 vozes, com baixo contínuo ou instrumentos – Livro IX, póstumo, a 2 e 3 vozes, com baixo contínuo).

Ø *Vespro della Beata Vergine* (Corboz), *Selva Morale* (Corboz), *Orfeo* (Harnoncourt), *Ritorno d'Ulisse* (Harnoncourt), *Madrigais*, 6.º e 7.º Livros (Lochrer), *Madrigais*, 8.º e 9.º Livros (Leppard).

MORACO, Estêvão Lopes (?/?). Mestre de capela da Sé de Viseu de 1599 a 1628, este compositor português, ao estudo do qual se tem dedicado Manuel Joaquim, é um compositor de música religiosa *a capella*. Dele foram editadas em 1961 «Várias obras de Música Religiosa 'A Capela'» em *Portugaliae Musica* (Gulbenkian) vol. IV, contendo 35 *Motetos*, 8 *Responsórios* do Natal, 3 *Salmos*, 18 *Hinos*, e 4 *magnificat* a várias vozes, no qual se inserem alguns dados biográficos e um estudo bem pormenorizado sobre cada uma das composições.

Pode ser considerado um dos grandes polifonistas portugueses.

Morales, Cristóbal de (Sevilha, cerca de 1500/Málaga, ou Marchena, 1553). Recebeu uma educação muito completa (os seus prefácios revelam um excelente conhecimento do latim) e foi, provavelmente, aluno de Escobar, como menino de coro na catedral de Sevilha. Entre 1526 e 1530, foi mestre de capela da catedral de Ávila. Graças ao interesse que lhe testemunhava o Papa Paulo III, foi admitido como cantor, em 1535, na capela pontifícia, em Roma; situação favorável à difusão da sua música, que os grandes desse mundo podem ouvir, tanto em Roma como quando das deslocações do coro. Foi assim que em Nice, para celebrar as tréguas acordadas (a instâncias de Paulo III) entre Francisco I e Carlos V (1538), Morales manda executar, pelos cantores que acompanham o papa, uma grande cantata, *Jubilemus omnis terra*. Em Roma, o coro pontifício apresenta-se mais frequentemente na Capela Paulina, mas também nas diversas igrejas da cidade e na Capela Sistina, onde Miguel Ângelo trabalhava, então, nos seus célebres frescos. Em 1545, Morales deixa Roma definitivamente, depois de ter publicado aí, bem como em Veneza, a maior parte das suas obras. É nomeado mestre de capela da catedral de Toledo, mas, doente e endividado, apresenta a sua demissão dois anos mais tarde. Em 1551, aceita um lugar análogo na catedral de Málaga: todavia, não conseguindo habituar-se às condições de trabalho em Espanha e sentindo-se em Málaga ainda mais infeliz do que em Toledo, pede para retomar as suas antigas funções na catedral desta cidade, mas morre antes de tal lhe ter sido concedido. Célebre em toda a Europa, e mesmo fora dela (tocou--se música sua no México em 1559, num serviço em honra de Carlos V), foi o maior dos músicos espanhóis que antecederam Victoria. Na sua obra, soube conciliar o gosto pela complexidade polifónica (escrita em cânone ou em fuga de várias das suas missas) e as necessidades da expressão e da inteligibilidade.

✪ 25 missas a 4, 5, 6 vozes (as suas obras-primas, mais ainda do que os célebres motetos), vários *Magnificat*, 100 motetos ou hinos (3 a 8 vozes), alguns madrigais.

Ø Missa *Mil lamentos* (Venhoda), *Lamentações* (conj. Sei Voci).

Moreau, Jean-Baptiste (Angers, 1656/Paris, 24 Ago. 1733). Aluno da escola de canto da catedral de Angers, foi, durante algum tempo, mestre de capela nas catedrais de Langres e de Dijon, antes de vir para Paris, onde caiu nas boas graças da mulher do Delfim de França. Graças à protecção desta, o rei encomendou-lhe vários divertimentos e foi escolhido para compor os coros e intermédios de *Esther* e de *Athalie*, de Racine. Tornou--se, assim, músico oficial da escola de raparigas de Saint-Cyr. Professor de canto de renome, teve como alunos Montéclair, Dandrieu, Clérambault, bem como duas célebres cantoras, a sua própria filha Marie-Claude e Louise Couperin.

✪ Música para várias tragédias de Saint-Cyr (entre elas, *Esther* e *Athalie*), pastorais para a corte, *Te Deum*, *Requiem*, cânticos, motetos, canções libertinas.

MORIN, Jean-Baptiste (Orléans, cerca de 1677/Paris, 1745). Músico do duque de Orléans e mestre de capela da abadessa de Chelles. Foi o primeiro compositor de cantatas francesas (1706). Em várias composições isoladas, teve ainda a ideia de aumentar esta forma para a transformar na «contrapartida profana do moteto para grande coro».
✪ 3 livros de cantatas francesas (1 a 3 vozes), algumas cantatas de grandes dimensões (entre as quais figura a célebre *Chasse du Cerf*), 2 livros de motetos, 1 livro de *Airs à boire à 2 voix*.
Ø *La chasse du cerf* (Paillard).

MORLEY, Thomas (Londres ?, 1557//Londres, Out. 1602). Organista e teórico. O seu professor, W. Byrd, ensinou-lhe não só a teoria e a prática da música, mas também matemática. Foi organista em St. Paul, cerca de 1591, época em que parece ter desempenhado o papel de agente político por conta dos católicos. Em 1592, é nomeado *gentleman* da capela real e recebe em 1598 um privilégio de 21 anos para a edição de música. Entre o pouco que chegou até nós de música original para peças de Shakespeare figuram duas canções de Morley. De um modo geral, deduziu-se desse facto que tinha relações com o grande poeta. Um dos mais admiráveis compositores da época isabelina, Morley é, incontestavelmente, o mestre das formas vocais e ligeiras, *canzonets* e *ballets*, onde a vivacidade e a profusão do seu génio melódico operam maravilhas. Nos seus *ballets*, copiados de Gastoldi, introduz, pela primeira vez, em Inglaterra, o género de *balletto* italiano. A influência dos italianos (de quem ele publicou um certo número de madrigais) é, aliás, perceptível em todas as suas obras vocais profanas. Em 1601, publicou *The Triumphes of Oriana*, recolha colectiva de madrigais em homenagem à rainha Isabel I, copiando uma colectânea italiana ligeiramente anterior, *Il trionfo di Dori*.
✪ 5 *anthems*, 4 *services,* um serviço fúnebre (*Burial Anthem*), 6 motetos latinos, 60 *canzonets* (2 a 6 vozes), 20 *balletos* a 5 vozes, 24 madrigais a 4 vozes, 14 *ayres* (ou canções acompanhadas a alaúde), fantasias para 2 violas, peças para virginal (em diversas recolhas colectivas) e um notável tratado, apresentado sob a forma de diálogo entre professor e aluno, *Plaine and Easie, Introduction to practicall musicke* (1597).
Ø *First Book of Ayres* (Rogers).

MORTARI, Virgilio (Passirana di Lainate, Milão, 6 Dez. 1902/Roma, 5 Set. 1993). Pianista. Aluno de Bossi e de Pizzetti, em Milão. Foi, sucessivamente, professor nos Conservatórios de Veneza e de Roma e director do Teatro de La Fenice, em Veneza.
✪ 4 óperas, *Trittico* para solistas, coros e orquestra, um *Stabat Mater*, um concerto de piano, melodias encantadoras.

MOSCHELES, Ignaz (Praga, 30 Mai. 1794/Leipzig, 10 Mar. 1870). Pianista e director de orquestra. A sua prodigiosa carreira de virtuoso, comparável à de Liszt, começou aos 14 anos. Em 1843, Mendelssohn chamou-o para professor do Conservatório que acabava de fundar em Leipzig.
✪ Muitas composições para piano, entre as quais se contam 7 concertos, sonatas, estudos.

Mossolov, Alexandre Vassilievitch (Kiev, 10 Ago. 1900/?, 1973). Pianista. Aluno de Glière (composição) e de Prokofiev (piano). Até cerca de 1935, a sua música é marcada pela influência de Prokofiev e de Hindemith e pelo entusiasmo pelas ideias «construtivistas» na arte; destas ideias nasceu *Fundição de Aço*, uma «música de máquinas» que deu a celebridade a Mossolov. Depois, a sua arte tornou-se mais nacional ao inspirar-se no folclore. Em 1927, foi nomeado secretário da secção russa de SIMC.
✪ 4 óperas, cantatas patrióticas, 5 sinfonias, poemas sinfónicos (entre eles *Fundição de Aço* e *A Ucrânia*), concertos (de violino, de violoncelo, de harpa, e 2 de piano), 5 sonatas de piano, melodias.
Ø *Fundição de Aço* (Dervaux).

Moulinié, Étienne (Languedoc, início do século XVII/cerca de 1670). Mestre de música de Gaston d'Orléans e, depois, dos estados do Languedoc. Participou, juntamente, com Molière, nos divertimentos apresentados, em 1652, em Carcassone, nos estados do Languedoc.
✪ *Missa pro defunctis*, alguns bailados, 6 livros de *Airs de cour* a 4 ou 5 vozes, 5 livros de *Airs de cour* com acompanhamento de alaúde.

Mouret, Jean-Joseph (Avignon, 16 Abr. 1682/Charenton, 22 Dez. 1738). Nomeado superintendente da música da duquesa do Maine, foi o animador das célebres *Grandes Nuits de Sceaux*. Foi também director de orquestra na ópera de Paris e na Comédie-Italienne e director artístico do *Concert Spirituel* (1728-1734).
✪ Uma dezena de óperas-bailados (entre elas, *Les Festes de Thalie*), uma missa, 3 livros de motetos, cantatas, 6 livros de *Divertissements* para a Comédie-Italienne, *Suites de Symphonies*, fanfarras, 2 *Concerts de chambre*.
Ø *2 Suites de Symphonies* (Douatte).

Mouton, Charles (?, cerca 1626/?, cerca 1700). Tocador de alaúde, aluno de D. Gaultier. Viveu na corte de Turim, no final do século XVII, e depois fixou-se em Paris, onde já gozava de muito boa reputação.
✪ 4 Livros de *Pièces de luth sur différents modes* (de que chegaram 2 até aos nossos dias), algumas composições religiosas.
Ø *7 pièces de luth* (Smith).

Mouton, Jean dito **Jean de Hollingue**, (Hollingue, Pas-de-Calais, cerca de 1460/Saint-Quentin, 30 Out. 1522). O maior polifonista da geração que separa Josquin (seu professor) de Willaert (seu aluno). Foi membro da capela de Luís XII e de Francisco I, cónego em Thérouanne e em Saint-Quentin.
✪ Cerca de 15 missas, cerca de 100 motetos e salmos (entre eles, um *Salvum fac regem* para a sagração de Francisco I), canções francesas.
Ø *Chanson et motet* (Blanchard).

Mozart, Leopold (Augsburgo, 14 Nov. 1719/Salzburgo, 28 Mai. 1787). Teórico e director de orquestra. Estudou, durante dois anos, teologia na Universidade de Salzburgo antes de se dedicar à música. Foi músico e camareiro do conde de Tour et Taxis e depois violinista, compositor e segundo *Kapellmeister* na corte do príncipe arcebispo de Salzburgo. Mas a partir de 1760 dedicou a maior

Mozart, Leopold

parte do seu tempo à educação e à carreira de seus filhos, Maria Anna (Nannerl) e Wolfgang. Professor excepcional, a quem Wolfgang ficou a dever o essencial da sua formação (especialmente a sua extraordinária «mestria»), foi, todavia, severamente criticado, devido à maneira como exibiu os seus filhos-prodígio em todo o mundo, com prejuízo para a saúde moral e física deles.

✪ Música religiosa, sinfonias, concertos, *divertimenti*, sonatas para piano e um muito notável tratado de violino *Versuch einer gründlichen violinschule* (1756).

Ø *Cassação* – de que 3 andamentos constituem a *Sinfonia dos Brinquedos* atribuída a Haydn (versão integral em 7 andamentos, Gorvin), *Concerto de Trombeta* (Delmotte).

Mozart, Wolfgang Amadeus (Salzburgo, 27 Jan. 1756/Viena, 5 Dez. 1791). Filho de Leopold Mozart*, compositor, e de Anna Maria Pertl (1720/1778), delicada, doce e pouco inteligente. Tendo casado em 1747, tiveram seis filhos, dos quais só dois sobreviveram: Maria Anna, (1751/1829) e Wolfgang. Este casou, em 1782, com Constanze Weber (1763/1842), encantadora, desleixada, péssima dona de casa. Ela voltou a casar em 1809 com G. K. Nissen, diplomata dinamarquês, importante biógrafo de Mozart. Os filhos de Wolfgang e Constanze foram Karl (1784/1858), comerciante e funcionário, e Wolfgang (1791/1844), compositor e pianista. Apesar de tudo o que a esse respeito foi dito, um fenómeno como o de Mozart continua inexplicável. Homens tão sérios como Goethe, Grimm, Haydn, Wagner, Kierkegaard, Ghéon, Karl Barth, falaram sobre ele sem prudência, sem medida, à força de superlativos. Deve existir, segundo Barth, «uma relação directa e muito especial entre Deus e este homem...». «Em Mozart pressinto uma arte que não encontro em nenhum outro». Desde os 3 anos que manifestou uma excepcional predisposição para a música, assistindo com interesse às lições da irmã e, por sua vez, procurando no cravo «as notas que se amam». Logo que seu pai descobriu o seu instinto musical infalível, a sua memória prodigiosa, a finura e precisão absoluta do seu ouvido, decidiu fazer dele um músico e dedicar a sua existência à educação dos filhos. Wolfgang não teve praticamente outro professor. Aos 6 anos, improvisava pequenas peças que o pai anotava cuidadosamente (Minuetos K. 1, 2, 3, 4, 5); Leopold decidiu exibi-lo, com a irmã, por toda a Europa. A primeira digressão (1762) levou-os a Linz, Munique e Viena: recepção entusiástica na corte do Eleitor da Baviera e, sobretudo, na do Imperador; Wolfgang diz os nomes das notas que ouve, toca sob um pano que cobre o teclado, salta para o colo da imperatriz, põe loucas as damas da corte. Estas exibições ridículas (que não perdoaríamos a Leopold se não tivesse sido um pai dedicado e o professor admirável que ajudou Wolfgang a converter-se em Mozart) são, em breve, o objecto de uma segunda digressão, bastante mais importante (1763-1766): Munique, Augsburgo, Mannheim, Mainz, Frankfurt (onde maravilha o jovem Goethe), Aix-la--Chapelle, Bruxelas, Paris (onde toca perante a corte e beneficia da protecção de Grimm), Londres (onde se torna amigo de J. C. Bach), Haia, Amesterdão, Paris, Dijon, Lyon, Genebra (onde não consegue ver Voltaire, que estava doente), Zurique, Munique, Salzburgo. Condecorado e adulado pelos imperadores e pelos reis, exibido em todo o lado como um animal amestrado (em Londres, pode ouvir-se as crianças em privado: entrada 2/6 d. por pessoa), parece ter escapado por milagre a toda a degradação do gosto e da sensibilidade. É já a criança superior que irá ser durante toda a sua vida. De regresso a Salzburgo, estuda, sob a direcção de seu pai, o severo *Gradus ad Parnassum*, de Fux, e compõe as suas primeiras obras verdadeiramente inspiradas: *Bastien und Bastienue* (aos 12 anos) as *missas K. 66*, a *Sérenade K. 100* (aos 13 anos) e, sobretudo, o admirável *Quarteto em Sol Maior* (aos 14 anos). Parece que as composições anteriores que, aliás, não apresentam qualquer interesse puramente musical, foram mais ou menos corrigidas por Leopold. Entre 1769 e 1771, realiza, com o pai, uma digressão pela Itália, passando por Innsbruck, Verona, Mântua, Milão (onde o venerável Sammartini submete a criança a várias provas), Lodi (onde compõe o belo quarteto de que já falámos), Bolonha (onde faz sem esforço os exercícios de fuga e de contraponto que lhe são propostos pelo padre Martini e onde é eleito membro da Academia Filarmónica), Florença (onde acompanha o célebre violinista Nardini), Roma (onde reproduz de cor o famoso *Miserere* de Allegri, pertencente ao repertório secreto da capela pontifícia: o papa fá-lo cavaleiro da Espora de Ouro), Nápoles, Veneza, etc. Aos 16 anos, está na plena posse do seu génio: aos 19 compõe *Il Re Pastore* e os seis admiráveis concertos de violino.

A segunda viagem a Paris só lhe traz tristezas e decepções: morte súbita da mãe, indiferença dos salões parisienses que as exibições do menino-prodígio tinham, outrora, divertido: amor não correspondido pela jovem e notável cantora Aloysia Weber, que conheceu em Mannheim... Retoma as suas funções de *Konzertmeister* (primeiro violino), que exerce desde os 12 anos na corte episcopal de Salzburgo, corte que detesta e que esperava deixar para sempre. Em 1781, vai com o insuportável príncipe-arcebispo Hyeronimus para Viena, onde é tratado como um lacaio; mas depois de uma altercação algo viva em que é insultado e expulso como um vadio, instala-se durante algum tempo em casa dos Weber, que residiam, desde há pouco, em Viena, antes de se fixar por sua conta no Graben. Em breve descobre as desvantagens do celibato e um mês depois da estreia de *O Rapto do Serralho* [*Entführung aus dem Serail*, em alemão] casa com Constanze Weber (irmã mais nova de Aloysia): «*Entführung aus dem Auge Gottes*», afirma ele. O jovem casal instala-se na Grosse Schulestrasse e começa logo a conhecer as dificuldades financeiras que nunca o abandonaram. Muito sociáveis, recebem aos domingos de manhã: conversa-se, toca-se música, bebe-se ponche. Leopold, que se opusera ao casamento, vem no entanto visitá-los em 1785. Nessa altura, Mozart convida o seu amigo Haydn para uma pequena reunião amigável, a fim de lhe apresentar os seis novos quartetos que lhe quer dedicar. Haydn (primeiro violino), Dittersdorf (segundo violino), Mozart (violeta) e Vanhal (violoncelo) interpretam essas obras-primas, após o que Haydn afirma ao velho Leopold, encantado: «Juro-lhe pela minha honra que o seu filho é o maior compositor que conheço, quer de nome quer pessoalmente». Todavia, os empregos fixos continuam a não surgir e os seus concertos, apesar do êxito, não permitem que Wolfgang e Constanze equilibrem o orçamento. O célebre abade Da Ponte apresenta ao imperador um projecto de um libreto de ópera para Mozart, segundo *Le Mariage de Figaro*, de Beaumarchais. Recebe a aprovação imperial e *Le Nozze di Figaro* são representadas, com grande êxito, a 1 de Maio de 1786. Mas em breve, o êxito é eclipsado pelo de várias novas peças, entre elas *Una Cosa Rara*, de MARTIN Y SOLER* (de que Mozart cita um fragmento no 2.º *finale* de *Don Giovanni*). Em Praga, todavia, o êxito de *Figaro* é mais duradouro e cantam-se as suas árias na rua. Mozart é aclamado na capital da Boémia como poucas vezes foi, os seus concertos (onde, cada vez mais, se revela um improvisador genial) provocam um entusiasmo delirante e o empresário Bondin oferece-lhe 100 ducados (soma avultada) para compor uma nova ópera. Um ano mais tarde, em Setembro de 1787, Mozart instala-se novamente em Praga, acompanhado de sua mulher, para terminar a composição de *Don Giovanni* (com um libreto que pedira a Da Ponte) e para dirigir os ensaios. Trabalha em casa do seu amigo Dusek (actualmente chamada Bertramka, é um incomparável santuário mozartiano, onde a alma de Mozart parece mais presente do que em qualquer outro lugar). A primeira representação, a 29 de Outubro de 1787, foi triunfal. De regresso a Viena, no entanto, a sua situação financeira piora e a falta de saúde da sua mulher só a agrava. Sucede a Gluck como *Kammercompositeur* do Imperador, mas com um ordenado irrisório. Embora tenham sido os mais difíceis no aspecto material e moral, os três últimos anos da sua vida foram, no plano artístico, fecundos e interessantes. As suas três últimas sinfonias, as mais belas, foram compostas em seis semanas (1788), *Cosi fan Tutte* foi criada em Viena em 1790 e iniciou três obras consideráveis, simultaneamente, em 1791: *Die Zauberflöte*, encomendada por Schikaneder, director de teatro e autor do libreto (estreado em 30 de Setembro), *La Clemenza di Tito*, encomendada para a coroação de Leopoldo II, em Praga (estreada a 6 de Setembro), e o *Requiem*, encomendado por uma personagem misteriosa que pretendia manter o anonimato, um amador, o conde Walsegg, que, desejando que o tomassem por um grande compositor, mandou executar mais tarde o *Requiem* com o seu nome. Depois do cansaço do Verão, Mozart atravessou uma crise profunda de depressão. Tendo passado a sofrer de desmaios, estava convencido de que trabalhava no seu próprio *Requiem*, de que os seus dias estavam contados, de que o tinham envenenado (de facto, a hipótese do envenenamento foi aventada para explicar a sua morte, sendo SALIERI* o principal suspeito). No final de Novembro, começou a trabalhar ainda um pouco no seu *Requiem*; mas, chegado ao *Lacrymosa*, desfez-se em lágrimas e disse que não podia terminar o trabalho. Foi então que deu instruções ao seu aluno Süssmayr que, desde há alguns meses, o não abandonava. Com um talento e um respeito admiráveis, Süssmayr, depois da morte do mestre, preencheu lacunas dos pedaços já escritos (só o *Requiem* e o *Kyrie* é que estavam totalmente acabados) e escreveu completamente o *Sanctus* e o *Agnus* (repetindo muito oportunamente, no final, a fuga do *Kyrie* sobre as palavras *Cum Sanctis tuis*). Aos 36 anos, o mais extraordinário génio da história da música faleceu na noite de 4 para 5 de Dezembro, à 1 hora da manhã. Parece ter morrido devido a uma espécie de tifo. A certidão de óbito refere *eine hitziges Frieselfieber* (febre «parasitária»). Mas segundo o dr. Barraud, que dedicou um estudo a este problema, Mozart teria sucumbido a uma nefrite crónica (doença de Bright). De qualquer modo, a sua saúde frágil, submetida a duras provas desde a infância, ainda foi afectada por várias doenças (escarlatina, varíola, tifo), uma alimentação irregular, o cansaço físico e intelectual: morreu, talvez, de esgotamento. A 6 de Dezembro, às 15 horas, o seu corpo foi transportado para a Igreja de Santo Estêvão para uma cerimónia miserável, sem pompa e sem uma nota de música. Süssmayr, Salieri e mais três amigos acompanharam o féretro até às portas da cidade. Mas o mau tempo fê-los voltar para trás. Constanze, abatida pela dor, não estava em condições de sair de casa: foi assim que os restos de Mozart foram sepultados na vala comum do cemitério de St. Marx. Em 1859, levantou-se um monumento no local presumível. Nada havia no aspecto de Mozart que fosse particularmente atraente. Muito pequeno, muito magro, muito pálido, muito nervoso, com uma abundante cabeleira loura em que tinha muita vaidade, era extremamente sociável, ria facilmente (apesar de tudo, ria); mas, pouco culto, só se interessava pela música ou por futilidades (o bilhar, os paulitos, a dança, os contos infantis...). Por mais ardentemente que nos esforcemos para dissecar a sua personalidade, para descobrir o segredo da sua arte, a razão desiste. «O génio mais prodigioso elevou-o acima de todos os mestres, de todas as artes e de todos os tempos», escreveu Wagner. Que explicação precisaremos de acrescentar? Como descrever o génio, essa forma de revelação que ultrapassa o saber? Tanto mais que aqui não houve qualquer manifesto, não foi utilizado qualquer sistema novo... E a música de Mozart, quase sempre convencional, não é nunca nem uma mensagem nem uma confissão... Ela canta espontaneamente, livremente, e essa liberdade afasta o ouvinte de qualquer tipo de atitude estética. O Mozart «demoníaco» e trágico que, hoje em dia, tentaram pôr no lugar do «pequeno Mozart» puro e delicioso, imaginado pelo século XIX, é igualmente absurdo. A revelação – ou, simplesmente o pressentimento – do universo mozartiano, na sua singularidade, está para além da análise, por mais interessante e enriquecedora que ela seja (nomeadamente, devido àquilo que ela revela de instrução dramática e psicológica na ópera, de inefável espiritualidade na música religiosa). Para o ouvinte atento e sensível, as fontes desta revelação mozartiana poderão encontrar-se em

MOZART, Wolfgang Amadeus

Don Giovanni ou *A Flauta Mágica*, as obras-primas, na *Missa em Dó Menor*, nas últimas sinfonias, nos grandes concertos de piano ou nos juvenis concertos de violino, nos quartetos, nos quintetos, ou simplesmente em qualquer página miraculosa de um divertimento ou de uma serenata.

✪ Edição completa realizada por Breitkopf (1877-1905) e nova edição integral iniciada por Bärenreiter em 1955. Catálogo cronológico e temático fixado por Köchel (1862): mais de 600 obras autênticas, sem levar em conta numerosas atribuições duvidosas − TEATRO: *La Finta semplice* (Salzburgo, 1769), *Bastien und Bastienne* (Viena, 1768), *Mitridate Ré di Ponte*, (Milão, 1770), *Lucio Silla* (Milão, 1772), *La Finta giardiniera* (Munique, 1775), *Il Ré pastore* (Salzburgo, 1775), *Idomeneo, Ré di Creta* (Munique, 1781), *Die Entführung aus dem Serail* (Viena, 1782), *Der Schauspieldirektor* (Schönbrunn, 1786), *Le Nozze di Figaro* (1786), *Don Giovani* (Praga, 1787), *Cosi fan tutte* (Viena, 1790), *Die Zauberflöte* (Viena, 1791), *La Clemenza di Tito* (Praga, 1791). A que há a juntar 2 composições do início da juventude, 2 *serenate* (obras de circunstância), o bailado *Os Pequenos Nadas* e 4 composições inacabadas − IGREJA: 8 grandes missas entre as quais se contam *Coroação K. 317, dó maior K. 337, dó menor K 427*, 10 «missas breves» (entre elas, em *fá maior K. 192 e ré maior K. 194) o Requiem K. 626, Vesperae de Dominica* e *Vesperae Solemnes de Confessore, 2 Litaniae Lauretanae* e *2 Litaniae de Venerabili*, os motetos *Exultate Jubilate* (soprano solista e orquestra) e *Ave Verum* (coros e cordas), 8 *Kyrie*, 7 ofertórios, 15 hinos, salmos, etc. (geralmente a 4 vozes e orquestra ou órgão). *N. B.*: O hino *Adoramus Te* atribuído a Mozart é de Q. Gasparini. − OUTRA MÚSICA VOCAL: 56 grandes árias de concerto ou árias de óperas isoladas (com orquestra), 35 cânones *a cappella*, 32 *lieder* alemães (admiráveis, muito pouco conhecidos), 2 árias italianas, 2 árias francesas. − ORQUESTRA: 47 sinfonias, 65 divertimentos, serenatas, marchas (entre elas, *Eine Kleine Nachtmusik*), 203 danças (entre as quais 116 minuetos e 49 danças alemãs), uma admirável ode fúnebre (*Maurerische Trauermusik*). − CONCERTOS: 23 para piano (entre os quais *K. 466, 467, 491, 503)* 1 para 2 pianos, 1 para 3 pianos, 6 para violino (e um rondó em *dó maior*), 1 *concertone* para 2 violinos, 2 para flauta, 1 para flauta e harpa, 1 para clarinete, 1 para fagote, 4 para trompa (e um rondó) uma *Sinfonia Concertante* de violino e violeta, uma *Sinfonia Concertante* para oboé, clarinete, fagote e trompa − MÚSICA DE CÂMARA: 6 quintetos de cordas, 24 quartetos de cordas, 2 quartetos com piano, 7 trios, um quinteto com clarinete, quartetos (com flauta, oboé), 35 sonatas para violino e piano. − PIANO: 20 sonatas (e 6 incompletas, arranjadas ou de atribuição duvidosa), 15 séries de variações, 5 fantasias, cerca de 70 peças diversas (minuetos, rondós).

Ø *Don Giovanni* (Giulini), *A Flauta Mágica* (Solti), *As Bodas de Figaro* (Boehm), *Cosi fan tutte* (Davis), *O Rapto do Serralho* (Jochum), *Missa em Dó Menor* (Leppard), *Missa de Coroação* (Grossmann), *Requiem* (Böhm), *Sinfonias* (Böhm), *Concertos de Piano* (Anda), *Concertos de violino* (Oistrakh), *Concerto de*

Clarinete (Lancelot, Paillard), *Quinteto com Clarinete* (Deplus, quarteto Dinamarquês), *Quintetos de Cordas* (quarteto dinamarquês), *Quartetos de Cordas* (Búlgaros), *Divertimento K. 563* (trio italiano), *Serenata «Haffner»* (Böhm), *Quartetos com Flauta* (Lardé, quarteto dinamarquês), *Sonatas Para Piano* (Eschenbach), *Música de órgão* (Bauer), *Lieder* (Schwarzkopf).

MUFFAT, Georg (Megère, Mai. 1653//Passau, 23 Fev. 1704). Organista do cabido da catedral de Estrasburgo, depois do arcebispo de Salzburgo e, finalmente, *Kapellmeister* do bispo de Passau. Estudou, em França, a música de Lully e foi aluno de Pasquini, em Roma.
✪ Suites de orquestra, *concerti grossi*, peças de órgão.
Ø *Suites* (Concertus Musicus).

MUSSORGSKI, Modeste Petrovitch (Karevo, província de Pskov, 21 Mar. 1839/São Petersburgo, 16 Mar. 1881). Descendente dos príncipes Smolenski, uma das mais antigas famílias russas (houve um Romane Mussorgski, no século XVI), era filho de um pequeno proprietário rural, filho de servo, cuja situação estava relacionada com a condição servil. Da avó paterna, Mussorgski herdou a sua falta de refinamento e as suas principais qualidades. Ainda muito jovem, aprende a tocar piano com a mãe, boa música, e a sua ama inicia-o nos velhos contos russos, fonte de inspiração fecunda (segundo o seu próprio testemunho) donde brotavam desajeitadas improvisações pianísticas. Recebe uma educação geral muito séria e à europeia, e devido à tradição familiar integra-se por inerência na boa sociedade russa e na Guarda Imperial. Mas abandonará tanto uma como outra, uma vez que a sua curiosidade natural e o seu temperamento revoltado o levam a transformar-se num *narodnik*.

Em São Petersburgo, ainda enquanto tenente, frequenta o salão de Dargomijski, discípulo de Glinka, onde conhece Cui, Balakirev e o crítico Stassov. É o primeiro núcleo do célebre Grupo dos Cinco (Mussorgski, Balakirev, Cui, Rimski-Korsakov, Borodine), de que Stassov é o porta-voz e Balakirev o esteta tirânico. As preocupações do grupo são de ordem muito geral: progresso social, ateísmo, democratização da arte, etc., tudo ideias que encontram um eco profundo em Mussorgski, cuja personalidade despertou subitamente (antes era um jovem sedutor e convencional) depois de umas fortes crises de depressão nervosa em 1850-1859. Para além de algumas aulas de Balakirev (também autodidacta) dedicadas à análise de obras dos mestres clássicos, não conhece nada do ofício de compositor, mas compõe activamente. Em 1863, emprega-se nas obras públicas e fixa-se em São Petersburgo num grande apartamento com mais cinco jovens artistas e intelectuais que trocam ideias de vanguarda sobre arte, religião, filosofia, política; intitulam-se «a Comuna». Mas, dois anos mais tarde, uma crise de epilepsia, primeira manifestação espectacular da sua dipsomania, obriga à sua transferência para casa do irmão. Em 1868, retoma o serviço da administração pública (Águas e Florestas) e compõe um acto do *Casamento* musicando directamente o texto prosaico de Gogol: esta ópera de vanguarda, em que declara guerra à «música pura» e põe em prática as suas ideias sobre a «verdade artística», afasta os seus amigos, exceptuando Stassov, que se transforma no seu defensor e conselheiro. No mesmo período, inicia *Boris Godunov* cuja primeira versão, terminada em 1869, é recusada pelo teatro Maria. Uma segunda versão (aquela que conhecemos) teve a mesma sorte com 1872, mas acabou por ser representada com êxito, em 1874. O casamento de Rimski-Korsakov (1872), com quem vivia há um ano, as opiniões descorteses de Borodine e de Balakirev acerca de *Boris* e da inexperiência do seu autor afectam a sua sensibilidade e fazem-no mergulhar no alcoolismo. Trabalha, com grande dificuldade, em *Khovantchina* e em *A Feira de Sorotchinsy,* entre crises de epilepsia (ou de *delirium*?) que o levam, em Fevereiro de 1881, ao hospital militar Nikoloaievski. Beneficiando de uma melhoria temporária, leu o *Traité d'instrumentation*, de Berlioz, enquanto Repine faz o seu célebre retrato. Mas a 16 de Março, às 5 horas da manhã, encontram-no morto: tinha bebido conhaque para festejar o seu aniversário como desejava, julgando ter nascido a 16. Foi sepultado, dois dias mais tarde, no cemitério A. Nevski.

A estética de Mussorgski baseia-se na «verdade artística» que implica o desprezo pela beleza formal, a subordinação da arte à vida: a arte é, antes de tudo, um meio de comunicar com os outros. Pessimista, mas, ao mesmo tempo, revoltado contra a injustiça humana (no entanto, não é um revolucionário; não acredita no progresso), artista isolado no mundo musical do seu tempo, Mussorgski pertence à mesma família espiritual de Dostoïevski (pois não é da estirpe dos Karamazov?) ou dos pintores como Surikov ou Repine. A sua obra (em que predomina a música vocal) compreende uma parte de lirismo e uma parte de naturalismo, que coexistem, em perfeito equilíbrio, em *Boris* e em *A Khovantchina*. O elemento lírico alimenta-se, na maioria das vezes, nas fontes do folclore russo; revela um génio melódico, cuja riqueza ignoramos injustamente (cf. a esplêndida *Serenata*, n.º 2 dos *Cantos e Danças da Morte*). O elemento naturalista, ou expressionista, subordina a melodia à ideia, acompanhando-a com uma harmonia e uma instrumentação empíricas e não ortodoxas, prodigiosamente eficazes. Rimski-Korsakov encarregou-se da revisão de grande parte das obras de Mussorgski para publicação (na sua maioria póstuma), nomeadamente *A Noite no Monte Calvo* (completamente reescrita de forma admirável), *A Khovantchina* (terminada e orquestrada) e *Boris Godunov* (reorquestrada e revista, com cortes e deplorável inversão das duas últimas cenas). Ao corrigir as «imperícias» geniais de Mussorgski, o seu amigo, com um talento e uma consciência incomparáveis, dedicou-se a entulhar uma parte do abismo que separa *Boris* da ópera tradicional, a tornar a melodia mais ortodoxa, a enriquecer a instrumentação. Isso «soa» maravilhosamente, mas o génio de Mussorgski perde, desse modo, uma grande parte da sua originalidade, da sua sinceridade, tem um ar contrafeito, vestido com roupas demasiado finas. Os graves contra-sensos de Rimski na sua revisão de *Boris* desencadearam a

partir de cerca de 1908 uma vaga de protestos, muitas vezes excessivos, contra os «massacres» do «professor Rimski-Korsakov», protestos que acabaram por dar origem à publicação, na URSS, das obras completas de Mussorgski nas versões originais (edição crítica em 8 grandes volumes, realizada em 1928, sob a direcção de Paul Lamm).
○ Óperas: *O Casamento* (inacabada, São Petersburgo, 1909), *Boris Godunov* (1.ª versão, Lenigrado, 1928: 2.ª versão, São Petersburgo, 1874; versão revista por Rimski, Moscovo, 1898); *A Kovantchina* (terminada por Rimski, São Petersburgo, 1886); *A Feira de Sorotchinsy* (terminada por Liadov e Karatigin, Moscovo, 1913), vários fragmentos (*Salammbô* e *Mlada*) ou projectos de óperas – alguns coros e 63 melodias admiráveis que são obras-primas tal como *Boris* –, algumas peças sinfónicas, entre elas *Noite de São João no Monte Calvo* (que só tem relações longínquas com *Noite no Monte Calvo*, partitura fixada por Rimski, segundo algumas obras de Mussorgski) –, peças para um piano, entre as quais figura *Quadros de Uma Exposição*, orquestrada posteriormente por Ravel.
Ø *Boris Godunov* (Ghiaurov, Karajan): *A Khovantchina* (Ópera de Belgrado), *A Feira de Sorotchinsy* (Aronovitch), *Quadros de Uma Exposição* (Richter) (orquestação, de Ravel: Karajan), *Melodias* (Christoff).

Myslivecek, Josef (Praga, 9 Mar. 1737/Roma, 4 Fev. 1781). Filho de ricos industriais de moagens, arruinados pelas guerras prussianas. Aluno de Seger, em Praga, e depois de Pescetti, em Veneza, fixa-se em Itália a partir de 1763. Viveu em Parma (onde se apaixonou pela célebre cantora Lucrezia Aguiari), Veneza, Nápoles, Bolonha, Roma. Incapazes de pronunciar o seu nome, os italianos chamavam-lhe *Il Divino Boemo*. Foi em Nápoles que obteve o seu primeiro êxito, com *Bellorofonte* (São Carlo, 1767). Era de tal modo admirado nessa cidade que o convidaram para aí voltar uma dezena de vezes; e foi seguindo os seus conselhos que foi levado à cena, em 1774, no S. Carlo, o *Orfeo*, de Gluck. Em Bolonha, foi nomeado membro da Academia Filarmónica e encontrou pela primeira vez os Mozart, a quem ficou muito ligado (como prova uma carta de Leopold Mozart). Em 1777, permaneceu durante uma longa temporada em Munique, onde quase sucumbiu a uma doença venérea e perdeu o nariz devido à falta de jeito de um cirurgião. Terminou os seus dias em Roma, primeiro num luxo sumptuoso, antes de se arruinar completamente. Pela sua obra, tanto vocal como instrumental, está ligado à escola italiana: os seus concertos e *sinfonie* lembram Christian Bach (3 andamentos encadeados como na abertura italiana).
○ 30 óperas, oratórios, missas, numerosas sinfonias e concertos, sonatas de cravo.
Ø *Sinfonia em Ré Maior* (Concerto checo n.° 2).

Nanini, Giovanni Maria – também Nanino (Tivoli, 1545?/Roma, 11 Mar. 1607). Um dos mais brilhantes representantes da «escola romana», aluno de Palestrina, foi sucessivamente, mestre de capela em São Luís dos Franceses, em Santa-Maria-Maior (onde sucedeu ao seu mestre) e na

Capela Sistina. Abriu, com Palestrina, a primeira escola de música de Roma (onde se formou G. Allegri).
✪ Vários motetos, 3 livros de madrigais, muitas *canzonette*, 157 *Contrappunti e canoni a 2-11 voci*.

Nardini, Pietro (Livorno, 12 Abr. 1722/Florença, 7 Mai. 1793). Célebre violinista, apreciado especialmente pela qualidade expressiva da sua interpretação; o melhor aluno de Tartini. Foi violinista da corte de Estugarda e depois director de música do duque da Toscana.
✪ 6 Concertos de violino, 6 sonatas e 6 solos de violino, 6 sonatas e 6 duetos para violinos, 6 quartetos.

Naumann, Johann Gottlieb (Blasewitz, próximo de Dresden, 17 Abr. 1741/Dresden, 23 Out. 1801). Aluno da Kreuzschule de Dresden. Foi compositor da câmara e depois *Kapellmeister* da corte de Dresden. Chamado a Estocolmo pelo rei Gustavo III para organizar a sua capela, compôs várias óperas suecas, entre as quais se conta *Gustaf Vasa*, segundo uma peça do rei (adaptada por Kellgren). Organizou também a capela real de Copenhaga.
✪ 23 óperas (que prenunciam o romantismo), numerosas composições religiosas (13 oratórios, 21 missas, um *Vater unser* [Pai Nosso] muito belo).
Ø *Dueto Para Harmónica e Alaúde* (Hoffmam, Gervig).

Nepomuceno, Alberto (Fortaleza, 6 Jul. 1864/Rio de Janeiro, 16 Out. 1920). Compositor e chefe de orquestra brasileiro, estudou no Recife, Rio de Janeiro, Roma, Paris e Berlim. Esta sua diversificada formação originou, como consequência directa, uma mistura de características estilísticas variadas, desde elementos italianos a alemães mas, acima de tudo, pode ser considerado o consolidador do nacionalismo musical brasileiro que iria concretizar-se nos seus continuadores. Das suas obras mais importantes podem citar-se as seguintes: duas óperas, *Artemis* (1898) e *Abul* (1913); *Suite Brasileira*, para orquestra; a Sinfonia em *Sol menor*; o Prelúdio para *A Garatuja*; um concerto; a *Suite Antiga*; *Vyaras*, para coro feminino; o trio com piano em *fá sust. m.*, diversas melodias. A sua afirmação como compositor brasileiro leva-o à defesa do canto em português, um pouco contra a prática da época.

Neukomm, Sigismund (Salzburgo, 10 Jul, 1778/Paris, 3 Abr. 1858). Pianista e director de orquestra, aluno de Michael e Joseph Haydn. Director de orquestra e empresário do teatro do czar, em São Petersburgo, e depois pianista titular de Talleyrand, em Paris. Acompanhou esse último ao congresso de Viena e aí compôs um *Requiem* em memória de Luís XVI, de que houve uma audição solene na Catedral de Santo Estevão. Desempenhou durante algum tempo as funções de mestre de capela de D. Pedro, no Rio de Janeiro.
✪ (Cerca de 1000 obras) 8 oratórios, 15 missas, muitos motetos, salmos, cantatas, óperas, sinfonias e aberturas, cerca de 200 *lieder*.

Neusiedler, Hans (Presburgo, actual Bratislava, cerca de 1509/Nuremberga, 2 Fev. 1563). Tocador de alaúde. Viveu em Nuremberga, onde parece

ter gozado, tal como seu irmão Melchior (1507/1590), de uma grande reputação.
✪ 2 livros de alaúde (fantasias, prelúdios, canções, danças, arranjos de motetos e uma interessante peça descritiva, *A Batalha de Pavia*.)
Ø 8 *Peças de Alaúde* (Gerwig).

NETTO, **Barroso** (1881-1941). Músico brasileiro que exerceu a sua actividade como pianista, professor e compositor. A sua obra, marcada inicialmente por um estilo que lhe vem das correntes do romantismo, encaminha-se posteriormente para a via nacionalista que está representada na sua melhor forma nas suas *canções*. Escreveu, além destas, *Obras Para Piano*, para conjuntos de câmara, para vozes e para orquestra.

NICOLAI, **Otto** (Königsberg, 9 Jun. 1810/Berlim, 11 Mai. 1849). Director de orquestra do Kärntnertor Theater, em Viena (1837) e, mais tarde, após uma estada de três anos em Itália, *Kapellmeister* da corte imperial e, finalmente, director de orquestra da ópera de Berlim. A sua celebridade deve-se sobretudo à excelente ópera-cómica *As Alegres Comadres de Windsor*.
✪ Óperas alemãs (entre elas, *Die Lustingen Weiber von Windsor*) e italianas, uma missa, um *Requiem*, obras sinfónicas.

NICOLO (**Nicolo Isouard**) (Malta, 6 Dez. 1775/Paris, 23 Mar. 1818). Depois de ter feito, em Paris, estudos para a artilharia naval, iniciou os estudos musicais, principalmente em Nápoles (Sala e Guglielmi), ao mesmo tempo que teve vários empregos no comércio. Em 1794, dedicou-se definitivamente à composição e apresentou em Florença a sua primeira ópera. Foi mestre de capela da Ordem de Malta (até à ocupação da ilha pelos Franceses) e, em 1800, fixou-se em Paris onde gozou da protecção de Kreutzer. Uma rica veia melódica, uma arte fácil mas isenta de vulgaridade, e uma perfeita compreensão do público francês proporcionaram-lhe um êxito duradouro.
✪ 7 óperas italianas, 32 óperas ou óperas-cómicas francesas (entre as quais figura *Jeannot et Colin*), missas, cantatas, motetos, salmos.

NIEDERMEYER, **Louis** (Nyon, Suíça, 27 Abr. 1802/Paris, 14 Mar. 1861). Aluno de Moscheles, em Viena, de Fioravanti, em Roma, e de Zingarelli, em Nápoles (onde se tornou amigo íntimo de Rossini). Tendo-se fixado em Paris, em 1825, fundou aí em 1853 (tendo como base uma escola criada por Choron, em 1818) a Escola de Música Clássica e Religiosa Niedermeyer, onde foi professor de Saint-Saëns e se formaram Fauré e Messager.
✪ Sobretudo composições religiosas e algumas óperas.

NIELSEN, **Carl** (Nørre Lyndelse, perto de Odense, 9 Jun. 1865/Copenhaga, 2 Out. 1931). Pastor oriundo de uma família muito pobre de artesãos, teve as suas primeiras aulas de música com o professor da aldeia e conseguiu ser admitido na banda de Odense. Finalmente, os seus amigos conseguiram inscrevê-lo no Conservatório de Copenhaga (1884-1886) e três anos mais tarde obteve uma bolsa de estudos na Alemanha, França e Itália. Estreou-se como violinista na ópera de Copenhaga, onde sucedeu a Svendsen como director de orquestra (1908). Em 1915, foi nomeado director do Conservatório. As suas admiráveis melodias, de um especial encanto, são muito populares na Escandinávia, e a sua ópera-cómica *Maskarade* é para os Dinamarqueses aquilo que a *Noiva Vendida,* de Smetana, é para os Checos.

✪ *Saul og David* (ópera) *Maskarade* (ópera-cómica), música de cena, 12 cantatas profanas, 6 sinfonias, concertos (violino, flauta, clarinete), 6 quartetos de cordas, peças para piano, melodias.
Ø *Concerto de violino* (Menuhin), *Sinfonia n.º 3* (Bernstein).

NIGG, **Serge** (Paris, 6 Jun. 1924/Paris, 12 Nov. 2008). Aluno de Messiaen e de Leibowitz. Depois de ter sido, por influência deste último, um defensor do dodecafonismo, afastou-se dele radicalmente em 1948, quando fundou com Elsa Barraine e R. Désormiére a Associação Francesa dos Músicos Progressistas.
✪ *Le Fusillé inconnu* (oratório), *Le chant da dépossédé* (cantata), 3 *Mouvements symphoniques*, 1 concertino e 1 concerto de piano, 1 sonata de piano, melodias (Eluard).
Ø *Concerto de Piano* (Barbizet).

NIN, **Joaquim** (Havana, 29 Set. 1879/Havana, 24 Out. 1949). Pianista e musicólogo. Fez os seus estudos em Barcelona e Paris, onde se fixou em 1902. Aí trabalhou como Moszlowski e na Schola Cantorum, onde veio a ser professor de 1905 a 1908. Mas desde os 15 anos que começara com as digressões de concertos, que o levaram à maior parte dos países da Europa e da América Latina. Permaneceu durante algum tempo em Havana (para fundar o Conservatório), em Bruxelas e em Berlim e quando da declaração da guerra, em 1939, voltou para o seu país, abandonando definitivamente Paris.
✪ Um mimodrama, um bailado, peças de piano e violino (de inspiração espanhola); 3 melodias com orquestra e, sobretudo, numerosas e admiráveis harmonizações de canções populares espanholas. Deve-se-lhe também edições de música espanhola antiga.
Ø *Canções Populares Espanholas* (Maria Kareska).

NIVERS, **Guillaume** (Paris, 1632/Paris, Dez. 1714). Organista de Saint-Sulpice desde a juventude, foi nomeado em 1678 organista do rei e depois organista e mestre de música em Saint-Cyr. Intensamente devoto, só se interessava por música religiosa. Foi provavelmente aluno de Chambonnières e de Dumont.
✪ Motetos, *chants d'église* para Saint-Sulpice e Saint-Cyr, muitas peças de órgão. Publicou colectâneas de cantochão e obras didáticas.

NONO, **Luigi** (Veneza, 29 Jan. 1924//Veneza, 1990). Aluno de Scherchen (direcção de orquesta) e de Maderna (composição). Optou desde o início (nos festivais de Darmstadt e de Donaueschingen) pelo dodecafonismo serial e seguiu a linha do «serialismo tonal», tal como foi traçada nas últimas obras de Webern. Mas as subtilezas de escrita que esta técnica implica não privam a sua música do calor humano que lhe dá a grandeza (cf. o admirável *Canto Sospeso*). É nisso que é, com Boulez, o maior músico dessa nova escola que, de Darmstadt ao *Domaine musical*, representou, durante muito tempo, a vanguarda da música europeia. Casou com a filha de A. Schönberg.

✪ A ópera *Intolleranza 60* (Veneza, 1961); cantatas para solistas, coros e instrumentos (entre as quais, *España en el corazón, La Terra e la campagna, La Terra promessa, Il canto sospeso*), *Fabrica illuminata* para voz, instrumento e banda, *Due espressioni* para orquestra, *Canti per 13 strumenti, Incontri* para 24 instrumentos.
Ø *Incontri* (Boulez).

NOVÁK, **Vitezslav** (Kamenice, 5 Dez. 1870/Skutec, 16 Jul. 1949). Aluno de Jiranek e de Dvorák no Conservatório de Praga, onde veio a ser professor em 1909. Entre 1919 e 1939, ensinou na escola de canto de Praga. No seu país, foi um dos professores mais influentes deste século. Em 1945, recebeu o título de Artista Nacional. Na sua música, onde se notam a influências de Brahms, de Dvorák, do impressionismo francês e do folclore morávio, existe um lirismo poético muito pessoal que retira a sua essência do erotismo, do amor à natureza e dos caracteres originais da alma popular checa.

✪ 5 óperas, 2 bailados, numerosas obras corais, poemas sinfónicos, 3 quartetos de cordas, uma sonata de violoncelo e piano, um grande número de peças para piano, de melodias (com orquestra ou piano) e de harmonizações de canções populares.
Ø *Cantata Bouré* (Krombholc), *Na Trata* e *Suite Eslovaca* (Ancerl).

NUNES, **Emanuel** (Lisboa, 1941). Compositor português contemporâneo. Depois dos seus primeiros estudos em Lisboa (Harmonia e Contraponto) fixou-se em Paris, em 1964, onde estudou Estética com Marcel Beaufils; participou nos cursos de Verão de Darmstadt (1963/5) e em Colónia (1965/7), trabalhou com Stockhausen e Pousseur (composição), Jaap Spek (música electrónica) e Georg Heike (fonética). Tem várias obras nas quais se nota um culto pela forma. Entre elas citam-se as seguintes: *Degrés* (trio de cordas) (1965); *Seuils* (para grande orquestra) (1966/7); *Omens* (para 9 instrumentos) (1972/3); *Fermata* (orquestra e banda magnética) (1974); *Nachtmusik* (alto, violoncelo, clarinete baixo, corno inglês, trombone e 3 sintetizadores, (1973/7); *Ruf* (orquestra e banda magnética) (1974/76); *Minnesang* (12 vozes mistas, 1976); *Einspielung 1* (violino, 1979), *II* (violoncelo, 1980) e *III* (alto, 1981).

OBRECHT, **Jacob** (Berg-op-Zoom, 22 Nov. 1450/Ferrara, 1505). Fez os seus estudos em Berg-op-Zoom e na Universidade de Lovaina (1470). Alguns anos mais tarde, recebeu as ordens (a sua primeira missa foi celebrada em 1480). Em seguida, desempenhou funções de professor de crianças na catedral de Cambrai (1484-1485), *succentor* no cabido de Saint-Donatien, em Bruges (1485-1491) (teria tido como aluno Erasmo, em Bruges ou em Cambrai), mestre do coro na catedral de Antuérpia (1491-1496). Em 1487, passou uma temporada na corte de Ferrara onde fora, talvez, chantre, por volta de 1475. A partir de 1496 viveu numa semi-reforma, com uma doença bastante grave, e em 1504 regressou à corte de Ferrara, onde morreu de peste no ano seguinte. A sua obra é um traço de união entre as de Okeghem e de Josquin. A leveza expressiva e a suavidade da sua escrita polifónica, muitas vezes audaciosa, o sentimento de plenitude «harmónica» que dela emana, pertencem ao Renascimento e fazem dele um dos três maiores músicos das sua geração (com Isaak e Josquin). A *Paixão* a 4 vozes (Segundo São Mateus) que lhe é atribuída é, na verdade, uma composição anónima do início do século XVI.

✪ (Edição completa por F. Wolf, 1912-1921): numerosas missas, das quais conhecemos uma dúzia (entre elas figurando, sobretudo, *Fortuna desperata e Super Maria zart*), motetos, hinos e canções.

Ø Missa *Sub tuum praesidium* (Knothe).

OFFENBACH, Jacques – pseudónimo de Jacob Eberst (Colónia, 20 Jun. 1819//Paris, 5 Out. 1880). Violoncelista. Seu pai, *Kantor* da sinagoga de Colónia, era originário de Offenbach (próximo de Francoforte), daí o seu pseudónimo. Muito cedo manifestou dotes excepcionais e já era um hábil violoncelista quando aos 14 anos foi admitido no Conservatório de Paris. Aluno indisciplinado, abandona este estabelecimento de ensino ao fim de um ano e arranja um lugar na orquestra da Opéra-Comique. O êxito de uma série de cançonetas contribui para que em 1847 obtenha o lugar de director de orquestra no Théatre-Français. Aí distingue-se ao compor uma *Chanson de Fortunio* para *Le Chandelier*, de Musset, e começa a escrever operetas que apresenta no pequeno teatro dos Campos Elísios. Em 1855, assume a gestão do Théatre Comte (passage Choiseul) que baptiza de Bouffes-Parisiens e onde irá apresentar grande parte das suas operetas, com um êxito que lhe abrirá as portas da Opéra-Comique, da Ópera, do Palais-Royal, das Variétés e de vários palcos estrangeiros (Viena, Ems, Londres, Baden-Baden). Esse sucesso transforma-o, em breve, no tipo da «personalidade bem parisiense», a encarnação da alegria parisiense no II Império; as canções e as danças das suas operetas (nomeadamente o famoso *cancan* que apareceu em *Orphée aux enfers*) são arranjadas e difundidas de todas as formas. De 1872 a 1875, dirige o Théatre de la Gaieté, que o leva a um desastre financeiro: vende parte dos seus bens e inicia uma digressão pelos Estados Unidos para pagar as suas dívidas. Morreu devido a sequelas da gota, na noite de 4 para 5 de Outubro de 1880, na sua casa no Boulevard des Capucines, sem ter podido assistir à estreia da sua obra preferida, ainda não terminada (Giraud completou a orquestração), *Les Contes d'Hoffmann*, representada mais de cem vezes no primeiro ano. A sua música é a mais alegre, a mais espiritual e também a mais cuidada, jamais escrita para o género da opereta. Nele, a inspiração, a facécia, a truculência nunca excluem a qualidade musical.

✪ Ópera: *Les Contes d'Hoffmann* (Opéra-Comique, 1881) – 95 operetas entre elas, *Orphée aux enfers* (Bouffes-Parisiens, 1858), *La Belle Hélène* (Variétés, 1864), *La Vie Parisienne* (Palais-Royal, 1866), *La Grande Duchesse de Gérolstein* (Variétés, 1867), *La Périchole* (Variétés, 1868), 5 bailados e pantomimas, algumas romanzas e peças para violoncelo.

Ø *Orphée aux Enfers* (Plasson), *La Belle Hélène* (Lombard), *La Vie Pa-*

risienne (Plasson), *La Périchole* (Lombard), *Les Contes d'Hoffmann* (Cluytens) e numerosas antologias (arranjos).

OHANA, Maurice (Casablanca, 12 Jun. 1914/Paris, 13 Nov. 1992). Criador independente e original, foi aluno de Casella e Lesur e recebeu de Falla incitamentos decisivos para a sua carreira.
✪ *Llanto por Ignacio Sanchez Mejías* (oratório com base no poema de Lorca), *Gráficos e Concerto de Guitarra e Orquestra, Tombeau de Debussy* para orquestra e três solistas, *Signes* para flauta, piano, cítara e 1/3 de tom e percussão, *Synaxis* para 2 pianos e orquestra. *Pentacles* para cravo e orquestra.
Ø *Syllabaire pour Phèdre* (Constant), *Llanto* (Guschlbauer).

OKEGHEM, Johanes, também OCKEGHEM (Flandres?, cerca de 1430/Tours?, 1495 ou 1496). Recebeu a sua primeira formação musical na escola de canto da catedral de Antuérpia e é provável que tenha estudado com Dufay, em Cambrai, em 1449. Cerca de 1446-1448, era chantre do duque Carlos de Bourbon, em Molins, e em 1452 entrou para o serviço dos reis de França (é referido como «Johanes Hoquegan, primeiro capelão».) Até à sua morte, ficou ao serviço dos reis Carlos VII, Luís XI e Carlos VIII com o título, a partir de 1465, de «mestre da capela de canto do rei». A partir de 1459, foi tesoureiro da abadia de Saint-Martin, em Tours, cidade onde residiu durante parte da sua vida, graças às estadas do rei em Plessis-Lez-Tours. Em 1470, percorreu a Espanha a expensas do rei. Quando morreu, o poeta Gillaume Cretin dedicou mais de 400 versos ao seu panegírico.
Teórico e virtuoso de contraponto, é o fundador da nova escola polifónica franco-flamenga que sucedeu à de Duffay e Binchois. Pelos seus alunos (nomeadamente Josquin e La Rue) e os discípulos destes, exerceu uma influência considerável na evolução da música na Europa, como prova, por exemplo, a filiação espiritual ou «de magistério»: Okeghem – Josquin – Mouton – Willaert – A. e G. Gabrielli – Schütz.
✪ (Edição completa realizada pelo American Institut of Musicology): 19 missas (entre elas *L'Homme armé* e *Mymy quarti toni*), motetos (entre eles, um *Deo gratias* em cânones enigmáticos a 36 vozes), 19 canções francesas.
Ø *Missa Mymy* (Knothe), 6 *Motetos* (Venhoda), *Requiem* (Venhoda).

ONSLOW, Georges (Clermont-Ferrand, 27 Jul. 1784/Clermont-Ferrand, 3 Out. 1853). Aluno de piano de Hüllmandel, Dussek e Cramer, compôs muito como amador, antes de estudar seriamente com Reicha. Eleito para o Instituto, na cadeira de Cherubini, contribuiu para o desenvolvimento da música de câmara em França.
✪ 4 obras líricas, 4 sinfonias, 34 quintetos (as suas melhores obras), 36 quartetos, numerosas peças para piano.
Ø *Sexteto* e *Quinteto de Sopro* (Quinteto de sopro francês).

ORFF, Carl (Munique, 10 Jul. 1895//Munique, 29 Mar. 1982). Aluno da Akademie der Tonkunst de Munique e depois de H. Kaminski. Em 1925,

ORFF, Carl

participa na fundação da Günther Schule, onde ensina até 1936, segundo princípios que se aproximam do método Jacques-Dalcroze. No *Schulwerk*, que resume os seus ensinamentos, expõe as suas ideias sobre o ritmo como fundamento da educação musical. As suas primeiras obras são transcrições livres de Monteverdi; mas a sua primeira composição original é *Carmina Burana*, «cantata cénica» sobre poemas (latinos e em baixo-alemão) do século XIII. O dinamismo desta obra sedutora, a sua extrema simplicidade de estrutura, o carácter hierático ou popular das melodias causaram uma impressão profunda. Orff permaneceu fiel a este estilo pessoal nas obras seguintes, nomeadamente *Die Kluge*, o seu maior êxito.

Quis devolver ao teatro a simplicidade de expressão primitiva e manter o contacto com um público tão vasto quanto possível. Nesta perspectiva, dirige-se às faculdades elementares do ouvinte, apela sistematicamente à acção psicológica e mágica da arte dos sons. O ritmo transforma-se na função primordial, factor de equilíbrio entre sentimento e intelecto: é o ritmo, e não a harmonia, que deve dar origem à melodia. Daí o grande número de instrumentos de percussão em algumas das suas obras (59 em *Antigonae*). O desenvolvimento melódico ou harmónico, a elaboração contrapontística, a construção de formas complexas, tudo aquilo que, em suma, poderia retardar a percepção estética é deliberadamente excluído. Age por encantamento: e é bem sucedido. Espírito original, personalidade verdadeiramente notável, Orff foi, certamente, o único grande entre os músicos alemães que fizeram carreira durante o III *Reich*. A partir de 1950, foi professor de composição no Conservatório de Munique.

✪ 3 grandes cantatas ou *Trionfi* (*Carmina Burana, Catulli Carmina, Trionfo di Afrodite*); 6 óperas, entre elas *Die Kluge* (Frankfurt, 1943), *Antigonae* (Salzburgo, 1949) e *Oedipus* (Estugarda, 1959); algumas composições sinfónicas, arranjos de Monteverdi (*Orfeo, Lamento D'Ariana* e *Il Ballo delle Ingrate*).

Ø Os 3 *Trionfi* (Jochum), *Die Kluge* (Sawallish), *Antigonae* (Leitner).

ORTIZ, Diego (Toledo, por volta de 1520/?). Mestre da capela real napolitana entre 1555 e 1570. Foi um dos primeiros a escreverem séries de variações instrumentais (glosas) sobre um tema dado.

✪ *Tratado de glosas sobre cláusulas...* (variações para cravo e baixo de viola com a voz), uma colectânea de *Musicae* (hinos, salmos, motetos, *Magnificat*).

Ø Extr. do *Tratado de Glosas* (M. Guilleaume, Wenzinger).

OSWALDO, Henrique (Rio de Janeiro, 14 Abr. 1852/Rio de Janeiro, 9 Jun. 1931). Desenvolveu a sua actividade musical como pianista, compositor e professor. Estudando primeiramente com sua mãe, parte aos 15 anos para Itália onde completa a sua formação musical, a partir de certa altura a expensas pessoais de D. Pedro II. A sua formação italiana reflecte-se na maior parte das suas obras. Apenas algumas do fim da sua vida se inclinam um pouco para uma temática de características brasileiras. Entre o que compôs, são de citar as seguintes obras:

Trio, op. 9; *o Quinteto com piano*, op. 18; o poemeto lírico *Ofélia*, para voz e piano; a *Suite d'orchestre*; a *Sinfonietta*, op. 27; os Concertos de piano e violino; numerosas peças para piano; a *Sinfonia*, op. 43; a *Sonata*, op. 36, para violino e piano; a *Sonata-Fantasia* para violoncelo e piano; o *3.º Trio*; o *3.º* e *4.º Quartetos*; o *Andante e Variações*, para piano e orquestra; duas *Missas* e outras composições religiosas.

PABLO, Luís de (Bilbau, 28 Jan 1930). Aluno do Conservatório de Madrid e, depois, de Boulez, Messiaen e Stockhausen, em Darmstadt. Dirigiu, em Madrid, o conjunto «Tiempo y Musica» que se dedica à música contemporânea.
✪ *Escena* para coro e orquestra de câmara; *Tombeau, Iniciativas e Módulos II* para orquestra; *Módulos III* para 17 instrumentos; *Ejercicio* para quarteto de cordas, etc.

PACHELBEL, Johann (Nuremberga, Ago. 1653/Nuremberga, 6-7 Mar. 1706). Organista. Aluno e assistente de J. Caspar Kerll, em Viena (1672--1677). Depois, ocupou lugares de organista na corte de Eisenach (1677), na Predigerkirche de Erfurt (1678), nas cortes de Estugarda e de Gotha (1690-1695) e, finalmente, de 1695 até à sua morte, na Igreja de St. Sebaldus, em Nuremberga. A sua originalidade reside na pureza e na grandiosa simplicidade do seu estilo, que contrasta com o estilo virtuosístico dos organistas do Norte da Alemanha. Os seus admiráveis corais figurados ou variados para órgão exerceram uma profunda influência em J. S. Bach, de quem é o mais autêntico antepassado espiritual. Seu filho, Wilhelm Hieronymus (1685/1764), foi um excelente organista e compositor.
✪ Motetos e cantatas, *partitas* para 2 violinos e baixo contínuo (*Musikalisches Ergötzen*) e, sobretudo, numerosas composições para órgão ou cravo: *Etlicher Choräle* (corais figurados ou *Choralvorspiele*), *Musikalische Sterbens-Gedanken* (variações sobre corais), *Hexachordum Apollinis* (6 séries de variações) bem como chaconas, suites, tocatas, fugas que ficaram manuscritas ou dispersas em recolhas colectivas.
Ø *A Obra de Órgão* (M. C. Alain).

PADEREWSKI, Ignace (Kurylowka, Podolie, 6 Nov. 1860/Nova Iorque, 29 Jun. 1941). Pianista e estadista. Tendo entrado aos 12 anos para o Conservatório de Varsóvia, foi nomeado professor aos 18. Em seguida, completou os seus estudos no Conservatório de Berlim e em Viena, com Leschetizky. Em 1885, foi nomeado professor do Conservatório de Estrasburgo. Nessa época, começou uma carreira de virtuoso no mundo inteiro. O seu nacionalismo construtivo (criou e subvencionou numerosas obras filantrópicas polacas), a sua dedicação à independência polaca, a sua acção diplomática em 1914-1918 para defender a causa do seu país junto dos Aliados valeram-lhe ser nomeado, em 1919, presidente do Conselho e ministro dos Negócios Estrangeiros: nessa qualidade participou na assinatura do tratado de Versalhes. Depois da invasão da Polónia pelos Alemães, em 1939, foi eleito presidente do Governo polaco no exílio, com as prerrogativas de um presidente da República. Faleceu com 81 anos durante uma última viagem aos Estados Unidos, para defender a causa polaca.

✪ A ópera *Manru* (Dresden, 1901), 1 sinfonia, 22 melodias e, sobretudo, numerosas peças para piano (concerto, 6 *Danças polacas,* 6 *Humoresques de concert, Album de Mai,* etc.)

PAER, **Ferdinando** (Parma, 1 Jun. 1771/Paris, 3 Mai. 1839). *Maestro di cappella* em Veneza, de 1791 a 1797, levou uma vida bastante dissoluta, ao mesmo tempo que compunha muitíssimo. Depois de uma longa estada em Viena, onde levou à cena *Camilla,* a sua melhor ópera, ocupou o lugar de *Kapellmeister* em Dresden (1803- 1806). Em 1806, acompanhou Napoleão a Varsóvia e Poznan e, em 1807, foi nomeado mestre da música do imperador. Em 1832, ocupará funções análogas no reinado de Luís-Filipe. Entre 1812 e 1827, foi director de orquestra do Théatre-Italien, onde sucedeu a Spontini.

✪ Um oratório (*Il Santo Sepolcro*), uma paixão, missas, motetos, cantatas, 42 óperas-cómicas (entre elas 7 francesas).

PAGANINI, **Niccolò** (Génova, 27 Out. 1782/Nice, 27 Mai. 1840). O mais prestigioso violinista de todos os tempos. Depois de ter estudado com seu pai (tocador de bandolim amador) e com o obscuro mestre de capela da catedral de Génova, estreou-se em público aos 9 anos, suscitando o entusiasmo devido à execução das suas variações sobre a *Carmagnole.* Aperfeiçou a sua técnica junto do célebre violinista Rolla, em Parma, e trabalhou a composição com Ghiretti, o professor de Paer; um e outro acharam não ter nada para ensinar ao jovem prodígio. Durante a sua primeira digressão de recitais em Itália, teve de vender o seu violino para pagar dívidas de jogo; mas um amador francês, que conheceu em Livorno, ofereceu-lhe um admirável Guarneri que ficou a ser, durante toda a sua vida, o seu violino preferido. O jogo e as mulheres quase comprometeram a sua frágil saúde e a sua carreira. Entre 1801 e 1804, viveu com uma dama da alta sociedade toscana, trocando o seu violino pela guitarra. Mas, em 1805, aceita dirigir a música privada da princesa di Lucca e Piombo, irmã de Napoleão, e recomeça com as digressões. A sua técnica fabulosa (cuja descrição sai do âmbito deste livro sobre compositores) enriquecera-se, suscitando entusiasmos delirantes e alimentando as lendas extravagantes que o aspecto diabólico do virtuoso permitira que ganhassem crédito. Durante mais de três anos (1828-1832) percorreu a Europa, juntando uma fortuna considerável, de que investiu parte na sua propriedade nos arredores de Parma (*Villa* Gaiona). A sua fama de avareza é desmentida pelo presente sumptuoso que em 1838 deu a Berlioz (ver as *Memórias* deste último), dois anos depois de ter perdido uma soma considerável na falência de uma casa de jogo parisiense, o Casino Paganini. Faleceu em Nice, onde esperara recuperar a saúde, devido a uma afecção da laringe (tuberculose? ou, mais provavelmente, um tumor cancerígeno?). Apesar dos desaires financeiros, deixou a seu filho Achillino (que nasceu em 1826, da sua ligação com a bailarina Antonia Bianchi) uma fortuna avaliada em 2 milhões de liras que, para a época, se poderá considerar invejável. A cidade de Génova herdou o seu precioso Guarneri (possuía outros violinos de Guarneri e Amati, um violino, uma violeta e um violoncelo de Stradivarius, etc.).

A sua obra era consequência do seu talento de virtuoso: criava as dificuldades que queria vencer. Generalizou processos que, até então, só tinham tido um carácter excepcional: utilização dos harmónicos (antes dele, apenas eram empregados os harmónicos nas cordas livres), *scordatura* (modificação do acorde do instrumento), acompanhamento em *pizzicati* da mão direita, etc. Como compositor, não pertenceu a qualquer escola nem deixou discípulos: os seus *Capricci* são verdadeiramente únicos no género. A originalidade expressiva destas obras inspirou *Liszt* (6 *Études – Paganini* para piano), Schumann (2 séries de Estudos para piano *op. 3* e *op. 10*), Brahms (2 séries de variações sobre o *Capriccio em lá menor*), Rachmaninov (*Rapsódia* para piano e orquestra sobre o mesmo *Capriccio*), Dallapiccola (*Sonata canónica* para piano).

✪ 24 *Capricci* (violino solista) – 5 concertos, *Sonata appassionata* e várias outras *Sonatas* para violino e orquestra – 12 sonatas para violino e guitarra, 2 sonatas e 2 sonatinas para guitarra, 14 quartetos para violino, violeta, violoncelo e guitarra, um quarteto de cordas.

Ø *Capricci* (Pikaisen) *Concerto n.º 1* (Kogan), *Concerto n.º 2* (Menuhin), 6 *Sonatas Para Violino e Guitarra* (Sroubek e Pitter).

PAISIELLO, Giovanni, também Paesiello (Tarento, 9 Mai. 1740/Nápoles, 5 Jun. 1816). Filho de um veterinário de Tarento, fez os seus estudos no colégio de jesuítas onde a sua linda voz foi notada: ensinaram-lhe música. Aos 14 anos foi enviado para Nápoles, onde entre 1754 e 1763 veio a ser aluno do velho Durante (um ano) e, depois, de Cotumacci e de Abos. As suas primeiras óperas foram escritas em 1764 e 1765, para Bolonha, Veneza, Modena e Parma. Em 1766, instala-se em Nápoles, onde se converte no rival obstinado de Piccini e Guglielmi: egoísta e invejoso, utilizará, com frequência, a intriga para garantir a sua supremacia. Chamado a São Petersburgo, 1776-1784, por Catarina II, faz representar nessa cidade as suas duas obras mais célebres, *La Serva Padrona* (libreto utilizado, 50 anos antes, por Pergolesi) e *Il Barbiere di Siviglia*, cujo êxito será tal que o público romano de 1816 não irá querer prestar atenção à obra-prima de ROSSINI*. Quando regressa é nomeado *Maestro di capella* de Fernando IV, em Nápoles (1784-1799); consegue fazer-se nomear «director da música nacional», durante a República «partenopeia» de 1799; perde o cargo, alguns meses mais tarde, aquando da restauração de Fernando IV, mas consegue recuperá-lo pela intriga. Organiza, em Paris (1802-1804), a música do primeiro cônsul, recupera o seu posto na corte de Nápoles nos reinados de José Bonaparte e Murat, mas cai em desgraça depois da Restauração de 1815; todavia, conservou os honorários de *Maestro de cappella*. A elegante simplicidade, a variedade, a qualidade expressiva das suas árias constituem o principal atractivo das suas óperas-cómicas (óperas bufas ou *drammi giocosi*), a melhor parte da sua obra, mas os seus conjuntos não atingem a perfeição musical e dramática dos de Cimarosa ou Fioravanti. Beethoven escreveu variações para piano sobre um belo dueto de *La Molinara*.

✪ Mais de 100 óperas (60 cómicas, 32 sérias, e algumas mascaradas ou pastorais), uma vintena de serenatas e de cantatas profanas, numerosas composições religiosas (35 missas, uma paixão, 2 *Requiem*, oratórios, cantatas, um *Misere* a 5 vozes), 12 «Sinfonias», 6 concertos de cravo.
Ø *Il Barbiere di Siviglia* (Fasano), *Concerto de Cravo em Dó Maior* (Gerlin).

PALADILHE, Émile (Montpellier, 3 Jun. 1844/Paris, 8 Jan. 1926). Prémio de Roma aos 16 anos, dedicou-se quase exclusivamente ao teatro, a partir de 1872. As suas primeiras obras foram acolhidas friamente, mas o grande êxito de *Patrie* proporcionou-lhe a sucessão a Guiraud no Instituto.

✪ Óperas, um oratório (*Les Saintes-Maries-de-la-mer*), duas missas, uma sinfonia, melodias.

PALESTRINA, Giovanni ou Pierluigi «da Palestrina» (Palestrina, 1525//Roma, 2 Fev. 1594). Retirou o nome da sua cidade natal (a Praeneste dos Romanos), 40 quilómetros a leste de Roma. Recebeu a sua formação musical na escola de canto de Santa--Maria-Maior, onde parece ter ficado depois da mudança da voz.
Entre 1544 e 1551, ocupou o lugar de *Organista e Maestro di canto* na catedral de Palestrina. Quando o seu bispo se tornou papa, com o nome de Júlio III, foi chamado a Roma como *Maestro della Cappelle Giulia* e depois elevado à muito honrosa situação de membro do coro pontifício, como agradecimento pela sua dedicatória do 1.º livro de Missas (1554). Um ano mais tarde, após a morte de Júlio III, sucede-lhe o Papa Marcelo II que morre, por sua vez, após três semanas de pontificado, durante os quais tivera ocasião de ordenar que houvesse mais simplicidade e inteligibilidade na música polifónica de Igreja. Este desejo, a que responde, em certa medida, a célebre *Missa Papae Marcelli*, é confirmado, um pouco mais tarde, pelo Concílio de Trento. Tendo Paulo IV, sucessor de Marcelo II, exigido a demissão dos cantores da capela pontifícia que se tivessem casado ou composto madrigais, Palestrina, culpado de um ou de outro pecado, aceita a direcção da *Cantoria* de São João de Latrão (1555-1560) e depois da de Santa Maria Maior (1561--1568); paralelamente, ensina música no seminário de Roma e organiza, no Verão, as festividades musicais do cardeal de Este, na sua *Villa* de Tivoli, recém-terminada. Em 1570, aceita reassumir as suas antigas funções na Capela Giulia, com honorários acrescidos. Alguns anos mais tarde, foi encarregado, por ordem de Gregório XIII, da reforma do repertório gregoriano, desnaturado por vários séculos de interpretações abusivas e de cópias atabalhoadas: tarefa impossível, dada a falta de documentos originais, e que foi abandonada ao fim de alguns anos. Durante este período, Palestrina perde sua mulher, dois dos seus três filhos e os seus dois irmãos, devido às graves epidemias que se sucederam às guerras. Então, obtém autorização papal para receber ordens; mas, menos de um ano mais

tarde, casa com uma rica viúva, cujo negócio de peles gere com êxito durante pelo menos dez anos. Segue-se um período de grande desafogo, que lhe permite publicar regularmente a sua música; período das suas obras mais belas, em que sua fama atinge o apogeu. Decidira retirar-se para Palestrina quando, de súbito, faleceu. Uma enorme multidão assistiu às exéquias e foi sepultado em São Pedro na Capela Nuova (demolida, pouco depois, quando dos trabalhos de reconstrução da basílica: os seus restos nunca mais puderam ser encontrados). Fora amigo e conselheiro musical da Congregação do Oratório, fundada, havia pouco, por S. Filippo Neri (para quem compôs alguns *laudi* e motetos). Cerca de 1588, fundara, em Roma, a Vertuosa Compagnia, primeira associação de defesa dos interesses profissionais dos músicos, que está na origem da Congregazione di St.ª Cecília, de onde nasceu, no século XIX, a Accademia di Santa Cecília. A importância da sua obra é espantosa, considerando o cuidado que dispensava à composição. A perfeição absoluta da sua escrita polifónica na qual, na maior parte das vezes, pequenos temas são tratados em imitação com subtis variações rítmicas muito caracterísiticas, é o resultado das notáveis aquisições dos dois séculos anteriores; a isso há que juntar um sentido excepcional da «orquestração vocal». No entanto, faltam a esta música o calor e a sinceridade que encontramos num Lassus ou num Victoria.

✪ 100 missas (entre as quais figura *Assumpta est Maria,* a sua obra-prima), cerca de 600 motetos, salmos, hinos (entre eles, *Sicut cervus,* *Super flumina Babylonis, Hodie Christus natus est, Stabat Mater*), 60 madrigais espirituais, 100 madrigais profanos.

Ø *Impropérios* (Coro Lauvain), *Cântico dos Cânticos* (Howard), Missas *Assumpta est, Tu es Petrus, Dum complerentur, Papa Marcello* (Schrems), *A eterna Christi* (Turner).

PALMGREN, Selim (Pori, Finlândia, 16 Fev. 1878/Helsínquia, 13 Dez. 1951). Pianista e director de orquestra. Aluno de Wegelius (no Conservatório de Helsínquia) e, depois, de Busoni (Berlim). Foi professor na Eastman School of Music, de Rochester (NY), e depois no Conservatório de Helsínquia.

✪ 2 óperas, obras corais, melodias, 5 concertos de piano, 1 fantasia concertante para violino e orquestra, mais de 200 peças para piano (o melhor da sua obra).

PANUFNIK, Andrzej (Varsóvia, 24 Set. 1914). Director de orquestra. Aluno do Conservatório de Varsóvia e depois de Weingartner (Viena). Foi director da Orquestra Filarmónica de Cracóvia (1945), de Varsóvia (1964) e vice-presidente do Conselho Internacional da Música na UNESCO, antes de se fixar em Birmingham, onde foi, a partir de 1957, director de orquestra e director musical da orquestra da cidade.

Ø Aberturas sinfónicas (entre elas *Uwertura Tragiczna*), *Nocturno* para orquestra, *Suite Polaca Antiga* para cordas, *Suite Polska* para soprano e piano.

PARRY, Sir Hubert, (Bournemouth. 27 Fev. 1848/Rustington, 7 Out. 1918). Aluno de Macfarren, em Londres, e de Pierson, em Estugarda, veio a ser professor de composição e de história da música no Royal College of Music e depois director deste estabelecimento, a partir de 1894. A sua música, tipicamente vitoriana, revelou-se inexportável, mas exerceu uma profunda influência pelo seu ensino. O seu *Prometheus Unbound* é o primeiro espécime de uma série de imensos oratórios (segundo o modelo do *Elijah* de Mendelssohn) que se converteram numa especialidade britânica e ficaram intimamente associados ao renascer musical deste país.

✪ Muitas grandes obras corais, 12 colectâneas de *English Lyrics* e muitas outras melodias, poemas sinfónicos, 1 concerto de piano, música de câmara.

Pasquini, Bernardo (Massa di Valdi-Nievole, Lucca, 7 Dez. 1637/Roma, 21 Nov. 1710). Cravista. Aluno de Cesti, em Roma, foi também no estudo das obras de Palestrina que aprendeu uma boa parte do seu notável «saber». Foi, durante algum tempo, organista de St.ª Maria Maior e depois de St.ª Maria in Aracoeli; fez, com o cardeal Chigi, uma viagem a Paris, onde tocou cravo perante Luís XIV, foi mestre dos concertos de Cristina da Suécia, em Roma, cravista em casa do princípe Borghese e no Teatro Capranica (onde, muitas vezes, deparava com Corelli na orquestra). Entre os seus muitos alunos contam-se Gasparini, Krieger e, talvez, A. Scarlatti. A sua música, que prenuncia Bach, Haendel e Domenico Scarlatti, alia a perfeição da forma à espontaneidade, originalidade e leveza. Pode contar-se sobretudo entre os maiores mestres do cravo.

✪ 10 oratórios, cerca de 15 óperas, *Arie e Cantate* e numerosas peças para cravo (*Sonate per gravicembalo, Toccate et Suites pour le clavessin...*) ou órgão.

Ø *Variações Sobre a Bergamasca* (Tagliavini), *Sonatas para 2 Órgãos e para 2 Cravos* (M.-C. Aloin e Tagliavini).

Passereau (?/?) século XV-XVI. Ignoramos toda a biografia deste excelente compositor de canções francesas (à maneira de Janequin), que foi talvez membro da capela do duque de Angoulême (futuro Francisco I).

✪Apenas chegaram até nós 1 moteto e 23 canções a 4 vozes.

Ø *2 canções* (Antologia Blanchard).

Paumann, Conrad (Nuremberga, 1410//Munique, 24 jan. 1473). Organista e alaúdista, cego de nascença, que gozou de grande reputação. Foi organista de St. Sebald, em Nuremberga (1444-1450), e do duque Alberto III, em Munique (1467-1473). Atribui-se-lhe a invenção da tablatura de alaúde.

✪ Obras de órgão (incluem a colectânea *Fundamentum organisandi...*, 1452).

Ø *Antologia Froidebise*.

Pedrell, Carlos (Minas, Uruguai, 16 Out. 1878/Montrouge, Paris, 9 Mar. 1941). Aluno de seu tio Felipe Pedrell, em Barcelona, e depois de V. d'Indy, na Schola. Viveu em Buenos Aires (1906-1920) onde foi inspector do ensino musical e sofreu a influência do folclore argentino.

Ø 3 óperas, 1 bailado, obras sinfónicas, melodias.

Pedrell, Felipe (Tortosa, 19 Fev. 1841//Barcelona, 19 Ago. 1922). Musicólogo. Célebre devido à sua erudição, embora fosse autodidacta, ensinou história e estética da música no Conservatório de Madrid. As suas primeiras obras foram publicadas em 1871 (antes das de Albéniz e Granados) e pode ser considerado chefe da moderna escola espanhola. Baseou o renascimento musical do seu país na procura de traços autênticos do folclore e no estudo dos mestres espanhóis da época áurea (contribuição especialmente importante para o conhecimento de Victoria). Foi professor de Granados e de Falla.

✪ 10 óperas, música religiosa, cantatas profanas, poemas sinfónicos, melodias. Deve-se-lhe também a edição das obras de Victoria e várias obras literárias (sobre Victoria, os organistas espanhóis, o folclore).

Peeters, Flor (Tielen, perto de Turnhout, 4 Jul. 1903/?, 1986). Organista da Catedral de Malines, desde 1923. Aluno do Institut Lemmens, veio a ser professor nos Conservatórios de Gand, Antuérpia e Tilburg (Holanda). Foi director do Conservatório de Antuérpia desde 1952.

✪ Missas, cantatas, motetos, cerca de 200 melodias, um concerto de órgão, um concerto de piano e, sobretudo, uma importante obra de órgão *(Variações Sobre um Natal Flamengo,* 70 corais-prelúdios, *sinfonia)*, bem como um notável método de órgão em 3 volumes *(ARS organi)*.

Penderecki, Krzysztof (Debica, 23 Nov. 1933). Aluno do Conservatório de Cracóvia, onde ensinou composição, adquiriu uma notável fama devido ao seu estilo cativante. Com sentido agudo do brilho sonoro e da expressão dramática, faz a síntese livre das principais aquisições musicais recentes: «serialismo», quartos de tom, *clusters,* electro-acústica...

✪ *Salmos de David, Dimensões do Tempo e do Silêncio* (40 vozes, percussão, cordas), *Paixão Segundo São Lucas* (solistas, 4 coros, orquestra), *Cânone* para 52 instrumentos de cordas e fita magnética.

Ø *Salmos, Fluorescências, Anaklasis* (Markowski), *Paixão* (Czyz).

Pepusch, John Christopher (Berlim, 1667/Londres, 20 Jul. 1752). Organista da corte da Prússia desde os 14 anos, humanista especializado no estudo dos antigos autores gregos, deixou o seu país, cerca de 1700, para se fixar na Holanda e depois em Londres. Aí, foi um dos fundadores da Academy of Ancient Music e veio a ser director do Teatro de Lincoln's Inn Fields, para o qual compôs várias «mascaradas». Aí apresentou, em 1728, a célebre *Beggar's Opera,* que, dois séculos mais tarde, serviu de modelo à *Ópera dos Três Vinténs*, de Kurt Weill: adaptação de 69 árias da moda a um texto satírico de J. Gay, era uma paródia violenta da ópera italiana e da sociedade inglesa desse tempo. Foi professor de Boyce.

✪ «Mascaradas», *Ballad-Operas* (das quais a *Beggar's Opera* é o primeiro exemplo), alguns motetos latinos, odes de circunstância, obras instrumentais.

Ø *Sonata de Flauta e Violino* (Larrieu), *Sonata de Flauta de Bisel* (Cotte).

Perez, David – ou Peres, (Nápoles, 1711/Lisboa, 30 de Out. 1778). Aluno de Mancini no Conservatório St.ª

Maria di Loretto, em Nápoles. Foi primeiro mestre da capela Real de Palermo (1740-1748) e depois da de Lisboa (1752).

Ø 35 óperas e numerosas obras religiosas (*Credo para coro duplo, Mattutino dei morti,* missas, motetos...).

PERGOLESI, Giovanni Battista (Jesi, próximo de Ancona, 4 Jan. 1710/ Pozzuoli, 16 Mar. 1736). Começou os seus estudos musicais em Jesi e continuou-os em Nápoles, no Conservatório dei Poveri, com Greco e Durante (1726-1730). Aí, revelou-se um destro violinista nas serenatas que os seus alunos repetiam pela cidade, durante o carnaval ou outras festas. Mas não parece ter sido um menino-prodígio e só ocupou lugares secundários: *Maestro di capella* do príncipe Stigliano e do duque de Maddaloni e depois assistente do mestre de capela de Nápoles. Atacado pela tuberculose pulmonar, faleceu em Pozzuoli, para onde fora tratar-se, aos 26 anos: acabara de terminar o seu belo *Stabat Mater.* Os pais haviam morrido jovens e os seus três irmãos e irmãs na primeira infância; ele próprio, fraco desde sempre, tinha uma deformação na perna esquerda, talvez de origem tuberculosa.

Se notarmos que os seus estudos musicais se prolongaram até 1730 e que as suas primeiras obras não fizeram sensação, ficamos estupefactos com a prosperidade de uma carreira musical com pouco mais de cinco anos de duração.

Atraiu sobre si as atenções, em 1732, devido à execução de uma missa com coro duplo destinada a invocar a protecção celeste depois de uns terríveis tremores de terra: conta a lenda que o célebre L. Leo o beijou publicamente depois da cerimónia. Nesse mesmo ano, a ópera-bufa *Lo frate 'nnammorato* (talvez a sua obra-prima) obteve um grande êxito. Todavia, nas representações de óperas sérias só os *intermezzi cómicos* eram recebidos favoravelmente.

O verdadeiro êxito de Pergolesi começa após a sua morte. As suas obras são representadas em todo o lado, mesmo no estrangeiro, e *la Serva Padrona* desempenhará o papel que conhecemos no início da ópera-cómica francesa, ao desencadear a *Querelle des Bouffons* (1752).

Editores pouco escrupulosos atribuíram-lhe obras cuja venda querem garantir; e, ainda hoje, nem sempre é possível distinguir, com certeza, as obras autênticas das atribuições abusivas. Este incrível êxito póstumo provocou, por reacção, a injusta severidade de alguns críticos. Se a glória, quase exclusiva, de *La Serva Padrona* pode parecer excessiva, outras como *Lo frate 'nnammorato* ou *L'Olimpiade* (ópera séria) contam-se entre as mais admiráveis produções da escola napolitana. E o *Stabat,* apesar das suas fraquezas (como não preferir as composições religiosas de Scarlatti, Leo ou Durante?!), justifica a sua reputação devido à sinceridade, à ingenuidade do seu lirismo.

✪ (As *opera omnia,* publicadas em Roma em 1940-1942, contêm muitas atribuições falsas. V. AULETTA*): 4 *opere serie* (entre as quais a mais bela é *L'Olimpiade*), 3 *intermezzi* (entre eles, *La Serva Padrona*), 2 óperas bufas no dialecto napolitano (*Lo frate'nnammorato e Flaminio*), 6 oratórios, 10 cantatas profanas (entre as quais figura a admirável *Orfeo*) numerosas missas (só três de autenticidade garantida), motetos, salmos, um *Stabat Mater*, um número impossível de precisar de obras instrumentais (entre eles 6 magníficos *Concertini*, de atribuição infelizmente duvidosa).

Ø *La Serva Padrona* (Leitner), *Stabat Mater* (Scimone), 4 *Cantatas* (Gal*lico*), 6 *Concertini* (I Music).

PERI, Jacopo (Roma, 20 Ago. 1561//Florença, 12 Ago. 1633). Cantor. Por volta de 1590, é músico na corte dos Médicis, em Florença, com honorários superiores aos de Caccini. Escreve *intermedii* para o casamento do grão-duque Fernando I e canta-os ele próprio *con maravigliosa arte, sopra del chitarone*. Em breve, toda a Itália admira a sua forma de *recitar cantando*.

Converte-se na personalidade dominante da célebre *camerata*, círculo de músicos, de grandes espíritos e de amadores cultos, que se reuniam por iniciativa do conde Bardi no seu palácio florentino (V. CACCINI* e GALILEI*). Um dos objectivos da *camerata Bardi* era ressuscitar aquilo que os humanistas pensavam ter sido a recitação lírica da antiga tragédia grega: criam o recitativo moderno e fazem triunfar a monodia acompanhada. As primeiras melodias no novo *Stile rappresentativo* devem-se a Galilei (obra perdida), Cavalieri e Caccini (*Nuove Musiche*). Peri ultrapassa-os no plano da qualidade dramática com a sua *Dafne*, representada em 1597 no Palazzo Corsi (só se conservaram alguns fragmentos). O êxito é tal que lhe pedem uma obra do mesmo género por ocasião do casamento de Henrique IV com Maria de Médicis: é *Euridice* (representada em 1600 no Palazzo Pitti), a primeira «ópera» cuja música chegou integralmente até nós. Peri é nomeado director da música do grão-duque e depois *camerlengo generale*. Escreve, então, numerosos *balli, intermedii, feste*, infelizmente perdidos. A sua arte, menos lírica e brilhante do que a de Caccini, valeu-lhe menos êxito póstumo. Mas contribuiu, mais do que a do seu rival, para a criação da ópera moderna, onde irá intervir de forma decisiva o génio de Monteverdi.

✪ Vários melodramas ou pré-óperas (entre as quais se contam *Dafne* e *Euridice*; os outros perderam-se e talvez nunca tenham sido representados), *Le Varie Musiche* (1 a 3 vozes e baixo contínuo no estilo novo), várias obras individuais (monodias e madrigais tradicionais).

PEROSI, Lorenzo (Tortona, 20 Dez. 1872/Roma, 12 Out. 1956). Depois de ter sido organista no Monte Cassino e mestre de coros em São Marcos de Veneza, foi nomeado director de coros da Capela Sistina (1898-1915). Fora ordenado padre em 1896. Julga-se que teve uma influência determinante na reforma do canto de igreja, tal como está definida pelo *Motu proprio* de Pio X. Num estilo muito compósito (em que a orquestração moderna se combina com as formas melódicas do cantochão e com a escrita polifónica de Palestrina ou de Bach), contribuiu para o renascer do oratório em Itália.

✪ 10 oratórios (entre os quais se conta *Il Giudizio Universale*), 26 missas, motetos, salmos, alguns poemas sinfónicos.

PEROTIN (séculos XII-XIII) Não possuímos quaisquer informações biográficas acerca deste músico genial. Sabemos apenas que esteve ligado à nova Igreja de Notre-Dame de Paris (cuja construção viu ser acabada) na qualidade de compositor de *organa*: desempenhou, portanto, funções análogas às de mestre de capela, entre 1180-1230, aproximadamente. Enganados pela etimologia da palavra *organum*, alguns historiadores afirmaram, sem qualquer razão, que era organista. Um autor anónimo chama-lhe *magister, discantus optimus, Perotinus magnus*. À volta de Perotin e do seu predecessor, Leonin, devem ter gravitado muitos alunos anónimos, de quem foram encontradas algumas obras e que são designados pelo nome genérico de Escola de Notre-Dame. Estes músicos cultivaram os géneros do *organum* (2, 3 ou 4 partes, das quais só uma, em valores longos, retirada da literatura, tem texto), do moteto (derivado do *organum*; a voz principal, ou tenor, é instrumental, sendo as vozes *organais* cantadas sobre um texto, em estilo silábico) e de *conduit* (forma mais rudimentar em que o *tenor* é, geralmente, uma melodia profana e todas as partes, menos o triplum, em estilo silábico).

✪ Só se puderam atribuir, com certeza, a Perotin 4 *organa* e 4 *conduits*.
Ø «Primitivos franceses» (Ensemble Blanchard), Concerto n.º 5 (S. Cape), *Organa, Alleluia* (Deller).

Petrassi, Goffredo (Zagarolo, Roma, 16 Jul. 1904/Roma, 3 Mar. 2003). Tendo chegado tarde à composição, estudou na Academia St.ª Cecilia, em Roma (1925-1933). A amizade de Casella contribuiu para lhe despertar o gosto pela construção e para o colocar sob a influência de Hindemith e do Stravinski de 1930. Nas suas grandes composições corais (o melhor da sua obra) explora também a herança de Monteverdi. Foi professor de composição na Academia de St.ª Cecília e presidente da SIMC.

✪ 2 óperas, 2 bailados, músicas para filmes (entre os quais figura o admirável *Riso Amaro*, de De Santis), obras corais (*Salmo IX, Coro di Morti, Notte oscura*), 8 concertos para orquestra, concerto de piano e orquestra, *Sonata de camera* para cravo e 10 instrumentos, *Due liriche di Saffo* para voz e 11 instrumentos, melodias.
Ø *Coro di Morti* (Scaglia).

Petridis, Petro (Nidgé, Capadócia, 23 Jul. 1892/Atenas, 17 Agosto 1977). Quando estudava Direito em Paris decidiu subitamente dedicar-se à composição: A. Wolff e A. Roussel completaram a sua formação autodidacta. Enquanto esperava que as suas obras atraíssem as atenções sobre a sua forte personalidade e lhe garantissem a subsistência, foi secretário do serviço de imprensa da embaixada grega em Londres, jornalista, professor de grego moderno. A sua arte, essencialmente contrapontística, é fortemente marcada pela influência da escola francesa, mas presta amiúde homenagem à cultura grega.

✪ O oratório *São Paulo, Requiem Bizantino*, 5 sinfonias, *Suite Grega, Suite Jónica*, 2 concertos de piano, 1 concerto de violino, 1 concerto de violoncelo, *Le Clavier Modal* (colectânea de peças para piano, destinada a mostrar todas as possibilidades de exploração polifónica dos antigos modos).

Pfitzner, Hans (Moscovo, 5 Mai. 1869/Salzburgo, 2 Mai. 1949). Director de orquestra. Aluno do Conservatório de Francoforte, ensinou, sucessivamente, em Coblença, Berlim e Munique e foi, entre 1908 e 1916, director musical do Teatro de Estrasburgo. Em 1917, a sua ópera *Palestrina*, estreada em Munique, foi considerada por uma parte da crítica germânica um novo *Parsifal*; mas a obra não se impôs no estrangeiro. Romântico tardio, cuja filosofia se inspira em Wagner e Schopenhauer, foi no seu país o paladino da reacção contra as novas tendências da música.
✪ 5 óperas, obras corais (entre as quais se conta *Von deutsche Seele*, a sua obra mais bela), 2 sinfonias, vários concertos, mais de 100 melodias.

Philidor, André chamado «o mais velho» (1647/Dreux, 11 Ago. 1730). Filho de músico, ele próprio membro da *grande écurie* e da capela real (toca todos os tipos de instrumentos, especialmente fagote e cromorno) e depois bibliotecário do rei; nesta qualidade, elaborou uma importante colecção de peças instrumentais. Quatro dos seus 21 filhos foram músicos, entre os quais figura o célebre François-André. O seu irmão Jacques e 4 filhos deste último foram também músicos da corte.
✪ Óperas-bailados, divertimentos e mascaradas para a corte de Luís XIV, algumas peças instrumentais, marchas militares.
Ø *Marchas* (Douatte).

Philidor, François-André (Dreux, 7 Set. 1726/Londres, 24 Ago. 1795). Ilustre jogador de xadrez. Entrou, muito jovem, como pajem para a capela real e veio a ser aluno de Campra. Entregue a si próprio, sente-se desencorajado pelas dificuldades da vida de artista (as aulas e os trabalhos de cópia musical não lhe chegam para viver) e decide exibir-se, em vários países, como jogador de xadrez; em breve é considerado o maior jogador do seu tempo. Em Londres, publica uma notável *Analyse du jeu des échecs*, 1749, e vence três partidas simultâneas, sem ver os tabuleiros, contra jogadores de primeira linha. A instâncias dos seus amigos parisienses (entre eles Diderot), regressa a Paris e começa a compor motetos para grande coro, sob influência dos oratórios de Haendel que ouvira em Londres. Como estas obras lhe não proporcionaram o almejado cargo de superintendente da música, voltou-se para a ópera-cómica: o êxito de *Blaise le Savetier* é decisivo para a sua fama como compositor, digna da que obtivera nos clubes de xadrez londrinos. Superior a Monsigny e a Grétry pela originalidade da invenção melódica, a qualidade da harmonia e da instrumentação, é talvez o melhor representante da ópera-cómica francesa antes de Boieldieu.
✪ 30 óperas-cómicas, 5 tragédias líricas, *Carmen Saeculare* (oratório profano segundo Horácio), motetos, 1 *Requiem*, 1 *Te Deum*.

Philipe de Vitry (Vitry, Champagne, 31 Out. 1291/Meaux, 2 Jun. 1361). Poeta, teórico, diplomata, secretário dos reis Carlos IV e Filipe VI. Acumula as prebendas de cónego (Cambrai, Verdun, Soissons, Saint-Quentin...) e vem a ser bispo de Meaux em 1351. O seu célebre tratado *Ars nova musicae* (*c.* 1325) expõe os princípios da revolução musical que se opera em França e dá-lhe o nome. Em Florença, nasce um movimento análogo, mas desenvolve-se num sentido diferente. Não parece que na formação da técnica francesa da *ars nova* tenha havido intervenção da influência da escola florentina: Phlippe de Vitry tem um papel de pioneiro e pode ser considerado o criador do moteto isorrítmico, de que Machaut nos legou os mais belos exemplos.

❍ Só pode ser identificada, com certeza, uma dezena de motetos.

PHILIPS, Peter (?, 1561/Bruxelas, 1628). A partir de 1582, viveu em Roma, ao serviço do cardeal Farnese e depois ao de um tal Lord Paget, que o levou consigo para Espanha, França e Países-Baixos. Em 1590, fixou-se em Antuérpia (donde partiu para Amesterdão para se encontrar com Sweelinck) e em 1597 foi chamado a Bruxelas como organista do arquiduque Alberto. Parece que a sua fama foi considerável na época. Um dos quadros de Jan Bruegel que representam os cinco sentidos (*O Ouvido*, conservado no Museu do Prado) apresenta, na espineta, uma cópia dos madrigais a 6 vozes de Philips, aberta na primeira página.

❍ *Cantinones Sacrae* (1 a 8 vozes com baixo contínuo), missas, madrigais (4, 6 e 8 vozes), peças para virginal (19 no *Fitzwilliam Virginal Book*).

PICCINI, Nicolò (Bari, 16 Jan, 1728//Passy, 7 Mai. 1800). Seu pai era músico e sua mãe irmã do compositor G. Latilla. Destinado inicialmente ao sacerdócio, foi por recomendação do bispo de Bari enviado para o Conservatório de S. Onofrio, de Nápoles, onde veio a ser aluno de Leo e Durante (1742-1754). Começou a sua carreira de compositor de teatro em 1754, e o êxito de *Lá Cecchina, ossia La Buona Figliuola* (Roma, 1760) fez desta ópera-bufa uma da mais populares dos seu tempo. Foi representada em toda a Europa, provocando em todo o lado o mesmo entusiasmo. *L'Olimpiade* (ópera séria), oito anos mais tarde, teve mais êxito do que qualquer das obras de Caldara, Vivaldi, Leo, Pergolesi, Galuppi, Hasse, Traetta e Jommelli sobre o mesmo tema.

Em 1776, tendo assegurada a protecção de Maria Antonieta, parte para Paris onde Marmontel se dedica a ensinar-lhe francês. A composição da sua primeira ópera francesa, *Roland*, toma-lhe todo o ano de 1777. Na mesma época começa a ridícula guerra dos panfletos conhecida pelo nome de *Querelle des gluckistes et des piccinistes*. Contra sua vontade, Piccini foi escolhido, por alguns amadores que se sentiam exasperados pelos preconceitos exclusivos dos admiradores de Gluck, para representar a oposição ao gluckismo. *Roland* triunfa, para raiva dos gluckistas, e Gluck revela-se um mau jogador. Piccini, sempre protegido pela rainha, dá lições de canto, em Versalhes, e é-lhe confiada a direcção da companhia italiana que se apresenta na Ópera; um pouco mais tarde, em 1784, é nomeado professor da Escola Real de Canto e de Declamação. Quando da revolução em 1789, é denunciado como jacobino (sua filha casara com um republicano francês) e colocado com residência vigiada. Depois de quatro anos de miséria, pôde regressar a Paris, por ter sido assinado um tratado de paz entre o Reino de Nápoles e a República Francesa: é recebido com entusiasmo. Pouco antes da sua morte, foi nomeado Inspector do Conservatório. Homem afável, pacífico, alheio a intrigas, foi naturalmente sobrevalorizado pelos seus amigos e partidários, mas a posteridade, talvez por reacção, foi muitas vezes injusta para com ele. A elegância das suas melodias, a qualidade dos seus conjuntos, o seu instinto teatral tornaram as suas obras extremamente sedutoras e algumas das suas comédias (entre as quais *La Buona Figliuola, Le Finte Gemelle*) inserem-se na melhor tradição da ópera-bufa napolitana. Sobretudo, deu ao final de acto uma variação e uma importância novas, anunciando os grandes finais mozartianos.

○ 33 óperas sérias italianas, 76 óperas cómicas (óperas bufas, *intermezzi, dramini giocosi, commedie*) italianas, 9 óperas sérias francesas, 6 óperas cómicas francesas, 3 oratórios, 1 missa, salmos.

PIERNÉ, **Gabriel** (Metz, 16 Ago. 1863//Ploujean, Finisterra, 17 Jul. 1937). Director de orquestra. Aluno de Lavignac, Massenet e Franck, Prémio de Roma em 1882. Sucedeu a Franck como organista de Saint-Clotilde (1890-1898) e a Colonne, na associação sinfónica fundada por este (1910-1933). Foi eleito membro do Instituto em 1924. A sua obra abarca todos os géneros, mas é particularmente excelente no estilo ligeiro em que o seu talento de orquestrador faz maravilhas. Defensor infatigável da música moderna, foi um notável intérprete de Debussy.

○ 7 óperas cómicas, 10 bailados (entre os quais figura *Cydalise et le Chévre-pied*, a sua obra mais célebre), cantatas, 1 oratório (*Les Fioretti de St. François d'Assise*), 1 concerto, e 1 *Poème Symphonique* para piano e orquestra, suites sinfónicas, peças para violoncelo, piano órgão, numerosas melodias.

Ø *Ronde des fées*, para coro feminino e piano (Chorale Kreder).

PIJPER, **Willem** (Zeist, 8 Set. 1894//Leidschendam, 19 Mar. 1947). Aluno de Wagenaar em Utreque (1911-1916), sofreu a influência muito profunda da literatura e da música francesas (em especial, de Verlaine e Debussy) e também, embora em menor grau, de Mahler, Schönberg e Stravinski. Professor no Conservatório de Amesterdão e em seguida director do Conservatório de Roterdão (1930-1947), teve um papel considerável no renascer da música holandesa. Badings e Landré contam-se entre os seus numerosos alunos. Desempenhou, também, funções de crítico no *Utrechts Dagblad* e de chefe de redacção da revista *Die Musick*.

○ A ópera *Halewijn*, músicas de cenas importantes (entre as quais a destinada à *Antígona* de Sófocles), coros, melodias, 3 sinfonias, concertos (de piano, de violino e de violoncelo), 5 belos quartetos de cordas, 2 sonatas de violino, 2 sonatas de violoncelo, 3 sonatinas de piano.

PILKINGTON, **Francis** (cerca de 1562//Chester, 1638). Clérigo. A partir de 1602, foi corista na catedral de Chester. As suas melhores obras encontram-se numa recolha de *ayres*; acompanhadas de uma tablatura de alaúde podem ser cantadas quer a 4 vozes quer a solo acompanhado pelo alaúde e pelo baixo de viola.

✪ 1 livro de *ayres*, 2 livros de madrigais (46 peças de 3 a 6 vozes), peças para alaúde (que se contam entre as melhores da escola isabelina).

PISK, Paul Amadeus (Viena, 16 Mai. 1893/Los Angeles, 12 Jan. 1990). Pianista e musicólogo. Aluno da Universidade e do Conservatório de Viena (Schreker, Schönberg). Em 1936, fixou-se nos Estados Unidos, onde veio a ser director da escola de música de Redlands (Califórnia) e depois professor de musicologia da Universidade do Texas, em Austin.

✪ Cantatas, salmos, suites sinfónicas, música de câmara, etc. Também se lhe deve uma audição das missas de Gallus.

PISTON, Walter (Rockland, Maine, 20 Jan. 1894/Belmont [Mass.], 12 Nov. 1976). Só aos 26 anos é que iniciou os seus estudos profundos de música na Universidade de Harvard (onde foi professor, após 1944) e depois em Paris, com Nadia Boulanger: inicialmente escolhera as artes plásticas. Pedagogo excelente, formou nas estritas disciplinas clássicas um grande número de jovens compositores americanos.

✪ 6 sinfonias, 1 concerto de violino, 3 quartetos de cordas, uma sonatina de violino e cravo.

Ø Suite *The Incredible Flutist* (Fiedler).

PIZZETI, Ildebrando (Parma, 20 Set. 1880/Roma, 13 Fev. 1968). No Conservatório de Parma estudou com muita atenção a música italiana dos séculos XV e XVI. Deste modo, adquiriu um profundo conhecimento da grande arte polifónica, que, unido ao gosto que desde muito cedo manifestou pelo teatro, teve uma influência profunda na sua formação de artista. O seu sonho era compor uma ópera: a oportunidade surgiu graças à amizade de G. d'Annunzio, que adaptou para ele a sua nova tragédia *Fedra*. Depois, será ele próprio quem escreverá todos os seus libretos, para melhor realizar a síntese das ideias e dos sons que, para ele, era a condição essencial do drama musical. Foi nomeado, sucessivamente, professor do Conservatório de Parma (1907), professor e depois director do Instituto Musicale de Florença, director do Conservatório de Milão; finalmente, a partir de 1936, foi professor de composição da Academia St.ª Cecília, em Roma. A partir da sua magnífica *Debora e Jaele* (Scala, 1922, sob a direcção de Toscanini), renovou a estética do teatro lírico italiano, ao criar uma forma muito pessoal de drama musical, baseada numa declamação contínua muito expressiva. De um modo geral, a música vocal constitui a parte mais importante e mais interessante da sua obra: as óperas *Debora e Jaele*, *Lo Straniero*, *Assassinio nella Cattedrale*, as obras corais em que se revela um admirável talento de polifonista, as melodias *I Pastori*, *San Basílio*, *Oscuro è il ciel*: animado por um altíssimo ideal estético e por uma espiritualidade de apóstolo, procurou com a sua música servir a nobreza humana, associar uma ética à sua obra, feita à imagem de um grande carácter.

✪ 11 óperas, músicas de cena, numerosas obras corais, melodias, uma sinfonia, *Concerto dell'estate* para orquestra. *Canti della stagioni alta* para piano e orquestra, concerto de violino, concerto de violoncelo, bem como uma edição dos madrigais a 5 vozes de Gesualdo e numerosos escritos sobre música (nomeadamente, acerca da estética do drama musical).

PLANQUETTE, **Robert** (Paris, 31 Jul. 1848/Paris, 28 Jan. 1903). Depois de ter feito estudos sumários no Conservatório, lançou-se na composição de cançonetas, cuja rápida popularidade o encorajou a escrever operetas. Uma delas, *Les Cloches de Corneville*, obteve um êxito inexplicável (mil representações em Paris, durante dez anos, e carreira no mundo inteiro).
✪ Cerca de 20 operetas, *Refrais du régiment*.
Ø *Les Cloches de Corneville* (Dervaux).

PLEYEL, **Ignace** (Ruppersthal, 1 Jun. 1757/Paris, 14 Nov. 1831). Aluno de Vanhal e de Haydn. Mestre de capela da catedral de Estrasburgo, entre 1783 e 1792. Em 1795, estabeleceu-se como negociante de música, em Paris (publicou a primeira edição completa dos quartetos de Haydn), e em 1807 funda a célebre fábrica de pianos que tem o seu nome.
✪ Muitas obras instrumentais (sinfonias, concertos, quintetos, quartetos, trios), imitando Haydn, sonatas de piano, algumas obras vocais.
Ø *Sinfonia Concertante* (Froment.)

PONCE, **Manuel** (Fresnillo, Zacatecas, 8 Dez. 1882/México, 24 Abr. 1948). Depois de ter estudado em Bolonha e em Berlim, veio a ser professor do Conservatório do México, de que foi mais tarde director. Aos 43 anos, inscreveu-se modestamente na escola de Dukas: viveu em Paris entre 1925 e 1933. Chavez foi seu aluno. A sua música é marcada pelo profundo conhecimento do folclore mexicano e do impressionismo francês.
✪ Concertos (piano, violino, guitarra), peças sinfónicas (entre as quais *Chapultepec*), peças para piano, melodias, numerosos arranjos de canções populares mexicanas.
Ø *Concerto de Violino* (Szeryng, Bour), *Peças de Guitarra* (Willians).

PONCHIELLI, **Amilcare** (Paderno, Fasolaro, Cremona, 1 Set. 1834/Milão, 16 Jan. 1886). Estudou no Conservatório de Milão, onde ensinou, no final da sua vida, e teve como aluno Puccini. Em 1881, foi nomeado mestre de capela em Bérgamo. As suas óperas, representadas com muito êxito, inserem-se na tradição de Verdi.
✪ Óperas, entre as quais *La Gioconda* (Scala, 1876).
Ø *La Gioconda* (Gardelli).

POOT, **Marcel** (Vilvoorde, perto de Bruxelas, 7 Mai. 1901/?, 1988). Aluno do Conservatório de Bruxelas, de que foi mais tarde professor e director (1949). Inteligente e culto é, talvez, o melhor compositor belga contemporâneo. Durante anos, foi crítico musical dos jornais *Le Peuple* e *La Nation Belge* e fundou, com P. Gilson, a *Revue musicale belge*.
✪ 20 óperas, 1 opereta, 2 bailados, 2 oratórios, 2 sinfonias, concertos.

PORPORA, **Nicola** (Nápoles, 17 Ago. 1686/Nápoles, 3 Mar. 1768). Filho de um livreiro, ingressou aos 10 anos no Conservatório dei Poveri, em Nápoles, onde foi provavelmente aluno de

Greco. A sua primeira ópera, *Agrippina*, foi representada em 1708, no aniversário de Carlos III de Espanha (rei de Nápoles e depois imperador da Alemanha). Acabara de ser nomeado *Maestro di cappella* do príncipe de Hesse-Darmstadt (comandante dos exércitos imperiais e governador de Mântua). Entre 1715 e 1722, foi *primo Maestro* no Conservatório S. Onófrio de Nápoles; tinha, também, alunos particulares e começara a gozar de uma grande reputação como professor de canto: entre os seus alunos contam-se os célebres *castrati* Farinelli e Caffarelli, bem como o libretista Metastasio. Seguidamente, fixou-se em Veneza, onde foi nomeado professor do Ospedale degli Incurabili, conservatório de raparigas (1726-1733). Em 1733, foi convidado para compositor da companhia Opera of the Nobility, de Londres: foi rival de Haendel e apresentou em várias das suas óperas ou serenatas o seu aluno-vedeta Farinelli. Ao mesmo tempo que se dedicava a ensinar composição aos seus alunos particulares, foi, sucessivamente, *primo Maestro* no Conservatório St.ª Maria di Loreto, em Nápoles (1739-1741), no Ospedale della Pietá e no Ospedaletto, em Veneza (1742-1747), mestre de canto da princesa Maria Antónia, em Dresden (1747-1751). Cerca de 1752, fixa-se em Viena, onde o jovem Haydn, que morava numa desvão da casa de Metastasio, se torna seu aluno e factótum (criado, acompanhante, etc.). Em 1758, regressa a Nápoles, onde ocupa os lugares de *primo Maestro straordinario* de St.ª Maria di Loreto e mestre de capela da catedral. Mas terminou os seus dias na mais completa indigência. Exceptuando algumas peças instrumentais, a sua obra não lhe sobreviveu. Demasiado marcada, talvez, pelo gosto de uma época, a sua arte notável da escrita vocal é um dos melhores exemplos da decadência do *bel canto*, em que uma ornamentação delirante desfaz o interesse melódico.

○ 50 óperas (todas sérias, exceptuando 5, e onde os principais papéis masculinos, sobrecarregados de vocalismos e de ornamentos de toda a espécie, estão, de um modo geral, confiados a *castrati*, sopranos ou contraltos), serenatas, cerca de 12 oratórios, cantatas ou dramas sagrados, 6 missas, cerca de 50 motetos, 6 duetos latinos para a paixão (magníficos), 6 *Sinfonie da camera*, 1 concerto de violoncelo, 12 sonatas de violino.

Porta, Constanzo (Cremona, 1529//Pádua, 26 Mai. 1601). Aluno de Willaert, em Veneza. Tendo-se tornado frade menor, foi, sucessivamente, mestre de coros em Pádua, Ravena, Loreto e de novo em Pádua (Basílica Antoniana). Foi um dos mais sábios contrapontistas do seu tempo e um dos que realizaram mais acertadamente a síntese dos estilos flamengo e italiano.

○ 3 livros de missas (4 a 6 vozes), 3 livros de motetos (4 a 8 vozes), 1 livro de *Introitus Missarium*, 5 livros de madrigais (4 a 5 vozes) e numerosas obras dispersas em recolhas colectivas (entre as quais *Il Trionfo di Dori*, célebre colectânea de madrigais).

Portugal, Marcos António da Fonseca (Lisboa, 24 Mai. 1762/Rio de Janeiro, 7 Fev. 1830). Estudou no Seminário Patriarcal, onde foi aluno de

João Sousa Carvalho. A sua primeira composição foi um *Miserere*, escrito aos 14 anos. Em 1785, é nomeado regente do Teatro do Salitre. Em 1792, vai para Itália, onde permanece oito anos e apresenta, com grande êxito, 21 óperas, entre as quais *I due gobbi* (1793), *Lo spazzacami principe* (1794), cujo sucesso se estende a toda a Europa. Em 1880, regressa a Lisboa e é nomeado regente da capela real e do Teatro de S. Carlos. Em 1801, resolve ir juntar-se à corte de D. João VI, no Rio de Janeiro, onde é nomeado mestre da capela real e director de música da corte. Após o regresso da corte a Lisboa, em 1821, o compositor, sentindo-se cansado, ficou no Rio, onde veio a falecer, pobre e esquecido, em casa da marquesa de Aguiar.

◯ 21 óperas sérias, italianas, 15 entremeses, burlescas e farsas portuguesas, 9 cantatas e hinos, árias, duetos, tercetos, etc., várias missas com órgão e ou piano, 1 *Requiem*, 5 *Te Deum*, etc.

POULENC, Francis (Paris, 7 Jan. 1899//Paris, 30 Jan. 1963). Pianista. Ao mesmo tempo que seguiu o ciclo normal dos estudos secundários foi aluno de R. Vines (piano) e de Ch. Koechlin (composição, orquestração). Aos 18 anos apresenta uma espantosa *Rhapsodie nègre* num concerto de jovens, organizado por Bathori no Vieux--Colombier: técnica ainda incerta, mas utilização hábil nos novos ritmos da *jazz band*, originalidade melódica, intuição daquilo que «soa bem». No ano seguinte, apresenta, nas mesmas condições, os seus encantadores *Mouvements perpétuels* para piano, encorajado por Satie, que exerce sobre ele uma influência determinante ao afastá-lo da sedução «impressionista». Esta influência e o seu gosto pela independência estética aproximam-no do grupo de jovens músicos que, em breve, viria a ser conhecido pelo nome de Grupo dos Seis: Poulenc, Honegger, Milhaud, Auric, Durey, Germaine Tailleferre. Reuniram--se, não devido a um programa, mas devido à amizade e a alguns gostos comuns: gostam do circo, do *music-hall*, do *jazz*, das melodias populares, da verdadeira sensibilidade; temem o lirismo, a ênfase, a arte erudita, o wagnerismo, o impressionismo. Cada um orientou-se segundo o seu próprio temperamento. Poulenc escolheu a ironia terna, a união subtil do humor e da gravidade, a qualidade irrepreensível do material sonoro. Teve o génio do natural, tanto na invenção melódica como na escolha dos encadeamentos harmónicos e a sua originalidade, que não deixa qualquer dúvida, consistiu principalmente em reinventar o classicismo. Mas na sua música vocal (o melhor da sua obra) é um pouco o equivalente de Schubert para a França do século XX.

◯ *Le Dialogue des Carmélites*, ópera (Scala, 1957), *Les Mamelles de Tirésias*, ópera-bufa (Florença, 1947), *La Voix humaine*, monodrama (1959), *La Dame de Monte-Carlo*, cena lírica (1961) – 4 bailados, entre os quais *Les Biches* (Diaghilev, Monte Carlo, 1924), *Les Animaux modèles* (Opéra, 1945) música de cena e de filmes (entre os quais *Le Voyageur sans bagages*, de Anouilh) – *Le Bal masquè* (cantata profana), obras vocais *a capella* (missa, *Salve Regina*, *Stabat Mater*, a admirável *Figure humaine*, uma obra-prima) – *Concert cham-*

pêtre de cravo, concerto de 2 pianos, concerto de órgão, *Aubade* para piano e dezoito instrumentos, peças para piano, mais de 100 melodias (entre as quais os *5 Poèmes d'Éluard*, as colectâneas *Le Bestiaire, Chansons gaillardes, Fiançailles pour Rire*).
Ø *Dialogue des Carmélites* (Dervaux), *La Voix humaine* (Duval, Prêtre), *Stabat Mater* (Crespin Prêtre), *Concert pour orgue* e *Concert champêtre* (Alain, Veyron-Lacroix, Martinon), *Les Biches, Sinfonietta, Baigneuse de Trouville* (Prêtre), *Mélodies* e *Le Bal masqué* (Souzay) (Benoit).

PRAETORIUS, **Hieronymus** (Hamburgo, 10 Ago. 1560/Hamburgo, 27 Jan. 1629). Organista. *Kantor* em Erfurt e depois em Hamburgo, onde sucede a seu pai. Foi, juntamente com Hassler, um dos melhores representantes da tradição veneziana na Alemanha.
✪ 3 volumes de *Cantiones Sacrae* (98 motetos, de 5 a 20 vozes), 5 *Magnificat* (8 a 12 vozes), 6 missas (5 a 8 vozes).

PRAETORIUS, **Michael** (Krenzberg, Turíngia, 15 Fev. 1571/Wolfenbüttel, 15 Fev. 1621). Filho de um pastor luterano, fez os seus estudos na Universidade de Frankfurt-am-Oder.
Depois de ter começado como *Kappellmeister* em Lüneburg, veio a ser organista, *Kappellmeister* e secretário do duque de Brunswick. Praetorius é um dos maiores compositores luteranos e a sua obra é monumental. Todavia, é célebre sobretudo como autor do *Syntagma musicum*: magnífica enciclopédia que trata pormenorizadamente dos géneros musicais cultivados desde a antiguidade, dos intrumentos de música (estudo muito completo com um considerável interesse), das formas e da prática musical no início do século XVII (1614--1620): três volumes – um quarto ficou inacabado.
✪ 16 volumes de *Musae Sioniae* (1244 motetos), 15 volumes de *Polyhymnia*, 9 volumes de *Musa Aonia* (profanas), peças instrumentais e *Syntagma musicum*.
Ø *Cântico das Três Crianças* – grande moteto para coro duplo (Caillard), *Geistliche Tricinien* – 8 motetos das *Musae Sioniae* (Bender).

PROKOFIEV, **Serguei** (Sontsovka, Ucrânia, 23 Abr. 1891/Moscovo, 5 Mar. 1953). Pianista. Os seus dotes extraordinariamente precoces foram encorajados pela mãe, excelente pianista amadora, que foi a sua primeira professora. Aos 6 anos, tocava bastante bem piano e compunha, de forma muito empírica, pequenas peças para o seu instrumento. Entre os 9 e os 14 anos, escreveu quatro óperas (uma inteira para piano, outra tinha uma abertura que representava, por si só, metade da obra), uma sinfonia, uma sonata de violino, duas sonatas de piano, uma suite sinfónica. Começou os seus estudos de composição com Glière (1902-1903), que vinha passar o Verão a casa dos Prokofiev, em Sontsovka, e depois foi admitido no Conservatório de São Petersburgo onde foi aluno de Rimski-Korsakov, Liadov, Tcherepnine e A. Essipova (1851-1914). Aí obteve, sobretudo como pianista, os mais altos galardões: as primeiras execuções públicas das suas obras (1908-1910) chamam principalmente a atenção para o seu admirável talento de intérprete. Em 1916, dirige a sua *Suite cita*, em São Petersburgo, e provoca um escândalo: Glazunov abandona ostensivamente a sala. A revolução deixa-o quase indiferente e se em 1918 abandona a Rússia é sobretudo para procurar condições materiais de trabalho que não encontra no seu país, a ferro e fogo. Preocupações da mesma ordem fá-lo-ão regressar, 15 anos mais tarde: na URSS, procurará a possibilidade de se dedicar exclusivamente à composição, fatigado de uma carreira de virtuoso que lhe fora imposta pela sua fama de pianista e pela necessidade de ganhar a vida. Entre 1918 e 1922, vive nos Estados Unidos. A sua ópera *O Amor das Três Laranjas* estreia na Ópera de Chicago, à data dirigida por Mary Garden (a primeira Mélisande). Entre 1923 e 1933, a sua base é Paris, onde inicia uma série de digressões pela Alemanha e os Estados Unidos (1925), pela Itália (1926), e a URSS (1927, digressão triunfal, durante a qual adopta o estatuto de cidadão soviético), aos Estados Unidos, ao Canadá e a Cuba (1930), à URSS (1932). Em Paris, onde a actividade musical é intensa, é um dos compositores da moda. Interessa-se pouco pela música francesa mas participa, todavia, na fundação do Triton e faz algumas amizades sólidas. É em Paris que compõe *O Anjo de Fogo*, cujo primeiro acto é apresentado em concerto por Kussevitski. Esta obra notável só será representada integralmente em concerto em 1953 (em Paris), e a sua primeira representação cénica só se realizará em 1955 (em Veneza). Em 1933, instala-se definitivamente na URSS, e a partir de 1938 não tornará a deixar este país. Durante os primeiros 15 anos da sua carreira soviética, é considerado o maior compositor do seu país: é alvo de numerosas honras oficiais e dos favores do comité central do partido. Mas em 1948, depois da criação da sua ópera *Um Homem Autêntico*, sofreu (tal como Chostakovitch devido à sua *Lady Macbeth*) os ataques violentos da União dos Compositores Soviéticos, a cujos destinos presidia, então, T. Khrennikov. O comité central alerta a opinião contra o «formalismo burguês» de algumas obras soviéticas e Prokofiev figura numa lista negra, na companhia de Chostakovitch, Khatchaturian, Miaskovski, etc. O oratório *Vigilância da Paz* permite-lhe voltar a cair em graça, dois anos mais tarde, e dá-lhe o prémio Estaline (1951). Morreu com uma hemorragia cerebral, dois dias antes de Estaline (no mesmo dia em que a imprensa anunciava a doença do chefe de Estado: a morte do músico quase passou despercebida).

Exteriormente, Prokofiev parecia mais um engenheiro que um músico. Era preciso, metódico, rigoroso, trabalhava a horas fixas e a sua curiosidade levava-o menos para as artes do que para a técnica, as descobertas científicas, a gastronomia, a jardinagem (arte em que Miaskovski foi, provavelmente, seu professor), o jogo. Jogava bem bridge e muito bem xadrez (disputou vários torneios, nomeadamente contra David Oïstrakh). A sua música, cujas principais qualidades são a franqueza das ideias melódicas, a clareza de escrita, o dinamismo irresistível, conseguiu ser completamente original (não se confunde com qualquer outra) sem trazer inovações notáveis à arte da composição. É impossível definir uma evolução do seu estilo, ao longo dos três

PROKOFIEV, Serge

«períodos» da sua carreira; o americano (neoclassicismo muito pessoal), o parisiense (exploração sempre muito pessoal da politonalidade), o soviético (diatonismo, simplicidade, grandeza). Sem nunca cair na facilidade ou no convencionalismo vulgar, a música de Prokofiev é, talvez, dentro do enorme repertório moderno, a mais próxima da sensibilidade popular, a mais directamente acessível ao maior número de pessoas. Este carácter colectivo e universal é um dos aspectos mais originais do seu génio musical.

✪ 8 óperas, entre as quais figuram O *Jogador* (Bruxelas, 1929), *O Amor das Três Laranjas* (Chigago, 1921), *O Anjo de Fogo* (Veneza, Fenice, 1955), *Guerra e Paz* (Leninegrado, 1955). Estas quatro obras-primas esperaram durante anos pela primeira representação. – 7 bailados, entre eles: *O Bobo* (Ballets Russos, 1921), *O Passo de Aço* (Ballets Russos, 1927), *O Filho Pródigo* (Paris, 1929, coreografia: Balanchine), *Romeu e Julieta* (Brno, 1938). – Músicas de cena e músicas de filmes (entre os quais se contam *Alexandre Nevski* e *Ivan, o Terrível,* de Eisenstein). Grandes obras corais como as cantatas *Alexandre Nevski* (segundo a música do filme), *Sete, Eles São Sete* e *Vigilância da Paz* – 7 sinfonias, suites sinfónicas, *Pedro e o Lobo* (música para crianças, com narrador), 5 concertos de piano, 2 concertos de violino, 2 concertos de violoncelo dos quais um foi transformado em Sinfonia *Concertante,* 2 quartetos de cordas, 2 sonatas de violino e piano, 11 sonatas de piano (as 2 últimas estão inacabadas), numerosas peças para piano, melodias.

Ø *O Amor das Três Laranjas* (Opera Ljubljana), *Guerra e Paz* (Bolshoi), O *Casamento no Convento* (Stanislawski, Moscovo), *Alexandre Nevski* (Svetlanov), *Romeu e Julieta* (Maazel), *Pedro e o Lobo* (G. Philipe), *Sinfonias* (Rojdestvenski), *Concertos n.º 2* (Baloghova), *n.º 3* (Prokofiev), *n.º 5* (Richter), *Concertos de Violino* (Stern), *Sinfonia Concertante* (Rostropovitch), *Sonatas n.ºs 7 e 9* (Richter).

PROVENZALE, Francesco (Nápoles, 1627/Nápoles, 6 Set. 1704). Aluno de D. G. M. Sabino, organista da Annunziata. Foi professor no Conservatório St.ª Maria di Loreto (1663-1674) e depois no Conservatório della Pietà dei Turchini, de que foi director (1673-1701). O seu ensino atraía, sobretudo aos Turchini, muitos alunos a quem mandava representar, todos os anos, dramas musicais que compunha. A influência deste músico apagado estendeu-se aos outros conservatórios napolitanos, de tal modo que é muitas vezes considerado o fundador da escola napolitana. Tinha os títulos de *Maestro de camera del Vicerè, Maestro della Fidelíssima Cittá di Napoli, Maestro del Tesoro di S. Gennaro,* e *Maestro onorario della Cappella Reale,* com a obrigação de substituir, o que fez quase continuamente, o mestre da capela real, A. Scarlatti.

✪ 12 óperas (sérias e bufas, das quais só foram encontradas 3), 3 dramas sacros (entre eles, *Il Martirio di S. Gennaro*), música religiosa.

PUCCINI, Giacomo (Lucca, 22 Dez. 1858/Bruxelas, 29 Nov. 1924). Músicos hereditários, desde Giacomo Puccini (1712/1781), trisavô do ilustre compositor, os Puccini tinham colaborado sempre no festival da Giornata delle Tasche, que se realizava todos os anos em Lucca, aquando das eleições municipais. Aos 10 anos, Puccini era soprano na Escola de Canto de S. Martino. Depois estudou órgão e composição com músicos de Lucca e foi organista em várias igrejas da cidade. Uma representação da *Aida*, em Pisa, revelou-lhe a sua verdadeira vocação: não chegaria a ocupar o lugar invejado de mestre de capela da catedral, mas seria compositor de óperas. Em 1876, compõe a *Messa di Gloria* para ser admitido no Instituto Musicale de Lucca, que abandona três anos mais tarde para frequentar o Conservatório de Milão, onde é aluno de Ponchielli. No final do curso, em 1884, a sua primeira ópera, *Le Villi*, é representada no Teatro dal Verne, por recomendação de Boito: oito meses mais tarde, sobe à cena no Scala. *Edgar* (Scala, 1889) irá confirmar a sua reputação. Depois de um período de extrema pobreza em Milão, Puccini instala-se, graças aos seus primeiros direitos de autor, em Torre del Lago, próximo de Viareggio, onde funda com alguns amigos o Clube da Boémia e reparte o seu tempo entre a composição, a caça e, mais tarde, o automóvel. *Manon Lescaut* conquista-lhe, em 1893, o primeiro grande êxito. Esta obra marca o início da carreira triunfal de Puccini. Seguem-se-lhe *La Bohème* (Turim, 1896) – a sua primeira autêntica obra-prima; *La Tosca* (Roma 1900) – obra extraordinariamente ousada, a que Schönberg prestou várias vezes, homenagem –, *Madame Butterfly* (Milão, Scala, 1904) – que fracassa no Scala mas triunfa, alguns meses mais tarde, em Bréscia – *La Fanciulla del West* (Nova Iorque, Metropolitan, 1910) – obra mais original de Puccini, que alguns consideram a sua obra-prima; concebida durante uma viagem aos Estados Unidos (1907), obteve em Nova Iorque um êxito que, infelizmente, se não estendeu à Europa –, *La Rondine* (Monte Carlo, 1917), *Il Trittico*, três óperas em um acto: *Il Tabarro, Suor Angelica* e *Gianni Schicchi* (Nova Iorque, Metropolitan, 1918) *Turandot* (Scala, 1926), a obra-prima. Sofrendo de um cancro na garganta, é operado, em Bruxelas, a 24 de Novembro de 1924: morre vítima de uma crise cardíaca, cinco dias após a operação. Levara consigo o último dueto de *Turandot*, em que contava trabalhar, mas a ópera ficou inacabada. Foi pedido a Alfano que completasse a partitura segundo as notas e rascunhos de Puccini, tarefa que realizou com muito respeito e talento. A obra de Puccini é pouco conhecida. Algumas interpretações caricaturais, que exageram certas «facilidades», desfiguraram as suas criações mais populares, *La Bohème, La Tosca* e *Madame Butterfly* (todavia, Toscanini realizara modelos de interpretação admiráveis); as duas obras-primas, *La Fanciulla del West* e *Turandot* quase nunca são representadas. Enfim, a glória de Puccini baseia-se num mal-entendido: repisam-se as «grandes árias» (ária de Mimi, «oração»: da Tosca, «Sobre o mar calmo»), que ocupam um lugar secundário e são rigorosamente inseparáveis do contexto. Puccini é, talvez, o maior representante do «verismo» italiano, mas é de tal modo superior a Mascagni e a Leoncavallo que a comparação é impossível. As qualidades fundamentais da sua arte são, por um lado, uma notável eficácia dramática (as suas obras não devem ser fragmentadas: foram feitas para o teatro, onde é impossível ficar insensível ao calor humano, ao realismo poético que se exprime nelas, onde perdem significado as acusações vagas de «mau gosto»); por outro lado, uma orquestração e uma escrita vocal sumptuosas. Puccini não ficou, como muitas vezes se julga, indiferente aos progressos técnicos do seu tempo (foi, nomeadamente, ouvir *Pierrot Lunaire*, a Florença, e estava ao corrente dos movimentos musicais de vanguarda). As audácias de *La Tosca*, de *Butterfly* e, sobretudo, de *La Fanciulla* e de *Turandot*, em que muitas vezes se quebram as barreiras da tonalidade (como demonstraram Schönberg e Leibowitz), colocam estas partituras entre as obras-primas da ópera do nosso século.

✪ 12 óperas, uma missa, *capriccio sinfónico*, algumas peças de música de câmara, algumas melodias.

Ø *Manon Lescaut* (Callas; Stefano, Serafin), *La Bohème* (Freni, Pavarotti, Karajan), *La Tosca* (Nilsson, Maazel), *Madame Butterfly* (Los Angeles, Björling, Santini), *La Fanciulla del West* (Tebaldi, Capuana), *Il Trittico* (Los Angeles, Santini), *Turandot* (Sutherland, M. Caballé, Ghiaurov, Mehta), *Messa di Gloria* (Corboz).

PUGNANI, Gaetano (Turim, 27 Nov. 1731/Turim, 15 Jul. 1798). Violinista. Aluno de Somis (que fora aluno de Corelli) e de Tartini, é um dos melhores representantes da escola italiana de violino da segunda metade do século XVIII. Violinista da capela real, em Turim, fez numerosas digressões (nomeadamente com o seu aluno Viotti).

✪ 9 óperas, bailados, 12 sinfonias, 9 concertos de violino, várias sonatas de violino, duetos, trios, quartetos, quintetos.

PURCELL, Henry (Londres, 1659/Londres, 21 Nov. 1695). Pertencia a uma família de músicos: pai, tio, dois irmãos, um filho, um neto. Seu pai, Thomas (?/1682), Gentleman of The Chapel Royal, inscreveu-o muito novo no coro de crianças da capela real, dirigido por H. Cooke. Este foi, sem dúvida, o primeiro professor de Purcell. Em 1672, P. Humfrey sucedeu ao «Captain Cooke» e propôs-se iniciar os seus alunos nos novos estilos francês e italiano. Quando da mudança de voz, Purcell torna-se aluno de Blow. Estes três excelentes professores souberam desenvolver os seus dotes extraordinariamente precoces: aos 11 anos, começa a escrever as primeiras obras. Em 1679, é nomeado «compositor do rei para os violinos» e substitui Blow no órgão de Westminster Abbey (Blow recuperará o lugar após a morte do seu aluno). Em 1682, é organista da Chapel Royal. Compõe, com uma facilidade prodigiosa, um enorme número de *anthems*, odes de circunstância, música de cena; mas a sua primeira obra publicada (1683) é a colecção de *12 Sonatas a 3*, que denunciam a influência do op. V de Vitali (1699) e suplantam o modelo. Em 1689, *Dido and Aeneas*, a obra-prima de Purcell, é representada pelas alunas de um colégio de raparigas em Chelsea, a quem a obra era destinada. É um dos pontos altos da música dramática e quanto mais conhecemos a partitura mais nos maravilhamos com a perfeição dos mais íntimos pormenores. Ignoramos as causas da morte de Purcell aos 36 anos (não têm qualquer fundamento as várias hipóteses sobre a doença). Foi sepultado, a 26 de Novembro, junto ao órgão de Westminster Abbey, e durante a cerimónia fúnebre tocaram o magnífico *anthem* que compusera para as exéquias da rainha Mary. Dos seus seis filhos só um lhe sobreviveu. As suas obras-primas, especialmente *Dido and Aeneas*, o hino a Santa Cecília *Hailbright Cecilia*, e o *anthem Save me O God* fazem dele não só o maior músico inglês, mas também um dos génios mais autênticos da história musical. A sua produção abundante, a originalidade e a variedade dos seus estilos são surpreendentes quando pensamos na brevidade da sua carreira. Em todos os estilos e géneros que abordou, aproximou-se da perfeição: os velhos *consort of viols* polifónicos (fantasias para violas), a sonata italiana, a nova música de igreja ao gosto da restauração (depois da revolução puritana, a «moderna» música de igreja afasta-se do espírito monástico, da polifonia modal: adquire um carácter secular), a verdadeira ópera e mesmo a pseudo-ópera ao gosto da época: aquilo a que, então, se chamava «ópera» em Inglaterra era uma combinação híbrida do teatro dramático e da «mascarada», em que a música mais não era do que um acessório, tal como os bailados e as máquinas. No prefácio de *Fairy Queen* (uma dessas «pseudo-óperas» em que Purcell introduziu, todavia, uma música admirável), o compositor queixa-se da situação do teatro em Inglaterra, comparada com a da ópera italiana e francesa. Apenas *Dido and Aeneas*, composto para uma representação privada, lhe permitiu realizar o seu ideal dramático. As características mais destacadas da sua música são: a frescura e a espontaneidade da sua inspiração melódica (nunca se fez cantar melhor a língua inglesa); a utilização frequente e muito hábil do baixo obstinado, cujo rigor faz sobressair a leveza do canto; uma certa ambiguidade modal, em que o maior e o menor se combinam frequentemente, a ponto de dar origem, mediante o jogo da escrita polifónica, a uma linguagem audaciosa e pessoal. Mas, acima de tudo, Purcell é um dos primeiros compositores «modernos», isto é, um dos primeiros a que se podem aplicar os modernos critérios de análise. A sua morte foi também a da música inglesa, que só ressuscitou dois séculos mais tarde. Mas o brilho da sua obra, que exerceu uma influência importante no génio de Haendel, não deixou de ser mantido pelos concertos e edições.

◯ TEATRO: 1 ópera (*Dido and Aeneas*), 5 pseudo-óperas (*Dioclesian*, a admirável *King Arthur, The Fairy Queen, The Indian Queen* e *The Tempest*), canções e composições instrumentais para cerca de 50 peças de teatro – IGREJA: 60 *anthems* (forma análoga ao grande moteto francês do século XVII), *Morning and Evening Service* para solistas, coros e órgão, *Te Deum and Jubilate* (serviço grandioso para solistas, coros, trombetas, cordas e órgão), hinos, salmos, cânones sacros para coros *a cappella*, cânticos para 1 ou 2 vozes e baixo contínuo – MÚSICA VOCAL PROFANA: 25 odes de circunstância (entre as quais 4 para o festival de Santa Cecília, 6 para os aniversários da rainha Mary, 5 em honra de Carlos II), cantatas profanas, *catches* (uma espécie de cânone, tipicamente inglês), 150 canções para 1 ou 2 vozes e baixo contínuo – MÚSICA INSTRUMENTAL: 15 fantasias para violas (3 a 7 vozes), 22 sonatas para 2 violinos e baixo, numerosas peças para cravo, 3 *voluntaries* para órgão.

Ø *Dido and Aeneas* (Trojanos, Mackerras), *King Arthur* (Lewis), *Fairy Queen* (Deller), *Anthems* (Guest) (Deller), *Ode a Santa Cecília* (Mackerras), *Odes* (Deller), *Ayres* (Deller), *Fantasias Para Vidas* (Weinzinger), *Sonatas em Trio* (Ciompi, Torkanovski, Koutzen).

QUAGLIATI, **Paolo** (Chioggia, cerca de 1555/Roma, 16 Nov. 1628). Organista de St.ª Maria Maggiore, em Roma (1601-1628), esteve também ao serviço do cardeal O. Farnese. Gregório XV nomeou-o protonotário apostólico e camareiro secreto. Os seus madrigais representam um interessante compromisso entre os estilos polifónico e monódico.

✪ Motetos, salmos (4 a 12 vozes), *Canzonette a 3*, *Madrigali a 4*, *Carro di fedeltà d'amore* (acção dramática para 5 vozes e instrumentos), *La Sfera armoniosa* (1 a 2 vozes e instrumentos).

QUANTZ, **Johann Joachim** (Oberscheden, perto de Göttingen, 30 Jan. 1697/Postdam, 12 Jul. 1773). Flautista e teórico. Fez estudos musicais muito completos em Merseburg, Dresden e Viena (com Zelenka), mas só aprendeu flauta, instrumento que o tornou célebre aos 22 anos, quando era oboísta da capela real de Dresden. Entre 1724 e 1727, visitou Praga (onde ouviu Tartini), Roma (onde estudou contraponto com Gasparini), Nápoles (onde foi íntimo dos Scarlatti, de Hasse e de Leo), Parma, Milão, Turim, Lião, Paris, Londres. A partir de 1718, deslocou-se regularmente a Berlim para ensinar flauta ao príncipe herdeiro, o futuro Frederico, *o Grande*, o qual ao subir ao trono em 1741 o nomeou *Kammermusikus* e compositor da corte.

✪ Cerca de 300 concertos para 1 ou 2 flautas e cerca de 20 peças instrumentais diversas, bem como um notável tratado de flauta (obra capital para o conhecimento das regras de interpretação no século XVIII).

Ø *Sonata em Trio* (Rampal, Pierlot, Veyron-Lacroix), *Sonata para 2 Flautas* (Duchenes, Rampal).

RABAUD, **Henri** (Paris, 10 Nov. 1873/ /Paris, 11 Set. 1949). Aluno de Gébalge e de Massenet no Conservatório de Paris; prémio de Roma (1894). Eleito para o Instituto, aos 45 anos, foi director de orquestra na ópera (1908--1941), onde sucedeu a Fauré.

✪ 6 óperas ou óperas-cómicas (entre as quais *Marouf*), música de cena e de filmes (foi um dos primeiros a compor para o cinema), *Prelude et Toccata* para piano e orquestra, música de câmara, melodias.

RACHMANINOV, **Serge** (Oneg, Novgorod, 1 Abr. 1873/Beverly Hills, Califórnia, 28 Mar. 1943). Pianista. Aluno de Siloti (piano) e de Taneiev (composição) no Conservatório de Moscovo, não se sentiu atraído nem pela escola nacionalista fundada por Balakirev, nem pelas novas perspectivas reveladas pela obra do seu professor Taneiev: mas sentia uma admiração desmedida por Tchaikovski. Ao deixar o Conservatório, em 1892, com uma medalha de ouro, iniciou a sua primeira digressão de concertos na Rússia e publicou, nesse mesmo ano, as suas *Cinco Peças Para Piano, op. 3*, uma das quais o célebre *Prelúdio em Dó Sustenido Menor* obteve, de imediato, um enorme êxito e tornou-se um pouco por toda a parte, a sua *pièce de résistance*. O malogro da sua 1.ª Sinfonia, em 1897, provocou-lhe uma grave depressão; cada vez duvidava mais poder fazer carreira como compositor, quando o êxito do *Segundo Concerto* o fez recuperar a confiança. Realizou, então, digressões triunfais, nomeadamente, à Grã-Bretanha (1909-1910) e aos Estados Unidos (1909). Em 1917, aquando da revolução, decidiu abandonar a Rússia, passando pela Escandinávia, onde residiu durante quase um ano. Depois viveu alternadamente nos Estados Unidos e na Suíça (nas margens do lago Lucerna), dando inúmeros concertos nos dois continentes. Dois anos antes de morrer, tornou-se cidadão norte-americano. Este enorme pianista é um compositor muito convencional que não pertence nem ao seu tempo nem a uma escola determinada. A sua música é solidamente construída e escrita com brilho para o piano, mas o lirismo generoso que deu a duas das suas obras (*Segundo Concerto* e *Prelúdio em Dó Sustenido Menor*) valeram-lhe um êxito popular prodigioso embora inserindo-se num romantismo desusado.

Contemporâneo de Fl. Schmitt, Schönberg e Ravel, parece ter ficado completamente indiferente às aquisições musicais do seu tempo (Debussy nascera 11 anos antes dele); é notável que um músico tão dotado se possa ter contentado com as formas mais usadas para explorar uma inventiva melódica agradavelmente fértil e uma inspiração não desprovida de grandeza.

✪ 3 óperas, obras corais, 3 sinfonias, 4 concertos de piano, *Rapsódia Sobre um Tema de Paganini* (piano e orquestra), numerosas composições para piano solista (2 sonatas, 24 prelúdios, 15 *Études-tableaux*), 75 melodias (algumas belíssimas).
Ø *Vésperas* (coro URSS), os *4 Concertos* (Ashkenazi, Previn), *Sinfonias n.ᵒˢ 1, 2, 3* (Svetlanov), *Rapsódia Sobre Um Tema de Paganini* (Katchen), *Prelúdios* (Richter).

RAFF, Joachim (Lachen, Suíça, 27 Mai. 1822/Francoforte, 25 Jun. 1882). Autodidacta muito culto, foi estimulado na composição por Mendelssohn e Liszt; este último, sobretudo, contribuiu com dedicação para o êxito da sua carreira. Raff dirigiu o Conservatório de Francoforte, de 1877 até à sua morte.

✪ Algumas óperas, grandes obras corais, 11 sinfonias (entre as quais se contam as suas obras mais belas), concertos (2 de violino, 1 de violoncelo, 1 de piano), 8 quartetos de cordas, peças para violino (entre elas a célebre e insignificante *Cavatina*) numerosas peças para piano.

RAISON, André (?/Paris, 1719). Organista da abadia de Santa Genoveva, provavelmente aluno de Titelouze. A sua obra, muito pouco conhecida, coloca-o entre os grandes organistas-compositores do seu tempo.

✪ 2 *livres d'orgue* (contendo 5 missas, um *Magnificat*, *Offert du 5ᵉ ton*, vários natais).

RAMEAU, Jean-Philippe (Dijon, 25 Set. 1683/Paris, 12 Set. 1764). Teórico eminente e um dos maiores músicos franceses. Seu pai, organista de Notre-Dame de Dijon, foi, talvez, o seu primeiro professor, mas não sabemos quase nada acerca da infância e adolescência de Jean-Philippe. No colégio de Jesuítas onde estudou humanidades foi suficientemente mau aluno para que o deixassem seguir a carreira musical. Seu pai envia-o para Itália para aperfeiçoar a sua formação, mas não se interessa pela música italiana e volta muito rapidamente a França com uma companhia de comediantes de que é violinista. Torna-se organista em Avignon (1702) e depois em Clermont-Ferrand. Em 1705 fixa-se em Paris, onde arranja alguns empregos menores como organista. Mas não consegue obter uma colocação interessante, apesar da publicação (1706) do seu *Premier livre de pièces de clavecin*. Regressa a Dijon, onde sucede ao pai como organista de Notre-Dame (1708-1714). Entre 1715 e 1722, é novamente organista em Clermont-Ferrand; dedica o melhor de si próprio a trabalhos teóricos, à margem dos quais considera a composição uma actividade complementar. Quando volta a Paris, em 1722, com quase 40 anos, é praticamente desconhecido e não escreveu quase nada. A publicação do seu *Traité d'harmonie* (1722) e do seu *Deuxiéme livre de pièces de clavecin* (1724) atrai as atenções sobre ele e faz que, pouco a pouco, seja considerado o melhor professor de música da capital. Mas ainda só tem fama como teórico e pedagogo. Cerca de 1730, conhece o financeiro La Pouplinière, que o nomeia director da sua música particular, lhe apresenta Voltaire (que lhe dará 4 libretos) e faz com que as portas da ópera se abram para a sua *Hippolyte et Aricie* (1733). Fiéis à ópera de Lully, os músicos conservadores insurgem-se contra as ousadias harmónicas, a importância da orquestra e os «italianismos» que descobrem na obra de Rameau. Mas o veredicto do público é favorável e é confirmado triunfalmente nos anos seguintes, que vêem nascer as maiores obras-primas: *Les Indes Galantes* (1735), *Castor et Pollux* (1737) e *Dardanus* (1739). Em 1745, Rameau, que é um pouco cortesão, é nomeado *compositeur de la chambre du roi* e *La Princesse de Navarre* (em colaboração com Voltaire) é representada com grande pompa, em Versalhes, no casamento do delfim. A glória do músico atingiu o cume: teria sido suficiente para derrotar os partidários de Lully se a disputa entre «lullistas» e «ramistas» tivesse sido mais do que uma invenção dos musicógrafos. Todavia, em 1752, ano em que aparecem as suas *Nouvelles réflexions*, a *Querelle des Bouffons* precipita-o, contra vontade, na arena. Serve de alvo aos partidários da música italiana, cujos porta-vozes são Grimm e Rousseau, apoiados pelos enciclopedistas (ele, que fora acusado de italianismo, alguns anos antes). Se Rousseau e Grimm fossem verdadeiros músicos, ter-se-iam apercebido daquilo que a obra de Rameau continha de lirismo, de génio melódico, de esplendor instrumental, dignos da Itália (apesar da sua insistência teórica na supremacia da harmonia). Teriam visto também que *La Serva Padrona* não é nem a obra-prima de Pergolesi, nem a obra especialmente representativa do génio italiano susceptível de se opor a *Castor* ou a *Dardanus* e que, ainda por cima, Rameau era mais qualificado do que eles para defender a música admirável que se fazia em Itália. Esta questiúncula, que nascera em espíritos com insuficiente cultura musical, não perturbou a serenidade de Rameau, esse grande sábio da música (que era muito semelhante, mesmo fisicamente, ao seu amigo Voltaire). Com uma perfeita honestidade intelectual e uma argumentação sólida, atacou a retórica especiosa de Rousseau, mostrando como eram gratuitas as suas afirmações e grosseiros os seus sofismas. Mas teve a infelicidade de denunciar as inexactidões ou as simplicidades da *Encyclopédie* no capítulo da música, o que teve como efeito reforçar a animosidade dos seus adversários. Estes foram, em grande parte, responsáveis pelo facto de, 15 anos depois da sua morte, nenhuma das suas obras figurar já no repertório, apesar dos êxitos confirmados pela multiplicidade de representações até 1775. Rameau faleceu aos 81 anos, devido a uma febre tifóide complicada pelo escorbuto. Amigo de Voltaire, protegido por um poderoso representante da nova burguesia, era bem o homem novo, que os progressistas de então tiveram a loucura de não reconhecer. As suas óperas (especialmente as obras-primas criadas entre 1733 e 1745) representam, no campo musical, um renascimento da ópera clássica francesa, apesar dos temas e encenações convencionais que as ligam às «pompas de Versalhes». Aí notam-se, nomeadamente, algumas aquisições italianas (ária *da capo*, grandes melodias do *bel canto*, importância da orquestra): arte muito mais audaciosa e variada do que a de Lully, tanto do ponto de vista melódico como harmónico. As peças descritivas, especialmente notáveis, têm origem numa arte totalmente nova (o tremor de terra das *Indes Galantes*, por exemplo). A música religiosa, pelo contrário, adopta, de forma bastante convencional, o grande estilo italiano: parece que, ao contrário dos seus antecessores, Rameau considerou a composição para a igreja uma obrigação fastidiosa. A música instrumental é muito interessante, especialmente as *Pièces de clavecin en concert* (cravo, 1 violino ou flauta e 1 viola ou um segundo violino). Pela primeira vez numa obra deste género, o cravo não é nem um *contínuo* nem um instrumento polifónico, como em Bach, mas um solista virtuoso (nisso, estas peças anunciam Haydn e Mozart). A forma francesa da suite de danças é abandonada em proveito de uma forma aparentada com o concerto italiano em 3 andamentos. É preciso salientar entre as inovações de Rameau: – na harmonia, utilização sistemática de acordes dissonantes por sobreposições de terceiras e de acordes com sextas, quartas ou sétimas aumentadas – na instrumentação, introdução dos clarinetes na orquestra (*Zoroastre,* 1749), utilização na orquestra de cordas duplas e dos *pizzicati* – na forma, a importância dada à abertura nas óperas (prenuncia a abertura programática dos românticos). A sua obra teórica baseia-se na observação do fenómeno natural da ressonância dos corpos sonoros. Comungando da utopia dos enciclopedistas, segundo a qual tudo o que está ligado à natureza é bom, encontra aí (segundo Euler e os pitagóricos) a justificação da consonância e o fundamento da sua teoria da «geração harmónica». As teorias pecam por vários postulados contestáveis (em especial, a equivalência das oitavas), mas têm o mérito novo de se fundamentar em bases científicas e já não metafísicas. No plano pedagógico, ainda somos devedores do seu génio: a sua teoria das inversões simplificou prodigiosamente o ensino da harmonia, submersa, até então, numa confusão incrível. Foi também um dos mais resolutos defensores do tratamento igual.

✪ 32 óperas (tragédias líricas, comédias-bailados, óperas-cómicas) – 5 motetos para solistas, coros e orquestra – 7 cantatas profanas – 5 séries de *Pièces de clavecin en concert*, 62 peças de cravo, cerca de 20 obras teóricas (das quais as mais importantes são o *Traité d'harmonie réduite à ses principes naturels* e a *Genération harmonique*).

Ø *Castor et Pollux* (Harnoncourt), *Les Paladins* (Malgoire), *Les Indes Galantes* (Malgoire), *Hippolyte et Aricie* (Lewis), *Pièces de Clavecin en Concert* (Dreyfus, Laudé, Lamy), *Todas as Peças Para Cravo* (Dreyfus).

Rangström, Ture (Estocolmo, 30 Nov. 1884/Estocolmo, 11 Mai. 1947). Aluno de Pfitzner, em Munique, mas acima de tudo autodidacta, considerava Strindberg o seu mestre espiritual (dedicou a sua 1.ª Sinfonia à memória do grande escritor). Influenciado, primeiro, pelo impressionismo francês, criou um estilo muito pessoal, colorido e sensível, perfeitamente sueco.

✪ 3 óperas (entre elas, *Krombruden*, segundo Strindberg), 4 sinfonias, suites sinfónicas, mais de 200 melodias admiráveis.

Ø 4 Melodias (Recital K. Meyer).

Ravel, Maurice, (Ciboure, Baixos Pirenéus, 7 Mar. 1875/Paris, 28 Dez. 1937). Filho de Joseph Ravel (1832/1908), engenheiro, inventor de um motor térmico. Oriundo da Alta Sabóia, mas suíço, porque seu pai se naturalizara, Joseph Ravel era um bom músico amador. Casara com Maria Deluarte (1840/1917), basca. A família fixa-se em Paris, três meses após o nascimento de Maurice. Tendo recebido lições de piano a partir dos 7 anos, entra para o Conservatório de Paris onde os seus professores são Ch. de Beriot (piano), Pessard (harmonia), Gédalge (contraponto) e Fauré (composição) (1889-1901). Obtém um Segundo Prémio de Roma, em 1901 (foi Caplet quem obteve o primeiro prémio), mas tenta, em vão, em 1902 e 1903, obter o mais alto galardão. Quando decide apresentar-se, pela última vez, ao concurso de Roma, em 1905, é declarado inelegível: não sabe nada, troça do Instituto, etc. Todavia, o candidato recusado já publicara e executara a *Pavana Para Uma Infanta Defunta*, *Jeux d'eau* e o *Quarteto de Cordas*! A decisão do júri provoca um levantar de clamores nos quais toma parte Romain Rolland, numa bela carta furiosa dirigida ao director do Conservatório. Este, Th. Dubois, atacado pela maioria dos críticos, é forçado a demitir-se. No mesmo ano, Ravel terminou *Miroirs*, *Sonatine* e *Introduction et Allegro*. Dois anos mais tarde (1907), a primeira audição das *Histoires naturelles* provocou nova polémica, durante a qual foi lançado o *slogan* ridículo e tenaz de Ravel imitador de Debussy. Mas Ravel tornara-se célebre... Depois, a sua biografia apresenta poucos acontecimentos notáveis para além das criações das suas obras. O ponto culminante na primeira parte da sua vida (antes da guerra) é a *première* de *Daphnis et Chloé*, a sua obra-prima, pelos ballets russos de Diaghilev (1912): Nijinski e Karsavina nos papéis principais, Montreux a dirigir, cenários de Bakst. Inapto para o serviço militar, devido à sua constituição frágil, consegue no entanto alistar-se nos serviços de apoio. Após a guerra abre-se, para ele, uma época nova, tanto do ponto de vista da sua obra como da sua personalidade. Compra uma bela casa em Montfort l'Amaury, onde se instala definitivamente em 1920, para aí viver afastado do mundo, rodeado por numerosos gatos siameses, por alguns amigos verdadeiros e por uma colecção de brinquedos mecânicos. No mesmo ano provoca o escândalo ao recusar a Legião de Honra. Porém, a sua fama obriga-o a muitas viagens, nomeadamente aos Estados Unidos (1928), a Inglaterra (1922, 1928 e 1929) e depois a partir de 1932, à maior parte dos países da Europa para interpretar o seu *Concerto em Sol* com Marguerite Long. A sua última obra, as três canções de *Don Quichotte à Dulcinée*, são o resultado de uma encomenda para um filme (com Chaliapine no papel principal); como o contrato foi quebrado em condições que não foram esclarecidas, Ravel processa a companhia produtora, que confia a música do filme a Jacques Ibert. Em 1932, é vítima de um acidente de táxi. As consequências do traumatismo não se revelam de imediato, mas em breve é afectado por perturbações da fala e da motricidade; perde cada vez mais a memória e não pode trabalhar, embora a sua inteligência permaneça intacta. Tendo-se agravado o seu estado, o professor Vincent tenta uma intervenção cirúrgica; mas Ravel morre, oito dias mais tarde, sem ter recuperado o conhecimento.

✪ TEATRO: *L'Heure espagnole,* comédia musical (Opéra-Comique, 1911), *L'Enfant et les Sortiléges,* fantasia lírica (Monte Carlo, 1925) – 4 bailados, *Adélaïde ou le Langage des Fleurs* (orquestração das *Valses nobres et sentimentales*), *Daphnis et Chloé, Ma Mère L'oye* (orquestração da obra para piano a 4 mãos), *La Valse*. ORQUESTRA: orquestração de obras para piano (ver, abaixo, os títulos marcados com*) – *Daphnis et Chloé, La Valse, Rhapsodie Espagnole, Boléro,* 2 concertos de piano e *Schéhérazade* (canto e orquestra) – orquestração dos *Quadros de Uma Exposição,* de Mussorgski – MÚSICA DE CÂMARA: quarteto de cordas, *Introduction et Allegro* (harpa, flauta, clarinete e quarteto de cordas), trio com piano, *Tzigane** para violino e piano, *Berceuse Sur le Nom de Fauré* para violino e piano – PIANO: *Pavane Pour Une Infante Défunte*, Jeux d'Eau, Sonatine, Miroirs* (entre eles, *Alborada del Gracioso**), *Gaspard de la Nuit, Valses Nobles et Sentimentables*, Le Tombeau de Couperin*, Ma Mère L'Oye** (4 mãos) e os dois concertos – CANTO: canções para coros *a cappella, Schéhérazade* (canto e orquestra), 3 *Poèmes de Mallarmé* (acompanhamento: piano, 2 flautas, 2 clarinetes e quarteto de cordas), o *Chansons Madécasses* (acompanhamento: flauta, violoncelo e piano), *Histoires Naturelles, Cinq Mélodies Populaires Grecques, Don Quichotte à Dulcinée.* O estilo muito pessoal de Ravel impõe-se a partir das primeiras tentativas de composição, combinado com a influência dos mestres que estudara com mais interesse: Liszt, Chabrier, Satie, os russos e Fauré. Também desde muito cedo duas ideias falsas, especialmente coriáceas, alimentam já uma certa exegese raveliana, malévola ou inocente. Segundo a primeira, Ravel é um émulo de Debussy, escreve «debussysmo»! Tal como os melhores dos seus contemporâneos, deve forçosamente ter-se sentido fascinado pelas infinitas perspectivas que, com a liberdade, eram dadas pela arte «debussysta». «Foi ao ouvir, pela primeira vez, *L'Après-midi d'un Faune* que compreendi o que era música», dirá mais tarde. Mas também é certo que o Debussy das *Images*, dos *Prelúdios* e dos *Estudos* (1905-1915) sofreu a influência do autor de *Jeux d'eau e Gaspar de la Nuit* (1901-1908). Estes dois grandes músicos, que dominam a sua época, não podiam ignorar-se: Ravel é debussysta, como Debussy é raveliano. Debussy teve o privilégio de nascer 13 anos antes, mas a personalidade de Ravel afirmou-se de forma mais precoce. Se nada indica, de forma evidente, que devamos considerar um destes músicos superior ao outro, tudo se opõe à ideia de que o mais novo tenha sido émulo do mais velho: diferenças profundas de carácter, de educação, de gostos, oposição radical na escrita, tal como no sentimento estético – classicismo, consciência, precisão, brilho do diamante fazem a singularidade de Ravel se comparada com a arte do Debussy. O que os aproxima, em contrapartida, não é a utilização de alguns acordes dissonantes, mas sim uma sensibilidade fina e pudica devido à qual são ambos tipicamente representativos da música francesa. Somos tentados a ver neles os herdeiros mais legítimos da arte de Couperin e Rameau.

A segunda ideia falsa, de que se apropriaram alguns sectores da musicografia, liga-se à delicada sensibilidade raveliana, que só teria existido na imaginação dos seus amigos: tinha um objecto mecânico em vez de coração e preferia os insectos às mulheres!... Mas esquecem-se de acrescentar que adorava crianças e que se sentia tanto seu igual (ama-se tanto as crianças quando não se tem coração?), que dizia «gato» com uma extrema ternura, que conhecia a arte de dar alma às coisas. Horror à autobiografia e pudor dos sentimentos fortaleceram este humor raveliano que se esconde das sensibilidades míopes ou indiferentes à emoção contida no Martin-Pêcheur das *Histoires naturelles*, no Gibet de *Gaspard de la Nuit*, nos pássaros tristes dos *Miroirs* e, sobretudo, em algumas páginas de *L'Enfant et les Sortilèges* ou de *Ma Mère L'Oye*. Como não sentir também as efusões calorosas ou a sensualidade, por vezes tão intensas, em *Daphnis*, no *Concerto para a mão esquerda*, em *La Valse*. A perfeição do «saber» de Ravel (todos sabemos que foi, talvez, o mais prodigioso orquestrador de todos os tempos), esse saber que fecunda a sensibilidade tornando-a criadora, não foi suficientemente reconhecido como uma das fontes do seu génio; preferiu-se ver nele um sinal de impotência e inércia afectiva. Se a liberdade é a nobreza de Debussy, o rigor é a de Ravel.

Ø *L'Enfant el les Sortilèges* (Maazel), *L'Heure Espagnole* (Maazel), *Daphnis* (Boulez), *Ma Mère l'Oye, Bolero, La Valse,* (Monteux), *Rhapsodie Es-*

pagnole, Alborada, Pavane (Boulez), *Concerto em Sol* (Argerich), *Concerto Para Mão Esquerda* (Février), *Obras Para Piano* (Février, Argerich, Paraskivesco), *Quarteto* (quarteto dinamarquês), *Trio* (Beauxarts trio), *Melodias* (Souzay).

RAVENSCROFT, **Thomas** (cerca de 1590/ /cerca de 1633). Teórico. Foi corista na catedral de St. Paul, em Londres, e mestre de música no Christ's Hospital. É muito representativo da música vocal isabelina nas suas formas mais populares (equivalente inglês da *frottola* italiana).
✪ 48 salmos e mais de 150 peças profanas (*catches, rounds, freemen's, songs, phansies*, etc., 3 a 10 vozes) e um importante tratado.

RAWSTHORNE, **Alan** (Haslingden, Lancashire, 2 Mai. 1905/Cambridge, 24 Jul. 1971). Abandonou os estudos de dentista aos 20 anos para entrar para o Royal Manchester College of Music. O seu êxito foi muito rápido, mas deve sobretudo a reputação aos seus concertos de piano, que foram tocados em todo o mundo. O seu estilo, muito pessoal, atinge alguma ambiguidade tonal sem ultrapassar as fronteiras de uma harmonia tranquilizadora: a sua música é, portanto, muitas vezes pantonal ou atonal.
✪ O oratório *A Canticle of Man*, muita música de filmes, 3 sinfonias, *Symphonic Studies*, 3 concertos de piano, 2 concertos de violino, 1 concerto de clarinete, 1 sonata de violeta e piano, 1 sonata de violoncelo e piano, melodias.

REBEL, **Jean-Féry** (Paris, Abr. 1661/ /Paris, 2 Jan. 1747). Cravista e violinista. Aluno de seu pai (cantor da corte) e de Lully. Foi cravista e mais tarde director de orquestra da ópera, membro dos «vinte e quatro violinos» e «compositor da câmara do rei». A sua irmã Anne casou com Delalande em 1684. Rebel foi, depois de Couperin, um dos primeiros compositores franceses de sonatas.
✪ A ópera *Ulysse*, 6 *Leçons de Ténèbres* (com Delalande), «sinfonias coreográficas» (entre elas *Les Élèments*), 2 colectâneas de sonatas instrumentais.

REGER, **Max** (Brand, Baviera, 19 Mar. 1873/Leipzig, 11 Mai. 1916). Seus pais ensinaram-lhe música segundo os princípios de H. Riemann, e os seus progressos foram tais que aos 13 anos era organista da igreja católica de Weiden. Entre 1890 e 1895, é aluno de Riemann, que acompanha a Wiesbaden onde, por sua vez, se torna professor. Depois, ensina nos conservatórios de Munique (1904-1906) e de Leipzig (1907-1916). Faleceu aos 43 anos, vitimado por uma crise cardíaca, deixando uma obra excepcionalmente abundante, na qual encontramos o melhor e o pior: em certa medida, perpetua a tradição neoclássica de Brahms, mas pertence também ao grupo de músicos ousados que fizeram a transição entre os românticos e Hindemith. Teve o mérito de regressar às fontes inesgotáveis do coral alemão e da canção popular, numa época em que a Alemanha musical se dedicava aos frescos musicais gigantescos e wagnerianos.
✪ Muitas obras corais, sacras e profanas (entre as quais se contam *Requiem* e *Salmo C*), cerca de 280 *lieder*, alguns poemas sinfónicos, 1 concerto de violino e piano, 11 so-

natas de violino solista, 4 sonatas de violoncelo e piano e numerosas peças para órgão e para piano.
Ø *Variações* e *Fuga Sobre Um Tema de Mozart*, para orquestra (Böhm).

REICHA, Antonin (Praga, 26 Fev. 1770/ /Paris, 28 Mai 1836). Autodidacta, começou a sua carreira como flautista na orquestra de Maximiliano da Áustria, em Bona, onde Beethoven, que era violetista, se tornou seu amigo. Depois tenta fixar-se como compositor em Hamburgo (1794-1799), Paris (1799-1802), Viena (1802-1808), onde convive com Haydn, Beethoven e Salieri, e, finalmente, estabelece-se em Paris em 1808. Aí, é nomeado professor do Conservatório (1818), obtém a cidadania (1829) e sucede a Boieldieu no Instituto. A excelência dos seus ensinamentos granjeou-lhe muitos alunos, entre os quais se contam Berlioz, Liszt e Gounod.
◯ 6 óperas, sinfonias, 26 quintetos de sopro (o melhor da sua obra), 6 quintetos de cordas, 20 quartetos de cordas, 36 fugas para piano e algumas obras pedagógicas excelentes.
Ø 2 *Quintetos de Sopro* (Quinteto de sopro francês), *Fugas Para Piano* (Sykora).

REICHARDT, Johann Friedrich (Königsberg, 25 Nov. 1752/Giebischenstein, perto de Halle, 27 Jun. 1814). Após uns estudos excessivamente variados e desordenados, teve a sorte de obter, depois de se ter dirigido directamente ao monarca, o cobiçado lugar de *Kappellmeister* de Frederico, *o Grande*, e compositor da corte. Desenvolveu uma formidável actividade de compositor, director de orquestra, organizador de concertos (*Concert spirituel* segundo o modelo parisiense), crítico, editor, etc. As suas simpatias pela Revolução Francesa fizeram com que perdesse o lugar em 1794. Em 1808, foi *Kappellmeister* de Jerónimo Bonaparte, rei da Vestefália, em Cassel.
◯ 25 óperas ou *Singspiele*, cantatas, numerosos *lieder*, sinfonias, música de câmara.

REINKEN, Johann Adam (Wilshausen, Alsácia, 27 Abr. 1623/Hamburgo, 24 Nov. 1722). Organista da Igreja de Santa Catarina, em Hamburgo. Notável virtuoso e improvisador, pode ser considerado o melhor representante da escola de organistas do Norte da Alemanha (exceptuando o dinamarquês Buxtehude). Bach veio várias vezes a Lüneburg (1700 e 1703) e Köthen (1720) para o ouvir. Foi sepultado na Marienkirche de Lübeck, ao lado de Buxtehude.
◯ Chegaram até nós muito poucas obras: algumas peças para órgão ou cravo (variações, *toccatas*, fugas, *Choralvospiele*) e *Hortus musicus* (suite de peças para 2 violinos, viola da gamba e baixo).

RESPIGHI, Ottorino (Bolonha, 9 Jul. 1879/Roma, 18 Abr. 1936). Aluno de Santi (violino e violeta) e de Martucci (composição), no Liceo Musicale de Bolonha, e depois de Rimski-Korsakov, em São Petersburgo, onde foi, durante algum tempo, violetista na ópera. Recebeu também algumas orientações de Max Bruch, em Berlim, mas renunciou à ideia de ser seu aluno devido, ao que parece, a uma incompatibilidade de gostos estéticos. Em 1913, foi nomeado professor da Academia St.ª Cecília e dirigiu esse conservatório durante dois anos (1923-1925). Respighi pertence àquela geração de músicos italianos que, fartos dos exageros do «verismo», tentaram ligar-se às mais altas tradições do seu país, nomeadamente no campo da música instrumental (Alfano, Casella, Malipiero, Pizzetti). As duas obras que (graças, sobretudo, a Toscanini) o tornaram célebre no mundo inteiro, *Fontane di Roma* e *Pini de Roma*, mostram claramente a riqueza e a sensualidade da sua orquestração (influência de Rimski, de Strauss e dos «impressionistas» franceses). Mais por espírito humanista do que por procura da singularidade, recorre muitas vezes aos velhos modos do cantochão, ou faz renascer o espírito do classicismo italiano. É um neoclássico, apesar do seu gosto romântico pelos modos arcaicos e do modernismo da sua paleta orquestral.

✪ 9 óperas (entre as quais figura *A Bela Adormecida*, para fantoches), 3 bailados (entre eles *La Boutique Fantasque*, segundo Rossini), grandes frescos sinfónicos (*Fontane di Roma, Pini di Roma, Vetrate di Chiesa, Trittico Botticelliano*), *Concerto Gregoriano* para violino, *Concerto Mixolídico* para piano, música de câmara, numerosas melodias (com piano e com orquestra), bem como adaptações de obras clássicas italianas.

Ø *Fontane di Roma* e *Pini di Roma* (Dorati), *Danças* e *Árias Antigas* (Toldra), *La Boutique Fantasque* (Solti).

REUTTER, Hermann (Estugarda, 17 Jun. 1900/Heidenheim an der Brenz, 1 Jan. 1985). Pianista. Director da Hochschule für Musik de Estugarda. Educado nas tradições da escola neo-romântica de Munique (Pfitzner), ficou depois, graças ao festival de música de Donaueschingen, sob a influência de Hindemith e de Honegger. Neste clima musical, vivificado pelo seu gosto pela canção popular alemã, compôs a sua obra mais bela, o oratório *Der Grosse Kalender* (1933). Infelizmente, a personalidade deste óptimo músico dissolveu-se, a partir de 1936, na estética vulgar imposta pelo regime nazi.

✪ 10 óperas, uma dezena de oratórios, cantatas profanas, 4 concertos de piano, 1 concerto de violino, música de câmara e, sobretudo, numerosos e excelentes ciclos de *lieder*.

REYER, Ernest-Louis Étienne Rey (Marselha, 1 Dez. 1823/Le Lavandou, 15 Jan. 1909). Crítico. Autodidacta, exceptuando alguns estudos breves num conservatório privado de Marselha, era funcionário na Argélia quando compôs a sua primeira obra notável, uma missa pela chegada do duque de Aumale a Argel. Estreou-se em público, em 1850, com uma ode sinfónica, *Le Selam*, a que Berlioz fez uma referência muito favorável. A sua obra-prima, *Sigurd*, criada em 1884, explora com grande habilidade a lenda dos Nibelungos, alguns anos antes do aparecimento da tetralogia wagneriana: nesta obra, são evidentes as influências de Berlioz e, sobretudo, de Wagner, nomeadamente na técnica do *leitmotiv*. Foi eleito membro do Instituto em 1876.

✪ 6 óperas (entre as quais *Sigurd* e *Salammbô*), obras religiosas, melodias e excelentes artigos de crítica publicados com o título de *Notes de Musique* (1875).

RICCI, Luigi (Nápoles, 8 Jul. 1805//Praga, 21 Dez. 1859). Aluno de Zingarelli, em Nápoles. Já tinha apresentado 30 óperas quando aos 30 anos foi nomeado mestre da capela da catedral de Trieste. Em colaboração com o seu irmão, Federico (1809/1877), compôs 4 óperas, entre as quais figura *Crispino e la comare*, uma das melhores comédias musicais italianas depois da idade de ouro da ópera-bufa napolitana. Graves sintomas de alienação mental determinaram a sua hospitalização num manicómio de Praga (cidade natal de sua mulher), onde morreu.

✪ 30 óperas (4 com Federico), música religiosa, 2 volumes de melodias.

Richafort, Jean (?, cerca de 1480/?, cerca de 1548). *Magister cantus* em Malines (1507-1509), chantre de Maria da Hungria, em Bruxelas, mestre de capela de Saint-Gilles, em Bruges (1542-1548), é citado por Ronsard entre os discípulos de Josquin.

✪ 4 missas, um *Requiem*, 58 motetos, 17 canções francesas, dispersos em várias publicações colectivas.

Richter, Franz Xaver (Holesov, 1 Dez. 1709/Estrasburgo, 12 Set. 1789). Mestre de capela do príncipe-abade de Kempten, cantor e violinista na corte de Mannheim, sob a direcção de J. Stamitz, e depois (1769-1789) mestre de capela da catedral de Estrasburgo. É um dos melhores representantes da Escola de Mannheim.

✪ 30 missas, cerca de 50 motetos, salmos, etc., 64 sinfonias.

Ø *Sonate da Camera* (Rampal, Svihlikova), *Concerto de Flauta* (Rampal).

Ries, Ferdinand (Bona, Nov. 1784//Francoforte, 13 Jan. 1838). Pianista, violinista, violoncelista. Seu pai, violinista célebre, foi professor de Beethoven. Ele próprio veio a ser, em Viena, aluno de Beethoven, que o ajudou materialmente no início de vida difícil. Levou uma existência incerta e itinerante entre Paris, Viena, São Petersburgo e Estocolmo, e acabou por se fixar em Londres, onde viveu 12 anos, enriquecendo devido ao êxito de uma carreira tripla de compositor, pianista e pedagogo. Em 1826, mudou-se para Francoforte e dirigiu, durante vários anos, o Festival Renano.

✪ 2 oratórios, 3 óperas, 6 sinfonias, 9 concertos de piano, música de câmara e, sobretudo, as notáveis *Biographische Notizen über L. van Beethoven*.

Rieti, Vittorio (Alexandria, Egipto, 28 Jan. 1898/ Nova Iorque, 19 Fev. 1994). Aluno de Respighi. Viveu durante muitos anos em Paris, no clima musical do Grupo dos Seis (a sua arte aproxima-se da de Poulenc, com uma influência mais marcada de Stravinski), e começou a sua carreira escrevendo para os ballets russos: *Barabau* e *Le Bal*. A partir de 1939 viveu nos Estados Unidos.

✪ A ópera de câmara *Teresa nel Bosco*, 11 bailados (o melhor da sua produção), música de cena para Jouvet, 5 sinfonias, 2 concertos de piano, um *Concerto Napoletano* para violino, uma *Partitura* para cravo e seis instrumentos, peças para piano, música de câmara.

Riisager, Knudaage (Port Kunda, Estónia, 6 Mar. 1897/Copenhaga, 26 Dez. 1974). Depois de estudos brilhantes na Universidade de Copenhaga, decidiu subitamente, aos 25 anos, orientar-se para a música. Aprendeu harmonia e violino e depois foi para Paris, onde se tornou aluno de Roussel e de Le Flem. Foi presidente da União de Compositores Dinamarqueses, a partir de 1937, e do Conservatório de Copenhaga, depois de 1956. As suas obras, em especial os bailados, são muito características da música dinamarquesa contemporânea (temas de inspiração nacional, tendências expressionistas na música de teatro e no bailado, economia e simplicidade de escrita, sentimento geral optimista); mas a influência de Roussel ou Dukas é, muitas vezes, perceptível.

✪ A ópera-bufa *Susanne*, 10 bailados (entre os quais se conta o espiritual *Slaraffenland* e o fascinante *Qarrtsiluni*) – música de cena, obras corais, 4 sinfonias, importantes aberturas de concerto, concerto de violino, concerto de trombeta, música de câmara (inclui 5 quartetos de cordas), peças para piano, melodias.

RIMSKI-KORSAKOV, Nicolaï Andreievitch (Tikhvin, gov. de Novgorod, 18 Mar. 1844/Linbensk, próximo de São Petersburgo, 21 Jun. 1908). Pertencia a uma família aristocrática e foi criado nos domínios familiares, onde as suas primeiras experiências musicais foram as danças populares executadas, durante as festas de família, por quatro músicos judeus (2 violinos, címbalos e tamborim). Como a sua sensibilidade musical se manifestou excepcionalmente cedo, mandaram-no aprender piano aos 6 anos e aos 9 já fazia as primeiras tentativas de composição. Os seus dotes eram evidentes e maravilhavam os que o rodeavam, mas como um jovem de boas famílias devia seguir a carreira das armas, inscreveram-no aos 12 anos na escola de cadetes da Marinha, em São Petersburgo. Na educação que recebeu até 1862, nada favorecia o desenvolvimento dos seus dons, mas conseguia estudar piano e violoncelo aos domingos e durante as férias. Em 1861, conhece Balakirev e decide completar com ele a sua muito sumária formação musical, e junta-se ao grupo de jovens músicos (Cui, Mussorgski, Borodine), quase todos autodidactas, que se reuniram à volta de Balakirev para criarem um nacionalismo musical russo: constituem o escol e a vanguarda da nova música russa, aquele famoso Grupo dos Cinco que, em breve, iria dar que falar. Obrigado a navegar por esse mundo antes de ter podido aproveitar plenamente os ensinamentos de Balakirev, Rimski-Korsakov compõe, não sem dificuldades, uma *Sinfonia n.º 1* que, corrigida por este, é interpretada com grande êxito em São Petersburgo (1865). Seguem-se várias obras que irão fazer com que o jovem marinheiro seja, para seu espanto, nomeado professor de composição do Conservatório de São Petersburgo. Tornar-se-á num professor célebre e terá como alunos Liadov, Gretchaninov, Glazunov, Stravinski, Respighi, entre outros. Mas a bagagem do novo professor é ainda muito insuficiente: ele sabe-o e entre as aulas dedica-se a um estudo muito profundo do contraponto, da harmonia, da instrumentação e torna-se, devido a um trabalho intenso, no mais sábio músico da sua geração. É nomeado inspector das bandas da armada, o que lhe evita ter de se demitir da marinha. Nos anos seguintes, será director de concertos do conservatório livre (1874-1881) e director de concertos sinfónicos russos fundados pelo editor Bélaïev. Exibiu-se como chefe de orquestra no estrangeiro, nomeadamente em Paris, durante a Exposição Universal de 1889, onde a música russa é uma revelação para os jovens músicos franceses. Em 1905, é demitido das suas funções pedagógicas em virtude de ter publicado uma carta de protesto contra a ingerência dos poderes públicos na administração do Conservatório. Glazunov e Liadov demitem-se de imediato, e o escândalo obriga a uma reorganização do estabelecimento, sob a direcção de Glazunov, que reintegra nas suas funções o ilustre professor.

✪ 15 óperas (entre as quais se contam *Sniegurotchka*, *O Galo de Ouro* e a sua obra-prima: *A Lenda da Cidade Invisível de Kitej*), muitas obras corais, 3 sinfonias (entre elas a *n.º 2: Antar*), grandes aberturas ou suites sinfónicas (*Capricho Espanhol*, *Scheherazade*, *A Grande Páscoa Russa*), um concerto de piano, música de câmara, peças para piano, mais de 100 melodias. Deve-se-lhe também a harmonização de cerca de 150 canções populares russas, a edição da obra completa de Glinka, a correcção ou a orquestração de algumas obras dos seus contemporâneos.

Criticou-se muito a sua intervenção nas obras de outros (orquestração de *O Convidado de Pedra*, de Dargomijski, de uma parte de *O Príncipe Igor*, de Borodine, das duas grandes obras de Mussorgski *Boris Godunov* e a *Khovantchina*, que terminou, a transcrição para a partitura de *A Noite de São João no Monte Calvo*). É certo que nem sempre foram hábeis do ponto de vista das intenções originais (V. Mussorgski*), mas são testemunho de uma consciência e de uma dedicação que não foram suficientemente louvadas. Em contrapartida, disse-se tudo acerca da esplêndida «paleta» orquestral de Rimski e poucas vezes foi tão feliz o vocabulário tomado de empréstimo às artes plásticas. A preocupação de pintar na música é uma das características do seu génio sinfónico e todas as suas obras instrumentais notáveis se podem considerar emanações da «música de programa». Mas as suas óperas, que são as suas melhores produções, não são suficientemente conhecidas. Nelas faz magistralmente a fusão íntima das técnicas ocidentais e da inspiração russa (lendas populares e temas nacionais, velhos modos eclesiásticos e gamas orientais), fusão preconizada por Glinka («fusão íntima dos cantos populares russos e da fuga originária do Ocidente»).

Ø *Noite de Maio,* ópera (Grande Teatro de Moscovo, Nebolssine), *A História do Czar Saltan,* ópera (*idem*), *A Lenda da Cidade Invisível de Kitej*, ópera (*idem*), *Sadko,* ópera (Golovanov), *Sniegorutchku*, ópera (Ópera de Belgrado, Bananovitch), *A Grande Páscoa Russa* e suite do *Galo de Ouro* (Markévitch), *Scheherazade* (Fricsay).

Rinaldo da Capua (Nápoles ou Cápua, cerca de 1710/?, cerca de 1772?). Filho natural de um grande senhor napolitano cujo nome desconhecemos. Ignoramos tudo acerca da sua vida. Talvez tenha vivido em Viena, cerca de 1736, mas a maior parte das suas obras foi representada em Roma. Em 1753, subiu à cena em

Paris, nos Bouffons, um *intermezzo* de sua autoria, *La Zingara*.
✪ *Cantata per la Natívitá della Beata Vergine* e cerca de 30 óperas (das quais só chegaram completas até nós *La Zingara* e *Gli Impostori*).

RIVIER, Jean (Villemomble, 21 Jul. 1896/?, 1987). Aluno de Gallon, Caussade e Emmanuel. A partir de 1947, foi professor de composição no Conservatório de Paris como assistente de Milhaud. A sua arte vigorosa, na tradição de Schmitt e de Roussel, tenta assimilar, de forma inteligente, algumas tendências novas da música posteriores a 1950.
✪ *Salmo LVI*, *Requiem*, 7 sinfonias, concertos (de piano, de violino, de violeta, de flauta), música de câmara, melodias.
Ø *Sinfonias n.º 3* e *n.º 5* (Tzipine), *Concerto de flauta* (Rampal).

RODRIGO, Joaquín (Sagunto, Valência, 22 Nov. 1902/Madrid, 6 Jul. 1999). Cego desde os 3´ anos, estudou em Valência e depois em Paris (Dukas, Emmanuel, Pirro). Aí viveu entre 1927 e 1936, com excepção de várias viagens pela Europa. Foi professor de história musical na Universidade de Madrid.
✪ *Ausências de Dulcinea* (barítono, coro feminino e orquestra), melodias espanholas, algumas peças sinfónicas, concerto de violoncelo, *Concerto de Aranjuez* para guitarra, peças de guitarra.
Ø *Ausências de Dulcinea* e *Concerto de Aranjuez* (Alonso).

ROESSLER, Franz Anton – Francesco António Rossetti (Litomerice, 1750?//Ludwigslust, 30 Jun. 1792). Contrabaixista, *Kapellmeister* do conde Oettingen-Wallerstein e em seguida do duque de Mecklenburg-Schewerin. O seu *Requiem* foi interpretado em Praga, em 1792, em memória de Mozart.
✪ Óperas, 2 oratórios, 1 *Requiem*, 34 sinfonias, concertos de piano.

ROLAND-MANUEL, Alexis – Roland Alexis Manuel Lévy (Paris, 22 Mar. 1891//Paris, 3 Nov. 1966). Aluno de Roussel; amigo e biógrafo de Ravel, cuja influência se sente na sua obra. Foi professor de estética no Conservatório de Paris a partir de 1947, presidente do conselho de música da UNESCO (1949) e realizador do programa radiofónico *Plaisir de la musique*.
✪ 2 óperas-bufas, 3 bailados, música de filmes (entre eles, *Remorques* e *Les inconnus de La Maison*), oratórios (entre os quais se conta *Jeanne d'Arc*), um concerto de piano e melodias.
Ø *Benedictiones* (Ensemble Kreder.)

ROMAN, Johan Helmich (Estocolmo, 26 Out. 1694/Haraldsmala, próximo de Kalmar, 19 Out. 1758). Era descendente de um tal Johannes Raumanus, nascido em Raumo, na Finlândia, por volta de 1560, e que se veio fixar na Suécia, como professor em Uppsala e pastor em Estocolmo. Estreou-se como violinista aos 7 anos, e aos 17 anos era violinista e oboísta solista da orquestra da corte, dirigida por Andreas Düben. Tendo, entretanto, concluído os estudos gerais, conhecia perfeitamente o francês, o inglês, o italiano, o alemão, o latim e o grego. Em 1714, foi enviado, a expensas da princesa (e futura rainha) Ulrika Eleonora, a Londres, onde se tornou aluno de Pepusch e de Ariosto, conheceu Haendel e Geminiani e tocou na orquestra do King's Theatre. Em 1717, o duque de Newcastle conseguiu obter os serviços do *Swedish virtuoso*, mas este foi chamado a Estocolmo, em 1720, para o cargo de assistente de director de orquestra e depois (sucedendo a três gerações de Düben) director da música da corte – *Hofkapellmästare*. Entre 1735 e 1737, fez uma longa viagem (para se curar, em Ischia, de uma infecção auditiva e para fazer a música nova para Estocolmo): Londres, Paris, Roma, Nápoles, Ischia, Bolonha, Veneza, Viena, Munique, Berlim. A sua falta de saúde e o desgosto pela morte da sua segunda mulher levaram-no a retirar-se, em 1745, para a sua propriedade de Haraldsmala, onde veio a falecer.

Cognominado «o pai da música sueca», desenvolveu consideravelmente os recursos locais, criando coros e orquestras e formando alunos que continuaram a sua obra, traduziu para sueco inúmeras obras teóricas e vocais de músicos estrangeiros; compôs as primeiras obras importantes com textos suecos (em especial, uma grande missa sueca para solista, coros e orquestra); finalmente, organizou com um aluno seu, Per Brandt, os primeiros concertos públicos na Suécia (Páscoa de 1731, no grande salão da casa da nobreza: foi interpretada a *Brockespassion* de Haendel.)

❂ Uma missa sueca, cerca de 100 motetos e salmos, cantatas profanas, 21 sinfonias, 3 *Sinfonie da chiesa*, 11 aberturas e suites (entre as quais a encantadora *Droottningholmmusik*), 5 concertos de violinos, 12 sonatas de flauta, baixo e cravo, 12 suites e 12 sonatas de cravo, numerosas peças para violino (entre as quais figuram os *Assagi a violino solo*).

ROPARTZ, Guy (Guingamp, 15 Jun. 1864/Lanloup,Côtes-du-Nord,22Nov. 1955). Aluno de Dubois e de Massenet, no Conservatório de Paris, e depois de C. Franck, cuja influência nele foi predominante. Dirigiu os Conservatórios de Nancy (1894--1919) e de Estrasburgo (1919-1929), antes de se fixar definitivamente na Bretanha. Na sua obra considerável a fonte essencial de inspiração é essa terra bretã, que cantou melhor do que ninguém. A partir de 1949 foi membro do Instituto.

❂ Um drama musical, *Le Pays*, música de cena, 2 bailados – música religiosa (missas, motetos, salmos, um *Requiem*), cerca de 40 melodias – 5 sinfonias, poemas sinfónicos sobre temas bretões – muita música de câmara (entre outra, 6 quartetos e 3 sonatas de violino e piano), peças para órgão.

RORE, Cyprien de (Malines, 1516//Parma, 1565). Começou, sem dúvida, os seus estudos em Antuérpia e depois, entre 1535 e 1540, partiu para Veneza, onde foi chantre em São Marcos, sob a direcção do seu compatriota Willaert; este ensinou--lhe as mais altas disciplinas de polifonia. Exceptuando duas viagens a Antuérpia, Rore parece ter passado toda a sua vida em Itália, onde desempenhou funções de *Maestro di capella* nas cortes de Ferrara (1547--1559), de Parma (1560-1565) e em São Marcos de Veneza (1563-1564, sucedendo a Willaert). Todos os primeiros grandes madrigalistas foram discípulos espirituais (e talvez reais)

de Rore, que pode ser considerado o verdadeiro criador do madrigal italiano do Renascimento. O seu lugar no mundo musical do seu tempo era considerável, a ajuizar pelos testemunhos dos seus contemporâneos que admiravam nele um inovador genial; uma colectânea de madrigais «cromáticos» (isto é, em que a música sublinha o texto mediante modulações ousadas) justifica essa opinião. Lassus apreciava muito a música do seu predecessor e mandava interpretá-la amiúde na capela ducal de Munique.
✪ 2 paixões, Missa *Doulce Memoyre*, numerosos motetos e madrigais a 4 e 5 vozes.

ROSENBERG, **Hilding** (Bosjökloster, Skåne, 21 Jun. 1892/?, 19 Mai. 1985). Estudou composição com Ellberg e depois com Stenhammar, em Estocolmo, e aperfeiçou-se em Dresden, Berlim, Viena e Paris. Foi, durante muitos anos, director de orquestra do teatro real de Estocolmo. Este músico tradicionalista de notável mestria granjeou uma posição de primeiro plano da vida musical do seu país devido à sua obra considerável, à influência que exerceu sobre numerosos alunos e à sua acção em prol dos antigos mestres suecos (em especial Roman). Esta vocação de humanista, que se baseia numa sólida cultura musical, revela-se nas formas clássicas de muitas das suas composições.
✪ 9 óperas (entre elas 4 óperas-oratórios que constituem a tetralogia *Joseph och hans bröder,* segundo Thomas Mann), 2 bailados, 4 oratórios, 6 sinfonias (entre elas a n.º 4: *Johannes Uppenbarelse*, verdadeiro oratório sobre uma adaptação do *Apocalipse*), concertos para vários instrumentos (violino, trombeta, violoncelo, violeta, etc.), 8 quartetos de cordas, uma suite de violino e piano, 4 sonatas de piano, numerosas melodias.

ROSENMÜLLER, **Johann** (Ölsnitz, Vogtland, cerca de 1620/Wolfenbüttel, 11 Set. 1684). Depois de ter estudado na Universidade de Leipzig, foi assistente de *Kantor* de T. Michael em Saint-Thomas, com a promessa de lhe vir a suceder nesse importante lugar. Mas, em 1655, foi preso sob a acusação de atentado à moral pública. Tendo conseguido evadir-se, refugiou-se em Hamburgo e depois em Viena, onde permaneceu durante alguns anos e teve como alunos, entre outros, J. Ph. Krieger. Todavia, em 1674, o duque de Brunswick contratou-o como *Kappellmeister.*
✪ Numerosas cantatas, uma colectânea de 40 motetos (3 a 7 vozes com instrumentos), suites instrumentais de danças e sonatas (2 a 5 vozes).
Ø *Sonata para 2 Violinos e Baixo* (Spyeket).

ROSENTHAL, **Manuel** (Paris, 18 Jun. 1904/Paris, 5 Jun. 2003). Director de orquestra. Aluno de Boucherit, Huré e Ravel. Foi assistente de director de orquestra (1935-1939), director de orquestra e director musical da Orquestra Nacional francesa e director da orquestra de Seattle, nos Estados Unidos (1949-1951).
✪ Missa, *Cantate pour la Nativité*, o oratório *Saint François d'Assise*, 2 óperas-bufas, composições sinfónicas brilhantes.
Ø *Offenbachiana* (Rosenthal).

ROSSETER, **Philip** (?, 1568/Londres, 5 Mai. 1623). Tocador de alaúde. Quase nada sabemos acerca da sua vida, a não ser que foi amigo íntimo do poeta-compositor Th. Campian. Os seus *ayres* (canções acompanhadas a alaúde) são notáveis pela simplicidade e pureza.

✪ Um livro de *ayres* (21 de Campian e 21 de Rosseter), uma colectânea de *Lessons for the consert* em sexteto.

Rossi, Lauro (Macerata, 19 Fev. 1810//Crenwara, 5 Mai, 1885). Aluno de Zingareli, foi um dos últimos representantes da escola napolitana. Depois de ter passado vários anos no México, foi director do Conservatório de Milão (1850) e mais tarde do Conservatório de Nápoles.

✪ 29 óperas (entre elas, *I falsi monetari*, *La Condessa di Mons* e *Il dominio nero*) e o oratório *Saul*.

Rossi, Luigi (Torremagiore, Foggia, cerca de 1597/Roma, 19 Fev. 1653). Depois de ter sido, em Nápoles, aluno de J. de Macque (mestre de capela real espanhola), foi para Roma como cantor, guitarrista, cravista, primeiro ao serviço de M. A. Burghese, sobrinho do Papa Paulo V, e depois ao do cardeal Barberini (de 1641 até à sua morte). A sua cantata *Un perito cavaliere*, sobre a morte de Gustavo Adolfo (1632), estendeu a sua fama a toda a Europa. No ano seguinte, foi nomeado organista de São Luís-dos--Franceses. Em 1644, Inocêncio X sucede a Urbano VIII. Como o novo papa era inimigo dos Barberini, estes vão colocar-se sob a protecção do seu amigo Mazarino. Rossi acompanha--os a Paris onde o seu *Orfeo*, representado no Palais-Royal perante os monarcas franceses, ressuscita os faustos romanos do palácio Barberini. O êxito foi total, mas efémero, uma vez que os adversários de Mazarino se serviram dele como pretexto para críticas violentas no plano religioso, político e económico. Essa hostilidade forçou o cardeal Barberini a retirar-se para a Provença, onde Rossi se lhe juntou, em 1649, antes de regressar a Roma. O génio de Rossi é mais lírico do que dramático: as suas óperas são colectâneas de árias admiráveis sem verdadeiras ligações. É um dos criadores da cantata italiana e da forma da *aria da capo*

✪ 2 óperas (*Il Palazzo d'Atlante* e *Orfeo*), alguns oratórios e cerca de 400 *cantate, arie, canzoni, serenate*.

Rossini, Gioacchino (Pesaro, 29 de Fev. 1792/Paris, 13 Nov. 1868). Nascido a 29 de Fevereiro, falecido numa sexta-feira 13, célebre em toda a Europa aos 24 anos, suficientemente louco ou suficientemente esperto para abandonar a carreira aos 40 anos e remeter-se ao silêncio durante os restantes 36 da sua vida, começou a sua existência mais ou menos entregue a si próprio, uma vez que seu pai e sua mãe eram, respectivamente, corista e cantora de teatro em digressão perpétua (seu pai fora trombetista municipal e inspector dos matadouros, mas fora demitido devido aos seus ideais republicanos). Um salsicheiro de Bolonha, a quem a criança, fora confiada, mandou dar-lhe lições de música, de modo que aos 13 anos tinha pequenos empregos no teatro como cantor ou como instrumentista. Um rico protector permitiu-lhe, finalmente, entrar para o Liceo Musicale de Bolonha onde completou os seus conhecimentos com Tesei (canto) e o padre Mattei (contraponto e composição).

Em 1808, é tocada uma cantata sua em público e em 1810, a sua primeira ópera, *La Cambiale di Matrimonio*, sobe à cena no Teatro S. Moisè, em Veneza. Várias outras óperas (bufas, na sua maior parte, com excepção de *Tancredi*) são representadas nos anos seguintes, sobretudo em Veneza, e só nos anos de 1812-1813 vêem a luz oito obras suas; o entusiasmo dos Venezianos por *Tancredi* roça a loucura. Em 1815, Rossini aceita a direcção do S. Carlo, com a obrigação de compor uma ópera por ano. É assim que Nápoles se converte no seu ancoradouro durante sete anos, para além de várias deslocações a Roma e a Milão. É em Roma que, em 1816, faz representar *Il Barbiere di Siviglia*. Em nome do culto que votavam a Paisiello e ao seu *Barbiere*, os Romanos fizeram malograr a peça do jovem audacioso que ousara tratar o mesmo assunto. Mas as representações triunfaram e a ópera tornou-se rapidamente, em toda a Europa, a ópera-cómica mais popular de todos os tempos. Rossini deixa Nápoles depois da revolta dos Carbonari e, no mesmo clima triunfal, dirige-se a Viena (onde conhece Beethoven), a Londres e, finalmente, a Paris, onde se fixa em 1824 como director do Théâtre-Italien. Mais tarde é nomeado «primeiro compositor do rei» e inspector-geral do canto em França. A criação de *Moïse*, em 1827 (adaptação francesa de *Mosè in Egitto*) assegura-lhe uma posição considerável, mas *Guillaume Tell* (a primeira de uma série de cinco óperas compostas para Paris) é mal recebida. Este insucesso é-lhe muito penoso, os acontecimentos políticos de 1830 fazem com que perca a sua situação oficial e, por último, a ascenção vertiginosa de Meyerbeer no firmamento da glória ecplisa o astro rossiniano (já só eram tocados actos separados de *Guillaume Tell* quando o pano subia...). Foi isto que levou, sem dúvida, Rossini a deixar de compor. Entre 1836 e 1855 viveu em Itália (Bolonha e depois Florença), e só quebrou o seu voto de silêncio para terminar o seu belo *Stabat Mater* e concluir um hino a Pio IX. Em 1855, instalou-se definitivamente em Paris. No seu apartamento no n.º 2 da Rue de la Chaussée d'Autin e na sua bela V*illa* de Passy, dava jantares sumptuosos (e, muitas vezes, era ele próprio quem cozinhava), jantares onde se encontram a elite literária e artística de Paris e estrangeiros ilustres como Liszt, Wagner, Clara Schumann, Adelina Patti. Durante estes longos anos, só compôs uma *Petite Messe Solennelle* para o banqueiro Pillet-Will e pequenas peças para piano, irónicas ou insignificantes. Mas compunham por ele toda a espécie de rapsódias, arranjos ou *pasticcios* das suas obras (muitas vezes sem a sua autorização), de modo que não foi o único a enriquecer com o seu talento. Nas sumptuosas exéquias que lhe foram feitas na Igreja da Trinité, dezoito grandes vedetas do canto (entre elas, Alboni, Patti, Nilsson, Duprez) cantaram, com os alunos do Conservatório, a oração de *Moïse* e alguns fragmentos do *Stabat Mater* foram interpretados pela Patti e pela Alboni. (Imaginem--se a Tebaldi e a Callas a participarem, em condições análogas, nas exéquias de Poulenc!).

O imperturbável bom humor de Rossini anima toda a sua música. Na sua produção, que culminou com as duas obras-primas que são *Il Barbierie* e

Cenerentola, conseguiu encontrar o equivalente musical do seu lendário sentido de humor. O hábito de retirar árias inteiras das suas obras anteriores provoca, muitas vezes, uma certa falta de unidade (mesmo no *Barbeiro*, maravilhoso de uma ponta à outra, a abertura e cinco árias são retiradas de outras peças); mas este autoplágio é, talvez, uma hábil concessão ao gosto do público que encontra sempre com alegria as suas árias favoritas.

✪ 34 óperas, entre elas, *La Scala di seta* (1812), *Tancredi* (1813), *L'Italiana in Algeri* (1813), *Il Barbiere di Siviglici* (1816), *Cenerentola* (1817), *La Gazza Ladra* (1817), *Mosè in Egitto* (1818), *Semiramide* (1823), *Guillaume Tell* (1829). Música religiosa (por exemplo, *Stabat Mater*), numerosas peças vocais isoladas, hinos e cantatas de circunstância; algumas peças sinfónicas, 5 quartetos de cordas, numerosas peças humorísticas para piano.

Ø *O Barbeiro* (Berganza, Prey, Alva, Abbado), *Cenerentola* (Berganza, Alva, Abbado), *A Italiana* (Berganza, Alva, Varviso), *Guillaume Tell* (Gedda, M. Caballé, Bacquié, Gardelli), *Aberturas,* (Toscanini), *Petite Messe Solennelle* (Loehrer).

Rosseau, Jean-Jacques (Genebra, 28 Jun. 1712/Ermenouville, 2 Jul. 1778). Os estudos musicais do ilustre escritor parecem ter sido sumários, uma vez que foi, durante toda a vida, um leitor deplorável e um harmonista medíocre. No entanto, exerceu uma profunda influência na música francesa ao favorecer o nascimento da ópera-cómica. A sua *Le Devin du Village*, encantadora pastoral sem mérito excepcional, representada em Fontainebleau, perante o rei, em 1752, teve um êxito considerável durante 60 anos. A produção desta obra coincidiu com a célebre *Querelle des Bouffons*, absurda guerra dos panfletos que opunha os partidários da música italiana aos da música francesa. Os antagonistas ter-se-iam, talvez, contentado com escaramuças espirituais e o combate teria terminado honrosamente para os dois partidos, se Jean-Jacques não tivesse saído à liça com uma violência inesperada, lançando o anátema sobre os melhores músicos (entre eles Rameau) e defendido ideais dignos de apreço (como a supremacia da melodia) com tanta obstinação, tanta ignorância e tantos argumentos especiosos que teria destruído, apesar do seu talento e do seu espírito, qualquer causa antecipadamente ganha.

✪ *Les Muses Galantes* (ópera), *Le Devin du Village* (*intermezzo*), *Pygmalion* (cena lírica falada com acompanhamento musical). *Daphnis et Chloé* (ópera inacabada), 5 motetos, cerca de 100 romances e peças diversas. Devem-se-lhe alguns escritos sobre a música, entre os quais o *Dictionnaire de la Musique*, os artigos sobre a música na *Encyclopédie* (cujos erros foram denunciados por Rameau). *Lettre Sur la Musique Française* (que demonstra que esta música francesa não existiu nem existirá nunca).

Ø *Antologia* (Cotte).

Roussel, Albert (Tourcoing, Norte, 5 Abr. 1869/Royan, 23 Ago. 1937). Embora tenha manifestado uma evidente predisposição para a música e tenha aprendido bem o piano, sonhara com a carreira de marinheiro. Admitido, em 1887, na Escola Naval, embarca no *Borda*, em Brest, em seguida na fragata-escola *Iphigénie* (Dakar... Alexandria...) e, como aspirante de 1.ª classe, no couraçado *Dévastation* e na bela fragata à vela *Melpomène*; finalmente, como oficial, toma parte numa expedição ao Extremo Oriente na canhoneira *Le Styx*. Após algumas tentativas tímidas de composição, inicia estudos musicais sérios, instigados por J. Koszul, director do Conservatório de Roubaix, e demite-se de oficial de marinha (1894). Fixa-se em Paris, onde estuda órgão, harmonia, contraponto e fuga com E. Gigout e depois composição com V. d'Indy na Schola (1898-1905). Ele próprio vem a ser professor de contraponto neste estabelecimento de ensino onde, durante 12 anos de magistério (1902-1914), terá como alunos Satie, Varèse, Le Flem, Roland-Manuel, Martinu, entre outros. As suas primeiras obras importantes, um *Trio com piano* e *Réssurrection* para orquestra, datam respectivamente de 1902 e 1903. Em 1908 faz uma viagem ao Camboja e à Índia, de que colhe fecundas impressões musicais e a certeza de que existem riquezas inesgotáveis que convidam à evasão do maior e do menor. Depois, a sua vida é ritmada pela actividade criadora, interrompida apenas pela guerra (embora reformado, alista-se como condutor de automóveis) e por uma viagem à América, em 1930. Era um homem de qualidades excepcionais: equidade, sentido de medida, respeito pela personalidade, culto dos valores espirituais... tudo isso se lia no seu olhar límpido e se encontrava na sua música. O seu estilo aliava às qualidades de medida e de gosto o sentido da verdade e da grandeza. Na primeira parte da sua obra (onde sobressaem *Le Festin de l'Araignée* e *Évocations*) a influência de Franck (através de d'Indy) e de Debussy combinam-se com um gosto muito pessoal pela forma clássica; harmonizam-se nela a sensualidade e o rigor formal. Roussel que, deste modo, se mantivera alheado do impressionismo, revelou toda a originalidade do seu génio a partir da guerra. As *Sinfonias n.ºs 2, 3, 4*, a *Suite em fá* e *Bacchus et Ariane* (a sua obra-prima) são características de uma arte mais severa, mais concisa, com ampla musculatura rítmica e grandes frases melódicas (marcadas pela ambiguidade modal), em que a actividade contrapontística se afirma plenamente. Nelas, uma imaginação muito fantasista submete-se sempre ao molde rígido da forma clássica.

✪ TEATRO: *Le Festin de l'Araignée, Bacchus et Ariane, Aeneas,* bailados; *Padmâvatî,* ópera-bailado; *La Naissance de la Lyre,* ópera; *Le Testament de Tante Caroline,* ópera-bufa; música de cena. MÚSICA VOCAL: *Évocations,* para solistas, coros e orquestras – *Salmo LXXX,* para tenor coros e orquestra – coros *a cappella* – 40 melodias. ORQUESTRAS: 4 sinfonias, *Suite em Fá, Sinfonietta* para cordas, concerto de piano, concertino de violoncelo. MÚSICA DE CÂMARA: trio com piano, trio de cordas, quarteto de cordas, 2 sonatas de violino e piano, peças para flauta, peças para piano (entre elas, a *Suite op. 14* e a *Sonatina*).
Ø *Bacchus et Ariane* (Münch), *Le Festin de l'Araignée* (Ansermet), *Sinfonias n.º 3 e 4* (Münch), *Serenata op. 30 e Sinfonietta* (Ristenpart).

Rubinstein, Anton Grigorievitch (Vykhvatinets, Volhynia, 28 Nov. 1829/

Rubinstein, Anton Grigorievitch

/Peterhof, São Petersburgo, 20 Nov. 1894). Pianista ilustre, fez digressões triunfais pela Europa e pela América e foi considerado o único rival de Liszt (que desde a sua estreia em Paris, aos 6 anos, sempre o aconselhou). Nomeado director da música imperial, fundou, com o apoio da grã-duquesa Helena, os Conservatórios de São Petersburgo (1862) e de Moscovo (1867). Seu irmão Nicolas (1835-1881) fez também uma carreira brilhante como pianista e director de orquestra.

✪ 19 óperas e oratórios dramáticos (entre eles, *O Demónio*), coros, 2 cantatas, 6 sinfonias, 5 concertos de piano, 10 sonatas, 10 quartetos de cordas, mais de 100 melodias.

Sabbatini, Galeazzo (Pesaro, ? cerca de 1590/Pesaro, ?, 1662). Teórico. Foi *Maestro di cappella* em casa do duque de Mirandola e, talvez, na catedral de Pesaro. Kirchner elogiou os seus conhecimentos científicos de música.

✪ 5 livros de *Madrigali Concertati* (2 a 5 vozes com instrumentos), 2 livros de *Sacrae Laudes* (2 a 5 vozes com órgão), litanias, motetos e um método notável para realizar o baixo contínuo.

Sabino, Giovanni Maria (Turi, Bari, ?/Nápoles, 1649). Mestre de capela e organista de várias igrejas de Nápoles, ensinou canto, durante algum tempo, aos alunos da Pietá dei Turchini, que viria a ser um dos quatro grandes conservatórios de Nápoles. Um dos fundadores da Escola Napolitana, foi professor de Provenzale.

✪ Apenas chegou até nós um livro de motetos a 2 vozes.

Sacchini, Antonio Gaspare (Florença, 14 Jun. 1730/Paris, 6 Out. 1786). Aluno de Durante no Conservatório St.ª Maria di Loreto, em Nápoles, onde após a morte do seu professor foi designado *Maestro straordinario di canto*. Depois de ter apresentado mais de 20 óperas, principalmente em Nápoles, Veneza e Roma (onde viveu seis anos), foi nomeado director do Conservatório do Ospedaletto, em Veneza. Mas, no ano seguinte, abandona o lugar para fazer uma viagem à Alemanha, e entre 1772 e 1782 fixa-se em Londres onde, de início, é acolhido calorosamente. Mas os seus costumes dissolutos inquietam os seus amigos (sobretudo as suas relações com o *castrato* Ranzzini) e ajudam os seus rivais a destruir a sua popularidade. Em 1782, fixa-se em Paris com uma recomendação de José II da Áustria, irmão de Maria Antonieta. A sua chegada pareceu suspeita aos partidários de Gluck e, por outro lado, os amigos de Piccini desconfiaram dele como de um rival protegido pela rainha. Quando esta protecção lhe faltou, meteu-se na cama e morreu, com um ataque de gota, três meses mais tarde. A sua melodia é muito elegante, mas a principal qualidade das suas óperas (nomeadamente da sua obra-prima, *Oedipe à Colonne*) é a admirável escrita dos coros e da orquestra.

✪ 45 óperas – *serie* e *buffe* – (das quais se perderam cerca de 15), 4 oratórios, 2 sinfonias, 6 trios e 6 quartetos de cordas, 12 sonatas de cravo.

Saint-Georges, Joseph Boulogne, Chevalier de (Guadalupe, 1739/Paris, 9 Jun. 1799). Violinista, esgrimista, poeta, comediante, soldado da guarda do rei, fundador do corpo de hussardos americanos, director dos concertos do *Cercle de l'harmonie*. Excelente amador, foi um dos primeiros a escreverem em França quartetos de cordas.

✪ Comédias de arietas, 2 sinfonias, 12 quartetos de cordas.

Ø *Sinfonia e Sinfonia Concertante* (Paillard).

SAINT-SAËNS, **Camile** (Paris, 9 Out. 1835/Argel, 16 Dez. 1921). Pianista e organista, tinha uma facilidade extraordinária neste instrumento, uma imensa memória musical, um ouvido extraordinariamente fino e justo. Aos 5 anos, compunha por instinto; aos 7, tornou-se aluno de Stamaty (piano); aos 11, deu o primeiro concerto na sala Pleyel (interpretando, na perfeição, o *Concerto em Bi Bemol, K. 450* de Mozart) e aos 13 anos entrou para o Conservatório para a classe de órgão de Benoist e depois para a de composição de Halévy. Foi nesta época que encontrou Liszt pela primeira vez. Entre 1853 e 1857, é o organista em Saint-Merry e, de 1857 a 1877, na Madeleine. Aos 25 anos, a sua posição é firme, a sua fama é universal, suscita a admiração de Liszt, Berlioz e Bülow. E será por iniciativa de Liszt que *Samson et Dalila* se estreará em Weimar, em 1877. Entre 1861 e 1865, é o professor na Escola Niedermeyer, onde tem como alunos Fauré, Messager e Gigout. Em 1871, participa na fundação da Société Nationale de Musique, cujo objectivo é a defesa da nova música instrumental francesa (com a divisa *Ars Gallica*). Pelos seus ensinamentos e por esta actividade em prol da nova música, Saint-Saëns esteve na base do renascimento que conduz a Debussy e a Ravel. Aos 47 anos, foi eleito para o Instituto. A sua formidável actividade nunca abrandou até à sua morte, em Argel, onde acabara de se fixar, aos 87 anos. Não só iniciara, sobretudo a partir de 1880, digressões triunfais pelo mundo inteiro, como realizava também viagens de recreio e inventava tarefas nos mais variados ramos, que o seu espírito ecléctico o levava a estudar: filosofia, teatro, arqueologia, pintura, etc. Extraordinariamente dotado, era um bom caricaturista, um razoável escritor e deixou obras literárias e artigos sobre todos os temas por que se interessou. O classicismo e a fria perfeição formal da sua obra tiveram uma influência moderadora na música francesa, no auge da paixão wagneriana. Mas a secura do seu carácter, bem como o academismo da sua arte provocaram um preconceito tão desfavorável nas gerações seguintes que, muitas vezes, se menosprezou o notável saber que as suas melhores composições evidenciam.

✪ 12 óperas (entre elas, *Samson et Dalila*), música de cena, composições religiosas (entre as quais se contam 1 *Requiem*, 2 salmos para coros e orquestra, 36 motetos), numerosas obras corais, 3 sinfonias (a terceira com órgão), poemas sinfónicos à maneira dos de Liszt (entre os quais figura *Danse Macabre*), uma *Suite Algérienne* para orquestra, 5 concertos de piano, 3 concertos de violino, 2 concertos de violoncelo, 1 sexteto de trombeta, cordas e piano, peças para órgãos e para piano, mais de 100 melodias.

Ø *Samson et Dalila* (Prêtre), *Sinfonia n.º 3* (Martinon), *Concertos de Piano n.º 2* (Rubinstein), n.ᵒˢ *1 e 3* (J.-M. Darré), *n.º 4* (Brailowski), *n.º 5* (Richter*)*, *Concerto de Violino n.º 3*

(Grumiaux), *Concerto de Violoncelo n.º 1* (Rostropovitch), *Carnaval dos Animais* (Fremaux), *Dança Macabra* (Markévitch).

SALA, Nicola (Tocco-Caudio, Benevento, 7 Abr. 1713/Nápoles, 31 Ago. 1801). Aluno de Fago e de Leo no conservatório Napolitano della Piettà dei Turchini (1732-1740), onde veio a ser *primo maestro* (1787-1799).
⊙ 4 óperas, 1 oratório, cantatas de circunstância, uma missa a 4 vozes, diversas composições religiosas, admiráveis fugas com fins pedagógicos, etc., bem como um tratado, muito importante, de contraponto (3 grandes volumes).

SALIERI, Antonio (Laegnago, Verona, 18 Ago. 1750/Viena, 7 Maio 1825). Quando estudava em Veneza conheceu Gassman, *ex-Kapellmeister* do imperador, que o levou para Viena, lhe ensinou composição e o apresentou a Metastasio. Foi compositor da corte e director da ópera e depois *Kapellmeister* do imperador. Deslocou-se a Paris, Milão, Veneza e Roma para as representações das suas óperas, foi amigo de Haydn e professor de Schubert. Embora fosse bom e generoso, afirma-se que recorreu à intriga vil junto do imperador para eliminar o perigoso rival que era Mozart; foi mesmo acusado de ser o responsável pela morte deste (suspeita cujo carácter absurdo foi reconhecido pouco depois).
⊙ 33 óperas italianas (entre as quais se conta a excelente ópera-bufa *La Grotta di Trofonio*), 3 *Singspiele* alemães, 4 óperas francesas, cantatas, oratórios (entre os quais *O Juízo Final*), 6 missas, motetos, obras instrumentais.

Ø *Concerto de Violino, Oboé e Violoncelo* (Angelicum).

SALVATORE, Giovanni Dom (Castelvenere, Benevento, ?/Nápoles, cerca de 1688). Pode ser considerado um dos fundadores da Escola Napolitana dos séculos XVII e XVIII, com Sabino (de quem foi aluno) e Provenzale. Da sua vida, sabemos apenas que ensinou nos recém-fundados Conservatórios dei Poveri di Gesà Christo e dei Turchini.
⊙ Umas 30 composições religiosas (em manuscrito na biblioteca dos Filipinos, em Nápoles).

SAMMARTINI, Giovanni Battista (Milão, 1698/Milão, 15 Jan. 1775). Pertencia a uma família de músicos (seu pai e seu irmão foram oboístas), provavelmente de origem francesa. Passou quase toda a sua vida em Milão, onde começou por ganhar fama como músico de igreja, acumulando lugares de organista e *Maestro di cappella* até ao final da sua vida (no ano da viagem de Mozart, 1770, a sua actividade estendia-se a 10... das 192 igrejas da cidade). Mas também se interessou pelas combinações puramente instrumentais e, em particular, pela sinfonia, cuja forma estava mal fixada nas obras dos pioneiros, Scarlatti, Albioni, Telemann... e até Vivaldi. Sem ser o criador do género (essa honra pertence mais a Vivaldi), contribuiu, de maneira preponderante, para aperfeiçoar a forma de sinfonia clássica: em 1734, escreveu a sua *Primeira Sinfonia* em 4 andamentos, que suscitou um vivo interesse. A sua fama estendeu-se a toda a Europa: Gluck foi seu aluno (1737-1741) e numerosos músicos, de passagem por Milão, sofreram a sua influência; entre estes contam-se Mozart (*Quartetos K, 155-166*) e Mysliveck.

✪ (Cerca de 2800 obras cujo catálogo nunca foi elaborado): 2 óperas (talvez mais), oratórios, inúmeras composições religiosas (chegaram até nós algumas missas, salmos e um admirável *Magnificat*). Sinfonias, *concerti grossi*, sonatas a três.

Ø *Magnificat* (Conjunto Angelicum Cattini), *Sonata Para 2 Flautas e Cravo* (Duchesmes, Rampal, Veyron-Lacroix).

SANTORO, **Cláudio** (Manaus, 23 Nov. 1919/Brasília, 27 Mar. 1989). Compositor e violinista brasileiro de ascendência estrangeira, estuda em São Paulo e mais tarde em Paris. Nas suas primeiras obras mostra-se seguidor duma linha dodecafónica que mais tarde viria a abandonar, voltando para as correntes «nacionalistas». Das obras que escreveu destacam-se 3 *Sinfonias*, sonatas para violino solo e para o violino e piano, peças para piano, *música de câmara* variada da qual constam duos, trios, quartetos, *peças concertantes* e *peças para orquestra*. Algumas das suas obras mereceram prémios em concursos internacionais.

SARASATE, **Pablo de** (Pamplona, 10 Mar. 1844/Biarritz, 20 Set. 1908). Um dos maiores violinistas de todos os tempos, aluno de Alard (violino) e de Reber (harmonia) no Conservatório de Paris. Abandonou, muito cedo, a composição em favor de uma prestigiosa carreira de virtuoso que o levou a percorrer toda a Europa e as duas Américas.

✪ *Jota de San Fermin* para orquestra e obras para violino (romanças, fantasias, arranjos de canções e danças espanholas).

Ø *Danças Espanholas* e *Árias Boémias* (D. Erlih e P. Collard).

SARRO, **Domenico** – ou Sarri (Trani, Bari, 24 Dez. 1679/Nápoles, 25 Jan. 1744). Aluno do Conservatório S. Onofrio, em Nápoles (1688-1697), veio a ser *Maestro di cappella* da capela real. Embora pareça que nunca saiu de Nápoles, as suas obras foram representadas nos principais teatros da Europa.

✪ 36 óperas, oratórios, composições vocais, religiosas (missas, motetos) e profanas (cantatas, serenatas, árias), algumas obras instrumentais.

SARTI, **Giuseppe** (Faenza, Nov. 1729/Berlim, 28 Jul. 1802). Aluno do padre Martini, em Bolonha. Foi, sucessivamente, organista da catedral de Faenza, director da música na corte da Dinamarca e director da Ópera-Italiana de Copenhaga (1754-1775), director do Conservatório de Ospedaletto, em Veneza (1775-1779), *Maestro di cappella* do Duomo de Milão (1779-1784) e, por fim, e acima de tudo, mestre de capela de Catarina II, em São Petersburgo. Ao passar por Viena conheceu Mozart; este viria a utilizar uma ária da ópera *Fra i Due Litiganti*, de Sarti (*Come un agnello*), como tema de uma série de variações (K. 460) e viria a introduzir esta mesma ária em *Don Giovanni* (música durante a ceia do 2.º acto). Na Rússia Sarti exerceu uma influência notável mediante o seu ensino (fundou uma escola de canto na Ucrânia e um conservatório em São Petersburgo). Apaixonado pela física, inventou um aparelho para medir as frequências e que lhe serviu para fixar o diapasão da sua orquestra (la$_3$ = 436 períodos/ /segundo).

○ 3 missas, 2 oratórios, motetos, um *Te Deum* em homenagem a Potemkine (com a intervenção de canhões e fogo-de-artifício), um *Requiem* para Luís XVI, cerca de 75 óperas, sinfonias, 6 sonatas para piano.

SATIE, Erik (Honfleur, 17 Mai. 1866/ /Paris, 1 Jul. 1925). Era natural da mesma cidade de Alphonse Allais, cujos pais eram visita da sua casa. Um humor subtil e terno acabará por juntar estes dois filhos abençoados da bela cidadezinha de Honfleur. O pai de Satie era francês; a mãe, inglesa, era de origem escocesa. Após enviuvar, o pai estabelece-se em Paris como papeleiro e depois como editor de música, perdendo nestes e noutros negócios tudo o que tinha. O jovem Erik foi confiado ao avô e ao tio Adrien, uns amáveis fantasistas. Aprendeu música, primeiro com Guilmant e depois no Conservatório de Paris. Os seus estudos, tanto musicais como gerais, revelam uma natureza indisciplinada e pouco estudiosa. Detestava o ensino das escolas, mas lia muito. A sua primeira composição para piano, publicada em 1887 com a menção op. 62, atrai a fúria dos académicos. É nesta época que se liga ao «Sâr» Peladan e se filia na seita medieval dos Rosa Cruz, antes de fundar a «igreja metropolitana de Jesus Condutor», de que é *parcier*, mestre de capela e único fiel. Da sua «abacial» (um pequeno quarto da rue Cortot n.º 6) dirige protestos públicos contra os artífices da «decadência estética e moral do nosso tempo». Aos 26 anos apresenta, pela primeira vez, a sua candidatura à Academia (à terceira derrota, enviará uma desopilante carta de protesto a Saint-Saëns). Frequenta os cafés de Montmartre, onde arranja emprego como pianista, no *Chat Noir* e depois no *Auberge du Clou*. É aí que conhece Debussy, de quem se torna amigo íntimo, exercendo alguma influência sobre a orientação do génio do grande músico. Em 1898, fixa-se em Arcueil-Cachan até ao final dos seus dias: ninguém entrava em sua casa.

Aos 40 anos, farto de que lhe chamassem amador, Satie tornou-se aluno da Schola, onde estuda contraponto com Roussel e obtém um belo diploma com a menção «Muito bom». Entretanto, muitos artistas jovens começam a tomá-lo a sério, ao ponto de, instigados por Cocteau, o transformarem numa espécie de director de consciência artística, cuja ironia, simplicidade e pudor representam o antídoto contra o wagnerismo, o lirismo grandiloquente e o debussysmo. Torna-se amigo de Cocteau, de Diaghilev, de Picasso e depois de Milhaud e dos músicos do Grupo dos Seis, e está mais ou menos ligado aos movimentos artísticos de vanguarda: cubismo, dadaísmo, surrealismo, neoclassicismo. A conselho de Milhaud, alguns jovens músicos, entre eles Sauguet, tornam-se seus alunos, mas Satie recusa-se a tomar-se a sério e cultiva a mistificação como uma arte em inúmeros desenhos e inscrições. Colocado em alturas imensas por alguns amigos, viveu semi-sufocado na sua ironia. A sua solidão estava na proporção exacta do seu grande coração, da sua sensibilidade delicada. Morreu na miséria total de que nunca saíra. Na sua obra podem distinguir-

-se três «períodos». Até 1898: música modal arrítmada, com belos encadeamentos harmónicos em relações internas (período de misticismo); 1898-1916: reacção contra o lirismo e contra a sedução harmónica, procura da simplicidade melódica e contrapontística, dissimulação pudica da sua sensibilidade artística sob títulos e comentários humorísticos; depois de 1916: música objectiva, decorativa, funcional; período das suas obras mais belas (*Parade, Socrate, Nocturnes* para piano). É certo que Satie foi apenas um mestre de segunda grandeza, mas a sua influência nos Seis e em Stravinski foi considerável; além do mais, devemos-lhe, pelo menos, uma grande página, aquela que no seu *Socrate* acompanha a morte do filósofo, muito comovente na sua simplicidade.

✪ 3 operetas – 5 bailados entre os quais se contam *Parade* (com Cocteau e Picasso: Ballets Russos, 1917), *Mercure* (cenários de Picasso: *Soirées de Paris* do conde de Baumont, 1924) e *Relâche* (com cenários de Picabia e «Entre-acto» cinematográfico de René Clair, Ballets Suecos 1924) – *Messe des Pauvres* para voz e órgão, *Socrate* para 4 sopranos e orquestra de câmara, 15 melodias (entre as quais figuram os encantadores *Ludions*, de Fargue), algumas pequenas peças para orquestra, peças para piano, entre elas 3 *Gymnopédies* (orquestradas por Debussy), *Préludes Flasques, Decriptions Automatiques, Embryons Desséchés, Sports et Divertissements, Nocturnes*.

Ø *Parade* (Auriacombe), *Socrate* (Cuenod), diversas peças para piano (Poulenc, Barbier, Ciccolini).

SAUGUET, **Henri** (Bordéus, 18 Mai. 1901/Paris, 22 Jun. 1989). Aluno de Canteloube, em Bordéus, de Koechlin, em Paris, entre 1922 e 1925 foi também discípulo de Satie. O primeiro acontecimento importante da sua carreira foi a criação, em 1927, do bailado *La Chatte* pelos ballets russos de Diaghilev; e a sua obra mais célebre é outro bailado, *Les Forains* (Ballets Roland Petit, 1945). Alheio a todos os sistemas e escolas (o seu talento aproxima-se, em certa medida, do de Poulenc), escreveu espontaneamente uma música sedutora que apenas tem como objectivo agradar.

✪ A ópera *La Chartreuse de Parme* (a sua obra-prima), 3 óperas-cómicas, 14 bailados, muita música de cena e de filmes (entre eles *Premier de cordée*), uma bela *Symphonie Expiatoire*, 2 concertos de piano, várias melodias.

Ø *Les Forains* (Sauguet), *Concerto n.º 1* (Rojdetsvenki).

SCANDELLO, **Antonio** (Bréscia, 17 Jan. 1517/Dresden, 18 Jan. 1580). Músico e, depois, *Kapellmeister* na corte do príncipe-eleitor de Saxe, em Dresden. Foi o primeiro a musicar a história da Ressurreição; 2 livros de *Canzoni napoletane*, 3 livros de *Lieder* alemães (Sacros e profanos).

SCARLATTI, **Alessandro** (Palermo, 2 Mai. 1660/Nápoles, 22 Out. 1725). Filho de pais sicilianos, pertencia, segundo alguns genealogistas, ao ramo siciliano de uma família muito antiga de origem toscana. Era o mais velho de sete irmãos, alguns dos quais vieram a ser músicos: Anna Maria, Melchiorra e Tommaso, cantores; Francesco, compositor. Aos 12 anos,

SCARLATTI, Alessandro

foi enviado para o continente com as duas irmãs, e as três crianças foram residir para casa de uns parentes, em Roma (talvez em 1672, mas o mais tardar em 1677). Nada sabemos acerca desses primeiros anos de juventude ou dos seus estudos. É provável que em Roma Alessandro tenha sido aluno de Foggia e Pasquini (mais do que de Carissimi, falecido em Janeiro de 1674, ou do napolitano Provenzale). Em 1678 casa, e no ano seguinte a sua primeira ópera, *Gli Equivoci nel Sembiante*, é representada no pequeno teatro do Collegio Clementino, por iniciativa da rainha Cristina da Suécia; esta pede ao jovem músico que seja o seu *Maestro di cappella* privado e aceitará, em 1684, ser madrinha do seu quinto filho (terá dez). Em 1683, deixa Roma com vários cantores e dirige-se para Nápoles, para aí apresentar as suas obras. Sua irmã Melchiorra, que o precedera em 1682 (Anna Maria, em contrapartida, será a última a deixar Roma), já se havia tornado amante do secretário de Justiça do vice-rei. Esta posição permite-lhe fazer com que seu irmão seja nomeado *Maestro di cappella* da capela real, lugar que, de direito, pertencia a Provenzale, mestre reputado e *secundo Maestro* da capela real. Este último demite-se, o caso transforma-se num escândalo, o secretário de Justiça é exonerado, mas Scarlatti conserva o lugar. Tendo-se transformado rapidamente no músico da moda entre a aristocracia napolitana, participa, de forma regular, na maior parte de festas públicas e privadas, compõe inúmeras cantatas de câmara, peças de circunstância e óperas para S. Bartolomeu e para o teatro do Palais-Royal. A maior parte da sua carreira centra-se em Nápoles, mas houve duas longas estadas em Roma: a primeira (1702-1708), beneficiando de uma licença de quatro meses (!), concedida para o convite de Fernando de Médicis para se dirigir a Florença com seu filho Domenico; a segunda (1717-1722), com uma licença de seis meses, para levar à cena as suas obras durante o carnaval. Em 1702, depois dos quatros meses passados em Florença, preferiu não regressar a Nápoles, por temer perturbações políticas em consequência da Guerra da Sucessão de Espanha: aceitou os lugares de *secondo Maestro* de Santa-Maria-Maior e de mestre da música privada do cardeal Ottoboni. Em 1707, foi a Veneza para a representação de duas obras importantes: *Mitridate Eupator* e *Il Trionfo della Libertà*. Em 1708, o novo governo austríaco torna a chamá-lo a Nápoles, onde é reintegrado nas suas antigas funções. Está no auge da sua carreira e os 10 anos seguintes que passa em Nápoles são, tanto para ele como para a família, um período de intensa actividade artística. Depois da segunda estada prolongada em Roma (prolongamento sem, ao que parece, qualquer outro motivo para além de conveniências pessoais) terminou os seus dias em Nápoles, meio retirado. Durante estes três últimos anos, teve alguns alunos particulares, entre eles Hasse, que considerava um pouco como seu filho. Foi sepultado na igreja de Montesanto, em Nápoles. A atribuição de vários alunos a A. Scarlatti é uma pura invenção, propagada de há um século para cá. Foi professor no Conservatório de St.ª Maria di Loretto, mas apenas durante um mês, em 1689, e só teve (para além de seu filho, Domenico) alguns alunos particulares no final da vida. Mas embora não tenha sido o «fundador da escola Napolitana», esta deve-lhe muito da sua originalidade e da sua glória. Foi, acima de tudo, um dos primeiros grandes músicos clássicos, no que pode ser considerado um precursor directo de Mozart. As suas obras de juventude fazem lembrar Purcell, devido à sua encantadora espontaneidade e à elegância da invenção melódica e da sua escrita polifónica. Entre os 25 e os 40 anos, a adoração que lhe votavam em Nápoles fê-lo sucumbir à tentação da facilidade, sobretudo no campo da ópera. As melhores obras deste período, *La Rosaura* e *Laodicea e Berenice,* não fogem completamente a esta indiferença criativa. Todavia, esta fase é aquela em que A. Scarlatti aperfeiçoou a forma da *aria de capo* (ABA) que adoptou como tipo único de ária de ópera, e aquela em que utilizou, pela primeira vez, a chamada abertura «italiana». É também a época em que se aperfeiçoou o género da cantata de câmara, género cujo apogeu se situa à roda de 1700 e de que A. Scarlatti foi mestre incontestado: nesta música, essencialmente íntima e refinada, evidenciou um notável virtuosismo de escrita. Os últimos 25 anos da sua vida foram o período das maiores obras-primas em todos os géneros. Nas mais belas óperas desta fase (*Mitridate Eupator, Tigrane, Cambise* e *Griselda*), o grande estilo clássico da ópera aparece em todo o seu esplendor, e a deliciosa ópera-cómica *Il Trionfo dell'Onore* contém páginas dignas de Mozart.

✪ 115 óperas, quase todas sérias (apenas podemos citar cerca de 70, das quais foi encontrada a partitura completa, ou árias separadas ou somente o libreto) – cerca de 30 oratórios, 60 motetos, 10 misssas – mais de 600 cantatas de câmara, 21 serenatas ou cantatas de circunstância – *12 Sinfonie di concerto grosso, Sonate a quattro* (quartetos de cordas), 2 suites para flauta e cravo, sonata para 1, 2, 3 flautas e baixo contínuo e algumas obras teóricas.

Ø *Missa e Motetos* (Corboz), *Paixão Segundo São João* (Boatwright), *Giuditta* (Blanchard), *Arianna,* cantata (conjunto Ricercare), *Il Giardino di Amore,* serenata (Stadlmair), *Cantatas* (Dart), *Arie* (Deller), *Sinfonie di Concerto Grosso* (Ravier).

SCARLATTI, **Domenico** (Nápoles, 26 Out. 1685/Madrid, 23 Jul. 1757). Cravista. Aluno de seu pai, Alessandro, e depois de Gasparini, em Veneza, em 1708. Entretanto, talvez tenha estudado no Conservatório dei Poveri do Gesú Cristo com Greco, cuja influência sofreu certamente. Em 1701, era já organista da capela real de Nápoles, onde seu pai era *Maestro di cappella*. Após uma breve estada, na companhia deste último, na corte da Toscana (1702), estreou-se em Nápoles como compositor de ópera. Em 1705, parte para Veneza onde faz amizade com Haendel (durante toda a vida, os dois músicos manterão uma profunda admiração um pelo outro). Um pouco mais tarde encontramo-lo em Roma; entre 1709 e 1714, está ao serviço da rainha Maria Casimira da Polónia, para quem compõe uma série de sete óperas; em seguida torna-se *Maestro di cappella* do embaixador português e da Cappella Giulia (1715-1719). Deixa o seu lugar no Vaticano, em 1719, a pretexto de uma viagem a Inglaterra (onde acabara de se estabelecer o seu tio Francesco), mas nada prova que lá tenha ido.

Em 1720, está em Portugal, mas a sua nomeação de mestre de capela da corte só data de 1728. Entretanto, volta a Itália (a Roma, onde casa, e a Nápoles). Logo que é investido nas suas novas funções em Lisboa, aceita acompanhar à corte de Madrid, onde passará o resto dos seus dias na qualidade de mestre de capela (1729--1757), a infanta Maria Bárbara, que acabara de casar com o príncipe das Astúrias (filho de Filipe V). Durante os 28 anos da sua carreira espanhola, durante os quais a sua vida material foi permanentemente complicada devido à sua paixão pelo jogo, e apesar das liberalidades da rainha, parece ter-se dedicado exclusivamente à sua obra para cravo, exceptuando um *Salve Regina*, composto nos últimos anos da sua vida. Domenico Scarlatti foi, em larga medida, o criador da técnica moderna dos instrumentos de tecla e a sua influência prolonga-se até Liszt. As suas «sonatas» para cravo, de sonatas têm apenas o nome; mas cada uma das 30 peças de colectânea de *Essercizi* (a sua primeira publicação e a única ainda em vida) já se chama «sonata» e esta denominação irá prevalecer nas publicações posteriores. Na sua maravilhosa diversidade, estas peças inspiram-se nos géneros mais variados, mas não pertencem, de facto, a nenhum. Na sua maioria, têm estrutura binária, como os fragmentos da suite, mas diferem deles pela riqueza harmónica, pelo virtuosismo e fantasia da escrita instrumental, pela originalidade do ritmo, (elemento preponderante, por vezes) e, frequentemente, também pela utilização muito livre de dois temas. Em algumas colecções, a arrumação destas peças curtas parece convidar-nos a agrupá-las a duas a duas ou a três a três para a execução, em função do seu parentesco tonal e das possibilidades de contrastes rítmicos: deste modo, formariam pequenas «sonatas» de forma livre (na acepção moderna do termo). Algumas peças foram escritas a duas vozes e contêm uma cifragem do baixo; provavelmente destinar-se-iam a um instrumento solista (talvez violino) acompanhado pelo *contínuo*.

A principal fonte de sonatas de Scarlatti é uma colecção de 15 volumes manuscritos (não autógrafos) contendo 496 sonatas; pertenciam à rainha Maria Bárbara e actualmente encontram-se na biblioteca Marciana, em Veneza (ms 9770-9784). Outros manuscritos encontram-se em Parma, Münster e Viena. Foi publicada por Ricordi uma reedição moderna de 545 sonatas, sob a direcção de Longo (a numeração desta edição prevaleceu, durante, muitos anos, para a designação das sonatas, mas o musicólogo e cravista americano Kirkpatrick estabeleceu uma nova numeração em que se esforçou por reconstituir a ordem cronológica de composição).

✪ 555 sonatas – 12 óperas e 1 *intermezzo* – uma missa a 4 vozes, alguns motetos, alguns oratórios, serenatas e cantatas de circunstância, cerca de 50 cantatas de câmara. Deveriam talvez acrescentar-se várias obras vocais e instrumentais de atribuição duvidosa. Ø *Sonatas Para Cravo* (Dreyfus, Landowska, Sgrizzi, Verlet, Ruzicková). E cf. *Le Donne di Buon Umore,* bailado de Tommasini segundo algumas sonatas de D. Scarlatti (Désormière).

SCARLATTI, Francesco (Palermo, 5 Dez. 1666/Dublin?, cerca de 1741). Foi violinista na orquestra da corte de Nápoles em 1684, sob a direcção de seu irmão Alessandro. Em seguida foi, durante mais de 20 anos (cerca de 1691-1715), *Maestro di cappella* em Palermo, mas as suas ideias pró--austríacas fizeram-no perder o lugar. Solicitou, em vão, o lugar vago de *Maestro di cappella* do Duomo de Milão (1714) e depois partiu para Viena, onde não foi mais bem sucedido na tentativa de obter o de vice--*Kapellmeister*. Em 1719, fixou-se em Londres, onde deu vários concertos das suas obras até 1724, data a partir da qual se lhe perde o rasto. Parece que terminou os seus dias na Irlanda (em 1741, realizou-se um concerto em Dublin em benefício de um *Signior Scarlatti*).
✪ Música religiosa (incluindo uma missa e um belo *Miserere*), oratórios, cantatas, algumas óperas-bufas em dialecto napolitano.

SCARLATTI, Giuseppe (Nápoles, 18 Jun. 1723?/Viena, 17 Ago. 1777). Este músico, cujas óperas foram representadas com êxito entre 1740 e 1770, passou os últimos 20 anos da sua vida em Viena. Em 1747, casara (em Florença ou em Lucca) com a cantora florentina Bárbara Stabili... São quase as únicas informações seguras que chegaram até aos nossos dias acerca deste compositor, para além das datas e locais de representação das suas obras, embora tivesse sido célebre no seu tempo; e nunca se pode fixar com certeza a sua filiação. Entre os Giuseppe Scarlatti de que conhecemos o estado civil, o único que pode ser identificado com o nosso músico é o filho mais novo (nascido em Nápoles em 1723) de Tommaso Scarlatti. Segundo esta hipótese do professor Prota-Giurleo, muitas vezes refutada (por razões não muito válidas que é impossível discutir aqui), mas que tem o máximo de verosimilhança, Giuseppe Scarlatti seria, então, irmão da cantora Rosa Scarlatti, que se apresentou em Veneza em 1747, e depois fez uma brilhante carreira em Viena.
✪ 32 óperas (22 sérias e 10 cómicas), 2 cantatas (ou representações sacras), várias *arie* a 1 ou 2 vozes com baixo contínuo. Algumas árias, extraídas das suas óperas, foram erradamente atribuídas a D. Scarlatti.

SCHAEFFER, Pierre (Nancy, 14 Ago. 1910/Aix-en-Provence, 19 Ago. 1995). Filho de músico, antigo aluno da escola politécnica, entrou como engenheiro de som para a RTF. Aí, cria em 1948-1949 (inserido no *Studio d'essai* e com a colaboração de Pierre Henry) uma linguagem musical nova que baptiza com o nome de «Música concreta». Em breve, começa a funcionar na RTF, e sob a sua direcção, um grupo de pesquisa de música concreta, para explorar os recursos do novo meio de expressão, cujo princípio consiste em manipulações electro-acústicas, mais ou menos complexas, de registos elementares (ou «objectos sonoros»).
✪ *Symphonie Pour un Homme Seul* (com P. Henry).
Ø «Panoramas» de música concreta (RTF – Ducretet).

Scheibe, Johann Adolph (Leipzig, 3 Mai. 1708/Copenhaga, 22 Abr. 1776). Teórico. Foi mestre de capela do margrave de Brandeburgo-Kulmbach e mais tarde director da ópera da corte de Copenhaga. Foi célebre como paladino da ópera alemã (contra as convenções da ópera italiana) e pelos seus ataques a J. S. Bach.

○ 1 ópera, 2 oratórios, cerca de 200 composições religiosas, 150 concertos de flauta, cerca de 70 composições instrumentais, bem como várias obras críticas ou teóricas (entre elas, *Der Kritische Musikus*).

Scheidt, Samuel (Halle, 1587/Halle, 30 Mar. 1654). Organista. Aluno de Sweelinck, em Amesterdão. Parece ter passado toda a sua vida em Halle, onde foi organista da Moritzkeirche, *Kapellmeister* do margrave de Brandeburgo e administrador protestante do arcebispo de Magdeburgo (mas residindo em Halle). A Guerra dos Trinta Anos não parece ter comprometido a sua posição. Notável sobretudo devido à sua obra de órgão, que constitui um passo em frente na evolução da técnica do instrumento, é, com Frescobaldi (mas sem o génio deste), um dos fundadores da moderna escola de órgão. A sua obra é uma síntese das aquisições holandesas e italianas. Por outro lado, aumentou as prerrogativas do órgão nas cerimónias do culto: as suas *Tablatura Nova* são o equivalente, para a igreja reformada, das *Fiori Musicali* de Frescobaldi, em que o órgão é elevado a funções que, tradicionalmente, pertenciam aos coros.

○ 39 *Cantiones Sacrae* a 8 vozes, 4 livros de *Geistliche Concerten* (com acompanhamento instrumental), 3 livros de *Tablatura Nova* (peças para órgão, sacras e profanas), *Tabulatur-Buch* (100 *choralvorspiele* para órgão), uma colectânea de pavanas, galhardas, etc. (instrumentais).

Ø *Duo Seraphim* (extraído de *Geistliche Concerten*, Caillard), *Ludi Musici* (Hespérion).

Schein, Johann Hermann (Grünhain, Saxe, 20 Jan. 1586/Leipzig, 19 Nov. 1630). *Kapellmeister* da corte de Weimar (1613-1615) e depois *Kantor* em São Tomás de Leipzig (1616--1630). Foi com Praetorius e Schütz um dos pioneiros, na Alemanha, do novo estilo monódico italiano e aquele que mais profundamente sofreu a influência da música italiana.

○ *Cantional...* (mais de 200 corais a 4, 5, 6 vozes), *Cymbalum Sionium* (30 motetos no estilo veneziano: de 5 a 12 vozes), 2 livros de *Geistliche Concerten* (62 motetos: 3 a 6 partes, vocais e instrumentais, com baixo contínuo), *Venus Kräntzlein* (25 *lieder* a 5 vozes, no espírito da *canzonetta* ou da *villanella* italianas), *Diletti Pastorali* (15 madrigais), várias colectâneas de motetos e de madrigais, *Banchetto Musicale* (20 suites a 5 instrumentos), algumas peças para órgão.

Ø 2 motetos do *Cymbalum Sionium* (Harmonia Mundo), 2.ª Suite do *Banchetto Musicale* (Quinteto de violas de Bâle), *Musica Boscareccia* (Knothe).

Schmitt, Florent (Blamont, Meurthe-et-Moselle, 28 Set. 1870/Neuilly--sur-Seine, 17 Ago. 1958). Aluno de Massenet e Fauré (na mesma turma de Ravel) no Conservatório de Paris, primeiro Grande Prémio de Roma em 1900, satisfez inúmeros «envios de

Roma» (entre eles, o *Salmo XLVII*), realizou uma série de viagens pela Itália, Espanha, Alemanha, Áustria e até Turquia, viagens donde trouxe peças descritivas ou evocativas para piano. Serviu activamente a causa da música contemporânea, nas comissões da Sociedade Nacional e como crítico (nomeadamente no jornal *Le Temps*). Entre 1921 e 1924, dirigiu o Conservatório de Lyon. Em 1936, foi eleito para o Instituto para ocupar o lugar de Paul Dukas. Ferozmente independente, manteve-se sempre afastado de tertúlias e dos sistemas. Nascido entre Debussy e Ravel, nunca foi êmulo de quem quer que fosse. Na sua música vigorosa, brilhante, muitas vezes apaixonada, vê longe... por vezes, longe de mais, o que leva certas obras (especialmente na música de câmara) à hipertrofia ou à excessiva complexidade de escrita. Não é de desprezar a sua influência sobre os jovens compositores (por exemplo, Honegger).

✪ 3 bailados (entre os quais se conta *La Tragédie de Salomé*), música de cena (por exemplo, *Antoine et Cleópâtre*) e de filmes (entre os quais *Salammbô*) − *O Salmo XLVII* e outras obras corais − poemas sinfónicos e peças descritivas ou humorísticas para orquestra − 2 quartetos de cordas, trio de cordas, um lindíssimo quinteto com piano, *Suite en Rocaille* para flauta, violino, violeta, violoncelo, harpa, numerosas peças para piano, inúmeras melodias (com acompanhamento de piano ou de orquestra).

Ø *Tragédie de Salomé* e *Salmo XLVII* (Martinon), *Quarteto de Cordas n.º 2* (Champeil), *Suite en Rocaille* (quinteto Jamet).

SCHOBERT, **Johann** (?, cerca de 1730//Paris, 28 Ago. 1767). Cravista. Fixou-se em Paris em 1760, ao serviço do príncipe de Conti, e adquiriu grande fama como virtuoso e compositor nos salões da capital francesa. Morreu, com toda a família, envenenado por cogumelos.

✪ 6 *Sinfonie* para cravo, violino e trompa, 6 concertos de cravo, 18 sonatas de cravo.

Ø *Concerto de Cravo op. 11 n.º 1* (M. Charbonnier).

SCHOECK, **Othmar** (Brunnen, Schwyz, 1 Set. 1886/Zurique, 8 Mar. 1957). Aluno do Conservatório de Zurique e depois de Max Reger, em Leipzig. Depois de ter dirigido vários grupos corais, foi nomeado director dos concertos sinfónicos de Saint-Gall (1917-1944). Foi, juntamente com Honegger e Martin, uma das três figuras mais importantes da música suíça. Admirável compositor de *Lieder*, é um dos últimos herdeiros da tradição que vai de Schubert a Wolf.

✪ 5 óperas, obras corais, cerca de 250 *lieder* (entre os quais se contam alguns com orquestra ou conjunto instrumental), concertos (violino, violoncelo, trompa), 2 quartetos de cordas.

Ø 15 *Lieder* (Fischer-Dieskau).

SCHÖNBERG, **Arnold** (Viena, 13 Set. 1874/Los Angeles, 13 Jul. 1951). Embora fosse extraordinariamente dotado e tivesse aprendido violino aos 8 anos, os pais não o destinaram à música. Fez composição como autodidacta, exceptuando algumas aulas com Zemlinsky, com cuja irmã casou. A sua primeira obra, executada em público (1897), foi um quarteto de cordas (que se perdeu), a que se seguiram, em breve, algumas melodias e o sexteto *Verklärte Nacht* com algum êxito. Entre 1901 e 1903, fixou-se em Berlim onde dirigiu operetas (que, por vezes, tinha de orquestrar) no Buntes Theater. De regresso a Viena, inicia a sua longa carreira pedagógica, extraordinária aventura que irá marcar, mais ou menos profundamente, toda a música do século xx. Entre os seus primeiros alunos contam-se Berg e Webern. As suas obras, cada vez mais libertas das funções tonais e das convenções do desenvolvimento temático, suscitam reacções tumultuosas. Como R. Strauss lhe arranjara um lugar de professor no Conservatório Stern, passa dois anos em Berlim (1910-1912) e estreia, nessa cidade, o seu *Pierrot Lunaire*, que provoca o escândalo, talvez menos devido à sua escrita atonal do que devido ao carácter refinado da instrumentação e à introdução de uma nova forma de expressão vocal, a meio caminho entre o canto e a declamação: o *Sprechgesang*. Tendo-se tornado célebre, Schönberg começa a apresentar as suas obras (sobretudo *Gurrelieder* e *Pierrot Lunaire*) nas capitais europeias. Em 1917, funda, em Viena, uma escola de música que se transforma, sob o seu impulso, na célebre Verein für Musikalische Privatanfführungen, onde foram criadas numerosas obras contemporâneas. Entre 1924 e 1933, encontra-se novamente em Berlim, como professor na Akademie der Kunst. Demitido das suas funções, em 1933, pelo novo ministro (nacional-socialista) da Educação, dirige-se para Paris, onde volta a abraçar a religião judaica de que se afastara em 1921. Nesse mesmo ano parte definitivamente para os Estados Unidos, onde adquirirá a nacionalidade americana em 1941. Depois de ter ocupado vários lugares de professor em Boston e em Nova Iorque, é nomeado, em 1936, director do departamento de música da Universidade da Califórnia. Schönberg foi também pintor de mérito: pertencera ao movimento artístico *Blaue Reiter* fundado, em Munique, por Kandinski.

❂ ÓPERAS: *Erwartung* (Praga, 1924), *Die Glückliche Hand* (Viena, 1924), *Von Heute auf Morgen* (Frankfurt, 1930), *Moses und Aaron* (Zurique, 1957) – OBRAS VOCAIS: *Gurrelieder* (solistas, coros e uma enorme orquestra), coros, *lieder* com orquestra (op. 8 e 22), 42 *lieder* com piano, *Kol Nidrei* (narrador, coros e orquestra), *Ode a Napoleão* (narrador e orquestra de cordas), *Um Sobrevivente de Varsóvia* (narrador, coros e orquestra), *Pierrot Lunaire* (voz, piano, flauta, clarinete, violino e violoncelo) – ORQUESTRAS: *Pelléas et Mélisande* (poema sinfónico), 5 *Peças op. 16*, *Variações op. 31*, 2 sinfonias de câmara, concerto de violino, concerto de piano. – MÚSICA DE CÂMARA: 4 quartetos de cordas, *Verklärte Nacht* (sexteto de cordas), *Serenata op. 24, Quinteto op. 26, Trio op. 45, Peças Para Piano* (*op. 11, 19, 23, 25, 33*). Acrescentemos a esta lista transcrições de obras de Bach, Haendel, Brahms, etc., e numerosos escritos teóricos (entre os quais *Harmonielehre*, de 1911).

A partir de 1906 (*Sinfonia de Câmara*), Schönberg escreveu obras que o colocaram na vanguarda dos músicos do seu tempo; mas a sua primeira peça atonal data de 1908 (*Peças Para Piano, op. 11*) e a sua primeira obra dodecafónica de 1922 (última peça do *op.*

23 para piano, construída sobre uma «série» de onze sons). O dodecafonismo (*Komposition mit zwölf tönen*) é uma técnica de composição criada por Schönberg, entre 1908 e 1923, e cuja denominação corrente se deve a Leibowitz. Considerando que não existe uma noção fundamentalmente de «dissonância», mas apenas um grau mais baixo ou menos longínquo de «consonância», Schönberg tentou libertar-se da hierarquia do sistema tonal. Em 1923, formulou o seu método de composição mediante doze sons iguais, baseado no princípio novo da série (*Grundgestalt*), imaginado por HAUER*: sucessão fundamental de doze sons iguais, sem repetição, dispostos pelo compositor numa ordem que irá determinar o desenvolvimento posterior. A mais pequena reminiscência da antiga harmonia é um entrave porque cria falsas esperanças: daí a severidade e o rigor do sistema. Schönberg adverte: «Este método não traz nada, pelo contrário, muitas coisas se encontram fora dele»: o dodecafonismo é um classicismo. Em Schönberg, os melhores exemplos de escrita «serial» são as *Variações op. 31,* as *Peças Para Piano op. 33, O Quarto Quarteto,* o *Trio* e as duas óperas (cada uma baseada numa só série) *Von Heute auf Morgern* e *Moses und Aaron* (a sua obra-prima). No entanto, Schönberg mostrou-se capaz de escrever obras admiráveis mais ou menos ligadas à tonalidade: não só as obras tonais anteriores a 1908 (as mais notáveis das quais são *Verklärte Nacht* e os prodigiosos *Gurrelieder*), mas também algumas composições dos 12 últimos anos (*Kol Nidrei, Sinfonia de Câmara n.º 2, Concerto de Piano*).

Ø *Erwartung* (Craft), *Moses und Aaron* (Boulez), *Pierrot Lunaire* (Boulez), *Gurrelieder* (Kubelik), *Concerto de Violino* (Marschenner), *Concerto de Piano* (Brendel), toda a obra de piano (Pollini), *Um Sobrevivente de Varsóvia, Variações,* etc. (Boulez).

SCHREKER, Franz (Mónaco, 23 Mar. 1878/Berlim, 21 Mar. 1934). Fundador do Coro Filarmónico de Viena (1908), professor do Conservatório de Viena (1912-1920) e depois director da Hochschule Für Musik, de Berlim (1920-1932), foi forçado a abandonar as suas funções pelo regime nazi em 1932. Entre os seus muitos alunos contam-se Hába e Krenek.

✪ 9 óperas (entre elas *Der Ferne Klang*), 3 bailados, *Kammersinfonie* e *Kleine Suite* para orquestra de câmara, *lieder.*

SCHUBERT, Franz (Viena, 31. Jan. 1797/Viena, 19 Nov. 1828). Seu pai, Franz-Theodor (1763-1830) descendia de camponeses morávios; bom professor primário, muito religioso, muito honesto, violoncelista amador. Casara em 1785 com Elisabeth Vietz (1756/1812), doméstica até casar. Tiveram pelo menos treze filhos; só vingaram cinco, dois dos quais seguiram a carreira da música: Franz e o seu irmão mais velho Ferdinand (1794/1859). Um tal Franz Schubert, de Dresden (1808/1878), que escreveu peças para violino (entre as quais figura *A Abelha*), não tem qualquer parentesco com o nosso compositor. A infância de Schubert, na escola que seu pai comprara e onde a família se instalou em 1801, decorreu pobremente, mas num clima de bondade, de dignidade e de calor familiar. Apesar dos dotes musicais, seu pai desejava que viesse a ser seu assistente na escola. No entanto, ensinou-lhe violino e, aos 9 ou 10 anos, mandou-o aprender órgão, piano, canto e harmonia com M. Holzer, organista da paróquia. Este verificou que o seu aluno já sabia, por instinto, tudo aquilo que se propunha ensinar-lhe: conversava com ele e observava-o com estupefacção. Em 1808, a sua bela voz e a sua habilidade na decifração fazem com que seja admitido na capela da corte, com a vantagem do ensino gratuito no seminário imperial e real. Ao contrário da lenda, (interessa-se pouco pelas matérias de ensino geral, mas a sua facilidade poupa-lhe qualquer esforço), os seus estudos (1809-1813) são muito satisfatórios. Os seus dotes musicais e as suas qualidades morais impressionam profundamente os seus professores, entre os quais se conta Salieri que, durante alguns anos, dirige a sua aprendizagem de compositor. É primeiro violino da orquestra de estudantes formada por um deles, J. von Spaun, que se torna seu amigo íntimo. A partir dos 12 anos, compõe, mas estas primeiras obras perderam-se. Durante as férias forma-se um quarteto familiar: Ferdinand e Ignaz nos violinos, Franz na violeta e o pai no violoncelo. Os primeiros quartetos de Schubert, que chegaram até nós (a partir de 1811--1812), destinavam-se a estas reuniões íntimas. Tendo concluído os estudos gerais, torna-se assistente do pai, ofício para o qual não tem aptidões nem gosto. Continua a compor, produzindo verdadeiras obras-primas, entre elas a imortal *Gretchen am Spinnrade* (1814). Durante o ano de 1815, escreveu 1 ópera, 4 operetas, 2 missas, cerca de 20 obras corais, 2 sinfonias (*n.º 2* e *n.º 3*), 1 quarteto em sol menor, numerosas peças para piano (entre elas, 2 sonatas) e cerca de 145 *lieder* (entre os quais se conta o célebre *Erlkönig*). Em 1816, passa a morar com o seu amigo Schober e compõe durante este ano quase tanto como no ano precedente (nomeadamente a admirável *Quinta Sinfonia*). O célebre cantor Vogl começa a apresentar os seus *lieder* em círculos privados. Em 1818, deixa a escola de seu pai. Exceptuando duas estadas em casa dos Esterhazy, como professor de música das suas duas filhas, e de algumas férias especialmente felizes, passadas nos arredores de Viena, com um grupo de amigos, a sua vida irá decorrer inteiramente nesta cidade, onde terá como únicos recursos a generosidade dos amigos e os miseráveis direitos pela cedência de uma pequena parte da sua obra a alguns directores inconscientes. Muda constantemente de residência, vivendo com amigos (os poetas Mayrhofer e Schober, o pintor Schwinde, etc.) ou em casa do pai. O emprego do seu tempo divide-se entre o trabalho (de manhã, muitas vezes, desde as 6 horas) e as reuniões de amigos (as Schubertíadas), quer seja ao piano em casa de um ou outro amigo, quer no café, onde se fuma e discute durante horas. Em 1822, é gravemente atingido pela sífilis (esta doença talvez tenha sido a causa do abandono da sua *Oitava Sinfonia* «incompleta»: à hipersensibilidade de Schubert teria repugnado retomar uma obra que se encontrava associada aos acontecimentos que tinham provocado a doença). Ao fim de um ano julga-se curado, mas a sua saúde continua a ser profundamente minada e o seu carácter ressente-se disso: está deprimido, julga-se um falhado e mergulha na melancolia quando fica só. No final de 1827, sofre de grandes dores de cabeça e tonturas; o enorme trabalho de 1828 acaba de o esgotar (a produção deste último ano constitui, talvez, o culminar da sua obra). No final de Outubro, é atingido pelo *typhus abdominalis* (provavelmente a tifóide e não o tifo); morre três semanas mais tarde, em casa do irmão Ferdinand. Foi sepultado no cemitério de Wahring e depois no cemitério central de Viena, perto de Beethoven (como fora seu desejo). Nos últimos três anos, fora um verdadeiro êxito em Viena, onde as suas obras tinham sido apresentadas em concerto na Gesellschatft der Musikfreunde, mas esta frágil fama não lhe sobreviveu. A maior parte das suas obras permaneceu inédita (a primeira edição completa foi publicada por Breitkopf, entre 1885 e 1897) e muitas não tinham ainda sido executadas em público. A grande *Sinfonia em Dó* (descoberta por Schumann em casa de Ferdinand Schubert) foi estreada, em 1839, sob a direcção de Mendelssohn, a ópera *Alfonso und Estrella*, em 1854; sob a direcção de Liszt, a *Sinfonia* «inacabada», em 1865... Grande parte da sua obra só foi descoberta em 1867, debaixo de uma espessa camada de pó, por Grove e Sullivan. E foram precisos 100 anos para o grande público considerar Schubert um mestre de primeira grandeza.

Muito pequeno e gordo, muito míope (mas com olhos móveis e expressivos), era extraordinariamente boémio, vivendo numa perpétua improvisação, incapaz de prever, de organizar, de se sujeitar à mínima pontualidade. O seu sentimento muito profundo de independência dava-lhe um ar excessivamente tímido: sentia-se aborrecido e, cioso da sua liberdade, ficava indiferente a todos os convencionalismos das relações mundanas. Detestava também os elogios e as críticas se não proviessem de verdadeiros amigos. Foi, juntamente, com Mozart, o mais puro génio musical da história, uma espécie de vidente; escrevia sem piano (que, durante muito tempo, não possuiu) de uma só vez, geralmente sem rasuras, tão depressa quanto a sua pena lhe permitia. Não tendo recebido, diz-se, a educação adequada ao seu génio (quem teria podido ensinar um tal aluno, que juntava a dotes excepcionais uma prática assídua da música viva? Se Mozart fosse vivo!...), tinha pouco sentido de organização na «composição» de obras de grandes dimensões; não sabia retroceder para ter uma visão de conjunto da obra. Aliás, vivia exclusivamente no presente, na emoção extratemporal. Tinha mesmo esse privilégio divino de confundir o instante com a eternidade.

Um dos encantos especiais destes *lieder* provém do que Schubert faz com os poemas. Quer sejam excelentes (Goethe, Schiller, Heine), ou mais modestos (Mayerhofer, Schober, Rellstab, Müller), é o sentimento poético geral que rege a inspiração musical: esta está isenta de todo o compromisso intelectual

✪ 15 óperas ou *Singspiele* (de qualidade muito desigual) e 3 peças de música de cena (entre as quais a bela partitura de *Rosamunde*) − 6 missas e numerosas obras religiosas (a belíssima missa em *mi bemol* é a única a

Schubert, Franz

reter) – numerosas obras corais, com orquestra, com piano ou a *cappella* – alguns trios e quartetos vocais encantadores (entre os quais figura *Nachtigal*, com guitarra) – cerca de 600 *lieder*, que adoptam as formas mais diversas, desde a simples canção estrófica (*Heidenröslein*) à verdadeira cena dramática (*Erlkönig*) e à cantata (*Viola*). Os mais belos? Há 500: *Gretchen am Spinnrade, Erlkönig, Rastlose Liebe, Gesang des Harfners, Aufenthalt, An die Musik, Der Forelle, Der Musensohn, Prometheus, Im Walde, Geheimes, Das sie hier gewesen, Viola, Im Abendrot, Nacht und Träume, Nachtstück,* os ciclos completos de *Die Schöne Mühlerin* e de *Winterreise,* a célebre *Serenata, Am Meer, Der Doppelgänger*... Desejaríamos citá-los todos. – 9 sinfonias (das quais as mais belas são as *Segunda, Quinta, Oitava* «incompleta» e, sobretudo, a fascinante obra-prima constituída pela *Nona*), 16 quartetos (os mais belos; *Sol Maior* e *Ré Menor, A Morte e a Donzela*), um quinteto com piano (*A Truta*), um admirável quinteto de cordas, outra obra-prima, 3 trios com piano, 1 trio de cordas, 4 sonatas de violino e piano – PARA PIANO: 23 sonatas (as mais belas em *lá menor* e *si bemol*), 8 improvisos, 6 *Momentos Musicais,* numerosas danças (*ländler,* valsas, etc.).

Ø *Missas* (Sawallisch), Sinfonias (Böhm, Giulini), *Rosamunde* (Haitink), *Quinteto de Cordas* (Weller), Quinteto *A Truta* (Serkin e Marlboro), *Quarteto em Sol* (Amadeus), Quarteto *A Morte e a Donzela* (Quarteto italiano), *Sonatas de Piano e Improvisos* (Lee, Brendel), *Fantasia Wanderer* (Pollini), *Momentos Musicais* (Kempff), *Lieder* (Fiescher-Dieskau, Sousay, Vogel, Baker, Schwarzkopf, Ameling)...

Schulz, Johann Abraham Peter (Lüneburg, 31 Mar. 1747/Schwedt, 10 Jun. 1800). Depois de ter viajado pela França, Itália e Áustria como pianista da princesa Sapieha, foi, sucessivamente, director do teatro francês de Berlim, mestre de capela do príncipe Henrique da Prússia e compositor da corte em Copenhaga (1787-1795).

○ Óperas, música religiosa, peças para piano e, sobretudo, excelentes *lieder* (no estilo do *Volkslied*).

Schuman, William (Nova Iorque, 4 Ago. 1910/Nova Iorque, 15 Fev. 1992). Aluno de Roy Harris e do Mozarteum de Salzburgo. A partir de 1945 foi presidente da Julliard School of Music. É um dos melhores sinfonistas americanos.

○ Uma *Base-Ball Opera* (The Mighty Casey), bailados, obras corais, 6 sinfonias (entre as quais se conta a bela *Sinfonia n° 5 Para Cordas*), concerto de piano, concerto de violino, 4 quartetos de cordas.

Schumann, Clara – de solteira Wieck (Leipzig, 13 Set. 1819/Francoforte, 20 Mai. 1896). Mulher de Schumann. Pianista admirável, foi uma das melhores intérpretes de Beethoven, Chopin, Liszt e, em especial, de seu marido (que lhe dedicou o seu concerto); mas os pormenores da sua brilhantíssima carreira de virtuosa transcendem o âmbito deste livro. Em 1878, tornou-se professora do Conservatório de Francoforte. Foi amiga de Brahms, com quem trocou uma importante correspondência.

○ Obras para piano (entre as quais figura um concerto), música de câmara, cerca de 25 *lieder* (num total de 23 números de op.).

SCHUMANN, **Robert** (Zwikau, Saxe, 8 Jun. 1810/Endenich, perto de Bona, 29 Jul. 1856). Filho de August Schumann (1737/1826) e de Johanna Christiana Schnabel (1771-1836), que casaram em 1795. O pai, filho de um pastor, era livreiro, editor e autor; cerca de 1810, foi atingido por perturbações mentais. A mãe, filha de um cirurgião, era inteligente, hipersensível, mas desprovida de imaginação. Em 1840, Robert casou com a encantadora pianista Clara Wieck, de quem teria oito filhos. Começa a estudar piano na escola, sem uma tendência especial. Mas em 1819 um concerto de Moscheles e uma representação de *A Flauta Mágica* decidem a sua vocação. No Lyceum de Zwickau participa nos concertos de alunos como pianista e compositor (o estudante, de 12 anos, que não conhecia nada do ofício, chegou mesmo a pôr de pé, com dificuldade, um grande *Salmo CL*, para solistas, piano e orquestra). Aos 13 anos, escreve pequenos artigos para a publicação de seu pai, escreve poemas e algumas peças de teatro. Lê muito na biblioteca do pai e entusiasma-se por Jean Paul. Este transforma-se no seu modelo literário, ao mesmo tempo que a descoberta de Schubert lhe inspira os seus primeiros *lieder*. Após um brilhante exame de fim de curso (1828), vai para a Universidade de Leipzig, a fim de estudar Direito. Mas troca os estudos pela música e a literatura; aprende piano sob a direcção de Friedrich Wieck (excelente professor, cuja filha, Clara, de 9 anos, era uma menina-prodígio) e participa em sessões de música de câmara em casa de um Dr. Carus, a cuja mulher faz a corte. Já nessa época apresenta alguns sintomas de ligeiras perturbações mentais. Um ano mais tarde, troca a Universidade de Leipzig pela de Heidelberga, onde trabalha extraordinariamente com o piano e abandona de todo o Direito; apresenta-se em público com muito êxito.

Tendo obtido o consentimento da mãe, abandona a Universidade em 1830, instala-se em casa dos Wieck, em Leipzig, e dedica-se afincadamente ao trabalho para ser um virtuoso. Como o seu professor lhe parecia demasiado absorvido pela carreira da filha, Clara, começa os estudos teóricos com o director de orquestra do teatro; continua-os durante um ano e termina, sozinho, a sua formação de compositor estudando Bach. Depois de ter abandonado Wieck, continua, também sozinho, o estudo do piano na perspectiva de uma carreira de virtuoso, mas ao tentar tornar mais forte o quarto dedo da mão direita com um aparelho que inventara, perde definitivamente o controlo dele. Este estúpido acidente retira-lhe todas as esperanças de vir a ser pianista; daí em diante, dedicará toda a sua actividade à composição e à crítica musical (em 1843, funda, com Wieck e alguns amigos, a *Neue Zeitschrift für Musik*, que dirigirá durante dez anos). Em 1835, faz amizade com Mendelssohn, que acaba de se fixar em Leipzig. Nesse mesmo ano declara o seu amor a Clara, que se transformara numa bela jovem de 16 anos e numa pianista notável. Como esta correspondera aos sentimentos de Schumann, Wieck

Schumann, Robert

proibiu que os dois jovens se vissem e opôs-se ao projecto de casamento com uma violência extrema. Durante cinco anos de luta e de separação constante, o seu amor não enfraqueceu, apesar da hostilidade de Wieck, que multiplicava as digressões com a filha, fazia afirmações difamatórias acerca de Schumann e fingia subordinar a sua autorização a condições financeiras fantásticas. Schumann intentou uma demorada acção judiciária, que ganhou: o casamento realizou-se em 1840. Este período atormentado foi, de longe, o mais produtivo da sua carreira de compositor. Robert e Clara formaram um casal modelo e fizeram muitas digressões juntos, nomeadamente à Rússia. Em 1843, Schumann é contratado como professor de piano e de composição do novo Conservatório de Leipzig, fundado por Mendelssohn. Mau pedagogo, abandona o lugar ao fim de um ano e parte para Dresden, onde sofre uma grave crise de depressão nervosa. Em 1850, participa na fundação da Bach Gesellschaft e aceita um lugar de director de concertos em Düsseldorf. Mau director de orquestra, não consegue impor-se e sofre de perturbações nervosas e psíquicas cada vez mais graves: asfixias, ataxias, perturbações auditivas, tonturas. Em 1854, o casal conhece o jovem Brahms, a quem Schumann dedica um artigo ditirâmbico. Numa manhã de 1854, interrompe subitamente o seu trabalho e precipita-se no Reno. Salvo por alguns pescadores, é internado no hospital de alienados do dr. Richarz, próximo de Bona. Uma melhoria sensível permite-lhe corresponder-se com Clara, bem como com Brahms e Joachim. Recebe mesmo a visita destes dois amigos, mas Clara só é autorizada a vê-lo em Julho de 1856 (depois de mais de dois anos de hospitalização); então, dedica-se a elaborar listas de cidades por ordem alfabética. Reconhece a mulher, consegue beijá-la («Não trocaria esse amplexo por todo o ouro do mundo», escreve Clara), mas não consegue articular palavras inteligíveis. A 28 de Julho, Clara e Brahms não o deixam. Morre na tarde de 29, com 46 anos apenas. O pai sofria de perturbações nervosas, a mãe era hipersensível, uma das suas irmãs (deficiente física e mental) suicidara-se em 1826. Todavia, houve outros factores que, juntando-se à hereditariedade, provocaram a tragédia que comprometeu a sua carreira e pôs fim aos seus dias. Primeiro, foi a incerteza acerca da sua vocação (jurista? pianista? compositor? poeta? crítico? editor?) que transformou este egocêntrico taciturno num indeciso, duvidando de si mesmo, fazendo vinte coisas ao mesmo tempo, abandonando-as e retomando-as. O acidente com o dedo e a longa luta pelo amor de Clara foram estimulantes salutares, que correspondem ao período de intensa actividade criadora (1832-1840) em que se baseia a sua glória. Depois do casamento, uma espécie de complexo de inferioridade em relação a Clara acentuou profundamente a sua melancolia. Pianista falhado, mau director de orquestra, casado com uma das mais prestigiosas virtuosas do seu tempo, tinha o sentimento de ser a sombra da mulher nas numerosas digressões que realizavam em conjunto (este sentimento originara-se na atitude de desprezo de Wieck, desde a época em que este se interessava mais pela sua filha-prodígio do que pelo seu aluno Schumann). A cultura literária de Schumann, a sua extrema sensibilidade e, em certa medida, a sua doença fizeram dele o típico músico «romântico». Troca as grandes formas clássicas, que paralisam a sua inspiração, por um corte psicológico ou literário e contenta-se com estruturas musicais simples. Frequentemente, procede por justaposição de ideias como numa improvisação e nas composições mais extensas apresenta uma predilecção pela variação. É tanto literato como músico (no *lied* talvez seja essa a sua fraqueza em relação a Schubert): os símbolos e as alusões de todos os tipos (muitas vezes pouco perceptíveis) abundam na sua música. As suas obras mais belas e originais são as peças para piano e os *lieder* do período 1832-1840 (130 *lieder* em 1840, dos quais as obras-primas são sobre poemas de Heine e de Eichendorff) – PARA PIANO: *Papillons, Carnaval, Fantasiestück, Estudos Sinfónicos, Kinderszenen, Kreisleriana, Fantasia*. Entre os *lieder*: os ciclos *Liederkreis op. 24, Liederkreis op. 39, Frauenliebe und Leben, Dichterliebe* – A sua música de câmara e a sua música sinfónica (apesar da beleza do concerto de piano e da *Sinfonia «Renana» n.º 3*) são menos interessantes: a orquestração é geralmente banal e, muitas vezes, deixa transparecer o carácter essencialmente pianístico da sua criação musical. A improvisação ao piano foi o principal estimulante da sua inspiração, mesmo nas composições sinfónicas e na música de câmara, onde a instrumentação parece ser um acto gratuito separado do acto criador.

✪ A ópera *Genoveva*, uma música de cena para *Manfred*, cerca de 20 obras para coros e orquestra (entre as quais figuram *Das Paradies und die Peri* e o belo *Requiem für Mignon*), 4 sinfonias completas e 2 incompletas, 1 concerto e 1 *Konzertstück* para piano e orquestra, 1 fantasia e 1 concerto de violino e orquestra, 1 concerto de violoncelo, 1 quinteto, 2 quartetos e 2 trios com piano, 3 quartetos de cordas, inúmeras obras para piano (as obras-primas foram citadas acima), 3 sonatas, 260 *lieder*, um grande número de duetos, trios, quartetos com piano e de coros a *cappella,* bem como numerosos escritos.

Ø As 4 *Sinfonias* (Solti), *Concerto de Piano* (Rubinstein, Giulini), *Concerto de Violoncelo* (Rostropovitch), *Sonata em Sol Menor, Carnaval de Viena* e *Papillons* (Richter), *Kreisleriana* (Horowitz), *Carnaval* e *Fantasiestück* (Rubinstein), *Fantasia* e *Davidsbündler* (Collard), *Liederkreis* (Sousay), *Lieder* (Fiescher-Dieskau, Ferrier, Kruysen), *Música de Câmara* (Sukin, quarteto de Budapeste).

SCHÜTZ, **Heinrich** (Kóstritz, Saxe, 4 Out. 1585/Dresden, 6 Nov. 1672). Paralelamente a excelentes estudos gerais, aprendeu música como corista na capela do Landegrave de Hesse-Kassel. Em 1609, este envia-o a Veneza para estudar sob a direcção de G. Gabrieli. Fica nessa cidade até à morte do seu professor, em 1612, e aí publica as suas primeiras obras (um livro de madrigais italianos). Então, torna-se organista do Landegrave, em Kassel, e depois *Kapellmeister* do Eleitor de Saxe, em Dresden (de 1617 até à sua morte). Aqui, a sua primeira preocupação é organizar a capela eleitoral segundo o modelo italiano, a fim de introduzir o novo estilo concertante: vai buscar alguns instrumentistas a Itália e envia alguns cantores da capela a este país para se aperfeiçoarem. Em 1627, a sua *Dafne* (a primeira ópera alemã) é representada em Torgau, por ocasião do casamento de uma filha do Eleitor com o Margrave de Hesse-Darmstadt. Em 1628, Schütz faz uma segunda viagem a Itália para se familiarizar mais com o novo estilo monódico e, especialmente, para estudar a técnica do célebre Monteverdi, que conheceu em Veneza e cuja influência sofreu profundamente, mas de quem não foi aluno directo. Como a Guerra dos Trinta Anos transformou, provisoriamente, o Saxe no palco dos combates, a capela eleitoral ficou desmembrada, e entre 1633 e 1645 Schütz procurou refúgio, ora na Dinamarca, ora nas diferentes cortes da Alemanha, regressando de tempos a tempos a Dresden. Reorganizou a capela eleitoral com admirável dedicação, contribuindo mesmo pessoalmente para os aumentos de salários dos músicos, e como os seus pedidos de demissão foram várias vezes recusados, conservou o lugar até à morte (vítima de um ataque de apoplexia), aos 87 anos. O pregador da corte fez o seu elogio fúnebre.

A sua vida estende-se por duas épocas da história musical e é alimentada por duas fontes culturais. Educado na tradição alemã e no espírito do Renascimento, impregnou-se da arte italiana da chamada época «barroca». Assimilou as técnicas de Gabrieli e Monteverdi, pelos quais sentia profunda admiração (nomeadamente pelo estilo concertante, escrita em vários coros imitada dos Venezianos), sem deixar de estar ligado ao estilo polifónico antigo, a que regressou na velhice: cf. as belas *Paixões*. Ao realizar uma síntese magistral das duas culturas antagónicas, ocupou um lugar proeminente na história da música, abrindo o caminho, um século antes, a J. S. Bach. Ao adaptar magistralmente o novo estilo monódico ao espírito e ao ritmo da língua alemã, criou um estilo de cantata (*Symphoniae Sacrae*) e um estilo de oratório (*Oratório de Natal*) que Bach iria levar à perfeição: foi o primeiro, na Alemanha, a tratar os instrumentos com um espírito sinfónico, dando aos metais, nomeadamente, uma importância e um brilho fora do vulgar (influência de Gabrieli); foi, também, autor da primeira ópera alemã (que infelizmente se perdeu).

✪ (Edição completa por Breitkopf, em 18 vol., 1885-1927): *Dafne* (ópera), *Auferstehung Jesu Christi* (1623) (oratório de Páscoa, no estilo alemão tradicional, para solistas, coros, 4 violas da *gamba* e órgão), *Die sieben Worte Jesu Christi,* manuscrito (pequeno conjunto vocal e instrumental), *Musikalische Exequien* (1636) (3 peças fúnebres, para solistas, coros e baixo contínuo), *Weihnachtshistorie* (1664) (oratório de Natal, para solistas, coros e instrumentos, uma obra-prima considerável), 4 paixões *a cappella* manuscritas (maravilhosas na sua simplicidade e perfeição de escrita), 26 *Psalmen Davids...* (1619) (grande estilo veneziano com 2, 3 e 4 coros vocais e instrumentos), um saltério completo (1628-1661) (a 4 vozes, nota contra nota, no estilo dos saltérios franceses), 3 colectâneas de *Symphoniae Sacrae* (1629-1647-1650) (3 a 8 vozes, vocais e instrumentais; os volumes I e III contêm as melhores páginas de Schütz no estilo italiano), *Geistliche chormusik* (1648) (29 motetos alemães a 5, 6, 7 vozes, vocais e instrumentais, no mais puro estilo polifónico), 48 *Kleine Geistliche Konzerte* (1636-1639) (solistas e baixo contínuo: obras íntimas).

Ø *Paixão Segundo São Lucas* (Kreuzchor de Dresden), *Natividade* (Thamm), *Musikalische Exequien* (Mauersberger), *Ressurreição* (Wolters), *Geistliche Chormusik* (Wolters), *Geistliche Konzerte* (Ehmann), *Cantiones Sacrae* (Gächinber Kantorei), *Die sieben Worte Jesu Christi* (Mauersberger).

Scott, **Cyril** (Oxton, Cheshire, 27 Set. 1879/Eastbourne, 31 Dez. 1970). Aluno do Conservatório de Francoforte. Espírito original, poeta, apaixonado pelos filósofos orientais. Foi, por vezes, comparado a Debussy devido a uma certa liberdade tonal e rítmica e à importância que deu ao colorido harmónico.

✪ 3 óperas, obras corais, a sinfonia *The Muses*, concertos (piano, violino, violoncelo, cravo), música de câmara, numerosas pequenas peças para piano, mais de 100 melodias.

Scriabine, **Alexandre Nicolaïevitch** (Moscovo, 6 Jan. 1872/Moscovo, 27 Abr. 1915). Pianista. Aluno de Taneiev no Conservatório de Moscovo, onde virá a ser professor de piano (1898-1904). Depois de ter sofrido uma profunda influência de Chopin e de Liszt, descobre Wagner e em seguida Debussy e Ravel. Entusiasma-se pela teosofia e pelas filosofias orientais e em breve constrói uma metafísica extravagante, mas em parte genial, de que são testemunho muitas das suas obras. Identificando-se com o super-homem de Nietzsche, «criador total», quer «pelo Êxtase chegar à fusão com o Cosmos», «fazer soar o acorde final da nossa raça, reunindo-a ao Espírito». A sua obra, profundamente original, nomeadamente do ponto de vista harmónico (encontram-se nela exemplos de escrita atonal) é demasiado mal conhecida.

✪ 3 sinfonias, *O Poema do Êxtase* para orquestra, *Prometheus* para piano, coros e orquestra, e, sobretudo, numerosas composições para piano, entre as quais se contam 1 concerto, 10 sonatas (a *n.º 9* é muito bela), preludios, improvisos, estudos.

Ø *Sonatas* (Cornman), *Concerto* (Wührer).

Searle, **Humphrey** (Oxford, 26 Ago. 1915/Londres, 12 Mai. 1982). Aluno de G. Jacob e de J. Ireland, em Londres, e de Webern, em Viena. Sob a influência deste último, veio a ser um dos melhores representantes do dodecafonismo em Inglaterra. Depois da guerra, que, em parte, fez no Intelligence Service, colaborou com Trevor-Roper no livro *Os Últimos Dias de Hitler*.

✪ Uma grande triologia (*Gold Coast Customs*, *The Riverrun*, *The Shadow of Cain*) para narrador, coros e orquestra, 5 sinfonias, *Poem* para cordas, 2 concertos de piano, música de câmara, uma sonata de piano muito bela.

Seiber, **Mátyás** (Budapeste, 4 Mai. 1905/Capetown, 24 Set. 1960). Aluno de Kodály no Conservatório de Budapeste (1919-1924). Visitou as três Américas como músico, num navio, percorreu parte da Europa como violoncelista, crítico e professor (nomeadamente no Conservatório de Francoforte, onde criou uma aula de *jazz*). Em 1935, fixou-se em Londres. Extremamente inteligente e curioso, interessou-se por todos os ramos da música, combinando na sua obra a influência das novas músicas, do *jazz* e do folclore.

✪ 1 ópera-cómica (*Eva spielt mit Puppen*), música de cena e de filmes (sobretudo de desenhos animados), várias cantatas (entre elas, *Ulisses*), melodias e arranjos de canções populares, 3 quartetos de cordas, peças curiosas para piano e numeroso escritos (nomeadamente sobre *jazz* e sobre Kodály).

Seixas, José António Carlos de (Coimbra, 11 Jun. 1704/Lisboa, 25 Ago. 1742). Organista e cravista. É possível que tenha sido aluno de seu pai Francisco Vaz, organista da Sé de Coimbra. Em 1720 vem para Lisboa e pouco depois é nomeado organista da Patriarcal e da casa real. Em 1732, casa com D. Joana Maria da Silva, de quem teve dois filhos e três filhas. Faleceu aos 38 anos, vítima de um reumatismo que degenerou em febre maligna.

✪ Muitas tocatas, minuetos e fugas para órgão, clavicórdio e cravo, 1 concerto de cravo e cordas, 2 «sinfonias» para orquestra e várias obras de música religiosa.

Selmer, Johann Peter (Christiania, 20 Jan. 1844/Veneza, 21 Jul. 1910). Aluno de A. Thomas, em Paris, (onde, durante a Comuna, foi nomeado membro de uma comissão musical) e de F. Richter, em Leipzig. A sua música, intensamente romântica, exerceu uma profunda influência nos compositores noruegueses das gerações seguintes.

✪ Oratórios, coros a *cappella*, cerca de 110 melodias, poemas sinfónicos.

Senaillé, Jean-Baptiste (Paris, 23 Nov. 1687/Paris, 15 Out. 1730). Violinista, filho de um dos «vinte e quatro violinos do rei». Aluno de um aluno de Corelli, J-B. Anet, e depois de T. A. Vitali (filho do célebre compositor), em Modena. Ao regressar a França, munido de uma carta de recomendação da duquesa de Modena, filha do duque de Orleães, obteve um lugar importante na orquestra da corte e apresentou-se com êxito no *Concert Spirituel*, entre 1728 e 1730. As suas sonatas de violino evidenciam uma técnica notável para a época.

✪ 5 livros de sonatas para violino e baixo contínuo (no total, 50 sonatas), que denotam a influência italiana.

Senfl, Ludwig (Zurique, cerca de 1488/Munique, 1543). Muito novo ainda, foi membro da capela do imperador Maximiliano I, em Constança. Aí, foi aluno de Isaac, que o acompanhou a Florença, em 1515, e a quem sucedeu como compositor da corte de Maximiliano. Em 1520, está em Augsburgo, onde é recebido por Carlos V e depois em Munique, onde é, até morrer, *musicus intonatur* e *musicus primarius* (?) do duque de Baviera.

✪ Missas, motetos, cerca de 150 *lieder* polifónicos notáveis (onde por vezes utiliza, tal como os autores de motetos do século xiv, a pluralidade de textos). Completou o monumental *Choralis Constantinus*, de Isaac.
Ø 3 *Lieder* (Feyerabend e acompanhamento instrumental).

SERMISY, Claudin de (?, cerca de 1490/Paris, 13 Out. 1562). Na qualidade de membro da capela de música do rei (chantre e depois *sous-maître*, a partir de 1532) participou nos funerais de Luís XII (1515) e de Francisco I (1547), bem como em diversos encontros históricos: o de Francisco I e do Papa Leão X, em Bolonha (1515), o de Francisco I e Henrique VIII no Camp du Drap d'or (1520) e mais tarde em Bolonha (1532). Em 1533, torna-se cónego de Sainte-Chapelle, onde passa a ser *clere-musicien* em 1508. Foi um dos compositores mais publicados do seu tempo e o mestre da música religiosa em França. No entanto, as suas canções de amor contam-se entre as mais finas e delicadas escritas no século XVI.

✪ 11 missas a 4 vozes, 4 livros de motetos (3 a 6 vozes) e muitos outros, cerca de 200 canções (na sua maior parte, a 4 vozes), uma *Passion selon Saint Matthieu* a 4 vozes.

Ø 5 *Chansons* (Roger Blanchard).

SEROV, Alexandre Nicolaïevitch (São Petersburgo, 23 Jan. 1820/São Petersburgo, 1 Fev. 1871). Autodidacta, foi o primeiro «fruto» do célebre crítico Stassov (conselheiro e defensor do Grupo dos Cinco). Depois de ter descoberto a música de Wagner, cuja influência se sente em toda a sua obra, teve a ambição de criar um equivalente russo do drama musical wagneriano.

✪ 3 óperas (*Judith*, *Rogneda*, e *O Poder do Mal*), Stabat Mater, Ave Maria, Cântico de Natal.

Ø Extr. de *O Poder do Mal* (em recital Petrov).

SÉVERAC, Déodat de (Saint-Felix--de-Caraman, Lauraguais, 20 Jul. 1873/Céret, Pirinéus Orientais, 24 Mar. 1921). Filho do pintor Gilbert de Séverac, pertencia a uma família antiga do Languedoc. Depois dos estudos secundários e de breves passagens pelos conservatórios de Toulouse e de Paris, entrou para a Schola Cantorum, onde foi aluno de d'Indy e de Magnard. Foi, talvez, o músico mais original da sua geração. «A sua música cheira bem», dizia Debussy.

✪ 2 óperas cómicas, música de cena, poemas sinfónicos, admiráveis peças para piano (entre as quais as suas obras-primas: *En Languedoc*, *Baigneuses au Soleil*, *Cerdana*), algumas peças para órgão, melodias.

Ø 7 *pièces pour piano* (J. J. Barbier).

SIBELIUS, Jean (Hämeenlinna, Finlândia, 8 Dez. 1865/Järvenpää, perto de Helsínquia, 20 Set. 1957). Depois de se ter orientado para Direito, estudou música, primeiro no Conservatório de Helsínquia, com Wegelius, e depois em Berlim e em Viena. Desde as suas primeiras obras, inspiradas no folclore e nas lendas do *Kalevala*, impôs-se como o chefe da escola nacional finlandesa. O grande compositor Kajanus, que dirigiu a execução das suas primeiras obras, em 1892, decidiu nunca mais compor e tornar-se o intérprete dedicado do seu jovem colega. Em 1893, Sibelius foi nomeado professor de violino e de teoria musical no Conservatório de Helsínquia. Quatro anos mais tarde, foi-lhe concedida pelo Estado uma pensão vitalícia para que pudesse dedicar-se exclusivamente à composição. Assim, a sua vida foi calma e fecunda, sem outros acontecimentos marcantes, para além das suas digressões pelo estrangeiro (nomeadamente aos Estados Unidos, onde, em 1914, ensinou durante algum tempo no Conservatório de Boston). Venerado no seu país como poucos compositores foram, Sibelius é o símbolo do nacionalismo finlandês na música. Todas as vezes que o patriotismo dos Finlandeses foi posto à prova, algumas das suas composições adquiriram o valor de canções de resistência (nomeadamente *Finlândia*). A partir de 1910, o seu estilo tornou-se mais internacional, embora ainda seja perceptível nele um perfume melódico finlandês. Se as suas obras de inspiração nacional podem ser mal compreendidas no estrangeiro, as suas sinfonias, em contrapartida (nomeadamente as *Quarta, Quinta* e *Sétima*), e o seu concerto de violino mereciam uma muito maior difusão.

✪ A ópera *Jungfruburen*, música de cena (que inclui a destinada a *Kuolema*, de Järnefelt, donde foi extraída a célebre *Valsa Triste*) – grandes obras para coros e orquestra, entre as quais se conta o belo *Jordens Sang* («Canção da Terra»), 100 melodias (a maior parte em sueco) – 7 sinfonias, numerosos poemas sinfónicos, entre eles *En Saga, Finlândia* e 4 lendas segundo o *Kalevala* (a n.º 2 é *Tuonela Joutsen:* «O Cisne de Tuonela»), 1 concerto e 2 serenatas para violino e orquestra, música de câmara (como o quarteto de cordas *Voces Intimae*), cerca de 120 composições para piano. Ø *Finlândia, O Cisne de Tuonela* e *Valsa Triste* (Rosbaud), *Sinfonias n.º 2, 4, 5, 6, 7* (Karajan), *Concerto de Violino* (Ferras), *Lieder* (K. Borg, K. Meyer).

SILVA, Óscar da (Paranhos, Porto, 21 Abr. 1870/Leça da Palmeira, 26 Mar. 1958). O seu nome completo é Oscar da Silva Corrège Araújo. Estudou no Porto e em Lisboa, completando a sua formação na Alemanha. Teve uma carreira brilhante como concertista divulgando sobretudo as suas próprias composições para piano. Ligado à corrente romântica do século XIX e considerado «o representante musical por excelência do saudosismo português», como compositor Óscar da Silva deixou-nos algumas obras de reconhecido mérito em vários géneros e formas. Entre elas destacam-se *Dona Mécia*, novela lírica em 2 actos (1901); *Marcha Triunfal do Centenário da Índia* (para banda); o poema sinfónico *Miriam*; *Dolosas* (para orquestra e também para piano); um quarteto e um quinteto para cordas; um quarteto com piano; uma sonata para violino e piano; um grande número de peças para piano; e 8 *Romances* para voz e piano.

SINDING, Christian (Königsberg, 11 Jan. 1856/Oslo, 3 Dez. 1941). Pianista. Irmão do pintor Otto Sinding e do escultor Stefan Sinding. Fez os seus estudos musicais, graças a uma bolsa real, em Leipzig, Berlim, Dresden e Munique. Durante dois anos (1920-21), ensinou na Eastman School of Music de Rochester (Nova Iorque). A sua música de piano, muito romântica, teve um êxito excessivo, que prejudicou composições de maior qualidade.

✪ 2 óperas, cerca de 200 melodias, 3 sinfonias, 1 concerto de piano, 2 concertos de violino, obras para violino e orquestra (*Suite, Légende, Romance*) e para violino e piano, numerosas peças para piano.

SKALKOTTAS, Nikos (Chalkis, 8 Mar. 1904/Atenas, 19 Set. 1949). Começou os seus estudos no Conservatório de Atenas e terminou-os na Hochschule fur Musik de Berlim, onde foi aluno de Schönberg. Durante os 12 anos que passou na Alemanha (1920-1932) foi também, durante algum tempo, aluno de K. Weill. Morreu aos 45 anos, deixando mais de 150 composições que nunca se preocupara em mandar executar ou publicar, embora a sua descoberta póstuma tenha tido um carácter sensacional. Sem o zelo de alguns amigos dedicados, este compositor, com um talento único na história da música, teria, devido à sua modéstia, permanecido ignorado.

✪ 2 bailados, 36 *Danças Gregas* para orquestra, 2 suites sinfónicas, 1 *Sinfonietta*, 3 concertos de piano, concertos de violino, violoncelo, violino e violeta, 4 quartetos de cordas, 4 suites para piano, melodias.

SMÉTANA, Bedrich ou Frederic (Litomysl, Boémia, 2 Mar. 1824/Praga, 12 Mai. 1884). Menino-prodígio, aos 5 anos já interpretava uma parte de um quarteto de Haydn; aos 6, estreou-se em público como pianista e aos 8 começou a compor, tendo apenas recebido de seu pai (violinista amador) uma educação musical sumária. Depois de uns estudos gerais muito sérios, nomeadamente em Plzen, foi para Praga, em 1843, para aperfeiçoar o piano (o único ensino musical sério que tivera); aí, foi contratado como mestre de música do conde Léopold Thun, em cuja casa compôs as primeiras obras importantes. Os movimentos revolucionários de 1848 (que afectaram violentamente Viena e a Hungria) fortaleceram o nacionalismo boémio. Smétana abraçou com fervor a causa dos patriotas checos oprimidos que reivindicavam a independência. Em 1849, estimulado por Liszt e Clara Schumann, funda em Praga uma escola privada de música. Mas, alguns anos mais tarde, prefere exilar-se a sofrer durante mais tempo a dominação austríaca.

Entre 1856 e 1861, vive na Suécia, onde dirige a sociedade filarmónica de Gotemburgo (Harmoniska Sällskapet). Quando regressa ao seu país, as recentes vitórias franco-piemontesas sobre o imperador Francisco José atenuaram consideravelmente o carácter opressivo e repressivo do regime, e o sentimento nacional atingiu todos os seus compatriotas. Smétana colabora na fundação de vários organismos musicais boémios e, em especial, na criação do primeiro teatro checo («Teatro Provisório» e depois «Teatro Boémio de Praga»), destinado à representação de peças em língua checa, e de cuja orquestra será o director titular, de 1866 a 1874. E aí, em 1866, apresenta a primeira das suas 8 óperas nacionais. *Barnibori v Cechàch* («Os Brandeburgueses na Boémia»), a que se segue, alguns meses mais tarde, a sua obra-prima, a encantadora *Prodaná Nevesta* («A Noiva Vendida»). A imensa popularidade desta obra, tão checa como *Boris* ou *Kovantchina* são russas, não decaiu nunca; é um verdadeiro hino nacional em três actos. A partir de 1873, manifesta-se um começo de surdez, acompanhado de violentas dores de cabeça e de perturbações nervosas. Este estado agrava-se rapidamente até à surdez completa. Na sequência de uma depressão nervosa, o estado mental de Smétana exige o

SMÉTANA, Bedrich

seu internamento num hospício de alienados, onde veio a falecer aos 65 anos. Foi sepultado no cemitério de Ugeshrad, em Praga. Em 1924, o seu centenário foi comemorado mesmo na mais pequena aldeia da Checoslováquia. Smétana foi não só o pai da moderna música checa, como contribuiu, com a sua obra, para a libertação do seu país e pode ser considerado o símbolo da liberdade checa. O seu génio, que vai muito para além da simples imitação do folclore, permite que uma obra de inspiração nacional alcance a universalidade: a abertura de *A Noiva Vendida* e o ciclo de poemas sinfónicos *Má Vlast* («A Minha Pátria») que contém o célebre *Vltava* («Moldava») ainda são tocados no mundo inteiro. À influência de Liszt juntam-se as da vida no campo, das paisagens da Boémia e, sobretudo, a recordação de uma infância feliz que os sofrimentos posteriores nunca apagarão. As suas obras-primas como *A Noiva Vendida*, *O Beijo* ou *A Minha Pátria* são a melhor prova.

❂ 8 óperas, entre elas, *Prodaná Nevesta* («A Noiva Vendida»), *Hubichk* («O Beijo») 3 *Dalibor* – coros e melodias, muitas vezes de inspiração folclórica, poemas sinfónicos (entre os quais se contam os 6 que constituem *Má Vlast*), um trio com piano, 2 quartetos de cordas, numerosas obras para piano, entre as quais figuram polcas e danças checas.

Ø *A Noiva Vendida* (Ópera de Praga, Chalabala), *O Beijo* (Chalabala), *Dalibor* (Krombholc), *A Minha Pátria* (Ancerl), os 2 Quartetos (Quarteto Smétana).

SÖDERMAN, August (Estocolmo, 17 Jul. 1832/Estocolmo, 10 Fev. 1876). Depois de ter seguido a carreira de marinheiro ainda muito novo, em 1856 foi para Leipzig estudar música e tornou-se director de orquestra do teatro real de Estocolmo. Publicou, durante alguns anos, com o seu amigo Grieg, a revista *Nordiska Musikblad*.

❂ Música sacra (nomeadamente uma *Missa Solemnis*), 4 operetas, cerca de 80 peças de música de cena, coros *a cappella*, *lieder* com orquestra ou piano.

SOLER, Antonio (Padre) (Olot, Catalunha, 3 Dez. 1729/Mosteiro do Escurial, 20 Dez. 1783). Depois de ter estudado música, no mosteiro de Montserrate, com um aluno de Cabanilles, foi nomeado, ainda muito novo, mestre da capela da catedral de Lérida. Em 1752, tornou-se monge da ordem de São Jerónimo e organista do mosteiro real do Escurial. Teria, durante alguns anos, sido aluno de Scarlatti, cuja influência se nota nas sonatas do padre.

❂ Motetos, missas, salmos, etc., música de cena para obras de Calderón, 6 quintetos para órgão e cordas, 6 concertos para órgão e, sobretudo, um grande número de *Sonatas* e *Trientos* para órgão e cravo. Devemos-lhe também um notável tratado *Clave de la modulación*.

Ø *Concertos Para 2 órgãos* (M.-C. Alam e Tagliavini), *Sonatas* (Puyana).

SOR, Fernando (Barcelona, 14 Fev. 1778/Paris, 8 Jul. 1839). Guitarrista. Tal como o padre Soler, foi aluno da «escolania» de Montserrate. Em 1809, as suas simpatias pelos invasores franceses forçaram-no a fugir de Espanha. Primeiro fixou-se em

Londres e depois (em 1813) em Paris. Nas duas capitais despertou o interesse do público culto pela guitarra e tornou-se o professor da moda. Os seus estudos pertencem ao repertório de todos os guitarristas clássicos.
✪ Óperas, 2 bailados, numerosas composições para guitarra e um excelente método para este instrumento.
Ø *Variações Sobre um Tema de A Flauta Mágica* (Segóvia), várias composições para guitarra (Williams).

Soriano, Francesco di (Soriano, Cimino, Viterbo, 1549/Roma ?, cerca de 1621). Aluno de Nanini e de Palestrina. Foi mestre de capela em São-Luís-dos-Franceses, na corte de Mântua, e depois em Santa Maria Maior, São João de Latrão e São Pedro.
✪ 1 livro de missas, 2 livros de salmos e motetos (8, 12, 16 vozes), 110 cânones sobre *Ave Maris Stella*, 4 livros de madrigais (4 e 5 vozes).

Souris, André (Marchienne-au-Pont, Bélgica, 10 Jul. 1899/Paris, 12 de Fev. 1970). Director de orquestra e crítico. Aluno do Conservatório de Bruxelas e depois de P. Gilson (orquestração) e de H. Scherchen (direcção de orquestra). Foi, sucessivamente, professor do Conservatório de Charleroi, director de orquestra da INR (1937-1946), director do estúdio de música do seminário das artes (1945-1948). Por outro lado, é residente da secção belga da SIMC. Tendo participado nos movimentos artísticos de vanguarda, desempenhou um papel muito importante na vida musical do seu país.
✪ *Le Marchand d'images* para solistas, coros e orquestra, música de filmes e de rádio, obras para conjunto vocal e instrumental, *Avertissement* para narrador e percussão, *Symphonies* para orquestra, bem como numerosos artigos e uma colectânea de poemas (*Bribes*).

Spohr, Louis (Brunswick, 5 Abr. 1784/Kassel, 22 Out. 1859). Um dos maiores violinistas de todos os tempos. Foi aluno de dois músicos obscuros, mas considerava-se um discípulo de Mozart, cujas partituras estudara com cuidado. Foi músico do duque de Brunswick, primeiro violino da orquestra do duque de Gotha e depois do Theater an der Wien, em Viena (onde conviveu com Beethoven), e, por último, *Hofkapellmeister* do Eleitor de Hesse-Kassel. Este mozartiano fervoroso entusiasmou-se pelas primeiras obras de Wagner, mas julgou com severidade (na sua autobiografia) as últimas obras de Beethoven.
✪ 10 óperas, 4 oratórios, 1 missa, salmos para solistas, coros e orquestra, 9 sinfonias, 15 concertos e outras obras concertantes para violino e orquestra, numerosas obras de música de câmara (nomeadamente 33 quartetos de cordas), composições para violino e piano ou violino e harpa, cerca de 100 *lieder*.

Spontini, Gaspare (Majolati, Ancona, 14 Nov. 1774/Majolati, 24 Jan. 1851). Aluno de Sala e de Tritto no Conservatório della Pietà dei Turchini, em Nápoles, donde fugiu por razões que se desconhece. Já tinha composto várias óperas bufas quando, em 1798 – estando a corte refugiada em Palermo, perante a ameaça dos Franceses, e porque Cimarosa, mestre de capela titular, se recusara a deixar Nápoles –, Spontini substituiu temporariamente este último. Mas só passou um ano em Palermo e em 1803 fixou-se em Paris. Depois de ter apresentado, sem êxito, algumas óperas cómicas, obteve o triunfo na ópera com *La Vestale*, apesar da cabala que rodeou os ensaios, e foi nomeado «compositor particular» da imperatriz Josefina. Dois anos mais tarde, *Fernand Cortez* (que é, talvez, a sua obra-prima) teve um acolhimento ainda mais caloroso. Foi o grande estilo dramático destas duas obras que fez que Spontini passasse à posteridade. Nomeado, em 1810, director de orquestra do teatro da imperatriz (fusão do Théâtre-Italien e da Comédie-Française), teve o grande mérito de apresentar aí, em 1811, a primeira representação parisiense de *Don Giovanni* na sua versão original (com Malibran, Grisi e Sontag nos papéis femininos, Garcia como Don Giovanni e Lablache como Leporello). Em 1820, fixa-se em Berlim como *Kapellmeister* e superintendente geral da música do rei Frederico Guilherme III. Começava a tornar-se todo-poderoso, quando o êxito do *Freischütz* fez empalidecer a sua estrela, retirando-lhe o apoio de uma grande parte do escol intelectual. O seu carácter intransigente, as suas indelicadezas, que multiplicaram o número dos seus inimigos, e uma acusação de lesa-majestade forçaram-no a abandonar Berlim, em 1842, esgotado física e moralmente.

Fixou-se durante algum tempo em Paris, onde fora eleito membro do Instituto em 1838, e em 1848 retirou-se para Jesi e depois para a sua aldeia natal, onde morreu.

✪ 1 grande ópera e 13 óperas bufas italianas, 4 grandes óperas e 3 óperas cómicas francesas, 5 óperas alemãs, alguns interlúdios coreográficos.

STAMITZ, Johann/Stamic, Jan (Deutschbrod, hoje Havlickuv Brod [República Checa], 19 Jun. 1717/Mannheim, 27 Mar. 1757). Descendente de uma antiga família originária de Marburgo (hoje, Maribor, na Eslovénia). Foi aluno de seu pai, Antonin (1687/1765), organista que em 1710 se fixara na Boémia. Contratado como violinista pela corte de Mannheim, em 1741, ganhou rapidamente fama como virtuoso, o que fez com que em 1745 fosse nomeado *Konzertmeister* (primeiro violino) e director da música de câmara. A ele, principalmente, se ficou a dever o facto de a orquestra do príncipe-eleitor ser considerada a melhor do mundo. Durante a sua estada em Paris (1754-1755) exerceu uma considerável influência na formação das orquestras francesas. A importância histórica de Stamitz é considerável porque acabou de fixar (no seguimento de Vivaldi, Sammartini e Jommelli) a forma da sinfonia clássica, tal como foi utilizada por Haydn e Mozart, a partir das formas instrumentais italianas. Os seus principais contributos foram: exploração sistemática dos contrastes expressivos na forma serenata (influência de Jommelli), a mobilidade dos baixos (fim do reinado do baixo contínuo), instrumentação enriquecida e rigorosamente determinada, adopção definitiva do modelo em quatro andamentos (com minueto) e, no campo da interpretação, criação de um novo estilo de orquestra rigoroso e equilibrado. Depois da sua morte prematura (aos 40 anos), sucedeu-lhe o seu aluno Cannabich.

✪ 74 sinfonias, 6 concertos de cravo, 14 concertos de violino, 8 concertos de flauta, 1 concerto de oboé, 1 concerto de clarinete (ao que parece, o primeiro que foi escrito), numerosas sonatas para diversos instrumentos e algumas composições religiosas.
Ø 2 *Sinfonias* e 2 *Concertos* (Gorvin).

STAMITZ, **Karl** (Mannheim, 7 Mai. 1745/Iena, 9 Nov. 1801). Filho do precedente. Violinista e virtuoso da viola de amor. Foi aluno de seu pai e depois de F. X. Richter. Depois de ter sido violinista na orquestra de Marinheim (1762-1770), acompanhou Richter a Estrasburgo. Foi o ponto de partida de uma carreira itinerante de virtuoso: Paris (onde em 1778 conhece Mozart), Londres, São Petersburgo, Praga, Nuremberga, Kassell, etc. Em 1785, era primeiro violino da orquestra do duque de Noailles, em Paris, e entre 1794 e a data da sua morte ocupou lugar semelhante em Iena. As suas obras, embora não tenham o valor das de seu pai, seduzem-nos devido ao encanto e variedade da invenção melódica.
✪ 2 óperas (perdidas), cerca de 70 sinfonias, numerosos concertos (cravo, violino, violeta, violoncelo, flauta, oboé, clarinete), quartetos de cordas, sonatas em trio.
Ø *Sinfonie* (Collegium Aureum).

STANFORD, **Sir Charles Villiers** (Dublin, 30 Set. 1852/Londres, 29 Mar. 1924). Director de orquestra. Depois de ter iniciado os seus estudos musicais no Queen's College de Cambridge e de cedo ter adquirido fama como organista e director de orquestra, foi completar os seus conhecimentos na Alemanha, onde foi aluno de Reinecke e de Kiel. Pela sua cultura e inteligência, exerceu uma profunda influência na música inglesa do início do século; na sua maior parte, os compositores da geração que lhe sucedeu foram seus alunos. Ressuscitou a ópera inglesa e devolveu a vitalidade à grande música de igreja anglicana.
✪ 11 óperas, músicas de cena, 7 *services* completos, 5 missas, inúmeras obras corais (religiosas e profanas), 6 sinfonias, 3 concertos de piano, 6 *Irish Rhapsodies* para violino e orquestra, 8 quartetos, peças para piano e para órgão, cerca de 200 melodias e harmonizações de canções populares.

STEFFANI, **Agostino** (Castelfranco, Trevi, 25 Jul. 1654/Francoforte, 12 Fev. 1728). Era ainda um jovem corista em São Marcos de Veneza, quando em 1667 foi levado para Munique para estudar, a expensas do Eleitor, com Keill e depois com Barnabei. Em breve foi nomeado *Kammermusikus* e organista da corte. Entretanto, continuara os seus estudos de matemática, de filosofia e de teologia e após ter sido ordenado padre, em 1680, foi nomeado abade de Lipsing. Depois de mais de 20 anos passados em Munique, altamente considerado e sumptuosamente remunerado, deixou-se tentar pelo lugar de *Kapellmeister* da corte de Hanover (onde a presença de Leibniz mantinha um nível intelectual elevado). O duque-eleitor, com parecer favorável de Leibniz, confiou-lhe uma série de missões diplomáticas junto de várias cortes alemãs e do papa, que o nomeou bispo (*in partibus infidelium*) de Espira. Foi durante uma viagem

STEFFANI, Agostino

a Roma (1708-1709) que conheceu Haendel e o convidou para Hanover, onde foi nomeado *Kapellmeister*, funções que Steffani já não podia assumir. A obra deste grande músico (a julgar pelo seu admirável *Stabat Mater*) é, infelizmente, pouco conhecida.

✪ Motetos, um *Stabat Mater* (coros e orquestras), *Duetti da camera* (uma espécie de cantatas para duas vozes e baixo contínuo, muito populares no século XVIII), cerca de 20 óperas, *Sonate da camera*.

STEIBELT, Daniel (Berlim, 22 Out. 1756/São Petersburgo, 2 Out. 1823). Pianista. Já adquirira grande fama de virtuoso no seu país quando se fixou em Paris (cerca de 1790), onde iniciou a sua carreira de compositor. Depois de várias temporadas em Londres, deixou definitivamente Paris, em 1806, para fugir aos credores, e fixou-se em São Petersburgo, onde sucedeu a Boieldieu como mestre de capela da corte.

✪ Algumas óperas, 50 melodias e, sobretudo, numerosas obras para piano (entre elas, 8 concertos), brilhantes mas muito banais.

STENHAMMAR, Wilhelm (Estocolmo, 7 Fev. 1871/Estocolmo, 20 Nov. 1927). Filho de Per Ulrik Stenhammar (1829/1875), arquitecto e compositor. Foi, sucessivamente, director de orquestra do teatro real de Estocolmo e da Sociedade Filarmónica de Gotemburgo. A grande beleza das suas obras corais e das suas melodias, bem como as suas características tipicamente suecas, garantem-lhe um lugar excepcional na história da música do seu país.

✪ 2 óperas, grandes obras corais (entre as quais *Sverige*, que desempenhou o papel de um hino nacional), numerosas melodias, 2 sinfonias, 2 concertos de piano, 6 quartetos de cordas, 4 sonatas de piano.

STOCKHAUSEN, Karlheinz (Mödrath, Colónia, 22 Ago. 1928/Kuerten, 5 Dez. 2007). Foi, durante algum tempo, aluno de F. Martin, em Colónia, e depois tornou-se o discípulo de Messiaen, em Paris, e iniciou-se nos segredos da «música concreta» com P. Schaeffer, na RTF. Desde o início da sua carreira dedicou-se à composição no sistema serial e às pesquisas acústicas. Esteve ligado ao estúdio de música experimental da NWDR, em Colónia (dirigido pelo Dr. Eimert). O carácter experimental de grande parte da sua obra torna impossível qualquer juízo de valor. Além do mais, a incrível complexidade dos ritmos (talvez fortuita), a intervenção de elementos aleatórios (bastante perigosa, quando sistemática) e a associação, em certas obras, de sons tradicionais e de sons gravados tornam, muitas vezes, imperceptível o sentido da intenção criadora.

✪ *Kontrapunkte* para orquestra de câmara (1954), *Gruppen* para três orquestras (1957), *Kreuzspiel* para 4 instrumentos (1948), *Zeitmasse* para 5 instrumentos de sopro (1956), *Kontakte* para fita magnética, piano e percussão (1960), 11 peças para piano e composições de música electrónica (*Études I* e *II*, *Gesang der Junglinge*, etc.).

Ø *Carré*, *Gruppen* (Stockhausen, Maderna), *Momente* (Conjunto Colónia).

STOLTZER, Thomas (Schweidnitz, Silésia, cerca de 1470/Buda, ?, 1526 ou cerca de 1544). *Minister capellae* da rainha Maria da Hungria (1522-1526), foi, talvez, *Kapellmeister* do rei, a partir de 1517. Segundo Fétis, teria falecido em 1526, quando da batalha de Mohacs contra os Turcos; mas a hipótese continua por provar e a maior parte da sua obra foi publicada entre 1536 e 1544. O seu estilo aproxima-se do de Isaac.

✪ Numerosos motetos, salmos e hinos latinos, 5 grandes salmos alemães, (versão Lutero), *lieder* alemães, fantasias instrumentais a 5 vozes.

STRADELLA, **Alessandro** (Roma, 1 Out. 1644/Génova, 28 Fev. 1682). Cantor e violinista. Conhecemos poucos factos verdadeiros acerca da sua vida agitada: mas as lendas de que é herói ficam, provavelmente, aquém da realidade. Nada sabemos sobre os seus estudos (poderia ter-se formado em Nápoles) e ignoramos a data da maior parte das suas composições. Ensinava canto em Veneza quando raptou uma tal Hortênsia, noiva de um senador, com quem fugiu, provavelmente não para Roma (como reza a tradição) mas para Turim, onde teria estado durante algum tempo ao serviço da regente Marie de Nemours e onde, segundo um documento da época, teria escapado de uma tentativa de assassínio. Parece que teve um filho mas ignoramos se casou com Hortênsia. Segundo a lenda, teria fugido para Roma com a amante de um alto funcionário veneziano. Aí, uns assassinos contratados, que o perseguiam, teriam desistido dos seus propósitos criminosos, depois de uma audição do oratório *S. Giovanni Battista* que os teria perturbado (em São João de Latrão) e teriam prevenido o casal do perigo que corria! Então, Stradella teria fugido com a sua dama e teria sido assassinado em lugares e datas que variam segundo os biógrafos. Hoje em dia, está provado que morreu em Génova, em 1682, e é provável que tenha sido assassinado (mas ignoramos por que motivo). A sua obra é, em grande parte, muito característica da escola napolitana (o que nos permite supor que tenha estudado em Nápoles). A sua notável invenção melódica, de um intenso lirismo, coloca-o entre os maiores mestres italianos do seu tempo. No género do oratório, que enriqueceu consideravelmente, é o principal elo entre Carissimi e Haendel: e abre o caminho a Scarlatti nas suas cantatas de câmara.

✪ Óperas e serenatas, árias, duetos e cantatas (1 a 3 vozes com instrumentos ou baixo contínuo), grandes oratórios (entre os quais *S. Giovanni Battista*, a sua obra-prima), motetos (1 a 5 vozes com instrumentos), madrigais, concertos para cordas.
Ø *Cantata de Natal* (Wenzinger), *Sinfonie* e *Sonatas* (Paillard).

STRAUSS, **Johann** (pai), (Viena, 14 Mar. 1804/Viena, 25 Set. 1849). Filho de um estalajadeiro, autodidacta. Aos 15 anos, entrou para a orquestra de dança de Lanner, que abandonou em 1825 para formar a sua própria orquestra. Durante vários anos, apresentou-se no Speil (cervejaria-salão de baile ao ar livre) onde muitos visitantes estrangeiros, entre eles o jovem Chopin e o jovem Wagner, ficaram fascinados com a novidade da valsa vienense. Com a sua orquestra de 28 músicos, percorreu a Alemanha, a Bélgica, a Holanda, a França,

STRAUSS, Johann

a Inglaterra... Em 1835, foi nomeado director dos bailes da corte. Faleceu, com escarlatina, aos 45 anos.
○ 150 valsas, 14 polcas, 28 galopes, 35 quadrilhas, 19 marchas. As suas obras são quase sempre atribuídas ao filho.
Ø *Radetzky-March* (Fricsay).

STRAUSS, Johann (filho) (Viena, 25 Out. 1825/Viena, 3 Jun. 1899). Aos 6 anos, compôs a primeira valsa mas, seguindo desejos de seu pai, torna-se empregado bancário depois de ter feito profundos estudos gerais e musicais (violino e teoria). Aos 19 anos, forma um conjunto de 15 músicos, cujo êxito imediato é tal que se torna um perigoso concorrente do pai. Após a morte deste, as duas orquestras unem-se sob a direcção do jovem Johann. Realiza digressões por toda a Europa e pelos Estados Unidos: é aclamado em todo o lado como o «rei da valsa» e os maiores músicos (Liszt, Bülow, Wagner, Brahms e... mais tarde, Ravel) saudam o seu talento excepcional. Em 1863, é nomeado director dos bailes da corte. No mesmo ano, entrega a orquestra a seus irmãos Joseph (1827-1870) e Édouard (1835-1916) e dedica-se à opereta. Strauss levou a valsa vienense ao seu mais alto grau de perfeição. A sua arte, mais sofisticada, mais aristocrática do que a de seu pai, é o símbolo musical do período mais brilhante da monarquia dos Habsburgos. Mas as suas obras cénicas (exceptuando *O Morcego* e o *Barão Cigano*) não ultrapassaram uma honesta mediania e não podem, portanto, rivalizar com as de Offenbach.
○ 1 ópera (*Ritter Pazman*), 15 operetas, cerca de 200 valsas (muitas vezes dedicadas a personalidades como J. Lind, Brahms, Bülow, à rainha Vitória, à imperatriz da Rússia), cerca de 70 quadrilhas, 140 polcas, 45 marchas.
Ø *O Morcego* (Ópera de Viena, Boskowski), *O Barão Cigano* (Schwarzkopf, Gedda, Ackermann), selecção de valsas (B. Walter-Karajan-Boskowski), selecção de polcas (Sibert).

STRAUSS, Oscar (Viena, 6 Abr. 1870//Ischl, 11 Jan. 1954). Aluno de Max Bruch, em Berlim. Torna-se célebre como autor de operetas vienenses. Na opereta *Três Valsas*, estreada em 1937, a música dos dois primeiros actos era de Johann Strauss, pai e filho, e a do terceiro acto de Oscar Strauss.
○ Óperas, operetas (entre elas *Sonhos de Valsa*), a música do filme *Der Reigen*, algumas peças para orquestra.
Ø *Sonho de Valsa* (Fronnent).

STRAUSS, Richard (Munique, 11 Jun. 1864/Garmisch, Alpes Bávaros, 8 Set. 1949). Ilustre director de orquestra (foi tão grande intérprete como criador). Seu pai, excelente trompista solista da Ópera de Munique, era célebre pelo seu antiwagnerismo militante. Strauss manifestou dotes precoces para a música, mas a sua aprendizagem nesta arte foi completada com estudos gerais sérios que terminou, em 1883, na Universidade de Munique. A partir de 1881, publicara e apresentara várias obras que atraíram a atenção de H. Von Bülow. Este facilitou os primeiros passos de Strauss como director de orquestra e escolheu-o para lhe suceder, em 1885, como director da orquestra de Meiningen. Em seguida, foi assistente de director de orquestra da ópera

STRAUSS, **Richard**

de Munique (1886) e da corte de Weimar (1889). Os poemas sinfónicos *Don Juan* e *Tod und Verklärung* datam desta época. A sua audácia, tanto do ponto de vista da forma como do da harmonia, provocou violentas controvérsias, mas estas atingiram o paroxismo aquando da criação de *Salomé* (1905), obra vulcânica, cruel, extremamente sensual, servida por meios orquestrais terríveis e que até 1910 foi proibida nos palcos da Grã-Bretanha! Em 1892, Strauss sucede a Von Bülow como director dos concertos filarmónicos de Berlim e em 1898 é nomeado director de orquestra da Ópera de Berlim; é, então, um dos mais célebres directores de orquestra alemães e realiza digressões importantes pela Europa. Na Alemanha, onde o seu prestígio é considerável, torna-se uma figura quase lendária. A partir de 1910, a sua vida é quase exclusivamente dedicada à composição. Entretanto, aceita ensinar na Hochschule für Musik de Berlim (1917-1920) e mais tarde, no início do nazismo, torna-se presidente de uma Reichsmusikkammer e sucede a Bruno Walter como director do Gewandhaus de Leipzig. Mas a condenação oficial da sua ópera *Die Schweigsame Frau* (em colaboração com Stefan Zweig, escritor judeu), põe cobro às suas boas relações com o regime. Embora tendo entrado em conflito com as autoridades por causa desta ópera, não se inquieta, mas a sua situação torna-se insustentável. Em breve tem de renunciar a todas as funções públicas e de se retirar para a sua bela casa de Garmisch, que deixará, depois da guerra, para ir viver para a Suíça. A sua carreira de compositor estende-se por 60 anos (1885-1945). Ao longo dos primeiros 30 anos, espantou o mundo com a novidade, a força e o brilho das suas obras; durante os últimos 30, desiludiu os mais fervorosos admiradores. Salvo muito raras excepções (as óperas *Arabella* e *Capriccio* e as *Metamorfoses*), todas as suas obras-primas foram compostas antes de 1915: as óperas *Salomé, Elektra, Rosenkavalier, Ariadne auf Naxos*, todas as principais obras sinfónicas (os célebres poemas sinfónicos são anteriores a 1900) e a maior parte dos *lieder*. Depois de ter sofrido uma profunda influência de Brahms, tornou-se adepto da nova escola alemã, para a qual a «expressão» era a principal preocupação, fazendo profissão de ser um *Ausdrucksmusiker*. Mas a sua sumptuosa paleta orquestral não se avilta numa música descritiva ou narrativa. A sua «expressão», essencialmente musical, consiste em provocar, no ouvinte, estados de alma associados normalmente às ideias que utiliza como pretextos. Finalmente, entre 1905 e 1915, período das suas óperas mais belas, construiu um estilo fortemente pessoal, de início complexo e violento (*Salomé* e *Elektra*, essas extraordinárias anti-óperas em que a voz é tratada de forma inumana) e, posteriormente, com tendência para a simplificação e o classicismo (*Rosenkavalier* e *Ariadne*). Depois, repetiu-se de forma mais ou menos feliz: cada ano, as suas obras novas pareciam cada vez mais convencionais (apesar da grande qualidade de feitura), pelas mesmas razões que, no início do século, tinham feito de Strauss um músico revolucionário.

✪ 15 óperas (entre as quais se contam as obras-primas já citadas e a monu-

STRAUSS, Richard

mental *Die Frau ohne Schatten*), 3 bailados – 8 poemas sinfónicos muito belos (*Aus Italien, Don Juan, Macbeth, Tod und Verklärung, Till Eulenspiegel, Also sprach Zarathustra, Don Quixote* e *Ein Heldenleben*) – *Symphonia Domestica, Alpensinfonie, Burleske* para piano e orquestra, 2 concertos de trompa, 1 concerto de violino, 1 concerto de oboé – *Metamorphosen* para 23 instrumentos de cordas – 15 *lieder* com orquestra (entre eles, *Hymnus* e *Gesang der Apollopriesterin*) e 140 com piano (entre os quais figuram *Allerseelen, Morgen, Kuhe meine Seele, Wiegenlied*).

Ø *Salomé* e *Elektra* (Nilsson, Solti), *O Cavaleiro da Rosa* (Crespin, Solti), *Ariadne em Naxos* (Hillebrecht, Böhm), *Capriccio* (Jonowitz, Böhm), *Assim Falou Zaratustra* (Mehta), *Morte e Transfiguração, Don Juan, Till Eulenspiegel* (Maazel), *Dom Quixote* (Fournier, Karajan), *Lieder* (Schwarzkopf, Souzay).

STRAVINSKI, Igor Fedorovitch (Oranienbaum, São Petersburgo. 17 Jun. 1882/Nova Iorque, 6 Abr. 1971). Seu pai, Fedor (1843/1902), era um célebre baixo da Ópera de São Petersburgo: criou o papel de Moroz na *Sniegourotchka*, de Rimski-Korsakov, e foi um excelente Varlaam em *Boris Godunov* (sucedendo a Petrov, criador do papel). Era, além disso, um coleccionador culto e um bom pintor amador. Igor estudou piano, a partir dos 9 anos, e familiarizou-se, muito cedo, na Ópera de São Petersburgo, com as grandes óperas russas. No entanto, fez estudos gerais completos, a que se seguiram estudos de Direito, até aos 23 anos. Mas entre 1902 e 1908 foi aluno de Rimski-Korsakov, cujo filho mais novo, Vladimir, era seu condiscípulo na Universidade. Em 1908, uma das suas obras (a *Sinfonia em mi bemol*) foi tocada pela primeira vez em público por recomendação de Rimski. Num segundo concerto das suas obras, onde foi interpretado, nomeadamente, *Fogos de Artifício,* Diaghilev estava presente: o seu prodigioso instinto levou-o a encomendar ao jovem músico o bailado *O Pássaro de Fogo*. A estreia desta obra, que foi, para Stravinski, o motivo da sua primeira viagem a Paris, tornou de imediato célebre no mundo inteiro o nome do compositor de 28 anos. A evidência do seu génio era clara para todos os músicos, nomeadamente Debussy, que depois da representação se precipitou para os bastidores para o abraçar. Este génio atingiu, pouco depois, o seu apogeu com *Petrouchka* e *A Sagração da Primavera* (1911 e 1913). Estas duas obras, às quais toda uma geração de músicos é mais ou menos devedora, inauguravam uma nova época da música europeia. A estreia de *A Sagração* no novo teatro dos Campos Elísios degenerou numa das mais célebres batalhas da história da arte. O barulho foi de tal modo intenso, desde o início, que mal se ouvia a orquestra, o que prova bem que o público ficara mais chocado com a coreografia do que com a música. Esta e a *Petrushka* impuseram-se rapidamente em concerto e, desde a primeira noite, alguns músicos, entre eles Debussy, Ravel, Schmitt, Roland-Manuel, ficaram cientes de que tinham assistido a um grande acontecimento histórico... mas Saint-Saëns deixou ruidosamente o teatro antes do final.

Depois de ter passado os anos da guerra na Suíça, Stravinski fixou-se em Paris, em 1919, com a família (o filho, Sulim, aí iniciará em breve uma carreira de pianista) e torna-se cidadão francês em 1934; vive em Paris durante 20 anos, ao longo dos quais faz numerosas digressões pela Europa e pelos Estados Unidos, a convite da Universidade de Harvard fixa-se definitivamente em Hollywood e naturaliza-se americano em 1945. Por ocasião do seu 80.º aniversário, em 1962, fez uma viagem triunfal ao seu país. Depois de *A Sagração,* Stravinski parece permanentemente preocupado com problemas de estilo e de forma. A sua carreira é uma sucessão de mutações surpreendentes em que se revela uma natureza singular de epígono, totalmente inesperada num músico que aos 30 anos impusera, de forma tão magistral, um estilo fortemente original. As principais fases desta carreira podem ser esquematizadas assim: ATÉ 1910. As suas obras, profundamente russas, denotam a influência de Rimski, nomeadamente na orquestração brilhante. O resultado deste período é *O Pássaro de Fogo,* uma obra-prima em que a sua verdadeira personalidade se revela pela primeira vez. – DE 1911 A 1914, sempre russo, mas totalmente original, é, com Debussy e Schönberg, uma das três forças radiantes donde quase toda a música da primeira metade do século XX retirou a sua substância. É o apogeu do seu génio, a época das suas obras-primas *Petrushka* e *A Sagração,* e da admirável ópera *Le Rossignol,* lamentavelmente pouco conhecida. – DE 1914 A 1920. Torna-se cosmopolita, mas continua original. Depois de ter esbanjado generosamente as suas riquezas harmónicas, rítmicas e instrumentais, opta, bruscamente, pela simplicidade, pela lógica, pela clareza. *A História do Soldado, Pribaoutki, Renard* e *As Bodas* (estreadas em 1923, mas começadas muito antes) são pequenas obras-primas, sofisticadas e muitas vezes agressivas, cuja novidade insolente representa, para a elite culta dos anos 20, a vanguarda do progresso musical. É a época em que o seu amigo Cocteau, em *Le Coq et L'Arlequin,* recomenda a simplicidade linear, cujo modelo encontra em Satie, como reacção contra os sortilégios de Wagner e de Debussy, contra um certo «hipnotismo» também, que o ambiente criado em volta da execução da *Sagração* contribui para perpetuar. Stravinski não sofre a influência de Satie, mas reage instintivamente no sentido recomendado por Cocteau e utiliza também os processos do *jazz,* que fascinam os jovens músicos do Grupo dos Seis. A influência das obras deste período exerceu-se fortemente no campo da instrumentação: formações instrumentais muito pequenas, com timbres claramente diferenciados, que se prestam à escrita contrapontística e, muitas vezes, politonal. – DE 1920 A 1953. Durante este longo período, Stravinski, que 30 anos antes agitara a música com duas obras geniais, torna-se inexplicavelmente o defensor metódico da tradição: é o período dos «regressos a...». Separadas por 30 anos, *Pulcinella* e *The Rake's Progress* referem-se ao barroco italiano; *Oedipus Rex* inscreve-se no prolongamento do grande oratório haendeliano, o *Concerto de Piano* e a *Sinfonia em Três Andamentos* evocam um falso Bach, seco e frio: música objectiva, rigorosa, escrita a tiralinhas com virtuosismo.

STRAVINSKI, Igor Fedorovitch

Três obras notáveis e fora de série dominam este período desconcertante de 32 anos: a *Sinfonia de Salmos* (1930), o bailado *Orpheus* (1947) e a *Missa* (1951) – A PARTIR DE 1953. Stravinski parece ter esperado que o dodecafonismo serial se tornasse académico para, subitamente, se transformar em epígono de Webern. *Canticum Sacrum* em honra de São Marcos, *Threni* e *Movements* (piano e orquestra) demonstram uma vez mais, a sua mestria e capacidade de adaptação, mas estas obras colocam o ilustre ancião a uma certa distância na esteira da jovem geração pós-weberiana, sem que a sua arte superior lhe dê a sinceridade de um Boulez, de um Nono ou de um Henze. O breve *In memoriam Dylan Thomas* domina as obras deste último período.

◉ BAILADOS: *O Pássaro de Fogo* (Ballets Russos de Diaghilev, Paris, 1910), *Petrushka* (Diaghilev, Paris, 1911), *A Sagração da Primavera* (Diaghilev, Paris, 1913), *Le Chant du Rossignol* (Diaghilev, Paris, 1920, cenários e guarda-roupa de Matisse, *Pulcinella* (Diaghilev, Paris, Paris, 1920, cenários e guarda-roupa de Picasso), *Renard* (Diaghilev, Paris, 1922), *Noces* (Diaghilev, Paris, 1923), *Apollon Musagète* (Diaghilev, Paris, 1928), *Le Baiser de la Fée* (Paris, 1928), *Jeu de Cartes* (Nova Iorque, 1937), *Orpheus* (Nova Iorque, 1948), *Agon* (Paris, 1957) – TEATRO LÍRICO: *Le Rossignol* (Opera de Paris, 1914), *Histoire du Soldat*, «Histoire lue, jouée et dansée» (Lausanne, 1918), *Mavra*, ópera-cómica (Ópera de Paris. 1922), *The Rake's Progress* (Veneza, La Fenice, 1951) – OBRAS VOCAIS: *Oedipus Rex* (ópera-oratório, texto de Cocteau), *Symphonies de psaumes*, *Perséphone* (melodrama), *Canticum Sacrum*, *Threni*, várias obras religiosas, entre as quais uma missa – várias obras para uma voz e pequeno conjunto instrumental (*Trois Poésies de la Lirique Japonaise*, *Pribaoutki*, *Berceuse du Chat*, o comovente *In Memoriam Dylan Thomas*, etc.), melodias russas – OBRAS INSTRUMENTAIS: 4 sinfonias, *Dumbarton Oaks Concerto* (16 instrumentos de sopro), *Danças Concertantes* (orquestra de câmara), *Ebony Concerto* (orquestra de *jazz*), concerto para piano, concerto para violino, *Capriccio* e *Movements* para piano e orquestra, concerto para 2 pianos, diversas obras para piano.

Ø *O Pássaro de Fogo* (Arsermet), *Petrushka* (Boulez), *A Sagração da Primavera* (Solti), *Noces* e *Renard* (Dutoit), *História do Soldado* (Dutoit), *Oedipus Rex* (Ancerl), *Sinfonia de Salmos* (Stravinski), *Sinfonia em Três Andamentos* e *Concerto de Violino* (Stern, Stravinski), *Orfeu* (Stravinski), *Agon* e *Canticum Sacrum* (Stravinski), *Missa* e *Cantata* (Davis), *Threni* (Stravinski), *Peças Para 2 Pianos e Piano a 4 mãos* (dueto Kontarski).

STRIGGIO, Alessandro (Mântua, cerca de 1535/Mântua, cerca de 1595). Organista, alaúdista, violinista. Esteve ligado à corte dos Médicis, em Florença, de 1560 a 1574, e depois foi *Maestro di cappella* na corte de Mântua. Foi um dos primeiros compositores de *intermedi* em música para as representações da corte florentina, *intermedi* que, mais tarde, deram origem à ópera italiana. Esta música de teatro era ricamente instrumentada (flautas, cornetins, trombones, violas, alaúdes, cravos...); por outro lado, um moteto de Striggio (para o casamento de Guilherme VI da Baviera) foi escrito para 40 partes vocais e instrumentais (8 trombones, 8 grandes flautas, 8 violas, um instrumento de plectro, um arquilaúde).

✪ Missas, motetos, *intermedi*, madrigais (2 livros a 6 vozes e 5 a 5 vozes), *Il Cicalamento delle Donne al Bucato e la Caccia* (a 4, 5, 6 e 7 vozes), comparável ao *Caquet des Femmes*, de Janequim, no estilo e no espírito.

Suk, Josef (Krecovice, 4 Jan. 1874//Benesov, próximo de Praga, 20 Mai. 1935). Violinista. Aluno de Bennewitz (violino), de Foerster e de Dvorák (composição) no Conservatório de Praga, onde se tornou professor de composição em 1922. É, com Novák, um dos fundadores da moderna escola checa.

✪ Uma missa, coros de inspiração popular, *Epílogo* para barítono coros e orquestra, 2 sinfonias, poemas sinfónicos (entre eles, *Praga* e *Zraní*), música de câmara, encantadoras peças para piano.

Ø *Segunda Sinfonia «Asrael»* e *Praga* (Talich), *Zraní* (Talich), *Fantasia para violino e orquestra* (Plocek).

Sullivan, Sir Arthur, (Londres, 13 Mai. 1842/Londres, 22 Nov. 1900). Aluno de Bennet na Royal Academy of Music e depois do Conservatório de Leipzig. Em 1871, iniciou a sua colaboração com um célebre humorista, William S. Gilbert, que escreveu os libretos de quase todas as suas operetas. Durante 25 anos, os seus nomes estiveram associados (*Gilbert and Sullivan*) na produção de peças encantadoras, que podem ser consideradas o equivalente britânico das obras de Strauss ou de Offenbach. Com o seu amigo Sir George Grove, descobriu em Viena, em 1867, os manuscritos perdidos de *Rosamunde*, de Schubert, e de alguns *lieder*. Desenvolveu também uma notável actividade de director de orquestra, nomeadamente no festival anual de Leeds.

✪ 1 ópera, 22 operetas, música de cena para peças de Shakespeare, muitas obras corais (entre elas, 70 hinos), 1 sinfonia, peças para piano, várias melodias.

Suppé, Franz von (Split, Dalmácia, 18 Abr. 1819/Viena, 21 Mai. 1895). Cursou medicina na Universidade de Pádua e depois estudou música no Conservatório de Viena. Foi, sucessivamente, director de orquestra no Josephstadt Theater, no Theater an der Wien e no Leopoldstadt Theater.

✪ Cerca de 30 operetas (entre as quais se contam *Die Schöne Galatea*, *Dichter und Bauer* e *Leichte Kavallerie*, que ficaram célebres devido às suas aberturas) e 180 *Possen*, farsas, *vaudevilles*, etc., bem como 2 óperas, 1 missa, 1 *Requiem*.

Ø *Aberturas Célebres* (Rojdestvenski).

Süssmayr, Franz Xaver (Schwanenstadt, 1766/Viena, 16 Set. 1803). Aluno de Salieri e de Mozart. Tendo-se tornado amigo deste último, quase não o abandonou durante o último mês de vida e esteve a seu lado na noite que precedeu a sua morte, anotando as suas instruções para a conclusão do *Requiem*. Desempenhou esta tarefa impressionante com respeito, talento e inteligência

○ Música de igreja, cerca de 20 óperas e óperas bufas, um concerto de clarinete, algumas peças instrumentais.

SUTERMEISTER, **Heinrich** (Feuerthalen, Schaffouse, 12 Ago. 1910/ /Morges, Suíça, 16 Mar. 1995). Aluno de Pfitzner e de Carl Orff no Conservatório de Munique. O seu extraordinário sentido do teatro, o seu conhecimento da obra de Verdi (admira especialmente *Otello* e *Falstaff*), bem como as influências de C. Orff e de W. Egk, contribuem para fazer dele um dos melhores compositores de ópera da sua geração.
○ 8 óperas (entre elas *Romeo und Julia*), obras radiofónicas, cantatas e algumas obras instrumentais.

SVENDSEN, **Johan** (Christiania/Oslo, 30 Set. 1840/Copenhaga, 14 Jun. 1911). Depois de ter começado, muito novo, a compor, dirigir, tocar flauta, clarinete e violino (aos 15 anos pertencia a uma banda militar), foi completar os seus estudos em Leipzig e depois viajou por toda a Europa como violinista e director de orquestra. Foi director de orquestra da Associação Musical de Christiania e, depois, da corte de Copenhaga. A sua música, que pode ser considerada o complemento da de Grieg, exerceu uma profunda influência na escola norueguesa contemporânea.
○ 2 belas sinfonias, 4 *Rapsódias Norueguesas*, um concerto de violino, um concerto de violoncelo, aberturas, música de câmara.

SWEELINCK, **Jan Peterszoon** (Deventer, 1562/Amesterdão, 16 Out. 1621). Um dos mais famosos organistas do seu tempo. Foi aluno do pai, organista da Oude Kerk, em Amesterdão, bem como de um modesto músico da cidade, mas não certamente de Zarlino, em Veneza, como pretendia Mattheson, em 1720. Está provado que passou toda a sua vida em Amesterdão, donde só se afastou, por alguns dias, para as vistorias a órgãos ou compras de cravos em Antuérpia, Roterdão, etc. Foi, durante 40 anos (de 1577 até à sua morte), organista da Oude Kerk, onde sucedeu ao pai e onde seu filho, Dirck (1591-1652), lhe sucedeu. A sua fama estendeu-se a toda a Europa, como provam os seus manuscritos, encontrados em Inglaterra, em França, na Suíça, na Itália, na Hungria, etc. Entre os seus numerosos alunos, que foram precursores de Bach, figura S. Scheidt. Sweelinck pode ser considerado, juntamente com Obrecht, o maior compositor holandês. A sua música vocal é admirável, mas é sobretudo a sua obra instrumental (exclusivamente para cravo) que lhe assegura um lugar de primeira importância na história da música. Esta obra apresenta afinidades com as dos virginalistas ingleses (é provável que tenha conhecido Bull, exilado nos Países-Baixos), mas procede também das grandes formas contrapontísticas italianas. Algumas das suas fantasias, aperfeiçoamento do *ricercare* italiano, são verdadeiras fugas instrumentais, ao que parece as primeiras que foram escritas.
○ (Edição moderna em 10 volumes pela Sociedade Holandesa de Musicologia: 1894-1901). VOCAL: 22 *Canções Francesas*, 28 *Rimas Francesas*, 4 *Madrigais Italianos*, 7 *Cânones Latinos*, 37 *Cantiones Sacrae* (motetos com baixo contínuo), 153 salmos – INSTRUMENTAL: (Cravo

ou órgão): 19 fantasias, 13 *Tocatas*, 24 corais variados (entre os primeiros do género), 12 séries de variações sobre temas populares (as composições mais notáveis de Sweelinck contam-se entre as fantasias e as variações sobre canções).
Ø Moteto *Venite, exultemos Domino* (Kreuzchor de Dresden), obra de órgão (Viderö), *Peças Para Cravo* (Neumeyer).

SZALOWSKI, **Antoni** (Varsóvia, 21 Abr. 1907/Paris, 21 Mar. 1973). Filho do violinista Bonifacy Szalowski. Depois de ter estado no Conservatório de Varsóvia foi para Paris, onde foi aluno de Nadia Boulanger (1931-1936). Mais tarde, fixou-se em França e sofreu a influência da escola francesa.
✪ 1 sinfonia, 1 concerto de cordas, 1 concerto de piano, 1 concerto de violino, 3 quartetos, peças para piano.

SZYMANOWSKI, **Karol** (Timoshovka, Ucrânia, 6 Out. 1882/Lausanne, 29 Mar. 1937). Começou os estudos musicais com o pai e a tia (excelentes amadores), continuou-os como autodidacta e terminou-os com Noskowski, em Varsóvia. Aí, fez amizade com o director de orquestra G. Fitelberg e com o pianista A. Rubinstein (que virão a ser os defensores activos da sua obra) e milita no seio do movimento musical «Jovem Polónia», que quer reagir contra o tradicionalismo e a inércia artística da Polónia. Estes jovens músicos têm o seu quartel-general em Berlim: Szymanowski reside nessa cidade durante dois anos (1906-1908), e estuda a música de Wagner, Reger e Strauss, cujas influências são muito evidentes na sua *Primeira Sinfonia*. Melindrado com a incompreensão do público polaco, decide viver, durante algum tempo, em Viena (1912-1914), onde o seu amigo Fitelberg é director da orquestra da Ópera. Aí ouve *Petrushka*, de Stravinski e as últimas obras de Debussy e Ravel: todas o fascinam e afastam-no radicalmente dos seus ídolos germânicos e mesmo de Scriabine, cujo culto inspirara a sua *Segunda Sinfonia*. À influência de Stravinski e da música francesa junta-se, em breve, a do folclore polaco, como prova o seu bailado *Harnasie*. Em 1919, depois de ter viajado muito, troca definitivamente a Ucrânia por Varsóvia, onde em 1926 é nomeado director do Conservatório. Mas uma tuberculose pulmonar obriga-o, em 1929, a demitir-se para se tratar. Apesar dos tratamentos prolongados em Zakopane (nos montes Tatras) e depois em Cannes, Grasse, Davos e Lausanne, a doença vitimou-o. Foi o maior músico polaco depois de Chopin, o criador de uma arte sinfónica polaca e a primeira figura da moderna escola polaca.
✪ 2 óperas, 2 bailados (*Harnasie* e um «bailado grotesco», *Mandrágora*, para *Le Bourgeois Gentilhomme*), grandes obras para solistas, coro e orquestra (entre as quais um *Stabat Mater* muito belo), 3 sinfonias (a *Terceira* com coros), 2 concertos de violino e uma *Sinfonia Concertante* para piano e orquestra, 2 quartetos de cordas, *Mythes* para violino e piano (que contém a célebre *La Fontaine d'Aréthuse*), 3 sonatas e outras composições para piano (16 estudos, 22 mazurcas, etc.), numerosas melodias. Devem-se-lhe também algumas obras literárias.
Ø *Stabat Mater* e *Sinfonia n.º 3* (Rowicki), Concertos de violino, (Kulka).

TAILLEFERRE, Germaine (Saint-Maur, 19 Abr. 1892/Paris, 7 Nov. 1983). Amiga de Darius Milhaud, com quem completou a formação que recebera no Conservatório de Paris, pertenceu ao célebre Grupo dos Seis (com Milhaud, Honegger, Auric, Poulenc, Durey). A sua *Pastorale* para pequena orquestra produzira, na época, uma impressão muito favorável; mas a sua personalidade delicada, muito feminina, revelou-se plenamente aquando da criação, pelos Ballets Suecos (1923), do encantador *Marchand d'Oiseaux*. Em 1942, emigrou para os Estados Unidos.

✪ 3 óperas cómicas (*Le Fou Sensé, La Marin du Bolivar* e *Il était un Petit Navire*), 4 bailados, *Cantate du Narcise* (segundo Valéry), um concerto de harpa, música de câmara, peças para piano.

TALLIS, Thomas (Leicestershire?, cerca de 1510/Greenwich, 23 Nov. 1585). Sabemos muito pouco da sua vida e os dados que possuímos são pouco precisos. Foi *joculator organorum* do Priorado de Douvres, em 1532, *conduct* de St. Mary-at-Hill, em Londres, em 1537, organista e director do coro da Abadia da Santa Cruz, em Waltham (Essex), de 1530 até 1540, e, finalmente, *gentleman of the chapel*, e depois organista da referida capela real (juntamente com Byrd) a partir de 1542. Esteve, portanto, provavelmente ao serviço da corte sob Henrique VIII, Eduardo VI, Maria e Isabel. Em 1575, obteve, com Byrd, o privilégio exclusivo para toda a Inglaterra da edição musical. Esta indústria que, mais tarde, se tornou próspera, devido à moda do madrigal, saldou-se por um défice que só foi resolvido com a ajuda da rainha.

A música de Tallis tem origem no mais alto estilo polifónico. Os seus grandes motetos podem figurar ao lado das obras dos seus mais ilustres contemporâneos, entre as obras-primas da música religiosa.

✪ 2 missas (4 e 5 vozes), 52 motetos latinos (4 a 40 vozes), *services*, salmos, litanias, *preces*, etc., para o culto anglicano, 20 *anthems* – obras para o órgão.

Ø *Lamentações de Jeremias* (Deller).

TANEIEV, Serguei Ivanovitch (Província de Vladimir, 25 Nov. 1856//Moscovo, 19 Jun. 1915). Pianista. Aluno de N. Rubinstein (piano) e de Tchaikovski (composição) no Conservatório de Moscovo, onde por sua vez veio a ser professor de harmonia e de instrumentação e depois director. Foi o professor de Scriabine e de Rachmaninov.

✪ Uma grande trilogia dramática, *Oresteia*, cantatas, 3 sinfonias, 6 quartetos de cordas, numerosas melodias.

TANSMAN, Alexandre (Lodz, 12 Jun. 1897/Paris, 15 Nov. 1986). Depois de ter estudado e de se ter estreado como compositor em Varsóvia, em 1921, veio fixar-se em Paris, onde, com Martinu, Harsanyi e Mihalovici, formou o grupo de amigos conhecido pelo nome de «escola de Paris».

✪ 5 óperas, 6 bailados, música de cena e de rádio, 2 oratórios, 9 sinfonias, 2 concertos de piano, concerto de violeta, música de câmara (inclui 8 quartetos de cordas), melodias.

Ø Oratório *Isaïe le Prophète* (Van Kempen).

TARCHI, Angelo (Nápoles, 1760/Paris, 19 Ago. 1814). Aluno de Fago e de Sala no Conservatório dei Turchini, em Nápoles. Foi, durante algum tempo, célebre em toda a Europa como compositor de óperas, e mudou-se para Paris (1797), onde escreveu óperas cómicas francesas.

✪ 33 óperas sérias e 22 óperas bufas (ou *intermezzi*, *commedie*, etc., incluindo 6 óperas cómicas francesas).

TARREGA, Francisco (Villareal, 25 Nov. 1852/Barcelona, 15 Dez. 1909). Notável guitarrista, fundador da escola moderna de guitarra. Aperfeiçou consideravelmente a técnica deste instrumento e contribuiu para a sua difusão na Europa.

✪ Muitas composições para guitarra, bem como transcrições de Bach, Mozart, Haydn, Albeniz.

TARTINI, Giuseppe (Pirano, Trieste, 8 Abr. 1692/Pádua, 26 Fev. 1770). Violinista e teórico. Foi educado pelos padres, em Capo d'Istria, onde começou a estudar violino e depois cursou Direito na Universidade de Pádua (1709-1713). Aí, adquiriu grande fama como esgrimista e violinista. Na sequência do seu casamento secreto com uma protegida do cardeal Cornaro, foi alvo de um mandato de captura e fugiu disfarçado de monge. Encontrou refúgio no mosteiro de Assis (1713-1715), onde completou os estudos musicais com um franciscano checo e compôs a sua célebre sonata *Trilo do Diabo*. A sua maneira de tocar maravilhava os monges e os visitantes, mas ficava sempre escondido atrás de uma cortina para que ninguém descobrisse a sua identidade. Todavia, foi surpreendido e reconhecido por alguns conterrâneos durante uma cerimónia: ao saber que a hostilidade do cardeal terminara, acedeu a regressar a Pádua, onde sua mulher o esperava angustiada há 10 anos. Aí, veio a ser primeiro violino da Cappella del Santo, fixou-se durante algum tempo em Praga, a convite do conde Kinski, chanceler da Boémia (1723-1726), e depois regressou definitivamente a Pádua, onde em 1728 fundou a sua célebre escola de violino. Aí permaneceu até à morte, apesar das propostas sumptuosas que lhe foram feitas por outras cidades. Devemos-lhe importantes aperfeiçoamentos da técnica do violino; preconizou, nomeadamente, a utilização de cordas mais grossas e de um arco mais leve e mais comprido. O mais ilustre dos seus alunos foi Nardini.

✪ Cerca de 140 concertos, mais de 100 sonatas, 50 trios, etc. Devemos-lhe também várias obras teóricas, entre as quais se conta o *Trattato di musica secondo la vera scienza dell'armonia* (1754), obra em que prova a existência de «sons resultantes» (*Terzi tuoni*), independentemente dos trabalhos anteriores de Sorge. Mas não tinha formação científica que lhe permitisse estabelecer uma teoria coerente: esta foi mais tarde a obra de Helmholtz (1862).

Ø 6 *Concertos de Violino* (Buffoli), *Seis Sonatas de Violino e Baixo Contínuo* (Amoyal), *Trio* (os Oïstrakh e Pichner).

TAVERNER, John (?, cerca de 1495//Boston, 25 Out. 1545). Organista entre 1526 e 1530, foi mestre de coros no novo colégio de Oxford (futuro Christ Church College), fundado pelo cardeal Wolsey. O colégio tornou-se um berço do luteranismo em Inglaterra, e Taverner, militante da primeira hora, preso em 1528 por heresia (mas perdoado pelo cardeal), participou nas perseguições e na destruição dos mosteiros e acabou por deixar a música para se entregar inteiramente ao seu zelo religioso. Todavia, foi o maior músico inglês da sua geração (a que precedeu Tye e Tallis); o seu estilo pertence, ao mesmo tempo, ao final da Idade Média e ao início do Renascimento.

❁ 8 missas, fragmentos de missas, *Te Deum*, *Magnificat*, etc., 28 motetos (entre eles, o admirável *Dum Transisset Sabbatum*), 4 peças profanas.
Ø Missa *Gloria tibi Trinitas* (Turner).

TCHAÏKOVSKI, **Piotr Ilytch** (Kamsko – Votinsk, Gov. de Viatka, 7 Mai. 1840/São Petersburgo, 18 Nov. 1893). Seu pai (inspector de minas) e sua mãe, perfeitamente indiferentes à música, não se aperceberam dos seus dotes. Todavia, para além dos estudos gerais aprendeu piano, mas foi destinado à carreira jurídica. Era uma criança inteligente, frágil e hipersensível. Primeiro-oficial no Ministério da Justiça, entre 1859 e 1863, continua como diletante os estudos musicais, mas é só aos 23 anos (1863) que abandona a administração para abraçar a profissão de músico, e que estuda seriamente composição com Anton Rubinstein. Terminados os estudos, em 1866, Nicolas Rubinstein, irmão do seu professor, oferece-lhe o lugar de professor de harmonia no Conservatório de Moscovo e dá a conhecer as suas primeiras obras. Segue-se uma época de grande actividade criadora, durante a qual conhece Balakirev e Rimski, cujo nacionalismo musical exerce uma profunda (embora temporária) influência na sua inspiração: entre 1866 e 1875, compõe as *Sinfonias n.ºs 2 e 3* (a *Segunda* sobre temas populares ucranianos), quatro óperas, a abertura de *Romeu e Julieta*, o *Concerto n.º 1* de piano e orquestra, música de câmara. Mas, com os nervos desequilibrados, sofrendo de insónias, de pânicos injustificados e crises de depressão, é já o angustiado que será durante toda a vida. Sobretudo, vive aterrorizado por uma tendência para a homossexualidade, cuidadosamente dissimulada, de que se julga liberto quando em 1877 se deixa levar ao casamento por uma aluna do Conservatório, suficientemente histérica, de quem não gosta nada e de quem foge ao fim de dois meses de união morganática. Esta aventura compromete seriamente a sua saúde nervosa e a sua sensibilidade, já afectadas pelo insucesso das suas obras. Mas, na mesma época, descobre um anjo da guarda na pessoa de Madame von Meck, em casa de quem Debussy permanecerá entre 1880 e 1882.

Esta viúva rica, de 45 anos, inteligente e equilibrada, conseguiu, com extremo tacto, tornar-se a confidente indispensável do músico e poupar-lhe todas as preocupações materiais para lhe permitir dedicar-se exclusivamente à composição. A sua ligação manteve-se epistolar, pois tinham combinado nunca tentar encontrar-se. Esta estranha amizade, tão favorável à actividade criadora de Tchaïkovski, durou 13 anos. Madame von Meck pôs-lhe termo, brutalmente, no final de 1890, com o pretexto falacioso de que estava arruinada; e embora tivesse afirmado o seu desinteresse, o músico nunca mais voltou a ouvir falar dela. Madame von Meck morreu dois meses depois dele. A partir de 1887, inicia uma carreira de director de orquestra, dirigindo as suas obras por toda a Europa, apesar de uma «saudade» que transformava as suas digressões em verdadeiros calvários. A ruptura com o seu «anjo da guarda» levou-o a aceitar, em 1891, um convite dos Estados Unidos: durante esta digressão triunfal, participou na inauguração do Carnegie Hall. Mas nem o êxito da viagem, nem as honras oficiais que começavam a chover sobre ele, nem o êxito que, finalmente, coroava as suas obras (principalmente, *A Dama de Espadas*) conseguem dissipar a sua profunda melancolia. O entusiasmo com que trabalhou na *Sexta Sinfonia* (que considerava, justamente, a sua obra-prima) libertou-o durante algum tempo da sua angústia, e nunca estivera tão bem de saúde como quando foi vitimado pela cólera, em cinco dias. A evolução do seu estilo é indefinível. A arte sinfónica tradicional alterna com formas livres («modernas») de música programática, o espírito cosmopolita ocidental com o nacionalismo russo, sem estética definida. É na expressão lírica da sua alma inquieta, subordinada a formas tradicionais, que se revela o seu génio. A sua paixão por Mozart e a sua familiaridade, desde a infância, com a ópera italiana preservaram-no da influência de Wagner e de Brahms, dominante na maior parte dos seus contemporâneos. Para Chostakovitch, a obra de Tchaïkovski é «uma das pedras angulares da cultura musical russa».

✪ 10 óperas (as mais belas das quais são *Eugène Oneguine* e, sobretudo, *A Dama de Espadas*), 3 bailados (*O Lago dos Cisnes*, *A Bela Adormecido* e *Casse-Noisette*), cerca de vinte obras corais, 6 sinfonias (entre elas *a Sexta*, chamada «Patética» pelo irmão de Tchaïkovski), várias aberturas sinfónicas, 3 concertos de piano, 1 concerto de violino, diversas composições para violino e orquestra e para violoncelo e orquestra, 3 quartetos de cordas, 1 trio com piano, 1 sexteto (*Souvenirs de Florence*), muitas peças para piano, mais de 100 melodias.

Ø *Eugène Oneguine* (Vichnevskaia, Rostropovitch), Sinfonias (Karajan), *Concerto de Piano n.º 1* (Weissenberg, Karajan), *n.º 2* (Cherkasski, Krauss), *Concerto de Violino* (Zukermann, Dorati), *Casse-Noisette* (Dorati), *O Lago dos Cisnes* (Ansermet), *Sexteto* (Quarteto Borodine, Talalyan, Rostropovitch).

TCHEREPNINE, **Alexandre Nicolaïevitch** (São Petersburgo, 21 Jan. 1899//Paris, 29 Set. 1977). Pianista. Aluno de seu pai e de Liadov e depois, em Paris (onde viveu entre 1921 e 1949), de Gédalge e Philipp. Casou com uma pianista chinesa e deu a conhecer à Europa a música contemporânea do Extremo Oriente. A partir de 1949 foi professor na Universidade de Paul, em Chicago.

✪ 3 óperas, 10 bailados, obras sinfónicas, 6 concertos de piano, peças para piano, numerosas melodias.

TCHEREPNINE, **Nikolaï Nikolaïevitch** (São Petersburgo, 14 Mai. 1873/Issy-les-Moulineaux, 26 Jun. 1945). Pianista e director de orquestra; pai do anterior. Foi aluno de Rimski-Korsakov no Conservatório de São Petersburgo, onde veio a ser professor

(Prokofiev foi seu aluno). Fixou-se em Paris em 1921.

○ 2 óperas, 5 bailados, 1 oratório (*A Paixão de Nossa Senhora*), poemas sinfónicos, um concerto de piano, numerosas peças para piano, melodias.

TELEMANN, Georg Philipp (Magdeburgo, 14 Mar. 1681/Hamburgo, 25 Jun. 1767). Filho de pastor. Aprendeu música sozinho estudando as obras dos mestres (especialmente Lully e Campra). Na Universidade de Leipzig, onde estudava línguas modernas e ciências, fundou, em 1704, com os seus condiscípulos, a sociedade Collegium Musicum, que deu os primeiros concertos públicos na Alemanha. Nesse mesmo ano, foi nomeado organista da Igreja Nova. Mais tarde, ocupou diversos lugares de *Kapellmeister* e fez várias viagens (nomeadamente a Berlim e a Paris) antes de se fixar definitivamente em Hamburgo como *Kantor* do Johanneum e *Musikdirektor* das cinco principais igrejas da cidade. Com Mattheson e Keiser, deu fama à brilhante escola de Hamburgo do século XVIII. O seu estilo pouco original faz a união entre o contraponto tradicional (onde se mostrou excepcionalmente hábil) e a ária de ópera italiana. Uma extraordinária facilidade e um domínio de todas as formas e técnicas do seu tempo permitiram-lhe escrever uma quantidade incrível de composições de todos os tipos, que ele próprio afirmava ser incapaz de enumerar.

○ 12 séries completas de serviços religiosos para todos os domingos e festas, 44 paixões, 111 serviços religiosos para diversas ocasiões, muitos oratórios, mais de 1000 cantatas diversas, 40 óperas, uma inumerável obra instrumental, incluindo, nomeadamente 600 *Aberturas francesas* (suites).

Ø 2 *Magnificat* (Redel), *O Juízo Final* (Harnoncourt), *Cantata INO* (Boettcher), *Música Para a Mesa* (Wenzinger), *Suites Para Flauta de Bisel e Cordas* (Harnoncourt), *Concerto de Trombeta* (André), *Concerto Para Diversos Instrumentos* (conjunto Redel), *Suites* (Doualte).

TERRADELLAS, Domingo, Terradeglias, Domenico (Barcelona, Fev. 1713/Roma, 20 Mai. 1751). Aluno de Durante no Conservatório dei Poveri di Gesù Cristo, em Nápoles (1732-1737), foi mestre de capela de S. Giacomo dei Spagnuoli, em Roma (1748-1751). Em 1746-1747, fez uma viagem a Londres e a Paris.

○ Música religiosa, 2 oratórios, 12 óperas.

THALBERG, Sigismond, (Pâquis, perto de Genebra, 8 Jan. 1812/Nápoles, 27 Abr. 1871). Pianista. Destinado à carreira diplomática, estudou na Escola Politécnica de Viena, antes de se tornar aluno de Hummel. Virtuoso excepcional, que se torna rival de Liszt, foi aclamado em toda a Europa, bem como no Brasil e nos Estados Unidos, suscitando uma verdadeira admiração. Terminou a sua vida como vinicultor em Nápoles, onde em 1858 comprara uma bela propriedade.

○ 2 óperas, numerosas peças de piano, 54 *lieder.*

THOMAS, Ambroise (Metz, 5 Ago. 1811/Paris, 12 Fev. 1896). Aluno de Kalkbrenner (piano) e de Lesueur (composição, Grande Prémio de Roma em 1832. Foi membro do Ins-

tituto (1851) e director do Conservatório de Paris (1871).
○ 20 óperas e óperas cómicas (entre elas, *Mignon* e *Hamlet*), 3 bailados, um *Requiem,* missas, cantatas, motetos, música de câmara.
Ø *Mignon* (Sebastiam).

THOMSON, **Virgil** (Kansas City, Missouri, 25 Nov. 1896 /?, 30 Set. 1989). Crítico de música (*New York Herald Tribune*). Estudou na Universidade de Harvard e depois em Paris, com N. Boulanger. Entre 1925 e 1932, viveu novamente em Paris, onde esteve ligado ao Grupo dos Seis, mas sofreu, sobretudo, a influência de Satie.
○ 2 óperas, 1 bailado, música de cena e de filmes, obras corais, 2 sinfonias, 2 suites de orquestra (*Portraits*), música de câmara, música para piano (4 sonatas, 40 *Portraits*, 10 estudos), melodias.

TINCTORIS, **Johannes** (?, cerca de 1445/ /Nivelle, perto de Bruxelas, 12 Out. 1511). Teórico ilustre. Estudou Direito e Teologia em Lovaina e depois foi padre e cónego em Nivelle. A partir de 1475, foi capelão e chantre de Fernando de Aragão, rei de Nápoles, que o tratava com muito respeito e o enviou a França e à Alemanha para contratar cantores (1487).
Compôs a maior parte da sua obra em Nápoles e aí fundou uma escola de música que foi berço da escola napolitana.
○ Só foram encontradas 1 missa, *L'Homme Armé*, 1 *missa trium vocum*, 1 missa incompleta, *Virgo Dei Trono*, algumas peças sacras a 3 vozes, 1 canção a 3 vozes, 1 *Lamentation* a 4 vozes. Deve-se-lhe também 12 tratados teóricos da máxima importância (entre os quais figura o primeiro léxico de termos musicais).
Ø *Missa trium vocum* (Conjunto Blanchard).

TIPPETT, **Sir Michael** (Londres, 2 Jan. 1905/Londres, 8 Jan. 1998). Aluno do Royal College of Music. Director do Morley College, onde ensina arte coral do século XVI, dirige concertos educativos e defende corajosamente as suas ideias liberais e humanitárias (*A Child of Our Time* exprime a sua hostilidade em relação a uma civilização que torna possíveis as perseguições). A sua notável sabedoria da escrita polifónica, o seu lirismo convincente, um certo dinamismo interior (que se traduz na riqueza rítmica da sua música), fazem deste compositor, profundamente original, uma das personalidades mais interessantes da escola inglesa contemporânea.
○ 4 óperas, entre elas, *The Midsummer Marriage*, obras corais (entre as quais se conta a magnífica *A Child of Our Time*), 4 sinfonias, 1 concerto para a dupla orquestra de cordas, 1 concerto para orquestra, 1 concerto de piano, 3 quartetos de cordas, 3 sonatas de piano.
Ø *Concerto Para Dupla Orquestra* (Barchai), *Concerto Para Orquestra* (Davis), *Três Quartetos* (Lindsay).

TITELOUZE, **Jean** (Saint-Omer, 1563/ /Ruão, 25 Out. 1633). Organista, descendente de uma família de músicos radicada em Saint-Omer, desde o início do século XVI. No colégio dos jesuítas de Douai, onde se supõe que tenha estudado, esteve provavelmente em contacto com músicos católicos ingleses emigrados, que lhe teriam dado a conhecer

a arte dos grandes virginalistas e organistas do seu país, cuja influência se nota na sua obra; é até possível que tenha conhecido Bull, Philips e Dowland. Por outro lado, formou-se, certamente, na disciplina dos polifonistas franco-alemães, mas ignoramos quem foram os seus mestres directos. Nomeado, em Ruão, organista da igreja de São João (1585) e depois da catedral (1588), adquiriu grande reputação como improvisador. A sua arte, um pouco austera, mas com grande nobreza e uma admirável perfeição de escrita, tem origem no estilo contrapontístico tradicional, no espírito do moteto.
✪ 2 grandes colectâneas para órgão (*Hymnes... avec les fugues et recherches sur leur plain-chant* e *Magnificat ou Cantiques de la Vierge*), várias missas, diversas obras vocais.
Ø *Hymnes* e *Magnificat* (Chapuis).

TOCH, **Ernst** (Viena, 7 Dez. 1887//Los Angeles, 1 Out. 1964). Aprendeu a compor sozinho, ao mesmo tempo que estudava medicina e filosofia. A partir de 1934, viveu nos Estados Unidos, primeiro em Nova Iorque, onde foi professor na New School for Social Research, e depois em Hollywood.
✪ 4 óperas, música de cena, de rádio e de filmes, 6 sinfonias, 1 *Symphony* e 1 concerto de piano e orquestra, 13 quartetos de cordas, 1 sonata, estudos para piano.

TOMASEK, **Václav Jaromir** (Skuc, Boémia, 17 Abr. 1774/Praga, 3 Abr. 1850). Autodidacta em grande medida, adquiriu um conhecimento profundo, não só prático mas também científico, da música e foi muito célebre em Praga como professor e como pianista. A sua casa tornou-se o centro musical da capital checa. A sua enorme admiração por Beethoven teve uma influência profunda na sua obra.
✪ 3 missas, 2 *Requiem*, 3 óperas, 3 sinfonias, 1 concerto de piano, sonatas e numerosas colectâneas de peças para piano (7 colecções de *Églogues*, 2 de *Dithyrambes*, etc.), *lieder*.
Ø *Fantasia para Glassharmonica* (Hoffmann).

TOMASI, **Henri** (Marselha, 17 Ago. 1901/Paris, 13 Jan. 1971). Director de orquestra. Aluno de D'Indy e de Gaubert. Foi director musical da Rádio, antes da guerra, e director da orquestra da Ópera de Monte Carlo, entre 1946 e 1950.
✪ 4 óperas, bailados, 1 oratório (*François d'Assise*), peças sinfónicas (muitas vezes inspiradas em temas orientais), diversos concertos (violeta, flauta, trombeta, saxofone, trompa), melodias.
Ø *Variations sur un Thème Corse* (Quinteto de sopro francês).

TOMKINS, **Thomas** (Saint David's, 1572/perto de Worcester, Jun. 1656). Membro de uma grande família de músicos: seu pai, três dos seus irmãos (outros três foram excelentes amadores), seu filho, dois sobrinhos. Aluno de Byrd. Foi organista da catedral de Worcester (1596-1646) e da Chapel Royal. Admirável madrigalista, ligava-se, pelo estilo, à época isabelina.
✪ 7 *Services*, 100 *anthems*, 25 madrigais (com o nome *Songs*), numerosas peças para virginal e para violas.

TOMMASINI, **Vincenzo** (Roma, 17 Set. 1878/Roma, 23 Dez. 1950). Estu-

dou em Roma e depois na Alemanha, com M. Bruch. Tornou-se célebre em 1917, quando Diaghilev montou em Nova Iorque o seu encantador bailado *Le Donne di Buon Umore* (que utiliza sonatas de Scarlatti, admiravelmente orquestradas e adaptadas ao tema).
✪ 2 óperas, 3 bailados, coros, quadros sinfónicos, concertos (de violino, de violoncelo, de piano, de quartetos de cordas), 3 quartetos, 1 sonata de piano e violino.
Ø *Le Donne di Buon Umore* (Markévitch: «Hommage à Diaghilev»).

TORELLI, Giuseppe (St.ª Maria in Chiavica, perto de Verona, 22 Abr. 1658/Bolonha, 8 Fev. 1709). Foi tocador de viola na Igreja de S. Petronio, de Bolonha (1686-1697), e depois primeiro violino da orquestra do Margrave de Brandeburgo-Ansbach. Em seguida, dirigiu-se a Viena, onde foi representado um oratório de sua autoria (perdido). Em 1701, está de novo em Bolonha, onde apesar da sua reputação aceitou um lugar de simples violinista em S. Petronio. É difícil atribuir a Torelli a «invenção do concerto»: todavia, o *op. 8* (1709) adopta quase a forma do *concerto grosso*, tal como será utilizada por Corelli (1712) e depois por Haendel, e está esboçado na segunda parte da colectânea aquilo a que já podemos chamar um «concerto de violino».
✪ 8 colectâneas publicadas de obras para instrumentos de cordas: *Sonate a 3* (op. 1), *Concerto da camera* (op. 2), *Sinfonie* (op. 3), *Concertino per camera* (op. 4), *Sinfonie a 3 e Concerti a 4* (op. 5), *Concerti musicali a 4* (op. 6), (o op. 7 perdeu-se), *Concerti grossi* (op. 8), bem como *Sinfonie*, aparentadas com a abertura italiana e ricamente instrumentadas (oboé, fagote, trombetas, trombones, timbales, cordas e órgão).
Ø *Concerti Grossi op. 8* (I Musici), 3 *Sinfonias Para Orquestra* (Paillard).

TOSI, Pier Francesco (Bolonha, cerca de 1646/Faenza, Abr. 1732). Depois de ter viajado muito e de ter ganho fama como cantor, fixou-se em Londres, em 1682, como professor de canto. Aí viveu até 1727, exceptuando alguns anos que passou na corte de José I da Áustria (1705-1711).
✪ Oratórios, várias cantatas de câmara e um importantíssimo tratado de canto: *Opinioni de cantori antichi e moderni...*

TOURNEMIRE, Charles (Bordéus, 22 Jan. 1870/Arcachon, 3 Nov. 1939). Organista. Aluno de Franck, Widor e d'Indy. Em 1898, sucedeu a Pierné no órgão de Sainte-Clotilde e em 1919 foi nomeado professor de música de conjunto do Conservatório de Paris. Notável improvisador, foi um músico inspirado na tradição dos antigos mestres de órgão.
✪ 2 óperas, grandes obras corais, 8 sinfonias para orquestra, música de câmara, peças para piano, numerosas composições para órgão (entre elas, *L'Orgue mystique*, que compreende 255 peças para os 51 ofícios do ano litúrgico).

TRAETTA, Tommaso (Bitonto. Bari, 30 Mar. 1727/Veneza, 6 Abr. 1779). Aluno de Durante no Conservatório S.ª Maria di Loreto, em Nápoles. Depois do êxito da sua primeira ópera, *Farnace*, em 1751, a sua reputação estendeu-se a toda a Europa. Foi, sucessivamente, *Maestro di cappella*, do duque de Parma (1759-1765), director do Conservatório dell Ospedaletto, em Veneza (1765-1768), *Maestro di corte* de Catarina II da Rússia, em substituição de Galuppi (1768-1775). Em seguida viveu dois anos em Londres, onde não pôde lutar contra o seu rival Sacchini, solidamente implantado, porque a sua saúde e o seu génio haviam sido duramente afectados pelo clima russo. Grande músico, muito inteligente, dotado de um sentido dramático, digno de Gluck, é, hoje em dia, injustamente ignorado.

✪ 40 óperas, 1 oratório (*Salomone*), 1 *Stabat Mater*, cantatas e *arie*.

TRITTO, **Giacomo** (Altamura, Bari, 2 Abr. 1733/Nápoles, 16 Set. 1824). Aluno de Abos e de Cafaro no Conservatório dei Turchini, em Nápoles (1752 – cerca de 1760), onde veio a ser *secondo Maestro*, em 1785, e *primo Maestro*, em 1799. Quando, em 1807, este conservatório se transformou no Collegio Reale di Musica, Tritto foi seu co-director (com Paisiello e Fenaroli) e aí continuou a ensinar composição, até à morte. Em 1816, sucedeu a Paisiello como *Maestro di cappella* da corte. Foi professor de Bellini e de Spontini.

✪ 53 óperas (40 bufas e 13 sérias) e muitas composições religiosas.

TROMBONCINO, **Bartolomeo** (Verona, cerca de 1470/?). Esteve ao serviço das cortes de Mântua, Vinzenza e Ferrara durante grande parte da sua vida. Foi célebre no seu tempo, não só como um dos melhores compositores de *frottole* e de *barzellette* (canções polifónicas de carácter popular), mas também como o assassino de sua mulher.

✪ Algumas peças religiosas e numerosas *frottole*.
Ø *Frottola* (Concerto Harmonia Mundi n.º 1).

TURINA, **Joaquin** (Sevilha, 9 Dez. 1882/Madrid, 14 Jan. 1949). Pianista. Depois dos primeiros estudos musicais na sua cidade natal, foi aluno de d'Indy e de Moszkowski, em Paris, onde viveu, entre 1905 e 1913, e onde fez amizade com Albeniz, Falla, Debussy e Ravel. Depois, quase toda a sua existência decorreu em Madrid, onde foi nomeado professor do Conservatório em 1931. Turina foi, juntamente com Falla, o maior compositor espanhol da geração que se seguiu à de Albeniz e Granados. Músico andaluz puro, soube descobrir as características essenciais da sua cidade natal, libertas de todo o pitoresco de pacotilha; com a sensibilidade maravilhosa, delicada e algo austera, evoca os jogos de sombras e de luz nos pátios de Sevilha ao som de uma guitarra longínqua. O poeta andaluz Manuel Machado, seu amigo, exprimiu o encanto desta música no seu poema *Turina canta*.

✪ 2 comédias líricas, grandes frescos sinfónicos (*La Proceción del Rocio*, *Danzas Fantasticas*, *Sinfonia Sevilhana*), *Canto a Sevilha*, para soprano e orquestra, melodias, peças para guitarra (entre as quais se conta uma bela sonata), numerosas peças para piano (a parcela mais original da sua obra).
Ø *Danzas Fantasticas* (Frühbeck), *Peças Para Piano* (J. Echaniz).

TYE, **Christopher** (?, cerca de 1500//Doddington, ?, cerca de 1573). A partir de 1541 ou 1542, foi *magister choristarum* e organista da catedral

de Ely e, depois de ter sido ordenado padre em 1560, reitor de Doddington, próximo de Ely. Parece ter sido também professor de música de Eduardo VI e, talvez, das princesas Maria e Isabel. Num estilo simples, directo e, por vezes, quase popular, contribuiu para criar as grandes formas da música anglicana.
✪ 3 missas, motetos latinos, *services* e *anthems* anglicanos (entre eles, uma versão a 4 vozes dos 14 primeiros capítulos dos Actos dos Apóstolos).

VALENTINI, **Giuseppe** (Roma, ? 1681//Florença, cerca de 1746). Compositor e violinista do grão-duque da Toscana e depois do príncipe de Caserta. A sua obra distingue-se pela fantasia e liberdade da forma.
✪ 12 *Sinfonie a 3, Bizarrerie, Fantasie, Suonate e Idee per camera* para 3 instrumentos de cordas e baixo contínuo, *Concerti grossi*, bem como 1 ópera, *La Constanza in Amore*, e oratórios.
Ø *Concerto Grosso* (Fasano), *Pastorale per il SS. Natale* (Ristenpart).

VALENTINI, **Pietro Francesco** (Roma, cerca de 1570/Roma, 1654). Aluno de Nanini. Notável contrapontista, foi um dos maiores músicos da escola romana. A sua habilidade para criar cânones foi excepcional. Dois deles são especialmente famosos: o *Canone nel modo di Salmone* a 96 vozes, que pode ser variado *ad infinitum*, e o *Canone sopra le parole del Salve Regina* que, segundo Kirchner, comporta 3000 resoluções (Valentini propõe mais de 2000).
✪ 2 *favole* (obras cénicas com *intermezzi*), 20 livros de madrigais, motetos, *Canzonetti spirituali*, *sonetti*, *arie* (1 e 5 vozes com baixo contínuo ou instrumentos), *canoni musicali*, obras teóricas.

VANHAL, **Jan Krtitel** — Jean-Baptiste Wanhall (Nechanice, Boémia, 12 Mai. 1739/Viena, 26 Ago. 1813). Aos 18 anos, ocupava vários lugares de organista; todavia, foi completar a sua formação, em Viena, com Dittersdorf. Após uma estada em Itália (onde conheceu Gluck), fixou-se definitivamente em Viena, onde sofreu uma profunda influência de Haydn.
✪ 2 óperas, 1 oratório, várias composições religiosas (entre as quais 26 missas), mais de 100 sinfonias, numerosos concertos, cerca de 100 quartetos de cordas, peças para piano.

VARÈSE, **Edgar** (Paris, 22 Dez. 1883//Nova Iorque, 6 Nov. 1965). Depois de ter feito sérios estudos científicos, foi aluno de V. d'Indy e de Roussel, na Schola Cantorum, bem como de Widor, no Conservatório. Em Paris, criou um Coro da Universidade Popular e, em Berlim, um Symphonische Chor. Reformado na sequência de uma grave doença, partiu em 1916 para os Estados Unidos, onde se viria a fixar definitivamente e a adquirir em 1926 a nacionalidade americana. Desde muito cedo, preocupou-se (sobretudo por influência de Busoni, que conhecera em Berlim) com as transformações radicais que permitiriam a rápida evolução da música moderna. Como a sua formação científica lhe facilitou a análise do fenómeno musical, tornou-se o pioneiro da música experimental do nosso tempo. Duas obras que datam de 1931, *Ionisation* (para 40 instru-

Varèse, Edgar

mentos de percussão) e *Intégrales* (para percussão e instrumentos de sopro), foram antecipações proféticas do movimento da música posterior a 1950. A maior parte das suas obras traz soluções novas nos campos do ritmo e do timbre e foi um dos primeiros a utilizar, na orquestra, os instrumentos electrónicos e a *music for tapes* («concreta» ou «electrónica»).

✪ *Amériques* e *Arcana* para grande orquestra, uma *Symphonie avec choeurs, Espace* para coros e orquestra, *Le Désert* para coros, orquestra e música concreta, *Intégrales, Octandre* e *Hyperprism* para metais e percussão, *Ionisation* para 2 grupos de instrumentos de percussão.

Ø *Déserts, Intégrales, Ionisation* (Craft), *Arcana et Amériques* (Boulez).

Vaughan Williams, Ralph (Down Amprey, Gloucestershire, 12 Out. 1872/Londres, 26 Ago. 1958). Foi aluno de Parry e de Stanford no Royal College of Music e depois de Max Bruch, em Berlim. Em 1896 teve em Bayreuth a revelação de Wagner, mas a atracção dos cantos populares britânicos salvou-o da intoxicação wagneriana. Em 1901, depois de se ter doutorado em música, em Cambridge, mergulhou no estudo do folclore, tornou-se membro da Folk-Song Society e começou a recolher canções e danças de Norfolk, interessando-se activamente pelos festivais-concursos da região. À influência determinante da música popular do seu país juntou-se a da obra de Purcell, que teve a oportunidade de aprofundar, colaborando nas edições da Purcell Society. Em 1909, passou uma temporada em Paris, para se aperfeiçoar em contacto com Ravel. Depois da guerra, que passou na Macedónia e em França, tornou-se professor no Royal College of Music (1919), e director do Bach Choir (1920). Vaughan Williams foi o primeiro músico autenticamente inglês depois de Purcell, o primeiro que soube cortar radicalmente os laços com a Itália e a Alemanha. Dos seus estudos no estrangeiro (Max Bruch, Ravel) trouxe uma técnica, mas o seu estilo, muito pessoal, tem raízes no folclore. O espírito das melodias populares (não se limitou a citá-las de forma acessória) anima a sua música, que realiza uma síntese dos elementos fundamentais da cultura nacional. O seu nacionalismo inteligente (isento de chauvinismo) é, em certa medida, análogo ao de Bartók. Graças a Vaughan Williams (e, em menor medida, a Holst), músicos como Walton, Britten ou Tippett puderam mostrar, de forma brilhante, a vitalidade da escola inglesa contemporânea.

✪ 6 óperas, óperas-baladas ou mistérios (entre os quais se contam *Hugh the Drover, The Pilgrim's Progress* e *The First Nowell*), 4 bailados, música de cena e de filmes – numerosas obras corais, religiosas e profanas, inúmeras melodias e adaptações de canções populares – 9 sinfonias (entre as quais: *n.º 1 A Sea Symphony*, com solistas e coros – *n.º 2 A London Symphony* – *n.º 3 A Pastoral Symphony* – *n.º 7 Sinfonia Antárctida*), *Fantasy on a theme by Tallis*, 1 *Partita* e 1 *Concerto Grosso* para orquestra de cordas, concertos ou obras concertantes para piano, violino, violeta, oboé, tuba, 2 quartetos, algumas peças para piano e para órgão.

Ø *Fantasia Sobre Um Tema de Tallis* (Karajan), *Sinfonias n.º 8* (Barbirolli), *n.º 9* (Boult).

VECCHI, Orazio (Modena, Dez. 1550//Modena, 19 Fev. 1605). Poeta, (escreveu os poemas de muitos dos seus madrigais). Não sabemos quase nada acerca da primeira metade da sua vida, a não ser que era, aparentemente, de condição modesta, que tinha permanentes dificuldades financeiras e que foi ordenado padre. Ocupou os lugares de mestre de capela da catedral de Reggio Emilia e da de Modena, foi cónego e depois arcediago (até 1595) da catedral de Correggio. A sua obra mais célebre, *L'Amfiparnaso* (*Commedia harmonica*) (1594), não foi, como se disse muitas vezes, a «primeira ópera». É uma espécie de interpretação musical da *commedia dell'arte*, na forma de uma série de madrigais, agrupados em 3 actos e precedidos de um prólogo, onde está exposto claramente que a obra se destina à audição e não à representação. O princípio destes quadros vivos, evocados sob a forma madrigalesca, não é, por outro lado, novo (cf. Janequim e Striggio). Isto não diminui em nada a riqueza especialmente sedutora dos madrigais de Vecchi.

✪ 1 missa, 2 livros de *Sacrarum Cantironum* (4-8 vozes), 1 livro de *Lamentaciones* (4 vozes), 6 livros de *canzonette* (3 a 6 vozes), 3 livros de madrigais (5 a 8 vozes), e, sobretudo, 4 volumes de divertimentos madrigalescos (*L'Amfiparnaso, Selva di Varia Recreatione, Convinto Musicale* e *Le Veglie di Siena*).
Ø *L'Amfiparnaso* (Conjunto Deller).

VEJVANOVSKI, Pavel (Hlucin, Boémia, ou Hucvaldy, Morávia, cerca de 1640/Kromeriz, 22 Jun. 1694). Trombeteiro. Fez os seus estudos musicais em Viena (talvez com Schmelzer) e foi, depois, *tibicen campestri* («Trombeteiro do campo»!) e depois director da capela do príncipe-bispo de Kromeriz. É, talvez, o maior compositor checo do período barroco.

✪ Cerca de 20 missas, 4 *Requiem*, vésperas, litanias e ofertórios, mais de 30 *sonate da chiesa*, bailados, serenatas, etc., para a corte episcopal.
Ø *Sonatas Para Metais e Cordas* (Pesek).

VENEZIANO, Gaetano (Bisceglia Bari, 1656/Nápoles, Jul. 1719). Aluno de Provenzale no Conservatório St.ª Maria di Loreto, em Nápoles, onde veio a ser professor, de 1695 até à sua morte. Foi nomeado organista (1676) e depois *Maestro di cappella* (1703) da capela real. Mas tendo-se mantido fiel ao duque de Anjou (Filipe V de Espanha) e ao vice-rei, duque de Ascalona, foi substituído por Mancini (partidário da Áustria) quando, em 1707 as tropas austríacas ocuparam Nápoles.

✪ Cerca de 60 composições sacras (em manuscritos na biblioteca dos padres Filipinos).

VERACINI, Francesco Maria (Florença, 1 Fev. 1690/Florença, 31 Out. 1768). Violinista. Aluno de Gasparini, adquiriu rapidamente um virtuosismo tão notável que, depois de o ter ouvido em Cremona, em 1716, Tartini se retirou para Ancona para trabalhar na sombra. Foi, sucessivamente, director da ópera Italiana, em Londres (1714--1720), virtuoso na corte de Dresden (1720-1722) e, mais tarde, esteve ao serviço do conde Kinski, em Praga, (1723-?). Depois de uma estada em Itália, fixou-se novamente em Lon-

dres, em 1735, e obteve um grande êxito como compositor de óperas, mas como violinista foi eclipsado por Geminiani. Em 1746, retirou-se para Pisa e depois para Florença.
○ 5 óperas, sinfonias, concertos e, sobretudo, belíssimas sonatas de violino.
Ø *Sonata em Mi Menor* (Zepparoni), *Sonata em Lá Maior* (Grumiaux).

VERDELOT, Philippe (?/Florença, cerca de 1560). Parece ter-se radicado, muito novo, em Itália, onde foi, entre 1520 e cerca de 1540, chantre em São Marcos de Veneza e *Maestro di musica* em S. Giovanni de Florença. Provou a sua habilidade na arte do contraponto acrescentando uma 5.ª voz a *La Guerre*, de Janequim. Foi um dos criadores do madrigal em Itália.
○ 1 missa, motetos e cerca de 100 madrigais a 4, 5, 6 vozes.

VERDI, Giuseppe (Le Roncole, Parma, 10 Out. 1813/Milão, 27 Jan. 1901). Filho de um estalajadeiro de Roncole (lugarejo dependente de Busseto), adjunto de regedor, mas analfabeto, aprendeu música com o organista da aldeia e depois, graças ao apoio de um mecenas inteligente, com dois bons músicos da pequena cidade de Busseto. Completa esta formação rudimentar estudando métodos de piano e tratados de harmonia, e tão bem que aos 16 anos é capaz de ensinar na escola de música local, de tocar órgão, de dirigir os ensaios da sociedade filarmónica, de dar concertos como pianista e de compor uma grande quantidade de obras (que depois destruiu). Em 1832, o Conservatório de Milão recusa o seu pedido de admissão; mas graças à generosidade do seu protector, A. Barezzi (com cuja filha casará em 1836), passa ainda três anos em Milão, onde é aluno particular de Lavigna. Ao regressar, é nomeado *Maestro di musica* da comuna de Busseto. Em 1839, graças ao apoio de um amigo milanês, representa a sua primeira ópera *Oberto*, no Scala, com grande êxito, e o empresário do Teatro assina, imediatamente, um contrato para mais três obras. Uma delas, *Nabuccodonosor* (vulgarmente *Nabucco*) é recebida triunfalmente: esta primeira obra-prima contém páginas dignas do melhor Verdi. *Nabucco* e a obra seguinte, *I Lombardi*, estendem a sua fama a toda a Europa e o espírito patriótico com que são tratados estes dois temas (propícios às alusões políticas) transforma, em breve, o compositor num porta-estandarde do *Risorgimento*. De resto, ele não esconde as suas simpatias pelos insurrectos aquando dos acontecimentos revolucionários de 1889, e parece interessar-se mais pela política do que pelo seu ofício, que compara aos trabalhos forçados. Em 1849, depois de ter errado, durante algum tempo, entre Milão, Roma, Paris e Londres, compra uma propriedade perto de Busseto, que virá a ser a *Villa* Verdi e onde se fixa, em 1851, com a cantora Giuseppina Strepponi (que contribuíra para o êxito das suas primeiras óperas). Ela exerce uma excelente influência no músico (dando-lhe, nomeadamente, o gosto pela vida simples do campo) e será para ele, até à morte, em 1897, uma companheira admirável; casam em 1859. No mesmo ano, entusiasmou-se com a acção de Garibaldi, uma vez que sempre sonhara com uma Itália livre e unificada. O seu nome tornou-se um símbolo e quando as paredes apareciam cobertas de «Viva Verdi», os patriotas traduziam «*Viva Vittorio Emmanuelle Re D'Italia*». Quando o ducado de Parma votou a favor da União com o Piemonte, Verdi foi um dos enviados que se deslocaram a Turim para comunicar a Vítor Emanuel o resultado do plebiscito; e Cavour insistiu para que Verdi fizesse parte do primeiro Parlamento italiano. Assim, foi deputado por Fidenza até 1865. Estes acontecimentos abrandaram a actividade criadora de Verdi que, até 1857, apresentara uma ou duas óperas por ano. Nos últimos 35 anos da sua vida, só verão a luz sete óperas novas, mas são obras consideráveis. Em 1861 e 1862, vai a Londres, a Paris e duas vezes a São Petersburgo (para a estreia de *La Forza del Destino*). Entre 1685 e 1867, vive, sobretudo, em Paris (onde se estreia *Don Carlos*). Em 1871, *Aida* é representada no novo teatro do Cairo, para celebrar (com algum atraso) a inauguração do Canal do Suez. Muito emocionado com a morte de Marconi, em 1873, decide escrever um *Requiem* em memória dele. Será uma das suas três maiores obras-primas, juntamente com *Otello*, que é representado em 1887, após um longo período improdutivo, e *Falstaff*, esse extraordinário testemunho da saúde intelectual e da vitalidade do músico octogenário. Não se recompôs da perda de Giuseppina, em 1897. Faleceu 4 anos mais tarde, aos 87 anos, em consequência de uma trombose.

Otello e *Falstaff* representam o apogeu do drama lírico e da ópera-cómica italiana. Depois da primeira obra-prima que foi *Nabucco*, a qualidade das óperas de Verdi desceu muito (trabalho rápido, a que poderíamos chamar «comercial») mas, posteriormente, a sua produção lírica seguiu uma curva sempre ascendente, cujos pontos mais notáveis são: *Macbeth* (Florença, Pergola, 1847), *Rigoletto* (Veneza, Fenice, 1851), *Il Trovatore* (Roma, Apollo, 1853), *La Traviata* (Fenice, 1853), *Un Ballo in Maschera* (Apollo, 1859), *La Forza del Destino* (São Petersburgo, 1862) *Don Carlos* (Ópera de Paris, 1867), *Aida* (Cairo, 1871), *Otello* (Scala, 1887), *Falstaff* (Scala, 1893). Camponês pouco culto, tinha um génio seguro do teatro lírico, de um teatro lírico essencialmente italiano, tinha o dom da melodia; mas superava os seus antecessores devido à eficácia deste dom infalível e a uma habilidade notável na utilização dos coros. Escapou instintivamente à influência do seu contemporâneo Wagner, a quem, no entanto, admirava profundamente. O homem foi tão excepcional como o músico. A sua humanidade e a sua grandeza moral apareciam não só na música (que, tantas vezes, expressa o sentimento profundo do sofrimento humano), mas também em numerosas obras generosas, por meio das quais foi o benfeitor da sua região natal, onde decidira viver: trabalhos de irrigação ou de drenagem, plantações, construção de um hospital, etc.

✪ 26 óperas (sem contar as diferentes versões de algumas delas), *Requiem*, 3 *pezzi sacri* (*Ave Maria, Stabat Mater* e *Te Deum*), 1 quarteto de cordas, 20 melodias, algumas obras de circunstância.

Ø *Rigoletto* (Cotrubas, Domingo, Giulini), *O Trovador* (Tebaldi, Del Monaco, Simionato, Erede), *La Traviata* (Montserrat Caballé, Prétre),

Um Baile de Máscaras (Bergonzi, Nilsson Simionato, Solti), *A Força do Destino* (Arroyo, Bergonzi, Gardelli), *Don Carlos* (Bergonzi, Fischer-Dieskau, Solti), *Aida* (Tebaldi, Bergonzi, Karajan), *Otelo* (Tebaldi, Del Monaco, Protti, Karajan), *Falstaff* (Bernstein), *Requiem* (Giulini).

VIADANA, **Lodovico Grossi da** (Viadana, cerca de 1564/Gualtieri, 2 Mai. 1645). Frade franciscano, foi mestre de capela nas catedrais de Mântua e de Fano. Foi um dos primeiros a utilizarem o baixo contínuo (não cifrado), nos seus *Concerti ecclesiatici* (publicados em 1602, mas compostos cerca de 1595): mas não foi, certamente, como afirmava, o «inventor» do baixo contínuo.

✪ Missas, salmos, *canzonette*, madrigais e 100 *Concerti ecclesiatici* (1 a 4 vozes com baixo contínuo).
Ø 2 *Motetos* (R. P. Martin).

VICTORIA, **Tomás Luís de** – em Itália: Tommaso Lodovico da Vittoria (Ávila, cerca de 1548-50/Madrid, 27 Ago. 1611). A sua vida é muito pouco conhecida. Sobretudo, nada sabemos acerca da sua infância ou da sua formação musical inicial. Foi, talvez, aluno de Escobedo (é certo que não foi de Morales) e, provavelmente, conheceu Santa Teresa, que era das relações de um dos seus irmãos, Augustin. Viveu cerca de 30 anos em Roma, onde entre 1565 e 1569 continuou os seus estudos no Collegium Germanicum; estudos teológicos mais do que musicais, que o levaram ao sacerdócio (foi ordenado em 1575), entretanto, foi cantor no Collegium onde veio a ser mestre da capela (1573-1578), depois de durante algum tempo ter sido sucessor de Palestrina no Seminário Romano (1571-1572). Entre 1578 e 1585, é capelão de S. Girolamo della Caritá e está em ligação estreita com S. Felipe Neri. Em seguida fez, decerto, uma ou mais viagens a Espanha, mas só lá regressará definitivamente em 1596. Então, é nomeado cantor e mais tarde organista do convento das Descalzas Reales de Madrid, para onde se retirara a sua protectora, a imperatriz Maria (irmã de Filipe II). Foi aí que morreu e foi sepultado.

É surpreendente que um tão grande músico, beneficiando de protecções consideráveis (a sumptuosidade de algumas edições das suas obras assim o testemunha) tenha terminado a sua vida de uma forma tão obscura. Mas Victoria pertencia à raça dos grandes místicos espanhóis e preocupava-se pouco com a glória terrena. Toda a sua obra é dedicada à glória de Deus. Não só nunca escreveu madrigais ou *canzonette*, como nunca utilizou temas profanos, como era uso na época, nas missas polifónicas: as suas são construídas sobre temas retirados dos seus próprios motetos, ou sobre melodias do antigo cantochão moçárabe. Tendo vivido em Roma durante muito tempo, sofreu a influência de Palestrina, e exerceu também uma certa influência neste. Mas distingue-se dele e dos outros músicos da escola romana devido, sobretudo, a um imenso lirismo místico, especificamente espanhol. Mais sincero e mais austero do que Palestrina, não utiliza nunca inutilmente a sua habilidade no manejo do contraponto vocal. Subordina sempre a escrita à expressão e não teme os cromatismos ou os encontros dissonantes, completamente desusados nos

músicos da escola romana. As suas composições são pouco numerosas (180), se o compararmos com alguns dos seus contemporâneos, nomeadamente com Palestrina, mas são todas de uma qualidade excepcional. Esta obra esplêndida infelizmente pouco conhecida é a de um dos maiores músicos místicos de todos os tempos.
○ *Officium Defunctorum* e *Officium Hebdomadae Sanctae* (as suas duas obras mais notáveis), 20 missas (4 e 12 vozes), 46 motetos (4 a 8 vozes), 35 hinos, *Litaniae de Beata Vergine*, salmos, antífonas à Virgem, cânticos.
Ø *Officium defunctorum* e *Officium Hebdomadae Sanctae* (Escolania e Cappela de Montserrat), *Missa quarti toni* e *Motetos* (Caillard), Missas e Motetos *O quam gloriosum* e *O Magnum Mysterium* (Carmelite Priory).

Vierne, Louis (Poitiers, 8 Out. 1870//Paris, 2 Jun. 1937). Organista cego. Aluno de Franck e de Widor no Conservatório de Paris, depois de ter iniciado os seus estudos no Instituto dos jovens cegos. Em 1892, foi nomeado assistente de Widor em Saint--Sulpice, e depois, em 1900, organista de Notre-Dame. A sua obra de órgão, em que a influência dos seus mestres se associa a um lirismo sombrio muito pessoal, marca o apogeu do estilo sinfónico.
○ Sinfonia para orquestra, poemas sinfónicos, quartetos de cordas, quinteto com piano, peças para piano, melodias e, sobretudo, obras de órgão (6 *Symphonies*, 24 *Piéces en style libre*, 24 *Piéces de fantaisie*, um *Triptyque*).
Ø *Oeuvres d'orgue* (M-Cl. Alain); *Deuxiéme Symphonie* para órgão (Cochereau).

Villa-lobos, Heitor (Rio de Janeiro, 5 Março 1887/Rio de Janeiro, 17 Nov. 1959). Ainda em criança aprendeu a tocar, primeiro numa violeta que o pai transformara em violoncelo, e depois iniciou-se no piano e clarinete. As canções da rua constituíam o seu repertório favorito e os «chorões» (músicos populares) foram os seus professores. Aos 16 anos, como a mãe queria que estudasse medicina, fugiu de casa e, durante quatro anos, levou a vida nómada dos músicos ambulantes, percorrendo o Brasil de lés-a-lés e assimilando profundamente a música afro-brasileira do Norte. Toca guitarra, violoncelo e vários instrumentos de sopro. Só se fixa definitivamente no Rio de Janeiro em 1913 e completa a sua formação de autodidacta lendo as obras dos mestres e estudando, sem entusiasmo, tratados didácticos (nomeadamente de d'Indy); mas é guiado pelo seu instinto, pelo seu conhecimento do foclore brasileiro e pela sua admiração por Bach. Duas longas estadas em Paris (1923-1925 e 1927-1930) revelam à velha Europa, sofisticada e estupefacta, uma arte selvagem, sensual e irracional. A audição, em Paris, dos seus primeiros *Chôros*, «nova forma de composição musical que sintetiza as diferentes modalidades da música brasileira, índia e popular», faz sensação. A partir de 1930, a sua admiração por Bach manifesta-se na série das *Bachianas Brasileiras*, em que a sua inspiração essencialmente brasileira se adapta às formas clássicas e à escrita contrapontística. Desta síntese de duas culturas tão distantes nasceram obras extraordinariamente originais.
Em 1932, Villa-Lobos é nomeado superintendente da Educação Mu-

sical no Estado do Rio. Realiza, então, uma notável obra pedagógica (provavelmente sem equivalente) que culmina, em 1942, com a fundação do seu Conservatório Nacional de Canto Orfeónico e a criação de inúmeros corais populares, sobretudo nas escolas (onde deixa que os alunos gritem, batam palmas ou com os pés, durante os ensaios). Conseguiu reunir 40 000 cantores num concerto realizado no estádio do Vasco da Gama! Tendo conseguido formar também a sua própria orquestra sinfónica, faz com que o público popular descubra obras como a *Missa em Si*, de Bach, e a *Missa Solemnis*, de Beethoven, com conjuntos vocais e instrumentais, enormes, compostos principalmente por amadores. Dotado de uma vitalidade pouco comum, compunha a uma velocidade extraordinária e dedicava-se a muitas actividades, com um entusiasmo comunicativo e sem nunca apresentar o menor sinal de fadiga ou de desânimo.

✪ 5 óperas, 15 bailados, composições religiosas (entre as quais se conta a grande *Missa de São Sebastião*), 9 *Bachianas Brasileiras* e 16 *Chôros* (para as mais variadas formações: piano ou guitarra solista, conjunto de câmara, voz e orquestra, coros, grande orquestra), 11 sinfonias, poemas sinfónicos, concertos (violino, violoncelo, piano, etc), 10 quartetos de cordas, peças para guitarra, inúmeras peças para piano, numerosas melodias (com acompanhamento de piano ou de orquestra), ou seja, um total de cerca de 1500 obras.

Ø *Chôro n.º 10* para coro e orquestra (Villa-Lobos), *Bachianas Brasileiras n.º 2* (orquestra), *n.º 5* (soprano e 8 violoncelos), *n.º 6* (flauta e fagote), *n.º 9* (orquestra de cordas) (Villa-Lobos), *Descobrimento do Brasil* para coros e orquestra (Villa-Lobos), *A Prole do Bébé* para piano (Echaniz.)

VINCI, **Leonardo** (Strongoli, Calábria, cerca de 1696/Nápoles, 27 Mai. 1730). Aluno de Greco no Conservatório dei Poveri di Gesú Cristo, em Nápoles (1708-1718). Começou a sua carreira na ópera-bufa napolitana e depois virou-se para a ópera séria e dividiu o seu tempo entre Roma e Nápoles, onde foi criada a maior parte das suas obras. Depois de ter sido *Maestro di cappella* do príncipe de Sansevero, foi nomeado *pro-vice-maestro* da capela real, após a morte de Scarlatti (1725). Em 1728, foi, durante alguns meses, director do Conservatório dei Poveri e mais tarde entrou para o mosteiro de St.ª Catarina, em Formiello (congregação do Rosário), na qualidade de *confrate*, e desempenhou as funções de mestre de capela da congregação; mas não foi ordenado padre. Foi um dos primeiros compositores napolitanos de óperas bufas e um dos maiores entre os sucessores de Scarlatti no ramo da ópera séria. Nomeadamente, aperfeiçoou a forma da *arie da capo*, herdada de Scarlatti (contraste muito marcado entre os dois temas de exposição, como num *allegro* de sonata de Haydn ou Mozart).

✪ 15 óperas bufas, 25 *opere serie*, 1 cantata dramática, algumas peças instrumentais.

VINCI, **Pietro** (Nicósia, cerca de 1535//Nicósia, 1584). Depois de ter viajado por toda a Itália, foi *Maestro di cappella* da Igreja St.ª Maria Maggiore, em Bérgamo (1568-1580), e depois regressou à sua cidade natal, onde

desempenhou funções análogas, até à sua morte. Foi o chefe de uma escola de madrigalistas sicilianos, que merecia ser mais conhecida, e transmitiu aos seus alunos as qualidades de simplicidade e clareza do seu estilo.
✪ 10 missas (4 a 8 vozes), 5 livros de motetos (4 a 8 vozes), *Sonetti Spirituali*, 10 livros de madrigais (3 a 6 vozes).

VIOTTI, **Giovanni Battista** (Fontanetto Po, Vercelli, 12 Mai. 1755/Londres, 3 Mar. 1824). Talvez o maior dos violinistas clássicos e, ao mesmo tempo, fundador da moderna escola de violino. Aluno de Pugnani, realizou, com o seu mestre, uma longa digressão de concertos (1780-1782), que o tornou conhecido em toda a Europa: Genebra, Berna, Dresden, Berlim, Varsóvia, São Petersburgo e Paris. Entre 1782 e 1792, viveu em Paris, onde depois de ter obtido grandes êxitos no *Concert Spirituel* decidiu dedicar o seu talento exclusivamente ao serviço de Maria Antonieta. Foi encarregado, juntamente com o cabeleireiro da rainha, Leonard, de administrar o Théatre do Monsieur, mas a revolução não lhe deu tempo para realizar aí o teatro lírico dos seus sonhos.
Em 1792, emigra para Londres, donde foi expulso, em 1798, sob a acusação de ter amizades revolucionárias e conspirar contra o rei. Permaneceu, durante três anos, próximo de Hamburgo e depois foi autorizado a regressar a Inglaterra, que transformou na sua segunda pátria, rodeado de amigos e de admiradores (entre eles, Madame Vigée-Lebrun, que pintou o seu retrato). Aí, dedicou-se principalmente ao comércio de vinhos, que o arruinou.

Entre 1818 e 1822, foi director da Ópera Italiana, em Paris, graças à protecção de Luís XVIII. O teatro fechou as suas portas em 1820, depois de ter sido o local do assassínio do duque de Berry, e Viotti, que fracassou na reorganização do teatro, na Salle Favart e na Salle Louvois, perdeu o lugar e voltou para Londres.
✪ 29 concertos de violino, 10 concertos de piano, 2 sinfonias concertantes para 2 violinos, um grande número de obras de música de câmara (quartetos, trios, duetos).
Ø *Duplo Concerto de Piano e Violino* (Jenkins).

VISÉE, **Robert de** (?, cerca de 1650/?, cerca de 1733). Guitarrista, alaúdista e teorbista. Foi mestre de guitarra do delfim e músico de câmara do rei de França, até 1721.
✪ 2 *Livres de guitare* (o primeiro é dedicado ao rei), um livro de *Pièces de théorbe et de luth mises en partition*, bem como numerosas peças para alaúde, em tablatura manuscrita.
Ø *Peças Para Guitarra* (Recitais Segovia, Diaz, Kovats).

VITALI, **Filippo** (Florença, cerca de 1590/Florença, 1653). Padre e cantor. Entre 1631 e 1642, foi tenor na capela pontifícia. Em 1642, sucedeu a Marco da Gagliano como *Maestro di cappella* de S. Lourenço e da corte do grão-duque.
✪ *L'Aretusa* (*favola in musica*: um dos primeiros dramas musicais representados em Roma), 3 livros de madrigais a 5 vozes, 4 livros de *Arie* a 3 vozes, 5 livros de *Varie musiche* (1, 2, 3 e 6 vozes com importantes partes instrumentais), hinos, salmos, *Cantiones Sacrae*.

VITALI, Giovanni Battista (Bolonha, 18 Fev. 1632/Modena, 12 Out. 1692). Tocador de contrabaixo de viola (*violone*) e violinista. Foi, sucessivamente, *Musico di violocce da brazzo* na Igreja de S. Petronio, em Bolonha, e *Maestro di cappella* na Igreja do Rosário (1666-1674) e depois *vice-Maestro di cappella* do duque de Modena. As suas belíssimas sonatas, que serviram, provavelmente, de modelo a Corelli e a Purcell (especialmente o *op.* 5) constituem uma etapa importante na evolução desta fora.
✪ Vários oratórios, uma colectânea *Salmi concertati* (2 a 5 vozes com instr.; *op.* 6) uma colecção de *Inni Sacri* (1 voz e 5 instr; *op. 10*), três livros de *Sonate a 2 e 3* (*op. 2, 9, 14*), um livro de *Sonate a 2, 3, 4 e 5* (*op. 5*), um livro de *Sonate a 6* (*op. 11*), uma grande quantidade de *correnti*, *baletti*, *gagliarde*, *gighe* e outras peças de dança para 2 violinos e baixo contínuo, *Artificii musicali* (cânones, improvisões, etc., para vários instrumentos).

VITALI, Tommaso Antonio (Bolonha, 7 Mar. 1663/Modena, 9 Maio, 1745). Violinista, filho do anterior. Foi membro da orquestra ducal de Modena e depois director dessa mesma orquestra. Embora não tivesse o génio do pai, tem mais fama hoje em dia devido à sua bela chacona.
✪ Sonatas para 2 violinos e baixo contínuo, ou para 2 violinos, violoncelo e baixo contínuo, uma colectânea intitulada *Concerto di Sonate* (violino, violoncelo e cravo) e algumas peças isoladas para violino, entre elas, a célebre *Cicccona* (violino solista e baixo contínuo).
Ø *Ciaccona* (Recitais Elman, Grumiaux, etc.).

VIVALDI, Antonio (Veneza, 4 Mar. 1678/Viena, 28 Jul. 1741). Filho de Giovanni Battista Vivaldi, violinista da capela ducal de São Marcos, cujo talento era referido aos turistas da época, tal como o de António, num guia para os estrangeiros em Veneza (1713). Quase nada sabemos da infância de Vivaldi, presume-se que tenha sido aluno do pai e, provavelmente, também de Legrenzi (mestre de capela em São Marcos, de 1685 a 1690). Tendo recebido ordens menores entre 1693 e 1696, é ordenado padre em 1703 e, devido à sua cabeleira ruiva, recebe a alcunha de *Prete rosso*. Todavia, uma doença bastante misteriosa, que se manterá por toda a vida, impede-o de exercer o seu ministério: ao fim de um ou dois anos, renuncia a dizer missa. Sofreria de uma certa «estreiteza de peito» (*Strettezza di petto*, segundo os seus próprios termos), sem dúvida uma forma de asma, análoga à *strictura pectoris* da medicina antiga.
Entre 1703 e 1740, foi professor de violino e de composição e depois *Maestro de concerti* e *Maestro di coro* no Seminário Musicale dell'Ospedale della Pietà, uma das quatro célebres escolas de música venezianas para raparigas órfãs, bastardas ou abandonadas, que cantavam e tocavam todos os instrumentos possíveis. A música é a sua ocupação principal e dispõe dos melhores professores, de tal modo que as suas notáveis execuções são célebres em toda a Europa (J. J. Rousseau, nas suas *Confissões*, gaba os méritos das *scuole* venezianas em termos ditirâmbicos). Vivaldi ausenta-se muitas vezes de Veneza; entre 1718 e 1720, para dirigir a capela do príncipe de

Hesse-Darmstadt, em Mântua; em 1723 e 1724, para apresentar umas óperas em Roma (onde toca perante o papa). Entre 1724 e 1735, desaparece provisoriamente dos registos do Ospedale della Pietà: período de viagens acerca das quais estamos mal informados. Visitou numerosas cidades italianas e estrangeiras (nomeadamente na Alemanha e nos Países-Baixos), não só como violinista, mas também como empresário das suas próprias óperas (contratando cantores, dirigindo os ensaios, controlando as receitas). As suas obras instrumentais eram, então, célebres em todo o mundo, especialmente *As Estações* e o *Estro armónico*. Em 1740, decide abandonar Veneza ao que parece sem esperar regressar, e dirige-se a Viena, onde morre, um ano mais tarde, pobre e só (diz-se que a sua excessiva prodigalidade o arruinou). À data da sua morte, e mesmo dois ou três anos antes, este músico genial, célebre em toda a Europa, caíra subitamente no mais completo esquecimento, esquecimento que se prolongou por mais de meio século e que parecia definitivo. Felizmente, a resurreição da obra de Bach (outro grande músico esquecido durante um século) revelou aos músicos alemães do século passado as obras de um tal Vivaldi transcritas pelo ilustre *Kantor*. Depois, a partir de 1905, alguns musicólogos, entre eles Marc Pincherle e Arnold Schering, estudaram metodicamente as obras publicadas por Vivaldi em Amesterdão e, mais tarde, as centenas de manuscritos (autógrafos, na sua maioria) adquiridos em 1927-1930 pela Biblioteca Nacional de Turim; manuscritos provenientes de duas colecções particulares (M. Foà e R. Giordano), mas que tinham uma origem comum; a importante biblioteca do conde Durazzo, falecido no final do século XVIII. A edição integral da obra vivaldiana foi realizada pelo Instituto Antonio Vivaldi e conhecemos o papel do registo sonoro na popularidade actual desta obra. Vivaldi deu a forma e a perfeição definitivas ao concerto de solista (cuja estrutura é evidenciada pelo *op. 8* de Corelli), confirmando a divisão tripartida, afirmando a oposição entre *rutti* e *soli* e, sobretudo, introduzindo, nas partes solistas, uma intensidade expressiva, um lirismo pessoal, que só se encontrava na ária de ópera. Este individualismo do ou dos solistas (podem existir vários sem que se trate de um *concerto grosso*) afirma-se, muitas vezes, num estilo brilhante que tem um certo parentesco com o *bel canto*. As suas *sinfonie* e os seus *concerti ripieni* dão-lhe um lugar privilegiado nas origens da sinfonia clássica. Em toda a sua música instrumental, uma imprevisível fantasia, uma vitalidade eufórica conferem ao génio de Vivaldi o carácter universal que o impedirá sempre de envelhecer. O pouco que conhecemos das suas óperas, bastante convencionais, nada acrescenta à sua glória (exceptuando as belas sinfonias que, por vezes, lhe servem de abertura), mas a descoberta, relativamente recente, da sua música religiosa revelou algumas verdadeiras obras-primas, entre as quais se conta o admirável *Glória*.

A influência de Vivaldi nos músicos do seu tempo e nos seus sucessores imediatos foi considerável: Haendel, Leclair e, sobretudo, Bach devem-lhe, em grande parte, a sua iniciação nas formas mais perfeitas da música ins-

trumental. Bach transcreveu concertos de Vivaldi; 6 arranjos para cravo, 1 para 4 cravos e *2* para órgão (outras 12 composições transcritas por Bach foram erradamente atribuídas a Vivaldi).
✪ Umas 40 óperas, 3 oratórios, cerca de 50 composições religiosas (entre elas, 1 *Missa* e 2 grandes *Glória*), cerca de 50 *Cantate* e *Serenate* profanas − quase 100 sonatas e, sobretudo mais de 500 *Concertos* e *Sinfonie:* 230 com 1 violino solista, 65 para diversas combinações de cordas, 7 para viola de amor, 2 para bandolins, 21 para flauta, 23 para oboé, 39 para fagote, 61 para orquestra de cordas (sem solista), etc. Entre os concertos, os mais célebres são os 12 do *Estro Armonico op. III*, os 12 da *Stravaganza, op. IV*, os 12 do *Cimento dell'Armonia, op. VIII* (incluindo *As Quatro Estações*), os 12 da *Cetra op. IX,* os 6 do *op. X* (para flauta).
Ø *Glória* e *Kyrie* (Corboz), *Dicit Dominus* (Negri), *Stabat e Introduzioni al Miserere* (Ephirikian), *Orlando Furioso* (Scimone), *Tito Manlio* (Negri) − *Estro armonico* (Fasano), *Stravaganza* (Ephrikian), *Op. 6 e 7* (Ephrikian), *Quattro Stagioni* (Ephrikian), *Cetra* (I Musici), *Concertos de Flauta* (Rampal), *Concerti diversi* (Virtuosi di Roma dir. Fasano − 1 Musici − Ephrikian − Solistas de Zagreb − Harnoncourt − Scimone − Paillard).

Vogel, Vladimir (Moscovo, 29 Fev. 1896/Zurique, 19 Jun. 1984). Sofreu a influência de Scriabine, em Moscovo, onde fez os primeiros estudos, e depois foi aluno de Busoni, em Berlim, onde a descoberta da obra de Schönberg o converteu à técnica dos doze sons. Em 1933, emigrou, primeiro para França e depois para a Bélgica e Suíça.
✪ Oratórios, madrigais para coros a *cappella, Sinfonischer Vorgang, Sinfonia fugata e tripartida* para a orquestra, concerto de violino, peças para piano.

Vycpálek, Ladislav (Praga, 23 Fev. 1882/Praga, 9 Jan. 1969). Estudou piano e violino ao mesmo tempo que preparava o seu doutoramento em filosofia na Universidade de Praga. Depois, foi aluno de Novák no Conservatório. Entre 1922 e 1942, foi conservador do departamento de música da Biblioteca Nacional de Praga. A sua música, nobre e austera, traduz as qualidades morais do compositor e a sua admiração por Bach.
✪ 3 magníficas cantatas, numerosos coros *a cappella, Sursum Corda* (variações para orquestra), *Chvàla housli* (sonata para meio-soprano, violino e piano), melodias e arranjos de cantos populares.

Wagenaar, Johan (Utreque, 1 Nov. 1862/Haia, 17 Jun. 1941). Aluno do Convervatório de Haia e da Hochschule für Musik de Berlim. Foi organista da catedral de Utreque, director da escola de música dessa cidade, e depois director do Conservatório de Haia. Entre os seus muitos alunos figura W. Pijper.
✪ *Jupiter Amans* para solistas, coros e orquestra, cantatas, poemas sinfónicos, aberturas para teatro.

Wagenseil, Georg Christoph (Viena, 15 Jan. 1715/Viena, 1 Mar. 1777). Cravista. Aluno de Fux. A partir de 1739 e até à sua morte, foi compositor da corte e mestre de música da imperatiz Maria Teresa. Quando Mozart foi, aos 6 anos, apresentado à corte, tocou um concerto de Wagenseil e exigiu que o mestre lhe virasse as páginas.

✪ Cerca de 20 óperas italianas, música religiosa (no estilo napolitano), oratórios, cantatas, numerosas composições instrumentais (sinfonias, concertos, divertimentos, quartetos, trios).
Ø *Concerto de Violoncelos e Orquestras* (Mainardi).

WAGNER, Richard (Leipzig, 22 Mai. 1813/Veneza, 13 Fev. 1883). O pai, Karl Friedrich Wilhelm Wagner (1770//1813), *Aktuarius* do conselho da cidade, descendia de uma antiga família saxónica cujas origens remontam ao século XVII. O irmão deste, Adolfo (1774/1835), que publicou algumas obras sobre a poesia grega e uma boa antologia dos antigos poetas italianos, teve alguma influência no seu sobrinho Richard. Em 1798, Karl Friedrich casou com Johanna Rosina Pätz (1774/1848), emotiva, entusiasta, algo mística. Tiveram nove filhos, dois dos quais foram cantores, dois actores e Richard, o último, que julgava ser filho natural de Ludwig Geyer (1780/1821), um actor. Em 1836, Richard casou com Minna Planer (1809/1866) e depois, em 1870, com Cosima Liszt (1838/1930), que primeiro fora casada com Hans von Bülow. Não teve filhos do primeiro casamento; de Cosima teve três filhos ilegítimos, antes do divórcio desta: Isolde (1865), Eva (1867) e Siegfried (1869/1930), compositor. Richard tinha apenas seis meses quando o pai morreu com tifo, durante a epidemia que se seguiu à batalha de Leipzig. Nove meses mais tarde, Johanna casou com Geyer, que se ligou profundamente à criança, a quem tratava como um filho e para quem desejava uma carreira artística. Richard tinha 8 anos quando perdeu o segundo pai. Até 1830, fez estudos gerais na Kranzschule de Dresden e na Nicolaïschule de Leipzig. Tinha também lições regulares de piano, mas a sua vocação musical, que foi despertada pela descoberta admirativa de Beethoven, não teve o carácter imperioso que, geralmente, anunciava a formação de um génio romântico. Fascinava-o, sobretudo, o teatro. Todavia, a partir de 1828 estuda seriamente a composição nas obras teóricas e nas partituras dos mestres (sobretudo as sinfonias de Beethoven e o *Don Giovanni* de Mozart) e compõe algumas obras instrumentais, entre as quais se contam 1 sinfonia e 2 aberturas que consegue fazer executar no Gewandhaus de Leipzig. Completa a sua formação na Universidade de Leipzig (filosofia e estética) e com o *Kantor* de São Tomás (composição). Desejoso de adquirir a sua independência, consegue obter o lugar de *Chor-Repetitor* do teatro de Würzburg, e depois o de director musical da ópera de Magdeburgo (1834-1836). Aí apresenta *Das Liebesverbot* (a sua segunda ópera, uma vez que antes escrevera *Die Feen* que esperará 50 anos para ser estreada em Munique): representação catastrófica que origina a demissão de Wagner e precipita o seu casamento com Minna Planer, cantora do teatro, por quem se julga apaixonado. Richard é um mau marido. Minna engana-o e esta união será perturbada por várias rupturas.

Depois de ter sido, durante três anos (1836-1839), *Kapellmeister* em Riga, onde compõe *Rienzi*, deixa bruscamente a cidade, para fugir aos credores, e embarca clandestinamente com a mulher num barco que se dirige para Inglaterra. O término da viagem é Paris, onde Wagner pensa encontrar o caminho da glória. Entre 1839 e 1842, vive nessa cidade, mas só consegue aumentar as suas dívidas, que o levam à prisão de Clichy durante três semanas. Entretanto, compõe, em Paris, *O Navio Fantasma,* conhece Heine e Liszt e ouve uma das suas aberturas tocadas no Conservatório por Habeneck. Em 1842, *Rienzi* triunfa em Dresden, o que dá origem a várias discussões entre Wagner e a sua intérprete (muito admirada), Wilhelmine Schröder-Devrien; mas, no ano seguinte, *O Navio Fantasma* constitui, lamentavelmente, um insucesso no mesmo teatro. No entanto, Wagner é nomeado *Hofkapellmeister*, com honorários que lhe deveriam proporcionar alguma segurança. Em 1845, apresenta uma notável execução da *Nona Sinfonia* de Beethoven, que se torna o «prato forte» da sua carreira de director de orquestra. Também em Dresden, termina o *Lohengrin* e começa *Os Mestres Cantores.*

Entretanto, as ideias liberais e republicanas que abraçara com entusiasmo durante os seus últimos anos de estudo, em Leipzig, são fortalecidas pelas chicanas da administração real. Torna-se o paladino de um Saxe independente, escreve artigos combativos, liga-se a espíritos «perigosos» e toma parte activa nos movimentos revolucionários de Maio de 1849, de tal modo que, ameaçado de prisão, tem de fugir de Dresden com Minna, o cão e o papagaio. Encontra refúgio em Weimar, em casa de Liszt, cuja generosidade em relação à sua pessoa já se manifestara noutras circunstâncias. Mas, forçado a exilar-se fora da Alemanha, estabelece-se em Zurique, sem poder assistir à estreia de *Lohengrin* sob a direcção de Liszt.

Durante os anos desta primeira estada na Suíça (1849-1859), publica vários escritos importantes (entre os quais se conta *Die Kunst und die Revolution*) e concebe a totalidade da sua obra dramática futura, cujos diversos elementos atingirão a maturidade no seu espírito, quando os for transpondo para as pautas musicais. Realiza também numerosas deslocações: a Paris (onde encontra Liszt e as suas duas filhas, Blandine e Cosima), a Londres (onde dirige a Philharmonic Society e conhece Berlioz), a Itália (onde, durante alguns meses, se fixa em Veneza). Finalmente, chega o êxito como compositor, director de orquestra e escritor. Após uma estada em Lucerne, onde termina *Tristão*, fixa-se em Paris (1859-1862) onde as representações de *Tannhäuser*, em 1861, têm de enfrentar a cabala montada pelo Jockey Club e por alguns espíritos nacionalistas ou deliberadamente reaccionários. Para Wagner, foi a oportunidade de identificar os seus partidários, entre os quais se encontram Gounod, Saint-Säens, Rossini, Baudelaire, Tolstoi... Nesse mesmo ano de 1861, produz-se a ruptura definitiva com Minna (que virá a falecer em 1866). Depois, viaja muito durante três anos: até à Alemanha (que está novamente aberta para ele, exceptuando o Saxe), Veneza, Praga, São Petersburgo, Budapeste e Viena (onde passa um ano), dando concertos para tentar solucionar a sua complicada situação financeira. Esta ter-se-

-ia agravado mais sem a intervenção do rei Luís II da Baviera, que votava ao músico revolucionário e romântico um culto apaixonado; chamou-o a Munique, em 1864, e mandou representar o *Tristão*, no ano seguinte, na ópera real. Mas uma certa agitação, provocada pelos seus inimigos políticos, forçou Wagner a abandonar Munique, a pedido do rei, que, todavia, lhe garantiu a sua afeição eterna. Após alguns meses de viagens constantes (Verey, Genebra, Lyon, Marselha...) fixa-se em Triebschen, nas margens do lago de Lucerna, onde iria viver até 1872. Cosima Liszt, casada, desde 1857, com Hans von Bülow, vem juntar-se-lhe: tinham-se reencontrado em 1863 em Berlim e descoberto que não podiam viver um sem o outro. Bülow pediu divórcio, que obteve em 1870; nesse mesmo ano, Richard casou com Cosima, que já lhe dera três filhos. A estada em Triebschen foi extraordinariamente fecunda. Aí, Wagner terminou *Os Mestres Cantores* e a tetralogia do *Ring;* além disso, ditou a sua célebre autobiografia, *Mein Leben* [A Minha Vida], a Cosima (que a viria a publicar em 1911, depois de ter fixado a redacção definitiva). Em Munique, Luís II, que visitara o seu deus exilado nas margens do lago de Lucerna, mandou representar *Os Mestres Cantores* e as duas primeiras óperas do *Ring* (*O Ouro do Reno* e *A Valquíria*). Mas Wagner sonhava apresentar em público a tetralogia completa num teatro construído especialmente para o efeito. Pensou em Bayreuth. A primeira pedra foi lançada em 1872, e depois de inúmeras dificuldades realizou-se a inauguração oficial, a 13 de Agosto de 1876 com a presença do imperador e do rei Luís II. O défice do festival foi enorme, apesar do êxito desta apoteose, mas o rei concedeu um empréstimo e os Wagner decidiram radicar-se em Bayreuth, numa casa de um luxo asiático. No entanto, Wagner sabia que *Parsifal*, estreada em 1882, seria a sua última obra. Desde há algum tempo, a sua saúde exigia frequentes viagens a Itália (durante uma delas, Renoir pintou, em Palermo, o seu retrato). No ano de *Parsifal* várias crises cardíacas levaram-no a trocar Bayreuth por Veneza (Palazzo Vendramin). Faleceu subitamente cinco meses mais tarde. O seu corpo foi transportado para Bayreuth onde lhe foram feitas exéquias sumptuosas. Movido por um orgulho delirante e pela consciência de estar investido de uma missão, mas limitado por um enorme egocentrismo, Wagner julgou-se o mago de uma arte-religião, uma arte total enraizada na cultura germânica, cultura cuja superioridade lhe parecera evidente. «Com ele», escreve Schneider, «o sacerdócio do génio passa da utopia à realidade». Mas a sua ambição pede muito à sua inteligência e a sua cultura (muito vasta, mas superficial) dá-lhe apenas a ilusão da sapiência. Sobretudo, é incapaz de fazer uma escolha das ideias adquiridas, confunde todos os valores e não se dá conta da fraqueza de uma síntese de ideias, pretensamente superior, que não é mais do que uma mistura anárquica. Foi assim, por exemplo, que depois de ter apregoado ideias liberais e militado no seio do movimento «Jovem Alemanha», de Heine (proscrito pela Dieta federal de 1835), se torna mais tarde o apóstolo de uma espécie de pangermanismo e defende o prima-

WAGNER, Richard

do da cultura e da raça alemãs. Esta posição, conjugada com as opiniões racistas expressas no seu *Heldentum und Christentum* (sem dúvida por influência de Gobineau, que conheceu em Itália e cujo *Essai sur l'Inégalité des Races Humaines* leu), valeu-lhe ser adoptado pelos mestres da ideologia nazi. Mas esta promoção em nada aumentou nem diminuiu a sua glória... o que prova o malogro da sua obra enquanto arte-religião e o interesse do público de hoje apenas pelo seu génio musical.

A principal originalidade deste génio foi a criação, a partir de 1850, de um «drama musical» que não deve ser um divertimento como a ópera tradicional (a que se ligam todas as obras precedentes), mas uma acção sagrada. As quatro obras que constituem *Der Ring des Nibelungen* e a cena sagrada por excelência, *Parsifal*, são os testemunhos essenciais da «reforma wagneriana». *Tristão* e *Os Mestres Cantores* são duas obras-primas isoladas (talvez as suas obras-primas), maravilhosos antídotos de uma mitologia tóxica. No campo técnico, Wagner foi um inovador, mas encontrou recursos insuspeitados no sistema musical existente. No domínio melódico, explorou, como ninguém antes dele, o poder expressivo do cromatismo. Ao mesmo tempo, a sua harmonia esgota as imensas possibilidades do sistema tonal (sobretudo em *Tristão* e *Parsifal*) e deixa entrever novos horizontes. Quanto à orquestra wagneriana (muito menos revolucionária do que se julga), é uma formidável extensão da orquestra de Beethoven e de Berlioz. Mas, sobretudo, Wagner dá-lhe uma função dramática contínua, de uma extraordinária importância, e nisto exerce uma profunda influência em Debussy e Schönberg.

✪ Óperas e dramas líricos (por ordem de composição): *Die Feen* (Munique, 1888), *Das Liebesverbot* (Magdeburgo, 1836), *Rienzi* (Dresden, 1842), *Der Fliegende Holländer* («O Navio Fantasma») (Dresden, 1843), *Tannhäuser* (Dresden, 1845), *Lohengrin* (Weimar, 1850), *Der Ring des Nibelungen: Das Rheingold, Die Walküre, Siegfried, Götterdämmerung* (Bayreuth, 1876), *Tristan und Isolde* (Munique, 1865), *Die Meistersinger von Nürnberg* (Munique, 1868), *Parsifal* (Bayreuth, 1882) – MÚSICA VOCAL: várias obras corais, cerca de 20 *lieder* (entre os quais se conta *Fünf Gedichte von Mathilde Wesendonk*) – MÚSICA INSTRUMENTAL: 9 aberturas, 1 sinfonia, *Siegfried Idyll* e várias obras de circunstâncias, peças para piano (entre as quais se contam 3 sonatas), *Albumblatt* para violino e piano – OBRAS LITERÁRIAS: 10 volumes (publicados, 1871-1885), contendo numerosos ensaios sobre música, teatro, política, religião e as suas relações, os libretos das suas óperas, etc. e *Mein Leben* (autobiografia).

Ø *O Navio Fantasma* (Klemperer), *Lohengrin* (Kempe), *Tannhäuser* (Gerdes), *Tristão* (Vichers, Dernesch, Karajan), *O Ouro do Reno, A Valquíria, Siegfried, O Crepúsculo dos Deuses* (Flagstadt, Nilsson, Crespin, Ludwig, Windgassen, Neidlinger, Solti), *Os Mestres Cantores* (Adam, Kollo, Karajan), *Parsifal* (Bayreuth, Knappertbusch); e muitos discos com extractos destas óperas (Furtwängler, Solti, Karajan, Knappertbusch) (entre eles, o *finale* de *O Crepúsculo dos Deuses* dirigido por Furtwängler, com Flagstadt).

WALDTEUFEL, Émile (Estrasburgo, 9 Dez. 1837/Paris, 16 Fev. 1915). Aluno de Marmontel no Conservatório de Paris, foi pianista da imperatiz Eugénia e director de orquestra dos bailes da corte. Foi para a valsa francesa aquilo que, salvo as devidas proporções, J. Strauss foi para a vienense.
✪ Várias valsas (destinadas a dança e não ao concerto).
Ø 4 Valsas (Ormandy).

WALTHER, Johann (Cola, Turíngia, 1496/Torgau, 24 Abr. 1570). Era cantor (baixo) na corte do duque de Saxe, quando, em 1525, Lutero o chamou a Wittenberg para ser seu conselheiro musical. Foi nomeado *Kantor* da cidade de Torgan (1526) e depois *Kapellmeister* do Eleitor de Saxe (1548). Walther é o verdadeiro fundador da liturgia musical luterana.
✪ *Geystliche Gesangk Buchleyn* (a mais antiga colectânea de cânticos polifónicos protestantes), várias colecções de melodias corais, um *Magnificat*, motetos.

WALTON, Sir William (Oldham, 29 Mar. 1902/Ischia, 8 Mar. 1983). Apesar de ter tido um contacto precoce com a música (aos 10 anos, na escola de canto coral de Christ Church, em Oxford), teve uma formação de autodidacta, completada apenas pelos conselhos de H. Allen, Busoni e Ansermet. A sua vida foi quase toda dedicada à composição, tendo a sua primeira obra sido um *Quarteto Com Piano* (Escrito sob influência de Brahms e Fauré). Em 1922, *Façade*, uma pequena obra-prima muito hábil e original para narrador e seis instrumentos, torna-o célebre no seu país e o *Concerto de Violeta*, estreado em 1929 (com Hindemith como solista), estende esta fama a toda a Europa. Logo após a guerra, começou uma carreira de director de orquestra e realiza várias digressões pelo estrangeiro para dirigir as suas obras, nomeadamente à Escandinávia (1945) e à Argentina (1948), onde casou. Foi nobilitado em 1951. A criação de cada uma das suas obras foi um acontecimento longamente esperado, uma vez que, em cada forma, tenta criar, com um cuidado excepcional, o modelo definitivo (e, na maior parte das vezes, único) do seu ideal de perfeição. Estranho a todas as escolas e a todos os sistemas, revela a sua mestria e a sua originalidade na exploração das formas tradicionais. A sua música de filmes, de que algumas páginas entraram no repertório dos concertos (prelúdio e fuga do «Spitfire» em *First of the Few*, suite de *Henry V* incluindo a admirável morte de Falstaff) é digna de ser comparada à de Prokofiev, tanto pela sua própria qualidade como pela importância excepcional do seu contributo para a obra cinematográfica (cf. sobretudo a magnífica partitura de cerca de 65 minutos, inseparável do êxito de *Henry V*).
✪ *Troilus and Cressida* (ópera: Covent Garden, 1954), *The Quest* (bailado), uma música de cena para *Macbeth*, música para uma dúzia de filmes (entre os quais se contam grandes filmes shakespearianos de Lawrence Olivier: *Henry V, Hamlet e Richard III*), o oratório *Belshazzar's Feast*, 2 sinfonias, *Partita* para orquestra, concerto de violeta, concerto de violino (1803) concerto de violoncelo, *Façade* (narrador e 6 instrumentos — Walton extraiu desta obra 2 suites de

orquestra), quartetos de cordas, sonata de violino e piano, algumas melodias.
Ø *Concerto de Violino* (Francescatti, Ormandy), *Belshazzar's Feast* (Walton).

WARLOCK, Peter – pseudónimo de Heseltine, Philip (Londres, 30 Out. 1894/Londres, 17 Dez. 1930). Crítico e musicólogo (especialmente século XVI e XVII) com o seu nome verdadeiro. Em casa de um tio, em Grez-sur-Loing, conheceu Delius, que se tornou um amigo e conselheiro precioso; mas foi, acima de tudo, um autodidacta. É o melhor compositor inglês de melodias depois de Purcell, num estilo que se inspira em Dowland e denota a influência de Delius.
◯ *Serenade* e *Capriol Suite* para orquestra de cordas, *Folksong Preludes* para piano e, sobretudo, muitas obras corais e melodias.

WEBER, Karl Maria von (Eutin, perto de Lübeck, 18 Nov. 1786/Londres, 5 Jun. 1826). Pianista e director de orquestra. Era primo co-irmão de Constanze Weber, mulher de Mozart. Seu pai, Franz Anton Weber (1734-1812), violinista e contrabaixista, que se tornara director de uma companhia dramática, levava a família de terra em terra, ao sabor das digressões, e o jovem Karl Maria cresceu nos bastidores dos teatros e teve uma instrução reduzida. Seu pai decidiu fazer dele um músico, embora, no ínicio, não apresentasse quaisquer dotes. Estudou na escola de canto coral de Salzburgo com Michael Haydn (1796), em seguida, em Munique, com o organista da corte (1798) e, mais tarde em Viena, com o abade Vogler. Entretanto, percorreu a Alemanha, obteve alguns êxitos modestos como pianista, interessou-se profundamente pela litografia e compôs as suas primeiras obras (duas óperas, melodias, peças para piano, etc., que não revelam um talento particular). Em 1804, o abade Vogler arranja-lhe o lugar de *Kapellmeister* do teatro de Breslau; mas, inexperiente, desajeitado e negligente, suscita fortes oposições e tem de demitir-se dois anos mais tarde. Todavia, estes dois anos foram muito instrutivos, permitindo-lhe conhecer melhor o teatro, descobrir o seu grande talento de director de orquestra, aperfeiçoar o piano, aprender guitarra, etc. Infelizmente, perde a sua bela voz por ter bebido, por engano... ácido nítrico. Após uma curta estada na Silésia como director de música do duque Eugénio de Wurtenmberg é, durante três anos, secretário particular do irmão deste, o duque Ludwig, em Estugarda. Mas no ambiente nefasto desta corte frívola (onde, no entanto, aumenta consideravelmente a sua cultura), acumula as imprudências, indispõe-se com o rei Frederico, deixa que o acusem (injustamente) de extorsão e, depois de alguns dias de prisão, é expulso de Wurtemberg. Então, instala-se em Mannhein e depois em Darmstadt, onde desenvolve uma grande actividade de crítico e de 1811 a 1813 realiza uma grande digressão de concertos que o leva à maioria das grandes cidades alemãs. Em Praga, quando se dispõe a seguir viagem para França e Itália, é contratado como *Kapellmeister* do teatro, lugar que ocupa até 1816. Depois tornou-se, até à sua morte, director da ópera-alemã de Dresden.
Durante os últimos 10 anos da sua vida, compôs as suas maiores obras

dramáticas e conseguiu montar um teatro nacional de ópera, comparável às melhores óperas italianas, que, à data, eram na maior parte das cidades alemãs (e, nomeadamente, em Dresden) os centros da arte lírica. A estreia de *Freischütz*, em Berlim, em 1821, trouxe-lhe um dos maiores triunfos jamais obtidos por um músico, triunfo que se renovou por toda a Europa. *Euryanthe* mereceu um acolhimento igualmente caloroso, mas o seu êxito teve curta duração, talvez porque o público se tenha cansado de uma obra esplêndida, mas interminável (é a única grande obra de Weber, tanto pela qualidade, como pelas dimensões, e a única que não comporta diálogos falados). Em 1825, foi convidado pelo Covent Garden a compor uma ópera em inglês. Estudou a fundo o inglês, trabalhou com ardor nesta última obra e apesar da proibição dos médicos, partiu para Londres, esgotado pela tuberculose pulmonar e por problemas de laringe. Só sobreviveu algumas semanas ao triunfo de *Oberon*, e faleceu na noite de 4 para 5 de Junho de 1826, quando se preparava para regressar a Dresden. Primeiro foi sepultado em Londres, mas o seu corpo foi transladado para a Alemanha, em 1844, e nessa altura Wagner pronunciou o elogio fúnebre do falecido. Wagner, que tanto lhe devia, considerava-o o mais germânico de todos os músicos alemães. Com *Der Freischütz* criou o modelo da ópera romântica alemã, exercendo uma profunda influência na geração seguinte. Nesta obra e nas seguintes, o seu notável sentido dramático manifesta-se na segurança das personagens, na eficácia descritiva da orquestra, na tendência para o *leitmotiv*, na admirável unidade do conjunto. A sua música para piano é a de um grande executante independente das escolas pianísticas de então. A forma é, geralmente, imperfeita e as suas sonatas têm, por vezes, o ar de improvisações, mas a qualidade descritiva e poética desta música é notável.

✪ ÓPERAS: *Peter Schmoll und seine Nachbarn* (Augsburgo, 1803), *Rübezahl* (inacabada), *Silvana* (Franckfurt, 1810), *Abu assan* (Munique, 1811), *Preciosa* (Berlim, 1821), *Der Freischütz* (Berlim, 1821), *Die drei Pintos* (terminada por Mahler, – Leipzig, 1888), *Euryanthe* (Viena, 1823), *Oberon* (Londres, 1826) – MÚSICA VOCAL: 3 missas, 2 ofertórios, 7 cantatas, 78 *lieder* alemães (com acompanhamento de piano ou de guitarra), arranjos de cantos escoceses, coros – ORQUESTRA: Músicas de cena, 2 sinfonias, aberturas sinfónicas, concertos ou obras concertantes: 3 para piano (entre elas, *Konzertstück*, op. 79), 3 para clarinete, outras para flauta, fagote, trompa. – MÚSICA INSTRUMENTAL: 1 quarteto com piano, 1 quinteto com clarinete, 6 sonatas de violino e numerosas composições para piano (entre as quais se contam 4 sonatas, 10 séries de variações e a célebre *Aufforderung Zum Tanz*).

Ø *Der Freischütz* (Seefried Stzeich, Jochum), 13 *Lieder* (J. Joachim), *Concertos de Piano n.º 5, 1 e 2* (Fr. Wührer), *Concertos de Clarinete n.º 1 e 2* (Lancelot, Froment), aberturas de óperas (Jochum – Lehmen – Leitner), *Convite à Valsa* ou o *Espectro da Rosa* (orquestração de Berlioz de *Aufforderung zum tanz*) (Boskowski).

WEBERN, Anton von

WEBERN, Anton von (Viena, 3 Dez. 1883/Mittersill, Salzburgo, 15 Set. 1945). Primeiro estudou musicologia sob a direcção de G. Adler, em Viena, e defendeu, de modo brilhante, a sua tese de doutoramento na Universidade, em 1906 (acerca de H. Isaac). Entre 1904 e 1910, foi aluno de Schönberg (composição), ao mesmo tempo que Berg e Wellesz (mas foi, certamente, o primeiro e o mais fiel discípulo do mestre). Depois de ter ocupado alguns obscuros lugares de director de orquestra, na Alemanha e em Praga, colaborou, depois da I Guerra Mundial, nos concertos organizados, em Viena, por Schönberg e mais tarde foi director de orquestra titular de uma associação sinfónica operária, criada em Viena pela edilidade socialista. Mas a esta vida pública, aliás modesta, preferia a solidão da sua casa de Mödling, onde levava uma vida simples e sem glória, dedicando-se quase exclusivamente à composição e ao ensino. Quando o seu país foi anexado pela Alemanha, o regime nazi quase não precisou de proibir a sua música como «bolchevismo cultural» de tal modo ela era pouco conhecida. Não tinha o direito de ensinar nem de se apresentar em público e teve de aceitar, para viver, um lugar de revisor de provas numa editora de música. Quase no final da guerra, foi viver para o campo nos arredores de Salzburgo, onde foi morto por um soldado americano quando saía de casa depois do toque de recolher.

Exceptuando os seus *op. 1* e *2*, todas as obras de Webern são atonais. O seu estilo muito pessoal, extraordinariamente conciso, puro e transparente, afirmou-se quase desde os primórdios. Algumas obras, como as admiráveis *Cinco Peças, op. 10* para orquestra, ou as *Seis Bagatelas* para quarteto, são tão breves e subtis que fazem lembrar o estilo dos *haikai* japoneses. Mas uma vez ultrapassada a surpresa que pode ser provocada por uma desintegração da melodia, da harmonia do ritmo, do timbre, levada ao limite para além do qual a música deixaria de existir, o ouvinte sem preconceitos descobre, nesta arte, um secreto lirismo extraordinariamente penetrante. A partir de 1924 (*Geistlische Volkslieder op. 17*). Webern, cujo atonalismo se baseara, até então, numa técnica muito pessoal, adopta estritamente a técnica serial de Schönberg a que se mantém fiel. Esta disciplina permite-lhe conceber obras mais longas, como a *Sinfonia, op. 21*. Nesta interessante composição explora o princípio da *Klangfarben-Melodie* (em que uma sucessão de timbres é submetida, tal como a sucessão de alturas, às regras do desenvolvimento serial), princípio que Schönberg esboçou no final do seu *Harmonielehre* e tentara aplicar na terceira das suas *Peças Para Orquestra, op. 16*. Nas suas três últimas obras (duas *Cantatas* e *Variações op. 30*), o estilo de Webern tornou-se mais expressivo, mais contínuo: a *Segunda Cantata* é a sua obra mais vasta, tanto pela duração como pelo efectivo instrumental. O seu idealismo, a sua simplicidade, a sua total independência e o aspecto radical da sua técnica exerceram um fascínio sobre os jovens compositores do último pós-guerra, especialmente em França e em Itália. Segundo as palavras de Boulez, ele representa actualmente, a «tradição» dos músicos de vanguarda.

✪ Algumas obras corais (entre elas, as duas cantatas), 20 *Lieder* com acompanhamento de piano, 28 *lieder* com acompanhamento de pequenas formações instrumentais, composições para orquestra (*Seis peças op. 6, Cinco peças op. 10, Sinfonia op 21, Variações op. 30*, etc.), *Seis Bagatelas op. 9* para quarteto de cordas, *Trio de cordas op. 20, Quarteto de cordas, op. 28, Concerto para 9 instrumentos, op. 24, variações op. 27 para piano*.
Ø *Duas cantatas* (Boulez), *Sinfonia op. 21* (Boulez), obra integral (*Antologia CBS,* R. Craf).

WEELKES, **Thomas** (cerca de 1575//Londres, 30 Nov. 1623). Quase nada sabemos da sua vida, a não ser que foi organista no Winchester College (1598-1601) e depois organista e mestre de coros na catedral de Chichester (1601-1617); mas, acusado de bêbado e de blasfemo pelo seu bispo, foi despedido. Foi, juntamente com Wilbye, um dos maiores compositores de madrigais ingleses. Pela sua diversidade, pela sua audácia, pelo seu lirismo terno ou fantástico, a sua obra colocou-o entre os melhores madrigalistas do seu tempo (especialmente o madrigal a 5 vozes, *O care, thou wilt despatch* e a admirável elegia a 6 vozes em memória do seu amigo Morley, que fecha a colectânea de *Ayres of Phantasticke Spirites*).
✪ 5 *Services,* 4 *Magnificat,* 1 *Te Deum*, numerosos *anthems* e, sobretudo uma centena de madrigais, bailados e *ayres* (3 a 6 vozes).
Ø 5 *Madrigais* (Deller Consort).

WEILL, **Kurt** (Dessau, 2 Mar. 1900/ Nova Iorque, 3 Abr. 1950). Depois de ter estudado na Hochschule für Musik de Berlim, foi, durante algum tempo, director de orquestra de teatro e depois estabeleceu-se em Berlim, em 1921, onde foi aluno de Busoni. Partindo de um estilo expressionista de vanguarda, evoluiu rapidamente em direcção a uma forma de arte mais realista e mais popular, em direcção a essa *Zeitoper* de que a célebre *Dreigroschenoper* («Ópera dos três Vinténs», hábil transposição de *Beggar's Opera* de GAY e PEPUSCH*) é o melhor exemplo. Mas a orientação política da sua colaboração com Bertolt Brecht força-o a abandonar a Alemanha, depois da subida ao poder de Hitler. Depois de ter vivido em Paris e em Londres, fixa-se definitivamente em Nova Iorque, em 1935, e adquire a nacionalidade americana. Preparava uma ópera baseada em *Huckleberry Finn*, de M. Twain, quando faleceu devido a uma crise cardíaca.
✪ 16 óperas ou *Singspiele* ou *musical comedies* (entre elas *Dreigroschenoper, Happy End, Mahagonny* e *Der Jasager*, as quatro em colaboração com Brecht), 2 bailados, música de cena (para Strindberg, J. Green, Brecht, etc.), música de alguns filmes (entre os quais se conta *Salut à la France*, de Renoir), um concerto de violino, *lieder* com acompanhamento de orquestra.
Ø *A Ópera dos Três Vinténs* (com alguns dos artistas que a estrearam, entre os quais L. Lenya, Mahagonny).

WELLESZ, **Egon** (Viena, 21 de Out. 1885/Oxford, 9 Nov. 1974). Musicólogo. Aluno de G. Adler (musicologia) e de Schönberg (composição). Ensinou história da música na

Universidade de Viena (1913-1938) e na Universidade de Oxford (a partir de 1939). Para além da influência de Mahler, Schönberg e Debussy, os seus trabalhos de musicologia (nomeadamente, sobre a ópera do século XVII e sobre a música bizantina) marcaram a sua actividade criadora. Ao contrário dos outros alunos de Schönberg, não adoptou a técnica dodecafónica; mas fez a síntese dos melhores elementos recolhidos nas obras do passado, especialmente nas suas óperas, onde consegue uma excelente estilização da ópera barroca, com os seus coros, os seus bailados pantominas e as suas árias com vocalizos. Em 1939, foi viver para Inglaterra, dividindo o seu tempo entre a musicologia, a composição, o ensino e as digressões de conferências.

✪ 6 óperas, 4 bailados, obras corais, 9 sinfonias, um concerto de piano, 7 quartetos de cordas, melodias (com acompanhamento de piano, de conjuntos instrumentais ou de orquestras).

WIENIAWSKI, Henryk (Lublin, 10 Jul. 1835/Moscovo, 2 Abr. 1880). Violinista, talvez o maior depois de Paganini. Tendo entrado para o Conservatório de Paris aos 8 anos, obteve um primeiro prémio aos 11 e recebeu um soberbo Guarneri do imperador da Rússia. Depois, fez algumas digressões triunfais por toda a Europa, com seu irmão Josef, pianista, e seguidamente foi nomeado virtuoso da corte, em São Petersburgo (1860-1871). Em seguida, recomeçou as suas digressões pelo mundo (nomeadamente aos Estados Unidos com Anton Rubinstein). Entre 1874 e 1877 foi professor no Conservatório de Bruxelas.

✪ 28 composições para violino, entre as quais 2 concertos.
Ø *Concerto n.º 2* (Heifetz).

WIKMANSON, Johan (Estocolmo, 28 Dez. 1753/Estocolmo, 16 Jan. 1800). Depois de ter estudado, simultaneamente, piano, matemáticas e construção de instrumentos, em Copenhaga, foi organista da Igreja de São Nicolau, em Estocolmo, e depois professor na Academia de Música. Foi também um excelente violinista e violoncelista.

✪ Vários quartetos de cordas (muito belos), peças para violoncelo, 3 sonatinas para cítara, obras para piano.

WILBYE, John (Diss, Norfolk, Mar. 1574/Colchester, Set. 1638). Cerca de 1595, entrou para o serviço de Sir Thomas Kytson, no solar de Hengrave (Suffolk) e beneficiou, durante toda a vida, da protecção desta família culta. Após a morte de Lord e Lady Kytson, passou os últimos anos da sua vida em Colchester, em casa de Lady Rivers, filha de Sir Thomas. Embora esteja inexplicavelmente esquecido fora do seu país, foi o maior madrigalista inglês; deixou-nos uma obra pouco numerosa, mas excepcionalmente equilibrada quanto à perfeição, que merece ser comparada com a do seu grande antecessor italiano, Marenzio.

✪ 2 motetos latinos, 2 motetos ingleses e 65 madrigais de 3 a 6 vozes (entre os quais: *Adieu Sweet Amaryllis, Flora gave me fairest flowers, Draw on, Sweet night, Sweet honey sucking bees*).
Ø Alguns madrigais (cf. Concertos de New Saltire Singers, Deller Consort, Golden Age Singers).

WILLAERT, **Adriaan** (Bruges, cerca de 1480/Veneza, 17 Dez. 1562). Em 1514, foi enviado para Paris para estudar Direito, mas em breve se orientou para a música e veio a ser aluno de Jean Mouton (discípulo, e talvez aluno, de Josquin). Seguidamente, foi para Itália e parece ter estado, durante alum tempo, ao serviço do duque de Ferrara, tendo sido eleito em 1527 mestre de capela de S. Marcos, em Veneza. A sua nomeação para este posto de prestígio, que conservou até à morte, está na origem da escola veneziana. Este flamengo teve, efectivamente, uma considerável influência em Veneza e fundou uma célebre escola de canto, donde viriam a sair uma plêiade de grandes músicos, entre os quais os próprios alunos de Willaert: Zarlino, C. de Rore e A. Gabrieli. Elevou a um alto nível a tradição herdada de Josquin. Mais do que as audácias da escrita, procurou a pureza sonora, o equilíbrio das proporções e a sumptuosidade da escrita para coro duplo, que era favorecida pela disposição das suas tribunas de São Marcos (cada uma com o seu órgão e o seu coro) e que transformou na especialidade da escola veneziana.

✪ (Obra muito numerosa, cuja publicação integral está a ser feita): missas, motetos, salmos, hinos, madrigais, canções francesas e *Canzone Villanesche alla napoletana*, bem como admiráveis *fantasie* e *ricercare* instrumentais.

Ø 3 *Madrigais* (Quarteto vocal holandês).

WINDOR, **Charles-Marie** (Lião, 21 Fev. 1844/Paris, 12 Mar. 1937). Organista. Aluno do pai (organista da Igreja de São Francisco, em Lião) e depois de Lemmens, em Bruxelas. Aos 25 anos, foi nomeado organista de Saint-Sulpice e mais tarde foi professor de órgão e de composição no Conservatório de Paris. Foi, a partir de 1914, secretário vitalício da Academia das Belas-Artes. As suas obras para órgão, algumas muito populares (*Toccata da Quinta Sinfonia*), são representativas de uma concepção sinfonística do instrumento, que testemunha a sua ligação com a estética dos grandes instrumentos de Cavaillé-Coll (Saint-Sulpice). Excelente pedagogo, exerceu uma profunda influência na escola francesa de organistas: Tournemire, Vierne, Dupré, etc.

✪ *Salmo CXII* para coros, orquesta e órgão missa para coro duplo, 3 óperas e 1 bailado, 2 sinfonias para orquestra, concertos (piano, violino, violoncelo), música de câmara, numerosas peças para piano e, sobretudo, 10 sinfonias para orgão e *sinfonia sacra* para orgão e orquesta.

Ø Quatro sinfonias para órgão (M.-Cl. Alain).

WIREM, **Dag** (Noraberg, Orebrolän, 15 Out. 1905/?, 19 Abr. 1986). Depois de ter estudado no Conservatório de Estocolmo, foi completar os seus conhecimentos em Paris, entre 1932 e 1934. Foi vice-presidente da Associação de Compositores Suecos e membro influente da Sociedade de Música de Câmara Fylkingen. A sua obra trai a influência de Nielsen e de Stravinski.

✪ Óperas radiofónicas, 3 sinfonias, concertos (violino, violoncelo, piano), uma bela serenata para cordas.

WOLF, **Hugo** (Windischgräz, hoje Slovenjgradec, 13 Mar. 1860/Viena, 22

Fev. 1903). Aprendeu, muito novo, a tocar violino e piano com o pai, um curtidor de peles, excelente músico amador, que, no entanto, não o destinava à carreira musical. Mandaram-no realizar estudos gerais sérios, mas, incapaz de se concentrar e só se interessando pela música, foi expulso de três escolas. Em 1875, o pai consentiu que se fixasse em Viena, em casa de uma tia, para estudar no Conservatório; mas, dois anos mais tarde, foi expulso por ter discutido com o director. Apoiado por alguns amigos (entre os quais o director de orquestra Mottl e o Dr. Breuer, um dos primeiros colaboradores de Freud), subsistiu mais ou menos dando lições, embora fosse um pedagogo deplorável. Em 1881, arranjaram-lhe um lugar de segundo *Kapellmeister* no teatro de Salzburgo, mas abandonou o lugar ao fim de dois meses por ter, uma vez mais, discutido com o director. Hipernervoso, exaltado, susceptível, foi sempre incapaz de ganhar a vida e de se fixar em qualquer sítio, exceptuando os três anos em que foi crítico musical do insignificante *Wiener Salonblatt* e atraiu as atenções devido à violência dos seus escritos contra Brahms (reacção pueril do wagneriano apaixonado em que se transformara, contra os artigos antiwagnerianos de Hanslick e Speidel). Granjeou inimigos cujos sarcasmos o magoaram profundamente. Todas as suas realizações fracassaram mas a partir de 1888 começou a sair da sua pena uma profusão de *lieder* admiráveis. Entusiasmado com o seu próprio génio, comparando-se a si próprio com Schubert e Schumann, musicou 43 poemas de Mörike em três meses, e depois, nos três meses seguintes, 50 poemas de Goethe. Algumas audições públicas dos seus *lieder* trouxeram-lhe um relativo êxito, mas a estreia da sua ópera *Der Corregidor* (composta febrilmente em três meses), em Mannheim, foi um fracasso.

Pertubações mentais (agitação, mitomania, crise de personalidade) exigem, subitamente, a sua hospitalização em 1897. Ao fim de quatro meses parece curado; mas um ano mais tarde tenta afogar-se. Pede para ser internado no hospital psiquiátrico de Viena, onde morre, aos 43 anos, depois de 4 anos de sofrimento, atingido por uma paralisia geral e completa alienação mental. Foi sepultado no cemitério central de Viena, perto de Beethoven e de Schubert.

As suas grandes obras, longas, muitas vezes pouco originais, são quase sempre fastidiosas, exeptuando o belo poema sinfónico *Penthesilea* (infelizmente mutilado aquando da publicação póstuma). *Der Corregidor* é uma sucessão de *lieder* admiráveis, mas carece de interesse dramático. Em contrapartida, o génio de Wolf manifesta-se plenamente nos seus muitos *lieder* (na sua maioria sobre belos poemas), em que se mostra o digno sucessor de Schubert e Schumann.

❂ 2 óperas (*Der Corregidor* e *Manuel Venegas,* inacabadas), o poema sinfónico *Penthesilea,* uma *Italienische Serenade* para quarteto de cordas (orquestra depois), 1 quarteto de cordas, várias obras instrumentais inacabadas, mais de 300 *lieder* (poemas de Goethe, Lenau, Heine, Eichendorff, Mörike) e cerca de 20 obras corais.

Ø 39 *Mörike-Lieder* (Fischer-Dieskau), 20 *Einchendorff-Lieder* (Fischer-Deskau), *Italienisches Lieder-*

buch (Sousay, Baldwin), *Spanisches Liederbuch* (Schwarzkopf, Fischer--Dieskau, Moore).

Wolf-Ferrari, Ermanno (Veneza, 12 Jan. 1876/Veneza, 21 Jan. 1948). Depois de ter frequentado a escola de Belas-Artes de Roma, orientou-se para a música e foi mandado estudar para Munique. Quando regressou, em 1899, tocou-se em Veneza um oratório que compusera, e no ano seguinte a sua primeira ópera, *La Cenerentola*. Entre 1902 e 1912, foi director do liceu musical Benedetto Marcello, em Veneza. A sua fama baseia-se, sobretudo, em 5 óperas cómicas segundo Goldoni (entre elas *I Quattro Rusteghi* e *Il Campiello*), em que faz uma síntese agradável da escrita moderna e do estilo melódico do século XVIII.
✪ 13 óperas (2 sérias, 11 cómicas) 4 *Rispetti* para soprano e piano, uma *sinfonia da camera*, um concerto de violino, peças para violoncelo.

Xenakis, Yannis (Braila-Roménia, 29 Mai. 1922/Paris, 4 Fev. 2001). Estudou, simultaneamente, música com Honegger, Varèse, Messiaen e arquitectura com Le Corbusier, de quem veio a ser assistente (construindo, nomeadamente, o pavilhão da Philips da Exposição de Bruxelas). Dotado de um espírito de síntese e de importante cultura matemática, dedicou-se a «calcular» as suas composições, com a ajuda de computadores IBM, segundo princípios muito estritos, tanto do ponto de vista matemático como musical.
Ø *Metastasis*, *Pithoprakta*, *Eonta* (le Roux, Simonovic), *Perséphassa* (Percussões de Estrasburgo), *Nomos Gamma* (Constant), *Oresteia* (Constant).

Yasye, Eugène (Liège, 16 Jul. 1858/ Bruxelas, 12 Mai. 1931). Violinista e director de orquestra. Segundo prémio do Conservatório de Liège aos 9 anos, estreou-se em público aos 11 e depois foi aperfeiçoar-se para Paris, com Wieniawski e Vieuxtemps. Realizou várias digressões pela Europa e pelos Estados Unidos e, em 1894, fundou o seu célebre quarteto. Exerceu funções de professor no Conservatório de Bruxelas (1886-1897) e de mestre de capela da corte.
✪ 1 ópera em dialecto valão e várias composições para violino.
Ø *Sonata n.º 3* (Oistrankh).

Yun, Isang (Tongyong, Coreia do Sul, 17 Set. 1917/Berlim, 3 Nov. 1995). Depois de ter estudado no Japão, ensinou composição no seu país e depois foi aperfeiçoar-se para Paris, em Berlim e nos cursos de Verão de Darmstadt. Em 1967, foi preso em Berlim pelos serviços secretos sul--coreanos, sequestrado na embaixada da Coreia do Sul e, em seguida, levado para Seul onde foi julgado, juntamente com vários outros intelectuais, sob a acusação absurda de atentado contra a «segurança do Estado». Foi condenado a prisão perpétua, depois de ter sido pedida a pena de morte, mas a sua condenação foi reduzida para 15 anos, após a revisão do processo, apenas sob a acusação de ter visitado Pyong-Yang. Numerosos abaixo-assinados e protestos internacionais conseguiram provocar a sua libertação, em 1969. A sua música, delicada e ousada, denota a influência da nova música europeia ouvida em Darmstadt, conjugada com a lembrança das antigas tradições musicais coreanas.

❂ Três óperas (segundo lendas chinesas), *Om mani padme hum* para solista, coros e orquestra, *Bara, Flutuações* e *Réak* (uma obra-prima) para orquestra, diversas peças instrumentais, *Tuyaux Sonores*, para órgãos, etc.

ZARLINO, Gioseffe (Chioggia, 22 Mar. 1517/Veneza, 14 Fev. 1590). Teórico ilustre. Ao mesmo tempo que fazia estudos superiores de teologia, filosofia, matemáticas e línguas antigas (latim, grego, hebraico), foi aluno de Willaert e condiscípulo de C. de Rore, a quem sucedeu como mestre de capela de São Marcos, em Veneza (1565-1590).
❂ Numerosas composições religiosas e profanas, de que apenas subsistem uma missa, um livro de *Modulationes sex vocum* e alguns motetos. Devemos-lhe também três tratados célebres *Institutioni armoniche, Dimostrationi armoniche* e *Sopplementi musicali.*

ZELENKA, Jan Dismas (Lunovice, 16 Out. 1679/Dresden, 23 Dez. 1745). Aluno de Fux, em Viena, e de Lotti, em Dresden. Foi contrabaixista na orquestra de Dresden e depois director da música de igreja e compositor da corte. A sua música, muito sedutora, alia o rigor da escrita contrapontística à fantasia do estilo barroco checo, notando-se na inspiração melódica algumas reminiscências do folclore da Boémia.
❂ 21 missas, 3 *Requiem*, 2 *Te Deum*, um belíssimo melodrama latino (*Sub olea pacis et palma virtutis*), 3 oratórios italianos, 108 salmos, motetos, etc.

ZIELENSKI, Mikolaj (?, cerca de 1550/?, cerca de 1615). Organista. Entre 1608 e 1615, foi mestre de capela do arcebispo Baranowski, primaz da Polónia, em Lowicz. Em muitas das suas obras, adopta a escrita para coro duplo dos venezianos. É um dos maiores compositores polacos.
❂ 121 composições religiosas (motetos, salmos, hinos, entre as quais um grande *Magnificat* para três coros e três órgãos).

ZINGARELLI, Niccolo Antonio (Nápoles, 4 Abr. 1752/Nápoles, 5 Mai. 1837). Aluno de Fenaroli no Conservatório St.ª Maria di Loreto, em Nápoles (1759-1769). Entre 1785 e 1794, viveu em Milão, onde graças à protecção da arquiduquesa Beatriz da Áustria apresentou um bom número de óperas no Scala, e foi nomeado mestre de capela da catedral (1792). Seguidamente, foi mestre de capela em Loreto (1794-1804) e depois na Capela Sistina de Roma (1804-1811). Quando Napoleão, depois de ter baptizado o seu filho rei de Roma, ordenou que se fizessem grandes festejos nas regiões sob o seu controlo, foi-lhe encomendada a celebração de um *Te Deum* em São Pedro: mas o mestre de capela recusou-se a comparecer. Preso e transferido para Paris por ordem do imperador, que admirava a sua música, Zingareilli foi libertado de imediato e passou a receber uma pensão.
Após o seu regresso, foi nomeado director do Conservatório de Nápoles (1813) e mestre de capela da catedral (1816).
❂ Numerosas missas, oratórios, cantatas, 32 óperas sérias, 6 óperas bufas, bem como 541 composições inacessíveis conservadas na St.ª Casa de Loreto e que fazem parte do secretíssimo *Annaule di Loreto* (cuja cópia ou reprodução é proibida).

ZIPOLI, Domenico (Prato, Florença, 15 Out. 1688/Córdova, Argentina, 2 Jan. 1726). Organista. Depois de ter sido nomeado para a igreja dos jesuítas, em Roma foi ordenado padre da ilustre companhia, embarcou para a América do Sul e foi, desde 1718 até à sua morte, organista da igreja dos Jesuítas, em Córdova.

✪ Alguns oratórios e uma admirável colectânea de *Sonate d'intavolatura per organo e cimbalo*.

Bibliografia

Dicionários e enciclopédias

Encyclopédie de la musique, de Lavignac (Paris, 1922-1939).
Encyclopédie de la musique de Fasquelle (3 vols., Paris, 1958-1960).
Larousse de la musique (2 vols., Paris, 1958).
Die Musik in Geschichte und Gegenwart (Cassel,1949).
Grove's Dictionary of Music and Musicians (10 vols., Londres, 1945-1961).
Backer's Biographical Dictionary of Music and Musicians (Nova Iorque, 1940).
Enciclopedia della musica, por Sartori (4 vols., Milão, 1964).
Dizionario universale dei musicisti, por Schmidt (Milão, 1937-1938).
Dictionnaire de musique, por R. de Candé (Paris 1961.)

Histórias da música

R. BERNARD, *Histoire de la musique* (3 vols., 1962).
CH. VAN DEN BORREN, *Origine et developpement de l'art polyphonique du XVIe siècle,* (1920)
 – *Étude sur le XVe siècle musical* (1941).
R. DE CANDÉ, *Ouverture pour une discothéque* (1956)
 – *Histoire Universelle de la Musique* (1978)
 – *L'invitation à la Musique* (1980) *(O Convite à Música,* ed. 70, 1982).
A DELLA CORTE, G. PANNAIN: *Storia della musica* (3 vols. 1942).
N. DUFOURCQ (direcção): *la Musique, des origines à nos jours* (1954).
M. EMMANUEL, *Histoire de la musique* (1951).
TH. GEROLD, *Histoire de la musique, des origines à la fin du XIVe siècle* (1936).
A. MACHABEY, *Histoire de la musique* (1942).
A. PIRRO: *Histoire de la musique aux XVe et XVIe siècles* (1940).
ROLAND-MANUEL (direcção): *Histoire de la musique* (2 vols., «la Pléiade», 1963).
J.-A. WESTRUP (direcção): *New Oxford History of Music.*

Escolas musicais, análise, estética...

M. BEAUFILS, *Le Lied romantique allemand* (1956).
E. BORREL, *La Sonate* (1951) – *la Symphonie* (1954).
P. BOULEZ: *Relevés d'apprenti* (1966).
P. COLLAER, *La Musique moderne* (1958).
A. CORTOT, *La Musique française de piano* (3 vols., 1930-1944).
N. DUFOURCQ, *La Musique française* (1949).
R. DUMESNIL, *Histoire illustrée lyrique* (1953).
A. EINSTEIN, *Music in the romantic era* (1947) – The Italian Madrigal (3 vols., 1949).
M. FANO, *Aspects de la musique contemporaine* (1954).
E. H. FELLOWES, *The English Madrigal School* (1925).
A. GOLEA, *Esthétique de la musique contemporaine* (1954).
CH. LALO, *Notions d'esthétique* (1952).
P. LANDORMY, *La Musique française* (3 vols., 1943-1944).
R. LEIBOWITZ, *L'Évolution de la musique de Bach à Schönberg* (1951)
– *Histoire de l'opéra* (1957).
A. LOEWENBERG, *Annals of Opera* 1597-1940 (1955).
A. MACHABEY, *Histoire et évolution des formes musicales* (1928).
A. PARENTE, *Castitá della musica* (Torino, 1963).
M. PINCHERLE, *Les Violonistes* (1922)
– *Musiciens peints par eux-mêmes* (1939).
J.-G. PROD'HOMME, *Écrits de musiciens* (1912).
CL. ROSTAND, *La Musique française comtemporaine* (1952).
P. SCHAEFFER, *Traité des objects musicaux* (1966).
B. DE SCHLOEZER, M. SCRIABINE, *Problémes de la musique moderne* (1959).
P. SOUVTCHINSKI, *Un siècle de musique russe* (2 vols. 1953)